庆祝詹伯慧教授从教70周年
高端论坛论文集

汉语方言学的
传承与创新

侯兴泉　张晓山◎主编

暨南大学出版社
JINAN UNIVERSITY PRESS

中国·广州

图书在版编目（CIP）数据

汉语方言学的传承与创新：庆祝詹伯慧教授从教 70 周年高端论坛论文集 / 侯兴泉，张晓山主编. -- 广州：暨南大学出版社，2024. 7. -- ISBN 978-7-5668-3959-6

Ⅰ. H17-53

中国国家版本馆 CIP 数据核字第 2024UQ0438 号

汉语方言学的传承与创新：庆祝詹伯慧教授从教 70 周年高端论坛论文集
HANYU FANGYANXUE DE CHUANCHENG YU CHUANGXIN：
QINGZHU ZHAN BOHUI JIAOSHOU CONGJIAO 70 ZHOUNIAN GAODUAN LUNTAN LUNWENJI

主　编：侯兴泉　张晓山

出 版 人：阳　翼
策划编辑：李　战
责任编辑：姚晓莉　梁玮祯　梁安儿
责任校对：刘舜怡　梁念慈　王燕丽　潘舒凡
责任印制：周一丹　郑玉婷

出版发行：暨南大学出版社（511434）
电　　话：总编室（8620）31105261
　　　　　营销部（8620）37331682　37331689
传　　真：（8620）31105289（办公室）　37331684（营销部）
网　　址：http：//www. jnupress. com
排　　版：广州市新晨文化发展有限公司
印　　刷：广州市友盛彩印有限公司
开　　本：787mm×1092mm　1/16
印　　张：32.25
字　　数：700 千
版　　次：2024 年 7 月第 1 版
印　　次：2024 年 7 月第 1 次
定　　价：118.00 元

（暨大版图书如有印装质量问题，请与出版社总编室联系调换）

深耕语学　桃李芬芳

——贺詹伯慧教授从教七十周年

（代序）

尊敬的詹伯慧教授、诸位同道：

今天是第二届"暨南大学詹伯慧语言学奖"颁奖大会暨庆祝詹伯慧教授从教七十周年"现代汉语方言学的传承与创新"高端论坛隆重举行的重要日子，本人因为学校准备开办新课程，正忙于评审工作，未能来到广州，谨于此衷心道贺。

如所周知，詹伯慧教授是我国著名语言学家、汉语方言学领域的领军人物。从教七十年来，詹教授在汉语方言、汉语辞书、汉语应用和汉语规范等领域做了大量的研究、教学工作，取得了许多令人瞩目的成就。他早年参加《汉语方言概要》一书的编写工作，负责编写"粤方言"和"闽南方言"两章。《汉语方言概要》是中国历史上第一部全面论述汉语方言的重要著作，在海内外学术界影响很大。我们研究粤方言的，就经常需要参考詹教授当年的精心之作。

詹教授在辞书的编纂方面也成绩卓著，曾担任《汉语大字典》编委多年，主持该字典的收字审音工作。他还是《中国大百科全书·语言文字卷》中方言分科的副主编，撰写了许多方言方面的条目。2013年，詹教授以82岁高龄接受暨南大学返聘，主持国家社会科学基金重大项目"汉语方言学大型辞书编纂的理论研究与数字化建设"，以首席专家的身份负责主编465万字的《汉语方言学大词典》。这部被誉为"汉语方言学史上一座丰碑"的《汉语方言学大词典》，于2017年出版，受到广泛赞誉，并先后获得广东省第八届哲学社会科学优秀成果奖一等奖、第七届中华优秀出版物（图书）奖、教育部第八届高等学校研究优秀成果奖（人文社会科学）一等奖。

詹教授屡屡应聘到境外一些著名学府讲学。1980—1982年，他作为我国教育部推荐的首位学者，受聘到日本东京大学讲学两年，为中日两国语言学界的学术交流开了先河。他的《现代汉语方言》一书被译成日文在东京出版。当年听他讲课的日本学生，如今大都已经成为日本学界的知名学者。其后，詹教授于1990年在法国高等社会科学院，1998年在新加坡国立大学与美国加州伯克利大学，1986年、2000年及2004—2017

年在香港大学，1987 年及 1992 年在香港中文大学，2005 年在香港科技大学，以及 1995 年在台湾"中央研究院"等著名学府和学术机构担任客座教授或开设讲座。他所授的课和所作的学术讲演，都给听众留下了深刻的印象，获得了普遍的赞誉。在众多学府中，詹教授来我们香港大学讲学时间最长，港大学子受益良多。

詹教授已刊著作逾 40 部，发表论文逾 400 篇。由詹教授主编的广东省社会科学"七五""八五""九五"规划重点研究项目成果——《珠江三角洲方言调查报告》《粤北十县市粤方言调查报告》和《粤西十县市粤方言调查报告》等，多次获评国家教委和广东省哲学社会科学优秀成果奖。由詹教授主编的全国高等学校文科教材——《汉语方言及方言调查》，获国家教委第三届普通高等学校优秀教材二等奖。由詹教授主编、粤港澳三地一批粤语学者共同编纂的《广州话正音字典》，以及由詹教授主编的《广东粤方言概要》，在 2002 年相继出版，受到学术界的好评。其中《广州话正音字典》为我国第一部方言正音字典；《广东粤方言概要》于 2005 年 5 月荣获广东省首届哲学社会科学优秀成果奖一等奖，是广东语言学科大量著作中获得这一殊荣的唯一一部著作。本人参加了《广州话正音字典》的编纂工作，也感到与有荣焉。

2020 年 7 月 10 日，在詹伯慧教授八十九岁寿诞，即将进入九十岁高龄之时，他捐出毕生积蓄五十万元，倡议设立"暨南大学詹伯慧语言学奖"，每两年为一届，评选并奖励在语言学领域中成绩卓著的作者。此倡议得到暨南大学内外广泛的赞赏和支持，暨南大学于 2020 年 11 月 15 日隆重举行"暨南大学詹伯慧语言学奖"启动大会，宣布这一奖项开始运作。今天是第二届"暨南大学詹伯慧语言学"奖颁奖大会举行的日子，这一奖项，对保护我国丰富的语言资源，繁荣我国的语言学研究，促进我国语言学的发展，必定会产生重要的作用和深远的影响。

为了表扬詹老成就卓著，暨南大学出版社在 2021 年 7 月出版了《暨南大先生：詹伯慧》一书，其"前言"说："'大先生'之'大'，大在他们众多重要的开创性贡献，大在格局和眼界，大在胸襟和情怀，大在他们为事业培养众多优秀的继承者。"詹老对人才的培养，从高处立意，从大处着眼，几十年如一日推动方言学科人才的培养和队伍的建设，实在值得我们推重和表扬。

记得最初认识詹教授，他五十岁不到。当时正值农历年，我邀请他参加了香港大学中文系学生举办的春茗，一片喜气洋洋。几十年来，詹教授一直是那么爽朗、亲切、健谈，而且精力充沛。詹教授庆祝从事教学四十五周年的时候，我写了一篇题为《论交十八载》的文章。十二年后，詹教授的学生为他祝寿，我又写了一篇《论交三十载》①。当时我说："深盼伯慧教授90岁时，我再为他执笔写一篇文章，届时再研究到底应题为'论交四十载'，还是'献颂九如'。"现在写了这篇《深耕语学　桃李芬芳——贺詹伯慧教授从教七十周年》，一方面祝贺詹老从教七十周年，获得了辉煌的成就，同时是"论交四十载"，也是"献颂九如"。

香港大学　单周尧

2023 年 7 月 10 日

---

① 编者注：《论交三十载》原文为《鹤立辎轩——贺詹伯慧教授八十大寿》，见甘于恩．田野春秋：庆祝詹伯慧教授八十华诞暨从教五十八周年纪念文集［C］．广州：暨南大学出版社，2011：90.

前　言

2023 年 7 月 10 日，暨南大学隆重举行第二届"暨南大学詹伯慧语言学奖"颁奖大会暨庆祝詹伯慧教授从教 70 周年"现代汉语方言学的传承与创新"高端论坛，本届获奖者的代表在论坛上作了学术报告，詹伯慧教授的弟子及再传弟子也有代表在论坛上宣讲了学术论文。论坛结束后，我们把詹门弟子及再传弟子提交给论坛的论文收集起来，加上其他的一些文章，编成了这本集子。

詹伯慧教授自 1953 年大学毕业走上教坛以来，一直从事教学科研工作，执着于教书育人、科研攻关，如今已著作等身，门生成军，成就卓著，泽被四海。为庆祝詹伯慧教授从教 70 周年，这本集子力图通过回望詹伯慧教授从教 70 周年的历程，反映詹伯慧教授在研究生培养和教学科研等方面的贡献，展示詹伯慧教授及其研究生群体的学术成果，致敬并弘扬詹伯慧教授与时俱进的科研理念和育人为本的教学思想，激励年轻学子见贤思齐、踵事增华，共同推动学术传统传承和学术进步。集子的开篇是由香港大学单周尧先生写的，简要地叙述了他与詹伯慧教授的相识相知，也论及詹伯慧教授学术上的主要贡献，我们把它作为代序，既是对詹伯慧教授从教 70 周年的庆贺，契合这本集子的主题，彰显詹、单两人的友谊，也可以看作詹伯慧教授的人物简介。其余的文章，除两篇由未入詹门但与詹门关系密切的作者所写之外，绝大部分由詹门中人——詹伯慧教授及其弟子和再传弟子所写。詹师的单篇文章以前编过《汉语方言文集》（1982）、《语言与方言论集》（1993）、《方言·共同语·语文教学》（1995）、《漫步语坛的第三个脚印——汉语方言与语言应用论集》（2003 年，2006 年增订本）、《詹伯慧语文评论集：庆祝詹伯慧教授从教五十五周年（1953—2008）》（2008）、《詹伯慧自选集》（2015）等文集，2008 年以后的文章还有近百篇，因本集子篇幅所限，这里只选编了有代表性的几篇。詹师历年所培养的硕士研究生和博士研究生有 20 人提交了文章。这些研究生，大部分从事教学研究工作，多年来在方言学的园地里辛勤耕耘、硕果累累，成为方言研究队伍中的骨干力量，其强劲的学术影响力为同行学者所瞩目，被戏称为"詹家军"，集子里的文章，就是他们学术风貌的最新展现。而詹门的新一代传人，包括詹师弟子的弟子，以及弟子的弟子的弟子，也都在快速成长，不少人在学术上已崭露头角，正成为方言研究队伍中的生力军。这次提交文章的有 17 人，其中有两位是詹师弟子的弟子的弟子。所以，这本论文集是詹门四代同堂的集体著作，是一本礼敬师长、文脉绵延的集子。

传承与创新是学术研究的永恒主题。暨南大学汉语方言研究中心一直重视语言学的传承与创新问题，从第一届"暨南大学詹伯慧语言学奖"开始，就举办了"中国语言学：传承与创新青年论坛"，由获奖的学者和其他特邀青年学者作报告，分享各自最新的研究成果；这一届论坛的报告者除了获奖者外，主要是詹门弟子和再传弟子。两届的主题都是"传承与创新"，这本集子还直接用"传承与创新"作书名，足见对此问题的重视程度。对于传承与创新的关系，人们论述颇多，通常认为，传承是创新的基础，创新是最好的传承，只有在传承基础上的创新，才是有根基、有内涵、有生命力的创新。前不久，在中国社会科学院语言研究所举办的"语言学传承与创新"国际学术研讨会闭幕式上，杨永龙指出：传承与创新"不是一句空话，有许多具体的体现，其中包括对前辈优秀学者在人品、学风和研究方法等方面的学习与继承"，是"一种更加实在、更加具体的传承"。作为詹门弟子及再传弟子，除了传承一般所说的中国传统语言学和在西方现代语言学基础上建立起来的现代汉语方言学所产生的成果及方法外，将詹师与时俱进的科研理念和育人为本的教学思想发扬光大，是我们一直在追求的目标，更是需要我们去努力的方向。为此，在这本集子中，我们设立了"师风师德"板块，编入了3篇文章，从学术精神、师德师风等不同侧面，对詹师的道德文章以及我们的认识进行了理论概括和提炼，也平实深情地记述了良好师风师德在詹门中传承和弘扬的事例。第二板块为"师文师情"，选编了几篇能反映詹师耄耋之年学术关注重点和回忆师友交往的重要文章。在70年的教学研究生涯中，詹师的学术重点一直随语言现实、社会需要和学科建设而调整。近十几二十年来，由于年事已高难以从事语言本体的调查研究，加上外部环境的变化，詹师把目光更多地投向语言资源开发保护、语言应用、语言与文化等理论方面，发表了多篇文章。选编在这里的文章不多，但基本反映了詹师对相关问题的思考和见解，让我们看到一位年长学者对学术孜孜不倦、与时俱进的追求和对师友一以贯之的深情厚谊。

集子中的其他文章，总的来看视野比较开阔，内容比较丰富，方法比较多样。从研究所涉的对象看，虽然集子以"方言"为题，但又非仅涉方言，粤闽客赣湘吴北方七大方言皆有论及，其中包括海内外早期文献所涉方言、海外华人社区方言以及跨方言等，也涉及少数民族语言、古代汉语和普通话政治术语，可见，这本集子中论及的方言（语言）包含南与北、古与今、普与方、汉与非、内与外、分与混等众多方言（语言）点面，涵盖面非常广。从研究的内容看，与方言（语言）相联结的语音、词汇、语法、地理、文化、移民、教学、应用、文献等皆有涉及，既关注一般方言特点的分布格局、跨界渗透，也挖掘个别方言的特殊表现、声学特征；既观察方言间的接触所造成的演变事实，也探讨这种演变的源头、路径和路向；既讲求方言（语言）学研究成果的提升应用，也重视海内外汉语（方言）的教学传承；既运用现有理论考察民族语言核心词的汉化，也利用隔代文献帮助方言韵书的校订。总之，历时演变和共时表现结合，本体研究和语言应用兼顾，宏观规律和微观结构并重，这本集子的内容可谓多姿多彩。而针对这么丰富的内容和广泛的对象，采用多种不同的方法进行研究也就成了顺理成章的事情。所以我们可以看到，具体描写、纵横比较、语义解释、句型分析、语音实验等方法在集子中都被充分运用，同时各种方法或交叉或结合起来使用，效果相当不错。如陈卫强《广东佛山大榄话高变调的声学特征》一文，先具体描写了大榄话的声调及变调，然后运用语音实验的声学特征加以佐证，再通过大榄话内部声调变调比较、与外部具有相同变调能力的方言比较，最后指出：大榄话高变调保留着粤语高变调较早期的形式。整个研究过程各种方法的运用得心应手，一气呵成。又如叶晓芬《试论黔中屯堡方言中的语气词"哩"——兼谈与贵州汉族移民的关系》采用的基本方法是句型分析，从句式、语义，特别是语用方面对"哩"作了多角度的深入分析，但在研究过程中又大量复合使用具体描写、历史比较等方法；王永欣、孙玉卿的《粤方言"搇"类词语的使用现状及发展趋势》运用问卷法、统计法、比较法对粤方言"搇"类词语的使用现状及发展趋势进行探讨；等等。这些文章研究方法的多样性、运用各种方法的熟练程度都令人印象深刻。即便是同一方言（语言），研究的切入点不同，采取的方法不一样，其结果也会闪现出各不相同的新意。如对透、定母字今音声母读"h"问题，邵慧君的《广东粤方言声母特征分布格局及特点》从广东粤方言声母特征分布入手，对这一现象作了一定程度的解释，指出这是"四邑话声母典型特点"，是由于"四邑方言'端'母丢失 t- 读零声母"，透、定母平声"也丢失 t- 而由 t^h- 变为 h-"；丘学强的《几段跨方言区的"同言线"——"中古透、定母字今音声母读 h"》则利用"中古透、定母字今音声母读 h"在同言线上的分布，通过延伸考察端组、精组和帮组的声母在粤、赣、闽、客和北方方言岛等若干方言点的读法，以"音变链"理论探讨各方言点的音系结构，区分了不同音系"链变"的差异。又如对粤方言，以语音、词汇、语法等为内容的研究俯拾皆是，但方小燕的《论粤方言之"俗"研究》从广州话内容之"俗"切入研究，就给人以别具洞天的感觉。但实事求是地说，虽然大家都很努力出新，但内容一丰富就显得有点庞杂，各篇文章的质量也有些参差，有的让人觉得写得比较仓促。如何把这些文章编排好对我们来说是一个挑战。经过反复研究，我们首先按照文章研究的是方言（语言）本体还是非本体进行分类，然后在本体研究里面再根据研究的是单一方言（语言）的共时特点还是跟其他方言（语言）的互动变化而分出两大类，这样就有了三个不同的类，形成了三个板块，分别编入不同的文章。"单一共时"板块里的文章主要揭示研究对象本身当时的方言（语言）事实，不牵扯其他方言（语言），不关心是否演变，这一类还可以细分出现代的和古代的两种。"接触演变"板块里的文章主要考察研究对象跟哪些方言（语言）有过接触、发生了什么变化、怎样变化，根据研究侧重点的不同，内部可以分为接触和演变两小类。"综合应用"板块的文章，其研究的对象并非方言（语言）本体，而是方言（语言）理论探讨及研究状况的概述、方言（语言）研究成果应用于教学的探求、方言（语言）在海外的使用状况分析、方言研究文献的钩沉应用等。这样，连同后面的"师功师承"，这本集子一共就有了六个板块，形成了一、二、六板块侧重传承，三、四、五板块侧重创新的格局。实际上，提交给论坛的文章还有一些，但有的由于作者没有时间补充修改而不得不放弃，有的则因被相关刊物采用而不得不撤出，还有的是因为交稿过迟而错过了时间，让人深以为憾。限于本书主旨和编辑水平，集子中不尽如人意之处在所难免，恳请读者诸君多提宝贵意见。

詹伯慧教授从教 70 周年，桃李芬芳，教泽绵长，值此大庆的光荣日子，詹门弟子及再传弟子感念师恩，踊跃参与，捧出了这本献礼之作，借此，我们共同敬祝詹伯慧教授健康长寿，继续引领詹门弟子及再传弟子在"汉语方言学的传承与创新"之路上不断前行，为建设中国特色、中国风格、中国气派的汉语方言学科作出新贡献！

侯兴泉　张晓山

2024 年 3 月

目 录
CONTENTS

↘ 综合应用

↘ 师功师承

师风师德

语言学家詹伯慧教授的 "文士情怀"

张晓山

"文士情怀"是 2011 年饶宗颐先生为詹伯慧教授首次举办书法展所写的题词。按我的理解，这是饶先生对詹伯慧书法作品、书法展览所蕴含的心境、所体现的情趣、所彰显的精神的一种概括、评价或揭示。应该说，这很精准地叩击了詹伯慧的心弦，引起了强烈的共鸣，以至于此后詹伯慧的书法展就一直沿用这 4 个字作为主题，足见詹伯慧认同之至。其后，有不少采访詹伯慧的文章也在标题或二级标题中用"文士情怀"来描述詹伯慧的学术生涯，如《紫荆》杂志 2019 年 1 月号发表高峰的文章，题目就是《詹伯慧：语言学大师的"文士情怀"》，其中第五部分是"'文士情怀'是人生底色"；《南方》杂志 2020 年第 19 期发表刘艳辉的文章《詹伯慧：语言乐园一师翁》，其中第一部分是"文士情怀"。这说明，用"文士情怀"描述詹伯慧的学术生涯，无论是采写者还是被采写者，都认为是相当适切的。那么，什么是"文士情怀"呢？

查《现代汉语词典》（以下简称《词典》），没有收录"文士"词目；又查《现代汉语规范词典》（以下简称《规范词典》），"文士"也付之阙如，但在解释"文人"词条时称"也说文士"。可见，《规范词典》认为，"文士"就是"文人"；其对"文人"的解释是"文化程度较高的人；从事文化工作的人"。而《词典》对"文人"的解释为"读书人，多指会做诗文的读书人"。两部词典对"文人"的解释虽各有不同，但《规范词典》的释义"从事文化工作的人"，在两部词典中都对应"文化人"，而"文化人"都解释为"泛指知识分子"；《词典》的释义"读书人"，在两部词典中也一致地解释为"知识分子"。这样七拐八拐的，终于让我们有了一点点头绪，那就是，"文士"大致相当于"知识分子"。当然，我们也还可以将"文"和"士"分开探究。比如"士"指"古代介乎大夫和庶民之间的阶层"，而在古代，这个阶层可以有"文的士"和"武的士"之分，但绝大多数时候指的还都是"文"的；也即是说，"士"，其实就是"文的士"，所以"文"和"士"在这里分开来探究意义不大，重点还是应该落在"士"上，"士"的身份搞明白了，也就把"文士"搞明白了。但这"士"的身份在历史的长河中一直在演变，从游士、辩士、策士到文吏、文臣、文学侍从、学术侍从，再到文化人、读书人等，甚至有人认为，今天的知识分子，其实都可以说是古代的士的现代延续。至此，"士"也与"知识分子"挂上钩了。所以，用"知识分子"来解释"文士"应该是没有大问题的。当然，"士"和"知识分子"的定义，也是公说公有理婆说婆有理，争论颇多，莫衷一是，讨论这样的问题已经超出我们的学力和本文的主旨，我们还是舍繁就简，直接采用《规范词典》"有较高科学文化知识的脑力劳动者，如教师、工程师、医生、记者、作家等"的解释吧！说詹伯慧教授是个知识分子终归应该不是一个问题。那么，"情怀"又是什么呢？网上关于"情怀"的解读甚至调侃甚嚣尘上，条分缕析相当不易，为方便起见，我们直接采用《词典》的解释，即"含有某种感情的心境"。把以上两者结合起来，"文士情怀"是指：属于知识分子的/具有知识分子特点的含有某种感情的心境。还可以用更通行的说法来表述，那就是：中国知识分子精神！——这种精神，来源于国族认同的不变信仰，流淌于源远流长的文化传统，植根于底蕴深厚的内在品格，勃发于修齐治平的价值追求。

如果把"文士情怀"看作一个集合，那么它必然会有丰富生动的内涵，相应地也必然会有鲜活多样的表现。今天我们要讨论的就是，作为语言学家的詹伯慧，在 70 年的教学研究生涯中，他的"文士情怀"是如何投射到他的学术研究、学术思想、学术成果、学术历程等诸多方面的？他在学术上的"文士情怀"，又具体体现在哪些方面？下面分五个部分进行讨论。

一、学术报国、服务社会的家国情怀

习近平总书记指出："我国知识分子历来有浓厚的家国情怀，有强烈的社会责任感。'修身齐家治国平天下'，'为天地立心，为生民立命，为往圣继绝学，为万世开太平'，'先天下之忧而忧，后天下之乐而乐'，这些思想为一代又一代知识分子所尊崇。"[①] 这里所说的家国情怀，是指对自己国家的高度认同感、归属感、责任感和使命感。作为新中国培养成长起来的第一代语言学家，家国情怀是詹伯慧学术思想、学术成果的底色，也是他学术生涯、学术成长的规定性方向。他的学术生涯从一开始就与新中国紧紧地联结在一起，他在新中国的大地上学习、工作、研究、教育，与国家同呼吸共命运，历坎坷享荣光，把个人追求与国家需要主动结合起来，把学术研究与现实问题主动结合起来，在国家倡导的方向上积极努力、奋斗不息，在个人从事的专业上频出新声、屡呈新品，多年来携语言本体、语言理论、语言应用的丰硕研究成果，行进在具有中国风格、中国气派的语言学建设者行列中，步履稳健，由厕身者逐步前行为引领者。70 年的教学研究生涯，他有意识地跳出自我专注语言本体微观深入研究的象牙之塔，站位高峻，视野宏广，俯瞰语言学的现状及其与社会语言生活的关系，把语言学研究事业作为提高

---

① 习近平. 在知识分子、劳动模范、青年代表座谈会上的讲话［N］. 人民日报，2016-04-30（2）.

全社会科学文化水平、提高人民群众文明程度的重要一环，面向语言应用，面向人民群众，面向社会需要，自觉用自己的语言研究学术成果和话语权发表具有影响力的意见和看法，服务国家的建设发展，满足人民群众的需求，推动社会进步。有别于一般的知识分子，他反对把学术跟政治对立①，始终着眼于语言与国家、与民族、与社会、与文化的密切关系来开展学术研究和学术活动，坚定维护并积极参与国家语文政策的贯彻执行，笃"推普"促规范义无反顾，提建议出主意务实包容，化质疑纠偏差旗帜鲜明，在所有需要他挺身而出的时间和场合，他从来都没有缺席过！他的学术成长、他的研究重点、他的学术思想学术成果、他的处事逻辑，都打上了深深的时代烙印，都能够从新中国的文化发展脉络和语文重点工作中找到相关根由，都体现了一个知识分子以天下为己任，专业报国、服务社会的家国情怀。很多评介詹伯慧的文章提到，詹伯慧有强烈的社会责任感，有大的格局和眼界、大的胸襟和情怀等，其实归根结底，这一切，皆由家国情怀奠定！

中华人民共和国成立初期，百废待兴，为了普及文化教育，提高人民群众的文化教育水平，推动国家工业化和国民经济发展，加快社会主义建设步伐，国家对语言文字工作高度重视，发出"正确地使用祖国的语言，为语言的纯洁和健康而斗争"②的号召，随后又提出了文字改革、推广普通话和汉语规范化等多项语文工作政策，詹伯慧积极响应、全情投入，"视之为新时代语言专业工作者责无旁贷的职责"③，一直围绕这些政策任务开展学术研究工作，并将其作为自己一生的重点研究方向和服务社会的主要工作目标，亲历并全程参与了新中国有影响力的重大语言工程。他对将语言研究成果服务于语言应用以取得社会效益的探索，也逐渐从自发到自觉，再从自觉到自由，从而不断拓展自己的学术宽度、深化自己的学术思想、提高自己的学术水平。文字改革是他早期的学术兴趣，几十年来也有所关注。但在北京大学进修和在海南岛田野调查后，他就开始了以方言调查研究为主要方向的学术深耕，因为方言调查研究是推广普通话和汉语规范化的基础性工作，方言调查研究成果能够服务于推广普通话和汉语规范化，推动推广普通话和汉语规范化工作的深入开展，能够在语言应用中充分发挥社会效益。他也对辞书编纂情有独钟，"认为既是传播科学文化、普及各类知识的重要举措，也是解决语言应用中各种问题的重要途径"④。他同时还积极组织、撰写兼具应用性与通俗性的语文读物，"用于普及语言文字知识，提高全民语文水平，进而有助于提高全民文化素质"⑤。在教

---

① 张宜. 詹伯慧教授访谈 [M] //刘新中，木子. 暨南大先生：詹伯慧. 广州：暨南大学出版社，2021：145.

② 《人民日报》社论：正确地使用祖国的语言，为语言的纯洁和健康而斗争！[N]. 人民日报，1951-06-06（1）.

③ 詹伯慧. 我跟语言学的六十载情结：为"广东省优秀社会科学家文库"而作 [M] //詹伯慧自选集. 广州：中山大学出版社，2015：4.

④ 詹伯慧. 我跟语言学的六十载情结：为"广东省优秀社会科学家文库"而作 [M] //詹伯慧自选集. 广州：中山大学出版社，2015：4.

⑤ 詹伯慧. 语文杂记 [M]. 广州：暨南大学出版社，2010：总序3.

学科研著述之余，他还积极宣传国家语言文字方针、政策，热心推广普通话，推进语言文字规范化工作，贡献卓著，先后两次获评为"全国语言文字先进工作者"。几十年的学术生涯，他"把方言研究和语言应用紧密结合起来，和贯彻、实施我国的语文政策紧密结合起来，和亿万人民群众的社会语言生活紧密结合起来"①的主线绵延不断，贯穿始终。"他深知做学问的目的，深知语言学学者所承担的社会责任。"在他看来，"做学问与服务社会是同一件事。为社会、为国家解决问题，才能充分彰显学问的价值和力量"。②

于是我们看到，上大学期间，他积极参与组织中山大学新文字研究会并成为骨干成员，连续在上海《新文字周刊》和《广东教育与文化》杂志上发表相关文章，又以"文字改革"为题撰写毕业论文，还以新文字题写赠言，鼓动参加中国人民志愿军、即将奔赴朝鲜前线的同学林穗芳："Ba S. W. daidao cianxian ky（把新文字带到前线去），Ba wenz geming de zingshen fajang kilai（把文字革命的精神发扬起来）!"③后来，新文字在朝鲜前线和部队文化学校都发挥了应有作用，林穗芳觉得，"这在某种程度上可以说是试图实现伯慧的期望，把文字改革的精神带到新的工作岗位"④。由此可见，詹伯慧这种让学术服务社会的意识在学生时代就已经有了。在武汉期间，面对湖北人民群众的语言实际，他深入调查湖北方言，写出了不少针对性、实用性很强的论著，研究分析湖北各地的方言状况，为武汉、广济、浠水、蒲圻等地人民群众学习普通话提供帮助，同时密切关注全国汉语方言的研究情况，提出了加强对方言词汇、方言语法研究的主张。他的视野将微观与宏观兼收、研究共应用并蓄，微观上着眼跟前，宏观上放眼全国，力求用更好的研究成果来更好地服务社会的语言应用。南来广东之后，依托广东改革开放先行地和方言资源丰富优势，詹伯慧不断拓展学术视野和服务对象，对粤港澳台等地的方言资源和语言应用情况进行深入调查研究，推出了一系列煌煌巨作，发出了一连串流行金句，给出了一大批实用工具，为广东的语言文字工作展示了丰富资源、揭示了存在问题、提供了改进方法、指明了前进方向，为广东的改革开放和现代化建设创造良好的语言环境，语言研究成果服务语言社会应用更加宽广、更加突出、更加自如。退休之后的近二十年，詹伯慧更从理论上不厌其烦、不遗余力地阐述语言研究成果转化为语言应用的必要性和重要性，呼吁"让众多的方言调查成果在语言应用中充分发挥社会效

---

① 詹伯慧. 我跟语言学的六十载情结：为"广东省优秀社会科学家文库"而作［M］//詹伯慧自选集. 广州：中山大学出版社，2015：3.

② 方小燕. 学以致用 慧启后辈［C］//甘于恩. 田野春秋：庆祝詹伯慧教授八十华诞暨从教五十八周年纪念文集. 广州：暨南大学出版社，2011：170.

③ 林穗芳. 忆与同窗好友詹伯慧的交往［M］//张晓山. 立说传薪风雨人：庆祝詹伯慧教授从教45周年. 广州：暨南大学出版社，1999：69.

④ 林穗芳. 忆与同窗好友詹伯慧的交往［M］//张晓山. 立说传薪风雨人：庆祝詹伯慧教授从教45周年. 广州：暨南大学出版社，1999：69.

益"①。从 2005 年到现在发表的约 150 篇文章中，正面论述方言研究及方言应用的就有十几篇，在其他文章中涉及语言研究服务语言应用的也不计其数，这些文章的观点是詹伯慧对过去语言研究服务语言应用实践的总结与发展，也是从"行"到"知"的结果及合一，更是理论上的觉醒和升华。

于是我们听到，对简化汉字，詹伯慧指出："简化汉字减少了学习汉字的难度，减轻了汉字学习者的负担，有利于文化教育的普及，有利于加速扫除文盲，有利于从总体上提高人民的素质。"② 当发现有人试图将汉字简化的方向扭向后转"舍简就繁"时，他义正词严地指出："任何一个主权国家的公民，都有维护本国语文正确规范的义务。在国际交往中，使用我国规范的文字，正如使用我国规范的语言一样，都是维护国家尊严的体现。既然简化汉字早在 35 年前已作为我国法定的文字规范公诸于世……倘若有人因此而把正确使用简化汉字提高到爱国主义的高度来认识，提高到增强法制观念的高度来认识，我想也不算过分的。"③ 对推广普通话，詹伯慧说："像我们这样一个幅员辽阔、人口众多、历史悠久、拥有几千年灿烂文化的中华民族，是不能没有一个全社会通用的共同语言的。这就决定了长期以来我们国家始终不渝地贯彻大力推广社会通用语，人人学会普通话的'推普'政策。这是维护民族团结，齐心协力建设现代化社会，并大力提高文明水平不可缺少的条件。"④ "我们强调必须有一种大家共同掌握、共同使用的社会通用语，其中最重要的原因就在于共同的语言会带来共同的文化、共同的凝聚力。同一个民族、同一个国家的人民，在使用同一民族共同语的过程中，总是会不断赋予该民族语言以独特的民族文化特征，使之能够更好地适应本民族人民的风情习俗和心理状态。与此同时，共同的语言又约束着、影响着该使用语言（或方言）的每一个成员，形成一种维系民族统一的凝聚力和归宿感，从而形成一种共同的思维模式和认识世界、改造世界的共同方式，促进了独具特色民族文化的产生和发展。"⑤ 因此，推广普通话"是符合国家民族利益，也符合全体人民，包括方言地区人民的利益的"⑥。对语言规范化，他强调："在现代社会里，人们往往把语言的规范看作一个民族、一个国家文明水平的标志之一。一个具有明确规范、能够充分发挥其社会功能的语言，被认为是民族意识增强、民族文化高涨的重要体现。"⑦ "语言规范的目的归根结底总是要为语言的应用服务的。既然如此，语言规范就必须始终贯彻'从应用中来，到应用中去'的

---

① 詹伯慧．汉语方言的研究及其应用：纪念吕叔湘先生 [J]．语文研究，2005（2）：9．
② 詹伯慧．语言规范与语言生活的多样化 [M]∥詹伯慧自选集．广州：中山大学出版社，2015：39．
③ 詹伯慧．坚持简化方向　坚持规范化原则：纪念《汉字简化方案》公布 35 周年 [J]．语文建设，1991（1）：5．
④ 詹伯慧．语言规范与语言生活的多样化 [M] ∥詹伯慧自选集．广州：中山大学出版社，2015：35 – 36．
⑤ 詹伯慧．汉语言与中华文化漫谈 [J]．华侨大学学报（哲学社会科学版），2012（4）：115．
⑥ 詹伯慧．试论方言与共同语的关系 [J]．语文建设，1997（4）：32．
⑦ 詹伯慧．语言规范与语言生活的多样化 [M] ∥詹伯慧自选集．广州：中山大学出版社，2015：34．

原则，体现出'源自实践，服务实践'的精神。"① "语言文字规范化的最终目标是要引导人们正确地使用语言文字，使语言文字能更充分发挥它的社会功能，更好地推动社会发展。"② "在语言规范化工作中，要防止乱挥警棍的'警察行为'；语文工作者要少当语言的法官，多当语言的导游。让广大的语言使用者能够在绚丽多彩的语言大世界中遨游，尽情享受语言中的乐趣。"③ 对方言调查，詹伯慧认为："开展方言调查，既是推广普通话的需要，也是汉语规范化的需要。"④ "在方言复杂地区推广普通话，必不可少的前提是开展方言调查，通过调查充分了解方言的面貌，才有可能根据方言的特点来进行'对症下药'的普通话教学。"⑤ "在汉语规范化过程中，必然会遇到各色各样的问题，语音也好，词汇也好，语法也好，都只有在调查研究的基础上进行深入的讨论，才能够得到令人满意的合理解决。而这种围绕着规范化问题开展的调查，自然少不了汉语方言调查的份儿。只有开展汉语方言调查，比较方言与共同语的异同，彻底弄清方言中形形色色的特点，才能面对语言事实，对各种方言现象进行分析整理，有抉择地有限度地考虑哪些方言因素可以吸收，哪些方言因素只能'拒之门外'，不能接纳。"⑥ 对语言学科建设，詹伯慧认为："我们的语言学科，有着贴近社会生活、服务社会应用的优越条件。" "社会需要语言学科效力，语言学科需要社会支持。" "我们要建设起一门在民族文化中占有重要地位的中国语言学科来。"⑦ 真的是字字珠玑、句句铿锵，胸怀全局、目光如炬，责任担当溢于言表——在詹伯慧所重点关注的研究领域，他的关注重点始终是这个领域对国家、对社会、对民众、对学科的作用。詹伯慧的家国情怀昭彰耀眼！

二、进德修业、执着奉献的"三立"情怀

春秋时，鲁国的叔孙豹出使晋国，晋国的范宣子问何谓"死而不朽"，于是就有了叔孙豹"太上有立德，其次有立功，其次有立言，虽久不废，此之谓不朽"的回答。这段问答记载在《左传·襄公二十四年》中，历朝历代都极为推崇和追捧。虽然不同年代、不同层次、不同身份的人对"立德""立功""立言"的内核或要求的解读并不一致，但把做人追求崇高精神价值、做事为社会进步作出贡献、做学问写文章有独到的见解或主张作为为人处世的圭臬标尺、作为积极人生的奋斗方向、作为个体生命的超越

---

① 詹伯慧. 少当语言警察　多做语言导游 [M] //语文杂记. 广州：暨南大学出版社，2010：32.
② 詹伯慧. 再论语言规范与语言应用 [J]. 语言教学与研究，1999（3）：34－48.
③ 詹伯慧. 语言规范与语言生活的多样化 [M] //詹伯慧自选集. 广州：中山大学出版社，2015：44.
④ 詹伯慧. 汉语方言调查与汉语规范化 [J]. 语文建设，1995（10）：2.
⑤ 詹伯慧. 就广东的情况谈谈推广普通话的一些问题 [J]. 语文建设，1986（4）：46.
⑥ 詹伯慧. 汉语方言调查与汉语规范化 [J]. 语文建设，1995（10）：2.
⑦ 詹伯慧. 有关语言学科建设的一些看法 [C] // 邓景滨，刘新中. 詹伯慧语文评论集：庆祝詹伯慧教授从教五十五周年（1953—2008）. 广州：暨南大学出版社，2008：360－364.

延伸，却是经过努力可以做到的。于是"立德""立功""立言"就发展成为中国历代知识分子的人生理想和价值追求。一代又一代的知识分子，在不同的领域，用不同的形式，努力用一生践行"三立"理想，人人要进德修业，个个想青史留名，以求达到人生"不朽"的最高境界。这种对标"三立"、践行一生以致未来的人生追求渗入中国知识分子的血脉之中，成为其文化基因不可分割的一部分，使得中国的每一位知识分子都或多或少拥有"三立"的情怀。詹伯慧出身于知识分子家庭，自小受中国传统文化熏陶，对于"立德""立功""立言"有一种天然的认同和向往，并将这种认同和向往内化为自身的追求，投射在自己的学术生涯、学术成果中，用一生的时光执着于"从一而终"——在语言研究、语言应用领域为国家、为社会、为学科作出更大贡献。他"常常思考语文工作中的一些问题，把自己的管见发表出来"，"不断学习，继续跟随语言学界的高明贤达，争取再为我国语言科学的繁荣发展添点余热，尽点绵力呢"。① 这是他在《语言与方言论集》付梓时说的话，这时候他刚满 60 岁。到 2014 年，他已经 83 岁高龄了，而他说："时至今日，我始终没有退出工作前线的倦意，我总觉得自己还有许多该做而未做的事情，总想争分夺秒去完成，去实现。""我多么希望能在有生之年，再发挥一点余热，为我毕生从事的语言学事业再献一点绵薄之力啊！"② 甚至到了近 90 岁遐龄的时候，他还发起设立"暨南大学詹伯慧语言学奖"，以奖掖后进，让更多的人能够执着于语言学研究事业，一同推动语言科学的发展。就这样，他像一台保有不竭动力的永动机，不知疲倦地运转着，不停地向社会、向学科输送学术研究成果。而这种执着和付出——对人生有追求，对自身有要求，对学问有探求，对未来有企求——它的力量源泉，正是来自进德修业、执着奉献的"三立"情怀！原中国民主同盟中央主席、全国人大常委会副委员长、社会学家费孝通说过："我认为学问是一生的事情，学问是立身之本。没有学问不行，我是把学术视作我的生命。咱们中国古人讲，要立德、立功、立言，这'三立'很重要啊！学术正是这'三立'的根本，要以学术为本，这是我一生的追求。"③ 这段话，用在詹伯慧身上也是很合适的。

作为语言学家，詹伯慧在他的学术生涯、学术成果中体现出来的"立德""立功"与"立言"三者其实是统一的。他以"立功"为切入点，在"立功"中体现"立言"，通过"立功"和"立言"展示"立德"，而"立德"又规定了"立功"和"立言"的内容和方向，这三者相辅相成、相互砥砺，共同成就、不可分割，由此形成汹涌澎湃的学术动力！

---

① 詹伯慧. 语言与方言论集 [M]. 广州：广东人民出版社，1993：前言 1 - 2.

② 詹伯慧. 我跟语言学的六十载情结：为"广东省优秀社会科学家文库"而作 [M] //詹伯慧自选集. 广州：中山大学出版社，2015：1.

③ 蒋晔. 费孝通 一生梦寐以求的理想 [M] //张荣华. 薪火相传：记费孝通教授. 北京：群言出版社，1999：205.

詹伯慧年轻时就投身学术，从 1950 年发表第一篇文章算起，到现在已经有 70 多年的学术历程，出版专著逾 40 部，发表文章逾 400 篇。其最早的学术文章是有关文字方面的，如《加强团结，把新文字推广开去》（1950）、《关于简体汉字的问题》（1951）等。在武汉的 30 年是大量的有关方言本体的著述，如《海南方言中同义字的训读现象》（1957）、《万宁方音概述》（1958）、《粤方言中的虚词"亲、住、翻、埋、添"》（1958）、《海南岛"军话"语音概述》（1959）、《潮州方言》（1959）、《湖北方言概况》（1960）、《浠水话动词"体"的表现方式》（1962）、《鄂南蒲圻话的语音特点》（1964）、《郧县方音纪要》（1979）、《浠水方言纪要》（1981）、《现代汉语方言》（1981）、《汉语方言文集》（1982）等；在此期间他还单独或与人合作发表了关于方言材料收集整理、方言词汇语法调查研究、汉语方言分区等方面的文章，根据自己负责《汉语大字典》审音工作的实践总结发表了对汉语字典词典编纂具有重要指导意义的《汉语字典词典注音中的几个问题》（1979）。南来广东的 30 多年，詹伯慧的学术视野大大拓宽，学术研究大大深化，学术成果大大丰富，学术影响力大大提高。他的关注点从个别地点的方言事实扩展到大面积的调查研究，从单点描写扩展到对多点的综合比较分析并延伸到对语言研究方法的探讨，从方言本体扩展到方言应用、方言资源、方言与文化等理论问题，从纯粹学术研究扩展到自觉服务社会需求。体现这种变化的是陆续问世的一篇篇、一本本著述。《珠江三角洲方言字音对照：珠江三角洲方言调查报告之一》（1987）、《珠江三角洲方言词汇对照：珠江三角洲方言调查报告之二》（1988）、《珠江三角洲方言综述：珠江三角洲方言调查报告之三》（1990）、《粤北十县市粤方言调查报告》（1994）、《粤西十县市粤方言调查报告》（1998）、《广东地区社会语言文字应用问题调查研究》（2000）、《广东粤方言概要》（2002）、《饶平客家话》（2003）等一批大面积成片调查报告及其后续综合研究报告出版，《语言与方言论集》（1993）、《方言·共同语·语文教学》（1995）、《漫步语坛的第三个脚印：汉语方言与语言应用论集》（2003 年，2006 年增订本）、《詹伯慧语文评论集》（2008）、《詹伯慧自选集》（2015）等将历年有关方言本体研究、方言的理论探讨、语言研究服务语言应用的论文结集推出，《汉语方言及方言调查》（1991、2001）、《粤港澳学生用普通话常用词手册》（1995）、《东莞方言词典》（1997）、《广州话正音字典》（2002）、《新时空粤语》（2006、2009）、《语文杂记》（2010）、《汉语方言学大词典》（2017）等服务语言研究和语言应用、普及语文知识的工具书陆续推向社会。其中《汉语方言及方言调查》《广州话正音字典》和《汉语方言学大词典》对服务社会、促进方言学科发展所产生的作用和影响都极其巨大，是利在当代、功在千秋的巨作。詹伯慧也因为我国语言科学的建设与发展作出突出贡献，在学术创新方面具有代表性而于 2011 年被评为首届"广东省优秀社会科学家"！我们在这里不厌其烦地罗列詹伯慧的学术成就，只想说明，作为一个学者，他执着于专业上的建树，不停地拓展学术领域，不停地攀登科学高峰，不停地奉献科研成果，这只有用"立功"来概括方能说是他心之所向、行必达之的真实写照；但这里的"立功"，无关功利，不沾名利，更非私利，体现的是詹伯慧对学科、对科学的热爱，是他对国家、对社会、对学科的责任担当。

一个学者，推出学术成果之同时也传递出自己对所涉及问题的立场、认识、见解或主张，其中那些坚持正确的价值取向和舆论导向，能够反映真实情况，回应现实需求，得到高度认可并广泛流传的言论或观点，就会被视为"立言"。这个时候，"立言"是伴随"立功"同时出现的，从这个角度说，"立功"也就是"立言"，"立言"是"立功"的一部分。在詹伯慧的著述中，有湖北方言、珠江三角洲粤方言、广东闽方言、客家话和社会语言文字应用等语言资源的挖掘和分析的报告，有面向大学语言学教学及学科建设的方言学教科书，有服务社会大众的推广普通话和语言文字规范化的通俗性、应用性、普及性读物，有指导社会语言实践、普及方言学知识的字典、词典，还有就方言本体特点、语言与文化、语言与方言、方言与共同语、汉语规范化与语言应用等问题撰写的大量文章及其结集，等等。这些不同方面的成果，其学术主张和学术价值为业界所重视和认可，成为专业上绕不过去的一个个路标，影响着一代又一代的方言学人。其中詹伯慧提出的一些观点和言论，由于契合社会心理需求又朗朗上口，受到人们的高度关注和喜爱，广为称引，流播四方，成为人们耳熟能详的经典话语，用现在时髦的说法就叫"金句"。以詹伯慧所着力甚勤、着墨最多的方言与共同语的关系、推广普通话、汉语规范化问题为例："普通话和方言是兄弟姊妹的关系，不是父子的关系"① ——这是对方言和共同语关系的最通俗、最形象的描述；"推行普通话并不是为了消灭方言，而是为了让会说方言的人都学会讲通用的共同语——普通话，从而形成一个双语并用、有主有从的语言交际局面"② ——这是对推广普通话目的最直接、最明了的揭示；"语言（包括文字）的规范不是为规范而规范，而是为应用而规范"③，"少当语言警察，多做语言导游"④ ——这是对语言规范化工作最诚恳、最友善的提示和忠告；"普通话南下，粤方言北上"⑤ ——这是对语言发展制约因素发生变化的最直白、最简洁的示现；"粤语是绝对不会沦陷的"⑥ ——这是对粤方言前途命运的最清晰、最决然的判断；"留住方言留住根"⑦ ——这是对保留方言资源、保护文化根脉最朴素、最热切的祈盼。

① 詹伯慧. 方言和规范化杂议［M］//陈恩泉. 双语双方言. 广州：中山大学出版社，1989：184.

② 詹伯慧. 留住方言留住根：杂议推广华语与汉语方言［M］//詹伯慧自选集. 广州：中山大学出版社，2015：98.

③ 詹伯慧. 语言规范与语言生活的多样化［M］//詹伯慧自选集. 广州：中山大学出版社，2015：39.

④ 詹伯慧. 少当语言警察　多做语言导游［M］//语文杂记. 广州：暨南大学出版社，2010：32.

⑤ 詹伯慧. 社会语言文字应用的现象值得重视：广东语言文字应用调查的一些启示［M］//詹伯慧自选集. 广州：中山大学出版社，2015：62.

⑥ 詹伯慧. 粤语是绝对不会沦陷的：对出现"废粤推普"风波的一些思考［J］. 学术研究，2011（3）：155.

⑦ 詹伯慧. 留住方言留住根：杂议推广华语与汉语方言［M］//詹伯慧自选集. 广州：中山大学出版社，2015：97.

一个学者，在开展学术研究、提出学术主张、形成学术成果的过程中，也会自然而然地把自己的"德"给表露出来。其中，以天下为己任、视学术为天下公器者乃"大德"，对所从事的专业心存敬畏、以自己的专业所长服务社会者乃"公德"，对己严以修身、对人仁爱和善者乃"私德"，反之，则德行有亏，不足道哉！在詹伯慧的学术生涯和学术成果中，人们总能体会到鲜明、浓烈、自觉的爱国精神和社会责任感，"他对汉语方言学和语言规范化事业的热爱，他满腔热情地为祖国的语言科学和教育事业贡献力量，正是他对新中国热爱的具体体现"①。这就是一个学者的"大德"！他有主人翁精神，愿意将自己的专业能力贡献给国家建设和社会发展，矢志不渝，无怨无悔。他长期扎根语言学领域，硕果累累，并不断地将丰富的学术果实回馈社会，用语言学的理论和实践服务国家建设大局，作出突出贡献，2011 年 11 月，他被广东省精神文明建设委员会办公室评为敬业奉献类"广东好人"。语言学家被官方和社会评选为道德典型，足见詹伯慧用专业为社会服务的举动获得广泛认同和高度评价，"公德"赢得了"民意"。在"私德"方面，"凡跟伯慧熟悉或交往的人，无论是其师辈、同事、朋友或学生，对他的为人无不称赞不已"②。师辈说："伯慧对一切人都那么深情、那么诚恳。""同行中虽有不同意见，但他从不强加于人。"③ 老同学说："伯慧兄年龄并不比我大，但他的学问高，成就大，实为我们的学长，学习的榜样。""阿詹虽身居高位，享有很高的荣誉，但从不居高自傲，总是平易近人，也未忘了老友。"④ 老同事说他"善于沟通协调"，"严于律己宽以待人"，"热情厚道"。⑤ 同行学者说他"大学者而有大气量"，是"一个可以不设防的真正朋友"。⑥ "他以执着的精神、不懈的追求，熔铸为人格力量，又以人格魅力聚集人气，形成广泛的人脉，结成强大的学术阵容，开拓了一片天地，使粤语研究成为举世瞩目的热门显学。"⑦ 港澳台朋友说："詹教授待人温厚，处事宽和，有容纳异己的识见和胸襟。"⑧ "对台湾年轻一辈的学者影响甚大，对台湾的学术研究方向也提

---

① 刘兴策. 永远的良师益友：庆祝詹伯慧教授八十华诞［C］//甘于恩. 田野春秋：庆祝詹伯慧教授八十华诞暨从教五十八周年纪念文集. 广州：暨南大学出版社，2011：53.

② 陈章太. 贺伯慧［M］//张晓山. 立说传薪风雨人：庆祝詹伯慧教授从教 45 周年. 广州：暨南大学出版社，1999：80.

③ 王均. 学无涯　情无涯：为庆祝詹伯慧教授执教 45 周年而作［M］//张晓山. 立说传薪风雨人：庆祝詹伯慧教授从教 45 周年. 广州：暨南大学出版社，1999：66.

④ 唐作藩. 热烈庆贺　衷心祝愿［M］//张晓山. 立说传薪风雨人：庆祝詹伯慧教授从教 45 周年. 广州：暨南大学出版社，1999：76—78.

⑤ 余金水. 詹伯慧教授与暨南大学文学院［M］//张晓山. 立说传薪风雨人：庆祝詹伯慧教授从教 45 周年. 广州：暨南大学出版社，1999：41.

⑥ 邢福义. 一位可以不设防的朋友［M］//张晓山. 立说传薪风雨人：庆祝詹伯慧教授从教 45 周年. 广州：暨南大学出版社，1999：85.

⑦ 刘村汉. 枝出粤东，叶荫广西：祝贺詹伯慧老师八十大寿［C］//甘于恩. 田野春秋：庆祝詹伯慧教授八十华诞暨从教五十八周年纪念文集. 广州：暨南大学出版社，2011：87.

⑧ 李学铭. 我所认识的詹伯慧教授［M］//张晓山. 立说传薪风雨人：庆祝詹伯慧教授从教 45 周年. 广州：暨南大学出版社，1999：121.

供了许多可贵的研究经验。"① 学生说，詹师对语言学界的同行"总是予以褒扬、肯定"，"绝无'同行相忌''文人相轻'之习"②。"认真做人，认真做事，这是詹师身体力行的一条为人准则，也是他传给我们弟子的一笔最宝贵的精神财富。"③ 詹伯慧就这样以强大的道德力量支撑了他的学术成功，也沾溉了业界和后学，团结了同行，形成了合力，带动了学术进步和学科发展，堪为"立德"。

三、坚持科学、探求真理的求是情怀

一提到"求是"，很多人很快就会联想到"实事求是"的成语，联想到毛泽东同志为中央党校的题词，联想到《求是》杂志，甚至可能还会有人联想到浙江大学的校训"求是"——据说这两个字取自王阳明的"君子之学，唯求其是"。总之，"求是"对于中国知识分子来说是不陌生的。最早的"实事求是"出自《汉书·河间献王传》，书中夸赞河间献王刘德"修学好古，实事求是"，指刘德能从确切的事实根据中得出正确的结论，具有严谨务实的治学态度。经过历代知识分子知和行的深化和赋能，"实事求是"的内涵不断丰富和发展，1941 年 5 月，毛泽东同志指出："'实事'就是客观存在着的一切事物，'是'就是客观事物的内部联系，即规律性，'求'就是我们去研究。"④至此，"实事求是"被赋予了"科学化"的新内涵，实现了从"治学"到"哲学"再到"科学"的嬗变与升华。于是"求是"就不再仅仅有着研究和探求客观事物的内部联系及其发展规律性的表征，更有了坚持科学精神、勇于探求真理的内蕴。而探索和追求真理，正是中国知识分子千百年来的文化自觉和历史使命；"路漫漫其修远兮，吾将上下而求索"，"亦余心之所善兮，虽九死其犹未悔"，就是千千万万知识分子为富民强国、促进社会进步而努力的内心写照。

作为语言学家，以专业学术成果服务社会进步，同样需要坚持科学精神、勇于探求真理的"求是"情怀，态度上要有执着探求真理的信念和无畏捍卫真理的勇气，克服各种困难和干扰，不计利害，大公无私；方法上要一切从实际出发，尊重人文科学以人为本的特点，接受历史和社会实践的检验。詹伯慧正是这样一位拥有"求是"情怀的语言学家。为了能够全面深入真实了解语言的实际情况，让学术成果能够正确反映客观语言事实及其规律，更好地服务社会和人民群众的现实需要，詹伯慧在研究中特别重视

---

① 竺家宁. 谈詹伯慧先生对台湾学术界的影响［M］//詹伯慧. 詹伯慧自选集. 广州：中山大学出版社，2015：285.

② 曹文安. 师恩难忘：回忆同伯慧师五十余年的交往［C］//甘于恩. 田野春秋：庆祝詹伯慧教授八十华诞暨从教五十八周年纪念文集. 广州：暨南大学出版社，2011：137.

③ 彭小川. 学习詹师　认真做人［C］//甘于恩. 田野春秋：庆祝詹伯慧教授八十华诞暨从教五十八周年纪念文集. 广州：暨南大学出版社，2011：146.

④ 毛泽东. 改造我们的学习［M］//毛泽东选集：第 3 卷. 北京：人民出版社，1967：759.

搜集社会大众客观的语言事实，细致分析其内部联系；特别重视语言学学术成果在社会大众中的应用，以检验这些成果的准确性和可行性。在具体的学术实践中，他的"求是"情怀体现为"四求"：一是"求真"，积极开展语言现状调查，获得真实的而不是虚假的第一手材料，从面上把语言事实弄清楚整明白，为深入比较分析研究奠定基础；二是"求新"，对于前人未曾涉及的领域，积极拓展开掘；对于前贤的成果或结论，不囿成说大胆质疑，通过新的调查、新的研究提出新的观点、新的结论、新的主张；三是"求实"，不好高骛远，不脱离实际，根据特定语言使用人群和应用环境，提出不虚悬、能落地、可推行的理性语文政策建议，以减少实施过程中的阻力；四是"求证"，将学术结论或学术主张放到社会语言实践中接受检验，看看其是否符合客观实际和客观需求，以语言实践的反馈来调整自己的理论。这"四求"贯穿在詹伯慧的学术实践中，形成了鲜明突出的学术特点和学术风格，于是就有了学术研究指导原则和方法论的品格和意义。

詹伯慧对语言现状的调查了解有着超乎常人的喜好和自觉，特别对大面积调查一直情有独钟。他热心语言调查的目的有二：一是掌握语言的真实情况，利于深入研究；二是把真实情况告诉读者，帮助读者增进正确认识。1956年詹伯慧被派参与海南少数民族语言调查，在完成主任务之外，他利用这个机会同时调查了当地汉语方言万宁话和文昌话，又发现、调查了属于方言岛的迈话和军话，还发现、调查了海南方言中同义字的训读现象。这些调查和发现使海南方言丰富多彩的面貌呈现于世，引起了学界的关注和重视。对詹伯慧开展大面积方言调查，人们知道得比较多，五六十年代在湖北时，他就普查过湖北省的方言，到了广东之后，大面积调查更是一发而不可收，先是珠江三角洲，然后是粤北十县市，接着是粤西十县市，还有饶平客家话，成果出了一个又一个。他对此的认识是："中国幅员辽阔，人口众多，要勾画出汉语方言的轮廓来，使人们对汉语方言有整体的认识，非得在各自开展单点调查的同时，有计划、有组织、有步骤地开展大面积的成片调查不可。"① 目的就是全面了解掌握真实的语言事实以增进人们的整体认识。他不但对语言本体的了解极有兴趣，对社会语言的使用情况也关注良多。如他曾对一组用于旅馆业和饮食业的词语进行调查，并对南、北方言的用法作了一些比较，"把方言运用的现状和语言规范化的要求结合起来考虑"②；他调查了几百个大大小小工厂的标牌，对其语言结构进行了剖析，希望能"全面反映所有工厂标牌的面貌"③；他还对网络语言词语等有所研究，认为网络语言中既有反映社会现实生活的新词新语，也有乱拼乱凑、不伦不类的"性质近似黑话"的语言；"字母词"客观上存在，但"不

---

① 詹伯慧. 四十年来汉语方言研究的回顾［M］//漫步语坛的第三个脚印：汉语方言与语言应用论集. 增订本. 广州：暨南大学出版社，2006：7.
② 詹伯慧. 方言和规范化杂议［M］//陈恩泉. 双语双方言. 广州：中山大学出版社，1989：186.
③ 詹伯慧. 工厂标牌语言剖析［J］. 语文建设，1989（6）：33-37.

宜过于滥用"；纯粹使用阿拉伯数字造成的词语，"是不能具有语言文字的资格的"。他认为编纂网络语言词典"是不无意义的"，可以"帮助读者认识网络语言，还能为社会语言学的研究提供资料"。① 对于他执着于调查语言的真实，我们除了佩服他视野开阔，更赞叹他对语言材料的敏感，以及他对语言的观察细致入微。

开展学术研究，离不开前人打下的基础；推动学术进步，既绕不开前人，但又必然要超越前人。现代语言学发展到今天，已历经几代，前贤对语言问题的调查研究成果已经相当丰富，是将之视为禁区，一切照搬，还是大胆探索，理性质疑，挖掘新意？态度不同，结果迥异。詹伯慧在 70 年的学术生涯中，大力拓展新领域，敏锐发现新问题，如对广东粤方言的大面积调查和综合研究、语言成果服务社会的理论和实践探索、推动语言规范化与时俱进、发现海南军话等，多有创获，成绩斐然；而在不囿权威、质疑创新方面，也可圈可点，迭有佳绩。新中国成立初期，斯大林的《马克思主义和语言学问题》作为新中国语言研究工作的指导性文献，其中大量的观点被视为结论性的金科玉律，对新中国语言学工作者影响深广。如关于方言和共同语的关系，斯大林认为，某些地方方言可以发展成为独立的民族语言即共同语，"占着主导地位"②，至于"其他方言，则丧失自己的独特性，溶入这些语言，并在这些语言中消失"③。而詹伯慧通过调查研究认为："只要是存在着方言的地区，语言生活就不可避免地会长期维持着双语（方言）或多语（方言）的局面，'推普'的结果只能做到让普通话在多元化语言生活中处于主导地位，而不可能使地方方言完全退出交际的舞台，更不可能完全从人们的嘴里消失。"④ 这样的结论与斯大林的说法完全不同，难怪新疆大学的徐思益教授要"经过几年的思考和实际的语言调查研究后"才认识到，"经典说法未必正确"，詹伯慧"不仅匡正了我多年存在的偏颇认识，尤为重要的是，他从方言研究中升华出来的思想，丰富了理论语言学"⑤。王力是语言学大师，也是推广普通话的先锋，在 20 世纪 30 年代初就写出了指导方言区群众学习普通话的手册。在后来重版的《广东人怎样学习普通话》一书中，王力从普通话语音出发，分别讨论普通话每一声、韵、调的发音情况及其与方言的区别，这样的编写体例被后来编写这类手册的人竞相仿效，影响不小。而詹伯慧通过自己推广普通话的实践认为："我们的'学话手册'目的在于帮助方言区人民掌握普通话，我们的读者对象是还没有掌握北京音的方言区人民。从这样的前提出发，我

① 詹伯慧. 当前一些语言现象与语言规范［J］. 暨南学报（哲学社会科学版），2001（4）：116－120.

② 斯大林. 论语言学中的马克思主义［M］//斯大林. 马克思主义和语言学问题. 中共中央马克思、恩格斯、列宁、斯大林著作编译局，译. 北京：人民出版社，1972：9－11.

③ 斯大林. 答同志们·答桑热叶夫同志［M］//斯大林. 马克思主义和语言学问题. 中共中央马克思、恩格斯、列宁、斯大林著作编译局，译. 北京：人民出版社，1972：33.

④ 詹伯慧. 再论方言、共同语与双语制问题［M］//漫步语坛的第三个脚印：汉语方言与语言应用论集. 增订本. 广州：暨南大学出版社，2006：300.

⑤ 徐思益. 一友三益：祝贺詹伯慧教授从教 45 周年［M］//张晓山. 立说传薪风雨人：庆祝詹伯慧教授从教45 周年. 广州：暨南大学出版社，1999：95.

们在描述对应规律时，就只需要从方音出发，让读者知道自己方言中每一个音类跟普通话音类的对应情况，而不需要从普通话语音出发，告诉读者普通话中每一音类跟方言音类的对应情况。"① 写这篇文章时詹伯慧还不到 30 岁，职称还只是个助教，初出茅庐，乳臭未干，就敢于公开挑名教授的不是，胆子也真是够肥的了！难怪有人说他具有"不媚上、不轻下、唯真理是从的高贵品格"② ——斯言甚是也已矣！

语言学研究的对象是社会实践中的人的实际语言，反映的是实践中的而非理论上的、固有的而非猜测的、天然的而非编造的语言事实及其内部联系，离开了人的活生生的语言实践，语言学就成了无本之木、无源之水。因此，了解人民群众的语言习惯、尊重人民群众的通行用法，这是任何语言学观点、主张或政策建议提出的出发点和落脚点。詹伯慧一直致力于摸查语言应用的实际情况，在推广普通话、汉语规范化和方言字典词典用字注音等方面探索切合语言应用环境、能为人民群众接受、利于落地推广的语文政策主张或政策建议。在内地推广普通话，詹伯慧强调，要坚持"推广一种、保留多种""双语并用、有主有从"的正确方针；但是在香港推广普通话，则必须考虑香港"两文三语"应用、大多数港人从未学过普通话、现代白话文和方言口语差异的三大现实。因此，"当前大陆方言地区的'推普'要形成普通话和方言'双语并用，有主有从'的格局，拿到香港的实际语言环境来看，前面的四个字'双语并用'可以套用，至于'有主有从'，就未必适用了"，"不能照搬大陆各地的'推普'模式，一定要立足于香港的实际，记住'特区特办'的原则，才能把香港的'推普'工作认真做好"。③对语言规范化，他提出，要从不同场合不同环境的语言运用、双语格局中方言与普通话的关系、人们长期的语言习惯等方面考虑，"在千变万化的语言现象面前多看多思，冷静分析，耐心等待，静观其变，不忙于评头品足，不急于给众多的语言现象判断是非"，"仍需采取'可宽则宽，该严则严'的态度"，"要在应用中发现问题，在应用中进行规范"。④"我们不能无视语言运用的实际，想当然地企图用强制的方式来左右人们的语言运用习惯，束缚人们语言运用的手脚。"⑤ 对方言字典词典的用字，詹伯慧提出的最引人注目的指导原则是"从众""从俗"。他认为，"如果方言地区的民众在语言实践中已经自发地运用了考本字以外的手段，如自造俗字、同音代替等方式来解决本地方言中有音无字的难题，并且早已不胫而走，成为大家公认的用字习惯的话，即使这些方言用字

---

① 詹伯慧. 有关编写"学话手册"的几个问题［C］// 邓景滨，刘新中. 詹伯慧语文评论集：庆祝詹伯慧教授从教五十五周年（1953—2008）. 广州：暨南大学出版社，2008：5 - 6.

② 刘勋宁. 伯慧先生印象［C］//甘于恩. 田野春秋：庆祝詹伯慧教授八十华诞暨从教五十八周年纪念文集. 广州：暨南大学出版社，2011：84.

③ 詹伯慧. 从实际出发思考香港的普通话教育问题［J］. 语言文字应用，2002（1）：41 - 48.

④ 詹伯慧. 语言规范与语言生活的多样化［M］// 詹伯慧自选集. 广州：中山大学出版社，2015：36 - 44.

⑤ 詹伯慧. 当前语言规范工作的几点思考：纪念现代汉语规范问题学术会议召开50周年［M］//漫步语坛的第三个脚印：汉语方言与语言应用论集. 增订本. 广州：暨南大学出版社，2006：355.

既非本字，又不符合汉字造字规律，甚至有的还可视为错别字，但语言学家也很难说服大家改变用字习惯，很难使大家改弦易辙了"，所以"在方言用字的抉择中，还是从众从俗，服从约定俗成的原则为好，死抱着每个方言词都要考出来的想法不放是不切实际的"。① ——群众观点，约定俗成——这实际上是一种科学的精神，也是一种务实的态度，更是一种智慧的做法，这样做的结果，包容大，阻力小，能落地，可推行，詹伯慧是深谙务实之道的。

科学精神强调任何人所作的研究、陈述、见解和论断必须经受检验，而实践是检验真理的唯一标准。詹伯慧高度重视语言事实及其研究成果的求证验证，他求的是"口语之证"，不是"书籍之证"，验的是"实践之证"，不是"理论之证"。他不单坚持自己求证验证的立场和做法，而且鼓励学生去求证验证，通过社会语言实践的检验，及时修正自己的学术观点，完善自己的理论体系。詹伯慧在多个场合讲过，他曾在香港的刊物上发过议论，认为用"广场"称呼"大厦"用词欠妥，但之后调查发现，香港有很多称为"广场"的大厦，内地也陆续有大厦被称为"广场"，实际上是"广场"一词的义项增加了，所以也就只好认同了。他检讨说，"此事对我可说是一次教训，语言规范得多等等、多看看，别忙于下断言"②。——这里说的多等等、多看看，实际上就是要接受社会实践的检验。詹伯慧一直强调口语实践的重要性，要求通过是否活在口语来检验词语是否具有方言词的地位。"方言词典中所收录的词语，主要应源于方言地区人民群众的口语实践。""对于从文献资料录下来的方言词语，我们最好还是经过严格的验证，能够确认为该方言用词的，才吸收到词典中来。""每个方言词都必须有书证"的观念"有点舍本逐末"，"我们要强调的是口语记录的准确性，至于有没有书证，倒是次要的事"。③ 詹伯慧早年调查过海南的迈话和军话，有过一些初步的结论："'军话'大致接近北方方言系统，'迈话'大致接近粤方言系统。"④ 后来，他的学生中有人调查了迈话，用大量的第一手语料说明迈话的性质，取了个"混合型"的名称。詹伯慧认为，"'混合型'方言的提出，不但澄清了历来对海南岛'迈话'性质的模糊认识，而且还从理论上提出有突破性的观点，这是很难能可贵的"⑤。他的另一个学生丘学强调查了粤琼闽桂 4 省（区）的军话，通过剖析大量的翔实语料，综合比较军话与周边方言的关系，修正了军话都是北方方言岛的说法。詹伯慧认为，"丘学强博士认为各地军话各具特色，不应该统一划入哪个方言。但他也不赞成随便把它们当做不同的'混合语'。这

---

① 詹伯慧. 汉语方言词典编纂中的几个问题 [M] //漫步语坛的第三个脚印：汉语方言与语言应用论集. 增订本. 广州：暨南大学出版社，2006：100.

② 詹伯慧. 少当语言警察 多做语言导游 [M] //语文杂记. 广州：暨南大学出版社，2010：38.

③ 詹伯慧. 汉语方言词典收词小议 [J]. 中国语文，2001 (6)：547 – 549.

④ 北京大学中文系语言学论丛编辑部. 语言学论丛：第 3 辑 [M]. 上海：上海教育出版社，1959：127.

⑤ 黄谷甘. 滋兰树蕙 示我周行：庆贺詹伯慧教授从教 45 周年 [M] //张晓山. 立说传薪风雨人：庆祝詹伯慧教授从教 45 周年. 广州：暨南大学出版社，1999：149.

一见解来自语言实际，并非空穴来风，因此我们认为是科学的、合理的"①。对这两个学生用调查所得推翻自己的结论、修正自己的说法，詹伯慧不但没有排斥责怪，反而充分肯定，大加赞赏，其博大的胸襟由此可见一斑。由于这俩学生都带来了足以让人改变观点的语料——这些活跃于语言实践的语料充当了原来结论或说法的检验剂，从而有了新的发现，得出了新的结论，在詹伯慧看来，学术进步比固执己见保住面子更让人高兴！

四、志存高远、坚忍不拔的弘毅情怀

"弘毅"出自《论语·泰伯》，是孔子的学生曾参说的："士不可以不弘毅，任重而道远。仁以为己任，不亦重乎？死而后已，不亦远乎？"翻译成现代汉语大约就是：读书人必须志向远大，意志坚强，因为他责任重大，路途遥远。把实现"仁"作为自己的责任，难道不重大吗？奋斗终生，至死方休，难道不遥远吗？由于曾子在儒学中的重要地位，他这段话的精神为后来的读书人所继承发扬，成为知识分子直面自身使命、追求理想、永不放弃的宣言，激励着知识分子投身到"为天地立心，为生民立命，为往圣继绝学，为万世开太平"的伟业中而奋发努力，永不停息。"弘毅"是这段话中的关键词语，从古到今人们对它的理解解释千差万别，有的解释为"宽广强忍"，有的认为是"刚强而有毅力"，有的觉得应该是"见识学问大，刚强能决断"，有的则理解成"远大的抱负和坚强的意志"，众说纷纭，莫衷一是，但对其中所蕴含的对使命担当"坚持""坚定""坚强""坚毅"等的认识却颇为一致。所以，放到具体的语境中，"弘毅"就是"虽千万人吾往矣"的无畏，就是"穷且益坚，不坠青云之志"的坚守，就是"千磨万击还坚劲""咬定青山不放松"的坚韧，就是"苟利国家生死以，岂因祸福避趋之"的坦然，就是"科学有险阻，苦战能过关"的自信，就是"既然选择了远方，便只顾风雨兼程"的执着！一个人有了"弘毅"情怀，就能为了心中的选择，一心一意，担当使命，无论艰难险阻，不管通达穷困，一生一世，绝不改变，就算为此而付出生命也在所不惜。在这里，"弘毅"情怀就是前进道路上保证动力持续强劲输出的稳定器。

詹伯慧从年轻时就立志投身语言学，通过学术来服务国家和社会，他对此有着高度的使命感和责任担当。经过几十年的奋斗，到了现在，我们看到詹伯慧著作等身、门生成军、功成名就、地位崇高，可能有的人就会赞叹：詹教授太厉害了！詹教授太顺利了！詹教授太成功了！但其实，在他前进的道路上，并非铺满鲜花，并非一路顺风，成功的背后是艰辛、是坚韧、是超乎常人的巨大努力。在詹伯慧的学术生涯中，对他的学术研究产生干扰的因素至少有四个：一是政治因素的影响，二是工作本身的困扰，三是

---

① 詹伯慧. 濒危方言的研究大有可为：读丘学强《军话研究》［M］// 丘学强. 军话研究. 北京：中国社会科学出版社，2005：4.

学术主张的争拗，四是身体状况的衰退。这些干扰都是实实在在的，有的甚至是要命的。又比如身体的问题，前列腺癌和脑出血都是可能致命的。但詹伯慧志存高远，坚忍不拔，"能从一而终，一辈子都搞语言学研究，这是最高兴的"①；而对于干扰和挫折、生病和老化，他则淡然置之，旷达乐观，一心一意耕耘语言学园地，硬是在少人问津的坡地上，开辟出姹紫嫣红、挂果丰硕的花果园，使昔日略显冷僻之地，终成今天热门之热土良圃。

囿于当年的政治大环境和复杂的人际关系，在武汉大学的日子里，詹伯慧"一直低调处世"，但由于业务出色而被当作"只专不红"的典型拔了白旗，由于父亲——被誉为"岭南词宗"的中山大学中文系教授詹安泰——被打成右派而成了"右派子弟"，加上有"海外关系"等，所以"每次政治运动一来，必受到或大或小的冲击，他多方面的才干也不可能得到应有的发挥"②。他自己说，"那时候虽然环境艰苦，但是我始终觉得自己还有那么多书没读完，不能放弃"③。"他相信，方言扎根于人民之中，方言学决不会无用的。"④ 坚守着这样的信念，詹伯慧并没有沉沦躺平，而是利用劳动间隙，走街串巷，趁机收集方言词汇，积蓄学术能量，默默守护着心中的学术殿堂。后来到了广东，干事创业的氛围有了，政治地位提高了，但新的问题出现了。在武汉大学，"他是被人管而不是管人的人，连教学小组组长这样的最低职务也没有担任过"⑤。但到了暨南大学不久，一下子就让他当下辖 5 个系、1 个部、2 个教学中心共 8 个教学单位的文学院院长，其地位和能力要求与之前不啻云泥之别，这对他来说是很严峻的挑战，也占用了他大量可以用来开展学术研究的时间。虽然各方对他的履职情况评价很高，称之为"竖起了一个成功的丰碑"⑥，可他想的是，"没有足够的时间可以做学问，是最伤心的事"，"我当抓紧时机，回到我的书本堆上来"。⑦ 所以他只干了一届院长就辞任了。其间，他被选为全国人大代表，一届之后又当了两届全国政协委员，还有广东省文史馆副馆长、广东省语言学会会长等一大堆社会兼职，用于学术研究的专门时间更少了。他很快调整了心态和作息，"虽然专业工作与社会工作在时间上有时会有矛盾，但我也因此

① 张宜. 詹伯慧教授访谈 [M] //刘新中，木子. 暨南大先生：詹伯慧. 广州：暨南大学出版社，2021：142.
② 陈世铙. 风义平生友亦师 [C] //甘于恩. 田野春秋：庆祝詹伯慧教授八十华诞暨从教五十八周年纪念文集. 广州：暨南大学出版社，2011.
③ 黄玫，王厚启，邓晓. 詹伯慧：一世情缘予方言 [EB/OL]. (2016 – 12 – 14) [2024 – 02 – 26]. http://www. gd. xinhuanet. com/gdstatics/mrkgd/zbh/#.
④ 伍巍. 两袖清风耘不辍 一生追索到白头：记著名语言学家詹伯慧教授 [M] //张晓山. 立说传薪风雨人：庆祝詹伯慧教授从教 45 周年. 广州：暨南大学出版社，1999：164.
⑤ 陈世铙. 风义平生友亦师 [C] //甘于恩. 田野春秋：庆祝詹伯慧教授八十华诞暨从教五十八周年纪念文集. 广州：暨南大学出版社，2011：64.
⑥ 余金水. 詹伯慧教授与暨南大学文学院 [M] //张晓山. 立说传薪风雨人：庆祝詹伯慧教授从教 45 周年. 广州：暨南大学出版社，1999：40.
⑦ 许武杨. 师生情 [M] // 张晓山. 立说传薪风雨人：庆祝詹伯慧教授从教 45 周年. 广州：暨南大学出版社，1999：146.

学会了'弹钢琴'的方法，用力有轻有重"①，做到学术研究和参政议政两不误。《珠江三角洲方言调查报告》（三卷本）、《粤北十县市粤方言调查报告》、《粤西十县市粤方言调查报告》等巨作就是在这段时间内完成的。

汉语方言调查研究是詹伯慧主攻的学术方向，而方言调查被称为"田野工作"，是需要四处奔波的。当年调查海南方言，从通什到崖县，150里的小路，人烟稀少，头顶上骄阳似火，双脚下蚂蟥缠咬，詹伯慧自己背着铺盖，跋山涉水整整两天，苦不堪言；在湖北浠水，闷热的夜晚，蚊虫叮咬，灯火昏黄，詹伯慧不分昼夜调查整理方言材料。对这些，他从没有叫过一声苦和累。② 而后来作为项目领衔人，詹伯慧管的事情更多，承受的困难和压力更大，既要与各地政府联络协商，又要制订每天的工作计划，做好每个人的分工；到了目的地，先是安排食宿，然后物色、确定发音合作人，接着开始记音，记完音又要整理核对材料，集体讨论，工作到深夜是家常便饭，一天下来难得有从容喘息的空闲，往往不少人已哈欠连天，他却毫无倦意，其干劲连年轻人都自叹弗如。③ 由于工作经费不宽裕，在珠三角调查方言时，还发生过詹伯慧带着伙伴连过近十家大排档才找到一份最便宜的、一碗只要一元钱的云吞面解决一餐的轶事。④ 按照詹伯慧门生甘于恩、邵慧君两位教授的体认，方言调查至少有体力上的辛苦、精神上的寂寞和经济上的清贫三方面的难处，"如果没有真正的兴趣，恐怕难以为继"⑤。工作上的艰难并不限于方言调查，任何工作的开展都很难一帆风顺，关键看你持怎样的心态和如何去把握。詹伯慧亲自创建的"汉语方言研究中心"莫名其妙就突然被撤掉了，这个时候詹伯慧已经退休，他本可以不管这事。但从学科发展来看，他觉得这个中心不能撤，于是他四处呼吁，利用他的影响力，和大家一起，几年间终于把中心又恢复了！编纂《汉语方言学大词典》从2000年开始动议，到2008年进入实际操作，中间打打停停，经费一直无法落实，于是2012年改换思路，另辟蹊径，2014年开题，2017年正式出版。詹伯慧是该词典的主编，个中的艰辛及贡献，同为主编的张振兴教授曾撰文详加描述，并评说詹伯慧"是一位意志力非常坚定的人。有人说凡是他认定要做的事情，就没有做不成功的。他以耄耋之年，主持编纂《汉语方言学大词典》，数年如一日，方言学

① 陶原珂. 方言沃土绵延 翰林勃发荣枝：访暨大博士导师詹伯慧 [M] //张晓山. 立说传薪风雨人：庆祝詹伯慧教授从教45周年. 广州：暨南大学出版社，1999：246.

② 许慈航. 詹伯慧：方言"岛"上痴情人 [M] //张晓山. 立说传薪风雨人：庆祝詹伯慧教授从教45周年. 广州：暨南大学出版社，1999：240.

③ 邵慧君. 一位可敬可亲的导师 [M] //张晓山. 立说传薪风雨人：庆祝詹伯慧教授从教45周年. 广州：暨南大学出版社，1999：169.

④ 丘学强. 缘·渊·远·怨·越 [C] //甘于恩. 田野春秋：庆祝詹伯慧教授八十华诞暨从教五十八周年纪念文集. 广州：暨南大学出版社，2011：175.

⑤ 甘于恩，邵慧君. 走在田野调查的路上 [C] //甘于恩. 田野春秋：庆祝詹伯慧教授八十华诞暨从教五十八周年纪念文集. 广州：暨南大学出版社，2011：156.

界能上数的真没有多少人"①。

语言是人类的交际工具，也是民族、族群区分的重要特征，因此一个国家、一个地区的语言文字政策，往往牵一发而动全身；语言学研究就是语言文字政策的基础性工程，它的成果对社会语言生活也必然产生重大影响，因此受到各方面关注、引起严重的观点对立也是常有的事。通过充分的论争，达到求同存异、推动学术进步当然是理想的结果，但如果各不相让或其中一方不按常规行事，那么对于另一方来说，就可能造成巨大的压力或形成不小的干扰，这个时候就很考主事者的定力和能力了。詹伯慧一直是在方言区推广普通话和开展语言规范化的积极分子，理论和实践都是杠杠的。但对他的主张和实践，有的人并不认可，这里面有学界异见者，有民间无知者，有私利保护者，有别有用心者，当然，也还有大的氛围问题。詹伯慧能从各种不同的观点、不同的反应中吸纳有用的东西以完善自己的观点和主张，然后又从新的角度、新的切入点反复阐述论证，在实践上积极探索推进。我以前对他就一个问题反复论述的做法很不理解，写这篇文章看了很多背景材料，明白了，这就叫坚持不懈、有的放矢啊！如关于方言、共同语与双语制问题，以及语言规范与语言应用问题等，詹伯慧都写过不止一篇文章，"基本上是同一论题，但论述绝不重复，而论述的深度则步步深入"②。他很早就开始探索方言的规范化，20世纪90年代初就组织粤港澳三地的学者编纂《广州话正音字典》，其时国内语言文字工作以推广普通话和汉语规范化为主流，尚未形成"构建和谐语言生活"的宽松社会环境，"这个工作确实需要政治智慧"，"遇到的困难是可以想见的"，但"终底于成"。③ 他对在方言区推广普通话早就形成系统理论，简单归纳就是"推广一种，保留多种""双语并用，有主有从"，这些观点广为传播并有具体实践支撑。在2010年广州的"废粤推普"风波刚开始的时候，詹伯慧接受《羊城晚报》的采访，从多角度阐述了国家"推普"政策的精神和"推普"与保留方言的关系④，专家认为这些话"全面、深刻""有穿透力"⑤。但一些别有用心的人在网上煽动不明真相的群众围攻詹伯慧，指责他要废除粤语，有的甚至污言秽语对他进行人身攻击。詹伯慧不动如山，未作丝毫回应。待到风波平息之后，他才写文章对这一事件进行反思，得出启示：我们的"推普"政策宣传教育工作还没有完全到位，还未能深入人心；很多人缺乏法治观念，尚无《国家通用语言文字法》观念；普通话会继续推广，方言会永远保留。他还

① 张振兴. 詹伯慧教授与《汉语方言学大词典》［M］//刘新中，木子. 暨南大先生：詹伯慧. 广州：暨南大学出版社，2021：77.

② 王均. 序言［M］//詹伯慧. 漫步语坛的第三个脚印：汉语方言与语言应用论集. 增订本. 广州：暨南大学出版社，2006：5.

③ 张双庆. 寿詹伯慧教授八十华诞［C］//甘于恩. 田野春秋：庆祝詹伯慧教授八十华诞暨从教五十八周年纪念文集. 广州：暨南大学出版社，2011：72.

④ 詹伯慧. 语文杂记［M］. 广州：暨南大学出版社，2010：170 - 174.

⑤ 江蓝生. 在庆祝詹伯慧教授八十华诞暨从教五十八周年大会上的讲话［C］//李战，甘于恩. 走近詹伯慧：庆祝詹伯慧教授从教六十周年纪念文集. 广州：暨南大学出版社，2013：92.

提出了改进工作的措施建议。①

詹伯慧的身体状况应该说一直都不错，但更不错的是他对待老化、生病、受伤等的心态：老须只争朝夕、病且泰然处之、伤则边治边忙。他有眼疾，一只眼很早就没有视力了，谁能想象，这些年来这么多的著述，都是他在一只眼完全看不见、另一只眼的视力逐渐下降的情况下完成的！学生们开玩笑，说他是"独具慧眼"——因他的名字中有一个"慧"字——他竟自嘲为"一目了然"。1990 年 7 月，他在校园里被自行车撞伤骨折，住院一个月，连撞伤他的是谁都不知道，整天笑语朗朗，闲不住，就在病床上处理广东省中国语言学会的工作。② 8 月初一出院即带研究生到汕头参加第二届闽方言研讨会、到饶平调查方言，一坐十几个小时，对养伤一点都不在乎。③ 随着年龄的增加、身体功能的退化，詹伯慧从 2007 年以来比较严重的受伤、生病就有过好几次，这些病痛对他的身体造成了伤害，也影响了学术研究工作的推进，但他从未一蹶不振，只要身体允许，就不管不顾，埋头于他所热爱的学术事业。2007 年 9 月下旬，他在书房将两张凳子叠起来，自己爬上凳子取书柜上的书而摔伤，造成腰椎压缩性骨折，住院一个多月，11 月初方可走动即出院，边工作边在院外休息治疗；2010 年 10 月下旬初因右眼受创出血入院而临时取消到湖南参加第二届湘方言国际学术研讨会的行程，但旬末即出席有关工作会聚；2018 年 7 月确诊前列腺癌，住院 3 个星期后出院，采取保守治疗，坚持吃药打针，照样工作生活，不背思想包袱；2019 年 6 月 15 日深夜脑出血，大概昏迷了 1 周醒来，不到 1 个月，7 月 10 日就能录音向参加他的祝寿会的嘉宾道谢。至 8 月 6 日出院，前后在医院待了 50 多天，此后就陆续恢复正常的社交和相关学术活动，虽然要坐轮椅，但照常忙碌，照样奔波。④ 面对这样一个年届鲐背而不知年龄为何物之人，真的让人不能不赞叹："这老头，意志力和生命力顽强着呢！"⑤

五、承前启后、守护发展的薪传情怀

"薪传"语本《庄子·养生主》"指穷于为薪，火传也，不知其尽也"。"薪"指柴火。整句话的意思是：前一根柴刚烧完，后一根柴就接着燃烧起来，火永远不会熄灭。这段话后来浓缩为成语"薪尽火传"，又变异为"薪火相传"，也缩减为"薪传"，比喻

---

① 詹伯慧. 粤语是绝对不会沦陷的：对出现"废粤推普"风波的一些思考 [J]. 学术研究，2011（3）：152－155.

② 姜波. 詹伯慧教授与广东省中国语言学会 [M]//张晓山. 立说传薪风雨人：庆祝詹伯慧教授从教 45 周年. 广州：暨南大学出版社，1999：32.

③ 杨建国. 春雨润物细无声 [M]//张晓山. 立说传薪风雨人：庆祝詹伯慧教授从教 45 周年. 广州：暨南大学出版社，1999：159.

④ 詹伯慧. 詹伯慧教授自述年谱 [M]//刘新中，木子. 暨南大先生：詹伯慧. 广州：暨南大学出版社，2021：212－232.

⑤ 张振兴. 詹伯慧教授与汉语方言学大词典 [M]//刘新中，木子. 暨南大先生：詹伯慧. 广州：暨南大学出版社，2021：78.

通过老师和学生之间的教和学，使学问和技艺等一代一代地流传下去。词形虽然有所变化，但其最核心的意义一直未变，这就是"传承"——只不过将内涵和外延都相当宽泛的"传承"限制在老师和学生之间、限制在学问和技艺的范围之内而已。宽泛的"传承"几乎随处可见，这是人类社会生生不息、不断进步的动力之一，新近的例子如"传承中华优秀传统文化，建设精神家园""传承红色基因，赓续红色血脉"等。回到"薪传"的特定含义上来，各行各业，薪火相传，从古到今，一脉相承，所以我们有了孔子、孟子的"孔孟之道"，有了周敦颐、二程、朱熹的北宋理学，有了李时珍继承家学终成大明医圣，有了代代相传的陈氏太极拳，有了现代工厂里的"师带徒"，有了数学家陈省身、丘成桐"薪传有人，无愧师承"的佳话……这样的例子不胜枚举，反映出中国人特别是中国知识分子所具有的文化特质的稳定性。

詹伯慧从教至今已达 70 年，教过的学生不计其数；他又出生于教师家庭，受过良好的大学教育，跟过名师学习研究，薪传情怀可以说是与生俱来。他一直感恩老师的教导和指引，追随老师的脚步前进；他继承前贤的治学志向，在此基础上努力推动学科的发展；他把希望寄托在年轻人身上，教育引导他们在学术上更上一层楼。这里的薪传，不是他一个人的行动，而是几代人的使命；是承前启后，守护发展；是生命会消逝，学术永赓续。薪火相传是语言学事业生生不息达致不朽的保证。

在詹伯慧的语言学学术生涯中，有几位老师对他的学术成长起了非常关键的作用。对这些老师，詹伯慧总是充满崇敬之心、感激之情，感恩老师当年的教导，把自己今天的学术成就归功于老师当年的指引。王力（字了一）教授是詹伯慧走上语言学研究道路的引路人，詹伯慧对此感恩于心、念念不忘，在多个场合提及老师的提点和关爱，如逐字逐段修改詹伯慧翻译的法国语言学家科恩的文章、提供参考资料鼓励詹伯慧撰写汉字改革毕业论文、推荐詹伯慧到北京大学进修汉语方言学、创造条件让詹伯慧旁听"现代汉语规范问题学术会议"等，詹伯慧专门提到："毕业离开中山大学时，王力先生谆谆叮嘱我，要珍惜我拥有多种方言母语的条件，今后多做方言的工作；他还提到国家要进行语文规范化工作，推行共同语也离不开方言的调查研究。""他的教诲给了我很大的启示，我大学毕业后一直投身于方言调查研究和语言规范、语言社会应用的工作，走的正是王力先生当年给我指引的道路。"[①] 袁家骅教授是詹伯慧在北京大学进修方言学时的指导教师，詹伯慧听他的课，也当他的助教，帮忙辅导本科生。进修时间一年到期后，袁家骅又让詹伯慧留下来参加编写《汉语方言概要》等，期间还安排詹伯慧参加海南岛少数民族语言调查，交代他一个任务，"要特别留意海南黎语的闽语借词，把自己的作用发挥出来"；后来，袁家骅又将詹伯慧在海南岛调查时发现的关于"军话"的

---

① 詹伯慧. 我跟语言学的六十载情结：为"广东省优秀社会科学家文库"而作［M］//詹伯慧自选集. 广州：中山大学出版社，2015：3.

文章推荐发表。① 所以詹伯慧说："如果没有当年了一师的提携和关怀，我那有缘分亲炙袁家骅教授，那有机会参与少数民族的语言调查，那能忝为《汉语方言概要》的编著者之一呢！想起这些，我万分感激了一师，也万分感激家骅师。"② 而对于虽然没有直接师生关系，但对自己有过点拨、有过启发的前辈学者，詹伯慧也常感念于怀。如对王均先生，他说："我永远不会忘记将近五十年前，当我有幸跟随王均先生踏足海南黎村调查少数民族语言时，王均先生谆谆教导我们如何记音辨音，如何整理语言材料的情景。没有那时候打下的一点语言调查基本功，也许后来我不一定就能死心塌地地一头栽到语言调查研究的'深渊'中来，下定决心从一而终呢！"③

感恩师辈前贤是为了追随承继师辈前贤的学术事业，把师辈前贤的学术事业推向前进，詹伯慧始终把繁荣语言学研究、促进语言学发展看作自己责无旁贷的职责，具有强烈的使命意识，努力向老一辈学者看齐，把老一辈的优良传统发扬光大。他说："从事语言文字的研究，无疑都应该向我们的先辈学者，如大师级的王力教授、吕叔湘教授那样，时刻把语言文字的社会应用，语言文字知识的普及传播记在心上，并且身体力行，付诸行动。"④ 为此，他汇集了自己写的一批具有应用性、通俗性的小文章编成《语文杂记》出版，向社会推广普及语言文字知识，以提高全民语文水平，进而助力于提高全民文化素质，反应相当不错。他认为，"这正是承传吕叔湘、王力等前辈学者的良好学风，在语言研究为语言应用服务的道路上迈出的步伐"⑤。对语言研究和语言社会应用之间关系的认识，詹伯慧有一个逐步提高深化的过程，其中，吕叔湘先生起到了关键的催化作用。1988 年和 1992 年，吕先生和詹伯慧有过两次关于语言学发挥社会效益的谈话，对詹伯慧触动很大，他反思自己"没有意识到应该使方言的研究多多适应语言应用上的需求，使方言的研究更多更好产生社会效益"，"深深地感到落实吕老教诲的重要性"⑥。所以他组织队伍编写粤语教材，用粤语研究的成果为学习粤语的人提供学习的条件；用 10 年的时间与粤港澳同道为粤语正音，编写出《广州话正音字典》。香港学者张群显先生曾从粤语研究的角度谈了王力与詹伯慧的传承关系，听起来很是别致："王力是'粤语人'，在 20 世纪 50 年代从中山大学被远调至北京大学后，基本已不沾粤语。"詹伯慧"不是'粤语人'，却翻起了粤语研究的巨浪，我毋宁这样看：他为乃师

① 张宜. 詹伯慧教授访谈［M］//刘新中，木子. 暨南大先生：詹伯慧. 广州：暨南大学出版社，2021：139.

② 詹伯慧. 怀念王了一师［M］//张晓山. 立说传薪风雨人：庆祝詹伯慧教授从教 45 周年. 广州：暨南大学出版社，1999：293.

③ 詹伯慧. 漫步语坛的第三个脚印：汉语方言与语言应用论集［M］. 增订本. 广州：暨南大学出版社，2006：542.

④ 詹伯慧. 语文杂记［M］. 广州：暨南大学出版社，2010：前言 2.

⑤ 詹伯慧. 我跟语言学的六十载情结：为"广东省优秀社会科学家文库"而作［M］//詹伯慧自选集. 广州：中山大学出版社，2015：6.

⑥ 詹伯慧. 汉语方言的研究及其应用：纪念吕叔湘先生［J］. 语文研究，2005（2）：5.

偿还了粤语学术的债"。① 王力、吕叔湘先生对中国语言学的贡献自不待言，他们两位设立的北京大学王力语言学奖和中国社会科学院吕叔湘语言学奖多年来对我国语言科学的进步发挥了巨大作用，这给了詹伯慧学习的榜样。2020 年，詹伯慧将自己的 50 万元积蓄捐赠给暨南大学教育发展基金会，发起设立"暨南大学詹伯慧语言学奖"，用于奖励对中国语言和汉语方言研究有贡献的学者，以弘扬中华优秀文化传统、保护丰富的语言资源、繁荣我国的语言学研究。他用这样的行动，表达对王力、吕叔湘先生学术精神的传承和致敬。

作为"薪传"链条中的一环，詹伯慧是一个承前启后的人物，对前辈的学术事业、学术精神，他很好地承接下来，守护好并继续发展，但他更关注、更用心的是，要把先辈传下来的学术事业、学术精神从他的手里再往下传，让后辈学者赓续先志、发扬光大。所以他对后学的成长满怀希望，倾注大量心血培养，鼓励学生勇于创新、超越前人。不算其他学生，詹伯慧一共培养了 29 个博士生和 9 个硕士生。他要求学生，作为一个学者，应该有把学术精神传播下去的责任感；② 他始终认为，"我必须尽心尽力把学生带出来"③。为了尽快提高学生的学术研究能力，詹伯慧"提倡并要求研究生应该在调查中学习，在写作中学习，在开会中学习"④。从培养硕士研究生开始直至培养博士研究生，他都以重大科研项目为依托，带领学生开展方言调查，撰写调查报告和研究论文。同时，"每次应邀参加包括全国性或国际性的学术会议时，他都争取带他的研究生参加会议，让他的学生在这类学术活动中得到锻炼，并把他的学生介绍给一些知名学者。从中你可以看出他对提携后进是多么不遗余力！"⑤ 他一直鼓励学生在前人的基础上有所超越，引导学生围绕专业特点、根据自身所长发展学术优势，乐见学生提出与自己不同的观点，也乐见各个学生有不同的学术方向。他的这些做法特色鲜明、富有成效，为此他还获得暨南大学"优秀研究生导师"奖。他带出来的研究生，很多已成为汉语方言学界的骨干力量，各擅胜场，富有活力，共同为汉语方言学的兴盛繁荣作出贡献。面对学生的学术崛起，作为导师，詹伯慧说："能看到他们在学术上成长，是我晚年最愉快的事情！"⑥ 面对这样一支实力强劲的学术队伍，语言学界将其戏称为"詹家军"，对这一叫法，詹伯慧既不无自信，"无非说这支队伍有一定能量呗"，又非常清

---

① 张群显. 香江一隅看詹公 [C] //甘于恩. 田野春秋：庆祝詹伯慧教授八十华诞暨从教五十八周年纪念文集. 广州：暨南大学出版社，2011：76.

② 孙玉卿. 亲切的教诲，温暖的回忆 [C] //甘于恩. 田野春秋：庆祝詹伯慧教授八十华诞暨从教五十八周年纪念文集. 广州：暨南大学出版社，2011：186.

③ 夏杨，孙璐. 独具慧眼的方言研究专家：专访詹伯慧教授 [N]. 羊城晚报，2009 - 02 - 01（A2）.

④ 王建设. 眷眷育才意　悠悠润物心：恩师詹伯慧教授印象 [C] //甘于恩. 田野春秋：庆祝詹伯慧教授八十华诞暨从教五十八周年纪念文集. 广州：暨南大学出版社，2011：167.

⑤ 王均. 学无涯　情无涯：为庆祝詹伯慧教授执教 45 周年而作 [M] //张晓山. 立说传薪风雨人：庆祝詹伯慧教授从教 45 周年. 广州：暨南大学出版社，1999：66.

⑥ 夏杨，孙璐. 独具慧眼的方言研究专家：专访詹伯慧教授 [N]. 羊城晚报，2009 - 02 - 01（A2）.

醒，他提醒学生："人家这样叫，是对你们寄予厚望，同时也是一种鞭策，不能辜负社会的期望！"①

暨南大学汉语方言研究中心是詹伯慧一手创建的，创建这个中心，可以说就是创建了一个学术和人才"薪传"的平台。在中心的建设和发展上，科研与育人、团队与梯队交相辉映、璀璨夺目，很好地诠释了什么是薪传、怎样薪传的问题。从中心创立时起，詹伯慧就带领中心人员开展了"珠江三角洲方言调查""粤北十县市粤方言调查""粤西十县市粤方言调查"和"广东粤方言概要"等大型科研项目，取得了诸多令学术界瞩目的标志性科研成果，在海内外产生了巨大的学术影响，同时培养锻炼了方言调查研究学术队伍，一批批人才由此脱颖而出，为中心的后续发展及系统研究广东方言文化奠定了坚实基础。历届中心主任面对不同的局面，抓住机遇，乘势而上，带领中心同仁取得体制机制的转轨和健全，使中心具备了持续发展的内在条件。多年以来，中心以广东省内粤闽客方言为调查研究重点，同时根据人才队伍构成不断拓宽学术领域，研究方向已覆盖汉语方言本体、词典编纂、地理语言学、海外汉语方言、实验语音学、语言信息处理等方面。近年来，中心承担了 20 多项国家级别科研项目，以国家重大项目为引领，以刊物、丛书为主要载体，发表、出版了一批有影响的成果，其中最为引人注目的是联合方言学界众多著名研究学者编撰出版的《汉语方言学大词典》（上、下卷），产生了良好的科研和社会效益。中心十分重视人才的培养，到目前已培养了海内外 60 多名方言学方向的博士，成为南方地区各大高校和科研机构重要的教学科研力量。中心研究团队人才济济，目前是四代同堂，不同年龄段的人员形成了明显的梯队。这里的四代同堂不仅是年龄上的，也是师承上的。中心首任主任是詹伯慧教授本人，现在还担任着名誉主任；其后的第二任主任伍巍教授 70 刚过，第三任主任甘于恩教授 60 出头，现任主任刘新中教授 50 多点儿，年龄逐一递减，都是詹伯慧的博士生。再往下看，中心现任常务副主任侯兴泉教授，40 岁出头，是詹伯慧第一届硕士生彭小川教授的硕士生，北京大学博士毕业，曾获得王力语言学奖，是一位后起之秀；侯兴泉的硕士研究生吴南开，30 岁不到，北京大学博士毕业后现在也到中心工作。其他詹门弟子或再传弟子在中心还有一些。中心这样的人才梯队，保证了学术精神代代相传，语言学事业兴旺发达。詹伯慧高瞻远瞩的"薪传"之举，终成汉语方言学学术荣华之滥觞。

中国知识分子在学术上历来有养浩然之气的精神追求，有关注回应现实的经世传统，如果这可以称为"学术道义"的话，那么詹伯慧在学术上所体现出来的"文士情怀"，正是这种学术道义的现实表现；而我们尝试从詹伯慧所呈现的学术表象入手，发掘其深层的精神动因，探讨其"文士情怀"的具体表现，则可以看作对这种学术道义

---

① 夏杨，孙璇. 独具慧眼的方言研究专家：专访詹伯慧教授［N］. 羊城晚报，2009 - 02 - 01（A2）.

的揭橥和弘扬，这对于促进传统优良学风的回归、对把握中国语言学的未来发展方向应该都不无裨益。需要说明的是，本文讨论的"文士情怀"的种种表现，只是举例性质，非有囊括之全，更无排他之嫌；各种情怀也并非孤立或独立呈现，而是你中有我，我中有你，相互交织，混合体现，上文之所以分开讨论，只是为了行文方便。

俗话说，人生七十古来稀。70 年，就人的自然寿命而言，在古人是很稀少的；而今年就是詹伯慧教授从教 70 周年，在我们这些今人来看，这也是很少见到的。70 年来，詹先生一直奋战在教学科研一线，其学术成就和人生之路在我之前写的《詹伯慧教授对汉语方言学的主要贡献》① 和《视学术为生命，以服务社会为己任：语言学家詹伯慧的成功之路》② 两篇中都有系统的评介。前一篇完稿于 20 世纪 90 年代中，后一篇完稿于 20 世纪 90 年代末，距今都已超过了 20 年。当时詹师已过退休年龄，这两篇文章有点阶段性总结的意思在内，但写完之后意犹未尽，总觉得还缺少点什么。一转眼 20 多年过去了，现在回过头来看，这 20 多年来，詹先生老尤益壮，勤耕不辍，硕果日增，声望愈隆，叫人不能不惊诧，一个古稀老人、一个耄耋仙翁，哪来这么大的能量？是什么在支撑着他持续奋勇向前？后学又能从他身上学到什么、得到什么样的启示和借鉴呢？通过上面的讨论分析，我想，我们是不是可以有一个初步的答案了！

谨以此文献给詹伯慧教授从教 70 周年！

参考文献

[1] 邓景滨，刘新中. 詹伯慧语文评论集：庆祝詹伯慧教授从教五十五周年（1953—2008）[C]. 广州：暨南大学出版社，2008.

[2] 甘于恩. 田野春秋：庆祝詹伯慧教授八十华诞暨从教五十八周年纪念文集 [C]. 广州：暨南大学出版社，2011.

[3] 李战，甘于恩. 走近詹伯慧：庆祝詹伯慧教授从教六十周年纪念文集 [C]. 广州：暨南大学出版社，2013.

[4] 刘新中，木子. 暨南大先生：詹伯慧 [M]. 广州：暨南大学出版社，2021.

[5] 詹伯慧. 语言与方言论集 [M]. 广州：广东人民出版社，1993.

[6] 詹伯慧. 方言·共同语·语文教学 [M]. 澳门：澳门日报出版社，1995.

[7] 詹伯慧. 漫步语坛的第三个脚印：汉语方言与语言应用论集 [M]. 增订本. 广州：暨南大学出版社，2006.

---

① 张晓山. 詹伯慧教授对汉语方言学的主要贡献 [M] //张晓山. 立说传薪风雨人：庆祝詹伯慧教授从教 45 周年. 广州：暨南大学出版社，1999：9 - 22.

② 张晓山. 视学术为生命，以服务社会为己任：语言学家詹伯慧的成功之路 [M] // 广东省政协文史委员会、暨南大学. 侨教之光：群星荟萃暨南园. 广州：广东人民出版社，2001：207 - 223.

［8］詹伯慧. 语文杂记［M］. 广州：暨南大学出版社，2010.

［9］詹伯慧. 詹伯慧自选集［M］. 广州：中山大学出版社，2015.

［10］张晓山. 立说传薪风雨人：庆祝詹伯慧教授从教 45 周年［M］. 广州：暨南大学出版社，1999.

万古不磨意，中流自在心

——詹伯慧先生师德师风侧记

刘新中

"万古不磨意，中流自在心"是饶宗颐先生学艺兼修的对联，它反映了饶宗颐先生跨越古今、兼通中外的学术定力和追求。任何一个有巨大影响的学者，都会有继往开来的学问，也有桃李芬芳的教学事业。他们更是将自己的研究和教学融入国家发展的大局，回应时代要求，解决现实问题，在服务社会的同时，提升研究、教学的品质。

詹先生的道德文章是我们这个时代学人的楷模，值得我们传承和弘扬。詹先生的巨大贡献和他的师德师风密不可分，主要表现在以下几个方面：

一、与时并进，贡献卓著

詹伯慧先生，1931年生，广东饶平人。1953年毕业于由王力教授创办的中山大学语言学系。师从中国语言学大师王力教授和著名方言学家袁家骅教授。历任武汉大学助教、讲师、副教授、教授30年，1983年调入广州暨南大学任教授，1985年任暨南大学复办后首任文学院院长，兼任汉语方言研究室主任（1994年更名为汉语方言研究中心）。现为暨南大学中文系教授、汉语方言研究中心名誉主任，兼任香港大学中文学院名誉教授。1990年被国务院学位办评为博士研究生导师。

詹先生1992年获国务院颁发有突出贡献证书，享受政府特殊津贴。1992年和1997年他连续两度被国家语言文字工作委员会评为全国语言文字先进工作者。2006年，暨南大学授予他终身贡献奖，2011年6月，他被评为广东省首届优秀社会科学家，是全省获此殊荣的16位社会科学家中唯一一位语言学家。1988年他当选第七届全国人民代表大会代表，1993年和1998年又出任第八届、第九届全国政协委员。1990—2000年，他连续两届被广东省人民政府任命为广东省文史研究馆副馆长。他曾为中国语言学会理事，并曾连续担任第一届至第十七届（1981—2013年）全国汉语方言学会理事，自1986年起，他连续20多年被选为广东省中国语言学会会长。

二、著作等身，桃李天下

詹伯慧先生从教 70 年来（1953—2023 年），在汉语方言、汉语辞书、汉语应用和汉语规范等领域做了大量的研究、教学工作，取得了许多令人瞩目的成就。他早年参加由北京大学袁家骅教授主持的《汉语方言概要》的编写工作，曾担任《汉语大字典》编委多年，还是《中国大百科全书·语言文字卷》中方言分科的副主编，2017 年主编 465 万字上下两卷的《汉语方言学大词典》。詹伯慧先生已出版著作逾 40 部，发表论文逾 400 篇。

他在暨南大学中文系建立第一个博士点——现代汉语博士点，1991 年开始招收攻读汉语方言学的博士研究生。迄今詹先生已培养毕业博士研究生 29 人、硕士研究生 9 人。如今詹教授的门生都已成为汉语方言学界的骨干力量。语言学界把这支富有活力的汉语方言研究团队戏称为"詹家军"。这正是詹先生通过教书育人、注重团队建设获得的成果。

三、"爱"字当头，家国情怀

詹先生在学术研究和人才培养方面的核心理念为热爱专业、爱护培养后备人才；同时詹先生有浓烈的家国情怀，爱国爱家乡，用语言学的理论和实践服务国家建设的大局。为了国家的建设、发展，詹先生始终做一位和谐的语言生活的倡导者。詹先生经历了新中国几乎所有重大的语言文字工程，从推广普通话到方言保护，从汉字规范化到方言用字，詹先生始终胸怀全局，不为一时一地的一些错误认识所左右。他既强调推广共同语、规范汉字的重要意义，也始终强调中华文化的根脉在各地的地方文化中，并提出"留住方言留住根"。詹伯慧先生七十年如一日，不遗余力地推广民族共同语，在执行国家的语言文字政策时，坚持实事求是，多次呼吁"少当语言的警察，多做语言的导游"。在推广普通话最为轰轰烈烈之时，他提醒人们注意方言的研究与应用；在一些人不明就里，将方言与共同语对立起来时，又及时纠正那些偏颇的认识。

詹伯慧先生是新中国现代汉语方言学的开拓者之一。他的汉语方言研究既有理论和基础的构建，也形成了主要的研究成果。这些成果集中反映在方言的调查研究和语言的应用，特别是社会应用研究方面。詹伯慧先生在晚年更强调语言应用的重要性和迫切性。詹伯慧先生的研究广泛，涉及粤方言、闽方言潮州话和海南话、客家方言及官话方言等内容。其中，他的粤语研究成绩最为突出。有组织、有计划地对粤语进行由近及远、由中心区域向外围周边扩散的调查研究，这为进行整体汉语方言乃至整个大汉语的对比研究提供了一份弥足珍贵的第一手原始语料数据，也为其他方言区的相关研究提供了借鉴的样板。詹伯慧先生始终认为，语言研究要为语言实践服务、要与语言应用结合。研究与应用结合，必然会使语言学研究者具有大局意识，产生社会责任感与使命感。

四、育人育德，不捐细流

詹先生对人才的培养，从高处立意、大处着眼，几十年如一日推动方言学科人才的培养和队伍的历练，在学生们的眼中，詹先生是一个有学有乐、有乐有学的人，跟他交往过的人都能从中汲取为学和做人的智慧。詹先生热爱学习、勤于实践，是学生和同行眼中的榜样。对学界后辈，詹伯慧先生也很看重。2004 年，北大名家袁家骅的学生刘勋宁在香港讲学时，73 岁的詹伯慧先生还专程渡江跨海去听这位学界后辈的讲座，不放过任何一次获取知识的机会，这让刘勋宁很感动。刘勋宁说："詹先生不是独对我好。不捐细流，方成大海。方其为大海，也才能众流归之。"①

五、平生积蓄，奖掖后学

詹先生是一个影响巨大的人文学者。2020 年，为弘扬中华优秀文化传统、保护丰富的语言资源、繁荣我国的语言学研究，他捐出平生积蓄 50 万元人民币，设立"暨南大学詹伯慧语言学奖"，奖励那些对中国语言和汉语方言研究有贡献的学者。詹伯慧语言学奖的设立将极大地激励语言和方言的研究者，成为新时代中国的语言学事业的又一个重要标杆，必将对中国的语言学事业作出新的贡献。

六、集体攻关，国际视野

詹先生非常注重团队建设，发挥集体攻关的优势。随着研究条件的不断改善、研究水平的不断提高，学者们意识到，介于人文科学和自然科学间的语言学研究只停留在传统的"单打独斗"式的研究是不够的，组团队、上规模的研究正不断被各方面重视，并取得了突出的成绩。几十年来，詹伯慧先生一直没有离开过重大、集体攻关的语言学建设工程。他前些年还在主持汉语方言学大词典及数字化建设工作，这是一个联合攻关的重大工程。这些都是詹伯慧先生注重团队建设、致力人才培养的表现和成果。

此外，詹伯慧先生从不放弃与国外同行交流、学习的机会。正是这种广泛的交流、学习，使詹伯慧先生具备了开阔的视野、与时并进的思想观念。在信息化、智能化的今天，詹先生老当益壮，紧随时代步伐，依然活跃在学术一线，继续发挥着引领和指导作用。

詹先生活到老，学到老，执着追求，坚持不懈，乐观向上，注重团队，奖掖后学。他身上的高贵品质永远值得我们后辈学习。

① 刘新中，木子. 暨南大先生：詹伯慧［M］. 广州：暨南大学出版社，2021：11.

记詹师爷伯慧及詹门诸师若干事

吴南开

实话说，这次纪念文集，我其实不知该写什么好。后来想想，干脆把我对詹师爷伯慧及詹门诸师一些印象比较深的事情写一写，有意思也很有意义。

我是 2009 年进入暨南大学中文系基地班就读的，2013 年本科毕业后，在方言中心跟随侯兴泉老师继续攻读汉语言文字学的硕士学位。由于我是侯老师的首批硕士，侯老师是彭小川老师的硕士，彭小川老师又是詹师爷伯慧的硕士，算下来我已是詹门第四代。

2013 年我读硕士时，詹师爷早已退休，但是仍以八十高龄为中文系拿下首个国家重大社会科学基金项目，常常到第二文科楼忙碌。我也是那时候才得以一睹詹师爷的尊容，以往也只是闻得大名而已。彼时国内语言学界交流日盛，会议开始繁多起来。我作为方言中心的研究生，也参与了中心主办的各种会议和培训活动，接触到了张振兴、张惠英、鲁国尧、鲍厚星、刘村汉等前辈。他们都是与詹师爷相交多年的同道和朋友，虽然都早已退休，却仍保持着对学术事业的热忱。在与这些老先生不多的交集中，我可以感受到他们对待学术研究的一丝不苟以及待人接物上的润物无声。我曾听说，好的教育，是培养出持久性、忍耐力，长久保持对一件事情的热爱和忠贞，以及最好遇到了一生当中需要效仿的典范和崇敬的榜样。我想我在他们身上感受到的大概就是一种良好的教育的力量。

詹师爷在学术理念上十分关心语言学的学以致用问题，他主张语言研究一定要为语言应用服务，语言研究也要走科学化的路子，这种学术理念一直影响着詹门子弟。在他的老本行方言学上，他也常常强调推广普通话与传承方言并不矛盾，因为很多人误解了推普的工作。看看如今方言濒危的现状，许多以方言为载体的地方文化生态也岌岌可危，令人惋惜。詹师爷在语言规范问题上，也有一句名言，"多做语言的导游，少做语言的警察"，很好地反映了詹师爷的学术品位。

詹师爷开朗乐观，八十岁以后，常常自称自己为八零后，九十岁以后，便自称九零后，当真是越活越年轻了。如今他一只眼睛已经看不见了，便常常打趣道"一目了然"。詹师爷参加各种活动，有两句口头禅，一句是"开会就是开心"，另一句是"活到老，学到老"。所谓开会，大抵是同道之间的交流。虽然学术观念可能不同，但是在切磋互动中可以相互启发。在这种学术争鸣中，既可以共同进步，又可以结识同道，结下友谊，这大概是"开会就是开心"的要义。"活到老，学到老"则是詹师爷对自己的勉励。按照生命是熵减过程的原理，一个封闭的不再接收外部能量的系统必然走向衰亡。詹师爷能"越活越年轻"，与这种开放思维、持续学习的精神是分不开的。在这方面，詹师爷足可为后辈表率。

2023 年 4 月份，纪念詹安泰先生诞辰 120 周年暨中国诗词学术研讨会在韩山师范学院举办，主办方特别邀请了詹师爷前往，我有幸得以陪同。整个行程差不多有五天，日程安排得很满，几天下来我一个年轻人都颇感疲惫。但是詹师爷已耄耋之年，却显得神采奕奕、精力旺盛，让我十分敬佩。在旅途中，詹师爷说要送给同行人每人一幅字，众人都很期待。詹师爷书法古拙苍劲、自成一派，又是名门之后，在市场上价格不菲。我见詹师爷写给他人的字大概是三类，一种是福禄寿康类的祝词，一种是谦益达观类的道德劝诫，还有一类是吃茶读书类的文士雅好，不知道他会写给我这个后辈什么字。及至返程，詹师爷的女儿曼姨交给我一幅字，说是他老人家写给我的，都盖好章了。我打开看，是"常得所喜"四个大字，落款是"南开惠存，詹伯慧九三"。

彭小川老师是詹师爷的硕士，又是我硕导侯老师的硕导。她的职业生涯主要是在暨南大学华文学院度过，因此我并未有幸上过彭老师的课。彭老师专长在语法和华文教育，2016 年前后我硕士毕业论文涉及粤语词类分析的框架问题，侯老师便找了彭老师帮我把关。那时彭老师已经退休，我还担心麻烦她了，心有忐忑。后来，彭老师花了很多时间，细致耐心地指点我处理了相关问题，让我很受感动。我想，彭老师毕竟不是我的导师，愿意这样帮我，一方面是因为对学术事业的热爱，另一方面是关爱自己的学生，即我的硕导侯老师。对我，大概就算是爱屋及乌了。又有某次，彭老师与众人闲聊，谈及教学相长，欣喜地对侯老师说道："你已经超过我了。"我不由心生感慨，因为我曾听侯老师说过，一个老师的最大成功就是教出超过自己的学生。以这一点论，彭老师应该是非常成功的老师了。

我与侯老师是在暨南大学食堂认识的。记得差不多是 2012 年大三的时候，我选修了侯老师的音韵学课程。某次我在食堂吃午饭，忽然一个年轻的戴黑框眼镜的人在我身旁坐下，我一瞥之下发现正是教授我们音韵学课程的侯老师，遂攀谈起来。其时音韵学由于颇有难度，打分偏低，又十分冷门，并不受中文系学生欢迎，选课者寥寥。我应该是选课学生中对音韵学比较用心的，给了侯老师不错的印象。再后来，我决心读研读博，遂报考了侯老师的硕士。他欣然录用，于是我便成了侯老师的首批硕士。侯老师在方言学和音韵学上用功最深，但是也不拘泥于这一方向。在方言音韵之外，侯老师对语音、音系、语法都颇有认识，尤其对方言文化特别是粤语区的方言文化很感兴趣。在研究生教育上，侯老师也比较注重学生拓展学术视野。我印象中有一次侯老师谈及其在北京大学读博时候的经历，教诲我们要转益多师，即不要只从自己的导师那里学习，而是要把身边所有老师的长处都学到手。

回想我自本科以来，上过詹门许多老师的语言学课程。甘于恩老师教过我现代汉语和地理语言学，刘新中老师教过我语言学概论和语音学，邵宜老师教过我语言表达，陈晓锦老师和钟奇老师教过我方言调查，范俊军老师和彭志峰老师教过我语言信息技术。诸位老师各自的专长都不一样，却在暨南大学方言中心殊途同归，这对学生而言是很幸运的事。机缘难得，这大概也是侯老师带学生强调转益多师的原因。

古人云，师者，传道，授业，解惑。詹师爷伯慧及詹门诸师都很好地做到了这六个字，希望我也能做到。

师文师情

我跟语言学的六十载情结

——为"广东省优秀社会科学家文库"而作①

詹伯慧

岁月如歌，正值神州亿万人民乐享国泰民安、齐心追逐中国梦之际，我这老头儿已不知不觉地进入来日无多的暮景残年了。按照国人的平均年龄，我早已越过了临界线，多"赚"了好几年了。可时至今日，我始终没有退出工作前线的倦意，我总觉得自己还有许多该做而未做的事情，总想争分夺秒去完成、去实现。这应该算是不自量力吧。三年前在我踏入八十高龄之际，《中国社会科学报》的记者采访了我，以"一生献给方言学"为题发表了专访，当时我想到的是：我这一生还没到终点，说成"一生"，一是溢美之词，二是对我多少也有点鼓励的作用。这些年来，我始终"退而不休"，继续干我热爱的语言研究工作。我多么希望能在有生之年，再发挥一点余热，为我毕生从事的语言学事业再献一点绵薄之力啊！学习、学习、再学习，我仍然本着边学边干的精神，时刻关注语言学领域中出现的新事物、新现象，尽量吸取新鲜的学术营养，使自己能够不掉队，能够与时俱进，跟上我国语言科学前进的步伐。

回顾 60 年来我走过的学术历程，打从年轻时期开始接触"学问"这两个字以来，就一直跟语言打交道，语言研究的情结长期缠绕着我，让我一辈子离不开它。直到今天，尽管我已垂垂老矣，但既然退而未休，想的做的也还都是语言专业的事。近期接受主持国家社会科学基金重大项目"汉语方言学大型辞书编纂的理论研究与数字化建设"的任务，又得三五载泡在方言工作上面，说明我对语言（方言）的研究依然那么执着，总该会"从一而终"吧！

我和语言研究的情结如此深厚，还得从我的语言背景说起。我生长在粤东潮州一个兼容闽、客两大方言的双语家庭中。父亲是饶平县的客家人，母亲则是潮州市郊著名瓷都枫溪人，他们是百年名校韩山师范学院的师生。我出生在潮州城内，属于闽语的潮州话自然也就是我儿时的第一母语了。老家饶平县的山区，到处是一座座圆形的客家土

---

① 编者注：本文是为《广东省社会科学家文库·詹伯慧自选集》（广州：中山大学出版社，2015）所写的序文，曾略为删改以《我与语言学结缘六十载》为题刊于《中国社会科学报》2014 年 10 月 27 日第 B04 版。文中提到的"本书""这本选集"皆指《詹伯慧自选集》。

楼。抗日战争时期，日军入侵粤东，潮州难免于难，我们连同外公外婆就都避难到饶平山区的老家，由此我的童年语言环境开始有了改变，除了和母亲及外公外婆依旧说潮州的闽语外，跟父亲和饶平家乡人，尤其是一起玩耍的小朋友，又都习惯于说饶平客家话了。从那时起，我的语言交际就一直是闽方言和客家方言交错使用的双语格局。抗日战火遍地燃烧之际，父亲执教的中山大学从云南迁至粤北坪石，他就把我从老家接到身边，让我在坪石广同会馆办的用粤语教学的小学上高小，这又使我有机会很快熟悉了粤语，能顺利用粤语和老师同学交谈，并为我抗战胜利后到广州上高中上大学，以至毕业后长时间从事语言的调查研究，打下了粤语习得的基础。语言生活的多样化，三种方言同为母语使用的习惯，对我半个多世纪以来所走的学术道路产生了很大的影响，也为我长期跟语言研究结缘创造了条件。

我在 1949 年进入大学，读的是由语言学大师王力教授在广州中山大学创办的、全国唯一的语言学系。那时候，语言学在中国是冷门，人们只知道在大学里有主要研究中国文学的中文系，却很少想到会有专门研究语言的语言学系。在法国留学专攻语言学的王力先生，当年在西南联大回迁北京时途中经过广州，留下来担任中山大学文学院院长。这时他有意改变大学中文系重文学轻语言的偏向，大力倡导培养语言学的专门人才。在中山大学校长的大力支持下，很快就在中山大学办起了语言学系，聘请了同是留法专攻语言学的岑麒祥教授出任系主任。语言学系开设了涵盖语言学各个方面的课程，如语音学、现代汉语语法、语法理论、方言调查、少数民族语言调查以及涉及传统语文学的中国语文概论、音韵学、中国文字学等，还有由岑麒祥教授主讲的选修课"世界语"。我在 1949 年入学时，全班有 7 个同学，加上此前已入学的同学，全系就只有 13 个学生；而教师呢，一共有 10 位之多，大多数是知名的教授。记得我们毕业那年，师生的毕业聚餐就在王力先生家里的客厅摆上两大圆桌，全系师生加上师母热热闹闹，商承祚老师还即席清唱京戏助兴呢！母校语言学系当年为我们所提供的优越学习条件和师生一家亲的深厚情谊，60 年来一直刻印在我的脑海里，实在难以忘怀！我们这些有幸负笈于中山大学语言学系的学子，毕业后大都兢兢业业地走在建设我国语言科学的大道上，这跟求学时期比较系统全面的专业学习、高素质名师的教导和浓郁的语言学术氛围是分不开的。对于我这个从小具有特殊语言背景的学生来说，语言学的情结更由此而生，逐渐在心中生根发芽。

大学毕业那一年，王力先生为了使我们通过实践掌握语言调查的基本技能，特意跟时任中南民族学院副院长的严学宭教授联系，让我们七个人到那里去调查少数民族学员的语言。七个人分成三个组，我就和唐作藩兄一起，调查了广西仡佬族的语言。通过两个星期的记音整理，我们完成了这份作业，提交了调查报告。在撰写毕业论文时，我对当时国家进行的语文改革很感兴趣，加上在学期间曾积极参加拉丁化新文字的工作，有意在这方面写篇论文。王力先生得知我的想法，建议我就以"文字改革"为题撰写毕业论文，并主动承诺担任我的指导教师，还把他早年出版的专著《汉字改革》拿来给我参考，使我深受感动。毕业离开中山大学时，王先生谆谆叮嘱我，要珍惜我拥有多种方言母语的条件，今后多做方言的工作；他还提到国家要进行语文规范化工作，推行共同语也离不开方言的调查研究。我知道当时王先生自己也写了为方言地区学习"国语"（普通话）用的书。他的教诲给了我很大的启示，我大学毕业后一直投身于方言调查研究和语言规范、语言社会应用的工作，走的正是王先生当年给我指引的道路。

为了让我的方言学基础打得更扎实，1955 年王先生又把我推荐给方言学大师袁家骅教授，让我到北京大学去跟随袁先生进修方言学。我在那里一待两年，在袁先生的指导下参加了我国首部系统论述汉语各大方言的著作——《汉语方言概要》的编写工作，期间家骅师还让我随少数民族语言调查队远赴海南岛调查黎语半年，体验在少数民族地区进行田野调查的专业需求与生活磨炼。这两年的业务实践，为我此后矢志不移地走语言研究之路奠下了重要的基础。我一头栽进各种稀奇古怪的语料中，却始终没有忘记王力先生在我离开大学生活时给我的教导：坚定不移地把方言研究和语言应用紧密结合起来，和贯彻、实施我国的语文政策紧密结合起来，和亿万人民的社会语言生活紧密结合起来。紧紧抓住这几个结合，方言工作就会充满活力，就会产生积极的社会效益，就会摆脱"冷门"的困境焕发勃勃生机。

我这几十年来的学术活动，虽然始终以方言学为主线，实际上一直是汉语方言研究与语言应用研究并举的。例如，对于辞书的编撰，我一直认为这既是传播科学文化、普及各类知识的重要举措，也是解决语言应用中各种问题的重要途径，是应该受到高度重视的。因此，我对辞书的编纂可谓情有独钟。从 20 世纪 70 年代中开始，我就先后加入编大型辞书《汉语大字典》和《中国大百科全书·语言文字卷》的行列，忝为这两部辞书的编纂人员。20 世纪 80 年代初我应聘在东京大学讲学时，日本学者为我出版的第一本选集是《汉语方言文集》（日本东京龙溪书舍，1982），选入的是我早期撰写的方言研究论文；但自 20 世纪 90 年代以后，我陆续出版的几部选集内容就都是语言的论述与方言的论述兼备的了，如 1993 年的《语言与方言论集》（广东人民出版社），1995 年的《方言·共同语·语文教学》（澳门日报出版社），2003 年初版、2006 年增订的《漫步语坛的第三个脚印：汉语方言与语言应用论集》（暨南大学出版社），以及 2008 年的《詹伯慧语文评论集》（暨南大学出版社）等。

总之，在我历来所发表的文章中，属于描写、探讨、论述方言问题的，其实只占其中的一部分。就我的方言研究来说，要说有什么特色的话，我自己认为是：比较重视方言的理论探讨，比较重视方言的应用研究，在方言研究中同时重视这两个方面。这一思想明显体现在我已发表的许多著述中，本书选入的文章和附录的相关评论，同样有所反映。这或许就是我在长期的学术实践中形成的学术路向、学术风格吧！

60 年来的学术生涯，我接触过的方言很多，但我并没有对每个接触到的方言本体问题，包括语音问题、词汇问题和语法问题等，一一进行微观的深入探讨，而是比较着力于根据接触到的方言现象，进行有关方言问题的理论探索。我觉得这类具有宏观视野的理论探讨，对于加深认识丰富多彩的汉语方言，推动方言学科的建设具有更重要的现实意义。在方言学界，做方言本体微观研究的很多，做有关方言理论探讨的却比较少。有鉴于此，我在自己的方言研究中，就有意多思考一些理论上的问题，也撰写了一些综合论述的论文。例如，关于方言和共同语关系的问题，关于汉语方言分区的问题，关于语言规范化和语言应用多元化的问题，关于共同语和方言的双语并用问题，等等，都常常在我的脑子里打转，诱发我动笔为文的念头。

从 20 世纪 50 年代起，我就积极参加贯彻推行我国语文政策的各项工作，视之为新时代语言专业工作者责无旁贷的职责；但同时，我又始终以汉语方言的调查研究作为我学术工作的主线，我深知实行汉语规范化与调查研究各地方言是互不矛盾的两件事，两者都是建设中国语言学的重大课题。民族共同语的推广并不以消除方言在社会上的流通为目的。在大力推行共同语的同时，仍然要保留各地的方言，让我们的社会出现既大力推广共同语，又继续发挥方言作用的双语并用、生动活泼的语言生活格局。这样的社会语言环境，对于构建当今人们常说的"和谐社会"，自然也会产生积极的作用。语言的运用牵涉到社会上每个人，但是，并非社会上所有的人都能明白方言和共同语这种"推广一种（共同语），保留多种（方言）；有主有从，并存并用"的关系。在雷厉风行推行普通话的时候，由于语文知识不够普及，人们对语文政策又缺乏足够的认识，往往难免出现一些误解，错以为"推普"是要让方言在社会上消失，是要把方言扫地出门。面对种种误解，我多年来陆续就方言和共同语的问题发表了不少意见，阐明我作为一个语言专业工作者的看法。这方面的论述自然也就在我的方言研究中占有相当大的比重了。

近期，随着人们对方言作为国家重要语言资源的认识逐步加深，方言资源的发掘与运用、方言在社会语言生活中享有的地位、方言在地域文化承传中所发挥的作用等许多有关方言的问题都深受社会关注，我们从事方言研究的人，自然更应该就这类问题多作理论上的探讨和引导了。方言的社会关注度日渐增长，我对方言的应用问题也倍加关切。我经常想到我们老一辈语言学家，像吕叔湘先生、王力先生等，总是谆谆嘱咐我们，要关注语言的社会应用，要让我们的语言研究产生社会效益，要多多普及语文知识。他们身体力行，在从事高层次语言学术研究的同时，也写了不少通俗性、应用性、普及性的语文"小册子"。语言研究要为语言应用服务，前辈大师们的学术实践使我深受教益，铭记在心。我想，语言研究要为语言应用服务，难道作为我国语言资源重要组成的汉语方言，就可以不考虑它的应用问题？

如前所述，在举国上下大力推行民族共同语的时候，人们产生对地方方言的误解，以至误认为方言只存在研究、存古的价值，在社会应用上并不发挥作用。这种对方言的错位认识，现在到了应该认真反思的时候了。为此，打从 20 世纪 90 年代以来，我着意在方言的应用方面多做文章，以至于汉语方言的应用研究成为我晚年学术思考中的主要着力点。这一情况集中反映在我于 2005 年《语文研究》第 2 期上发表的《汉语方言的研究及其应用——纪念吕叔湘先生》和 2008 年 6 月《粤语研究》第 3 期上发表的《粤语研究与粤语应用》这两篇文章上。其实，围绕着方言的应用开展学术活动早就在我的学术生涯中有所体现。例如，我一直把编写方言教科书看作方言学建设的重要一环。从 20 世纪 50 年代参加袁家骅师编写的《汉语方言概要》到 90 年代组织几位同道编写《汉语方言及方言调查》（被国家教委推荐为全国高校方言学教材），这几十年间，我都把编写方言学教材，为年轻学子提供方言学入门用书当作方言研究为方言应用服务的一个重要环节。20 世纪末，鉴于粤方言读音存在分歧，影响到粤方言的应用，我用了十年的时间组织粤、港、澳的粤语学者开展了粤语的审音工作，并在此基础上于 2002 年出版了《广州话正音字典》，这本书被认为是历史上第一本为方言正音的辞书。这类为方言的应用提供服务的工作，我是一直坚持在做的。跳出只单纯钻牛角尖做方言本体研究，把视野扩大到方言的应用研究上来，既要深入研究方言的本体，细心发掘方言的特色，也要为方言的社会应用多做研究，这可以说是我晚年主要的学术思想。前几年，我为出版社组织约请一批语言学界的知名学者协力编写一套"大家小书"。我作为主编，自己先汇集一批具有应用性、通俗性的小文编成《语文杂记》出版，反响相当不错。我自己认为，这正是承传吕叔湘、王力等前辈学者的良好学风，在语言研究为语言应用服务的道路上迈出的步伐。为了使前辈学者重视语言应用的学风代代相传，我希望我们的语言学者都来关注语言的社会应用，特别是常为人们忽视的方言应用问题。

在这本选集付梓之际，我边想边写地录下了自己 60 年来走过的学术历程，杂乱无章，就算是一篇极不完整的学术回忆录吧！

杂议语言资源的开发、利用和保护①

詹伯慧

一个时期以来，随着"语言是重要资源"的理念深入人心，人们逐渐认识到在我们的生活和工作中须臾不能离开的语言，绝不只是简单地发挥交际工具的作用。作为国家重要的资源，语言的运用不仅在创造和承载文化中发挥重要的作用，而且还可以产生明显的社会效益与经济效益。总之，在当今的现代化建设、社会发展以至民族振兴、治国安邦的过程中，语言这一独特的资源都发挥着无可代替的重要作用。

认识上的提升，带动了一系列有关语言建设、语言政策以至各种语言工作的变革，明显的例证就是近年来神州大地出现了一个个以语言资源的开发、利用与保护为宗旨的语言工程。这些规模宏大、内涵丰富、统称为"中国语言资源保护工程"的语言建设项目，涵盖全国各省（市、自治区），涉及各种在不同地域流通着的少数民族语言和汉语地方方言。通过建设这许多"语保"工程，调集起全国各地的语言文字工作者，组成了一支千军万马的"语保"队伍，在教育部和国家语言文字工作委员会的直接领导和统筹规划下，正深入城乡各地，进行语言资源的发掘和各种语料的汇集、整理工作，为"语保"工程的顺利开展打造牢固的基础。这样一个举国上下蓬蓬勃勃的局面，可谓我国语言工作的空前壮举，是继20世纪50—60年代的"三大语文运动"和全国方言普查之后，语言工作中的又一重大举措。就政策的层面而言，当前我国已从过去长期突出推广普通话，狠抓汉语规范化进入"推广和规范使用国家通用语言文字"和"科学保护各民族语言文字"两大语言政策齐抓并举的阶段。语言保护工程的兴起，是我国语言文化多元化的现实反映，是语言生活日益丰富多彩的迫切需要，也是国家进入现代化建设新时期，语言工作与时俱进的具体体现。

———— 一 ————

"语保"工程的建设从语言本体的调查研究和语言资源的开发利用两方面入手。没

---

① 编者注：此文曾在第十届海峡两岸现代汉语问题学术研讨会（澳门）上宣读，后经修改刊于《学术研究》2017年第9期。

有调查就没有发言权，因而"语保"工程首先就得从深入细致的田野调查做起。尽管过去几十年我国在民族语言调查和汉语方言调查方面都做了大量的工作，取得了丰硕的成果，但就我国丰富多彩的语言实际来说，以往的调查迄今还只能说是大体上摸清了全国语言的家底，还不能说各种少数民族语言和形形色色汉语方言的情况都已经了解清楚，还不能说所有语言和方言的面貌和特征都已了如指掌了。既然现在已经把开发语言资源、保护语言资源提上日程，当务之急自然就得花大力气对全国各地的语言和方言作进一步的深入了解了。打从两年前"语保"工程启动以来，各省（市、自治区）都已经闻风而动，在"语保"实施计划中确立了许多语言（方言）调查的项目，特别是对此前未调查过的汉语方言点，更是作为拾遗补阙工作，被摆到首要的位置上来抓。对那些被认为可能属于濒危语言（方言）的，各地"语保"机构尤为关注，都特别着力组织力量进行认真调查。凡在"语保"中立了项的语言（方言）调查项目，根据"语保"的统一要求，都得进行包括纸笔调查和音像摄录两个方面的工作。两方面都有较高的要求。例如，纸笔调查对记音的准确度和国际音标书写的规范，声韵调的归纳和表格的排列，以至用字的恰切，词汇记录的方式等，都要经过严格的审核，有一定的规范要求。音像摄录具有较高的科技含量，对参数设置、音像质量、音像加工等也都有一定的规格，不能自行其是。足见这次在"语保"工程中开展的语言（方言）调查，是建立在现代语言学理念和现代科学技术上的一次全面调查，是过去以传统的理念和方式所进行的任何一次调查都不能比拟的。通过这样一次调查，对我国语言资源的实际情况就有可能得到更为确切的了解，语言资源的开发、利用和保护也才有比较可靠的、科学的基础。

二

"语保"的目的是科学而高效地善用我国珍贵的语言资源，让语言资源最大限度地发挥作用。这也就是我们常说的"语用"问题了。尽管我们无时无刻不在应用语言，我们也都认识到任何一个社会都离不开语言，没有语言，社会就会崩溃。然而，在当今这个瞬息万变的时代，社会生活复杂多样，语言除了供人们日常交际沟通、传递信息、交流思想之外，还应该派上哪些用场？发挥哪些作用？语言资源的应用方方面面，总该有个轻重缓急，到底应该先抓哪些，突出哪些呢？个人认为应抓好两个方面的工作。

第一，大力做好乡音乡言的传播普及工作。几十年来，举国上下雷厉风行、持续推广全国通用的民族共同语——普通话，取得了辉煌的成果，方言复杂地区的人民群众已陆续脱掉"普通话盲"的帽子，普通话在全国范围内基本普及了。这是我国语言工作的伟大胜利。但与此同时，一些方言地区由于一味强调"推普"而放松了保存和发挥方言作用的工作，致使一部分方言区的群众普通话熟悉了，自身的方言却逐渐生疏，在幼儿园、小学天天说普通话的孩子由于从不接触乡音乡言，压根儿不懂自己家乡的方言，产生出了许多的"小方言盲"。这一现象的出现，不符合"推普不是要使方言消失"的初衷，是始料不及的。现在各方言地区都把调查本地方言作为启动"语保"工程的重头戏，就该趁热打铁，在调查了解方言面貌、分析整理方言特点的同时，及时开展方言的传播教育工作，让地方语言资源活跃起来。有些地方如上海、福建等地，近年来已在传媒中加入一些利用本地方言编排的节目，上海已出现了供小学生学习上海方言的教材，福建闽南地区已着手启动闽南方言的水平测试工作，深受当地人民的关注。近期各地新华书店也已出现不少方言教学的教材读本和配合方言学习的方言辞书。这些都是很好的开端，说明各地在"语保"中已注意到地方语言资源的保护与利用并举了。语言资源的活力在于应用，蕴藏在各地方言中的语言资源，其无穷活力，正应该通过加强社会应用使之喷发出来。

第二，从战略的高度看待语言资源，认识语言资源。基于语言资源运用的重要性，国家语言文字职能部门早在《国家中长期语言文字事业改革和发展规划纲要（2012—2020年）》中已把语言文字工作提升到国家战略性的高度来看待。"语保"工程的启动具体贯彻了这一指导思想，今天我们在考虑语言资源的保护和利用时，对此得有充分的认识，得认真"吃透"国家这一战略思想。目前我国的语言资源主要包括以下几个方面的内容。一是承载着几千年华夏主流文化、源远流长的古今汉语及其书面语——包括记录古今汉语的汉字。这是人类历史上罕有的语言资源和文化财富。二是在汉语发展的漫长历史中，由于各种原因，在通行汉语的辽阔国土上，陆续形成了同属汉语的各种汉语地方方言。这些地方方言跟主流汉语同源异流，是古今汉语的"地方变体"，彼此间存在着"同中有异，异中有同"的关系。各具特色的汉语方言，承载着作为优秀华夏文化重要组成部分、绚丽多彩的地域文化。三是我国是个多民族的国家，除汉族外的几十个兄弟民族都拥有各自的民族语言，一部分还拥有自己的民族文字，这许多民族的语言文字记载与传承着不同民族的社会历史文化，也是中华整体文化的组成部分。这三方面的语言资源，我们都得根据不同的情况，采取切实可行的方式加以开发利用，使之发挥作用。

先说说古今汉语汉字这一无比丰富的宝贵资源。几千年来历代先贤运用汉语汉字创造了各色各样精彩的中华文化，尤其是以孔子为代表的儒家传统学说，就通过汉语言文字的丰富资源，以历史文献典籍的形式代代相传，成为支撑伟大中华民族继往开来的精神支柱。在进入改革开放新时代后，古今汉语又通过在世界各地开办孔子学院等方式乘风破浪，远播全球各个角落，成为世界人民共同享用的文化财富。古今汉语资源的充分利用长期以来都受到重视。拿我国各个层次的学校教育来说，本国语文的教育从来都被摆到突出的地位，从幼儿的学前教育到小学教育、中学教育以至高等教育，任何一个阶段都少不了要利用汉语的资源开设中国语文的课程。就古代汉语而言，由于语言的发展，它和我们日常使用的现代汉语存在着较大差距，不可能让每个国民都来掌握古代语文，享用老祖宗给我们留下来的语言资源，但总该有一些人通过刻苦学习认真掌握古代语文，研究古代语文，继承古代语文遗产，并使之为现代社会服务，达到激活古代语言资源、古为今用的目的。

再拿遍布南北各地、数量繁多、情况复杂的汉语方言来说，各具特色、互有差异是汉语诸方言的总体现象，汉语方言的语言资源特别丰富，但由于长期以来强调推行规范化共同语，忽略了方言资源的开发利用，致使丰富的方言资源没能得到充分的开发和利用。更有甚者，某些方言地区的部分人民，包括一些土生土长、天生拥有方言资源的少年儿童，进了学校学会了社会通用的共同语，就放弃了和乡亲父辈用乡音、土语交际的习惯，让方言资源从自己身上白白流失。正因为如此，我们在考量当前"语保"工作何者为先时，才会想到把当务之急放到抓好乡音乡言的传播与普及上来。

值得注意的是，在调动地方方言积极因素，大力开发方言资源之际，又必须谨记推广和规范使用国家通用语言文字始终是不可动摇的语言政策，在我们这样一个拥有 13 亿 7 000 万人口的多民族多语言（方言）大国里，一个举国上下确认共享的通用语言始终是国家富强、社会和谐必不可少的条件。在"语保"中还触及散居南北各地众多兄弟民族语言资源的开发、利用和保护问题。我国汉语以外 50 多个兄弟民族的语言资源，其丰富多彩也是世界罕有的。除少数几种民族语言有自己的文字外，大多数民族语言尚未有自己的民族文字，他们的社会历史文化只能通过口述来记录和传承，语言资源的充分利用显得尤为重要。"语保"工程启动之际，对于那些迄今缺乏详尽记录的民族语言，特别是一些面临濒危的民族语言，强调应借此机会，组织力量立项认真进行田野调查，调查的内容要突出民族语言的特色，同时兼顾纸笔调查和音像摄录两个方面。要培养一批能够熟练掌握本民族语言，又具有运用科技手段调查、整理、分析本民族语言等技能的专业人才，使民族语言的丰富资源得以科学地发掘出来，利用起来，在促进民族地区的经济文化发展和社会进步中充分发挥作用。

三

语言资源的开发利用，要紧紧扣住语言的服务职能来考虑。服务性无疑应该是语言应用的中心内容，我们常说语言研究要为语言应用服务。新中国成立伊始，在百废待兴的形势下就对语言文字工作给予高度的重视，开始了一系列语言文字工作，包括简化汉字和制订汉语拼音方案、推广普通话等，莫不是把语言文字工作当作服务于社会主义建设，服务于提高经济、文化实力，服务于提高国民素质的大事来看待。尽管当年人们对语言是资源的意识还不很明晰，但语言在立国兴邦中的重要性早已深受瞩目了。老一辈语言学家，如王力、吕叔湘等，都一再强调语言文字要为社会服务，为广大人民群众服务，让语言研究能够产生社会效益。他们身体力行，做了许多语言文字的普及与推广工作，在语言学界产生了积极的影响。时至今日，语言资源的应用范围日益广泛，语言的服务性必然会在语言文字工作中占据更加重要的位置。不久前出版的一本名为《语言服务引论》的新书，对此就有详尽论述。该书作者认为，语言服务的领域非常广阔，广义的语言服务涵盖语言作为工具或项目的内容而开展的各种服务，大致包括语言翻译服务、语言教育服务、语言支持服务、特定行业中的语言服务等四种类型。① 根据语言服务内容的不同，语言服务又可以有不同的层次，大至国际层面的语言服务和国家层面的语言服务，小至家庭层面的语言服务和个人层面的语言服务。语言服务可谓无所不在，无所不包。

在语言服务无所不在的情况下，如何在服务中运用语言资源，什么时候、什么地方该动用什么样的语言资源，如何善用语言资源使语言资源用得其所，在语言服务中发挥最佳的效果，也是"语保"中不容忽视的问题。总的来说，对待这个问题，一要实事求是，要从现实的需要出发；二要有与时俱进的精神。对那些事关国家大政方针、民生福祉的语言服务，自然应该毫不吝惜地动用相关语言资源，及时开展语言服务。拿"一带一路"的建设来说，就需要许多语言方面的服务来配合，沿线国家的语言沟通，没有相关语言资源的投入又怎么行呢？再拿在方言地区建设和谐社会来说，方言交际在社区居民的语言生活中至为普遍，必要时就得动用方言资源来进行沟通，为建设和谐社会尽力。随着"方言也是资源"的观念深入人心和"语保"工程的启动，时下各方言地区纷纷调动方言资源，打造各种方言服务的品牌，着力扩大方言应用的范围。在这样的形势下，我们一定要谨记国家通用社会共同语与地方方言的关系，要珍惜来之不易的"推普"成果，哪些地方可以多利用方言的资源，多发挥方言的作用，哪些地方不必动用方言的资源，仍宜由国家通用语言来发挥语言服务的职能，都应该通盘考虑，妥善处理。切忌为了利用地方方言的资源而一窝蜂地随意舍弃社会通用的共同语。

---

① 屈哨兵. 语言服务引论 [M]. 北京：商务印书馆，2016：4.

汉语方言研究三十年①

詹伯慧

近 30 年是我国进入改革开放的新时期，30 年的改革开放使古老的中国发生了翻天覆地的变化，这一历史性的巨变反映在各行各业中，同样也反映在语言研究的突飞猛进中，现代汉语方言研究的飞速发展尤为突出。汉语方言这门语言学科，自 20 世纪 50 年代开展全国方言普查开始就引起社会的广泛瞩目，经过半个世纪的历程，现在已彻底摘掉了"冷门"的帽子，在中国学术界享有一定的地位。20 世纪 70 年代末至今的这 30 年间，乘改革开放的强劲东风，一批有志于汉语方言研究的学人，在前辈学者丁声树、袁家骅、李荣等的带领下，胸怀大志，奋发图强，埋头苦干，继往开来，终于为现代汉语方言的研究开拓出一个与我国改革开放大好形势相适应、能够与时俱进、可持续发展的良好局面。30 年来现代汉语方言研究的发展，主要表现为以下几个方面：

一、从冷冷清清到热热闹闹

尽管现代汉语方言的调查研究起步于 20 世纪 20 年代，并且早在三四十年代就出版了几部重要的具有奠基性意义的著作，如《现代吴语的研究》《厦门音系》《临川音系》《两粤音说》《钟祥方言记》《湖北方言调查报告》等，为现代汉语方言研究打下了初步的基础，也为日后的方言研究积累了一批翔实的语料。但那时候整个语言科学还没有受到社会的重视，作为语言学中弱势门类的方言研究，自然也只能是冷冷清清，在学术界属于"冷门"学科。这一境遇直到 20 世纪 50 年代中期，为配合全国范围内大张旗鼓地进行"推普"工作而在全国开展"一县一点"的方言普查时才开始有所改变。由政府教育部门层层下文、落实贯彻的方言普查，史无前例地动员起各地高校语文系（科）的师生参加到全国近 2 000 多个县市同时开展的方言普查工作中，其调查范围之广、参与人数之多，都堪称方言研究史上空前之举。从学术研究的角度来说，这些方言普查在一定程度上触动了长期以来普遍存在的"重文（学）轻语（言）"的观念，让大家意识

---

① 编者注：此文原刊于《云南师范大学学报》（哲学社会科学版）2009 年第 2 期。

到语言研究，特别是方言研究是大有可为，能够在社会上产生积极效应的一门学科。人们对方言研究的社会作用有所认识，这就为方言工作日渐脱离冷冷清清的困境，改变"冷门"的局面打下了基础。此后长期活跃在汉语方言研究领域的骨干力量，很多都是打从 50 年代这次方言普查开始"入行"，从而矢志不移地走上了方言研究的道路，逐步成长为在汉语方言学的振兴中作出成绩的方言学者。例如，许宝华、汤珍珠关于上海话的研究，王福堂关于绍兴话的研究，黄家教关于广州话的研究，以及笔者和李永明关于潮州方言的研究等，都是在方言普查之后几年间陆续完成的。应该特别提出的是，在全国方言研究领域中起总指挥作用的中国社会科学院语言研究所，由丁声树和李荣两位领军的权威学者精心设计，结合培训普查人员而编制的调查表格《方言调查字表》《汉语方言调查简表》《方言词汇调查手册》，以及李荣为培训班学员讲课的讲稿《汉语方言调查手册》等陆续问世，为方言调查工作的顺利开展提供了必不可少的重要条件。与此同时，由北京大学袁家骅教授主持编著的我国首部比较系统、全面阐述汉语方言概貌的教材也在此期间刊行，至此汉语方言研究的氛围日趋浓郁。汉语方言研究理应出现迅速发展的良好势头。

改革开放以来，现代汉语方言调查研究事业继承了优良传统，真正实现了从冷冷清清到热热闹闹的大转变。如今汉语方言学已是名副其实的"热门"学科，已是中国语言学中的一门"显学"了。30 年来，汉语方言研究是如何热闹起来的呢？我们不妨先来看看以下几个方面的情况：

（一）学术团体和学术机构的组建

全国汉语方言学会以及一些省（市）大学中的方言调查研究机构，都是在 20 世纪 80 年代以后建立起来的。这许多方言调查研究学术团体、学术机构的产生，在近 30 年来汉语方言研究的飞跃中所发挥的作用是不言而喻的。就以全国汉语方言学会的创建来说，这个诞生于 1981 年 11 月的全国性学会，是 1979 年 6 月 24 日由一批云集福建厦门的参加汉语方言科学讨论会的语言学者发出倡议书而着手筹建的。当年在倡议书上签名的有汤珍珠、李如龙、严学宭、何耿丰、周长楫、孟庆惠、饶秉才、洪笃仁、钱曾怡、殷孟伦、殷焕先、黄典诚、黄春、黄家教、梁玉璋、梁德曼、傅国通、温端政、詹龙标、詹伯慧等人。当时提出了一个响亮的口号就是"抢救方言"，时任语言研究所所长吕叔湘给这次方言学术讨论会的学者们写了一封信，强调了方言研究的迫切性，他说："方言正在不断地变化，慢慢丧失自己的特点，破坏自己的系统性。现在赶紧进行调查，还不太晚，如果现在不着手，再过二三十年，有许多极有价值的材料将要无可挽回地丢失。"（见 1979 年 6 月 24 日《厦门日报》，题为《方言研究的迫切性》）全国汉语方言学会作为团结全国汉语方言工作者，推动汉语方言研究的学术团体，在汉语方言学界发挥了重要作用。它不仅大力推动了全国方言研究工作的开展，也大大促进了海内外同道学者的学术交往。学会的成立大会暨首届学术讨论会于 1981 年 11 月 23—29 日在厦门举行时，出席的方言研究者就有 100 多人，会上宣读的论文就有 60 多篇。此后，学会会员逐年增加，截至 2008 年，会员数目已达近 700 名。从 1981 年起，全国汉语方言学会每两年组织一次大型学术讨论会，迄今已举行过 14 届。

在成立全国汉语方言学会的同时，不少地方的语言学术团体（学会）和高等院校也根据本身的条件分别设立方言研究的学术机构，起步最早的厦门大学方言研究室在 1979 年就成立，其后复旦大学、暨南大学、福建师范大学、山东大学、湖南师范大学、华中师范大学等也在 20 世纪 80 年代陆续建立了汉语方言研究室或汉语方言研究中心。有的省、市如山东、山西、湖南、天津、汕头等也成立了省、市一级的汉语方言研究学术团体。而中国社会科学院语言研究所中的方言室，在方言研究之风日盛、方言研究课题不断增加的形势下，从 20 世纪 80 年代起，更在李荣先生和熊正辉、张振兴等方言学家的精心擘划下，着力拓宽视野、充实内涵、扩充队伍，把它发展成为具有较强实力，在语言学界具有较大影响力的方言研究机构。踏入 21 世纪，方言学术机构又有进一步的发展，一些地方性的高等院校也都积极创造条件，争取建立起研究本地方言的机构来。广东省鉴于方言研究在省内人文科学研究中的地位突出，更于近期在方言研究力量最为集中的暨南大学挂牌成立全国第一个省级汉语方言研究基地，这对于推动广东的方言研究以至促进全国方言学科的建设都有积极的现实意义。

（二）《方言》杂志的创办和《粤语研究》的面世

中国社会科学院语言研究所在李荣教授的积极倡导和具体策划下，办起了中国历史上从未有过的方言研究专业期刊——《方言》杂志。这份每年出版 4 期，每期 16 开 80 页（2000 年起改为每期 16 开 96 页）的季刊，是近 30 年中国方言研究飞跃发展的一个重要标志。刊物的创办既推动了方言研究工作的深入发展，又培养、锻炼出一批方言研究的后起之秀。据统计，30 年来《方言》出刊 120 期，从未有过脱期的纪录。每年 4 期刊出 52 万字，30 年来刊出汉语方言研究文章已经突破 1 500 万字大关。这样一大批方言研究的成果，足以说明 30 年来汉语方言研究事业的飞跃发展了。通过《方言》30 年来所发表的论文，人们领略到汉语方言资源无比丰富，汉语方言研究道路无比宽广。随着各大方言研究和应用的进一步发展，一些通行范围较广、使用人口较多、海内外影响较大的"强势方言"，也开始办起本方言的专业刊物来。2007 年创办、由海内外粤语研究者共同组建编委会、澳门粤方言学会主办的《粤语研究》，便是拔地而起、令海内外粤语研究者和应用者为之雀跃的一份方言新刊。还应该一提的是，在电脑普及的今天，通过因特网传递信息、交流经验、切磋学术之风在汉语方言学界也日渐兴起。例如

2002 年由暨南大学汉语方言研究中心和香港大学语言学系合办的粤方言研究网站，开办以来已有好几万人次的点击率，深受海内外关心粤语人士的欢迎。这类专为汉语方言开设的"电子刊物"，今后必然还会持续发展。

（三）学术会议的频频举行

近 30 年来，汉语方言研究飞跃发展，突出表现在有关汉语方言的学术活动异常频繁上，而多层次、多类型的方言学术研讨会，更是学术活动空前活跃的明显标志。20 世纪 80 年代以来，讨论汉语方言的专业学术会议此起彼伏，具体数字难以准确统计，可以肯定的是每年都有一两次会议，地点遍及南北各地以至港、澳、台地区。下面就笔者所知，列举一些汉语方言学术会议，并略述概况：

（1）全国汉语方言学会学术会议：从 1981 年至 2007 年，举办过 14 次学术会议，参加会议约 2 300 人次，宣读的论文约 1 900 篇。

（2）国际粤方言研讨会：从 1987 年至 2008 年，举办过 13 次学术会议，参加会议约 1 100 人次，宣读的论文约 900 篇。

（3）国际闽方言研讨会：从 1988 年至 2008 年，举办过 10 次学术会议，参加会议约 600 人次，宣读的论文约 500 篇。

（4）客家方言研讨会：从 1993 年至 2008 年，举办过 8 次学术会议，第八次学术会议是在中国台湾举办的，由台湾"中央大学"客家学院主办。

（5）吴方言、晋方言、官话方言、赣方言、湘方言研讨会：吴方言从 1988 年至 2008 年举办过 5 次研讨会；晋方言于 2003 年至 2007 年举办过 3 次研讨会；官话方言于 1997 年至 2007 年举办过 4 次研讨会；赣方言于 2002 年，湘方言于 2006 年分别举办了首届研讨会。

（6）粤、湘、桂三省"土话""平话"及其周边语言的专题研讨会：自 20 世纪末以来，一些未明系属及归属有争议的方言土语，引起方言学界的注意，粤北、湘南及桂北等地的方言（土语）尤为引人注目。在这一背景下，21 世纪初三省方言同道在粤北韶关发起轮流举行"土语""平话"及其与周边语言（方言）关系的专题研讨会。至 2007 年已经举办过 4 次研讨会。

（7）国际汉语方言语法研讨会：为推动汉语方言语法研究的发展，中国社会科学院语言研究所方言室于 21 世纪初联同有关高校协作组织起定期举行的汉语方言语法研讨会。从 2002 年至 2008 年已经举办过 4 次研讨会。

（8）双语双方言研讨会：由深圳深港语言研究所（后期扩大为深港澳语言研究所）发起，每两年一届在深圳举行的双语双方言研讨会，自 1988 年至 2006 年举办过 9 次研讨会。

（9）《方言》创刊 20 周年和 30 周年的学术讨论会：1998 年 5 月 28—31 日在四川

成都举行了"庆祝《方言》杂志创刊 20 周年学术讨论会",出席会议的有 70 多人,会上宣读论文 40 多篇。2008 年 9 月,又在兰州举行了《方言》杂志创刊 30 周年的学术研讨会,到会宣读论文的方言学家共 43 人。

（10）李实学术研讨会:1991 年 9 月在四川遂宁举行过一次别开生面的国际李实学术研讨会,会上对李实所著《蜀语》进行了讨论,有海内外学者 40 多人出席,宣读论文 20 多篇。

（11）今日粤语研讨会:这是定期举行的国际粤方言研讨会的补充,规模较小,以粤语语法现象为主要研讨内容。自 1993 年起在广州先后举行过四次（1993 年、1994 年、1995 年、1998 年）,分别由广州几所大学轮流主办。主持人为香港城市大学郑定欧博士和主办学校的青年粤语学者。

（12）首届国际上海方言学术研讨会:为推动上海话的研究和应用,由复旦大学、深圳大学等联合主办的首届国际上海方言学术研讨会于 2006 年 11 月在深圳大学举行。

（13）语言与方言国际研讨会:21 世纪初,澳门理工学院于 2001 年 7 月主办过一次有大陆学者和港澳学者参加的语言与方言专题研讨会。

（14）首届汉语方言书写国际研讨会:2002 年 6 月,香港理工大学主办了一次规模不小的汉语方言书写国际研讨会,专题研究方言地区方言词语的书面形式问题,中国内地和台、港、澳地区一批方言学者出席会议宣读论文。

此外,台湾的"中央研究院"语言学研究所于 2007 年 9 月举行了一次语言微观分布国际研讨会;台湾师范大学于 2008 年 9 月主办过一次台湾语言国际研讨会。20 世纪 90 年代以来还有几次规模较小的研讨会:1994 年 10 月在厦门大学举行的"海峡两岸闽南方言学术研讨会";1996 年 12 月在暨南大学汉语方言研究中心举行的"首届东南亚华人语言学术研讨会";由李如龙、张双庆（港）、平田昌司（日）等主持的多次小型"东南方言语法比较研讨会";以及 2008 年 7 月由暨南大学汉语方言研究中心和香港中文大学中国文化研究所联合举办的首届海外汉语方言国际研讨会等。

以上所录情况难免还有遗漏。30 年来汉语方言学术活动之频繁,于此也就可见一斑了。

（四）人才的培养和专业队伍的建设

近 30 年来,汉语方言研究的飞跃发展在人才的培养和专业队伍的建设上也有所体现。20 世纪 50 年代在开展大规模汉语方言普查时,就曾以短期培训的方式培养了一批散布在全国各地能够从事方言调查的人才。他们中不少人士在近 30 年方言研究事业的腾飞中,进一步通过调查实践,充实自己的业务,提高自己的研究能力,在方言研究中作出贡献。与此同时,随着研究生教育的发展,20 世纪 80 年代以来,各地高等院校开始招收以汉语方言为研究方向的硕士研究生，先后毕业的已有好几十人投身到方言研究的行列中来，成为方言研究的骨干力量。20 世纪 90 年代以来，中国社会科学院语言研究所和暨南大学、厦门大学、复旦大学、北京大学、山东大学、上海师范大学、华中师范大学、中山大学、湖南师范大学、南京师范大学等一批高等学校的相关专业，又先后招收了一些有志于汉语方言研究的博士研究生，迄今已有逾 50 位获得博士学位。这些年富力强的后起之秀大都已成为汉语方言研究专业队伍中的学科带头人，活跃在汉语方言研究的沃土上。

二、从重点研究语音到语音、词汇、语法并举

汉语方言之间的差异突出表现在语音方面，因而长期以来方言的调查研究主要是以研究方言的语音为重点的。其实进一步全面认识一个方言，就非同时兼顾语音、词汇及语法的特点不可。近 30 年来，汉语方言的研究在这方面有了明显的进展。对于方言词汇、方言语法的研究，发表在《方言》《中国语文》及各地学术刊物中的文章不计其数，并且也陆续出现一些研究汉语方言词汇、方言语法的专著。至于研究方音的著述，也不像过去那样只做一般的描写分析，而较多着力于对特殊语音现象的发掘与探讨了。如揭示方言语音内部的屈折变化，讨论方言中的连读变调、文白异读等现象的文章就为数不少。可以说，随着方言研究的深入发展，许多研究汉语方言的专著或讨论方言特点、比较方言差异的文章，已经有可能同时做到语音、词汇、语法并举并重。拿方言词汇的研究来说，最突出的表现就在于 30 年来各地出现了许许多多大小不一的方言词典，这些方言词典正是方言词汇研究的总结性成果。至于方言语法的研究，近一二十年更是蓬蓬勃勃，不断升温。改革开放以前人们很少看到有专论方言语法的专著出版，张洪年教授 1972 年出版的《香港粤语语法研究》一书，被认为是难得一见的少数专论方言语法的著作。近十来年这一情况有了很大的改变，不但在《方言》等刊物上经常出现探讨方言语法现象、深挖方言语法特征的论文，以方言语法为内容的专著也时有面世。美国华盛顿大学余霭芹教授 1993 年在法国出版的《汉语方言语法比较》和黄伯荣教授主编的《汉语方言语法类编》便是大家比较熟悉的两部方言语法研究参考书。21 世纪初以来，出现了两年一届专门研讨汉语方言语法的学术会议，每次也都有论文结集出版，其中不少论文常有独特见解，令人耳目一新。据笔者所知，20 世纪 90 年代以来，各地方言研究者潜心语法研究所写成的专著为数颇为可观。已公开出版的如"湖南方言语法系列丛书"中的《湖南方言的动态助词》和《湖南方言的介词》（伍云姬主编），《汉语方言共时与历时语法研讨论文集》（伍云姬主编），《大冶方言语法研究》（汪国胜），《内蒙古西部方言语法研究》（邢向东、张永胜），《上海方言语法研究》（徐烈炯、邵敬敏），《梅县方言语法论稿》（林立芳），《广州方言句末语气助词》（方小燕），等等。

三、从"填空补缺"的单点研究到连片成区的大面积调查

30 年来，各地方言学界同人在"填空补缺"、开垦方言调查研究"处女地"方面默默耕耘，做了大量的田野工作，搜集了许多前所未见的新鲜语料。在逐点调查的同时，大面积成片调查的工作也有了较大的突破。当年老一辈学者赵元任等开始的分省进行方言大面积调查的设想，限于条件未能一竿子插到底，到了近 30 年汉语方言研究的持续飞跃发展阶段，后续的工作才由各省（市）的同道逐步开展起来，其间又结合各地地方志编纂的需要，更为成片的方言调查研究提供了极为难得的契机，使之以较快的速度发展起来，取得了显著的成果。拿广东粤方言的调查来说，从 20 世纪 80 年代中期到 90 年代中期，连续"作战"了将近十载，完成了对珠江三角洲、北江流域和西江流域这三个地区几十个粤方言点的初步调查，编出了约 500 万字共五册粗线条的方言调查报告，《珠江三角洲方言调查报告》（三卷本）、《粤北十县市粤方言调查报告》、《粤西十县市粤方言调查报告》，最后又在此基础上编成上百万字的《广东粤方言概要》。像这样经得起长年累月"折腾"的方言工作，近 30 年来同样出现在江苏、浙江两省的吴语调查中，也出现在山东省的胶东方言调查，福建省的闽方言调查，山西省的"晋语"调查和湖南省、四川省、云南省、江西省、广西壮族自治区的大面积方言调查中。众所周知，20 世纪 80 年代以来，汉语方言学者为配合各地编修地方史志而大力开展的方言志编纂工作，取得了空前的大丰收。各类大、中、小型，详略不一的方言志不断出版，这比起 60 年代只有语言研究所方言组编写的一部《昌黎方言志》来，真可谓一日千里，大踏步前进了。现在我们已能看到不少覆盖全省（市、自治区）汉语方言的大型方言志，如《云南省志·汉语方言志》（吴积才主编），《上海市区方言志》（许宝华、汤珍珠），《苏州方言志》（叶祥苓），《江苏省志·方言志》（鲍明炜主编），《广西通志·汉语方言志》（杨焕典主编），《陕西省志·方言志（陕北部分）》（刘育林），《福建省志·方言志》（福建省地方志编纂委员会编），《江西省志·江西省方言志》（陈昌仪主编），《广州市志·方言志》（李新魁主编）以及由温端政等撰写的山西省方言志系列丛书、由钱曾怡等编撰的山东省方言志系列丛书，等等。值得一提的是，这一成片调查之风近期也延伸到了境外。香港中文大学张双庆教授长期以来有志于比较全面地调查研究香港新界地区方言，这一夙愿终于在中山大学庄初升教授的协力下，于 20 世纪初完成，在 2003 年出版了涵盖新界地区几十个方言点的巨册《香港新界方言》。上述这类大面积成片成区的调查成果，无疑是 30 年来汉语方言研究取得辉煌成就的重要标志。

四、从重点研究到扩大研究领域，建设巨大工程

30 年来，汉语方言研究的飞跃发展也表现在一方面有重点地深入研究某些有代表

性的方言点，一方面不断扩大方言研究领域；与此同时，还有组织、有计划地投入大量的人力物力，开展几项在汉语方言研究史上堪称空前的巨大建设工程。在重点深入方面，应该首先提及的是：作为国家"七五"（1986—1990 年）社会科学规划重点研究项目的"汉语方言重点调查"，在贺巍、张振兴的主持下，十多位方言学者深入实地对各方言点进行了语音、词汇和语法的全面调查，分别写出了《漳平方言研究》（张振兴），《洛阳方言研究》（贺巍），《博山方言研究》（钱曾怡），《江永方言研究》（黄雪贞），《嘉定方言研究》（汤珍珠、陈忠敏），《福清方言研究》（冯爱珍），《武汉方言研究》（朱建颂），《舟山方言研究》（方松熹），《黎川方言研究》（颜森）等一批体例一致、内容全面、分析详尽而又各具特色的单一方言研究专著。这批专著在一定程度上反映出20 世纪 80 年代后期方言研究达到的水平。除此以外，各地方言研究者还编写出一批颇为引人注目的方言新著。其中较有影响的就有：《闽语研究》（陈章太、李如龙），《客赣方言调查报告》（李如龙、张双庆主编），《广州方言研究》（李新魁等），《现代晋语的研究》（侯精一），《长沙方言》（李永明），《当代吴语研究》（钱乃荣），《严州方言研究》（曹志耘），《厦门方言研究》（周长楫、欧阳忆耘），《澄海方言研究》（林伦伦），《山东方言研究》（钱曾怡主编），《平话音韵研究》（李连进），《海南闽语的语音研究》（刘新中），《军话研究》（丘学强），《广西玉林市客家方言调查研究》（陈晓锦），《广西北海市粤方言调查研究》（陈晓锦、陈滔），《马来西亚的三个汉语方言》（陈晓锦），《湖南客家方言的源流与演变》（陈立中），《粤北土话音韵研究》（庄初升），《客家方言语音研究》（谢留文），《神木方言研究》（邢向东），《连城客家话语法研究》（项梦冰），《客赣方言比较研究》（刘纶鑫主编），等等。海外研究汉语方言的学者近期也陆续出版了不少有分量的汉语方言专著，如美国余霭芹教授于 2005 年出版的新著《台山淡村方言研究》、日本秋谷裕幸教授的《浙南的闽东区方言》、千岛英一教授的《广东语动词研究》等，这些大都是海外汉语方言学者的力作。这里我想特别一提《当代吴语研究》一书。作者对语言学大师赵元任当年编写《现代吴语的研究》调查过的吴方言点重新进行逐一调查，对比相隔 70 年后同一地点方言的发展变化，令人看到现代吴语发展的情况，实在是很有意义的事。还应该提提湖南的汉语方言研究。湖南省的语言学者近 30 年来对方言研究工作的高度重视，实在令人感动！打从 20 世纪80 年代开始一本又一本地出版李永明等人的方言研究成果以后，一直在花力气壮大方言研究的队伍，扩大方言研究的范围。20 世纪 90 年代以来，除出版湖南方言语法研究系列丛书以外，又陆续以"湖南方言研究丛书"为题出版包括 15 个湖南方言代表点的15 本湖南方言研究专著。除湖南以外，近期山西方言学界在老将温端政和新人乔全生的精心擘划下，也陆续推出了一套多卷本的山西方言研究丛书；江西刘纶鑫教授也在主编一套"客赣方言研究丛书"；还有广西的同道这几年也在急起直追，他们结合推广普通话，陆续编写了一套《桂北平话与推广普通话研究》丛书，等等。我想，如果每一个省都能像湖南、山西、江西、广西的同道那样不断狠抓方言工作，汉语方言的研究必然可以在较短的时间内有更大的飞跃。在深入探索各种方言问题的同时，方言学界同仁也关注到研究方法上的革新。如为了利用音声科学的成果，使汉语方言著作能以声文具备的形式推向社会，由侯精一教授策划主编的《现代汉语方言音库》在 20 世纪 90 年代就完成了 40 种汉语方言音档的制作。这套方言音档对于人们理解方言确是一件大好的事。

在扩大研究领域方面，30 年来我国方言学者也堪称兢兢业业，不遗余力。其中突出表现在关注方言的社会应用上面。对一些社会应用范围广、使用人口多的"强势方言"，大力加强其为社会应用服务的研究。例如，2002 年出版了粤、港、澳三地学者经过长时间的粤语审音工作最终协力编成的《广州话正音字典》，是我国第一部为方言正音而编纂的字典，在学术界产生了积极的反响。针对方言的应用而开展的各种研究，如方言拼音方案的设计和改进、方言书写用字的研究、方言教材的编写、方言水平的测试等，不仅在粤方言中受到重视，在以上海话为代表的吴语研究中，近期也有悄悄兴起之势。例如，汤志祥教授近年来陆续编写出版一些实用上海话的教材，钱乃荣教授编纂的上海话词典，都受到了读者的欢迎。在中国台湾，客家方言的应用问题更是语言学界经常关注的课题。一个名为"客家委员会"的政府行政机构和一个 24 小时以客家话广播的客家电视台，更为台湾客家方言的社会应用搭建了平台。面对某些弱势方言消失的危险，近期"抢救濒危方言"之声已响亮提出，加强语言接触的研究、加强系属未明方言土语的研究，这些也都表现出方言研究领域正在日渐扩大。还有，在方言学与人类学、民族学等传统相关学科的研究方面，以及方言学与统计学、心理学乃至某些自然科学的结合研究方面，也都是大家脑子里常常思考的问题。总之，随着现代社会的进步和现代科技的日新月异，方言研究在开阔视野、扩大领域方面正日渐发展，呈不断开拓、不断进取之势。

在潜心深入研究、积极拓宽领域的同时，我国方言学者本着立大志、干大事的精神，自 20 世纪 80 年代起，就陆续抓起几项在语言学界甚至在整个社会科学界都具有震撼力的巨大工程。谈及这类"巨大工程"，人们自然就会指着摆在书架上名副其实的巨著：两大本《中国语言地图集》和四十二卷本的《现代汉语方言大词典》及其六大册的《综合本》。这两套巨著是在语言研究所李荣、熊正辉、张振兴教授的主持下，从改革开放初期就开始筹划、集结全国各地的方言工作者，组织起强有力的编纂队伍，经过十载以上的艰苦奋斗，才分别于 20 世纪 80 年代末和 21 世纪初大功告成的。与此同时，由复旦大学许宝华教授和日本京都外国语大学宫田一郎教授主编的五卷本 1 700 万字《汉语方言大词典》，融古今南北汉语方言于一体，经过十多年的努力，也终于在 20 世纪 90 年代末出版问世了。它和上述四十二卷分地版的《现代汉语方言大词典》堪称汉语方言研究的两大杰作。此外，还有一项堪称巨大工程的，其成果就是在十多年前出版的773万字五卷巨著，由陈章太、李行健主编的《普通话基础方言基本词汇集》。30年来一项又一项汉语方言研究巨大工程的启动和完工，标志着汉语方言学这门既古老又年青的语言学科，正以其充满活力、开拓进取的步伐不断攀登新的学术高峰，铸造起一个又一个的辉煌。

如上所述，持续30年的汉语方言研究飞跃时期，为汉语方言学的学术大厦打下了一块块坚实的基石，也为中国语言学宝库增添了一大笔珍贵的财富。没有改革开放的30年，也就没有汉语方言研究开拓进取、铸就辉煌的30年。当前汉语方言的研究，正在不断向着多层次、全方位的方向乘胜前进。我们要坚定不移地贯彻：既要全面调查，又要深入挖掘；既要着力开拓新领域，又要重视传统研究。与此同时，我们也应该清醒地看到在某些方面尚有需要改进的地方：①尽管大面积成片研究已取得不少成果，还嫌覆盖面不够大。目前能够看到的反映一个省或一个大的地区方言面貌的著述仍是屈指可数，有必要在统一规划下投入更多的力量，组织更强大的研究队伍来从事这类大面积的汉语方言调查工作，争取几年内有更大的突破。对一些重要的跨地区的方言，如闽方言、粤方言、客方言等，也有必要组织大兵团作战，在整合各自调查所得资料的基础上，为不同地区的闽方言、粤方言、客方言等分别编写出跨省份（地区）的、综合性的《闽方言总览》《粤方言总览》《客方言总览》一类全面系统地反映整个大方言区语言面貌的著述来。②方言比较方面的研究有必要进一步加强。汉语方言的比较研究，无论是历时的比较还是共时的比较，都是重要的研究课题，如闽吴方言的比较研究、闽粤方言的比较研究、闽客方言的比较研究、粤客方言的比较研究等。30年来发表的这类成果不多，无疑也应该大力加强研究。③方言应用问题的研究。在共同语日渐普及的情况下，方言的社会功能如何？方言是不可能消灭的，如何在既推广共同语的同时，又在保持方言的作用方面取得适当的平衡？这中间有理论的问题，有政策的问题，也有技术性的问题。方言的研究应该与社会语言学、应用语言学紧密配合。在这方面，过去30年有一定的发展，但研究还不够充分，今后也有必要加强。④30年来汉语方言研究中曾经有过一些值得讨论的问题，然而，对这些问题的讨论由于没有能够一竿子插到底，以致仍有"悬而未决"的现象存在。其中突出的问题就是汉语方言的分区以及某些方言的归属。例如，关于晋语、徽语、平话土话的分区和归属问题，还需要在深入调查研究的基础上进行进一步的研究讨论。⑤跟学术争鸣问题有关。30年来汉语方言研究硕果累累，成绩斐然，出版了许许多多的学术著作，却很少看到有关这些著作的书评在刊物上发表。这种缺少公开评论气氛的现象，显然也是不利于汉语方言学的健康发展的。近一二十年来，我们研究汉语方言的人，书架上都增添了许多大部头的汉语方言巨著，可是，我们从《方言》杂志或《中国语文》等权威语文杂志中却很难看到为这类巨著撰写的书评。看来，有必要提倡我们的同道多写书评，也要呼吁刊物多多发表书评，不要吝惜这方面的篇幅。我颇赞赏《国际中国语言学评论》这样的刊物，可惜只看到第一期，就没有看到第二期。我想即使不能办个专门发表评论文章的刊物，在《方言》《中国语文》等有影响的语文刊物中开辟书刊评论的专栏，经常发表一些书评，也是功德无量的大好事。

参考文献

[1] 鲍厚星，陈立中，彭泽润．二十世纪湖南方言研究概述［J］．方言，2000（1）．

[2] 曹志耘．对 21 世纪语言研究的几点想法［J］．语言教学与研究，2000（1）．

[3] 甘于恩．粤语与文化研究参考书目［M］．广州：广东科技出版社，2007．

[4] 贺巍．汉语方言研究的现状与展望［J］．语文研究，1991（3）．

[5] 李蓝．六十年来西南官话的调查与研究［J］．方言，1997（4）．

[6] 李树俨．面向二十一世纪的汉语方言研究［J］．方言，1999（1）．

[7] 李行杰．描写分析综合创新［J］．方言，1999（1）．

[8] 刘坚．二十世纪的中国语言学［M］．北京：北京大学出版社，1998．

[9] 刘兴策．近百年来湖北省汉语方言研究综述［J］．方言，1998（3）．

[10] 陆俭明．新中国语言学 50 年［J］．当代语言学，1999（4）．

[11] 聂建民，李琦．汉语方言研究文献目录［M］．南京：江苏教育出版社，1994．

[12] 钱曾怡．世纪之交汉语方言学的回顾与展望［J］．方言，1998（4）．

[13] 许宝华，汤珍珠．略说汉语方言研究的历史发展［J］．语文研究，1982（2）．

[14] 许嘉璐，王福祥，刘润清．中国语言学现状与展望［M］．北京：外语教学与研究出版社，1996．

[15] 袁家骅，等．汉语方言概要［M］．2 版．北京：文字改革出版社，1983．

[16] 詹伯慧，李如龙，黄家教，等．汉语方言及方言调查［M］．2 版．武汉：湖北教育出版社，2001．

[17] 詹伯慧．《方言》二十年述评［J］．方言，1998（3）．

[18] 詹伯慧．二十年来汉语方言研究述评［J］．方言，2000（4）．

[19] 中国社会科学院，澳大利亚人文科学院．中国语言地图集［M］．香港：朗文出版（远东）有限公司，1987．

广东汉语方言研究的回顾与展望①

詹伯慧

一

众所周知，广东是我国语言资源丰富、方言复杂多样的地区。当今汉语七大方言中，广东就拥有其中粤、闽、客家三大方言。此外还有一些未明系属的土语及濒危的"军话"、方言岛之类。粤、闽、客家三大方言在省内形成三足鼎立之势，各据一方。基于这一语言格局，在广东的语言工作中，方言资源的开发和应用，也就理所当然地处于突出的地位了。几十年来，广东语言学界已形成了这样的观念：能否持续不断地开展广东各地汉语方言的调查研究，是检视广东语言研究工作是否取得显著成绩、是否得到持续发展的重要标尺。正是基于这样的认识，在广东的人文社科研究领域中，广东方言的研究总是格外受到大家的关注。远的不说，打从20世纪80年代我国"拨乱反正"，学术事业步入振兴轨道以来，广东制订一个又一个的"社会科学五年规划"时，总少不了列入广东方言研究的课题。而一些设有语言文字专业的高等院校，在制订科研发展规划时，只要稍具条件，也都总要列入关于广东方言调查研究的项目。广东方言的调查研究，始终是语言文字学科中备受青睐的优势学科。

方言研究既涉及方言本体的研究，如方言语音、方言词汇、方言语法的研究；也涉及对方言的性质、方言的发展、方言的应用，以及方言与共同语、方言与历史、方言与社会、方言与文化、方言与民俗等的研究。毫无疑义，如此广泛的方言研究课题，一定能为广东的语言专业人士发挥自己的才能提供广阔的天地，也能为他们的学术研究提供许许多多现实的课题。长期以来，涉及广东方言的实际问题层出不穷，广东的语言工作者自然应该结合实际，顺乎潮流，在理论与实践中尽力做好省内各地方言的调查研究工作，通过大量的田野工作对广东方言的种种表现作理论的探讨；又再以理论探讨的成果来进一步指导广东方言研究的实践，推动广东方言调查的深入发展。

---

① 编者注：此文原刊于《暨南学报》（哲学社会科学版）2010年第3期。

二

温故而知新，此刻不妨让我们简略回顾一下广东汉语方言研究所走过的漫长历程：

广东的方言研究具有悠久的传统。早在清代就出现过颇有影响的研究粤语、客语和潮语的著述，如詹宪慈的《广州语本字》、陈澧的《广州音说》、杨恭桓的《客话本字》，以及流传于民间的《潮语十五音》等。20 世纪 20 年代以后，随着现代语言学理论、方法的传入，广东方言的研究也开始陆续出现一些跟现代语言学挂钩的著作。1928年历史语言研究所在广州成立，随即计划开展系列的方言调查。其中最早进行的正是1928—1929 年两广的方言调查。我们现在能够看到的如早期王力的《两粤音说》（1928），后来黄锡凌的《粤音韵汇》（1941），赵元任的《粤语入门》（1942，英文本）和《中山方言》（1956），岑麒祥的《广州音系概述》（1946），等等，这些著述也都一反传统语文学中方言的研究，只着力于考本字探语源的研究旨趣，把广东方言的研究纳入现代语言学的轨道上来。可是，这一现代方言研究的草创阶段，虽然得到当时"中央研究院历史语言研究所"赵元任等前辈学者的大力倡导，继 20 世纪 20 年代末的两广方言调查后，在 20 世纪 30 至 40 年代，史语所又先后开展了对陕南、徽州、江西、湖南、湖北、云南、四川等地区的大规模方言调查，并陆续出版了《湖北方言调查报告》等几部大型的调查报告，但总的来说，那时候的方言研究工作，毕竟还只是少数几位甘于"坐冷板凳"的语言学者们所热衷的学术事业，方言工作还远远没有得到学术界的普遍重视。而在广东这样一个从来被公认为是方言大省的地方，尽管方言工作较早受到语言学界的关注，实际上省内三大方言的研究，在 20 世纪 50 年代以前，能够让我们看到的研究成果却非常有限，可以说一直是凤毛麟角、屈指可数的。这也就是说，广东早期的方言研究，迄今我们能够看到的论述，始终还只是上述王力、赵元任、岑麒祥等所发表的几篇论文。进入 20 世纪 50 年代，在新中国大力开展语文"三大运动"的情况下，配合着这些语文运动的需要，汉语方言调查工作才在全国范围内得到初步的开展（当时叫作"普查"），其间出现了一大批由方言地区组织语言专业师生在方言普查的基础上编写的具有强烈针对性的、供方言地区人民学习普通话的小册子。而广东的语言学者，同样闻风而起，纷纷投身到这一编写方言地区人民学习普通话手册的工作中来。其中尤以王力教授一马当先，他早在 20 世纪 50 年代初就推出了《广东人学习国语法》（1951）（1955 年改为《广东人怎样学习普通话》），随后，他还为学习广州话的人编写了一本通俗的《广州话浅说》（1957）。50 年代中期，在全国累计业已编出的三百多本学话手册中，由广东语言学者编写的也有好几本，内容涵盖广东几大方言。正式出版发行的分别为广州、四邑、潮州、客家、海南等不同方言地区人民编写的《学话手册》。这些手册都围绕着方言与普通话比较这一中心来展开论述，指导学习方法，并提供一定数量的语言素材。这一次广东语言学者配合"推普"所进行的方言调查，可以看作开了广东方言研究为广东社会语言应用服务的先河。可惜的是，当年开展的虽然粗糙却相当全面的方言调查，在编写过《学话手册》后接下来本该有编写广东方言概况的后续任务，却因为种种原因一直被搁置下来，未能一竿子插到底，否则早在半个世纪前，广东各地方言的面貌，大概可以相当清晰地呈现出来了。

同整个语言研究的发展形势相吻合，广东方言研究工作的繁荣发展，是在20世纪70年代末、80年代初才渐成气候的。"十年动乱"结束，我国学术事业重整旗鼓，走上复苏之路，沉寂多年的语言学科各个领域，也纷纷快马加鞭，重铸辉煌。而以往备受冷落的方言研究，更借着这一学术事业大发展的契机，在20世纪50年代已略露端倪的方言普查基础上，出现了此起彼伏、全面开花的新气象，形成了历史上未曾有过的方言研究大发展大收获的局面。这一局面打从那个时候起，一直延续下来，直至踏入新世纪。近30年来方言研究不断升温，各类成果层出不穷的大好势头，促使我国汉语方言研究在整个语言科学研究中，乃至在整个汉学研究中，攀升到了引人注目的热门地位，从此汉语方言学再也不是少数几位"发烧友"学者孤芳自赏的冷门学问了。如前所举，尽管广东方言工作起步较早，而实际上到了20世纪80年代，才有条件广泛调动起相关方面的积极因素，吹响大规模开挖省内各大方言"富矿"的号角来。此后广东方言研究之火越烧越旺，陆续有了立项目、定课题、进田野、上课堂的动作，使广东方言研究的事业越做越大，以至逐渐形成了规模效应，终于成为在广东的人文社会科学领域中深受瞩目、举足轻重的一门学科。如今在广东方言的百花园里，从珠江三角洲到粤北山区，从粤东潮州梅州到粤西高州雷州，多姿多彩的粤、闽、客方言和一些未知名的土语，30年来或多或少都已有广东方言学者染指研究：或成区成片，做大面积的调查，设计绘制方言地图；或单点深入，挖掘揭示各地方言语音词汇语法特点；或纵横比较，着力进行理论探讨；或结合实际，为语言社会应用尽心尽力，如此等等，不一而足。据不完全统计，近30年来广东方言研究的成果数以百计，堪称硕果累累。下面略举数端，以见一斑：

（一）完成一批大型方言调查报告

20世纪80年代由暨南大学汉语方言研究中心（前期为汉语方言研究室）詹伯慧和香港中文大学英语系（前期）、香港理工大学中文及双语系（后期）张日昇共同主持，穗港两地一批年轻语言学者通力协作，先后完成了几部调查报告——《珠江三角洲方言调查报告》（三卷，1987—1990）、《粤北十县市粤方言调查报告》（1994）、《粤西十县市粤方言调查报告》（1998）以及李如龙等的《粤西客家方言调查报告》（1999）等。

（二）出版了许多方言研究专著及地方志中的方言志

20 世纪 80 年代高华年的《广州方言研究》（1980），詹伯慧的《浠水方言纪要》（1981，东京）和《汉语方言文集》（1982，东京），罗康宁的《信宜方言志》（1987），丘学强的《妙语方言》（1989）等；90 年代周日健的《新丰方言志》（1990），詹伯慧的《语言与方言论集》（1993）和《方言・共同语・语文教学》（1995），何伟棠的《增城方言志：第一分册》（1993），蔡叶青的《海康方言志》（1993），陈修的《梅县客家方言研究》（1993），陈晓锦的《东莞方言说略》（1993），谢永昌的《梅县客家方言志》（1994），戴由武等的《电白方言志》（1994），李新魁的《广东的方言》（1994）和李新魁等的《广州方言研究》（1995），李新魁主编的《广州市志・方言志》（1998），黄家教的《语言论集》（1996）和黄家教等的《汉语方言论集》（1997），麦耘的《音韵与方言研究》（1995），施其生的《方言论稿》（1996），林伦伦的《澄海方言研究》（1996）和林伦伦、陈小枫的《广东闽方言语音研究》（1996），林立芳的《梅县方言语法论稿》（1997）和林立芳、庄初升的《南雄珠玑方言志》（1995），王李英的《增城方言志：第二分册》（1998），高然的《语言与方言论稿》（1999），林伦伦的《汕头市方言志》（《汕头市志》卷 72，1999）等；进入 21 世纪以后出现的方言研究著作就更多了，如：余伟文等的《粤北乐昌土话》（2001），汤志祥的《当代汉语词语的共时状况及其嬗变——90 年代中国大陆、香港、台湾汉语词语现状研究》（2001），詹伯慧主编的《广东粤方言概要》（2002）和《广东地区社会语言文字应用问题调查研究》（2000），以及詹伯慧的论文集《漫步语坛的第三个脚印——汉语方言与语言应用论集》（2003，2006 增订本）和《詹伯慧语文评论集》（2008），甘甲才的《中山客家话研究》（2003），方小燕的《广州方言句末语气助词》（2003），庄初升的《粤北土话音韵研究》（2004），彭小川的《粤语论稿》（2004），陈晓锦的《马来西亚的三个汉语方言》（2003）、《广西玉林市客家方言调查研究》（2004），陈晓锦、陈滔的《广西北海市粤方言调查研究》（2005），丘学强的《军话研究》（2005），甘于恩的《七彩方言——方言与文化趣谈》（2006），温昌衍的《客家方言》（2006），刘新中的《海南闽语的语音研究》（2006），林伦伦的《粤西闽语雷州话研究》（2006），傅雨贤的《语法方言探微》（2006），杨敬宇的《清末粤方言语法及其发展研究》（2006），邵慧君、甘于恩的《广东方言与文化探论》（2007），李冬香、庄初升的《韶关土语调查研究》（2009）和近期问世的、邵敬敏等合著的《汉语方言疑问范畴比较研究》（2010），等等。

（三）一些应用型的教材和方言工具书陆续问世

在汉语方言学教材的编纂方面，詹伯慧自 20 世纪 50 年代参与编纂袁家骅主持的

《汉语方言概要》以后，到 80 年代初，又独自编写了《现代汉语方言》一书，这两本书都被海内外许多高校视为方言学课程的主要参考书。80 年代后期，詹伯慧又联同黄家教、许宝华、李如龙等几位资深方言学家，一起编写了作为高等学校文科教材使用的《汉语方言及方言调查》一书，由他担任主编，于 1991 年出版问世。此后该书一直作为教育部推荐的高校文科通用教材，在全国范围内被广泛采用。与此同时，一些供学习普通话或广东方言用的教材也应运而生。早在 1984 年，傅雨贤等就出版了《粤语区人学习普通话趣谈》；1988 年，李新魁等在电视台连播的专题《广州人学讲普通话》出版发行，同年李新魁又出版了《香港方言与普通话》；詹伯慧等也应中国国际广播电台之约，为海外说粤语的华人编写了供广播教学用的教材《学讲汉语普通话》（1989）；此后不久，欧阳觉亚在 90 年代初出版了一本应用型的著作《普通话广州话的比较与学习》（1993），关湘于 1996 年出版了结合广东三大方言实际的《汉语多方言口语表达训练》，周小兵于 1997 年出版了《粤语区人学习普通话教程》，方小燕在 1999 年出版附有录音带的《学会地道广州话》。进入 21 世纪，陈慧英和马文谊编写了《广州话入门》（2000）；谙粤语、吴语与普通话的汤志祥，为了服务于粤、吴两大方言区人民的社会语言应用，于 2002 年和 2006 年先后出版了《上海话生活通》和《广州话　普通话　上海话 6000 常用词对照手册》。在学习方言的教材中，近年由詹伯慧、丘学强主编，彭小川、方小燕和甘甲才参编的《新时空粤语》（上册，2006；下册，2009），以其富有时代气息尤受读者欢迎。在方言工具书的编纂方面，从 20 世纪 70 年代末 80 年代初开始，就陆续出版了一些广东各大方言的字（词）典，包括一些方言与普通话对照的字（词）典。例如，饶秉才、欧阳觉亚、周无忌等在 20 世纪 80 年代初就出版了《广州话方言词典》（1981），接着饶秉才又主编了《广州音字典》（1983）；李新魁也在 20 世纪 70 年代末就先后编出了《新编潮汕方言十八音》和《普通话潮汕方言常用字典》。广东方言辞书编纂高潮的到来，还是 20 世纪 90 年代以后的事。例如，陈慧英的《实用广州话词典》（1994）和陈慧英、饶穗合编的，附有英文译释和录音带的《广州话普通话对照 400 句》（2002 年第 3 版），谢栋元的《客家话北方话对照辞典》（1994），张维耿的《客家话词典》（1995），詹伯慧、陈晓锦的《东莞方言词典》（1997），吴开斌的《香港话词典》（1997），麦耘、谭步云的《实用广州话分类词典》（1997），朱永锴的《香港话普通话对照词典》（1997），詹伯慧的《粤港澳学生用普通话常用词手册》（1995），林伦伦的《普通话潮汕话对照学生常用词典》（1999），等等，都是 20 世纪 90 年代以后的产品。其中最引人注目的工具书要算詹伯慧主编的《广州话正音字典》了，此书的编纂源于 1990 年由粤、港、澳一批语言学者组成的广州话审音委员会，委员会经历过多年对粤语辞书中标音有分歧的字目进行逐一的认真审议以后，在此基础上组织起广州话正音字典编写组来，开始进行正音字典的编纂，前后穷十载之功，《广州话正音字典》才在 2002 年成功问世。此书在方言学界产生了积极的影响，被认为是国内首本为汉语方言进行正音的专书。此后，2008 年还出版了范俊军的《桂阳方言词典》，而近期由张晓山编纂的一百万字普通话潮州话对照《新潮汕字典》（2009），收字 11 400 多个，吸纳潮州方言研究新成果，较好地体现了潮州话和潮汕文化的特色，出版后更深受学术界的瞩目。

还应该一提的是，在方言研究服务于语言应用方面，广东的方言学者也做了一些很有意义的工作，取得了明显的效果。例如，继 1994 年暨南大学詹伯慧、李如龙作为学术委员参与编写国家语委刘照雄主编的《普通话水平测试大纲》以后，近期伍巍、方小燕、邵宜等又结合广东方言的实际，参与编写了供广东普通话水平测试使用的《普通话水平测试（新大纲）指导》（2008）一书，此书出版后发行量不断飙升，深受读者欢迎；甘于恩为粤方言的研究先后编纂过两本文献参考目录，一是 1993 年与张日昇合编的《粤方言研究书目》，收录 1 300 余条目，二是 2007 年编的《粤语与文化研究参考书目》，收录 3 000 余条目；2002 年暨南大学汉语方言研究中心与香港大学语言学系联合开办粤方言研究网站，由詹伯慧和陆镜光主持，该网站是当前全球最有影响力的粤语研究网站，累计点击人次已有好几万；积极参与筹办《粤语研究》半年刊，该刊由澳门粤方言学会主办，自 2007 年 6 月创刊迄今已出版到第五期，对粤语的研究和应用产生着积极的促进作用。

（四）出版了一批方言研究的学术论文集

这些论文集包括在广东举行的粤、闽、客家三大方言及"双语双方言"研讨会等的论文集。其中属于粤方言的有《第二届国际粤方言研讨会论文集》（1990）、《第五届国际粤方言研讨会论文集》（1997）、《第八届国际粤方言研讨会论文集》（2003）三本，都由詹伯慧主编；属于闽方言的有梁东汉、林伦伦等主编的《第二届国际闽方言学术研讨会论文集》（1992），詹伯慧等主编的《第四届国际闽方言研讨会论文集》（1996）和《第五届国际闽方言研讨会论文集》（1999）三本；属于客家方言的有李如龙、周日健主编的《客家方言研究——第二届客家方言研讨会论文集》（1998），林立芳主编的《第三届客家方言研讨会论文集》（2000），谢栋元主编的《客家方言研究——第四届客方言研讨会论文集》（2002）三本；属于双语双方言的有由陈恩泉主编的《双语双方言》（1989），《双语双方言〈二〉》（1991），《双语双方言〈三〉》（1993），《双语双方言〈四〉》（1996），《双语双方言〈五〉》（1997），《双语双方言〈六〉》（1998），《双语双方言〈七〉》（2001），《双语双方言〈八〉》（2005），《双语双方言〈九〉》（2006）等九本，其间，还选编部分双语双方言研讨会的论文编辑出版了《双语双方言与现代中国》一书（1999）。从 20 世纪 90 年代初开始，广州一批年轻的粤语学者轮流在广州几所大学举行过几次以讨论粤语语法为主的"今日粤语"研讨会，每次会议也都结集出版一辑《广州话研究与教学》论文集，分别于 1993 年、1995 年、1997 年由中山大学出版社出版。此外，暨南大学汉语方言研究中心曾经在 1996 年举行过一次规模不大的"东南亚华人语言研讨会"，后来出版了由李如龙主编的会议论文集《东南亚华人语言研究》（2000）。近期随着海外汉语方言研究的逐渐升温，暨南大学汉语方言研究中心又倡议把举办海外汉语方言研讨会制度化，首届及第二届研讨会已先后于 2008 年和 2010 年分别在暨南大学和华侨大学举行，首届研讨会的论文集已在 2009 年出版，由陈晓锦、张双庆主编。除了研讨会的论文集外，20 世纪末以来，还出版过两本由暨南大学汉语方言学研究生撰稿的汉语方言论文集：一本是庆祝詹伯慧教授六六寿辰的《汉语方言论文集》（1997），由邓景滨主编；另一本是《暨南大学汉语方言学博士研究生学术论文集》（2001），由詹伯慧主编、伍巍副主编。

<h1 style="text-align:center">三</h1>

上面简略回顾了广东方言研究走过的历程和取得的主要成果，可能挂一漏万。但从中总可以略窥近三十年来广东方言研究工作持续发展、不断升温的情景。总结过去，展望未来，在今后的开拓进取、继往开来中，个人认为，有两点值得我们好好把握：

（1）建立起能够聚集人才、组建团队的学术机构，提供学术研究的广阔平台，是促使广东方言研究不断前进的重要保证。

以往的实践说明，一个能够凝聚人才的方言研究机构，对于广东方言的研究十分重要。有了专门的方言学术机构，有志于广东方言研究的同道才得以在有组织、有计划的情况下各尽所能、相互协作，充分调动各自的积极性，充分发挥每个人的才华。广东方言丰富多彩，值得花工夫研究的课题很多，唯有个人研究与集体研究相结合，重大课题与一般课题相结合，才能有效推动方言工作胜利前进，不断达致预期的目标。打从 20世纪 80 年代以来，了解广东语言学科实况的人都说：广东的语言学科拥有两支在全国语言学界明显处于优势的队伍，一支是中山大学以容庚、商承祚两位古文字学权威为核心建立起来的古文字学研究队伍；另一支是 20 世纪 80 年代开始发展起来的，拥有几位长期从事方言研究工作的方言学者，并培养出一批年轻汉语方言专业人才的暨南大学汉语方言研究队伍。这两支在我国语言学界具有相当影响的队伍，倘若没有一定的专门机构作依托，缺乏必要的组织协调，"战斗力"又怎能充分发挥出来呢？众所周知，中山大学很早就有了全国闻名的古文字研究室，而我们暨南大学，也在 20 世纪 80 年代中开始有了汉语方言研究室，到 20 世纪 90 年代，暨南大学开始招收汉语方言学的博士研究生以后，为了更好地发挥这一优势学科的作用，进一步推动暨南大学的方言研究和教学工作，学校又在 1994 年成立了配有固定编制的暨南大学汉语方言研究中心。此后，在"中心"的统筹下，暨南大学汉语方言的教学研究蒸蒸日上，方言学研究生的培养和方言研究的成果在全国范围内一直处于领先的地位，海内外同行都认为汉语方言研究存在着两大重要基地，一是北方的中国社科院语言研究所方言室，一是南方的暨南大学汉语方言研究中心。暨南大学的汉语方言研究，自中心成立以来，在组织较大规模的方言调查工作，主办或协办汉语方言学术会议，开展海内外的学术交流和学术协作，推动同行学者"走出去"和"请进来"等各个方面，都不遗余力地积极开展工作，取得了明显的效果。例如，1989 年、1995 年和 2001 年先后三次在广州举行的第二届、第五届和第八届国际粤方言研讨会，就都是由暨南大学汉语方言研究中心和广东省中国语言学会主办的。其余在香港、澳门举行过的多届国际粤方言研讨会，每次暨南大学与会人数也都较多，总是会议中一支引人注目的队伍。2002 年在香港大学建立的、为全球粤语研究和粤语应用服务的粤方言研究网站，也是暨南大学汉语方言研究中心和香港大学语言学系协作建设起来的。事实说明，暨南大学汉语方言研究的蓬勃发展，是离不开汉语方言研究中心这个具有相当活力的专业学术机构的。前几年这个研究中心一度被撤销，2007 年，借着詹伯慧教授主编的《中国语言文字大词典·汉语方言卷》在暨南大学挂牌启动之际，暨南大学汉语方言研究中心重新受到学校的重视，宣告恢复。这使人更进一步意识到研究机构这个平台对于学科发展的重要性。恢复运作之后的汉语方言研究中心，马上着力整合学术力量，制订新的规划，继续以朝气蓬勃、斗志昂扬的形象出现在语言学界。2008 年 5 月，恢复不久的汉语方言研究中心被省教育厅批准为"广东省普通高校人文社会科学重点研究基地"，这就为暨南大学的汉语方言研究进一步搭建起更好的学术研究平台，使暨南大学的汉语方言研究有条件可以在广东的方言研究中发挥更大的力量，作出更多的贡献。从当前广东方言研究的实际情况出发，我们完全应该以暨南大学这个广东唯一的方言研究基地为中心，用开拓进取的精神把广东方言的研究工作迅速向全省各地，以至相关的邻省扩散、延伸。我们可以采取灵活的方式，打破地域和部门的框框，充分利用全省的方言研究资源，组织起省内各地方言研究人员，把分散在省内各地的方言研究力量拧成一股绳，齐心协力地来做好广东方言的研究工作。顺着这一思路，最近暨南大学汉语方言研究中心已启动联络广州以外相关高校，物色协作单位，开展了在省内各地组建暨南大学汉语方言研究中心分中心的工作，并已成功建立了韶关学院、湛江师范学院、嘉应学院、贺州学院和韩山师范学院等合作研究工作站。展望未来，进一步通过加强暨南大学汉语方言研究中心（汉语方言研究基地）的建设，使之能够更好地辐射全省各方言地区，为散布在全省各地的方言工作者搭建起开展方言研究的学术平台，这样一定可以更好地推动广东方言研究不断前进，不断攀登新的台阶。

（2）掌握好方言研究的指导思想，坚持方言研究为语言应用服务，为发展地域文化服务的大方向，是促使广东方言研究不断前进的另一个重要保证。

方言的研究过去是冷门，现在是热门。这一转变的动力是什么？这是值得我们方言研究者认真思考的。暨南大学方言研究走过的历程，广东方言研究几十年来的持续发展，都跟方言研究到底能否产生社会效益、能否在社会语言文化生活中发挥应有的作用紧密相联。实践证明，只有牢牢把握方言研究为语言应用服务，为促进文化发展服务这个大方向，方言研究才有广阔的天地，才能得到社会的认可、得到社会的支持，也才有持续发展、不断升温的条件。这也正是我们的方言研究得以从冷门转向热门的关键所在。拿服务于语言应用来说，广东的方言复杂多样，这就为我们的方言研究服务于在复杂多样的方言条件下贯彻好国家的语言文字政策，包括语言规范化、大力推广普通话等重大政策提供了富有挑战性的课题，一旦我们广东的方言研究能够在贯彻国家语言文字政策中作出努力，我们也就在为社会语言应用服务的大道上迈出大步了。长期以来，广东方言研究者在结合方言实际，帮助开展"推普"方面做了不少工作，这不就说明广东方言研究能直接服务社会语言应用、影响社会语言生活吗？再拿方言研究促进文化发展来说，语言是文化的载体，地域方言自然也就是地域文化的载体，这是不言而喻的。要承传、弘扬几千年优秀中华文化，离不开记载中华文化的汉语汉字。那么，要传承、弘扬作为优秀中华文化的组成部分——具有地方特色的地域文化，又怎能忽略承载这些地域文化的地域方言？岭南文化是离不开岭南地区的方言的。既然岭南地区有粤方言、闽方言（潮汕话、雷州话等）和客家方言，我们对这些方言的研究，自然就应该有助于人们认识岭南文化、研究岭南文化以至于发展岭南文化。广东不是提出要建文化大省，甚至文化强省吗？这个文化当然是要有广东特色的文化，如广东的民间文学、广东的地方戏曲、广东的风土人情，以至于表现在日常生活中的礼仪习俗、饮食文化等，而这一切，无一不是通过当地的方言反映出来的。广东方言的研究，一旦和广东的地域文化挂上了钩，研究的天地就拓宽了，在社会上的影响自然也就扩大了。这里强调方言研究在语言应用、文化发展方面的作用，并无削弱方言研究在其他方面发挥作用之意。众所周知，在整个语言学科中，方言作为古代汉语的"活化石"，方言研究对于汉语历史的研究，特别是对于揭示汉语发展规律方面的作用是十分明显的，方言研究在构建语言接触的理论，构建具有中国特色的普通语言学等方面所产生的作用也都是毋庸置疑的。近期我们常常听到一些担心方言由于"推普"而将逐步退出语言交际圈、逐步从社会语言生活中消失的声音。前几年上海就有两会代表提出"孩子们不会说上海话怎么办？"的问题，近日广州《大洋网》上有网友提出，"假如有一天在广州听不到广州话了，广州还能叫作广州吗？"种种迹象反映人们对方言作为地区标志性特征，作为本地区优秀文化载体的情结越来越浓厚。语言生活的实践时刻提醒我们，研究方言的人，一定要摆正方言和民族共同语之间的关系，要全面认识在"推普"高潮中，社会通用语和地方方言始终是保持着有主有从、并存并用的格局，而不是形成你死我活、有我无你的局面。要正确理解和深入探讨方言在当今社会中所能发挥的作用，决不能无视方言区人民对自己方言的深厚感情。要十分明确方言研究既能为方言地区人民掌握社会通用语服务，也能为保存和发展方言地区独特的地域文化、乡土文化服务。我们在此强调方言研究为语言应用服务，为地域文化发展服务，也就是要告诉人们，今天的方言研究之所以是热门而不是冷门，就是因为今天的方言研究是有现实意义的，是能够产生多方面的社会效益的。

《汉语方言学大词典》说略[①]

詹伯慧

在国家社会科学基金办的大力支持和众多方言学界同道及广东教育出版社的共同努力下，历经数载艰辛，既是国家社会科学基金重大项目的重大成果，也是国家重点出版图书项目的《汉语方言学大词典》终于出版面世了。这上下两卷共约 400 万字的大词典，是我国历史上第一部汉语方言学科的百科大词典，它结束了我国虽有许许多多汉语方言词典却未有一部汉语方言学词典的历史，这在汉语方言学科乃至整个中国语言学的建设和发展中，无疑都将产生一定的促进作用。作为这部大词典的主编之一，我想在此就这部大词典作一点简略的介绍。

一、缘起、宗旨和价值

我国语言资源十分丰富。作为重要语言资源的汉语方言，其多样化和复杂性，更是世界闻名。存在于南北各地的汉语方言，承载着多彩多姿的中华地域文化。调查研究汉语方言，揭示、描述汉语方言的面貌，让广大人民群众得以认识方言、了解方言，无疑是文化建设中不可或缺的一环。打从汉代扬雄的《方言》算起，我国对方言的调查研究已经有两千多年的历史。20 世纪 50 年代为配合汉语规范化、推广普通话而在全国范围内开展的汉语方言调查，是历史上首次全国方言的普查。此后汉语方言的调查研究持续升温。20 世纪 80 年代随着改革开放、学术振兴大潮的兴起，汉语方言的调查研究更如雨后春笋，蓬勃发展，几项大型的方言研究工程相继上马。随后进入 20 世纪 90 年代，一些具有标志性意义的成果陆续出现，数以百计的各种汉语方言著述也先后出现在书店的书架上。以往冷冷清清的冷门学科汉语方言学一跃而为人文学科中名副其实的热门"显学"。近期国家高度重视"语保"工程，把语言文字工作，特别是语言资源的开发和利用工作提升到国家战略的高度，各地在启动"语保"工程时又掀起一股调查研究本地区汉语方言的热潮，许多以往鲜为人知的方言纷纷被揭开了面纱，呈现出多彩多

---

① 编者注：此文为 2017 年 9 月 26 日《汉语方言学大词典》首发座谈会上的讲话稿，曾略为删改刊于《方言》2018 年第 1 期。

姿的方言特色来。在这样的情况下，为适应方言学科迅猛发展和方言应用日渐扩展的形势，基于大力开发汉语方言资源，推动汉语方言研究和应用的需要，着手编撰一部能够涵盖汉语方言学方方面面知识，反映汉语方言研究发展情况，展示汉语方言研究成果的百科性汉语方言学大词典，就显得很有迫切性了。这样一部大型的方言学词典，必须同时具有较大的学术含量和较高的应用价值。既要体现学术水平，反映汉语方言研究的各种成果；也要做到通俗易懂，达到让广大读者能够从中掌握方言学基本知识、基本理论、基本方法的目的。就其学术价值来说，至少可以具有以下几个方面的功能：①在这本大词典中呈现的大量汉语方言语料作为"活化石"，可为揭示汉语历史发展轨迹提供科学的印证；②通过这本大词典对大量汉语方言特征的发掘，为建设具有中国特色的普通语言学，建立起符合国情的语言科学理论体系提供重要的依据；③通过这本大词典中显示的众多汉语方言事实，可为与方言密切相关的社会学、文化学、民俗学、人类学、历史学、方志学、移民学等许多学科的研究提供生动的案例和相关的数据。就其应用价值来说，这部大词典可以在以下几个方面产生明显的作用：①为国家制定语言政策，实行汉语规范化和推行社会通用语言提供较为详尽的方言依据；②让社会上各行各业都能认识汉语方言，共享汉语方言丰富资源，使汉语方言在社会应用中能够充分发挥作用；③在方言文献、地方文学的解读、研究中发挥桥梁和应用工具的作用，从而在保护与弘扬优秀地方文化中发挥作用；④为方言学的教学和相关教材读物的编写提供科学的依据，以保证方言学教学的质量。在当今这个日新月异的新时代，编纂这么一部大型的方言学辞书，还得充分结合现代科技的发展，体现时代的精神，除了首先编出传统的纸本辞书外，还得以此为基础，做好多用途的现代化数字化平台建设，通过方言语料库、电子词典等，建设起一个现代化的多用途的数字化方言词典编纂应用平台，为方言教学、方言通讯、自动分词、分词标注、语档建设等提供多方面的服务，充分体现与时俱进的精神。这样一部历史上从未有过、规模空前的汉语方言学大型辞书，在实现它的学术价值和应用价值中，应该努力做到以下"四性"：

（1）权威性。由一批熟悉方言学业务、深谙各地方言的老中青方言学者参与编纂。力图做到信息比较充足可信、内容比较丰富准确，条目的设置科学合理，相关的评述客观、公正。

（2）百科性。既讲汉语方言，又讲汉语方言学，涵盖汉语方言的各种情况，显示汉语方言的各种特色。通过这部词典，读者一方面可以掌握汉语方言学的基本理论、基本方法和基本知识，了解汉语方言调查研究的历史发展；一方面也能对汉语方言的语音、词汇、语法等各方面的特征及其异同有一些初步的、概括的认识。

（3）普及性。贯彻学术性与实用性兼顾的原则，既全面反映汉语方言研究的丰硕成果，显示汉语方言研究所达到的学术水平，也在通俗易懂上下足功夫，达到普及汉语方言学知识的目的。

（4）时代性。通过编纂这部大词典，搭建起汉语方言词典的信息平台，探讨方言辞书编纂中的种种问题，并力求应用先进的语言技术，辅助建立汉语方言学的辞书体系。

二、框架、内容和体例

框架：整体框架为总字数约 400 万的 16 开本上下两卷本。除书前的前言、凡例和音序目录、分类目录及汉字笔画检索外，包括两大部分：

上卷为汉语方言学部分：以条目的形式涵盖汉语方言学科的方方面面，包括汉语方言学的基本知识和基本理论；汉语方言调查研究的基本方法和专业技能；汉语方言的历史发展和现实状况；汉语方言学与相关学科的关系与互动；汉语方言及方言学的著作；汉语方言学学者；汉语方言学学术机构；汉语方言学学术会议和学术活动；汉语方言学专业刊物；汉语方言学人才培养等。

下卷为汉语方言部分：选取 54 个地点，涵盖全国各地及海外华人社区所使用的汉语方言，分别叙述各点语言概貌，并以列表对照方式显示 54 个方言点语音和词汇的异同情况。以期达到大致反映汉语方言面貌的目的。

内容：本词典属于大型百科性辞书，按照汉语方言学和汉语方言两个方面设置条目。在上卷中将涉及汉语方言学和汉语方言的众多内容分别以大条、中条和小条等不同规格列目撰写，成书时统一按音序排列。大条主要是关于汉语方言学和汉语方言的总体性论述，汉语方言中重大问题的阐述，各大方言区的概括性阐述，汉语方言本体研究的综述，汉语方言重要经典文献和重大研究成果的阐述，汉语方言学顶级学者的传略等。每条都在万字以上。总量控制在 50 条左右。中条是关于部分方言片和方言点的介绍，重要的汉语方言学及汉语方言著作，著名的汉语方言学者，重要的汉语方言学术机构、学术活动和学术刊物等。每条字数少则一两千字，多则三五千字。总量控制在 300 条以内。小条是汉语方言学的名词术语，汉语方言学及汉语方言的一般著作、学者、研究机构、学术刊物、学术活动、重大科研项目等。每条少则两三百字，多则五六百字。总条目数量不作控制，大约超过 2 500 条。下卷内容分三部分：第一部分为 54 个方言点的概说，第二部分为 54 个方言点的字音对照，第三部分为 54 个方言点的词汇对照。

体例：完善的体例对于辞书编撰工作的顺利开展和辞书的质量至关重要。在撰稿之初就得设计出一套切合实际的、可供编写人员操作的编写体例来。编委会主要参照已刊的百科全书，结合《汉语方言学大词典》涵盖的内容和实际需要来斟酌制定体例，给编写人员明确的指引。具体涉及以下一些方面：

（1）条目设置。设置条目的条件是有独立内涵的知识主题，含已经形成的固定概念，要能够用准确的、人们习见的语言来标引，并便于读者快速查阅。条目中的条头是条目的标引词。标引词要能准确反映条目的主题。条头由中文和汉语拼音组成。术语、机构或涉外的条目，必要时也可加上外文。

（2）定义和定性叙述。定义是条目所述主题最本质的表述，具有专指性，应做到准确、严谨、简明易懂。定义放在条目释文开头，异称、又称一般放在定义之后。一些见词明义和不言自明的条目可不必下定义。定性叙述是对定义的展开说明，为全条内容的概要提示。定义比较费解和内容较为广泛的条目必须作定性叙述；释文不长的条目，可以只有定义而不展开为定性叙述。

（3）条目的释文。除定义和定性叙述外，释文一般包括源流、简史、核心内容、研究状况等，可视具体内容有所减略或调整，不必面面俱到。释文应具有科学性和知识性，有一定的学术高度；采用的资料应该注意精确性；选材和知识的介绍要符合普通读者的需要，用通俗易懂的语言对科学的内容以说明文的文体作深入浅出的叙述，尽可能做到结构清晰，条理清楚，文字精练，叙述紧凑。要以第三者的角度来撰写，不要在释文中出现"我省、我校、我国、本例、本方"之类的字样；还要注意处理好上下左右条目交叉的关系，尽量做到能相互呼应、不矛盾，避免不必要的重复。

释文中对一些条目的主题概念或事物名称有必要阐述其来源时，只作简略介绍，不作烦琐考证；大条或较大的中条如需追溯条目所述事物的历史发展演变情况或概念形成的过程时，也可在条目中单立层次标题；非历史性条目的简史所占篇幅不宜太大，不要超过四分之一。释文的核心内容是所述主题的实质性内容，或展开说明概念的内涵和外延，或叙述事物的基本状况和发展水平等，应在释文中占有较大的篇幅；释文中述及所述主题的学术研究情况、学术争论情况及有待解决的课题和研究动向等，一般出现在大条或较长的中条中，一般中小条目只需顺便提及，或避开不谈。

（4）关于几类条目撰写释文的提示。

①人物条目内容：生卒时间（用公历），性别（只注女性，男性从略），民族，籍贯或出生地，身份，主要学历、经历，职称职务，著述，学术贡献及影响，获奖情况等。出生地与籍贯不一致的，宜作说明。籍贯一般只写到县，个别重要人物可以写到乡镇；籍贯地名古今有别的，以所处时代的地名为准。人物的活动和贡献，包括著述成果、事业成就和学术影响等，除重要学者可作较多介绍外，一般只宜作简要的客观叙述。不要随意用"杰出""著名"等修饰语。少数几位方言学界领军人物，可附上头像。外国学者的译写，宜兼顾"名从主人"和"约定俗成"的原则，如罗杰瑞、高本汉等。在释文中第一次出现时，可在汉译名后括注拉丁字母的拼音名。

②学术著作条目内容：定性语和定性叙述，如《广州方言研究》的定性语为"研究粤方言的专著（或著作）"，《广州方言词典》（白宛如著）的定性叙述是"李荣主编的《现代汉语方言大词典》分地版的一种"等；著者或编著者、编者；出版单位，出版时间地点；全书的字数或页数；内容简要介绍；有的可作评价。

③学术会议条目内容：定性语和定性叙述，如"第十九届国际粤方言研讨会""第二届汉语方言语法学术研讨会"等；会议时间、地点；会议主办单位（有的还有协办单位）；会议规模（出席人数）；会议主题、内容；与会学者来自何方；会议成果及后续决议（如出版会议论文集，下届会议何时在何地举行等）。

④学术机构、团体条目内容：定性语和定性叙述，如"暨南大学汉语方言研究中心：研究汉语方言的学术机构，为广东省普通高校人文社会科学重点研究基地"；机构所在地、成立时间、创始人和现任领导；发展简史；组织与成员；主要活动；作用与影响；研究成果；主办刊物等。

三、几点体会

下面结合这部大词典多年来的编纂历程，谈几点个人粗浅的体会。

（1）强大祖国的大力支撑是完成重大学术工程的有力保证。10 年前一批知名语言学者倡议编纂一套多卷本《中国语言文字大词典》，提出要我这个当年已是 76 岁高龄的人来挑起主编方言卷的担子。当时只凭一股几十年来钟情方言事业的热情，竟不自量力地接受下来，开始着手筹备工作。2007 年夏天几位语言学界领军人物云集暨南大学，为《中国语言文字大词典·汉语方言卷》编委会挂牌上马的盛况还历历在目。不料惨淡经营几年，耗费了被我们组织起来的许多同道志士的大量时间精力，终因先天不足，后续经费无着而日渐陷入困境，不得不中途搁浅。如今想来，我这个当年的始作俑者仍深感内疚。这段挫折的历史我在大词典"前言"中也曾轻轻带过，现在就借此机会亮出痛处，表明这部大词典的诞生背景和早期的经历，是经受过重大挫折考验的。有挫折就有了教训，幸亏机遇不负有心人，4 年前申请国家社会科学基金重大项目立项获得批准，又获批成为国家重点出版图书，大词典的编纂得以东山再起。事实令我们深信，只要有强大祖国的大力支撑，我们的学术事业一定会蓬勃发展，我们一定可以有充分的条件攀上学术高峰，不断获取新的成果。

（2）有顽强意志和坚定信心的学术团队是建设重大学术工程的重要条件。经过多年的蓬勃发展，汉语方言这门昔日坐冷板凳的冷门学科，已经一跃而为人文科学中的热门，积累了大量的资料，也培养了许多能够在第一线冲锋陷阵的方言研究骨干人才。能否把这支队伍集合起来，心往一处想，劲往一处使，无疑就成为我们能否启动《汉语方言学大词典》工作的关键。基于这一思路，我们早在接受编纂《中国语言文字大词典·汉语方言卷》任务的时候，就已经想方设法把这些分散在全国各地的方言学人才聚拢到一块儿来了。难得的是这支充满热情、充满活力、老中青相结合的队伍，并没有因为遭受停编的挫折而灰心丧气，始终怀着要编成方言学大词典的初衷而枕戈待旦。2013 年底，当复苏的时机到来，大词典重新上马之际，我们一声号角，分散各地的精兵强将又纷纷重披战袍。我们还进一步扩充队伍，将所有人员纳入 5 个子课题中，从体制上为编纂工作的顺利开展创造了条件。近 4 年来，这支 200 多人的编纂团队，在一批老一辈方言学者的带领和指导下，一步一个脚印地为大词典编纂工作作出了贡献。

（3）精心设计，落实措施，认真跟进，不断完善是保障不出重大差错的关键。首先要下大力气制订好一个科学的、符合实际的、可操作的设计方案，经过充分讨论定夺，然后以文件下达，让所有参与者从一开始就有所遵循。这部大词典的参与者虽说都是专业人士，但毕竟人员众多，程度不一。编纂方案考虑要周到，各种规范、条例尽量做到明确清晰，有条有理，具体细致，让大家有章可循。从条目层次的分类到条目的内容框架，各类条目该写什么，不该写什么，必须具备哪些元素，等等，都一一有所说明。以条例及补充条例等形式下达文件时，还特别注意附上作为样板的样稿。我们还针对编写中随时遇到的问题，及时举行工作交流会，集中一批骨干力量，有的放矢地进行讨论切磋，务求得到最佳的共识。这样的工作会议在编写工作启动半年以后便开始组织，一般三个月左右举行一次，及时解决编写中遇到的问题，会后将讨论情况和解决方案迅速下达，并及时跟进落实。对已有的某些编写条例、指引认为有欠妥的，也马上展开讨论，修改完善。这样就能保证初稿有相当的水准，减少审稿定稿时的麻烦。

（4）严格进行终审，是把紧产品出厂关口，检验产品能否通过的最后关闸。一般人文社会科学的重大项目，参与成员往往众多，尽管一再强调要重视质量，也采取了许多有效的措施，但到头来交到编委会审稿组的稿子，总还是五花八门，充其量也只能算是半成品。审稿组还得花大力气进行加工甚至改写，才能成为正式产品。行百里者半九十，拿这部大词典来说，后期审订工作的时间其实占去整个编纂时间远不止一半。为数不多的审稿人员反反复复进行逐条推敲，天天在做严字当头的工作。我们边审边议，充分发挥不同方言区审稿学者熟悉各自方言的优势，发挥集体智慧，解决疑难问题。往往一个有怀疑的数据，一个欠规范的标音，审稿学者争论不止，总要争到最后达致共识为止。分头审订之后，又进一步交叉审稿，最后由主编再通审一道，才签字过关。尽管如此严于审订，此刻摆到面前的这套上下卷 400 万字的《汉语方言学大词典》，我们也不敢保证完全没有差错。在这里要敬请看到这部大词典的各方人士和广大读者，给我们指出仍然存在的纰漏，以便再版时改正过来。

王力教授和汉语方言学

——在北京大学纪念王力先生学术讲座上的讲话①

詹伯慧

一

国庆六十周年大庆刚刚过去，今天有机会再次来到北京大学，在这里和大家一起缅怀我们敬爱的一代宗师王力教授在推动我国现代学术事业的发展中所发挥的重大作用，特别是在推动现代中国语言学发展中所作出的杰出贡献，我感到格外高兴。面对当今语言学科蓬勃发展，语坛处处欣欣向荣的情景，作为曾经有幸亲炙了一先生教诲的语言专业人士，此刻抚今追昔，饮水思源，对了一师倍增思念与仰慕之情。将近十年前，当北京大学为纪念了一师百年寿诞而隆重举行盛大学术研讨会时，我也曾北来躬逢其盛，并以《师道悠悠》一文略述了一师为人治学、道德文章的强大魅力和自己的一些感受。岁月如梭，长江后浪推前浪，今天当我们一代又一代地接过前辈的接力棒，沿着了一先生等杰出学者为我们搭建的阶梯，在传承与创新的理念下一步一个脚印地往上攀登时，我们怎能忘却他们的谆谆教诲，怎能忘却前辈拓荒者披荆斩棘、筚路蓝缕之功呢？

根据"讲座"的安排，今天要我跟各位谈谈"王力先生和汉语方言学"这个题目。我虽然在了一师的亲切关怀和督促鼓励下跨进汉语方言学的门槛已经近六十载，但是，说实在的，我对了一师在汉语方言研究方面的立论和建树却一直缺乏研究，这里只能谈谈个人的肤浅认识和点滴体会，算是抛砖引玉吧！

二

王力教授是最早运用现代语言学理论方法调查研究汉语方言的学者之一，在现代汉语方言学的建立和发展中，特别是在现代粤方言的研究中，他是一位建树良多的开拓者。众所周知，在中国现代语言学的发展中，我国老一辈语言学家，从"中国语言学之

---

① 编者注：此文为 2009 年 11 月 13 日的讲话稿，后刊于《第 14 届粤方言国际学术研讨会论文集》（义祥辉、刘村汉主编，桂林师范高等专科学校学报印制）。

父"赵元任开始，到罗常培、李方桂、王力、丁声树、吕叔湘等一些堪称"语言学大师"的重量级学者，从 20 世纪初把西方的语言科学理论及语言研究方法引进过来以后，就十分关注对我国各地汉语方言的调查研究。前辈学者非常重视揭示各种方言现象在建设具有民族特色的中国语言学中的作用，认为方言的调查研究不仅可以扭转语言研究只重书面文献、不顾口语实际的偏向，也是关乎语言工作者能否全面掌握汉语特色，能否按照科学的方法客观地揭示各种语言现实面貌的最为有效的训练。从事现代语言研究的人，如果有机会从头到尾调查、整理、归纳、剖析一些鲜活的、未见诸文字记载的语言，进而获得这种"解剖麻雀"的功夫，对于一个语言专业工作者的成长和成熟，实在是十分重要的一环。基于这样的理念，老一辈语言学者无不致力于策划、组织对汉语方言大面积的成片调查（区域调查），如当年以赵元任为首的一批语言学家就计划过一个省一个省地进行汉语方言的调查，他们从 1928—1929 年的两广方言调查起步，接着陆续对陕南（1933）、徽州（1934）、云南（1940）、四川（1942—1946 年），还有湖南、湖北、江西等省，有计划有步骤地逐一开始进行调查。后来陆续出版的《湖北方言调查报告》《湖南方言调查报告》《云南方言调查报告》《四川方言调查报告》等几本巨型的调查报告，正是现代汉语方言首批开展分区成片调查所获得的可喜成果，对此后几十年的汉语方言调查产生了积极先行的启蒙作用。与此同时，一些老一辈的语言学家也就自己记录过的、比较熟悉的方言点开展深入的单点方言调查，王力先生就是其中一位。他虽然没能加入当时"中央研究院历史语言研究所"策划的逐省成片调查的行列，却在此时对自己熟悉的方言和家乡的母语作了一番桕当深入的记录和整理，进而进行分析研究。早在 1928 年，他在负笈清华大学国学院期间，就开始对两广的方音进行研究，写出了《两粤音说》一文，发表在《清华大学学报》第五卷第一期上。这篇论文的研究对象是广西的白话（即粤语）和客话，联系《广韵》的音韵系统辨析了几处方音的异同，并与广东的粤语、客语进行比较。随后他赴法国留学专攻普通语言学和实验语音学，又以当时先进的语音实验仪器对自己家乡博白方言的语音进行实验，撰写了博士论文《博白方音实验录》，获授博士学位。《博白方音》是用法文写的，于 1932 年出版。王力先生在这篇论文中揭示了粤语（白话）中不仅有广州的"九声"，还有广西博白的"十声"，并对"博白十声"作了科学的阐释，这一点对粤语声调的研究来说，是具有突破性意义的。当今方言工作遍地开花，形形色色的方言现象纷纷浮现，我们已知在粤西跟桂东南一带的粤语（白话）中，有十个声调的方言并不只是博白一地，但在八十年前，王力先生对博白方音声调多达十个的论述，确是有开创性意义，是能令研究粤语的人耳目一新的。1990 年我在巴黎讲学时，有幸见过这本论文，当时听说当地的旧书店里还可找到，但国内语言学界的朋友，还很少有人读到此书。最近听说北京大学中文系资料室的"王力文库"有珍藏本，可惜迄今尚未出现中文译本。我们在回顾粤方言研究的历史进程时，总是把王力先生八十年前撰写的这篇博士论文看作最早引入现代语言学理论方法从事粤语调查研究的成果，由此而认为王力先生是现代粤语研究的开拓者。事实上，在获得博士学位回国以后，王力先生在他的学术研究中，仍然是持续不断地进行汉语方言的调查研究，而且研究的对象并不限于粤语。但粤语毕竟仍是他关注最多，用力最勤的汉语方言。与赵元任先生发表《粤语入门》（1947）、《中山方言》（1948）和《台山语料》（1951）等粤语著作的同时，王力先生也和他在岭南大学的学生钱淞生一起对珠江三角洲一些粤方言进行了田野调查，并及时发表了《东莞方音》（1949）、《台山方音》（1950）和《珠江三角洲方音总论》（1950）等论文，引起了方言学界的注意。尽管这些调查还比较粗略，但这几次调查粤语的成果能及时发表出来，对于启发粤语研究者的思路，开拓粤语研究者的视野，突破广东粤语的研究总是在代表点广州方言中兜圈子的局面，无疑是起着重要作用的。王力先生不仅较早运用现代语言学的理论方法开展方言调查，并且在大致掌握汉语方言分布情况和主要特征的基础上，着手思考汉语方言的分区和归类问题。早期在 1928 年发表《两粤音说》时，他就首先对两广的方言进行了分区。他认为广东广西的方言可分为八区：①广东话，即广东的粤语；②广西白话，即广西粤语；③客话，包括粤东嘉应州及广东西南部、广西南部的客家话，还有闽西和赣南的客家话；④官话，指粤北韶关、南雄、连县一带和广西桂林、柳州、百色一带的"官话"；⑤潮州话；⑥雷州话；⑦琼州话；⑧其他，指廉州白话、漳州移民话及苗语等少数民族语言。到了 20 世纪 30 年代，他在编著《中国音韵学》（1935 年、1956 年重版改名《汉语音韵学》）时，就根据当时所能掌握到的各地方言状况，着眼于语言特征，在该书"现代音"一章中，将汉语方言分为五个大系，后来又把这个"五大系"的方言分区体系写进他在燕京大学讲授的《中国语文概论》讲稿中，这本讲稿随后以《中国语文讲话》为名出版时，我们看到王先生在这五大系下面又分列若干小系，构成如下的分区体系：

（1）官话：下分 7 个小系。①冀鲁系；②晋陕系；③豫鄂系；④湘赣系；⑤徽宁系；⑥江淮系；⑦川滇系。

（2）吴语：下分 4 个小系。①苏沪系；②杭绍系；③金衢系；④温台系。

（3）闽语：下分 5 个小系。①闽海系；②厦漳系；③潮汕系；④琼崖系；⑤海外系。

（4）粤语：下分 6 个小系。①粤海系；②台开系；③高雷系；④钦廉系；⑤桂南系；⑥海外系。

（5）客家话：下分 7 个小系。①嘉惠系；②粤南系；③赣南系；④闽西系；⑤广西系；⑥川湘系；⑦海外系。

尽管随着汉语方言调查工作的日渐深入，从目前可以掌握到的方言实况来看，王先生这个"五大系"的汉语方言分区，跟近半个世纪来我国通行的汉语方言八区说、七区说以至十区说比较，似乎稍嫌粗疏，尚有修订完善的余地。但在六七十年前方言调查工作刚刚起步，方言资料极为匮乏的情况下，王先生能大致了解各地汉语方言的总体面貌，归纳、梳理出这么一个粗略反映方言分区实际的体系来，应该说是难能可贵的。说明当年王先生通过自己的仔细观察和调查记录，对复杂的汉语方言已经初步形成"心中一盘棋"了。王先生这一"五大系"汉语方言分区说，在学术界有过相当的影响，据我所知，日本汉学界直到 1969 年 9 月出版的《中国语学新辞典》，仍然沿用王先生这一"五大系"说来撰写辞典中相关的条目。

<h1 style="text-align:center">三</h1>

王力教授善于把汉语方言的研究和汉语史的研究密切结合起来，让汉语方言的丰富资源在科学论证汉语历史发展中发挥重要的作用。大量事实说明，汉语诸方言都是汉语历史发展的产物。当今汉语方言所表现出来的种种特点，正好折射出古代汉语的真实情况，见证着汉语发展的历史轨迹，人们常常把保存在某些方言中的特殊语言现象视作古老汉语的"活化石"，这就说明现代汉语方言跟古老汉语之间存在着继承发展的密切关系。王力先生是我国汉语史研究领域的领航者，他对蕴藏在各地方言中的语言现象跟汉语历史发展之间的错综复杂了解最深，最善于利用这些关系来科学地阐释汉语史中的种种问题。拿语音来说，在他的许多著作中，凡是触及汉语语音的历史发展，总要提出一些汉语方言的语音特征来说明问题。无论是早在半个多世纪前出版的我国历史上第一套《汉语史稿》（1957），还是在辞世前不久才出版的《汉语语音史》（1985），我们都可以看到王力先生在这方面的理论和实践。《汉语史稿》第一章"绪论"中有一节题为"汉语史的根据"，王先生一开头就把方言作为汉语史的重要依据提出来。他说："首先要说：现代活生生的口语就是汉语史最好的根据。现代汉语的方言是复杂的；正是由于方言的复杂，更有足够的语言事实来证明汉语发展的过程。例如粤方言保存着古代的-m、-p、-t、-k 等韵尾，吴方言保存着浊音系统，都可以拿来和古代的韵书、韵图相印证。我们不但由现代方言中证实了古音的系统，我们甚至能利用方言的事实来'重建'古代的音值。"（《汉语史稿》上册第 20 页）在《汉语语音史》的"导论"中，王力先生又特别列出"方言"一章，明确指出方言知识是研究汉语语音史必备的基础知识。他说："我们研究汉语语音史，应该先大致了解现代汉语的方音。因为语音史的研究，要求我们讲述汉语语音经过多少次的变革，成为今天的样子。如果我们只讲成为今天普通话的样子，那是很不全面的。普通话也是以一种方言为基础形成的。"（《汉语语音史》第 11 页）下面让我们从上述两部著作中举一些实例来看看王力先生是如何把方言的现象用到研究汉语语音发展史的实践中来的。

在《汉语语音史》下卷论述语音的发展规律时，王先生以三章的篇幅讨论了汉语语音发展中的自然变化，包括辅音的变化、元音的变化和声调的变化。在论述辅音发音部位和发音方法的历史变化时，对每一个辅音发展变化的阐述，都用汉语方言中存在的事实来阐明他所提出的论点。例如，论及发音部位相同的辅音在发展中可能出现"互转"的变化时，他认为［n］和［l］发音部位相同，只是发音方法有别，因而可以产生"互转"。就以汉口、成都等"西南官话"方言［l］［n］今都念为［n］（连、兰均为n-)，而厦门、潮州等闽方言则相反，"男""念"均为［l］为例来印证这一［n］［l］可以互转的理论。同样的道理，王先生又举现代厦门话为例来说明［m］［b］也是因为发音部位相同、只是发音方法不同而可以"互转"的事实。按照王先生这一汉语语音在一定条件下可以形成"互补"的理论，面对一些比较特别的语音现象，如粤语中原为塞音声母的［kʰ］（古"溪"母）今念为擦音声母［h］（古"晓"母）——"可""开""口"等都是 h- 的现象，也就不难理解了。又如在"元音的变化"一章中论及汉语韵母构成的历史变化时，王力先生认为古代"两呼八等"发展合并为"开齐合撮"四呼，后来又因为四呼只是韵头不同，容易互相转化，进而出现"转呼"的现象。在论述这一韵母结构中因"转呼"而出现的复杂现象时，他充分利用了自己熟悉的方言，特别是粤方言和吴方言在这方面的具体表现来印证，并借此对粤方言韵母结构中存在有争议的问题发表自己的见解。在对待粤语是否丢失韵头、是否四呼不全的问题上，结合对汉语语音韵母结构发展变化中出现韵头消失问题的探讨，面对现代粤语音韵结构的现实，王先生反复琢磨，最终纠正了自己此前曾经由于对粤语韵母系统理解不够，导致在早年的著作《汉语音韵学》中把粤语的韵母看作同样四呼俱全的错误。他说："从前我以为现代广州话有开齐合撮四呼，那是错误的。现代广州话实际上没有韵头，主要元音虽有［i］［u］［y］，也不必叫作齐齿、合口、撮口了。"（《汉语语音史》第 558 页）王先生在自己的研究实践中勇于服从客观事实，修正自己认为欠妥立论的精神，值得我们学习。

在《汉语史稿》一书中，王力教授具体而详尽地论述在汉语发展各个历史阶段中，汉语的语音、词汇和语法是如何沿着语言发展的内部规律一步一步地发展下来的。其中上篇是语音史篇，除第一章为全书（上、中、下三册）的"绪论"外，从第二章起，就分列"由上古到中古的语音发展"和"由中古到现代的语音发展"两部分，连续以十九节的篇幅一一论述由上古到中古声母、韵母和声调的发展及由中古到现代声母、韵母、声调的发展。详近而略远，对上古至中古的发展，一般采取同组概括的方式论述，但对中古到现今语音发展的阐述，则十分细致，不厌其详。除了对中古声母的发展和中古韵母的发展各有综合性的一般论述外（第 17、21 两节），对现代汉语中每一个声母和韵母都会以"××声母（韵母）的来源"为题，认真审视其历史发展情况，细述每一个声、每一个韵如何从古代发展成为现代这样的面貌。读者除了通过书中详尽的叙述了解到每一个现代汉语（民族共同语）的声母和韵母的来龙去脉以外，也将各地方言声母、韵母在汉语语音发展过程中的不同表现尽收眼底。这就形成了一箭双雕的局面：一方面通过方言的种种表现印证了现代汉语语音的古代来源，看清楚古音演变为今音的历史轨迹，另一方面也使我们对各种复杂方言现象的产生原因及其与古代汉语的血缘关系有了更加明晰的认识。这既反映了王力先生汉语史研究的总体思路和操作方式，也体现出王力先生广泛驾驭方言资料，充分利用方言资源探清汉语历史发展脉络的研究风格。

四

王力教授一贯倡导语言研究要为语言应用服务。他对方言的调查研究充分表现出这一精神。语言应用的范围十分广阔，语言研究的成果一旦和广大人民群众的语言应用结合起来，就会增强活力，熠熠生辉！为了便于广大民众的应用，王先生一贯注重语言学著述的通俗化问题。他经常以身作则，为工人、学生编写深入浅出的语文著作，并亲自到工人中去，到中小学生中去，给他们讲语言应用，讲语文知识，深受听者欢迎。大家都知道，20 世纪 50 年代，王先生为普及语文知识，提高全民文化水平，曾出版过几本小册子，如《字的形音义》（1955）、《虚词的用法》（1956）、《谈汉语规范化》（1956）等。他经常教导我们，要重视语文教育，要使我们的语言研究工作能为语文教育服务。他说："我希望同志们多关心语文教育，提高我国人民的语文水平，从而也就是提高我国人民的科学文化水平。"众所周知，从 20 世纪 50 年代中期开始，我国南北各地大张旗鼓持续开展推广普通话工作，结合"推普"进行方言调查，把方言调查的成果运用到普通话教学的实践中来，逐渐成为方言工作者的共识。当年在全国开展了规模很大的方言普查，接着各地就编写了数以百计的"××地区学习普通话手册"或"××人怎样学习普通话"的小册子，为各地"推普"提供服务。回顾这一方言调查与"推普"密切结合的历史，王力先生无疑是最早的倡导者和实践者，是我们的先驱。早在 20 世纪 30 年代，一向重视方言调查为推广民族共同语（国语）服务的王力先生就已经付诸行动了。他在 1936 年就写了《江浙人学习国语法》，当时他还打算接下来要继续编写《广东人学习国语法》《四川人学习国语法》《湖南人学习国语法》《客家人学习国语法》《福建人学习国语法》等，只可惜囿于主客观的各种条件，王先生上述编纂计划未能完全落实，付诸实施。但王先生心中总是惦念着编写学习国语（普通话）书籍的事，一有机会就会行动起来。解放初期王先生在广州任教，鉴于广东几大方言都跟普通话有较大的距离，语音的差别尤为突出，广东人学习普通话面临很大困难，王先生马上想起：如能利用广东方言调查的成果，通过找出方言与普通话之间的对应规律，运用"类推法"来编写学习国语（普通话）的教材，定可起到举一反三、事半功倍的作用，扭转广东人学习普通话的劣势。在这一思想的驱使下，王先生重萌十多年前的念头，立即动手编写起《广东人学习国语法》来。此书除绪论和结论外分上下两篇：上篇为总论，含语音、语法和语汇三章；下篇为分论，分别为"广州人学习国语法""客家人学习国语法""潮州人学习国语法"和"海南人学习国语法"。《广东人学习国语法》于 1951年 11 月由华南人民出版社出版发行（1955 年更名为《广东人怎样学习普通话》，改由文化教育出版社出版），这本为广东境内（当年包括海南）各大方言区人民学习普通话服务的"学习国语法"，称得上是新中国第一本专为学习普通话而编的"学话手册"。此书内容以比较普通话（国语）和方言的异同为主线，通过总论部分对普通话和广东几大方言之间声、韵、调的差别一一进行比较，从发音的差别到每个声、韵、调所领的字有哪些不同一一作了阐述。在这个基础上，下篇的分论就分别列出各方言中最易弄错的突出问题，将其归纳后以有趣而醒目的短语作为标题分别加以解说，如分论第一章"广州人学习国语法"就将广州人学普通话的通病列为十八项（十八节），然后一一加以论析，指引读者如何克服这些毛病。这十八项都是广州话容易混淆而普通话是截然不同的，标题如下：一、做事和做戏；二、布告和报告；三、保存和保全；四、毛亨和毛坑；五、江先生和张先生；六、黄先生和王先生；七、县长和院长；八、国文和国民；九、荒唐和方糖；十、少数和小数；十一、无奈和无赖；十二、自然和自言；十三、大臣和大神；十四、松树和丛树；十五、欢聚和欢醉；十六、一斤和一根；十七、大江和大纲；十八、洪流和红楼。看着这些通俗而又有趣的标题，就可以想见王先生为帮助方言地区人民轻松学好普通话，是多么地煞费苦心了。王先生大力倡导方言研究为方言地区语言应用提供服务的想法不仅表现为帮助方言地区人民学习普通话，同时也表现为积极帮助到方言地区来的外地人学习本地方言。为此他在编写《广东人学习国语法》的同时，就着手编写一本供外省来粤干部学习广州话用的《广州话课本》。当时正值"推普"运动风起云涌，大家都全心投入"推普"学习，哪能提倡也要学习方言？王先生毕竟是语言学的权威，他就能够高屋建瓴，意识到普通话要大力推广，方言也应该保留、应该学习的道理，坚持正确认识方言和普通话的关系，坚持两者都应发挥作用、各司其职的观点，他认为在方言地区工作的外来干部，只有学好当地方言，才能和方言区的人民群众打成一片，才能搞好工作，更好地为当地人民服务。这一看法和我们今天在"推普"的同时仍然强调继续发挥方言的作用，甚至还提出要拯救某些濒危方言的精神是完全一致的，可谓一脉相承。王先生 20 世纪 50 年代初开始编写的《广州话课本》经修订后在全国"推普"的高潮中改名《广州话浅说》，由文字改革出版社正式出版。顾名思义，这是一部给非广州话区的人学习广州话用的教本。王先生在书中开宗明义地引进他所提倡的"类推法"，将北京音系与广州音系进行比较，从北京音出发，对每一个北京音的声、韵、调对应于广州音声韵调逐一列出，附上可以类推的例字及例外字的情况。全书十六课，前六课概述广州话声韵调及音节构成（书中以"拼音"名之）情况，从第七课开始至第十三课一连七课分述声、韵、调的"类推法"。最后三课选取粤语独幕剧《血的教训》作为广州话举例，让读者看到成篇粤语的真实面貌。《广州话浅说》全书只有七万字，王先生就以这样一本深入浅出、重点突出而又通俗易学的小册子引领想学粤语的外地人踏入广州话的门槛。据我所知，半个多世纪以前，除了语言学大师赵元任先生于 1947 年在美国为初学粤语的海外读者出版过一本用英文写的《粤语入门》（*Cantonese Primer*）以外，王力先生此书，该算是五十多年前备受国内读者欢迎的粤语入门书了。

五

以上从三个方面略述王力教授作为一位在汉语诸多领域中都有过杰出建树的语言学大师，尽管限于时间和精力，他的主要精力并未放到汉语方言这一资源丰富、内容复杂而又最富汉语特色的学科中来，但他从接触现代语言科学的时候开始，在他那超过半个世纪的学术生涯中，就始终钟情汉语百花园中这块奇葩绽放的沃土。从上面的略述可以看到，每当我们的语言文字工作，无论是学术研究的层面还是语言应用的层面，一旦需要汉语方言的介入，需要发挥汉语方言的独特作用时，王先生总是乐于运用他长期以来接触汉语方言、洞察汉语方言所形成的理论和所积累的经验，站到语坛的前面，指引我们如何正确理解方言现象，如何有效利用方言资源，发挥方言研究的独特作用，为继往开来，一代又一代地建设好具有民族特色的中国语言科学，为把涉及千百万汉语及其方言使用者的社会语言文字工作不断向前推进作出我们应有的贡献。

我就讲到这里，有欠妥处请各位多多指正。

参考文献

[1] 王力. 两粤音说 [J]. 清华大学学报，1928，5（1）.

[2] 王力. 中国语文讲话 [M]. 上海：开明书店，1950.

[3] 王力. 汉语音韵学 [M]. 北京：中华书局，1956.

[4] 王力. 江浙人学习国语法 [M]. 南京：正中书局，1936.

[5] 王力，钱淞生. 东莞方音 [J]. 岭南学报，1949（1）.

[6] 王力，钱淞生. 珠江三角洲方音总论 [J]. 岭南学报，1950（2）.

[7] 王力，钱淞生. 台山方音 [J]. 岭南学报，1950（2）.

[8] 王了一. 广东人学习国语法 [M]. 广州：华南人民出版社，1951.

[9] 王力. 汉语史稿：上册 [M]. 北京：科学出版社，1957.

[10] 王力. 广州话浅说 [M]. 北京：文字改革出版社，1957.

[11] 王力. 汉语语音史 [M]. 北京：中国社会科学出版社，1985.

[12] 唐作藩. 谈谈王力先生对粤方言的研究 [C] //钱志安，郭必之，李宝伦，等. 粤语跨学科研究：第十三届国际粤方言研讨会论文集. 香港：香港城市大学语言资讯科学研究中心，2009.

[13] 张谷，王缉国. 王力传 [M]. 南宁：广西教育出版社，1992.

[14] 张谷，王缉国. 中外学者论王力：龙虫并雕 一代宗师 [M]. 南宁：广西教育出版社，1993.

我所认识的单周尧教授

——敬贺单兄七十华诞①

詹伯慧

岁月如梭，转眼又到了为单教授贺寿的日子。打从五年前在扬州举行的文字学研讨会为单周尧教授庆祝六十五华诞以来，单门弟子每年都在岁末乃师寿诞之期宴聚贺寿，我作为单教授的挚友，每每有幸躬逢其盛，共申贺忱。年复一年，不知不觉今年竟到了单教授古稀之年了。古稀大寿，自然有别于一般寿庆，应有格外喜庆的内涵。举行大型学术研讨会，海内外学者高朋云集，以学术盛宴贺寿，正是这回不同凡响的盛举！

打从 1980 年和单兄结识，已经踏入第 37 载了。五年前在庆贺单兄六十五华诞时，我曾粗略梳理过我们间逾 30 载的深情厚谊，就几十年来单兄给我留下的点滴印象写下了一篇祝寿的小文。此刻再度回顾，深感前文意犹未尽，单兄在我心中留下的难忘印象，何止是当时所写的"一位永远充满活力、永远不知疲倦的学者"！如今借着庆贺单兄古稀华诞的机会，总想认真汇集 30 多年来铭刻在我心中的种种印象，再写一篇较为全面阐述单兄的为学为人、反映挚友间深情厚谊的文字，聊以抒发我对这位可亲可敬的老友的仰慕之情。想来想去，就以《我所认识的单周尧教授》为题吧！

落笔之际，重温几年前单兄入室弟子许子滨教授《单周尧先生学术成就述略》一文，颇多启发。此刻我的脑海中荡漾着单兄的种种印象，似乎可以归纳为以下两个方面：

一是学术成就非凡。单教授的学术成就，让我感到他是一位名副其实的学富五车、博学多才的学者。综观单教授几十年来走过的学术道路，总览其在多个学术领域中取得的丰硕成果，人们不由不惊叹：这是一位在中国传统语文学与古典经学、现代语言学（方言学）等许多方面都卓有成就的当代学者。最难能可贵的是他立足于神州大地，植根于华夏文化，而能够胸怀大局，眼观四方，在漫长的学术生涯中，注意兼取乾嘉朴学与西方汉学之长，融汇古今学术与中西学术之优势，在中华传统文化的传承与发展中登堂入室，游弋自如。

单教授的学术成就最突出的表现无疑还是在传统语文学和经学上。传统语文学，也就是通常所说的包括文字学、音韵学、训诂学等在内的所谓"小学"，这是他 20 世纪

---

① 编者注：此文原刊于台北《国文天地》2017 年第 391 期。

60 年代末入读香港大学中文系以后就开始钟情的领域。本科求学期间，血气方刚的年轻学子单周尧就对许多人望而却步的文字学产生浓厚的兴趣。1971 年大学毕业，他便选择了文字学作为研究方向来攻读硕士学位，从此与文字学结下了不解之缘。四年间他埋头苦干，勤奋钻研，头两年下功夫反复细读《说文解字诂林》，为文字学的研究打下较为结实的基础，其后就着力深究通假问题。终于在 1975 年以探讨清人通假之说为中心，撰写了题为《通假斠诠》的硕士论文，得到导师的赏识，留在港大任教，并得以继续深入他的文字学研究。三年以后，他于 1978 年再以文字学研究攻读博士学位，历经六载耕耘，于 1984 年以清代文字学为对象，在深入剖析各家有关文字学论述的基础上，结合自身多年潜心研究心得，再以《王筠〈说文释例〉异体字诸篇之研究》为题撰写了博士论文，获得博士学位。可见从硕士论文到博士论文，单教授始终执着于对文字学的深入探讨。清代"小学"研究蓬蓬勃勃，说文学更是盛极一时。丁福保录各家撰述 100 多种为《说文解字诂林》，其中号称说文四大家（段玉裁、桂馥、王筠、朱骏声）之说文学最为精湛。单教授从 20 世纪 70 年代与文字学结缘以后，就一直盯着这些清儒的说文学见解，尤其着力于精研王筠的一些说文学篇章。在酝酿撰写博士论文的过程中，他先后写过数篇论述王筠说文学立论的论文，既对王筠的说文学研究深为赞许，亦对其存在主观、偏执导致某些立论偏颇以至出现谬误不实的现象加以中肯批评，对王氏说文研究中某些疏漏之处，单教授还能以自身之研究成果一一为之补充。如王氏于《说文》所录俗体字，多存而不论，单教授则一一为之详细补正。单教授之所以能在文字学研究中不就先贤之研究亦步亦趋而常有个人创见，关键在于他能在现代考古事业蓬勃发展、古文字研究日新月异的形势下，将古文字研究与说文学研究结合起来，充分利用古文字研究成果来与传统说文学相互印证。往往每说一字，他总是一面博引说文学各家论述，一面也援引甲骨、金文以至战国文字，详加剖析论证，使其结论更具说服力。他批评清儒论述通假之说往往为《说文》所局限，未能目睹古文字，寻求文字孳乳轨迹，曾以《清代"说文家"通假说斠诠》为题撰文论其得失。只有新的理念才能带来新的突破，这正是单教授治文字学的学术风格，也是他能在文字学研究中不断有所发现、有所前进，始终充满活力的根柢所在。

单教授深谙乾嘉朴学以小学入经学之途径，在潜心研究文字学的同时，亦着力于经学之探索，对《左传》的钻研尤为精深，发表过许多《左传》研究的专论，常在学术会议上畅论《左传》研究之得失，俨然成为遐迩知名之"《左传》学"大家。可以说，单教授的学术影响力，除"小学"中的文字学最为突出外，另一个耀眼亮点就要算他的经学研究、特别是《左传》的研究了。他对《左传》的研究，多涉及"《左传》学"中最受关注的重大课题，如《左传》的作者、时代及其义例等，包括国学大师章太炎及西方汉学权威高本汉在内的种种有关《左传》论述，无一不在单教授的评议视线之内。我认为其中有两篇论文最具代表性，也最能显示单教授的"《左传》学"学术思路及其治"《左传》学"的非凡功力。其一为他的《论章炳麟〈春秋左传读〉时或求诸过深》一文。众所周知，章太炎是精研《左传》的大家，单教授此文在对章太炎《春秋左传读》作深入剖析之后，持不偏不倚之客观、科学态度而不作过于偏颇的评价：既指出其谬误不可信之处，同时也指出书中不乏可取之处，认为此书虽多求之过深，多穿凿附会，但对《左传》古字古词、典章名物、微言大义的诠释，可取之处亦复不少，尽弃不用，未免可惜。这样实事求是的评议，是能使人折服的。以专文如此精辟地讨论章太炎的《春秋左传读》，这大概是第一篇了。其二是针对高本汉关于《左传》作者非鲁国人而开展反驳的精彩论述，题为《高本汉〈左传〉作者非鲁国人说质疑》。《左传》作者的讨论由来已久，宋以前历代学者多持《左传》作者左丘明为鲁国人之说，只是到了宋代，宋人以书中所载内容及其学术思想与战器等均较晚出而怀疑起《左传》作者是否为鲁国人。高本汉对此也有看法，在其《〈左传〉真伪考》中，试图以7个助词跟代表鲁国语言的《论语》《孟子》作比较，从这些助词看到《左传》与鲁语语法不同，进而得出《左传》作者非鲁国人的结论。单教授对高说的质疑提出了一个重要的问题，即传世《左传》到底是不是先秦《左传》原貌的问题。他认为只要拿诸多出土文献与传世相关文献进行比勘，就会发现彼此的用字存在差异。可见高本汉只凭今本《左传》与《论语》《孟子》的用词作比较以证明《左传》非鲁国人所作，是缺乏可靠性的。况且《左传》所述的内容也多以鲁国为中心，要说作者非鲁人，也很难叫人信服。单教授此文一出，无异于对高本汉《左传》作者非鲁人说的讨论作了很好的总结，其学术意义非同一般。值得一提的是，由于高本汉对中国音韵的研究和对中国古代系列经籍注释的研究都蜚声国际，深为汉学界所推崇，单教授在其结合小学与经学的研究中，刻意引导港大同道门生，多多关注高本汉在经籍注释方面的著述。近30年来，在单教授的积极倡导和身体力行下，香港大学中文系悄然形成一股以单教授为中心的、为经学开拓新路向的"高学"研究之风，迄今已有好几位他指导的博士撰写和出版了研究高氏经学注释的博士论文。继往开来，薪火相传，单教授经学研究的影响正在日益扩大之中。

除传统小学和经学的研究成就卓著外，单教授对粤语方言的研究也倾注了大量的心血，取得了不菲的成果。他善于运用文字音韵训诂等小学方面的资源，结合粤语音韵文字的实际，从追根溯源、文字辨析等不同角度探讨粤语方言中的各种问题，经常就粤语某音某字的辨析发表专论，深受方言学界的瞩目。1987年在香港中文大学举行的首届国际粤方言研讨会，他是两位主持人之一，从此开启了在粤港澳举行粤语国际研讨会的定期学术活动，首创之功受到海内外与会学者的一致赞赏。会后由他主编了会议的学术论文集。1999年在香港大学召开的由单教授和陆镜光教授主持的第七届国际粤方言研讨会，到会学者150多人，提交论文99篇，更是历史上规模最大的粤语学术研讨会之一。会议的论文受到权威的《方言》杂志的青睐，会后由单教授和陆教授主编，交北京商务印书馆作为《方言》增刊出版。单教授在粤语方言方面的学术业绩，最突出的表现还在于他自 1990 年以来两度参加主持粤语审音并编撰粤方言正音字典，第一次从 1990 年开始参加由广东省中国语言学会和广东省广播电视学会组建的、一批粤港澳知名粤语学者共同参加的广州话审音委员会，历时前后十载，在一一审定粤方言有分歧的读音后于 2002 年出版了我国历史上第一部方言正音字典——《广州话正音字典》，单教授为该字典副主编（主编詹伯慧）；第二次应香港商务印书馆之约，由我和单教授共同主持，单教授在港门生多人参加编撰的、供香港使用的《当代广州话常用字正音字典》。此书 2006 年启动，旷日持久地进行了十年以上，近期总算基本完成，可望在 2018 年问世。参与主持这两部粤语正音词典的编撰，无疑是单教授在粤语研究领域中所作出的重要贡献。

二是治学、为人非凡。前面概述了单教授在学术成就上的非凡业绩。这里要谈谈他在我印象中的另一个非凡，就是他在治学态度、治学精神上的非凡和为人处世上的非凡，也就是人格上的非凡。没有这方面的非凡，恐怕也难有学术成就上的非凡！这些非凡的表现正是单教授最令人敬佩、最令人折服之处，也是他最值得我们学习、最值得我们借鉴之处！

先说单教授治学的非凡，总括一句，就在于勤奋加执着。单教授在他几十年的学术生涯中，始终贯彻着勤奋和执着的精神。这两者是紧密联系的。没有过人的勤奋，何能对学术事业执着！和单兄相交 30 多年，目睹他那始终不辞辛劳、争分夺秒地为学术事业勤奋工作的精神，实在令人感动不已！对于单教授来说，生活就是工作，两者几乎成了等义词。他在香港大学担任系主任（院长）近十载，其间每天要在办公室处理各种系务，又要广泛应付各种人来客往的公务，还能有多少时间静下来做自己的学问？可就在这种情况下，单教授仍能执着于学术上的探索，丝毫也不放松对专业问题的研究，以保证自己热爱的事业能不断有所发展，能不断产出新的成果。他经常组织各种学术活动，每年都要主办一两次国际学术会议，为海内外学人提供学术交流平台。近一二十年，在他的筹划下，1994 年和 1996 年，就先后在香港和山东分别举行了《左传》及《春秋三传》的国际学术研讨会，接下来还有一系列重大的研讨会由他在香港大学主办，如前面提到过的 1999 年的第七届国际粤方言研讨会、还有 2000 年的敦煌学国际学术研讨会、2001 年的 21 世纪中国学术研究前瞻国际研讨会、2002 年的明清学术国际研讨会和第一届中国语言文字国际学术研讨会、2007 年的东西方研究国际研讨会、2012 年的首届礼学国际学术研讨会等。他还不知疲倦地四处奔波，频频出现在海内外的国际学术研讨会上。长期以来都是每一两个月就得飞往外地一次，真可谓马不停蹄！他家就在学校附近，他每天从早到晚都泡在离家不远的学校办公室里，中餐和晚餐都在学校吃快餐。你打电话到他家找他，只要是在晚上十点以前，家人一定叫你打到办公室去，星期天也不例外。以他的学术造诣和学术声望，请他出席的海内外学术活动自然不计其数，他从不因为忙碌而轻易推辞，往往由于会前缺少足够的准备时间，有时为了赶写论文出席会议,上了飞机都还一直在途中埋头工作。尤其值得称道的是:尽管忙忙碌碌,一旦有集体协作的学术项目需要他主持或参与,他总是毫不迟疑地尽心尽力投入,再忙也要废寝忘餐,日赶夜赶,唯恐拖了大家的后腿。据我所知,两次经历长时间不断切磋探讨的广州话审音正音及编撰正音字典工作,他都自始至终以严谨认真的态度积极参与。特别是近期由他主持的《当代广州话常用字正音字典》,由大家分头对每一个字的音读进行审定,编出初稿后都要经他一一严格审核,再拿出来讨论定夺。在漫长的十年里,为此单教授真不知熬过多少废寝忘餐的日日夜夜啊!

说到单教授的为人,那可真正是有口皆碑。他待人谦逊热诚,乐于助人,勇挑重担,凡有所托,从不推辞,也正因为这种美德,使得他忙上加忙,难以应付。尽管如此,他总是乐于接受一些可干可不干的事,使自己疲于奔命,难有喘息的机会。他担任许多社会职务,都认真负责,有请必到。作为语文学界权威和活跃人物,社会上出现什么语文方面的争议,找他发表意见,谈谈看法自然不在话下,单教授总是乐于在这方面提供热情服务,认为语文研究为语言应用服务是天经地义的大好事,也是普及语文知识的好机会,是分内应做的事,总应该认真对待,满足社会需要。例如,近期人们对粤语读音存在分歧议论纷纷,争议持续不止,他就多次接受邀请,在公开场合作精彩讲演,阐述自己的看法,引导人们正确对待这一语言应用中的重要问题。当出版部门提出要为香港学校师生及社会各界人士编纂一本粤语正音字典时,他就欣然应允,立即出面联合这方面富有经验的学者,并动员一批他的门生,共同努力来参与此事,这就是前面提到那部旷日持久、即将面世的正音字典的由来。单教授社会活动之多实非我们所能想象。比如某个单位有什么活动,要借助这位文化名人出场增添隆重气氛,哪怕跟他的专业没有多少关系,他还是会考虑出席,生怕扫人家之兴。至于稍有一点关系的中小学,凡有评比一类的活动请他参加,他一般也很少推辞。单教授有求必应的名声在外,人们明知他忙得不可开交,也总希望能请到他来。我真担心他这样下去身体会吃不消,作为老朋友也曾多次劝谕过他,要有选择地参与社会活动,不可有求必应,凡会必到,那样会把身体搞垮的。他听着点点头,但一直下不了狠心排除许许多多的社会活动,直到不久前有一次他从外地出差回来,感到不适去医院检查,终于接受医生的意见住进医院休养了几天。医生说他得的是疲劳过度的病,这对他才终于有了一点触动!

总起来说,单周尧教授在我的印象中就是一位在中华传统文化孕育下长期勤奋执着、为中华传统文化的传承与发展不辍耕耘、取得非凡成就的汉学家、国学家,也是一位勤于为学术振兴拼搏、为社会进步效劳、能始终认真贯彻语文研究为语文应用服务的语文学家。他在学术上作出卓越的贡献,在治学风格和为人处世上也给我们做出了很好的榜样。今天庆祝单教授古稀华诞,在此我要祝愿他学术之树长青,老当益壮,永远充满活力,不断攀登学术高峰;也要建议他一定注意劳逸结合,保持健康长寿,继续为中华传统文化的传承发展作出新的贡献。

单一共时

广东粤方言声母特征分布格局及特点[*]

邵慧君

一、本文方言点分布及资料来源

广东境内分布的粤方言，从最东边的汕尾鹅埠镇（闽客方言包围中的粤方言岛）和惠州市算起，到最西边的茂名、湛江市，从最北边的韶关、清远市，到最南边的湛江徐闻农垦农场，共涵盖广州、佛山、深圳、珠海、东莞、中山、惠州、清远、韶关、汕尾（仅限鹅埠一地）、江门、阳江、肇庆、云浮、茂名、湛江 16 个地市或经济特区，其分布区域超过广东省境域三分之二；另有香港、澳门两个特别行政区。据 2001 年第六次人口普查数据，广东省人口 1.04 亿，为全国人口第一大省；港澳人口约 750 万，广东及港澳使用粤方言人口数据没有官方确切统计，目前有两种估计，一约 5 000 万，另一约 7 000 万。①

本文以广东省，以及香港、澳门特别行政区的粤方言（122 个点）为调查对象，探讨分析广东粤方言声母特征的分布格局和特点。资料主要来自邵慧君主持的广东省社会科学项目"广东粤语语音数据库"及甘于恩主持的国家社会科学基金项目"广东粤方言地图集"。选点基本原则为每个区县（市）选 2 至 3 个差异较大的方言点，具体如下（地名多数以"地—市/县/区—乡镇/街道"三级命名）：

（一）广州市

1. 广州市海珠区龙凤；2. 广州市黄埔区横沙；3. 广州市南沙区（原番禺）万顷沙；4. 广州市番禺区市桥；5. 广州市从化区街口；6. 广州市从化区神岗；7. 广州市花都区新华；8. 广州市花都区北兴；9. 广州市增城区荔城；10. 广州市增城区朱村。

---

* 本文为国家社会科学基金重点项目"基于大数据的广东粤语方言语音综合研究"（批准号：19AYY005）前期成果之一。本文初稿由邵慧君在汉语方言比较和地理研究论坛上宣读（陕西师范大学，2018 年 12 月），得到远藤光晓、张振兴、麦耘、邢向东、庄初升等诸位教授的点评指正，特此鸣谢！

① 詹伯慧，张振兴. 汉语方言学大词典：下卷［M］. 广州：广东教育出版社，2017：654.

（二）佛山市

11. 佛山市禅城区张槎；12. 佛山市禅城区澜石；13. 佛山市南海区桂城；14. 佛山市南海区丹灶；15. 佛山市南海区九江；16. 佛山市顺德区大良；17. 佛山市顺德区陈村；18. 佛山市高明区明城；19. 佛山市高明区更合；20. 佛山市高明区西安；21. 佛山市三水区西南；22. 佛山市三水区芦苞；23. 佛山市三水区乐平。

（三）香港、澳门特别行政区

24. 香港特别行政区九龙；25. 澳门特别行政区。

（四）深圳特区

26. 深圳市南山区南头；27. 深圳市龙岗区大鹏；28. 深圳市宝安区新安；29. 深圳市宝安区沙井。

（五）珠海特区

30. 珠海市香洲区前山；31. 珠海市斗门区井岸（四邑话）；32. 珠海市斗门区莲洲（四邑话）。

（六）东莞市

33. 东莞市莞城区松柏；34. 东莞市麻涌；35. 东莞市常平。

（七）中山市

36. 中山市石岐区；37. 中山市三角；38. 中山市古镇（四邑话）。

（八）惠州市

39. 惠州市博罗县罗阳；40. 惠州市博罗县长宁；41. 惠州市龙门县龙城；42. 惠州市龙门县路溪。

（九）清远市

43. 清远市清城区洲心；44. 清远市清城区横荷；45. 清远市清新区太和；46. 清远市清新区龙颈；47. 清远英德市英城；48. 清远英德市浛洸；49. 清远市佛冈县石角；50. 清远市佛冈县汤塘；51. 清远市阳山县阳城；52. 清远连州市连州；53. 清远连州市清水镇龙池；54. 清远市连山壮族瑶族自治县吉田；55. 清远市连山壮族瑶族自治县禾洞；56. 清远市连南瑶族自治县三江。

（十）韶关市

57. 韶关市区；58. 韶关市曲江区马坝；59. 韶关乐昌市乐城；60. 韶关市仁化县城；61. 韶关市乳源瑶族自治县桂头。

（十一）汕尾市

62. 汕尾市海丰县鹅埠（占米话，以粤方言为主、兼杂客闽的混合方言）。

（十二）江门市

63. 江门市蓬江区杜阮；64. 江门市江海区礼乐；65. 江门市新会区会城；66. 江门市新会区司前；67. 江门市新会区荷塘；68. 江门台山市台城；69. 江门台山市四九；70. 江门开平市赤坎；71. 江门开平市月山；72. 江门恩平市江洲；73. 江门恩平市沙湖镇南坑；74. 江门鹤山市沙坪；75. 江门鹤山市古劳。

（十三）阳江市

76. 阳江市江城区城南；77. 阳江市阳东区东城；78. 阳江市阳东区雅韶；79. 阳江阳春市春城；80. 阳江阳春市潭水；81. 阳江阳春市春湾；82. 阳江市阳西县织箦；83. 阳江市阳西县儒洞。

（十四）肇庆市

84. 肇庆市端州区；85. 肇庆市鼎湖区；86. 肇庆市高要区白土镇新村；87. 肇庆市

四会市区；88. 肇庆市四会市石狗；89. 肇庆市广宁县南街；90. 肇庆市广宁县石咀；91. 肇庆市怀集县马宁；92. 肇庆市怀集县甘洒；93. 肇庆市德庆县德城；94. 肇庆市德庆县高良；95. 肇庆市封开县南丰；96. 肇庆市封开县罗董。

（十五）云浮市

97. 云浮市云城区；98. 云浮市云安区六都；99. 云浮市新兴县新城；100. 云浮市新兴县天堂；101. 云浮市郁南县千官；102. 云浮罗定市船步；103. 云浮罗定市素龙。

（十六）茂名市

104. 茂名市茂南区新坡；105. 茂名高州市西岸；106. 茂名高州市曹江；107. 茂名信宜市东镇；108. 茂名信宜市金垌；109. 茂名化州市河西；110. 茂名化州市合江；111. 茂名化州市长岐；112. 茂名市电白县羊角；113. 茂名市电白县七迳。

（十七）湛江市

114. 湛江市赤坎区寸金；115. 湛江市坡头区；116. 湛江廉江市廉城；117. 湛江廉江市吉水镇那楼寨；118. 湛江吴川市梅菉；119. 湛江吴川市吴阳；120. 湛江市遂溪县遂城；121. 湛江市遂溪县北坡；122. 湛江市徐闻县南华（农垦农场）。

二、广东粤方言声母特征及其地理分布格局

广东境内粤方言有不同分区，粤语代表方言广州话声母特点主要有：①古全浊声母今已清化，古平声、上声白读多读送气清音；古上声文读和去、入两声多读不送气清音；②保留古微母 m- 的读法，与明母同；③古晓母合口多读 f-，与非组声母同；④古精、知、照三组合流，只有一组塞擦音，但存在舌尖与舌叶两组自由变体；⑤古日母字今读 j-；⑥古见组不论洪细均不腭化，读 k-、k^h-、h-，其中古"溪"母读音复杂，有 k^h-（如：企、奇、抗、区）、h-（如：可、器、渴、牵、去、口）、f-（如：苦、科、宽、课、枯）；⑦有唇化舌根声母 kw-、kw^h-、w-，不设 u- 介音韵母；⑧古"泥、来"母分别读 n-、l-，古"影、疑"母分别读 ∅-、ŋ-，但少数出现混用趋势。[①] 若从整个广东粤方言来看，片区性声母特征有以下十类共 21 条。

---

① 其中②④几乎所有方言点都相同；⑧属于历时不久的共时变化，且主要分布在珠三角核心区域，因此本文不作详细的宏观讨论。

（一）古"帮、端"母读音

1. 读作不送气清音 p- 和 t-

超过 90% 的广东粤方言古"帮、端"母均读不送气清塞音 p- 和 t-，与大多数汉语方言具有一致性。

2. 读作内爆音 ɓ-、ɗ- 或浊塞音 b-、d-

古"帮、端"读内爆音 ɓ-、ɗ- 或浊塞音 b-、d-（有个别点还带有鼻冠色彩），主要集中在粤西两广交界一带，属勾漏片粤语的发音特点。但从音系学角度看，它们与清不送气声母 p-、t- 只是音色有差异，并不构成音位对立，而且有些方言点因个人处理音系不同或未能体现真正读音。从现有记录来看，其分布从北往南依次有连山（吉田）、封开（罗董）、罗定（素龙）和湛茂地区，最集中的是茂名、湛江一带的吴川（吴阳、梅菉）、化州（河西、合江、长岐）、湛江（坡头）等地；肇庆、江门、珠三角等地也有零星分布。

除以上两种类型之外，还存在"帮"母读唇半元音 ʋ-／w-、"端"母读零声母或边音 l- 的情况（见下文）。

（二）古全浊塞音声母"並、定、群"清化规律

古全浊声母"从、邪、澄、崇、船、禅"在今汉语各地方言中的清化演变都存在较多分歧交叉，统一性较弱，因此本文仅以最具典型性的古全浊塞音声母"並、定、群"清化规律作为考察对象。

1. 古全浊塞音声母平声清化规律

古全浊塞音声母"並、定、群"平声清化后今读主要分两种情况。一种是清化后归同次清声母，读送气的 pʰ-、tʰ- 和 kʰ-（与官话同），大多数广东粤方言点均属此类，其中"群"母送气的方言点比例高于"並、定"母：在 122 个方言点中，"群"母送气约占 90%，"並"母送气约占 84%，"定"母送气约占 70%。[①] 另一种是读不送气清音 p-、t- 和 k-，及其音位变体内爆音（ɓ-、ɗ-）或浊塞音（b-、d-），后者主要分布在清远三连一阳地区（如连州、连山、连南、阳山）、肇庆地区（广宁、德庆、封开、怀集、四会）、佛山地区（南海丹灶、顺德大良和陈村、高明西安）、新会（荷塘）、云浮（郁南千官）、茂名（化州长岐）等。相比"並、定"母平声，"群"母平声今读清不

---

① 具体例字可能各个方言点略有参差，以常用口语字为例，有此现象的即计入在内，后文均按此统计。

送气塞音的方言数量明显要少，尤其是佛山地区更为明显。从占比来看，平声"並"母今不送气约占 16%、"定"母约占 18%、"群"母约仅占 10%。此外，还有 15 个点"定"母平声今读清擦音 h-（见下文）。

2. 古全浊塞音声母仄声清化规律

古全浊塞音声母"並、定、群"仄声清化后今读主要有两种情况。一种是不送气清音 p-、t- 和 k-，其中"並、定"母仄声清化后与"帮、端"合并，同样存在内爆音（ɓ-、ɗ-）和浊塞音（b-、d-）的变体，这种类型与官话相同，在广东粤方言中亦占多数。另一种是读送气清音 pʰ-、tʰ- 和 kʰ-，其中"並"母仄声有 6 个点为送气清音 pʰ-：东莞（常平）、博罗（罗阳、长宁）、深圳（大鹏）、湛江（坡头）、吴川（吴阳），约占 5%；"定"母仄声有 7 个点读送气清音 tʰ-：东莞（常平）、博罗（罗阳、长宁）、深圳（大鹏）、中山（三角）、湛江（坡头）、吴川（吴阳），约占 6%；"群"母仄声最多，有 18 个点读送气清音 kʰ-：龙门（路溪）、博罗（罗阳、长宁）、深圳（大鹏）、中山（三角）、深圳（沙井）、肇庆（端州、鼎湖）、高要（白土）、湛江（坡头）、吴川（吴阳）、遂溪（遂城、北坡）、廉江（吉水那楼寨）、茂名（新坡）、电白（羊角）、化州（河西、长岐）等，约占 15%。由上可见"並、定"仄声读送气清音主要集中在东莞、深圳、博罗、中山等粤客方言交汇带，而"群"母仄声读送气清音的方言点数量则大幅超过"並、定"两母，最集中的是茂名、湛江地区。

龙门（路溪）"定"母仄声今读 h-，可能是声母由 tʰ- 脱落塞音所致（其周边粤方言都读送气 tʰ-，与当地客家话有关）。此外，还有"並"母仄声读 ʋ-（开平赤坎）和"定"母仄声读零声母现象（开平赤坎、台山台城、台山四九、中山古镇）。

（三）四邑方言声母特点

四邑方言在广东粤方言中轮廓清晰，具有一些不同的区域性特征，它们有的覆盖整个四邑方言，有的只是局部性呈现[①]，较少溢出至其他片区。具体如下：

1. "帮、並仄"读 ʋ-/w-

此现象最突出的是江门开平赤坎，即古"帮"母及"並仄"清化后与其合并的字今多读唇部半元音 ʋ-/w-，这一特点在新会荷塘也有部分体现，但多数四邑方言并不存在，属于四邑粤方言局部特点。

2. "端、定仄"母读零声母或边音 l-

端母读零声母，集中分布于台山（台城、四九）、开平（赤坎）、中山（古镇），是

---

① 关于四邑方言的声母特点描述，可参见邵慧君，甘于恩. 广东四邑方言语音特点 [J]. 方言，1999（2）.

四邑话覆盖较广的声母特点，但同属四邑话的恩平（江洲、沙湖）、新会（会城、司前）、鹤山（沙坪、古劳）以及珠海斗门等地则与其他粤方言一样读 t-。另有端母读 l-，目前仅见于新会（荷塘），属于同部位辅音替代。

3. "透、定平"母读 h-

"透、定平"母读 h- 是四邑话声母典型特点且覆盖面广，分布在江门、台山、开平、恩平、新会、鹤山、斗门、中山（古镇）等地，四邑方言"端"母丢失 t- 读零声母，相应地，"透"母以及清化后归入"透"的"定"母平声也丢失 t- 而由 tʰ- 变为 h-。至于珠三角个别点如南海（九江）虽不属四邑方言范围，但与四邑方言相邻，可能是接触导致。另有龙门路溪话"透"母读 h-，与当地"定仄"读 h- 一致，均为 tʰ- > h- 的演变。

（四）古"精、清"母读音

1. 古"精、清"母今读塞擦音 ts-（tʃ-）和 tsʰ-（tʃʰ-）

广东境内大部分粤方言"精、清"母字读音为塞擦音（与官话同），占比近 90%，与大部分汉语方言一致。个别点有舌面音 tɕ-（清远连南三江），可视为 ts- 的变体。

2. 古"精、清"母今读塞音声母 t- 和 tʰ-

广东粤方言中，古"精、清"母读舌尖塞音声母主要是勾漏片、四邑片和吴化片[①]粤方言的典型特征之一，前人有过诸多讨论。古"精、清"母读 t-、tʰ- 在广东境内主要分布于江门地区、茂名化州和湛江吴川、与广西交界的清远连山、肇庆封开等个别方言点。另肇庆广宁石咀读齿间擦音 θ-，极为少见。

（五）古"心"母读音

1. 古"心"母今读清擦音 s-（ʃ-）

多数粤方言点古"心"母字今读舌尖或舌叶清擦音 s-（ʃ-），约占 70%，与大多数汉语方言一致。

2. 古"心"母今读清边擦音 ɬ- 或齿间擦音 θ-

古"心"母字今读边擦音或齿间音 ɬ-（θ-）是勾漏片和四邑片粤方言的显著声母特点，共有 30 余个方言点，主要包括江门、阳江、茂名、湛江地区，肇庆的广宁、怀集、封开，以及清远的连山等地，分布远远超出广东勾漏片粤方言的范围。这一特点在粤

---

① 本文粤语分区观点引自《中国语言地图集》（第 2 版）。

西、广西甚至呈现跨方言分布的趋势，如湛江、茂名的客家方言和闽方言（黎话）均有古"心"母字今读边擦音现象。

（六）古"从、邪"母分混情况

古"从、邪"母在广东粤方言中存在较多混同情况，"从邪不分是粤语和平话共有的音韵现象"[①]。地图集字表共收入"从、邪"母常用字 9 个，剔除"蚕、寻"2 字（有些地方口语不用），其余 7 个分别是"全、坐、祠、松（松树）、罪、字、谢"，均属口语常用字。经统计 122 个广东粤方言点的调查数据发现："从、邪"平声（包括上声读送气）不同有 36 个方言点，占总数近 30%；"从、邪"去声（包括上声归去读不送气）不同有 11 个点，占总数近 10%。由此可见，广东粤方言中"从、邪"母存在一定区分，而且以平声字居多，每个点具体数值随涵盖例字多少可能会有所变动。

"从、邪"母读音比较复杂，其区别有送气与不送气、塞音与塞擦音或擦音的不同，类型与侯文所述一致。"从、邪"母平声字读音区分主要分布在江门及周边的四邑片、肇庆、云浮、清远、韶关、广佛地区，去声字读音区分以江门和惠州地区为主，肇庆、湛江、茂名、清远、佛山、东莞也有个别方言点，较为分散。

（七）古"日"母读音

中古"日"母为鼻音声母，在汉语方言中有不同演变路径，大致来讲有浊擦音和零声母两大类型。今粤方言中仍有不少方言点保留古音的鼻音声母，但更多方言点（如广州话）已擦化为半元音声母 j-。

1. 今读半元音或零声母 j-（Ø-）

广东境内约 60% 的粤方言点古"日"母字今读半元音声母 j-（亦可作零声母），其分布以珠三角为中心向四周辐射。

2. 保留古"日"母鼻音音色，读作 ȵ-（ŋ-）

古"日"母今读舌面鼻音的区域主要集中在湛江、茂名地区，以及云浮、肇庆、清远等粤西地区，与边擦音声母分布区域多有重合，但是阳江地区不同，阳江边擦音声母分布广泛，鼻音声母 ȵ- 只见于邻近茂名的阳春，其余的阳江、阳西、阳东则与珠三角一样读 j-（Ø-）。

古"日"母字今还有读舌面后鼻音 ŋ- 的，集中在粤方言四邑片区，其他零星见于珠三角的英德（英城）、增城（朱村）、深圳（大鹏）和汕尾（鹅埠）等地。

---

① 侯兴泉. 论粤语和平话的从邪不分及其类型 [J]. 中国语文，2012（3）：275.

（八）古"溪"母合口读音

古"溪"母合口字在粤方言中读音复杂多样，前人多有述及，主要有三种：塞音 k^h-（kw^h-）、清擦音 f- 和半元音 w（v）- 或零声母。

1. 读舌面后塞音 k^h-/kw^h-

读舌面后塞音应该是"溪"母最原始的形式，广东粤方言已少见，零星分布在连山、连州和阳东、阳西一带。

2. 读唇齿清擦音 f-

大多数粤方言古"溪"母合口字读唇齿清擦音 f-，据伍巍的研究认为存在以下语音演化进程：kw^hu- > hu- > f- [①]，与"溪"母开口的 k^h- > h- 平行，属于塞音成分脱落、u 介音导致声母进一步唇齿化的现象。

3. 读唇部半元音 w（v）- 或零声母

广东境内还有小部分粤方言古"溪"母合口字不读擦音 f-，而是读半元音 w（v）- 或零声母，与晓母合口读 w（v）- 的分布区域重合，主要在佛山顺德、南海、高明及肇庆的端州、鼎湖、高要等，另有博罗的罗阳。其演变路径可拟为：kw^hu- > hu- > wu- > v-，属于擦音成分脱落导致半元音化。

（九）古"晓"母合口读音

古"晓"母合口读音分化与"溪"母合口有相似之处，具体如下：

1. 读唇齿清擦音 f-

广东境内超过 90% 的粤方言古"晓"母合口字读音是唇齿清擦音 f-，其演变过程为：hu- > f-。

2. 读唇部半元音 w（v）-

另有少数粤方言古"晓"母合口部分字读半元音声母 w（v）-，主要分布在佛山的顺德、南海、高明及肇庆的端州、鼎湖、高要等，另有博罗的罗阳。与上文"溪"母合口读 w（v）- 的分布区域重合，其演变进程为：hu- > wu- > v-。

（十）古"见、群"母部分三等字读音

古见组声母（除"溪"母外）在今粤方言中大部分保留中古舌面后塞音和鼻音的

---

① 伍巍. 广州话溪母字读音研究 [J]. 语文研究, 1999 (4)：45-47, 53.

读法，为 k-（kw-）、kʰ-（kwʰ-）、ŋ-（细音前读 ȵ- 或 j-），一致性极高。但有不到10%的粤方言少数"见、群"母常用字有不同读法。

1. 读塞音 k-（kʰ-）

广东境内大部分粤方言古"见、群"母均为塞音 k-（kw-）、kʰ-（kwʰ-），占比超过90%。

2. 读塞擦音 ts-（tsʰ-）

另有少数广东粤方言古"见、群"母部分三等常月字读塞擦音 ts-（tsʰ-），如"九""今""及""紧"等，主要见于肇庆市的四会、广宁、封开、怀集和连山等地，南海九江也有相似特点。此特点多体现在广西粤语和平话中，如广西的玉林、蒙山西河、贵港南江、博白县城、灵山县城、宾阳新桥、横县县城、昭平木格等地粤语，还有平话（如宾阳的复兴、王灵、新桥平话，桂北的义宁、江尾、灌阳、文桥）和少量桂北土话（如钟山公安土话、富川梧州话、贺街本地话）、黎塘客话当中（谢建猷，2007；陈海伦、林亦，2009；陈海伦、刘村汉，2009）。该特征自广西东南一直向东延伸至广东西部两省接壤处。

三、广东粤方言声母特征地理分布特点

上节对广东境内（包括港澳特别行政区）粤方言声母特点的地理分布情况作了详细描述，在此基础上，笔者将粤方言具有分区价值的声母特征进行归纳并排列成表，便于读者整体把握。依据标记显著性语言特征的原则，我们从粤方言特殊性（或曰小众化）声母特征出发，暂从宽以"有（＋）～无（-）"来标示各方言声母特征总体分布情况并以表格列出（为减省表格空间，以序号替代所列特征，序号指代内容附于表上；地名仅标注最小行政级别名称），详见文后附表（因表格空间大只能采取横排式，与文章格式不合，故于文后附上）。

方言声母特征对方言分区具有比较重要的参考价值，原因是汉语方言声母数量少，系统性强，一个辅音发生变化往往会令相同特征矩阵中的所有辅音发生相应变化。因此，熊正辉对粤方言的分区标准首先是从声母出发："看古全浊声母字今读塞音塞擦音时的送气情况。勾漏片一般都不送气。吴化片一般都送气。广府、四邑、高阳三片一般今读阳平阳上的字送气，今读阳去阳入的字不送气。根据这一条语音特点，可以把勾漏片和吴化片划分出来。划分广府、四邑、高阳三片，先看古透母字今是否读 h 声母。四邑片一般读 h，广府片、高阳片一般不读 h 声母。根据这一条，可以把四邑片划分出来。划分广府高阳两片则根据古心母字今是否读 ɬ 声母。高阳片一般读 ɬ，广府片一般

不读ɬ。"①以上观点看起来非常理想化，层次清晰，仅用几条声母特征即可涵盖粤方言的一级分区。但若从前文声母特征地理分布情况来看，实际操作中却有诸多互相矛盾之处。广东境内粤方言声母特征地理分布格局虽然与片区分布有一致性，但也存在不一致的地方。具体如下：

（一）方言特征分布与方言片区划分存在差异性

关于粤方言分区，目前大家较为认同的是应首先在一级层面区分老粤语和新粤语两大类型②，其最典型的界别标准即古全浊塞音声母平声字今读是否送气：老粤语今读不送气清音（有些甚至带有浊音音色），新粤语普遍送气。然而这一特征从广西粤语和平话区一直向东延伸至广东西北部肇庆、清远和西南部茂名湛江部分地区，甚至进一步插入珠三角佛山地区的顺德、南海一带，而后者明显是广府粤语的核心区域。此外，珠三角或湛茂粤方言虽然具备此典型特征，但其他的老粤语特点却未必同时具备，如广西学者韦树关提出的古"帮、端"母今读 b-、d-，古精组（除"心"母）今读 t-、tʰ- 或 d-。③ 如果以广西勾漏片粤语的声母典型特征来看，恐怕还要包括古"心"母今读边擦音、古"日"母今读舌面鼻音、古"见、群"部分三等字读 ts-、tsʰ- 等内容（如玉林话）。在此诸多特征中究竟哪些是重要的必备项，哪些又是次重要的可选项？如何择取区别性特征？如何确定每条特征的权重？目前在理论上并无较具说服力的界定。

（二）方言特征地理分布具有一定的间断性和跳跃性

从目前的材料看，唯四邑方言的声母特征一致性较强，边界比较清晰，如"端、定ᴵᴷ"今读零声母或边音 l-，"透、定ᵖ"今读 h- 等，均主要见于四邑方言而基本不见于其他粤方言（佛山禅城老派和南海九江"透、定ᵖ"今读 h- 除外）。但是，像古"见、群"部分三等字读 ts-、tsʰ-，从清远西北部向南分布到肇庆西部一路延续，却又在珠三角的南海九江出现，中间隔开了肇庆东南部鼎湖、端州等地和佛山西部各地，呈间断性分布。又如古全浊塞音声母仄声清化后今读送气清音现象，就分别出现在东部的惠州、东莞部分地区和湛江的吴阳、坡头一带，中间相隔千里，用方言接触理论来解释似乎也行不通。惠州、东莞属于粤、客方言接触区，而吴阳、坡头则属粤、闽方言接触区，其间是否与移民迁徙有关？还需进一步考察和研究。

---

① 熊正辉. 广东方言的分区 [J]. 方言，1987（3）：161.
② 新老粤语目前大致以接近勾漏片的农村粤语和接近广州话的广府或中心城市粤语为界。
③ 韦树关. 广西勾漏话及广东四邑、吴川话、化州话的归属问题 [M] //朱方桁. 广西语言研究：第3辑. 桂林：广西师范大学出版社，2004.

（三）不同时间层次的方言特征在同一方言区域内共现

广东境内粤方言有时很难仅仅从特征的地理分布上考量片区划分，如肇庆端州、鼎湖之与高要白土，南海丹灶之与南海桂城，湛江、茂名各地之与吴川、化州，吴川的吴阳之与梅菉，化州的上江话区之与下江话区等。这些区域从地理上很难再作切分，但普遍存在中心城市与农村乡镇方言的语音时间层次差异，即中心城市大多存在广府或新粤语典型特征，而其周边的农村乡镇则存在不少老粤语典型特征。方言片区划分一般均以地理为界，如何在同一地域片区中区分不同时间层次的交错因素也是我们需要考虑的。如湛江、茂名各地粤方言大多与广府特征相近，但吴川市（湛江）和化州市（茂名）却明显不同，以前学者主张定为"吴化片"①。事实上即使吴化片内部各方言点，如吴川老县城的吴阳土白话和今县城的梅菉话、化州市区的上江话和化南的下江话，它们之间一些重要的声韵调特征也缺乏统一性，各方言点掺杂新老粤语不同语音特点，与周边相邻粤方言特点犬牙交错，难以界定其明确边界②，实际就是由新旧粤语在一个区域内叠加所致，可视为底层方言与表层方言的共现。

四、结语

广东粤方言几乎涵盖了粤语次方言的大多数品类，通过以上对广东境内粤方言声母特征地理分布格局的描写，我们尽可能从宏观上来把握粤方言的分布面貌，以期为进一步解释粤方言的演化历史理清线索，为方言的地理语言学分析提供基础。当然，仅有声母系统特征分析远远不够，还要对其他韵母、声调系统、变调系统等所有语音特征进行梳理后才能得出更为全面的印象和合理解释。

参考文献

[1] 陈海伦，林亦. 粤语平话土话方音字汇：第1编：广西粤语、桂南平话部分 [M]. 上海：上海教育出版社，2009.

[2] 陈海伦，刘村汉. 粤语平话土话方音字汇：第2编：桂北、桂东及周边平话土话部分 [M]. 上海：上海教育出版社，2009.

---

① 详见：熊正辉. 广东方言的分区 [J]. 方言，1987（3）：161. 何科根. 吴化片粤语的语音特点 [J]. 语文研究，1997（3）：47-54. 伍巍. 粤语 [J]. 方言，2007（2）：170. 伍巍，詹伯慧. 广东省的汉语方言 [J]. 方言，2008（2）：109-116.
② 邵慧君. 粤语"吴化片"商榷 [J]. 方言，2016（1）：29-38.

［3］广西壮族自治区地方志编纂委员会．广西通志·汉语方言志［M］．南宁：广西人民出版社，1998.

［4］何科根．吴化片粤语的语特点［J］．语文研究，1997（3）.

［5］侯兴泉．论粤语和平话的从邪不分及其类型［J］．中国语文，2012（3）.

［6］李健．化州粤语概说［M］．天津：天津古籍出版社，1996.

［7］李连进．勾漏片的方言归属［J］．民族语文，2005（1）.

［8］麦耘．粤方言的音韵特征：兼谈方言区分的一些问题［J］．方言，2011（4）.

［9］邵慧君，甘于恩．广东四邑方言语音特点［J］．方言，1999（2）.

［10］韦树关．广西勾漏话及广东四邑、吴川话、化州话的归属问题［M］//朱方枬．广西语言研究：第3辑．桂林：广西师范大学出版社，2004.

［11］伍巍．广州话溪母字读音研究［J］．语文研究，1999（4）.

［12］伍巍．粤语［J］．方言，2007（2）.

［13］伍巍，詹伯慧．广东省的汉语方言［J］．方言，2008（2）.

［14］熊正辉．广东方言的分区［J］．方言，1987（3）.

［15］谢建猷．广西汉语方言研究［M］．南宁：广西人民出版社，2007.

［16］余霭芹．粤语方言分区问题初探［J］．方言，1991（3）.

［17］詹伯慧．广东粤语分区刍议［J］．学术研究，1988（3）.

［18］詹伯慧．广东粤方言概要［M］．广州：暨南大学出版社，2002.

［19］中国社会科学院语言研究所，中国社会科学院民族学与人类学研究所，香港城市大学语言资讯科学研究中心．中国语言地图集［M］．2版．北京：商务印书馆，2012.

附表　广东粤语方言声母特征分布情况一览表

序号	方言点	[1]帮	[1]端	[2]并	[2]定	[2]群	[3]并	[3]定	[3]群	[4]帮	[4]并仄	[5]端	[5]定仄	[6]透	[6]定平	[7]精	[7]清	[8]心	[9]从-邪	[10]日	[11]溪合	[12]溪合	[13]晓合	[14]见群
1	龙凤																							
2	横沙																							
3	万顷沙																							
4	市桥																		+					
5	街口																							
6	神冈																							
7	新华																							
8	北兴																							
9	荔城																		+					
10	朱村																			+				
11	张槎																							
12	澜石				+																		+	
13	桂城																							
14	丹灶			+	h														+			+		
15	九江			+	+									+	+				+			+	+	+
16	大良																					+	+	
17	陈村			+	+																	+	+	
18	明城																					+	+	
19	更合																					+	+	
20	西安			+	+														+			+	+	

（续上表）

序号	方言点	[1] 帮	[1] 并	[2] 定	[2] 群	[3] 並	[3] 定	[3] 群	[4] 帮	[4] 並仄	[5] 端	[5] 定仄	[6] 透	[6] 定平	[7] 精	[7] 清	[8] 心	[9] 从-邪	[10] 日	[11] 溪合	[12] 溪合	[13] 晓合	[14] 见群
21	西南																						
22	芦苞																						
23	乐平																						
24	九龙																						
25	澳门																						
26	南头																						
27	大鹏					+		+											+				
28	新安							+															
29	沙井																						
30	前山			h																			
31	井岸			h		+							+	+		+		+	+				
32	莲洲			h			+						+	+				+	+				
33	松柏																	+					
34	麻涌																						
35	常平					+												+					
36	石岐						+	+															
37	三角																						
38	古镇	∅		h			∅				+	+	+	+	+	+	+	+					
39	罗阳					+	+	+											+		+	+	
40	长宁					+	+	+										+					

（续上表）

序号	方言点	[1] 端	[2] 定			[3] 群			[4] 并仄	[5] 定仄	[6] 定平	[7] 清		[8] 心	[9] 从-邪	[10] 日	[11] 溪合	[12] 溪合	[13] 晓合	[14] 见群
		帮	并	定	群	并	定	群	帮	端	透	精	清	心	邪	日	合	合	合	群
41	龙城																			
42	路溪						h	+			+				+	+				
43	洲心																			
44	横荷																			
45	大和														+					
46	龙颈																			
47	英城															+				
48	浛洸																			
49	石角																			
50	汤塘																			
51	阳城		+	+	+															
52	连州																			
53	清水		+	+	+										+	+	+			
54	吉田	+	+	+	+							+	+	+	+	+	+			+
55	禾洞		+	+								+	+	+		+				+
56	三江											+	+		+					
57	韶关市区														+					
58	马坝																			
59	乐城																			

（续上表）

序号	方言点	[1]			[2]		[3]		[4]		[5]		[6]		[7]		[8]	[9]	[10]	[11]	[12]	[13]	[14]
		帮	端	并	定	群	并	定	帮	并仄	端	定仄	透	定平	精	清	心	从－邪	日	溪合	溪合	晓合	见群
60	仁化县城																						
61	桂头																	+					
62	鹅埠													+					+				
63	杜阮				h																		
64	礼乐				h								+	+	+			+	+				
65	会城				h								+	+				+	+				
66	司前				h								+	+				+	+				
67	荷塘	v(w)	l	+	+		v		+		+				+	+	+	+					
68	台城		∅		h			∅			+	+	+	+	+	+	+	+	+				
69	四九		∅		h			∅			+	+	+	+		+	+	+	+				
70	赤坎（开平）	v(w)	∅		h			∅	+	+		+	+	+		+	+	+	+				
71	月山				h								+	+			+		+				
72	江洲				h								+	+				+	+				
73	沙湖				h								+	+				+	+				
74	沙坪				h									+		+							
75	古劳				h									+	+	+		+					
76	城南																+	+					

（续上表）

序号	方言点	[1]		[2]			[3]			[4]		[5]		[6]		[7]		[8]	[9]	[10]	[11]	[12]	[13]	[14]
		帮	端	並	定	群	並	定	群	帮	並Ⅱ	端	定Ⅱ	透	定平	精	清	心	从-邪	日	溪合	溪合	晓合	见群
77	东城																	+						
78	雅韶																	+			+			
79	春城																	+		+	+			
80	潭水																	+		+				
81	春湾																							
82	织篢																	+			+			
83	儒洞																	+						
84	端州								+										+			+	+	
85	鼎湖								+										+			+		
86	白土								+									+				+	+	
87	四会市区			+	+														+					+
88	石狗			+	+														+	+				+
89	南街			+	+														+	+				+
90	石咀			+	+	+												+		+				+
91	马宁			+	+	+												+		+				+
92	甘洒			+	+	+												+	+	+				+
93	德城				+	+													+					
94	高良			+	+	+													+	+				
95	南丰			+	+	+													+	+				+

(续上表)

序号	方言点	[1]		[2]			[3]			[4]		[5]		[6]		[7]		[8]	[9]	[10]	[11]	[12]	[13]	[14]
		帮	端	並	定	群	並	定	群	帮	並仄	端	定仄	透	定平	精	清	心	从-邪	日	溪合	溪合	晓合	见群
96	罗董	+	+	+	+	+										+	+	+		+				+
97	云城																							
98	六都																							
99	新城																							
100	天堂																							
101	千官		+			+														+				
102	船步			+																+				
103	素龙	+							+										+	+				
104	新坡																	+		+				
105	西岸																	+	+	+				
106	曹江	+																+		+				
107	东镇																			+				
108	金垌																	+		+				
109	河西	+	+						+							+	+	+		+				
110	合江	+	+	+	+													+	+	+				
111	长岐	+	+	+					+								+	+		+				
112	羊角								+											+				
113	七迳																	+						
114	寸金																							
115	坡头	+					+	+	+							+	+	+	+	+				

(续上表)

序号	方言点	[1]		[2]			[3]			[4]		[5]		[6]		[7]		[8]	[9]	[10]	[11]	[12]	[13]	[14]
		帮	端	並	定	群	並	定	群	帮	並$_{仄}$	端	定$_{仄}$	透	定$_{平}$	精	清	心	从–邪	日	溪合	溪合	晓合	见群
116	廉城																	+		+				
117	吉水				+				+									+		+				
118	梅菉		+															+		+				
119	吴阳		+				+	+	+							+	+	+		+				
120	遂城								+									+		+				
121	北坡								+									+		+				
122	南华																			+				

注:①"帮、端"带浊音,读 ɓ-/ɗ- 或 b-/d-。
②古全浊塞音声母清化平声读不送气。
③古全浊塞音声母清化仄声读送气。
④"帮、並$_{仄}$"今读 ʋ-/w-。
⑤"端、定$_{仄}$"今读零声母或边音 l-。
⑥"透、定$_{平}$"今读 h-。
⑦"精、清"母今读 t- 和 tʰ-。
⑧"心"母读边擦音(或齿间擦音)ɬ-(θ-)。
⑨古"从、邪"母读音音区分。
⑩古"日"母保留鼻音音色,读作 ŋ-。
⑪古"溪"母合口读 kʰ-/kwʰ-。
⑫古"溪"母合口读 w(v)-。
⑬古"晓"母合口读 w(v)-。
⑭古"见、群"母部分三等字读塞擦音声母 ts-(tsʰ-)。

论粤方言之"俗"研究

方小燕

粤方言之"俗",指其原生口语在语音、词汇、语法等具有显著的地域性差异和通俗、大众化、普遍流行的文化内涵,包括口传文化、方言文学和文字传统。粤方言之"俗",承载着独特的丰富多样的文化信息,是中华民族岭南文化的组成部分,具有重要的历史和文化价值。社会属性是语言的本质属性,粤方言原生口语与社会属性,两者是表和里的关系,粤方言之"俗",充分体现了其社会属性,它不仅仅是地域性传递信息的工具,更是与地域文化紧密相关,承载着浓厚社会和历史意义的载体,在中华民族的文化教育和传承中发挥着重要作用。

本文旨在通过作者曾经主持或参与的四项研究实例,说明粤方言的研究应该彻底摒弃所谓方言口语"低俗"、"粗俗"、不能作为研究对象的认知偏差,端正学术态度,对原生态口语语料进行全面的调查抢救,把珍贵的资源整理保存下来。只有进入"俗"研究的轨道,才能深入观察并揭开粤方言的真实面貌,从而显示汉语方言的多样性,结出方言文化保护传承的丰硕成果。这是方言研究的方向、价值去向和使命。

下面分别描述四个粤方言"俗"研究事例。

一、广州话性器官俗词构成"后否定""中否定"语法结构及话语功能[①]

汉语的否定方式,一般形式是否定词置于动词性、形容词性词语的前边。例如:"不去""没吃""别动"等。同样,广州话一般使用"唔、唔好(不、不好)""咪[mɐi¹³](别)"等否定词置于动词性或者形容词性词语前表示否定。例如:

唔系(不是)　　唔好(不好)　　唔靓(不漂亮)
唔快(不快)　　唔好去(不要去)　唔好做(不要做)

---

① 方小燕. 广州话性器官俗语词的话语功能 [C] //詹伯慧. 第八届国际粤方言研讨会论文集. 北京:中国社会科学出版社,2003:670-676.

　　这一语法特征，已经有不少研究成果。然而，在广州话日常的粗俗口语表达中，虽然本地人对利用男女性器官俗词构成语法否定结构的形式耳熟能详，但学界却鲜有研究。下面且作简单介绍。在本文中，广州话的性器官俗词指以下几个：

尻 ［kɐu⁵⁵］　　男性生殖器
屄 ［tsʰɐt²²］　　男性生殖器
屄 ［hɐi⁵⁵］　　　女性生殖器

　　这几个词，大多数粤语（广州话）词典不会收录它们的词条，列出词条的，字形也不统一，本文对此不作讨论。① 广州话粗俗口语中使用性器官俗词构成否定结构时，几个性器官俗词可以互相替换，且其结构的否定意义相同，因此，性器官俗词在下文用"～"表示。

　　否定结构有以下两种类型：

　　（1）"后否定"结构，性器官俗词置于动词或者形容词的后边。例如：

前否定结构：唔系　　唔好　　唔靓　　唔快　　唔好去　　唔好做
后否定结构：系～　　好～　　靓～　　快～　　去～　　　做～
　　　　　　（不是）（不好）（不漂亮）（不快）（不要去）（不要做）

　　（2）"中否定"结构，性器官俗词嵌入"述+宾"结构或"好+动"结构中间。例如：

前否定结构：唔跳舞　　唔喝茶　　唔返工　　唔好看　　唔好食
中否定结构：跳～舞　　饮～茶　　返～工　　好～睇　　好～食
　　　　　　（不跳舞）（不喝茶）（不上班）（不好看）（不好吃）

　　以上由性器官俗词构成的"后否定""中否定"结构，除了有否定的语法功能之外，还有增强主观语气情感态度的表达功能，显示出说话者用非常"粗俗"的方式表达否定态度的同时，赋予了话语强烈的情感色彩。

　　由此可以确定：广州话的否定语法结构，存在"前否定""后否定""中否定"三种表现形式。由性器官俗词构成的"后否定""中否定"语法结构，虽然粗俗，却是不

_____

　　① 性器官俗词写法均采用：麦耘，谭步云. 实用广州话分类词典［M］. 广州：世界图书出版广东有限公司，2016：37.

能否认的语言事实。这种结构表达具有特定语境条件和文化意义，学者在描写方言语法的时候倘若不关注真实"俗"口语的语法现象，便失去了深入揭示方言语法结构系统全貌的机会。

通过这个例子，我们可看到，粤方言之研究只有深入到"俗"，才能真正、完整地解释和认识方言的本体结构系统和文化现象。

研究粤方言的本体结构体系，一定要尊重民间的实际口语，这些口语表现并保存了方言丰富而特有的系统结构层次形态，体现了真实社会环境下的语言现状或变化（包括历史演变），其结果可能超出已有研究的规则——特别是那些仅仅通过文字媒质"语料"得出的结论。

二、广东汉语方言与汉族民歌关系的研究

20 世纪 90 年代，在文化部的"七五"计划期间，国家艺术科研重点项目《中国民间歌曲集成·广东卷》立项编撰。

广东人民自古以来"能歌善咏"，西汉刘向《说苑·善说》记载了春秋战国时期的《越人歌》，就是广东民歌最早的文字记录。在广州海珠区和粤北韶关出土的晋代墓地和砖块上，也刻有当时的谣谚。广东民歌太丰富了，这与广东的方言密切相关。当时，《中国民间歌曲集成·广东卷》的主编、广东民歌研究专家莫日芬希望增加一个重要的创新内容——论述广东方言与广东民歌的关系。民歌音乐曲调与方言声调的调值、调形有密切的关系，那里面又有什么规律呢？由谁来做这个跨学科的研究呢？把音乐、声乐与方言融合起来——既要懂民歌和声乐，又要懂方言，最终这个研究工作由暨南大学伍巍教授完成了。

这是广东方言学界与民歌学界的首次合作。现在看到的《中国民间歌曲集成·广东卷》，收录了伍巍的《广东汉语方言与汉族民歌》，文章具体阐述了以下内容[①]：

（1）广东境内的汉语方言分布及其特点：①广东粤方言形成、分布及特点：广东地处岭南，远在先秦时代，岭南是南越人的聚居地，汉语对岭南的渗入始自先秦时代，今日广东粤语的成熟当在唐宋时期。粤方言分为广府片、四邑片、罗广片、高廉片，有十个特点。②广东客家方言形成过程、分布及特点：自晋代之后，大批中原流民由北向南迁徙，最后在粤东北梅县一带的山区形成聚居地。从"土著"居民的角度而言，他们是后来的"客籍"，"客家"由此得名。广东客家方言分为粤东片、粤北片、粤中片、粤西片，有七个特点。③广东闽方言的形成过程、分布及特点：福建本土闽语是古吴语

① 《中国民间歌曲集成》全国编辑委员会，《中国民间歌曲集成·广东卷》编辑委员会. 中国民间歌曲集成·广东卷［M］. 北京：中国 ISBN 中心，2005：39 – 55.

与八闽之地的少数民族语言融合、发展的结果，而广东闽语是福建闽南话向广东的播散与延伸，分为潮汕片、潮普片、陆海片、雷州片，有八个特点。④广东境内的"其他方言"，主要指粤北土话与北方方言。

（2）广东民歌与广东方言的关系：①朴实自然的口语风格，如廉江《担盐歌》、兴宁罗浮司山歌《手攀花树问花名》、增城《一送偓郎去过番》、梅县松源山歌《千年土地归老家》、东莞大岭山割草歌《兰花吹过这边番》等民歌以纯朴地道的方言土语入歌。②音乐与语言韵律的谐然结合，通过对广州儿歌《鸡公仔尾婆娑》、潮州民歌《天顶飞雁鹅》、梅县松口山歌《桃花开来李花开》、大埔山歌《高山顶上一头梅》旋律的分析，说明了方言歌词与旋律间的和谐关系。③优美的民间修辞手段的运用，用广州民歌《嗳姑乖》、中山古腔长句咸水歌《串古人字眼》、新丰民歌《一头落地两头空》、丰顺沙田山歌《会唱山歌歌驳歌》、连平陂头山歌《树死藤生死也缠》等歌谣阐释了富有韵律感的句式、讲究的方言土语押韵韵脚、运用巧妙的方言修辞格等语言特色。

民歌是我国民族民间音乐体裁的一种，是世界民族文化中的艺术精品，分布在各民系区域，与人民生活有着密切的关系，在社会生活中具有许多实际功用。刚才所提到的，广东汉语民歌音乐曲调与广东方言之间的规律，目前的研究成果尚少。记得《中国民间歌曲集成·广东卷》出版之后，主编莫日芬依然对广东民歌歌词的研究感到不满意：第一，对民歌的方言词语解释不到位；第二，对歌词本字转写存疑。当时的条件无法一时解决这些问题。如果我们重视方言的"俗"研究，按照现在的方言学条件，是否会做得更好一些呢？

这几年，不少从事民歌专业的专家都表示希望解决以下问题：一是非常希望学习方言，以协助开展方言民歌的理论研究；二是希望与方言学者合作开展相关课题研究。

三、广州话俗语社会功能探趣

2016 年 7 月中旬，笔者在广州图书馆做了一个题为"广州话俗语探趣"的讲座，与社会群众进行了沟通交流。有人认为广州话俗语多是"情趣低下""粗俗搞笑"，是市井街头"无文化""无厘头"的方言土语。这个评价并不客观。除了极少一部分以外，广州话俗语对民间不良风气具有不可低估的教化作用。针对这个问题，讲座从以下几个方面来讨论，为广州话俗语"平反"：①广州话俗语的定义；②俗语在广州话词语系统中的性质与地位；③俗语采用多种修辞手法，准确、鲜明、生动，充分体现了象似性的认知原理；④俗语表现的广州方言特征和民俗地域文化特色，具有深刻、幽默、委婉、经济等表达作用；⑤广州话俗语风格的"贬"实为"教"，寓教于喻，寓教于讽，寓教于劝，充分利用各种场合和方言土话，阐述做人的道理，对不良行为进行讽刺、规劝，发挥了不可低估的教化功能。利用俗语实施社会教育，另辟蹊径，体现了粤方言机智、幽默又充满哲理的语言特色。例如：

（1）歇后语。

①屎氹关刀——闻唔得舞唔得（屎氹：粪坑；关刀：大刀；"闻"与"文"谐音，"舞"与"武"谐音；唔得：不能）。讥讽一些人不学无术，各方面都很平庸，没有突出的本事才能，就像掉到粪坑里的大刀，很臭很脏，不能闻也不能舞。

②神台猫屎——神憎鬼厌。形容某人或某事让人反感，不仅让人厌恶，连神明鬼魂都感到憎恶。

③水瓜打狗——唔见噉橛（水瓜：丝瓜；噉：助词，动词后表数量达以某种程度；橛：截）。意为抓起丝瓜去打狗，却断了一截。讽刺或自嘲本想惩罚对方，反而自己遭受损失。提醒人们行动前应深思熟虑，免得导致不必要的损失。

④冇耳藤唸——靠托（耳：箱子的提手；藤唸：藤编织的箱子）。意为一个没有提手的藤箱子，只能靠肩托的方式来携带。形象地讽刺了那些依赖奉承、巴结他人来取得利益的行为。

（2）惯用语。

①边有咁大只蛤乸随街跳（边：哪，哪里；咁：这么；蛤乸：蛤蟆；随街：满街）。意为哪里有这么大的蛤蟆满街跳。通过夸张的比喻和反问句式，表达某些事情非常稀奇，或不可能发生，暗指世界上不可能有便宜的事，表现了对世界现实性的直观判断。

②妹仔大过主人婆（妹仔：丫鬟；主人婆：女主人）。丫鬟的地位比女主人还高，意指"喧宾夺主"。

（3）谚语。

①仔大仔世界（仔：儿子）。意指儿女长大了会有自己的生活，通常表达父母在孩子们长大以后应该放手，孩子们长大以后应该有自己的生活。也可扩展为"仔大仔世界，女大女世界"，体现了两代人的差异和矛盾，也体现了粤方言区的家庭文化风貌和社会特色。

②鸡髀打人牙骹软（鸡髀：鸡腿；牙骹：颌关节）。比喻人们在接受了好处之后，容易接受对方的请求或要求。立场可能会变得不那么坚定，更容易被说服或作出让步。

广州话俗语作为岭南方言文化的承载体之一，题材广泛，是人民群众世世代代的集体经验和智慧结晶，包含了方言语料、历史事物、民俗文化等丰富信息，反映了粤语地区特有的社会生活事物、风俗传统，表达了粤语地区人民的社会意识形态、人生观、价值观、道德观等，保存了中华民族先进文化的组成部分，其中包含的历史文化、风俗习惯、语言文字等丰富信息，具有重要的研究价值。

四、广府童谣绘本系列教材编写实践与探索

方言研究对社会文化建设有重要功用，在教育领域也显示其实际应用价值。"童唱岭南·广府童谣"幼儿园绘本系列教材编写出版的实践过程，同样反映了这个道理。

"童唱岭南·广府童谣"幼儿园绘本系列教材，由广东高等教育出版社于2020年秋天策划立项，之后分别于2022年2月（秋季本）和2023年4月（春季本）出版。后来该教材入选广东省宣传部2021年主题出版重点出版物；2023年11月在广州图书馆"悦读美好"荐书视频活动中，经社会群众和专家投票获得一等奖。

1. 为何做

2020年秋天，广东省高等教育出版社计划编写一套供幼儿园使用的广府童谣绘本教材，而同样题材的教材在社会和学校并不多见。

童谣是在儿童中流传的无乐谱、无乐器伴奏的儿童自娱自唱的歌谣，是民间文学最重要的形式之一，千百年来流传、传承在儿童口耳之间。童谣传唱的主体是妇女与儿童，所以被称为"母歌""儿戏歌"，其在我国古代文献中就有七八种叫法。

广府童谣是岭南传统文化的重要组成部分，承载着丰富的广府特色文化和历史信息。广府童谣不仅是一种富有教育意义的传统文化形式，也是一种具有深远教育价值的文化资源。童谣的传唱和教学，为孩子们提供了学习语言和了解文化的有趣途径，使方言文化得到认同、传承和发展，同时也激发孩子们对家乡乃至祖国的热爱之情。

习近平总书记对传承和弘扬中华优秀传统文化发表了一系列重要论述，2017年中央提出实施中华优秀传统文化传承发展工程2025年总目标，当中强调"保护传承方言文化……"和"以幼儿、小学、中学教材为重点，构建中华文化课程和教材体系。编写中华文化幼儿读物""创作系列绘本、童谣、儿歌、动画等"。① 教育部发布的《3~6岁儿童学习与发展指南》，明确提出幼儿要会说本地区语言，建议提供符合幼儿年龄特点、富有童趣的图画书以及童谣等儿童文学作品让幼儿阅读，以激发幼儿的阅读兴趣，培养阅读习惯，促进其思维、想象和语言的发展。同时，要让幼儿在文化的熏陶中建立基本的认同感和归属感。在社会领域也提出要让幼儿借助图书、民族文化的感知初步建立对家庭、集体、家乡、民族和国家的归属感。童谣不仅对学前儿童在关键阶段的成长起作用，而且对保存、承传方言文化传统、留下中华民族方言文化的"根"具有重要意义。

---

① 关于实施中华优秀传统文化传承发展工程的意见 ［N］. 人民日报，2017－01－26（06）.

童谣作为一种方言口头文学，音节和谐简短，通俗易懂，强调节奏和押韵，诵读起来朗朗上口，十分适合幼儿学习。因此，幼儿园开展童谣教育活动，是达成在方言区幼儿园开展方言童谣主题教育活动，是达成教育部《3～6岁儿童学习与发展指南》目标的很好的方式。

以上正是编写"童唱岭南·广府童谣"幼儿园绘本系列教材的重要认识和依据。广东各地区近年来已有很多幼儿园选用方言童谣辅助开展教育活动。关于广府方言童谣的研究、课程或教学案例等成果不少，然而教材并不多见，而教材却是在课程中实现方言童谣与文化传承渗透和融合的重要依托。幼儿园老师们非常希望能有一套体系完善的、具有地方特色的、适合幼儿园各年级阅读的童谣教材。正是在这样的背景下，我们接受了教材编写任务。

2. 如何做

（1）认真分析并厘清传统童谣的精华与糟粕——守正。

历史保留下来的传统童谣，不少是优秀的，从各个侧面反映了广府人民的生活状况、外在风貌、内心向往，与孩子成长的生态环境融为一体，伴随孩子生活成长，有传承推广价值，这些就是精华。但有的作品因历史久远，不少内容难以理解；或者存在不符合时代精神的、粗俗的、低级的观念意识，这些就是糟粕。例如：

> 排排坐，吃粉果。
> 猪拉柴，狗透火，
> 猫儿担凳姑婆坐，
> 坐烂个屎窟咪赖我。
> 　　　　（《排排坐》）

> 蹬蹬蹬，
> 肥佬大巡行，
> 瘦佬跟住尾，
> 肥佬放臭屁，
> 弹到瘦佬二丈四。
> 　　　　（《蹬蹬蹬》）

> 拍大骹，唱山歌，
> 人人话我无老婆，
> 嘀起心肝娶番个，
> 有钱娶个娇娇女，

冇钱娶个痘皮婆。(痘皮：麻子，人出天花留下的疤痕)

痘皮婆，

食饭食得多，

屙屎屙两箩，

屙尿冲大海，

屙屁打铜锣。

(《拍大骸》)

(2) 明确广府童谣教育在各年龄段的"适切性"原则——创新。

儿童只能接受与其心智发展成熟程度相符的文化财富。

针对目前广府童谣的出版状况，我们认为必须重视、明确广府童谣幼儿阅读的"适切性"。"童唱岭南·广府童谣"幼儿园绘本系列教材编写努力落实以下几点：

第一，编写体例符合幼儿阅读的特点，贴近孩子们的生活，按照季节融合广府文化特点，分为春季版、秋季版；每季分大班、中班、小班，共6册；每季共教授30首童谣，每册5首。以绘画为主、文字为辅的形式呈现，并配以广州方言童声朗读的音频。

根据幼儿阅读活动的特点，每一首童谣分"童谣""绘本""活动建议"三个教学板块。通过3~6岁小朋友能看懂的、富有童趣的、连续性的图画，设计"看一看""说一说""做一做""演一演"的活动，"眼、耳、口、手"互相配合，让小朋友不断地感受童谣的内涵，潜移默化培养当代儿童的良好品德。

第二，整体涵盖"五领域课程"的内容——健康、语言、社会、科学、艺术。① 为了满足"五领域课程"的幼儿教育内容，我们采取了"三结合"的编创方式：沿用、改编和原创。现在出版的教材由三个部分组成：沿用17首；改编8首；原创5首。

改编举例：

排排坐，食粉果，

猪拉柴，狗透火，

猫儿担凳边个坐？

冇凳坐要唱只歌。

(《排排坐》)

有只雀仔跌落水，

鸭仔鹅仔去救佢，

---

① 参见：幼儿园教育指导纲要（试行）[N]. 中国教育报，2001-08-15.

马骝爬树嗌救命,
青蛙味水救雀仔。
　　　　　　(《有只雀仔跌落水》)

原创举例:

洗面面,
照镜镜,
靓靓唔在镜,
人人话我靓爆镜!
　　　　　　(《洗面面》)

八月十五系中秋,
揸住灯笼随街走,
阿嬷喺企炒田螺,
阿爷出街买碌柚,
月光圆圆睇住我,
食完月饼食芋头。
　　　　　　(《八月十五是中秋》)

石湾人, 搣泥沙,
搣出公仔冇花假,
个个得意又赞鬼,
人见人爱顶呱呱:
乌龟伸颈眼碌碌,
鸡公颐头趷尾巴,
看牛细路骑牛背,
开心阿婆冇晒牙。
一个公仔一只古,
石湾公仔大文化。
　　　　　　(《石湾公仔》)

3. 广府童谣教育的课题研究

（1）童谣生存环境空间迁移的研究。

历史上，童谣本是民间的母歌、儿戏歌，流传在乡间地头、城镇的小街小巷，多在母亲哄逗孩子、儿童游戏玩耍时传唱，但现在这种环境和条件已经基本消失。于是，童谣由自发传唱的方式转变成有组织有计划的校园活动。童谣生存空间环境的变化，使得它没有了原来彻头彻尾的"俗"环境，其发展命运会怎么样呢？这值得进一步观察、研究。

（2）儿童对童谣内容的兴趣"笑点"研究。

儿童喜欢、能记住的童谣有以下三个特征：一是熟悉的场景事物，二是顺口押韵，三是幽默好笑。本人现在还记得且还能朗朗上口的童谣，可以说大部分内容都不是太健康的。小孩子觉得顺口、好笑，就会喜欢，就记得住。什么内容才是儿童觉得有趣、好笑的呢？不同年龄的孩子的笑点有什么规律呢？为什么不太健康的内容的童谣会让人喜欢、记得住呢？

（3）端正对方言的认识，广泛收集、整理、保存各地方言的童谣资源。

粤语地区不少教师，以为广州话的童谣才是"正宗"粤语童谣，对自己家乡本地方言缺少正确的认识。其中原因，除了强势方言的影响，还与中华传统文化教育的多年缺失有关。关于国家、民族语言、家乡方言及文化等常识素养，在教师队伍里，认识很不明确，社会上对方言的认识更是混乱。

因此，希望通过广府童谣教材编写及相关宣传推广活动，使教师、家长和小朋友、社会人士正确认识粤语方言文化；另外，广泛搜集当地童谣，把童谣教育与当地文化资源的挖掘、整理、保存、教育工作结合起来，为方言文化建设作出贡献。

（4）开展方言童谣原创实践活动。

教师、家长和小朋友们一起来创作，运用家乡的方言，结合"数白榄（快板）"节奏和押韵等的语言特点，创作家乡方言新童谣。贴近孩子们的生活、情趣，相信小朋友会更喜欢，教育效果也会更好。

五、小结

重新审视粤方言之"俗"研究，重视并全面广泛地搜集民间方言"原生态"话语语料，不能嫌弃其"俗"而丢弃不录、因"俗词俗语"剥夺收录词典词条资格、因"粗鄙"口语便免论语言规律……这样做会使方言的珍贵资源难以真正保存下来。

整理出原生口语语料的粤方言话语系统框架，从其社会属性各个方面，包括交际工具、意识形态的载体、与社会文化密切关系、劳动与社会交往的产物等，分范畴、多角度、多层次描写、解释。原生口语中所蕴含的原始、自然、未经雕琢的口语表达方式，更有助于深入观察、研究其独特的语音、词汇和语法现象以及作为特定地域文化的重要载体的特征。正是这些现象共同构成了汉语方言的多样性。

原生口语语料有助于观察、研究原生口语与次生口语（依托文本产生的方言口语）的关系，例如方言文字、文学作品研究等，扩展方言研究的新领域。

有了丰富、复杂而又生动的原生口语语料，方言研究的视角才能更新、更深、更广，必定能够发现更多的语言事实和规律。深化、拓展粤方言研究领域，把粤方言理论研究和应用研究作为学科发展的新引擎、筑起跨学科人才培养的桥梁；同时为抢救、承传中华优秀传统文化作出贡献，任重而道远。

参考文献

[1] 方小燕. 广州话性器官俗语词的话语功能 [C] //詹伯慧. 第八届国际粤方言研讨会论文集. 北京：中国社会科学出版社，2003.

[2] 方小燕. 鸡公仔 [M]. 广州：广东高等教育出版社，2022.

[3] 方小燕. 排排坐 [M]. 广州：广东高等教育出版社，2022.

[4] 方小燕. 月光光 [M]. 广州：广东高等教育出版社，2022.

[5] 方小燕. 点虫虫 [M]. 广州：广东高等教育出版社，2023.

[6] 方小燕. 落雨大 [M]. 广州：广东高等教育出版社，2023.

[7] 方小燕. 木棉花 [M]. 广州：广东高等教育出版社，2023.

[8] 关于实施中华优秀传统文化传承发展工程的意见 [N]. 人民日报，2017 – 01 – 26（06）.

[9] 蒋风. 中国儿童文学史 [M]. 上海：华东师范大学出版社，2018.

[10] 麦耘，谭步云. 实用广州话分类词典 [M]. 广州：世界图书出版广东有限公司，2016.

[11] 饶秉才，欧阳觉亚，周无忌. 广州话词典 [M]. 广州：广东人民出版社，2020.

[12] 幼儿园教育指导纲要（试行）[N]. 中国教育报，2001 – 08 – 15.

[13]《中国民间歌曲集成》全国编辑委员会，《中国民间歌曲集成·广东卷》编辑委员会. 中国民间歌曲集成·广东卷 [M]. 北京：中国 ISBN 中心，2005.

[14] 中国民间文学集成全国编辑委员会，中国歌谣集成广东卷编辑委员会. 中国歌谣集成广东卷 [M]. 北京：中国 ISBN 中心，2007.

[15] 中华人民共和国教育部. 3 ~ 6 岁儿童学习与发展指南 [M]. 北京：首都师范大学出版社，2012.

论婺州片吴语连读变调中的声母清浊变化[*]

——以义乌方言为例

施 俊

一、引言

婺州片吴语两字组连读变调声母的清浊变化与声调呈对应关系，即由低调变高调的，对应的浊声母会变成清声母，由高调变低调的，对应的清声母会变成浊声母①。如傅国通指出武义话两字组连读变调时，"高调变低调，声母同时由高的一类变到低的一类，如［p］变［b］；低调变高调，声母也由低的变到高的，如［b］变［p］"②。如：

p > b　补篓 bu¹¹ ɦlɑu¹³ = 箬篓　　　　　b > p　封皮 foŋ²⁴ pi⁵³ = 封闭

k > g　狗皮 gɑu¹¹ bi²¹³ = 厚皮　　　　　g > k　葵花子 kuəi⁵⁵ huɑ⁵⁵ tsʅ⁵⁵ = 桂花子

ts > ʣ　枕头 ʣəŋ¹¹ dɑu²¹³ = 阵头　　　ʣ > ts　陈酒 tsəŋ⁵⁵ tɕiəu⁵⁵ = 斟酒

s > z　史话 zʅ¹¹ ɦuɑ³¹ = 字画　　　　　z > s　食粥 sæʔ⁵ tsoʔ⁵ = 失足

曹志耘（1996）在描写金华话连读变调时也有类似清浊声母变化的记录，如：渡船 tu⁵³［t < d］ʑyɤ²⁴，赁客 ɕyəŋ⁵³［ɕ < z］kʰəʔ⁴，求签 tɕiu³³［tɕ < ʥ］tsʰie³³，滩头 tʰɑ³³ tiu⁵⁵［t < d］。

曹志耘、秋谷裕幸、黄晓东等记录的永康话也有此类现象③，如：枫树 foŋ⁴⁵ z-ɕy¹⁴⁻⁵⁴，车站 tɕʰiɑ⁴⁵ ʣ-tsɑ¹⁴⁻⁵⁴，排队 biɑ³³⁻¹¹ d-təi¹⁴⁻⁵⁴。

陶寰（2017）从音系学的角度讨论了吴语浊音声母与声调的关系，对于太湖片、

---

* 本文得到国家社会科学基金项目（编号：18BYY055）的支持，陈忠敏、杨望龙、吴生毅等师友提出过一些改进意见，谨致谢忱，文中错漏由作者负责。

① 这里的"清浊"是从音韵学角度说的，不是从语音学角度说的。具体来说，婺州片方言表现不一，有的地方清浊都会变，如武义，有的地方只有浊变清，如义乌。

② 傅国通. 武义方言的连读变调［J］. 方言，1984（2）：110.

③ "本书的永康话由秋谷裕幸调查。"曹志耘，秋谷裕幸，黄晓东，等. 吴语婺州方言研究［M］. 北京：商务印书馆，2016：306.

台州片和瓯江片吴语来说，声母的清浊具有独立的音系学地位，而婺州片和处衢片吴语的大部分方言①，声母的清浊不构成对立。

不过，前人讨论婺州片方言连读变调时，一般仅从音类上指出清变浊或浊变清的情况，没有从实验语音学角度讨论前字与后字的具体语音性质。同样是清变浊或浊变清，前字与后字的语音性质是否完全相同？显然，这些疑问光靠"口耳"似不能获得较满意的答案，因此，本文拟以婺州片吴语义乌方言②为例，从实验语音学角度分析义乌方言连读变调的前后字声母的语音性质。

二、义乌方言连读变调声母清浊变化基本规律

义乌方言有 28 个声母（包括零声母），具体如下：ɓ、pʰ、b、m、f、v、ɗ、tʰ、d、n、l、ts、tsʰ、dz、s、z、tɕ、tɕʰ、dʑ、ȵ、ɕ、ʑ、k、kʰ、g、h、ɦ、ø。内爆音 ɓ 和 ɗ 对应古帮、端母，b、v、d、dz、z、dʑ、ʑ、g、ɦ 等对应古浊声母。单字调系统如表 1 所示，具体可参施俊的《义乌方言研究》③。

表 1　义乌方言单字调表

调类代码	调类	调值	例字
1	阴平	44	高该灯风通开天春
2	阳平	22	门龙牛油铜皮糖红
3	阴上	334	古九讨草口百搭哭塔切
4	阳上	213	买老动近淡六麦毒白叠
5	阴去	53	冻怪半四透痛快寸
6	阳去	231	卖路硬乱洞地饭混
7	阴入	5	急国得出吃脱窟
8	阳入	2	夺剧十入掘越蛰

从表 1 可以看出，义乌方言平、上、去、入各分阴阳，共八个声调，基本保持"阴高阳低"的调值格局。清声母对应的是 1、3、5、7 四个调类，浊声母对应的是 2、4、6、8 四个调类。从调值上看，阴调类以 3 作为最低点，阳调类以 2 作为最低点，即清声母的声调以 3 为最低点，浊声母的声调以 2 为起点。

义乌方言有 8 个单字调，单字组成词、短语和句子时会产生复杂的连读变调现象，

---

① 本文只讨论婺州片的情况，处衢片暂不涉及。

② 如无其他说明，本文义乌方言指的是义乌佛堂镇继成村话。

③ 施俊. 义乌方言研究［M］. 上海：复旦大学出版社，2021：17－20.

音节所属原调类的调值会发生变化，有些组合因语法结构的不同或特定的语义内容都会出现调值的差异。施俊（2014、2021）总结了两字组连读变调的基本规律，我们抛开其他特点暂且不论，先来看涉及声母清浊变化的规律，即：

在连读变调中，阳调类的前字或后字往往会串调到阴调类，此时，声母也会发生相应的变化，即浊声母字的前字或后字也会变成清声母。这表示，在义乌方言的连调中，声母清浊的变化与声调的变化是一致的。不过，义乌方言没有由阴调类变阳调类的情况，相应的，也没有清声母变为浊声母的情况。因此，严格来说，义乌方言连读变调只有低调变高调，调值由起点 2 变为起点 3 或 4 或 5，相应地，声母由浊变清，具体举例如下。

先看前字的浊变清，有 11 种调类组合①，如表 2 所示：

表 2　义乌方言连读变调前字浊变清的调类组合

4 + 1	4 + 3	4 + 4	4 + 7	4 + 8	
舅公 dʑ-tɕiɐɯ²¹³⁻⁵³ koŋ⁴⁴	稻秆 d-ɗo²¹³⁻⁵³kɯɤ³³⁴	道理 d-ɗo²¹³⁻⁵³li²¹³	动作 d-ɗoŋ²¹³⁻⁵³tsɔ³³⁴	厚薄 g-kɐɯ²¹³⁻⁵³bau²¹³	
6 + 1	6 + 2	6 + 3	6 + 4	6 + 7	6 + 8
树根 z-sy²³¹⁻⁵³kən⁴⁴	用场 ɦ-ioŋ²³¹⁻⁵³dʑɯɑ²²	胃口 ɦ-uai²³¹⁻⁵³kʰɯɑ³³⁴	味道 b-ɓi²³¹⁻⁵³do²¹³	办法 b-ɓɔ²³¹⁻⁵³fɯɑ³³⁴	闰月 z-sən²³¹⁻⁵³ȵyɛ²¹³

再看后字的浊变清，有 4 种调类组合，如表 3 所示：

表 3　义乌方言连读变调后字浊变清的调类组合

1 + 2	1 + 6	5 + 2	5 + 6
天桥 tʰia⁴⁴dʑ-tɕio²²⁻⁵³	医院 i⁴⁴ɦ-yɛ²³¹⁻⁵³	算盘 sɯɤ⁵³⁻³³b-ɓɯɤ²²⁻³³⁴	笑话 sɯɤ⁵³⁻⁴⁴ɦ-uɑ²³¹⁻⁵³

从表 2 和表 3 可知，前字浊变清的调类组合多于后字浊变清的调类组合。事实上，不论前字还是后字，浊塞音、浊塞擦音、浊擦音只要进入对应的调类组合，声母均会由浊变清。此外，与其他吴语的核心特点一样，义乌方言里的鼻音、边音也是依调类阴阳分为清浊两套，语音性质也有所不同，只是在音系处理时将其看成同类。

---

① 入声虽有舒促之别，若与上声变调后的调型一致，声母变化也一致，因此，不列前字为入声的组合。所举的连调组合只关注浊声母变清声母的情况。

内爆音在世界语言里分布较广，据 Maddieson（1984）的资料，UPSID 中有 32 种语言（10%）包含内爆音（32/317）。内爆音在汉语方言里也早已不是新鲜事儿了，在吴语、闽语、粤语等很多汉语方言里都有报道过。在赣北赣语、潮汕闽南语发现新生内爆音（朱晓农等，2009），在少数民族语言如侗台语也有广泛的分布。关于内爆音的声学特征，前辈学者多有论述，如朱晓农（2006）、陈忠敏（2011）等。从语图上能较快识别内爆音的特征有二：一是在宽带语图上能看到塞音爆破前的浊音横杠，二是从对应的波形图上能看到周期性的振动波形，且随时间由小变大，而一般的浊爆音是由大变小的。这是由于发内爆音时，"喉头有明显的下沉，这时声带已经开始振动，随着喉头下沉，声门上的空间逐渐增大，声门上的气压也会逐渐降低……""在这种情形下声门上下气压差（声门下气压减声门上气压）增大，气流从声门逸出的速度就加快，所以声带振动的幅度（振幅）也增大了"①。这样，内爆音在持阻阶段就会有逐渐增大的振幅，如图 1 所示：

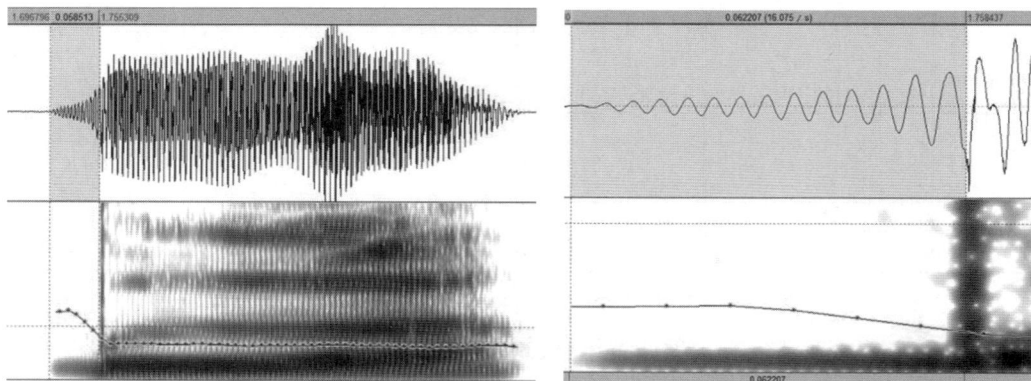

图 1 "波"［6ɯɤ⁴⁴］ VOT ≈ −60ms

从图 1 可以看到，"波"的塞音声母在爆破前声带就开始振动，即有近 60ms 的浊音横杠。同时，我们看到浊音横杠对应的波形图振幅是逐渐增大的，说明这是一个典型的内爆音。图 1 右边小图是浊音横杠及对应波形图的放大版，从图中可以看到，波形图在前 1/2 处振幅逐渐增大，从后 1/2 处振幅明显增大，这说明在持阻阶段的后半段，声门上下气压差进一步增大，也就是说，在后半段，喉头下降明显，声门上空间扩大。

我们再来看单字是浊声母字的宽带语图和波形图，如图 2 所示：

---

① 陈忠敏 . 论吴语海盐话古全浊上声字声母［J］. 语言研究集刊，2011（8）：153.

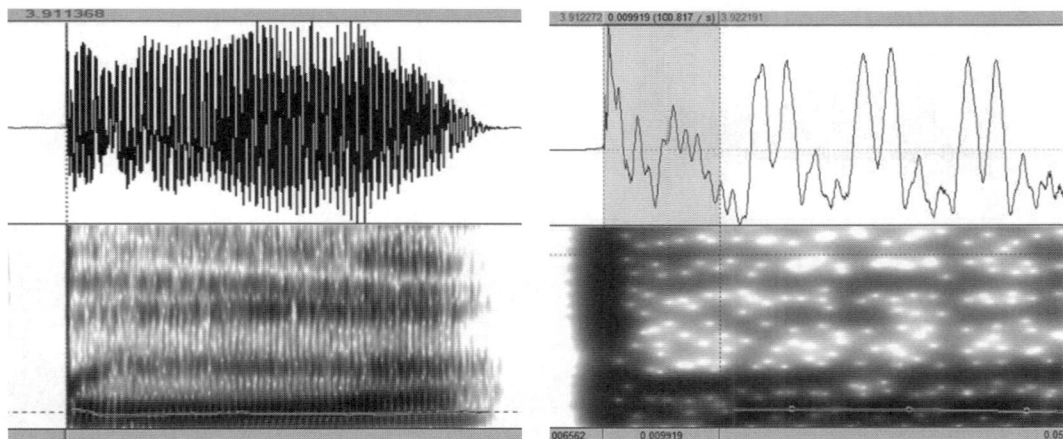

图 2　"盘"［buɯɤ²²］VOT≈10ms

从图 2 中可以看到，"盘"的塞音声母在爆破前声带并不振动，没有浊音横杠，从这点来说，它并不是一个真正的带音声母。再看右边的放大版波形图，从箭头处开始，后接元音才开始周期性振动。比较图 1 和图 2 的频谱图和波形图的元音部分，可以看到"盘"的共振峰比"波"的共振峰更模糊，带有摩擦成分，是一个典型的气化元音。就整体音节而言，就是我们平常所说的"清音浊流"，而"波"的元音脉冲清晰可见。由以上讨论可知，"盘"的浊声母并不是真正的带音声母。从"波"和"盘"的比较中，我们可以清楚地看到两者在声母上的区别。

再看来齿龈部位的"倒"和"稻"，这两个字的语图如图 3、图 4 所示：

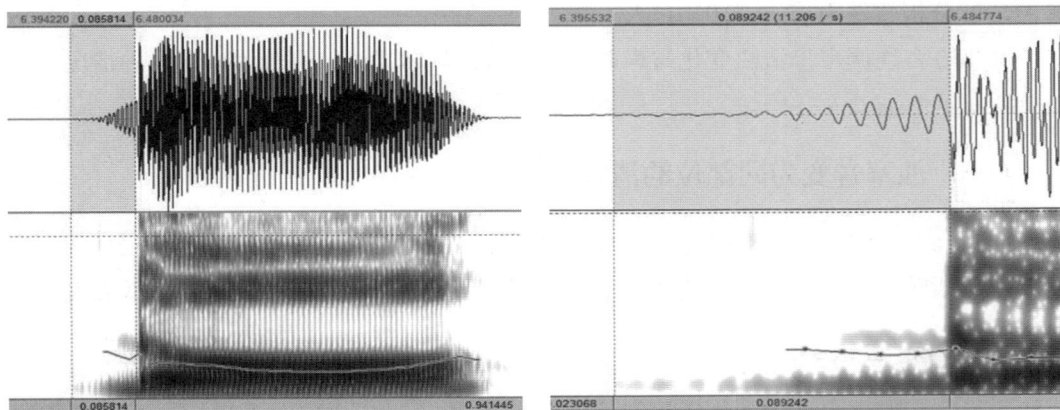

图 3　"倒"［ɗo³³⁴］VOT≈−89ms

从图 3 可以清楚地看到，"倒"的声母是一个典型的内爆音，一是有浊音横杠，二是塞音声母在持阻期振幅由小变大。再看"稻"，见图 4：

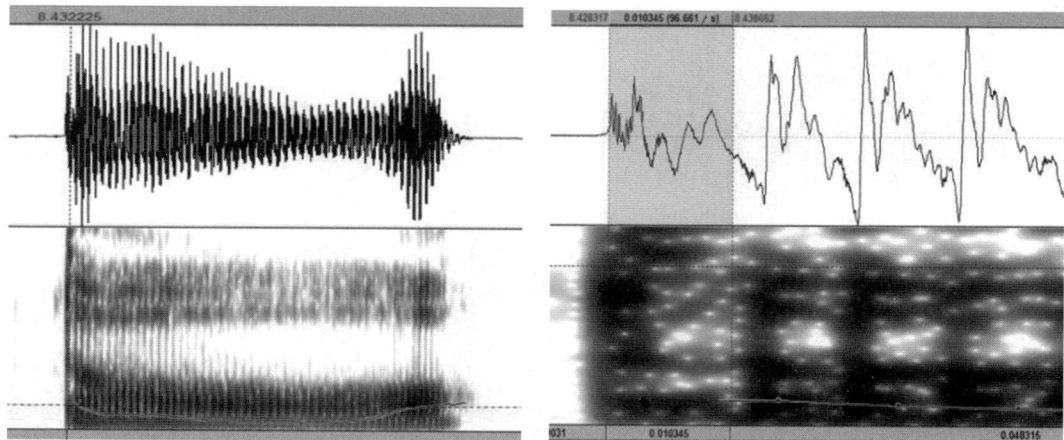

图4　"稻"［do^{213}］ VOT≈10ms

从图4可知，"稻"的声母没有浊音横杠，说明塞音持阻时声带并不振动，因此，它不是一个带音声母。"稻"和"倒"的元音部分对比可以发现，"稻"的元音共振峰比较模糊。

三、实验过程及结果分析

本文的录音材料均来自笔者母语，录音软件采用 Audacity1.3，采样频率设置为22 050Hz，单声道，采样精度 16bit。所有录音通过内置声卡话筒（型号 SAMSON C03U）插笔记本电脑（Thinkpad T460p）USB 接口直接录制，录音环境安静。本次实验的语音分析软件为 praat 5.0.01。

义乌方言连调声母清浊变化与声调保持一致，具体来说，可分为以下几种情况：

（一）浊塞音变为同部位的清塞音①

因义乌方言内爆音只出现在双唇和齿龈部位，因此，只有来自古并母和定母的字在连调中方能转化为对应部位的内爆音，以下我们按前字或后字的浊变清略举数例，见表4：

① 古帮、端母读内爆音，从音类上说仍属"清"。

表4 两字组浊塞音转为同部位清塞音举例①

	前字变	后字变
b→ɓ	白纸 b-ɓɑ$^{213-53}$ tsi^{334} 办法 b-ɓɔ$^{231-53}$ fɯɑ^{334} 趫路 $_{赶路}$ b-ɓai$^{213-53}$ lu^{231}	烧饭 sɯɤ^{44} b-ɓɔ$^{231-53}$ 算盘 sɯɤ$^{53-33}$ b-ɓɯɤ$^{22-334}$ 招牌 tsɯɤ^{44} b-ɓɑ$^{22-53}$
d→ɗ	稻秆 d-ɗo$^{213-53}$ kɯɤ^{334} 毒药 d-ɗau$^{213-53}$ ɦio^{213} 大雪 d-ɗɤ$^{231-53}$ siɛ^{334}	豇豆 kŋ^{w44} d-ɗɯɯ$^{231-53}$ 秧田 ȵio^{44} d-ɗiɑ$^{22-53}$ 块糖 kʰuɛ$^{53-33}$ d-ɗŋ$^{w22-334}$

连读变调调值除了 33 和 0② 外，都是单字调里的调值，而 33 调其实是阴上 334 调值的前半段，因此，可以说，单字调值与清浊声母的对应在连调里同样适用。

根据表 2 和表 3 所显示的规律，连读变调双唇、舌尖浊塞音声母会变为相应部位的内爆音声母（音类为清），同时声调会发生相应变化，即浊声母对应的低调会变为内爆音对应的高调。

我们从表 4 中选出录音字组，选择不同发音部位声母前字和后字各两例，共四组录音文件。我们先看双唇部位的前字情况，如图 5 所示：

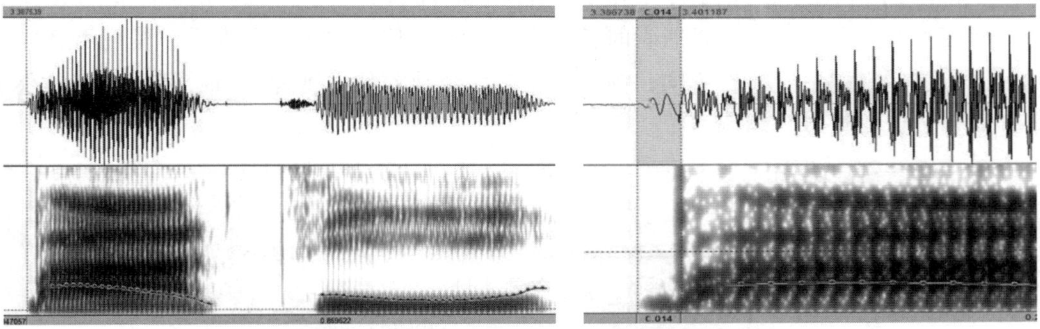

图5 "白纸"［b-ɓɑ$^{213-53}$ tsi^{334}］VOT ≈ − 14ms

从图 5 可以看到，两字组"白纸"前字声母有爆破、有浊音横杠，且对应的振幅是从小到大的，不过，与单字调相比，这一浊音横杠的时长很短，只有 14ms，同样是唇音声母，单字"波"的时长就达到 60ms，当然这种差异也许不是完全由连调的条件决定的，与调值长短、后接韵母等因素均有可能相关。"白"作为单字时声母是 b-，在这

---

① 表格里连调组合只是举例性质，并非穷尽。之所以选择内爆音声母的字作为讨论对象，是为了便于观察其中的清浊变化。

② "0"在义乌方言连调中表示轻声，具体可参看施俊（2014、2021），本文不作具体讨论。

个组合里前字声母位置变成内爆音，变调调值为 53，因此，自动选择内爆音作为与高调匹配的声母。

再来看后字位置的变化，如图 6 所示：

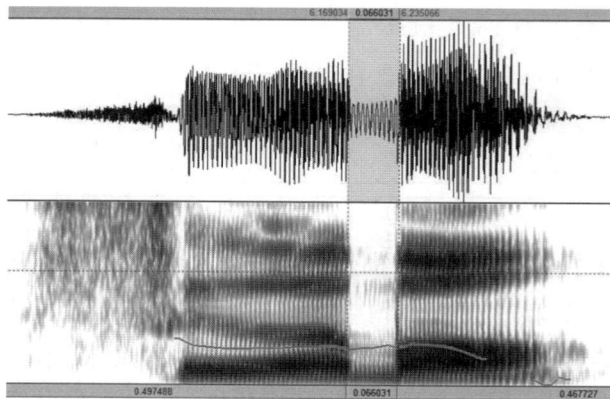

图 6　"烧饭"［ʂuɤ⁴⁴b-ɓɔ²³¹⁻⁵³］VOT ≈ −66ms

从图 6 可以看出，后字有浊音横杠，大概有 66ms 的持阻时间，浊音横杠的出现说明这时声带已开始振动。同时，振幅的变化大致可分为两部分，见选定部分，大概在前 1/3 处振幅是由大变小的，之后开始明显增大。这说明在后字位置，前面一部分是真浊音，后面一部分是内爆音，且后者时长要大于前者，从整体听感上来看，是内爆音。由此可见，前后字的情况略有不同，前字位置是一个纯粹的内爆音，而后字位置前一小段是真浊音，后一大段是内爆音。

再来看一例，见图 7：

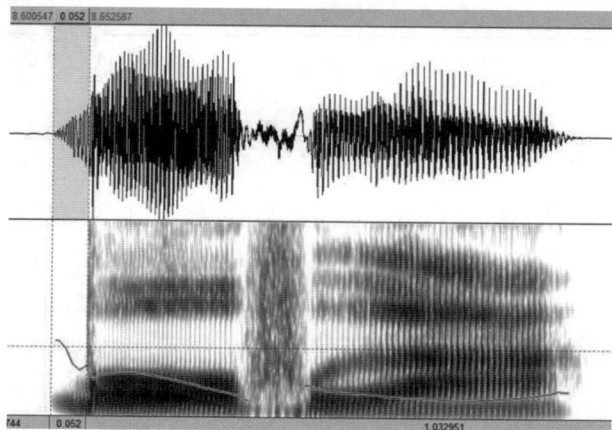

图 7　"办法"［b-ɓɔ²³¹⁻⁵³fʮa³³⁴］VOT ≈ −52ms

从图 7 可知，"办"的声母在除阻前有近 52ms 的浊音横杠，且振幅是由小变大的，是一个典型的内爆音。

再看后字位置，见图 8：

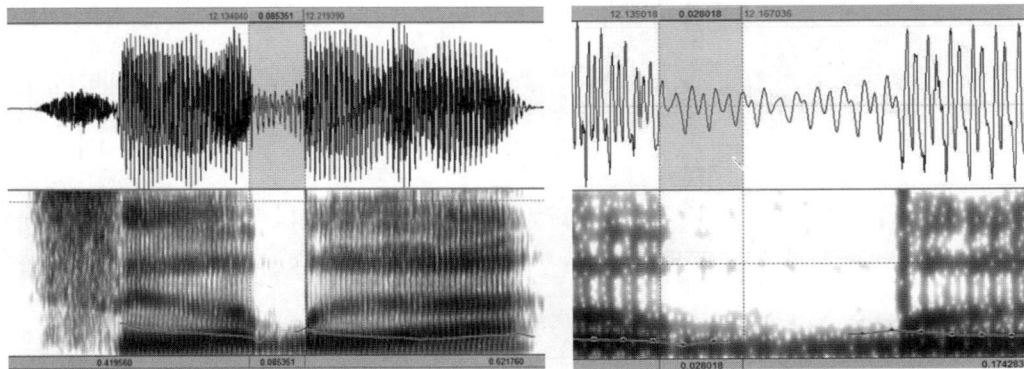

图 8 "算盘"［suɯɣ$^{53-33}$ ɓ-ɓuɯɣ$^{22-334}$］VOT ≈ -85ms

从图 8 可以清楚地看到，"盘"在持阻时是有浊音横杠的，大概持续了 85ms，但振幅的变化显示这并不是一个纯粹的内爆音。我们把中间部分放大（见图 8 右边），大概在 28ms 前，振幅是由大变小的，而 28ms 后，振幅开始由小变大了，位置大概是 1/3 处，与图 7 位置大致相同。这表明，位于后字位置"盘"的声母，不是一个纯粹的内爆音，而是有一个由真浊音过渡到内爆音的复合发声过程。

综上所述，我们可以初步确定，前字和后字的变化不同，前字会变为一个纯粹的内爆音，后字位置不是变为一个纯粹的内爆音，而是一个前 1/3 处是真浊音，然后再过渡到内爆音的复合发声过程。由于前面半段较短，因此总体感知上仍是内爆音，与听感基本一致。

再来看齿龈部位的情况，先来看前字，如图 9 所示：

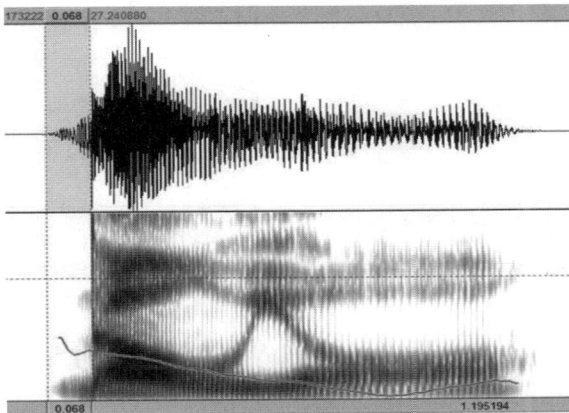

图 9 "毒药"［d-ɗɑu$^{213-53}$ ɦiɔ^{213}］VOT ≈ -65ms

从图 9 可以清楚地看到，位于前字位置的"毒"的声母已变为内爆音了。再来看位于后字位置的变化，见图 10：

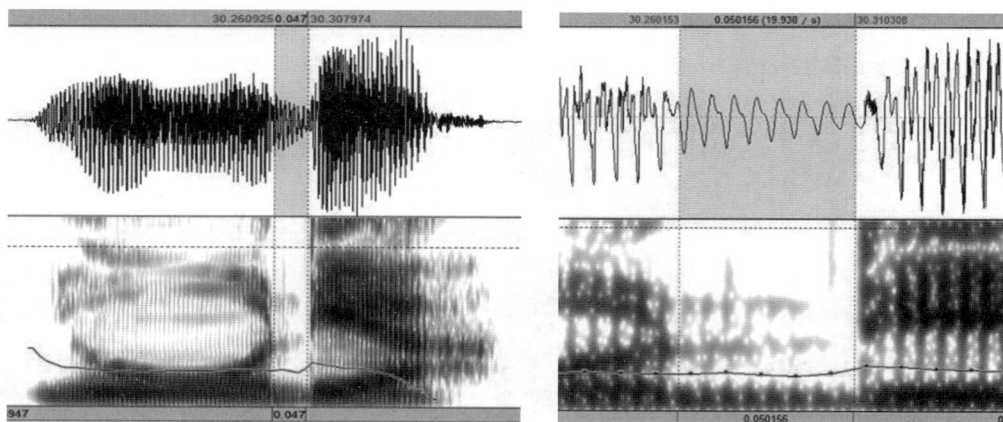

图 10　"秧田"〔n̠ io⁴⁴ ɗ-ɗia²²⁻⁵³〕VOT ≈ −47ms

从图 10 可以看出，位于后字位置的"田"声母持阻阶段有浊音横杠，但振幅却由大变小，且爆破之前没有增大，这说明位于后字的"田"已非内爆音，而是真浊音，由于真浊音能与高调相配，也能与低调匹配，因此，非内爆音声母也能与 53 调相配。本地人如果变调为阴调类，第一匹配就是内爆音，而真浊音可看成是非首字位置的变体。之所以会出现像图 10 所示的真浊音，大概是因为喉头还没来得及下降，却已经爆发出声了，这一现象是否具有普遍性，还需要进一步研究。

下面我们再来看一例位于后字位置的图示，如图 11 所示：

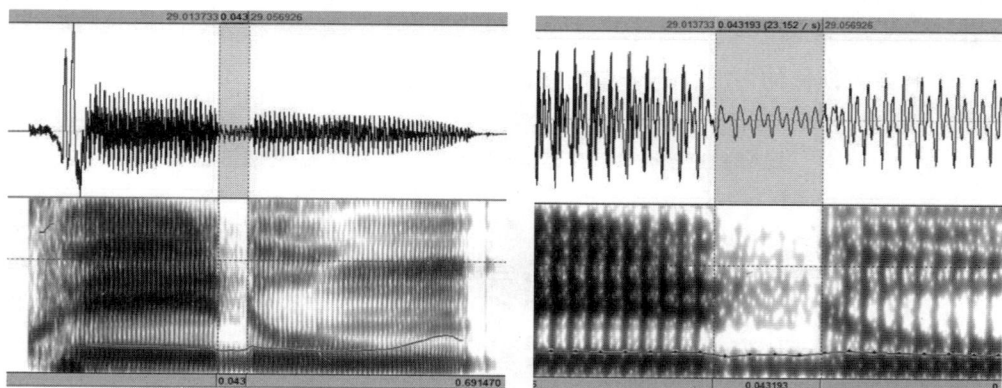

图 11　"块糖"〔kʰuᴇ⁵³⁻³³ ɗ-ɗŋʷ²²⁻³³⁴〕VOT ≈ −43ms

从图 11 可以看到，位于后字的"糖"有浊音横杠，说明塞音在除阻前声带就开始振动了，但从振幅上看，看不到很明显的增大或减少。

　　综合图 9、图 10 和图 11，我们可以得出一个初步结论：舌尖部位的浊塞音在前字位置是一个典型的内爆音，而在后字位置接近于真浊音。

　　综上所述，两字组浊塞音变内爆音在发音部位和前后字位置上均有差别。具体来说，在前字位置，唇塞音和舌尖浊塞音都会变成一个典型的内爆音；在后字位置，两者表现有所差别，唇塞音前 1/3 处是真浊音，后 2/3 处是内爆音，舌尖塞音接近于真浊音，内爆音的声学特征消失①。从本地人语感来说，前后字均感知为内爆音。

　　唇位置之所以比舌尖位置更容易发内爆音，主要在于双唇阻塞时的口腔空间要比齿龈阻塞时的口腔空间大，喉头略为下降，口内气压便低于口外气压，从而内爆发声。这或许也是后字位置的双唇塞音比舌尖塞音有更多内爆发音特征的主要原因。

　　显然，在前字位置，内爆音的特征是很清楚的，这在三字组里亦是如此，那么在三字组里的中间位置，其变化是否也会与两字组后字位置相同呢？我们选了如下四个三字组词："老婆舅 lo²¹³⁻³³ɓ-ɓɯɣ²²⁻⁵³ dʑiɐɯ²¹³" "［无得］味道 mai²³¹b-ɓi²³¹⁻⁵³ do²¹³" "对头风 ɗɛ⁵³⁻³³d-ɗɯɣ²²⁻³³foŋ⁴⁴⁻⁵³" "肥田粉 bi²²d-ɗia²²⁻⁵³fən³³⁴"进行观察。

　　先来看唇音声母字的表现，如图 12 所示：

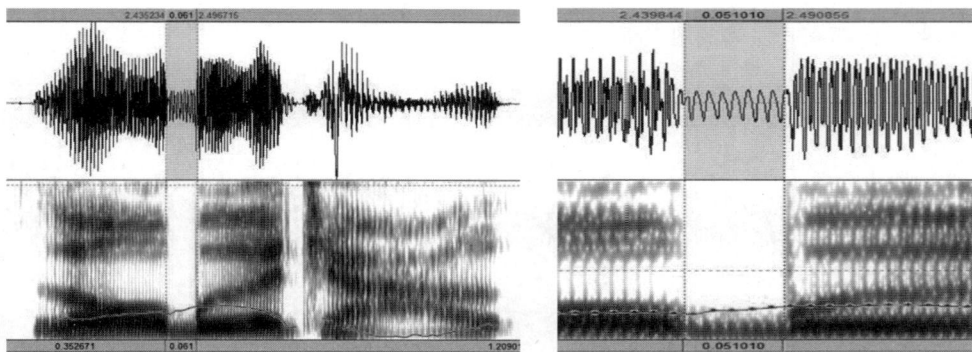

图 12　"老婆舅"［lo²¹³⁻³³ b-ɓɯɣ²²⁻⁵³ dʑiɐɯ²¹³］VOT ≈ -51ms

　　从图 12 可以看到，"婆"的声母有浊音横杠，振幅在前 1/3 处略有减弱，在 1/3 处后则略有增强，因此，可以看成是一个内爆音。再看另一例，如图 13 所示：

---

　　① 需要注意的是，内爆音在不同位置的声学表现可能不同，与后接元音也有一定关系。此外，后字塞音较短，加上元音与塞音也存在过渡，因此，不太容易表现出典型的内爆音特征。

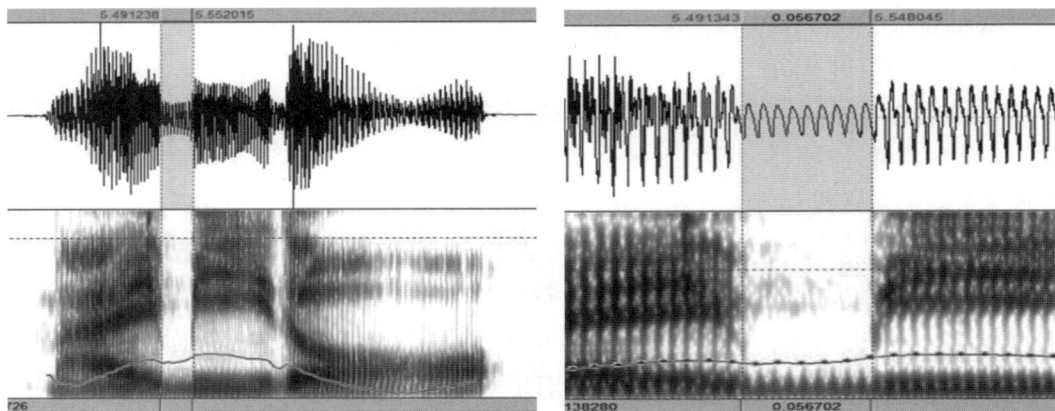

图 13 "〔无得〕味道"〔mai²³¹ b-ɓi²³¹⁻⁵³ do²¹³〕VOT ≈ -56ms

从图 13 可以看到,"味"的声母除阻前有浊音横杠,振幅的变化也是先减弱再增强,不过幅度都很小,在前 1/3 处发生变化。综合以上两例可知,唇音声母在三字组中间位置与两字组后字变化情况基本相同,都有浊音横杠,振幅在 1/3 处由弱变强,是一个内爆音。

再来看齿龈声母,如图 14 所示:

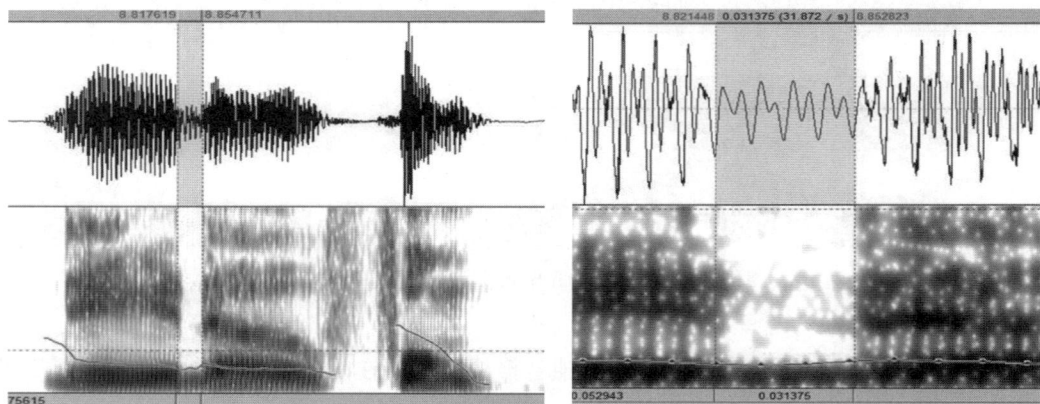

图 14 "对头风"〔ɗɛ⁵³⁻³³ d-ʤɐɯ²²⁻³³ foŋ⁴⁴⁻⁵³〕VOT ≈ -31ms

从图 14 可以看出,"头"的声母有浊音横杠,振幅的变化好像不是特别明显,只是略有减弱。我们再来看另一例,见图 15:

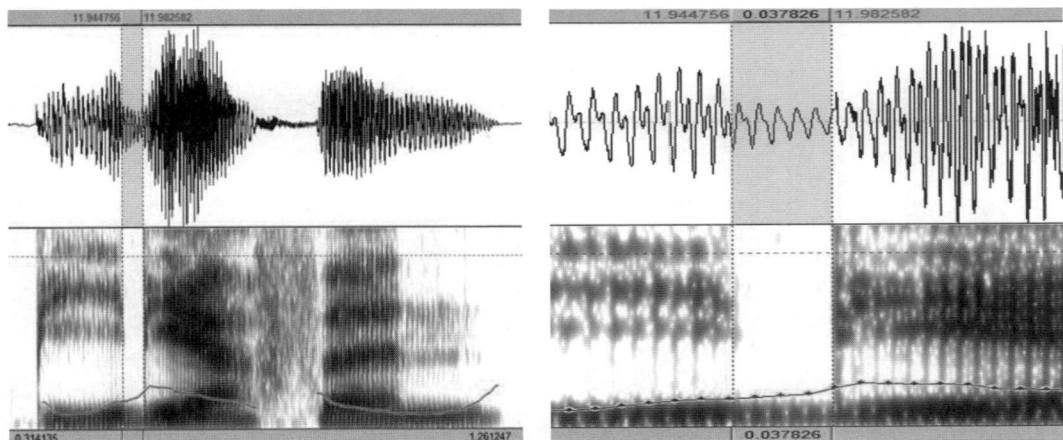

图 15　"肥田粉"［bi^{22}d-ɗiɑ$^{22-53}$fən^{334}］　VOT ≈ −37ms

从图 15 可以看到，"田"的声母在持阻期有浊音横杠，而且振幅是由大变小的，可见，这不是内爆音，而是真浊音。

综合三字组和两字组的变化情况，我们认为，两字组与三字组的唇音与齿龈两个部位表现不同，具体来说，位于词中位置唇音声母基本上是一个内爆音，但在持阻开头前 1/3 是真浊音，后 2/3 是内爆音，有一个从真浊到内爆的过程。齿龈部位声母声学表现更接近于真浊音。

（二）浊塞擦音变为同部位的清塞擦音

在连调中，浊塞擦音和浊擦音也会变为同部位的清塞擦音、清擦音。需要注意的是，音类角度说的浊塞擦音在音值上却是声带不振动的"清声"，这与音类角度说的清塞擦音音值一样，这两类音节的区别实际上是在元音上，前者是气化元音，后者是常态元音，因此，所谓的浊塞擦音声母实质上是把气化元音的特点音段化到声母位置。也就是说，在连调中的声母变化实质上是韵母元音的发声态发生了改变，而这个改变来自调值，高调值与常态元音匹配，低调值与气化元音匹配。

由于塞擦音、擦音没有内爆音的特点，因此，我们无法通过观察声母位置的语图来确定其清浊，而是需要根据元音是否气声化来判断。确定气声的声谱特征，一般来说可以通过第一谐波与第二谐波的能量差大小来确定，即"气化元音的 H1 与 H2 的能量差，显著地大于普通元音的 H1 和 H2 的能量差"[1]。因此，我们尝试采用这种办法来推断其声母是否发生清浊变化。我们选择需要考察的字组里的字与单念时作对比，分为前字和后字不同位置。先看前字，见图 16：

---

① 朱晓农. 语音学 ［M］. 北京：商务印书馆，2010：89.

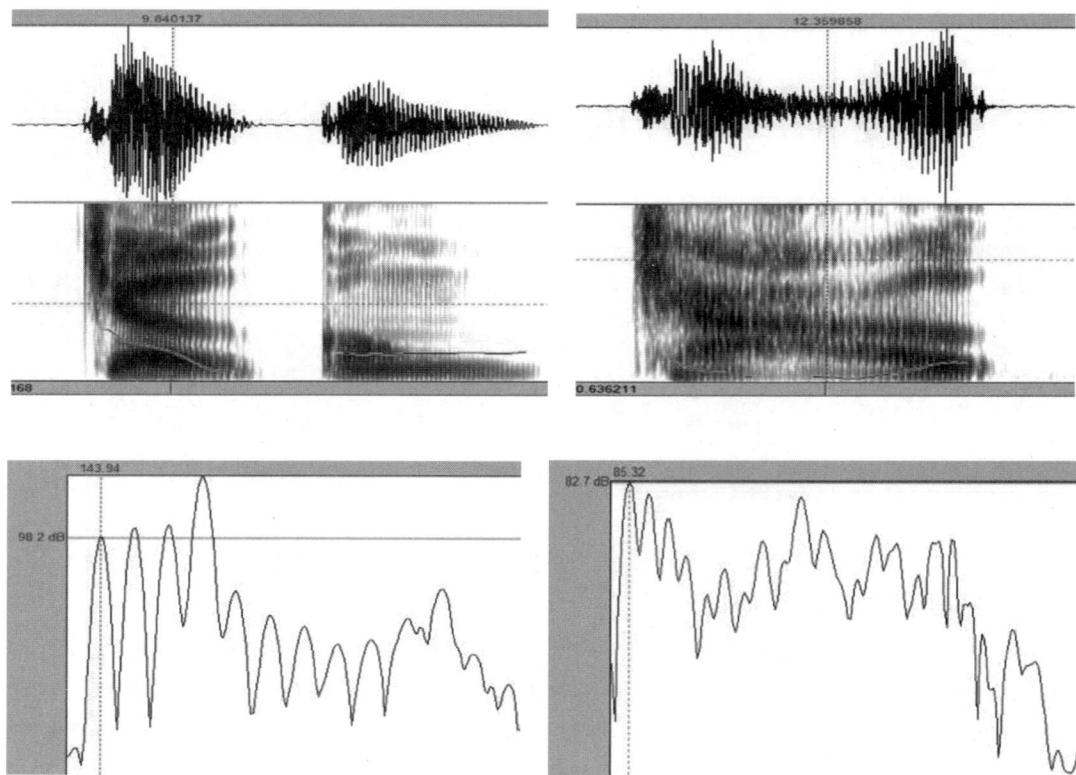

图16　［左］"舅公"［dʑ-tɕieɯ²¹³⁻⁵³ koŋ⁴⁴］，［右］"舅"［dʑieɯ²¹³］
［上］声波图和宽带频谱图，［下］瞬时能量频谱图①

　　图16是作为前字的"舅"和单念时的"舅"的对比图，上面声波和宽带频谱图各有一条竖虚线，此处获得的截面频谱为下面两张图。从图中可以很清楚地看到，左边元音的 H1 能量小于 H2，右边的 H1 大于 H2，已知右边是气化元音，因此，左边可以看成是常态元音，与本地人语感相同，声母记成清声母是符合语言事实的。

　　再看后字，见图 17：

_____

① 瞬时能量频谱图根据窄带图测得，下同。

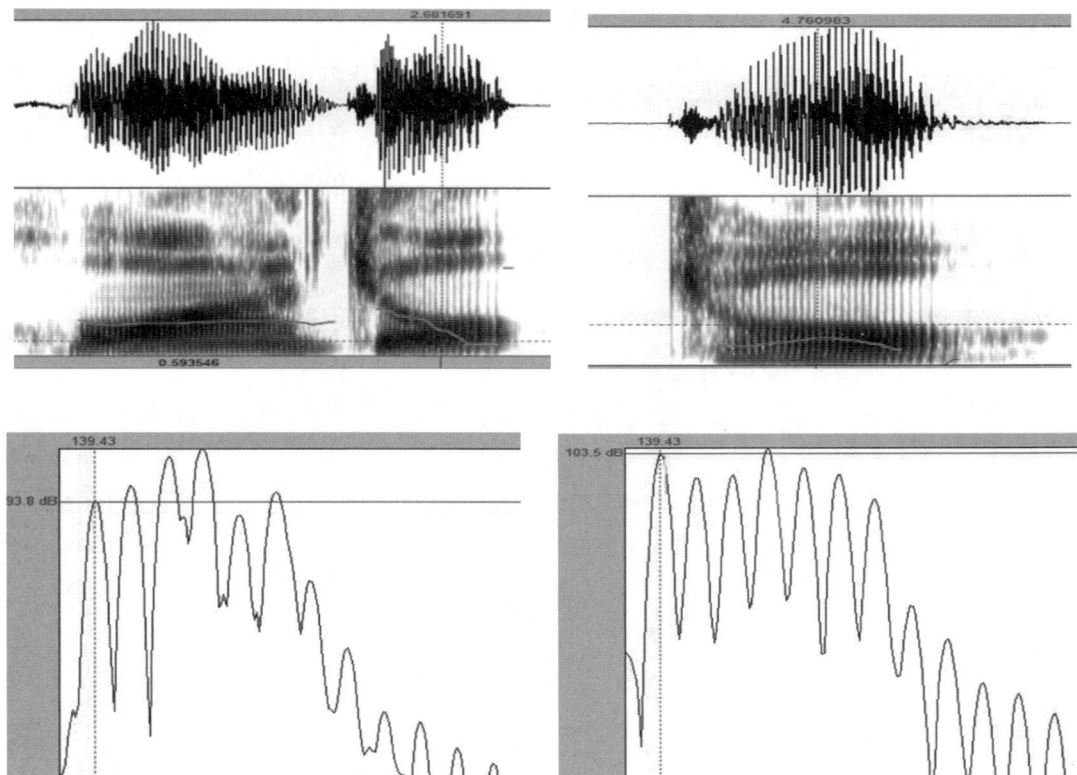

图 17 ［左］"花轿"［hua^{44} dʐ-tɕio$^{231-53}$］，［右］"轿"［dʐio^{231}］
［上］声波图和宽带频谱图，［下］瞬时能量频谱图

　　图 17 是作为后字的"轿"和单念时的"轿"的对比图，从图中可以很清楚地看到，作为后字的"轿"H1 能量小于 H2，而单念时 H1 能量大于 H2，可见前者是常态元音，后者是气化元音，与口耳描写一致。此外，我们注意到，位于后字的"轿"的声母除阻前有浊音横杠，是一个真浊音，我们把它看成是"清声母"的一个读音变体。

　　我们再来看舌尖塞擦音的情况，先看位于前字的，如图 18：

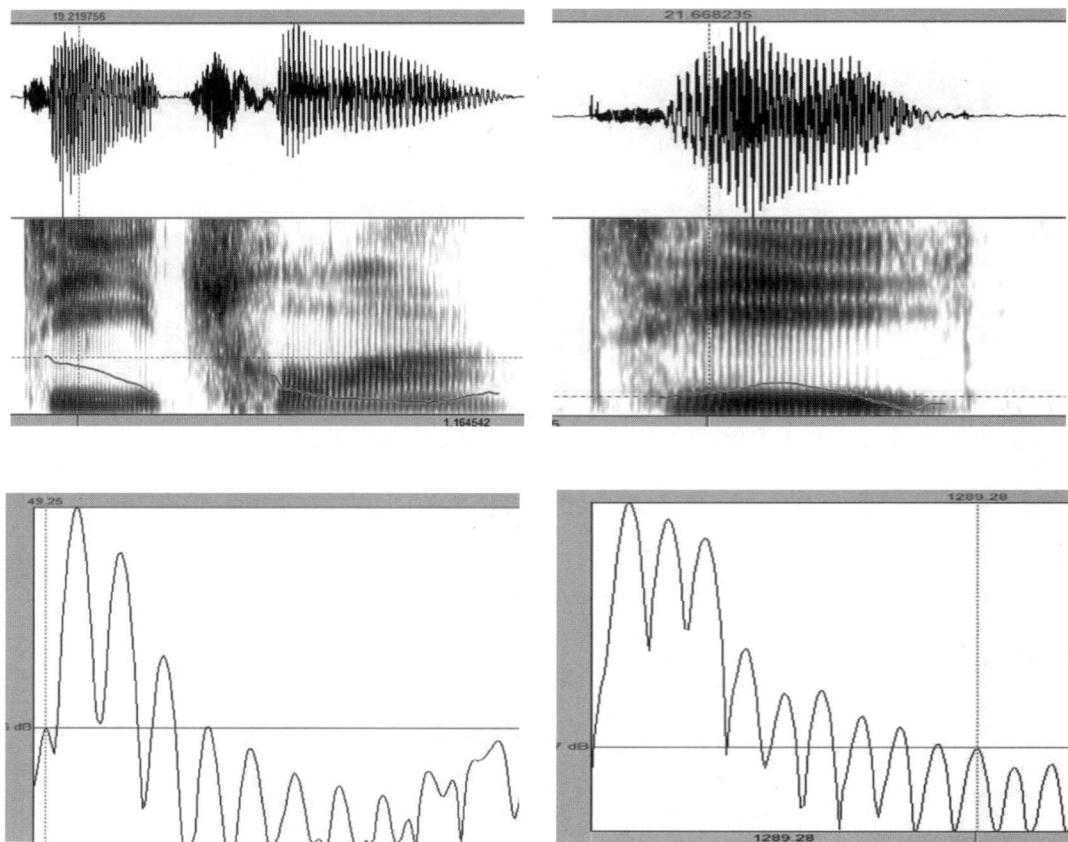

图 18 ［左］"箸插"［dʐ-tsi$^{231-53}$tsʰuɑ^{334}］，［右］"箸"［dʑi^{231}］
［上］声波图和宽带频谱图，［下］瞬时能量频谱图

从图 18 可以看到，前字位置的"箸"的 H1 显著小于 H2，而作为单字的"箸"的 H1 大于 H2，显然前者是常态元音，后者是气化元音。这说明，前字"箸"的声母已由浊变清了。

再来看后字位置的，如图 19 所示：

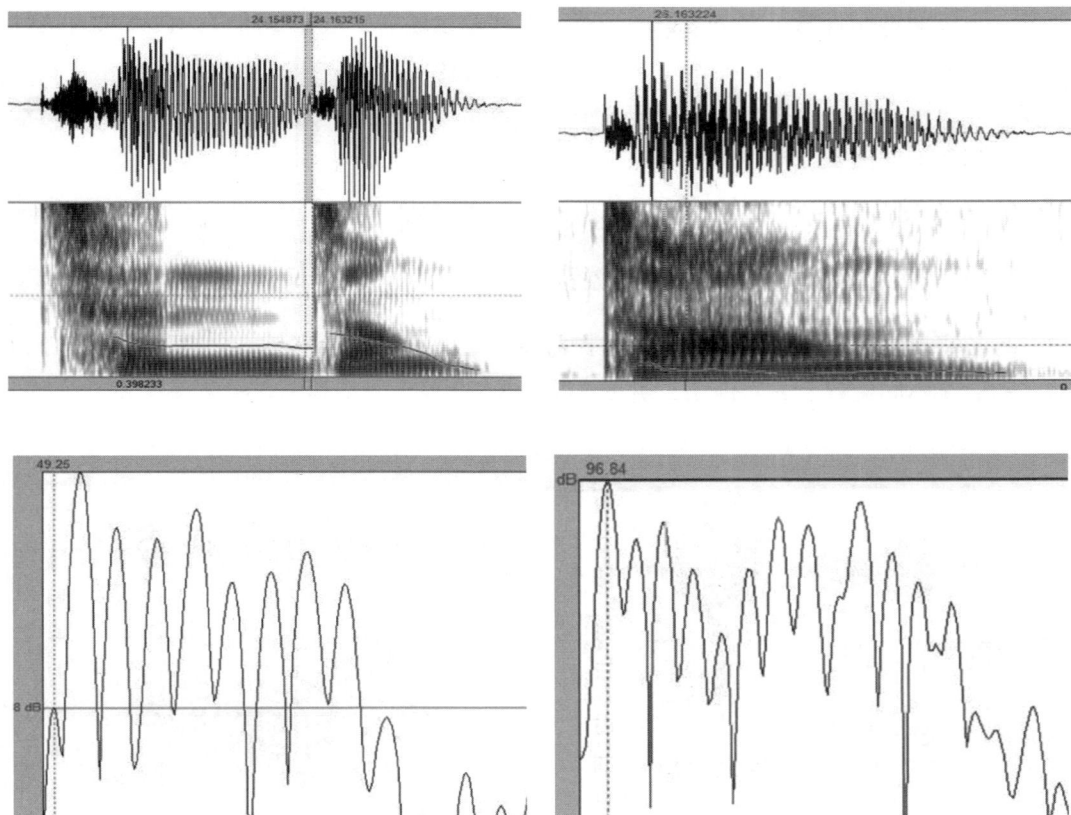

图 19 ［左］"青虫"［tsʰən⁴⁴ dz-tsoŋ²²⁻⁵³］，［右］"虫"［dzoŋ²²］
［上］声波图和宽带频谱图，［下］瞬时能量频谱图

从图 19 可以看到，作为后字的"虫"的 H1 与 H2 的差值要远远小于单字为"虫"的差值。可见，两者发声态有显著差别。同时，我们发现，作为后字"虫"的声母在爆破前有一小段浊音横杠，且振幅逐渐减弱，可见，作为后字的"虫"的声母变为真浊音，我们把图 19 左图选定的部分放大，如图 20 所示。

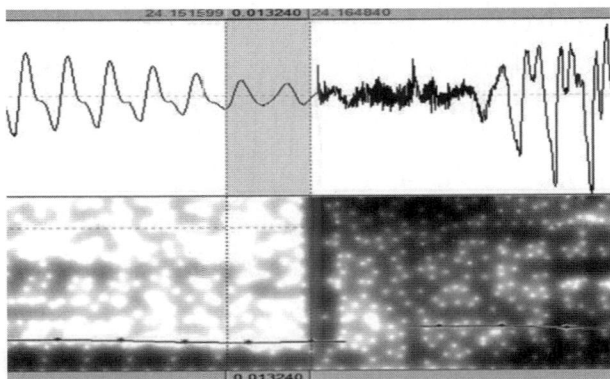

图 20 "青虫"声波图和宽带频谱图的选定部分

通过上述对舌面和舌尖塞擦音前后字的研究，我们可以得出一个初步结论：在连调的声母变化中，舌面和舌尖塞擦音的表现基本是一致的。在前字位置，舌面和舌尖塞擦音是一个纯粹的清声母，韵母元音属于常态元音；在后字位置，舌面塞擦音、舌尖塞擦音前一小段有浊音横杠，是一个真

浊音，不过韵母元音属于常态元音。当然，上述结论还需要进一步研究，使其具有统计学意义。但是无论是后字还是前字，无论是真浊音还是清音，只要调值是高调，从音类角度可对应清声母，那么在连调中记成清声母也是没问题的，这就是把真浊音看成是清声母在词中的变体①。

（三）浊擦音变为同部位的清擦音

与考察塞擦音的方法一致，我们选择需要考察的字组里的字与单念时作对比，分为前字和后字不同位置。先看前字，见图21：

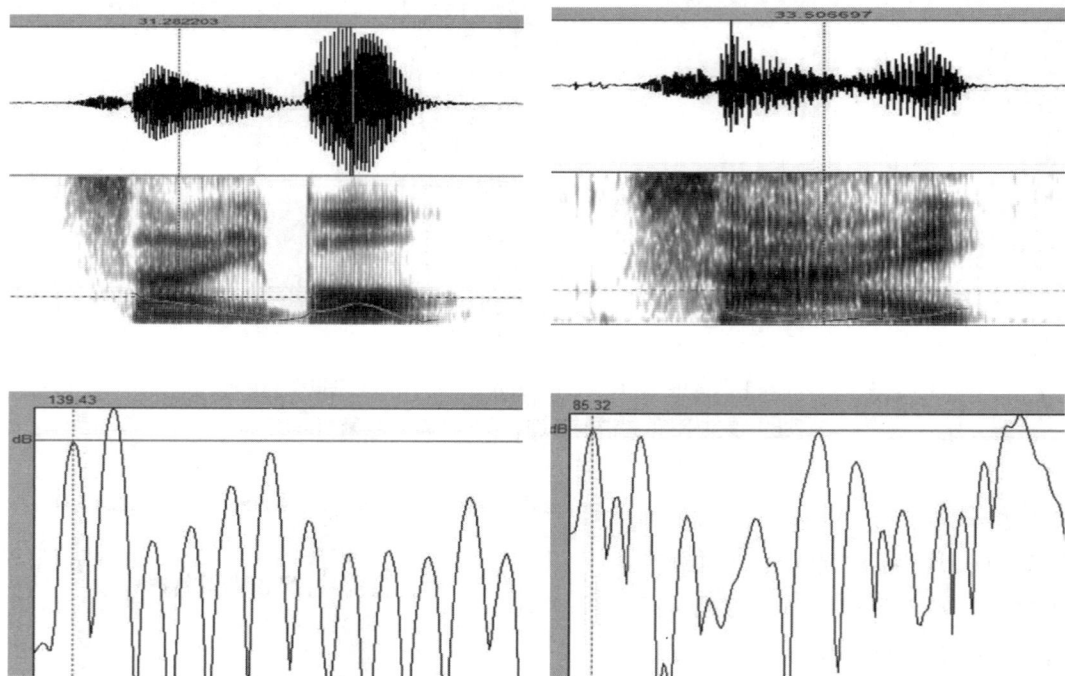

图21　［左］"食饭"［z-sai²¹³⁻⁵³ bɔ²³¹］，［右］"食"［zai²¹³］
［上］声波图和宽带频谱图，［下］瞬时能量频谱图

从图21可以看到，作为前字的"食"的声母没有浊音横杠，韵母元音 H1 小于 H2，可见是一个常态元音，单念时"食"的声母同样没有浊音横杠，韵母元音的 H1 大于 H2，可见，是一个气化元音。

---

① "清声母"本身就是一个音位概念，如果因为词中位置是真浊音而改用浊音符号，会与音系中的浊声母符号造成用法上的混乱，即同符号异性质。

再来看后字位置的情况，如图 22 所示：

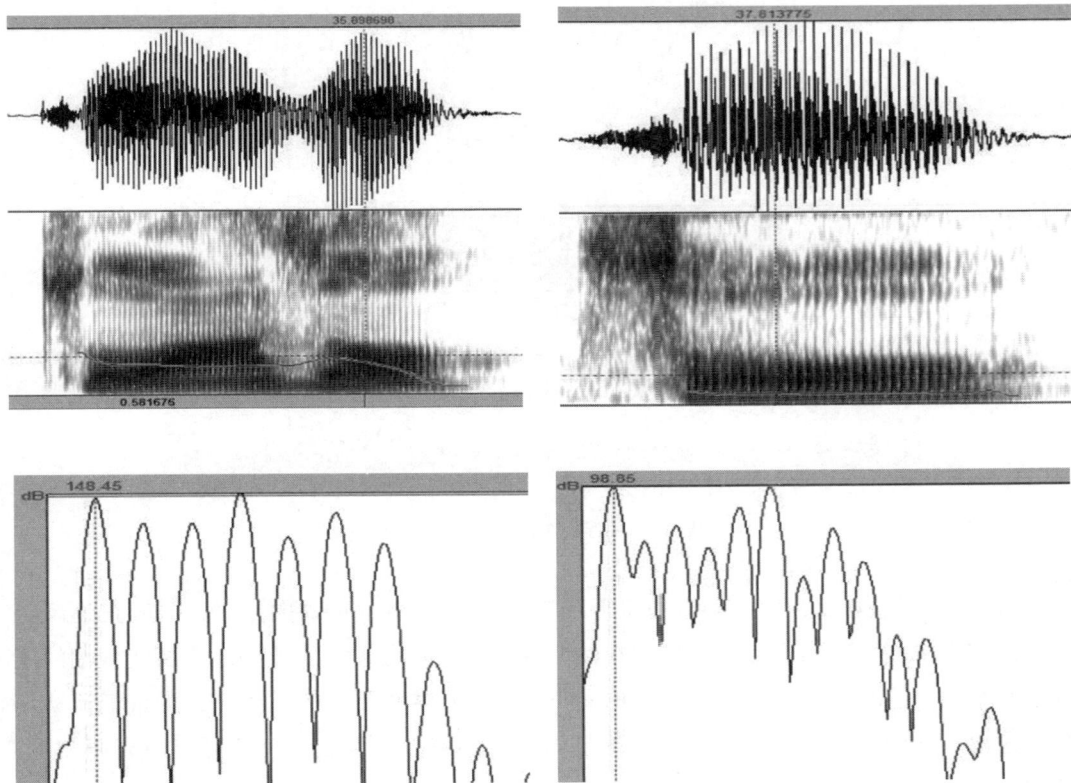

图 22　[左]"猪槽"[tsuɑ^{44}z-so$^{22-53}$]，[右]"槽"[zo^{22}]

[上] 声波图和宽带频谱图，[下] 瞬时能量频谱图

从图 22 中可以清楚地看到，后字与前字的表现很不相同。作为后字"槽"的元音 H1 略大于 H2，而单说的"槽"的 H1 要远大于 H2。可见，后者的气声化程度更强、更典型。值得注意的是，后字位置的"槽"的声母有浊音横杠，而且振幅是从小变大的，这显然是内爆音的特征，说明在发擦音时，喉头下降，产生了内爆音的发音特点。为了更清楚地看到这种变化，我们把这部分图再放大观察，如图 23 所示：

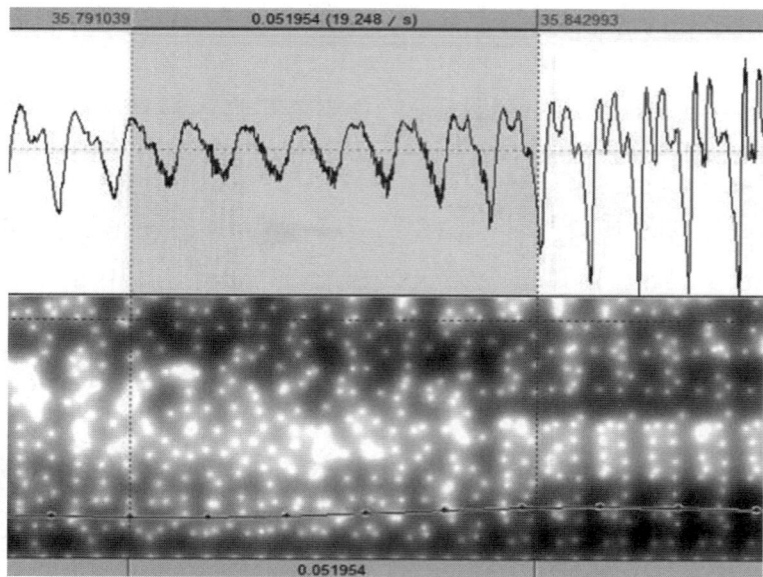

图23　后字"槽"的擦音部分

从图23可以看出，整个擦音段将近维持了45ms，声带振动的同时，振幅在逐渐扩大，到擦音末端振幅增大明显，说明在发擦音时，喉头有下沉的动作，从而使振幅的能量逐渐增大，这是一个典型的内爆音的发声特征。在喉头下降的过程中，少量气流从声门里逸出，从而产生微弱的气声。既然是内爆音的特点，那么，自然可以与高调相配，从类别上来说，还是属于"清声母"。

四、讨论

综合以上实验结果的分析，我们对义乌方言在连调中关于清浊与高低调互动的语言事实有了更清晰的认识。我们分别从塞音、塞擦音和擦音三个方面，利用前、后字的不同位置，详细讨论了连调中的声学特征。

在有的连调组合中，双唇浊塞音和齿龈浊塞音会变为同部位的内爆音。在前字位置，无论是双唇还是齿龈部位，都会变为内爆音，在音类上仍属"清"。在后字位置，双唇浊塞音前1/3为真浊音，后2/3则是内爆音，整体感知是内爆音，在音类上属"清"；齿龈浊塞音则更接近于真浊音，其振幅是逐渐减弱的，说明喉头下降不明显，但从本地人的语感来看，这仍然是一个内爆音。由于真浊音在调值上与高调或低调均可相配，因此，在描写上，我们可以把这类真浊音看成是"清"的一个读音变体，在音类上仍属"清"。

在有的连调组合中，舌面浊塞擦音和舌尖浊塞擦音会变为舌面清塞擦音和舌尖清塞擦音。在前字位置，舌面和舌尖塞擦音是一个纯粹的清声母，韵母元音属于常态元音；在后字位置，舌面和舌尖塞擦音均有一小段浊音横杠，是一个真浊音，不过韵母元音属于常态元音。无论是后字还是前字，无论是真浊音还是清音，只要调值是高调，从音类角度即可对应"清"，在连调中记成清声母也是没问题的，这是把真浊音看成是清声母在词中的变体。

在有的连调组合中，舌尖浊擦音会变为舌尖清擦音，在前字位置，擦音是清擦音，韵母元音也变为常态元音；在后字位置，产生了浊音横杠，且振幅是逐渐增强的，说明喉头有明显下降，这是内爆音的发声特点，从类别上来说，属于"清声母"。

这里需要特别指出的是，实际的语音事实复杂多变，纷繁复杂，这些都可以看成是一种读音变体，特别是后字位置的变体相对更多一些。但在类别上，都可以对应于"清"这一类，因为我们把调值看成是具有区别性作用的音位，高调对"清"，低调对"浊"，这在连调中体现得更加明显。只有这样，才能更好地以简驭繁。

陶寰指出婺州片吴语"声母的清浊不构成对立，声母的清浊取决于声调的高低"[1]。对于婺州片吴语来说，当然是没有问题的。问题在于是否也适用于太湖片的一些方言，或者说这一种说法并不仅仅是婺州片吴语的特征，只是婺州片比较典型，正好声母的清浊对应声调的高低。陶寰指出"绍兴话的阴平和阳平、阴上和阳上、阴去和阳去、阴入和阳入在后字时声调完全相同，声母的清浊构成对立"[2]。我们来看绍兴话后字清浊对立的例子[3]：

一半 $ii?^{45-33}pø̃^{33}$ ≠ 一盘 $ii?^{45-33}bø̃^{31-33}$

房东 $vɔ̃^{31-11}toŋ^{53}$ ≠ 黄铜 $vɔ̃^{31-11}doŋ^{31-53}$

同志 $doŋ^{31-11}tsʅ^{33-55}$ ≠ 同治 $doŋ^{31-11}dʑʅ^{113-55}$

直爽 $dʑɤ?^{12-1}sɔ̃^{335-55}$ ≠ 直上 $dʑɤ?^{12-1}zɔ̃^{113-55}$

小鬼 $ɕiɒ^{335-35}tɕy^{335-53}$ ≠ 小橱 $ɕiɒ^{335-35}dʑy^{113-53}$

作息 $tso?^{45-33}ɕii?^{45-5}$ ≠ 竹席 $ts?^{45-5}zii?^{12-5}$

风光 $foŋ^{53-33}kũɒ^{53}$ ≠ 疯狂 $foŋ^{53-33}gũɒ^{31-53}$

海燕 $he^{335-35}ʔiẽ^{33-53}$ ≠ 海盐 $he^{335-35}ɦiẽ^{31-53}$

事实上，这些字组的后字不仅声母不同，实际调值也有区别。这个所谓相同的调值

---

[1] 陶寰. 吴语浊音声母的类型及其音系地位 [J]. 方言，2017（3）：283.
[2] 陶寰. 吴语浊音声母的类型及其音系地位 [J]. 方言，2017（3）：208.
[3] 例子选自陶寰《吴语浊音声母的类型及其音系地位》，调值调整为数字。

实际上是经过音位化处理的①，因为声母已经不同，如果声调再不同，就显得冗余，因此，把后字声调先作音位化处理，使之与前面字组的后字同声调。这样做就是凸显后字浊音声母的区别性作用，把实际调值的区别则看成冗余。

但如果按我们的处理方法，绍兴话以上所举的各组词本来就是不同的，完全没有必要放在一起比较，后字的声母和声调都是不一样的。因此，在后字时，声母的清浊并不是主要的特征或唯一的特征。

根据上述实验结果，义乌方言后字位置声母实际音值有的是内爆音，有的是真浊音，有的是半真浊半内爆，但无论是什么音值，由于声调对应的是高调，因此，我们把这些不同音值的声母都看成是"清声母"的读音变体，而把声调看成主要或唯一的区别特征。

因此，我们认为，绍兴话与义乌话后字的区别主要是音系处理的标准的差异，绍兴话对声调作音位处理，义乌话对声母作音位处理，这是标准不同造成的结论差异。因此，绍兴话和义乌话的连调属同一类，至于"清浊同调"是较特殊的阶段。

事实上，由于标准的差异，对同一个音的记录也会因人而异，这不能说是记错了，而是音位处理的程度深浅问题，如方松熹记录的阳上调值为31②，但该声调的实际调值应该是升降调，我们会记成231，由于31和231在义乌话（方松熹先生的义乌尚经话）单字调里并无区别意义的作用，因此，记成31调也是没问题的，但大规模的方言比较就会出现问题。

又如曹志耘等（2016）记录的婺州片七个方言点，对ɦ声母的取舍存在差异，如曹志耘记录的金华话、汤溪话有ɦ声母，但磐安话又没有ɦ声母，秋谷裕幸记录的永康、东阳、武义等点没有ɦ声母，黄晓东、刘祥柏记录的浦江话也没有ɦ声母。

同样是武义话，傅国通记录的武义话就有ɦ声母③，这里的有无并不是语言事实的区别，而是音位处理的程度深浅的区别。取消ɦ声母，把原属ɦ声母的字都归入零声母，由于声调均属阳调类，因此不会与阴调类的零声母字产生对立。既然是互补的，按音位归纳的原则，完全可以归为同一个音位，以声调来区别即可④。而有ɦ声母的，则声母和声调均能区别。

音位处理原则有差异，把这些不同的材料放在一起进行比较，就容易得出不符合语言事实甚至错误的结论，因此，在比较不同方言时，对声调特别是后字位置的清浊问题一定要用统一的音位处理方法，只有这样，所得的结论才更可靠。

---

① 当然也存在所谓的"清浊同调"，我们认为"清浊同调"是由不同到相同的特殊阶段，不同是常态，相同是殊态。

② 方松熹. 义乌方言［M］. 北京：中国文联出版社，2002：215.

③ 傅国通. 武义话同音字汇［M］//武义县志编纂委员会. 武义县志. 杭州：浙江人民出版社，1990：694.

④ 问题在于，这一音位处理并不彻底，事实上，吴语所谓的"浊声母"并不是带音声母，而与"清声母"同类的，两者一般也是可以用声调的阴阳来区分，既然如此，所有的浊声母都应归入清声母，而不仅仅取消ɦ声母。像崇明话、温岭话由于演变原因取消了ɦ声母反而增加音系的复杂性，这里不详细讨论了。

参考文献

［1］曹志耘. 金华方言词典［M］. 南京：江苏教育出版社，1996.

［2］曹志耘，秋谷裕幸，黄晓东，等. 吴语婺州方言研究［M］. 北京：商务印书馆，2016.

［3］陈忠敏. 论吴语海盐话古全浊上声字声母［J］. 语言研究集刊，2011（8）.

［4］方松熹. 义乌方言［M］. 北京：中国文联出版社，2002.

［5］傅国通. 武义方言的连读变调［J］. 方言，1984（2）.

［6］傅国通. 武义话同音字汇［M］//武义县志编纂委员会. 武义县志. 杭州：浙江人民出版社，1990.

［7］施俊. 义乌方言两字组连读变调［C］//游汝杰，王洪钟，陈轶亚. 吴语研究：第七届国际吴方言学术研讨会论文集. 上海：上海教育出版社，2014.

［8］施俊. 义乌方言研究［M］. 上海：复旦大学出版社，2021.

［9］陶寰. 吴语浊音声母的类型及其音系地位［J］. 方言，2017（3）.

［10］朱晓农. 内爆音［J］. 方言，2006（1）.

［11］朱晓农. 语音学［M］. 北京：商务印书馆，2010.

［12］朱晓农，刘泽民，徐馥琼. 自发新生的内爆音：来自赣语、闽语、哈尼语、吴语的第一手材料［J］. 方言，2009（1）.

［13］MADDIESON I. Patterns of sounds［M］. Cambridge：Cambridge University Press，1984.

沂水方言的指示代词

赵 敏

一、前言

沂水县位于山东省东南部沂山南麓，临沂地区北部，是临沂市下辖的一个县。按钱曾怡等《山东方言的分区》（1985）的划分，沂水方言属于汉语官话方言大区胶辽官话中的东潍小片。本文描写沂水（县城）方言的指示代词。

二、指人或事物的指示代词

（一）这 $[tsə^{31}]$，乜 $[niə^{31}]$，那 $[nə^{31}]$／$[na^{31}]$

1. 指别

这三个词指示人或事物中的某个或某些个体。"这"和"那"表示近指和远指是毫无疑义的，"乜"的用法则比较灵活。单用时，"乜"可用于近指也可用于远指或者非远又非近指，而且使用频率都相当高。但如果"乜"和"这"、"乜"和"那"并举时，按沂水当地人的语感来说，"这"比"乜"所指要近一些，"那"比"乜"所指要远一些。例如：

（1）我身上穿的这个褂子可是比搁了沙发上乜个贵的贵来。（我身上穿的这件上衣可比放在沙发上那件贵得多呢。）

（2）俺不想吃乜样的桃酥，俺想吃那样的。（我不想吃这样的桃酥，我想吃那样的。）

（3）是这个啊，乜个啊，还是那个啊？（是这个呢，那个呢，还是那个呢？）

这三个词最常见的用法是与量词或数量词结合后再修饰名词。例如：

（4）这棵牡丹白搭了，那棵芍药还活了。（这棵牡丹不行了，那棵芍药还活了。）

（5）你先把这几个碗刷了，乜一堆盘搁那来等着我刷。（你先把这几个碗洗了，那一堆盘放那里等着我去洗。）

（6）那仨人情站那来不走。（那三个人一直站在那里不走。）

（7）你把这俩馍馍吃了呗。（你把这两个馒头吃了吧。）

其次是直接限制方位词或方位结构。例如：

（8）别站了乜顶儿上。（别站在那上面。）

（9）这里头没有，看看那底下。（这里面没有，看看那下面。）

（10）那上头都是灰。（那上面全是灰尘。）

"这""乜""那"还可以像普通话一样直接修饰普通名词，如"这人""乜小孩""那电视"。

2. 称代

"这""乜""那"不仅用于指别，还用于称代，在句子里能单独作主语、宾语。例如：

（11）这□［mā⁰］，还差不离儿。（这嘛，还差不多。）

（12）那可不行□［hā⁰］。（那可不行。）

（13）这是我的，乜是你的，那是他的。（这是我的，那是你的，那是他的。）

（14）今冬来俺姥娘没这没那的。（今年冬天我姥姥没这样那样的，意即没生病。）

（15）这也没有，那也没有，怎么叫人家来住啊？（这也没有，那也没有，怎么叫别人来住啊？）

（16）待那旁儿缺这少那，俺就回来了。（在那边缺这少那，我们就回来了。）

3. "这"和"那"的特殊用法

（1）"这"可以作时间名词，义为"现在"。例如：

（17）这去还能坐上车。（现在去还能坐上车。）

（18）这吃饭还张早点儿。（现在吃饭还早了点儿。）

（19）这结婚都兴买液晶电视。（现在结婚都流行买液晶电视。）

（20）早以来时那生活多么苦啊，这那生活没法比。（以前的生活多么苦啊，现在的生活和以前没法比。）

（2）"那"的特殊用法。

①"那"可以作结构助词。指示代词"那"作结构助词，在下列情形中使用：

A. 领有者和所属事物之间。例如：

（21）我那书包不见了。（我的书包不见了。）

（22）俺那天井来种了两棵芙蓉花。（我们的院子里种了两棵合欢树。）

（23）你快把恁妹妹那笔还给她。（你快把你妹妹的笔还给她。）

（24）他那镢头还待这来，快给送去。（他的镢头还在这里，快给送去。）

（25）你那脚扎车喃？借给我使使来。（你的自行车呢？借给我用用。）

B. 物体整体与部分之间。例如：

（26）桃上那毛得使盐洗干净。（桃上的毛毛要用盐洗干净。）

（27）暖袋上那□［tʂuei⁵⁵］子喃？（热水袋上的塞子呢？）

（28）你给我钉钉褂子上那扣子。（你给我钉一钉上衣上的扣子。）

（29）这么儿外头那皮儿也好吃，甭剥去。（这东西外表的皮也好吃，不用剥去。）

（30）天上那星星你也想要！（天上的星星你也想要！）

C. 物体所处位置、容器等与物体之间。例如：

（31）墙上那奖状是谁的？（墙上的奖状是谁的？）

（32）家前那屋是给俺大儿盖的。（村前的房子是给我大儿子盖的。）

（33）瓮来那水不多了。（瓮里的水不多了。）

（34）到布雨市，河涯来那水都浮沿儿浮沿儿的。（到夏季经常下大雨的时节，河里的水都涨到岸边。）

（35）树黄子来那树，这都不叫砍了。（树林里的树，现在都不让砍了。）

有时，以上情况也可以用"的"，但如果不是为了特别强调其领属关系，都要用"那"。

指示代词在一定的句法环境中虚化为结构助词，在近代汉语中就存在，如"之""底"原来都曾是指示代词，后来都虚化为结构助词。这种情况在现代汉语方言中也大量存在，石毓智认为，指示代词和量词在一定句法环境中虚化为结构助词是语言发展的普遍共性。

我们认为，上述用法中的指示代词"那"还没有完全虚化为结构助词，上述用作结构助词的用法应看作是一种临时的语用义，"那"还有较明显的指代含义。当然，"那"在这些句法环境中长期使用，也不排除它有完全虚化为结构助词的可能。

②"那"还可以单用，用在答句中表示"那当然、那还用说、此种情况是不容置疑的"，表示强烈的确定，感情色彩很鲜明，视语境可以表达赞扬、羡慕、不屑一顾或讽刺等感情。后续句一般是评论性的句子。若有后续句，"那"后面要断开。"那"也可以不加后续句，完全单独使用，这时"那"的语气更加强烈。例如：

(36) ——听说老张家那儿考了北京一个岗着好的大学。（听说老张的儿子考到了北京一个很好的大学。）

——那，人家老张自己也是名牌大学生来。（那当然，人家老张自己也是名牌大学生呢。）

(37) ——没神思的你还考上了来。（没想到你还考上了呢。）

——那，咱来。（那当然，咱嘛。）

(38) ——你说不干就不干□［mā⁰］？（你说不干就不干吗？）

——那。（那当然。）

上述用法中的"那"一定要重读，且例（36）和例（37）中的"那"需与后续句断开。

（二）这个［tsə⁴²kə⁰］，乜个［niə⁴²kə⁰］，那个［nə/na⁴²kə⁰］

这三个词里的"这""乜""那"声调皆为阳平，不用于指别，只用于称代，相当于"这个/乜个/那个"人、事或物。"这个""乜个""那个"后面还可以加"家"或"家子"，表示"这一类的人、事、物"，带有轻微厌恶、鄙视或不高兴等感情色彩。在句中常作主语、宾语，或复指前面的词语甚至分句。作主语、宾语的情况如：

(39) 这个不盖咱是的。（这个事情与我们没有关系。）

(40) 你就穿着这个出去啊？（你就穿着这件衣服出去吗？）

(41) 乜个要弄衣裳上就洗不去了。（这种东西要是弄到衣服上面就洗不掉了。）

(42) 你买些乜个咋？（你买这种东西干什么？）

(43) 那个一看就是假的。（那种东西一看就是假的。）

(44) 你那回儿拿家来的那个就叫DV啊？（你那次拿回家的那个东西就叫DV吗？）

(45) 嘴上抹上那个家，还能吃饭啊？（嘴上抹上那种东西，还能吃饭吗？）

(46) 这个家子情甭指望。（这种人不用指望。）

（47）我不管乜个家子，该吃吃，该喝喝。（我不管那些，该吃就吃，该喝就喝。）

（48）——广东人什么都敢吃，连长虫都敢吃。（广东人什么都敢吃，连蛇都敢吃。）

——俺那娘货子神，这个家子都敢吃！（我的娘啊，这种东西都敢吃！）

作复指的例子如：

（49）他这个家子还能指望？（他这种人还能指望？）

（50）恁表姨夫乜个家就是精过了杠儿。（你表姨夫这种人就是精明过了头。）

（51）他那个家子，你就别和他一般见识了。（他那种人，你就别和他计较了。）

（52）人生地不熟的，待外头叫人家哄了，这个家子也备不住。（人生地不熟的，在外面被人家骗了，这种情况也是难免的。）

"这个""乜个""那个"中的"个"完全没有量词的意义，只是一个构词词缀，这三个词的构造也并非"指＋量"，沂水方言还可以另用"指＋量＋名"来表示相当于这三个词的意思，如说成"这户儿么儿（这种东西）""这户儿玩意儿（这种东西）""乜哄儿事儿（那种事）""那种营生儿（东西）（那种东西）""这总人儿（这种人）"等，但这些都是临时的组合，其间的名词或用"么儿"，或用"事儿"，或用"人儿"，须因具体事物而议。由此说明，"这个""乜个""那个"是三个专职的指类代词。

三、处所指示代词

（一）近指、远指

近指：这来［tsə^{31}lɛ^0］，这窝儿［tsə^{31}uər^{213}］，这哈儿［tsə^{31}hər^{213}］，这埝儿［tsə^{31}niar^0］

远指：那来［nə/na^{31}lɛ^0］，那窝儿［nə/na^{31}uər^{213}］，那哈儿［nə/na$^{31\,31}$hər^{213}］，那埝儿［nə/na$^{31\,31}$niãr^0］

近指、远指都可：乜来［niə^{31}lɛ^0］，乜窝儿［niə^{31}uər^{213}］，乜哈儿［niə^{31}hər^{213}］，乜埝儿［niə^{31}niãr^0］

意义和普通话的"这里""那里"基本相同，在句中常作主语、宾语和介词的宾语。例如：

（53）这窝儿痒痒，你给我擓擓□［pɛ^0］。（这里痒痒，你给我挠挠吧。）

（54）俺待乜埝儿等你。（我们在这里等你。）

（55）我上那哈儿看看。（我去那边看看。）

（56）我打那窝儿过来的。（我从那边过来的。）

（57）这哈儿没有，你上远处去撒么撒么。（这里没有，你去远点的地方瞅瞅。）

（58）那埝儿好是好，就是岗着热。（那个地方好是好，就是非常热。）

（59）大芦花鸡刚忙儿还待乜窝儿来来。（大芦花鸡刚才还在那个地方来着。）

（60）这埝儿太热，咱上那棵槐树底下凉快去。（这里太热，我们去那棵槐树底下凉快去。）

以上是用处所指示代词直接指代处所。有时它们不直接指代，而是用于照应，放在非处所词的后头，与前面的词一起表示处所。例如：

（61）小孩儿待他姥娘那来。（小孩在他外婆那里。）

（62）俺婆婆家这来吃水怪便宜。（我婆婆家吃水狠方便。）

（63）小王儿乜来还有不少卷子纸。（小王那里还有不少试卷。）

（二）旁埝儿［pʰɑŋ⁴²niãr⁰］，旁埝儿来［pʰɑŋ⁻²niãr⁰lɛ⁰］，旁处［pʰɑŋ⁴²tsʰu⁰］

这三个词意义和用法相同，都指代某一（某些）处所之外的其他处所，意义为"别的地方"。在句中可单独作主语、宾语和介词的宾语。例如：

（64）这埝儿太聒噪了，还有旁埝儿坐吧？（这个地方太吵了，还有没有其他地方坐？）

（65）乜样儿的杏树旁埝儿来都没有，就俺这来有。（这样的杏树别的地方没有，就我们这里有。）

（66）乜小孩再上不了旁处去，保险又上他姥娘家去了。（这个小孩再也去不了其他地方，肯定又去他姥姥家了。）

（三）到处来［tɔ³¹tsʰu³¹lɛ⁰］，到处地来［tɔ³¹tsʰu³¹ti³¹lɛ⁰］，要处来［iɔ³¹tsʰu³¹lɛ⁰］

指代所有的处所。可修饰动词性成分，可作主语。例如：

（67）浑身到处来发乔。（浑身到处都酸。）

（68）你别叫小狗到处地来拉屎。（你别让小狗到处拉屎。）

（69）要处来找不着人。（到处找不着人。）

四、时间指示代词

近指：这会子 $[tsə^{31}hui^{31}t\theta\eta^0]$，这阵子 $[tsə^{31}ts\tilde{ə}^{31}t\theta\eta^0]$，这盼子 $[tsə^{31}p^h\tilde{a}^{31}t\theta\eta^0]$，这霎儿 $[tsə^{31}\c{s}ar^0]$

远指：那会子 $[nə/na^{31}hui^{31}t\theta\eta^0]$，那阵子 $[nə/na^{31}ts\tilde{ə}^{31}t\theta\eta^0]$，那盼子$[nə/na^{31}p^h\tilde{a}^{31}t\theta\eta^0]$，那霎儿 $[nə/na^{31}\c{s}ar^0]$

近指、远指都可：乜会子 $[niə^{31}hui^{31}t\theta\eta^0]$，乜阵子 $[niə^{31}ts\tilde{ə}^{31}t\theta\eta^0]$，乜盼子 $[niə^{31}p^h\tilde{a}^{31}t\theta\eta^0]$，乜霎儿 $[niə^{31}\c{s}ar^0]$

"这会子，这阵子，这盼子，这霎儿"指代较近的时间，"那会子，那阵子，那盼子，那霎儿"指代较远的时间，"乜会子，乜阵子，乜盼子，乜霎儿"根据情况二者皆可。"会子"指较长的段时间，"阵子、盼子"指较短的段时间，"霎儿"指点时间。上述时间指示代词最常见的用法是单独在句首或谓语前作时间状语，例如：

（70）那会子他天天来，这会子不来了。（那段时间他天天来，这段时间不来了。）

（71）他那阵子住了十好几天医院。（他那段时间住了十好几天医院。）

（72）那盼子我还看着他来。（那会儿我还看见他来着。）

（73）他这霎儿还没下班。（他这会儿还没下班。）

（74）那盼子疼的怪厉害，这盼子轻了。（那会儿疼得很厉害，这会儿轻了。）

（75）刚忙儿起了个大疙瘩，这阵子消了。（刚才起了个大疙瘩，这会儿消了。）

其次是作介词的宾语，例如：

（76）打那盼子我就情看表。（从那会儿起我就一直看表。）

（77）他从那会子到这就一直没走。（他从那段时间到现在就一直没走。）

（78）雪打那霎儿开始下，一直没停。（雪从那会儿开始下，一直没停。）

修饰名词性成分时后面需加结构助词"那"。例如：

（79）这会子那肉一天贵起一天。（最近的肉一天比一天贵。）

（80）那霎儿那天还争晴来。（那会儿的天还很晴来着。）

（81）那阵子那雨怪大。（那会儿的雨很大。）

五、方式、情状指示代词

（一）这样儿 ［tsə³¹ʐaŋr⁰］、乜样儿 ［niə³¹ʐaŋr⁰］、那样儿 ［nə/na³¹ʐaŋr⁰］

与普通话的"这样""那样"相比，在读音方面，沂水方言的这三个词必须儿化，在意义、用法方面，它们则比普通话要窄：普通话的这两个词可以指代程度，可以用于形容词之前，而沂水方言的这三个词都不可以。它们的主要功能是修饰动词性成分或作谓语。修饰动词性成分的时候指代方式和情状，指代方式时"这样儿""乜样儿""那样儿"后面可以加"着"，指代情状时则不能加。例如：

（82）刀要这样儿（着）拿。（刀要这样拿。）
（83）乜样儿（着）铰，铰出来那花儿好看。（这样剪，剪出来的花好看。）
（84）恁嫂厮那样儿（着）说来？（你嫂子那样说来着？）

作谓语时多用于描写说明，指代的是情状。例如：

（85）这屋这样儿还能住啊？（房子这样还能住吗？）
（86）你怎么乜样儿！（你怎么这样！）
（87）你要那样儿俺就不叫你去了。（你要那样我们就不让你去了。）

这三个词还可以作主语、宾语，多指代情状。若加"着"，则指代方式。例如：

（88）这样儿就对了。（这样就对了。）
（89）乜样儿还差不离。（这样还差不多。）
（90）他就好那样儿。（他就喜欢那样。）
（91）我还当是那样儿着来。（我还以为是那样做呢。）

"这样儿""乜样儿""那样儿"不能直接修饰名词性成分，若要修饰，须带上结构助词"的"［ti⁰］。这里的"这样儿""乜样儿""那样儿"还可以说成"这户儿/这哄儿/这总样儿""乜户儿/乜哄儿/乜总样儿""那户儿/那哄儿/那总样儿"。"这户儿/这哄儿""乜户儿/乜哄儿""那户儿/那哄儿"能直接修饰名词性成分，结构助词"的"可带可不带。例如：

（92）这样儿的鞋穿着得劲儿□［mã⁰］？（这样的鞋穿着舒服吗？）
（93）你怎么买了个乜样儿的了壶？（你怎么买了个这样的烧水的壶？）

（94）那样儿的苹果不好吃。（那样的苹果不好吃。）

（95）这户儿手机咱不会使。（这样的手机咱不会用。）

（96）小二就是乜户儿小孩儿，大大就好了，小就得费点儿心。（小二就是这样的孩子，长大一点儿就好了，小的时候就得费点儿心。）

（97）有个书包背着就行了，这总样儿的，那总样儿的，没治了！（有个书包背着就行了，这样儿的，那样儿的，不知道怎么好了！）

（二）张［tsɑŋ²¹³］、□［niaŋ²¹³］、曩儿［nɑŋr²¹³］

这三个词分别是"这样儿""乜样儿""那样儿"的合音词，"张""□［niaŋ²¹³］"不儿化，"曩"要儿化。它们与"这样儿""乜样儿""那样儿"的用法基本相同。上述例子全部可以换成"张""□［niaŋ²¹³］""曩儿"。

（98）刀要张（着）拿。（刀要这样拿。）

（99）□［niaŋ²¹³］（着）铰，铰出来那花儿好看。（这样剪，剪出来的花好看。）

（100）恁嫂厮曩儿说来？（你嫂子那样说了吗？）

（101）张就对了。（这样就对了。）

（102）我还当是曩儿着来。（我还以为是那样做呢。）

（103）□［niaŋ²¹³］还差不离。（这样还差不多。）

"张""□［niaŋ²¹³］""曩儿"与"这样儿""乜样儿""那样儿"的不同在于它们不能加"的"来修饰名词性成分。以下例句是成立的：

（104）这样儿的西瓜好吃。（这样的西瓜好吃。）

（105）那样儿的人不能交。（那样的人不能交。）

以下句子则不成立：

＊（106）张的西瓜好吃。

＊（107）曩儿的人不能交。

六、程度指示代词

（一）怎么［tθəŋ³¹mə⁰］

沂水（县城）方言里，程度指示代词只有一个词，不分远近，可修饰形容词性成分或心理活动动词，指代程度，相当于普通话的"这么""那么"。例如：

（108）这个包怎么沉，我拿不动。（这个包这么沉，我拿不动。）
（109）他奶奶怎么疼他，他都没回来看看他奶奶。（他奶奶那么疼他，他都没回来看看他奶奶。）

"怎么"还可以修饰"时候"，有两种意思。一是表示"这个时间、这个时候"。例如：

（110）怎么时候去正好。（这个时间去正好。）
（111）这那天暖和了，早以来怎么时候早就下雪了。（现在的天暖和了，以前这个时候早就下雪了。）

二是表示"时间这么晚、时间那么晚"，"怎"的读音要拖长、加重。例如：

（112）怎么时候恁还没吃饭啊？（这么晚了你们还没吃饭啊？）
（113）我一等等到怎么时候，他才来。（我一等等到那么晚他才来。）

（二）怎么 $[t\theta \partial \eta^{42} m\partial^0]$

"怎"读阳平，用在反问句或感叹句里，意思为"怎么这么"，表示程度很高。例如：

（114）你怎么□$[k^h \partial u^{42}]$啊？（你怎么这么凶啊？）
（115）这个小孩儿怎么孬啊！（这个小孩怎么这么坏啊！）
（116）一个小妮子家，怎么□$[\theta u\partial^{42}]$恁！（一个女孩子家，怎么这么调皮呢！）

另外，高庄镇的程度指示代词除了和县城地区一样用"怎么"以外，还用"这们""那们"，分别表示"这么""那么"。这两个词与"怎么"的用法完全一样，也用于修饰形容词性成分或心理活动动词，指代程度。例如：

（117）二子这们矮，当兵人家不要。（二小子这么矮，当兵人家不要。）
（118）他家来那们穷，满钱叫他上学。（他家里那么穷，没钱让他上学。）

也可以修饰"时候"，且有两种意思。例如：

（119）这们时候还没来，俨就不来了。（这么晚还没来，也许就不来了。）

（120）他怪能干，天天待地来干到那们时候才回来。（他很能干，天天在地里干到那么晚才回来。）

七、结语

提起北方方言，可能许多人都会认为它与普通话"差不多"，至少在最具稳定性的语法方面差别不大。其实并非如此，本文描写的沂水方言的指示代词就很能说明问题。应该说，沂水方言的指示代词与普通话相差并不小。例如，沂水方言存在指示代词"乜""这""那"的用法与普通话也各有差异。

这也再次说明了，我们不应被北方方言与普通话表面上的"差不多"所迷惑，除了继续加大对南方各大方言研究的力度外，就北方方言而言，还应进一步着力去深入挖掘研究它的各次方言语音、词汇、语法等方面的特点，以求对现代汉语有更全面的、立体的认识。

参考文献

［1］吕叔湘，江蓝生．近代汉语指代词［M］．北京：商务印书馆，2017.

［2］钱曾怡，高文达，张志静．山东方言的分区［J］．方言，1985（4）.

［3］施其生．汕头方言的指示代词［J］．方言，1995（3）.

读《广东新语·土言》札记

黄高飞

一、《广东新语》简况

《广东新语》是屈大均影响较大的代表作之一。明亡以后，由于屈氏憎恨新朝，书中不注新朝年号，因此该书成书的时间并不确切，从最早的版本看，大概在康熙年间，当是其晚年的著作。全书二十八卷，每卷叙述一类事物，"凡广东之天文地理、经济物产、人物风俗，无所不包"①。因此而言，《广东新语》是一部具有百科全书色彩的清人笔记。如屈氏所言："吾于《广东通志》略其旧而新是详，旧十三而新十七，故曰'新语'。……是书则广东之外志也。"②（自序）作者在写作时"考方舆，披志乘"③（潘序），且"验之以身经，征之以目睹"④（潘序），所以"其察物也精以核，其谈义也博而辨"⑤（潘序）。博闻强识，引经据典且亲身调研，这体现了屈大均作为一个学者严谨的治学精神。屈大均生于明清易代之际，书中流露出来的"反清复明"思想和使用的借古讽今手法使得这本书一度成为禁毁之书。所幸的是《广东新语》并未因此而亡佚，可见一部有价值的著作，其生命力是能经得起考验的。

《广东新语》尽管遭遇禁毁，但 20 世纪 80 年代还可以见到康熙三十九年（庚辰）木天阁原刻本和乾隆年间的翻刻本，目前常见的版本有 1978 年广文书局本、中华书局 1985 年"清代史料笔记丛刊"本、人民文学出版社 1996 年《屈大均全集》本、上海古籍出版社 2002 年"续修四库全书"本、广陵书社 2003 年"中国风土志丛刊"本。

关于屈大均和《广东新语》的研究，其成果主要集中在 20 世纪八九十年代，内容大多在思想、政治、经济、地理、文化、历史等方面，语言学角度的研究目前只见有林亦的《〈广东新语〉与广西粤语》一文。对《广东新语》作全面注释的目前仅见李育中

---

① 屈大均. 广东新语 [M]. 北京：中华书局，1985：出版说明 1.
② 屈大均. 广东新语 [M]. 北京：中华书局，1985：自序 1.
③ 屈大均. 广东新语 [M]. 北京：中华书局，1985：潘序 1.
④ 屈大均. 广东新语 [M]. 北京：中华书局，1985：潘序 1.
⑤ 屈大均. 广东新语 [M]. 北京：中华书局，1985：潘序 1.

等的《广东新语注》，该书刊行于 1991 年，后无再版，市面上一般很难见到。其注释内容较为简略。

二、关于《广东新语·土言》①

（一）文献价值

《土言》是《广东新语》十一卷"文语"中的一篇，字数约 3 000 字，释词约 300 条，主要介绍广东境内（当时广东包括海南）的语言和方言，这对于了解当时广东的语言状况具有很高的参考价值。

1. 语言学的价值

古代广东地缘僻远，经济文化落后，记录和介绍广东语言状况的文献凤毛麟角，屈氏专章叙述，尽管不系统，但是也弥足珍贵。近年来，随着经济的发展和社会的变迁，语言和方言受共同语的影响而逐渐失去自身的特色，而"土言"则成为语言历史演进的年代坐标。《广东新语》成书至今 300 多年，通过对照，可以看出语言分布和语言内部语音、词汇的变化，可以为历史语言学的研究提供确切的文献证据，《土言》记录的是方言词汇，其中保留了大量的俗字，可以为汉字研究提供新的材料。而对没有文献传统的少数民族语言来说，《土言》更是难得的语言信史。当然，屈氏所介绍的内容也并非完全准确，特别是考证语源，往往有误（详见文本注释），但是瑕不掩瑜，不会影响其价值。

2. 民俗学的价值

《土言》在介绍方言词汇的时候，偶尔也会提及某些能够反映民俗的词语，如"醮子之夕，其親戚送花於新郎房中者，男曰花公，女曰花婆"，其中就介绍了旧时结婚时"送房"的习俗；"香山中秋夕，劇飲月下曰餪中秋"则是对民间中秋夜活动的记录。此外还有众多亲属称谓、特殊行业人员称谓，也可以为了解当时的民俗提供相关的线索和材料。

（二）体例

《土言》的体例较为简单，主要有如下形式：

1. 标示特殊词语

全书主要采用如下形式：① "某地谓某曰某"，例如："廣州謂平人曰佬""香山謂

---

① 简称《土言》。

佃而服役者曰入倩"。②"某曰某"，例如："母之兄弟妻曰妗母""奴僕曰種仔"。③"称（曰）"，例如："東莞女子，未字者稱曰大娘，已字稱小娘""稱山之有林木曰山"。该类术语所述的事物当为特色，其或与通语不同，或与其他次方言不同。当然，由于屈大均没有进行全面的调查，这里说的不同大概是屈氏所了解的大致情况。

2. 释义溯源

主要有三类：①引文献、谚语。例如："《北史》：'周文帝討諸獠，以其生口爲賤隸，謂之壓獠，威壓之也。'""諺曰：'耕而不勞，不如作暴。'"②析词。例如："輕捷曰輘力，言其力如車之輘也。"③声训。例如："惠州曰賴子，言主人所賴者也"。

3. "同物异名"与"同名异物"

主要有"又曰"与"亦曰"。例如："謂淫曰姣，音豪。又曰嫽毐。""廣州謂烹物曰膗。亦曰焙也。"（以上"同名异物"）"瓊女賣檳榔者曰山子，猺之畬者亦曰山子。"（以上"异物同名"）

4. 注音方式

①直音，例如："謂港曰涌，涌，衝也。音沖。"②反切，例如："以鼻審物曰嗅，許用切。"③旁转，例如："媽者，母之轉聲，即母也"。其中直音最为普遍。

三、疏证的内容及方法

本文对《土言》的词语进行梳理，主要包括两个方面：一是梳理，对词语的来源以及其在现代广东方言中的使用状况以及分布情况进行梳理，实现历史文献记录与现代方言之间的比较与沟通；二是考证，通过查阅相关文献或典籍，参考现代方言，对记录内容进行印证。

本文采用传统词义训释的方法，参证现代汉语方言，对《土言》逐条进行疏证，力求做到准确，对其中缺乏材料的内容或存在疑惑的地方则采取保留态度，以俟贤者。

本文文本采用中华书局 1985 年的版本，其他版本仅作参考。为了照顾词汇的原貌，下文文本梳理的例子采用原文繁体字形式。

四、文本梳理

（1）廣州謂平人曰佬，亦曰獠，賤稱也。《北史》：周文帝討諸獠，以其生口爲賤隸，謂之壓獠，威壓之也。

《集韻》："獠，西南夷謂之獠，或作僚、玃。"《集韻》："玃，側絞切，音爪。西南夷种。或作狐。又《集韵》竹狡切，音杳。又《集韵》《类篇》并鲁皓切，音老。义并同。西南夷也。一曰土人自谓，獠，獟别种。本作艻。或作獠、僚。"[1] 獠本来是南方少数民族的自称，中原汉人为了丑化少数民族而用了面目丑陋义的"獠"称之。"獟"音"杳"，"杳"中古属于影母萧韵上声开口四等，"獠"中古属于来母豪韵上声开口一等，"瑶"中古属于以母宵韵平声开口三等，三字同属效摄，读音相近，可以推测"獠""獟"与现代瑶族有密切关系。从"獠，艻别种"可知"獟"或者是民族的主体，而"獠"是民族的分支。

目前大多数粤语称呼男子都称"佬"，大多是卑称，与屈氏所言合，例如广州、香港、佛山、斗门、江门（新会、开平、恩平、台山）、东莞、阳江等地，有裁缝佬（裁缝）、阳江佬（阳江人）、做田佬（种田人）等称谓。

（2）謂平人之妻曰夫娘。夫娘之稱頗古，劉宋、蕭齊，崇尚佛法，閨內夫娘令持戒。夫娘謂夫人娘子也。廣州則以爲有夫之娘也。

在古代可以尊称别人的妻子为"夫人"或"娘子"，它们如何合并为一词？不易理解。故而屈氏认为其当为"有夫之娘"的省略语。根据下文"東莞女子，未字者稱曰大娘"，似也能解释得通。此外，据明陶宗仪《南村辍耕录·妇女曰娘》："苗人谓妻曰夫娘。"若是，"夫娘"则为少数民族语言的借词。岭南地区曾是苗族人聚居之地，受其影响亦不足为奇。

现代广府粤语已无此称谓，而东莞莞城、阳江等地背称别人的妻子仍称夫娘 fu²¹³nøŋ²¹、fu³³niɛŋ⁴²，东莞清溪、深圳沙头角称女人为婄娘 pu³³giɔŋ¹¹，似为更古之旧音。

（3）東莞女子，未字者稱曰大娘，已字稱小娘，眾中有已字、未字，則合稱曰大小娘。

"娘"在屈氏以前已经可以指称未婚少女，如《康熙字典》："《唐韵》女良切，《集韵》《韵会》尼良切。并同孃。少女之号。"未婚为大，已婚为小。东莞现在称未婚年轻女性为"娘仔"nøŋ²¹tsɔi³⁵，"仔"亦是小称，而"大娘""小娘"的说法已经消失。

---

[1] 文本疏证的引文，如非特别说明，均引自《康熙字典》。

（4）廣州謂新婦曰心抱。

在屈氏的时代，粤语中的"心抱"已经存在了。有专家考证现代粤语的"心抱"其实是"新婦（新妇）"的变音。"抱"音存古，仍保持了双唇音的读法，"心"是"新"受"妇"的唇音影响而发生的逆同化现象。

（5）謂子曰崽。《水經注》："弱年崽子。"是也。

《方言》："崽，子也。江湘闲凡言是子谓之崽。"《康熙字典》："《广韵》《集韵》山皆切，音簁。又《玉篇》子改切，音宰。按《广韵》山皆、山佳二切，音近腮。《杨时伟·正韵笺》收崽，又读若洒。洒、宰皆方俗音。互见口部囝字注。"
现代广府粤语称子为仔，tsɐi^{35}，其当源自"宰"音。"崽"现代粤语读音为 tsɔi^{35}。大概"仔"音 tsɔi 是较早的读音，现代台城、恩平、莞城"仔"母音韵母仍读为 ɔi。

（6）陽春謂外祖父曰翁爹，外祖母曰婆爹，自稱則曰儂。高明謂外祖父曰公低，外祖母曰婆低。

现在肇庆地区称外祖父母仍为"公低""婆低"，恩平称外祖父为"公大"koŋ^{33}tai^{35}，外祖母为"婆大"p^{h}ua^{22}tai^{35}。肇庆、江门、两阳地区接壤，这些词大概是同源的。
自称为"侬"的历史比较早，六朝《乐府诗·子夜歌》："隔欢思欢面，情不绝如线。侬唇帖欢耳，闻声不相见。"《广韵》："俗谓我为侬。"现代阳春话已无此用法。

（7）廣州謂母曰嬭，亦曰媽，媽者，母之轉聲，即母也，亦曰艃。凡雌物皆曰艃，謂西北風亦曰艃，蓋颶與瘴皆名母，故西北風亦曰艃也。

《博雅》："嬭，母也。楚人呼母曰嬭。"《广韵》："嬭，奴蟹切。"现代大多粤语都有此词，一般用作詈语，如"丢那奶"，字作"奶"。阳江话除此之外还可用作背称或旁称，如偓奶（我母亲）、御奶（他母亲）。
《类篇》："艃，蒋氏切，音子。母也。"《集韵》本作"艃"。《类篇》注音与现代粤语不合。现代粤语写作"嫲"，音为 na，上声，女人或者雌性动物都可以称为"嫲"。西北风在现代阳江话中仍可说"西北嫲"。

（8）母之兄弟妻曰妗母。

《康熙字典》："《集韵》俗谓舅母曰妗。巨禁切。舅之妻不称母。云舅母亦里语也。"现代广府粤语一般称母之兄弟妻为"舅母"，个别粤语则保留"妗"的用法，如阳江话只称呼大舅妈为"妗"或"大妗"，其余的舅妈统称为"舅娘"。

（9）醮子之夕，其亲戚送花於新郎房中者，男曰花公，女曰花婆。

《说文》："醮，冠娶礼。祭。从酉焦声。醮，醮或从示。"段注："冠娶礼祭也。士冠礼：'若不醴则醮用酒。三加，凡三醮。'郑曰：'酌而无酬酢曰醮。'士昏礼：'父醮子。命之迎妇。嫡妇则酌之以醴。庶妇使人醮之。酌之以酒。'郑曰：'酒不酬酢曰醮。'依郑说，非谓祭也。而许云冠娶礼祭。事属可疑。详经文不言祭也。盖古本作冠娶妻礼也。一曰祭也。转写有夺与。祭者别一义。不蒙冠婚。宋玉《高唐赋》：'醮诸神礼太一。'此后世醮祀之始见也。从酉。焦声。子肖切。二部。"屈氏所言，可证"醮"为冠娶婚礼。

送花，清李调元《南越笔记·粤俗好歌》："酒罢，则亲戚之尊贵者亲送新郎入房，名曰'送花'。"这大概是古时岭南风俗，现在似乎没有这种做法了。

"花公""花婆"是阴间的护花使者。在民俗信仰中，每一个生命在阴间便是一棵花树，唯有照顾得宜，花树充满生气，人才能健康平安，而负责照顾花树的，就是"花公""花婆"。传说"花公""花婆"属于阴神，掌管着阴间的红白花丛，每天为所有的花丛浇水灌溉，细心呵护花丛，其花丛里的每朵花苞，都代表一个未出生的小孩，红花苞代表女孩，白花苞代表男孩。

现在阳江风俗男女结婚前需要办一个"清花缘"（清花园）的仪式。"清花缘"（清花园）的说法有两种：一说人的家族就像一个大花园，但凡有新的品种加入或者移除都要清理一下花园。所以有巫婆、神汉帮人领先人亡灵上来讲话就叫"逻花园"。"清花缘"（清花园）意思应该是告诉先人有新品种花加入或者有成熟花要移走。另一说是清桃花运，还清三世的情债。这大概是岭南古时遗俗。类似的还有广东潮汕地区的"出花园"，不同的是"出花园"的仪式不是临近结婚，而是男女青年在十五岁时举行，仪式也有拜"花公""花婆"的内容。

（10）子初生者曰大孙头，子女末生者多名曰蕰。新會则曰長仔，或曰屘。

"大孙头（大孙头）"的说法现代粤语少见。最小一个儿子称为"蕰"较常见。《寂园杂记》："广东谓老人所生幼子曰蕰。"《字汇补》："泥台切，奈平声。"现代粤语音"拉"lai^{55}，"泥""来"旁转。"屘"在粤语中音同"尾"mei，在一些方言中音man，大概是"尾"和"儿"的合音。

（11）奴僕曰種仔，惠州曰賴子，言主人所賴者也。

"種仔（种仔）"在通语中为"种子"，指后嗣，多含有贬义。例如《金瓶梅词话》第三一回："自从养了这种子，恰似他生了太子一般。"《红楼梦》第六九回："邢夫人听说，便数落了凤姐儿一阵，又骂贾琏：'不知好歹的种子！'"粤语中的"种仔"或与其同源。

"賴子（赖子）"在通语中是刁钻撒泼、横蛮无耻人的俗称。例如《新五代史·南平世家·高从诲》："俚俗语谓夺攘苟得无愧耻者为赖子，犹言无赖也。"元无名氏《谢金吾》第二折："都是这两赖子调度的军马。"屈氏关于惠州"赖子"的说法似是望文生义，似为"俫子"，即供使唤的小厮。这个词在共同语中也很常见，如元武汉臣《玉壶春》第四折："老虔婆唱叫扬疾，更狠如剔髓挑筋索命鬼，见俫子撅天扑地，不弱如打家劫舍杀人贼。"明汤显祖《南柯记·漫遣》："知音的说是个妙人、好人、老成人，少趣的叫我败人、俫子、光棍子。"

（12）嶺北人曰外江獠。

现代粤语称外地人为"外江佬"。

（13）奴之子曰家生仔。螟蛉子曰養仔，盟好之子曰契仔。

"家生仔"在通语里为"家生子"，而且此说法很普遍。例如，明沈德符《野获编补遗·内监·镇滇二内臣》："宁初名福宁儿者是也，云南李巡检之家生子。"《红楼梦》第十九回："袭人：'这话奇了！我又比不得是这里的家生子儿，我们一家子都在别处，独我一个人在这里，怎么是个了手呢？'"粤语只不过是有一点自己的语音特色罢了，如前所述，"子"读为"崽"则其与通语读音差别较大。"養仔（养子）"一词历史也较早，《后汉书·顺帝纪》就有："四年春二月丙子，初听中官得以养子为后，世袭封爵。"现代粤语"契仔"是"干儿子"的意思，已不是盟好世交之子的意思了。

（14）巫曰師公、師婆，覡之夫曰覡公。

该条屈氏分别巫的性别有误。《说文》："在男曰覡，在女曰巫。"《周礼·春官·神仕疏》："男阳有两称，曰巫，曰觋。女阴不变，直名巫，无觋称。"据此，男性一般称为"觋"，也可以称为"巫"，女性只能称为"巫"而不能称为"觋"。因而不能说"觋之夫"。

（15）瓊女賣檳榔者曰山子，徭之畬者亦曰山子。

"瓊女（琼女）"之谓未见古籍，徭畬谓山子，文献有记载，如明邝露《赤雅·斑衣山子》："山子散处横州、震龙、六磨诸山，无版籍定居，斫山烧畬，轻死。"

（16）廣州謂橫恣者曰蠻，又曰蠻澄錕。錕，劉錕。澄，龔澄樞也。言其不循法度，若此二人也。

"蠻（蛮）"原指东南的少数民族，后引申为粗野，无教化。刘錕，五代时期南汉国君主，事见《新五代史·南汉世家第五》。"龔澄樞（龚澄枢）"，南汉宦官，事见《新五代史·南汉世家第五》。屈氏"蠻澄錕（蛮澄錕）"的说法似乎有望文生义之嫌。按照汉人的习惯，指称一个人往往取其姓氏或名字的最后一个字代之，称呼"龚澄枢"为何不取"龚"或"枢"而取中间一字？让人困惑。阳江话表示"全部"可以说"冚唪哈"，也可以说"冚唪哈澄錕"，"澄錕"起强调作用，显然这个"澄錕"不是指具体的人物。

（17）謂外省人曰蠻果。

广府人仰仗中原文化，且以中原血统自居，对外省人存在蔑视态度，所以以比自己文化落后的少数民族称之。"蠻果"字或应作"蠻猓（蛮猓）"。"蛮猓"见于《广南府志》："西之南，弥勒湾乃入会城冲路。湾东西八十里，稍坦，夷自湾入邱北至广西州，界外树皮、架哈诸寨，蛮猓杂处。一自维摩取道广西州治，直走会城，仅七百里。盘江与巴盘皆由府境入罗平，不可舟。其境东邻水下三乡，西逼龟山巢窠，亦蛮猓杂居，而沙人犷悍尤顽钝。"谓岭北人为外江獠，谓外省人为蛮猓，均以少数民族丑称代之。

（18）興寧、長樂人曰哎子。

"興寧、長樂（兴宁、长乐）"即今梅州兴宁市与五华县，该地为客家居住地，人们自称"我"为"偓"，"偓"音与"哎"同，故称。

（19）摇橹者曰事头，《宋书》："萧惠开有舫十餘，事力二三百人。"事头者，事力之首也。

"事頭（事头）"，现代广府粤语为老板的别称。

（20）香山謂佃而服役者曰入倩。

称租田而服役的人为"倩"的说法古已有之。扬雄《方言》云："东齐之闲，壻谓之倩。又凡假代及暂雇使令亦曰倩。"陈琳《为曹洪与魏文帝书》："怪乃轻其家丘，谓为倩人。"现代中山方言已无此用法。

（21）謂田主曰使頭，其後反以佃戶之首爲使頭。

"使頭（使头）"一词在唐、宋、元、明时均见使用，其义有二：一为奴仆对家主的称呼。例如五代王定保《唐摭言·贤仆夫》："李敬者，本夏侯谯公之佣也……敬鞦然曰：'我使头及第后，还拟作西川留后官。'"《警世通言·三现身包龙图断冤》："打脊贱人！见我恁般苦，不去问你使头借三五百钱来做盘缠？"一为对上司以至国主的称呼。如《敦煌变文集·父母恩重经讲经文》："阿娘几度与君婚，说着人皆不欲闻；才始安排交（教）仕宦，等闲早被使头真（嗔）。""佃户之首"即为头目，故称。

（22）輕捷曰轆力，言其力如車之轆也。

该条屈氏的解释有望文生义之嫌。"轆力（辘力）"当作"轆轤（辘轳）"，如《乌鲁木齐杂诗之游览》（之四）："犊车辘轳满长街，火树银花对对排。"也作"轤辘"，如清王恕《牧牛词》："天上日车休轤辘，少待吾牛饱其腹。""辘轳"本为车轮转动之貌，当为引申而表示人的动作敏捷。

（23）飲食曰喫。

现代广府粤语饮食称为"食"，四邑、两阳粤语仍沿用之。

（24）遊戲曰則劇，雜劇也，訛雜爲則也。

屈氏此说可疑。"劇（剧）"或"則劇（则剧）"表示游戏义早已见诸文献，如唐李白《长干行》："妾发初覆额，折花门前剧。郎骑竹马来，绕床弄青梅。"《朱子语类》卷一〇四："此等议论，恰如小儿则剧一般。"宋刘克庄《贺新郎》词："生不逢场闲则剧，年似龚生犹夭，吃紧处无人曾道。""雜劇（杂剧）"始见于晚唐，且其为戏剧的种类之一，因此前后演变关系存在问题。

（25）謂淫曰姣，姣音豪。又曰嫪毐。

"淫"之"姣"义古已有之，《广韵》《集韵》《正韵》："姣，淫也。"《左传·襄九年》："穆姜曰：'弃位而姣，不可谓贞。'""姣，音豪"，可知屈氏时代"豪""肴"同韵，现代广府粤语"姣""豪"已不同音。

嫪毐，战国末秦人。本为吕不韦舍人，因与秦始皇母私通，受宠幸，权倾一时。事见《史记·吕不韦列传》。后称善淫者为"嫪毐"，如清蒲松龄《聊斋志异·伏狐》："昔余乡某生者，素有嫪毐之目，自言生平未得一快意。"

（26）謂聰明曰乖。

现代粤语聪明叫"叻""醒目"，而非"乖"；"乖"一般用来指听话。

（27）謂不曰吾。

这是用同音字记音，现代粤语字作"唔"。

（28）來曰釐。

"来""釐（厘）"为同音字，现代广府粤语"来"有三个读音，即 $lɔi^{21}$、$lɐi^{21}$、lei^{21}。

（29）溺人曰碇。

现代广府粤语似已无该说法，溺水一般说"浸死人"。阳江话还保留该词，人溺水下沉叫"碇梗沉"。

（30）取事物曰邏。

"邏（逻）"，现代粤语字作"攞"，音 $lɔ^{35}$。

（31） 東莞謂事訖曰効。

现代东莞话也还是如此表示事情的结束或完成，"効"字作"敲"，音 hau^{213}。学界已有人指出其源头为古汉语的"休"。[①]

（32）（東莞）遊戲曰瞭，順德曰仙，曰欣，新會曰流。

"瞭"，游戏义，现在大多粤语都用"嫽"，广州话音 liu^{22}，东莞音为 ŋiu^{32}。顺德现在用"玩"，新会现在用"嫽"，音 lau^{21}，只有番禺用"仙"，音 sin^{55}。

（33） 以言托人曰訣。一作咉。

"訣（诀）或咉"，托人义，现在字作"央"，普通话亦有此义，如央求。

（34） 謂猥獛者曰魁攉，出賈誼《哀時命》篇，即詩之虺隤也。

魁攉犹虺隤，疲病貌。汉严忌《哀时命》："孰魁攉之可久兮，愿退身而穷处。""猥獛"义为丑陋难看或庸俗拘束，此与"魁攉"义不桴合。依屈氏之义，字或当作"猥獕"，如《水浒传》第一回："真人道：'太尉可惜错过，这个牧童，正是天师。'太尉道：'他既是天师，如何这等猥獕?'"《水浒传》第二四回："这妇人，见武大身材短矮，人物猥獕，不会风流。"

（35） 持物曰的。

现代广府粤语似乎少见有这个用法，两阳则保留，如"的鸡腿"（拿着鸡腿），"的"音迪 tek^5。

（36） 肥曰凹。

"凹"，粤语音 nɐp^5，广府粤语"肥肥 nɐp^5 nɐp^5"（胖乎乎）。

[①] 郭必之，片冈新．早期广州话完成体标记"哓"的来源和演变［J］．中国文化研究所学报，2006（46）：91-116.

（37）肉熟曰朒。

"朒"，《广韵》："胡男切，音含。"《玉篇》："舌也。"《广韵》："排囊柄也。"《集韵》："户感切，音额。牛腹也。"音义与"肉熟"之"朒"不合。"朒"，现代粤语字作"腍"，音 nɐm²¹。除了表示肉熟之外，还可以指物体软、烂。

（38）廣州謂烹物曰膌。亦曰炠也。

"亦曰"之例为一事而异名，音义当不同。《韵会》："膌，燶也。一曰生熟半也。"《博雅》："膌，燶也。《礼·郊特牲·腥肆爓腍祭注》：爓，或为膌。"《礼·礼器·三献注》："爓，沈肉于汤也。""炠"，《广韵》："胡甲切。火貌。"《集韵》："辖甲切，并音狎。火干也。"二者似有区别，"膌"侧重于汤煮而"炠"侧重于火烤。现代粤语义为用水长时间熬煮，字作"煠"，与"膌"音义合，"炠"已不见使用。

（39）謂港曰涌，涌，衝也。音沖。

"港"，《说文》："水派也。"《唐韵》《集韵》《韵会》《正韵》："港，水分流也。""港"是河流的支脉，粤语称为"涌"，现代粤语仍保留此说法，例如河涌、文冲（广州地名）。

（40）凡水皆曰海。所見無非海也。

凡水称作海，现代粤语在地名上还保留这一说法，如"海心沙"，其实就是珠江上的沙洲。

（41）謂水通舟筏者曰江，不通舟筏者曰水。

现代粤语已无此分别。

（42）稱山之有林木曰山，無者曰嶺。

现代粤语已无此分别。

（43）廣州謂門橫關曰閂。

閂，音 ʃan⁵⁵。在宋人笔记中也可以见到用例，如范成大《桂海虞衡志·杂志》："閂，门横关也。"

（44）繞索曰繵。

此古语之遗留，《集韵》："唐干切，音坛。绳也。"现在粤语似已不用。

（45）芟草曰薅草，亦曰勞。諺曰："耕而不勞，不如作暴。"

"薅草"的说法，《说文》已见。《说文》："薅，拔去田草也。从蓐，好省声。茠，籀文薅省。茠，薅或从休。"《诗》曰："既茠荼蓼。"
"勞（劳）"，亦作"耮"，原指翻地的农具，后来指平整土地。《集韵》："耢，摩田器。或从耒。"清倪倬《农雅·释器》："耖之然后耢之。"
根据文献，"薅草"与"劳"不是一回事。

（46）樹椿水中以掛罾曰罾戙。

《广韵》："戙，徒弄切，音洞。"《玉篇》："船板木也。"义与粤语不同。现代粤语笔直的杆状物都可以称为"戙"，如电线杆可以称为电线戙。"戙"也可以作动词，指笔直地树立某物。

（47）廣州謂卵曰春。

现代粤语口语还保留这种称呼，字或作"膥"。

（48）謂衣一套曰一沓。沓，襲也。訛襲爲沓也。

"襲（袭）""沓"具有相同的意思，是词语同步引申的结果，而非讹误。两个词都有"重、层"的意思，《吕氏春秋》："棺椁数袭。"唐李白《庐山谣寄卢侍御虚舟》："香炉瀑布遥相望，回崖沓嶂凌苍苍。"根据"相因生义"的理论，"袭"产生出"成套的衣服"这一意义，"沓"也会有类似的变化。此外，"沓"还可以指成套的器物，如沓杯、沓柜。讹音的说法很难解释两词读音差距巨大的问题。

（49）貧者欲避火，鬥於野外，構茅以棲，名曰茅。

"茅"，现代粤语仍有该词，字或作"寮"，如廉江的禾寮、徐闻的新寮岛。

（50）自陽春至高、雷、廉、瓊地名，多曰那某、羅某、多某、扶某、過某、牙某、峨某、陀某、打某。黎岐人姓名，亦多曰那某、抱某、扶某。地名多曰那某、淌某、婆某、可某、曹某、爹某、落某、番某。

这里介绍的是广东地名的壮侗语底层以及黎族人名字的特点。对照现行的地图，屈氏记录的大多地名已经了无踪迹，只有"那某""罗某"较常见，如电白"那霍"，阳东"那龙"，云浮"罗定"。而现代黎族人一般采用汉姓，姓名已与汉人无异。

（51）其近漢者多曰妑某，妑音不。

现代雷州人起名字多在姓后面加一个"妃"字，音 bui^{24} 或 ʋi^{24}，"不"与"妃"音近，或为屈氏时代遗留的痕迹。

（52）香山中秋夕，劇飲月下曰餖中秋。

香山大致相当于现在的中山市。"餖（饾）"音 teu^{21}，原指陈列的食品，后指会食。东莞、阳江仍有"打饾肆"的说法，指的是若干人凑钱或食物一起烹煮、吃喝。

（53）海豐方言，其濱海者，大約與潮相近，如鬐曰莊，鼻曰鄙，耳曰繫，鬚曰秋，鴨曰啞，牛曰悟之類。

这里描写的是海丰的闽方言。现代潮州话"鼻"音 p^{h}in^{33}，现代广府粤语"鄙"音 p^{h}ei^{35}；现代潮州话"耳"音 hī^{35}，现代广府粤语"繫（系）"音 hɐi^{22}；现代潮州话"鬚（须）"音 ts^{h}iu^{33}，广州话"秋"音 ʧ^{h}eu^{55}；现代潮州话"鴨（鸭）"音 aʔ^{21}，广州话"啞（哑）"音 a^{35}；现代潮州话"牛"音 gu^{55}，广州话"悟"音 ŋ^{22}。音均相合。

（54）其屬於山者，語又不同，謂無曰冒，我曰礙，溪曰階，嶺曰諒。

这一条记录的是客家话。现代梅县客家话"無（无）"音 mɔ^{11}，广州话"冒"音 mou^{22}；梅县客家话"我"音 ŋai^{11}，广州话"礙（碍）"音 ŋɔi^{22}；梅县客家话"溪"音

hai^{44}，广州话"階（阶）"音 kai^{55}；梅县客家话"嶺（岭）"音 lia ŋ^{44}，广州话"諒（谅）"音 lœ ŋ^{22}。均为音近字注音。

（55）其蛋（疍）人則謂飯曰邁，箸曰梯，碗曰愛瓦，盆曰把浪，拿網曰今網。

"蛋（疍）人"指南方沿海从事渔业的水上居民。"蛋（疍）"，同"蜑"。清王韬《请建蒋祠议》："其或勾疍人以助虐，串蠹弁以均肥。"据庄初升《岭南地区水上居民（疍家）的方言》，疍家方言主要为粤语，亦有少数闽语。疍家话现在已经处于濒危境地，其具体内容大多已不得而知。

（56）瓊語有數種，曰東語，又曰客語，似閩音。

东语、客语指的是海南岛闽语，东语是从来源上说的，意指从东边而来的语言；客语是相对于土著语言而言的，说明该语言是外来的。陈波《海南方言研究》："东语显然指海南话，属闽方言闽南次方言。明时海南话形成不久，故《琼台志》云：'似闽音。'19 世纪海南话变化已很大，故《府志》云：'略似闽音。'""实际上，今天老百姓仍称海南话为'客话'。客语本对土著语而言，但在海南已成为海南话的俗称。"①

（57）有西江黎語，有士軍語，地黎語。

据陈波《海南方言研究》：西江黎语，正德《琼台志》卷七："一曰西江黎语，即广西梧、浔等处音。"②《琼台府志》同此。《琼山县志》卷二："有西江黎语，似广西梧州等处土音。"考明时广西梧州府，治所在今梧州市，辖今苍梧、藤县、容县、岑溪、玉林及广西怀集等县；明浔州府治所在今桂平，辖今桂平、平南、贵港等市县。这两府的少数民族主要是壮族，使用壮语北部方言。海南与壮语最相近的语言是临高话（包括海口、澄迈等地的"村话"）。由此可知，所谓"西江黎语"不是黎族所说的黎语，而是临高话。

"士軍語（士军语）"，应该是"土军语"，据陈波《海南方言研究》：正德《琼台志》卷七："村落乡音有数种：……一曰土军语。"《琼台府志》所记同。《琼山县志》卷二："又有土军语、地黎语，乃本地土音。"③ 从其与"地黎语"并记来看，"土军语"估计是一种汉语方言，但属于什么方言系统不得其详。

---

① 陈波 . 海南方言研究［M］. 海口：海南出版社，2008：208.
② 陈波 . 海南方言研究［M］. 海口：海南出版社，2008：212.
③ 陈波 . 海南方言研究［M］. 海口：海南出版社，2008：211.

"地黎語（地黎语）"，据陈波《海南方言研究》：正德《琼台志》卷七："……一曰地黎语，乃本土音也。"《琼州府志》同此。《琼山县志》卷二："又有土军语、地黎语、乃本地土音。"① 这三本志书都将"地黎语"同"西江黎语"并举，说明它是有别于"西江黎语"的土著黎语，应该属于壮侗语族黎语支。

（58）廣州語多與吳趨相近，如須同蘇，逃同徒，豪同塗，酒同走，毛同無，早同祖。

"須（须）"，虞母；"蘇（苏）"，模母；"逃"，豪母；"徒"，模母；"豪"，豪母；"塗（涂）"，模母；"酒"，尤母；"走"，侯母；"毛"，豪母；"無（无）"，虞韵；"早"，模母；"祖"，模韵。中古一些韵在广州话中合流："虞"与"模""豪"合流；"尤"与"侯"合流。

（59）新會音多以平仄相易，如通作痛，痛作通。東莞則謂東曰凍，以平爲去。謂莞曰官，以上爲平。

由于不清楚屈氏采用的是广州音还是他家乡话的佛山音作比较，尽管两者差距不大，为了准确起见，表1中②两者均列出。

表1　新会东莞方言声调比较表

	平		上		去		入		
	阴平	阳平	阴上	阳上	阴去	阳去	上阴入	下阴入	阳入
广州	55/53	21	35	13	33	22	55	33	22
佛山	53/55	42	35	13	33	22	55	33	22
新会	23	22	45	21	31		55	33	21
东莞（清溪）	33	11	21		42		22		55

通过比较，如下：

"通"，透母，阴平，会城话23；"痛"，透母，阴去，佛山话33，会城低升，幅度较小，佛山中平，两者听觉相似。

"痛"，会城话31；"通"，佛山话53。同为降调，听觉相似。

① 陈波．海南方言研究［M］．海口：海南出版社，2008：211．
② 本表根据《珠江三角洲方言词汇对照》整理。

"東（东）"，阴平，东莞清溪33；"凍（冻）"，阴去，佛山33；"莞"，上声，东莞清溪21；"官"，平声，广州阳平21。调值相同。

（60）香山謂人曰能。

该词似是闽语词汇，闽南话"人"音 neŋ²²，与广州话"能"音近。

（61）番禺謂人曰寅。

现代粤语"人""寅"同音。这样看来，屈氏的时代在大多数的粤语中两者可能不同音。从中古的音韵地位看，"人"属于日母真韵三等平声，"寅"属于以母真韵三等平声，两者声母不同。可以这样说，在屈大均的时代，番禺方言中的日母和以母最先混同，而其他的粤语尚有分别。

（62）東莞之南頭謂刀曰多。

"刀"中古属于端母豪韵开口一等平声，"多"中古属于端母歌韵开口一等平声，东莞南头方言"豪""歌"合流。

（63）增城謂屋曰竄。

《说文》："竄（窜），匿也。匿，隐藏。"《贾谊·吊屈原文》："鸾凤伏窜兮，鸱鸮翱翔。"《晋语》："可以窜恶。"《注》："隐也。"该词大概先由"隐匿"这个动作进而引申为"藏身之所"。现代增城话已经很少见到把"屋"称作"窜"这种说法。

（64）廣州謂父又曰爸，母曰嬭。

"嬭"，音 nai，现代粤语往往写作"奶"。在现代粤语中"嬭"一般不用于面称，而是在旁称、引称或詈骂的时候用。

（65）謂視不正曰乜斜，乜音咩。

元代的文献已有"乜斜"，例如元汤式《湘妃引·闻赠》曲："手汤着郎君趔趄，眼梢着子弟乜斜。""咩"现代粤语写作"咩"，"乜斜"的"乜"在屈氏的时代读平声。现代粤语物体不正叫"乜"，上声。

（66）射覆曰估。

“射覆”，古时的一种猜物游戏，亦往往用以占卜。《汉书·东方朔传》：“上尝使诸数家射覆，置守宫盂下，射之，皆不能中。”颜师古注：“数家，术数之家也。于覆器之下而置诸物，令暗射之，故云射覆。”《三国志·魏志·管辂传》：“季龙取十三种物，著大箧中，使辂射。云：‘器中藉藉有十三种物。’先说鸡子，后道蚕蛹，遂一一名之，惟以梳为枇耳。”明黄瑜《枫林壬课》：“偶访友人，见案上真四合，戏谓君能射覆乎？”“估”是猜测的意思。现代粤语仍在使用，如：“你估下”（你猜猜）。

（67）细切物曰剩，音速。

“剩”，《唐韵》：“相玉切。”《集韵》《韵会》：“须玉切，并音粟。细切也。”现代粤语似已无此用法。

（68）食饱曰匓，音救。

“匓”，《唐韵》：“居祐切。”《集韵》：“居又切，并音救。”《说文》：“饱也。（民）祭祀曰厌匓。”现代粤语一般说“饱”或“食饱”，也说“食夠（够）”。

（69）以鼻審物曰嗅，許用切。

“嗅”，《集韵》：“香仲切，音趟。义同。”现代粤语多用“闻”。

（70）謂多曰夠，少曰不夠，音遘。

“夠（够）”，中古分别属于见母侯韵开口一等平去二声；“遘”，中古属于见母侯韵去声开口一等。此当同为去声，现代广府粤语读为去声。

（71）謂無尾曰屈，音掘。謂人無情義者亦曰屈。

现代粤语大多还保留这个用法，如没有尾巴说屈尾，物体尾巴短说屈雷槌，人绝情叫屈情。

（72）积腐秽曰擸撶。

"擸"，《唐韵》："卢盍切。"《集韵》："力盍切，音腊。""撶"，《唐韵》："才盍切。"《集韵》："疾盍切，并音桚。读若惭入声。擸撶，和杂也。""擸撶"，根据中古音折合成现代粤方言的读音为 lap^{21} tsap^{21}。现代粤语义为肮脏，音变为 la^{35} tsa^{35}。

（73）漱口曰敕口，敕音朔。

"敕"，《说文》："诫也。臿地曰敕。从攴束声。耻力切。"现代粤语音 ts^{h}ek，音义皆不合。字恐误，或当为欶。"朔"，《说文》："吮也。从欠束声。所角切。"折合现代粤语读音为 ∫ɔk，与"朔"音合。现代粤语"漱口"一般说"藘口"，如广州音 lɔŋ^{35} hɐu^{35}。

（74）謂人愚曰猥殈。

"猥"，《广韵》："乌贿切。"《集韵》："邬贿切，并音猥。猥殈，不知人也。一曰弱也。""殈"，《玉篇》："土罪切。"《广韵》《集韵》："吐猥切，并音骽。猥殈，弱也。"字书均并列解释，可见"猥殈"为连绵词。"不知人"用现代的话是不懂人情世故。"弱"则是愚笨怯懦，如《书·洪范》："六曰弱。"郑康成云："愚懦不毅曰弱，言其志气弱也。"此与屈氏所言相合。现代广府粤语己无此说法，阳江话称人蠢笨为"頹"，似与"殈"音义相近，是否缩略成语尚需考证。

（75）怒目视人曰瞵，音利。

"瞵"，《集韵》："觀鬁并同。"
"觀"，《唐韵》《集韵》："并郎计切，音丽。"《说文》："求也。"《玉篇》："索视貌。"《集韵》或作"鬁"。
"鬁"，《广韵》《集韵》："并郎计切，音丽。"《玉篇》："视也。"又《类篇》："求也。"一曰索视貌。郭璞《江赋》："鬁雾裖于清旭。"又《扬子·方言》："伺视也。凡相窃视，南楚或谓之鬁。"又《集韵》："力智切，音詈。义同。"《类篇》书作"瞖"，或作"瞵"。
《广州话词典》（55 页）字作"睚"：瞟（偷看或含责备、制止意思的看）lɐi^{35}，与"利"不同音。

（76）謂田多少曰幾畛。

该词在现代广府粤语中似不多见，阳江话中还保持该用法。此外这个词还有"排、列"的意思，例如"几畛屋"就是几排房子的意思。

（77）肉動曰胒，音徹。

"胒"，《广韵》："叱涉切。"《集韵》："尺涉切，并音讘。"《广韵》："臑胒。"《集韵》："臄臑，肉动也"。
"臑"，《广韵》："而涉切。"《集韵》："日涉切，并音讘。"《广韵》："动臑。"《集韵》："内动也。"现代广府粤语已经不见使用。

（78）瘡腫起曰臖，興去聲。

"臖"，《广韵》《集韵》："并音许应切，兴去声。"《玉篇》："肿痛也。"《广韵》："肿起。"现代粤语"臖"是发热的意思，字写作"熁、焮"。

（79）以足移物曰蹳。

"蹳（跋）"，《集韵》《韵会》："并北末切，音拨。"《类篇》："足跋物。《前汉·夏侯婴传》：'常跋两儿弃之。'《注》服虔曰：'音拨。'"现代粤语手足移物均可称"拨"，不用"蹳"字。

（80）裸體曰躒躒，音赤曆。

"躒"，《集韵》："古获切，音国。躒躒，倮也。""躒"，《集韵》："狼狄切，音历。躒躒，倮也。"根据韵书读音，粤语读音应为"国力"，屈氏所记或为训读音。

（81）不謹事曰邋遢。

"不謹事（不谨事）"是做事糊涂的意思。现代粤语"邋遢"是肮脏、不整洁的意思。

（82）鼻塞曰鼻齆，音甕。

"齆"，《广韵》《集韵》："并乌贡切，音甕。"《埤苍》："鼻病也。"《字汇》："鼻塞曰齆。"

（83）露大齿曰龅牙。

"龅（齙）"，《玉篇》："步交切。"《集韵》："蒲交切，并音庖。"《玉篇》："齿露也。"现代粤语大多仍保留该词。

（84）以鸽翎贯皮钱踢之，曰踢毽，毽亦曰燕。

现代粤语还有这个词，普通话叫"毽子"。

（85）高要人谓婿曰郎家。

"婿"同"婿"，现代阳江话仍保留该词。

（86）女巫曰鬼嫷。

现代阳江话称巫婆为"仙婆"，巫师为"师公"。

五、结语

《广东新语·土言》介绍的是广东方言的特殊词语及语言现象。广东有三大方言，由于屈大均是广府粤语母语者，所以这一章以广府粤语为主，也有少数闽语、客家话、疍家话的词汇及当时广东少数民族语言词汇和有民族特色的地名；除了介绍词语本体外，还有词汇比较和声调比较的内容。可以说《广东新语·土言》是一个很有价值的语料。

屈大均生活的年代距今 300 多年，《广东新语·土言》为我们窥探 300 多年的语言发展变化提供了一个窗口。通过梳理《土言》并与广东现代的方言进行对比，可以看到大多数词语在不同次方言中呈现出来的样态，从而了解它们的消长情况。

参考文献

［1］北京大学中国语言文学系语言学教研室．汉语方音字汇［M］．2版重排本．北京：语文出版社，2003.

［2］陈波．海南方言研究［M］．海口：海南出版社，2008.

［3］陈廷敬，张玉书，等．康熙字典［M］．修订版．北京：社会科学文献出版社，2008.

［4］李育中，邓光礼，林维纯，等．广东新语注［M］．广州：广东人民出版社，1991.

［5］林亦．《广东新语》与广西粤语［C］// 詹伯慧．第八届国际粤方言研讨会论文集．北京：中国社会科学出版社，2003.

［6］屈大均．广东新语［M］．北京：中华书局，1985.

［7］饶秉才，欧阳觉亚，周无忌．广州话词典［M］．广州：广东人民出版社，1997.

［8］詹伯慧，陈晓锦．东莞方言词典［M］．南京：江苏教育出版社，1997.

［9］詹伯慧，张日昇．珠江三角洲方言词汇对照［M］．广州：新世纪出版社，1988.

［10］庄初升．岭南地区水上居民（疍家）的方言［J］．文化遗产，2009（3）.

《荀子》判断句的结构、语义和标记类型

李 政

判断句是我国古代语言中的一种特殊句型。一直以来，学者们没有停止对古汉语判断句的研究，但是学者们大多停留在句子的语法分析层面，结合具体文献去分析古汉语判断句实际运用情况的文章不多。结合具体的语料情境分析上古汉语判断句的类型既有价值，也有说服力。本文主要以《荀子》中的判断句为研究对象，通过对判断句语料的分析，从谓语类型、语义关系类型和标记类型三个方面对《荀子》中的判断句进行分类探究。

一、《荀子》判断句的谓语类型

过去对古汉语判断句进行界定的标准有两部分：第一部分是谓语的语法特点，第二部分是谓语与主语的语义关系。一般认为由名词或者名词性短语充当谓语是古代汉语判断句中谓语的语法特点，但是除此之外，非名词谓语还能在语义上对主语的属性和特点作出判断。同时，还应注意到使用非名词性词组当谓语的句子也属于判断句。

本文从《荀子》的判断句语料入手，结合《荀子》的实际语料情况，按照其谓语组成成分的特性，将其分为以下几类：名词谓语、动词谓语、形容词谓语、数词谓语和准系词谓语。

（一）名词谓语判断句

名词谓语判断句主要指的是谓语由名词、代词或名词性词组所构成的判断句。这种判断句中的名词性谓语大多是对主语进行说明，以及对主语的性质进行判定，还有对主语划分种类归属和解释说明。在这类判断句中，结构一般为"主语+名词性谓语+也"。先秦时期，由名词性成分充当谓语的判断句非常之多。郭绍虞（1979）曾明确指出，汉语造句的特点是以名词为主的。名词谓语判断句是《荀子》中主要的判断句类型。例如：

（1）君者盘也，民者水也。（《君道》）

（2）合符节、别契券者，所以为信也。（《君道》）

（3）学问不厌，好士不倦，是天府也。（《大略》）

（4）非礼，昏世也；昏世，大乱也。（《天论》）

例（1）和例（2）的谓语都是由名词充当，例（3）和例（4）的谓语则是名词性偏正结构。例（1）中，谓语部分用"盘"和"水"两个名词分别对主语进行比喻说明，而主语表示的是一类人，指的是"君主"和"人民百姓"；谓语是喻体，指的是"盘子"和"水"。谓语对主语进行比喻说明，更好地判断了主语的性质。例（2）的主语是由动宾结构充当，表示一种行为，指的是"验合符，辨契券"；谓语是由"所以"加一般抽象名词组成，指的是"信用"。谓语对主语的行为作出相对应的评价。例（3）的主语是"学问不厌，好士不倦"，指的是"学习没有满足，喜爱贤士不会厌倦"；谓语是定中词组，指的是"帝王的府库"。主语是说明一种人的行为，谓语所指的就是对这种行为的解释说明。例（4）主语表示的是一种现象，指的是"违背礼制和昏暗的社会"；谓语是说明上述现象所产生的结果，指的是"昏暗的社会和社会的动乱"。谓语是由一个名词性偏正词组充当。

（二）动词谓语判断句

动词谓语判断句主要指的是谓语由动词或者动词性词组所构成的判断句。这类判断句中的动词性谓语大多表达的是某一个具体的动作、主体的行为和对主语情况的总结性评价。在这类判断句中，结构一般为"主语 + 动词性谓语 + 也"。这类判断句在《荀子》中出现较多。例如：

（5）礼者，政之挽也。（《大略》）

（6）事生，饰始也；送死，饰终也。（《大略》）

（7）此以世举贤也。（《君子》）

（8）行其少顷之怒，而丧终身之躯，然且为之，是忘其身也。（《荣辱》）

以上四例中的谓语都是由动词充当的。例（5）中，主语表示的是一类事物"礼制"，"礼制是政治的引导"，谓语"引导"对主语进行一个说明，突出主语的作用。例（6）的主语是动宾结构"侍奉生者"和"葬送死者"，谓语由动词性词组充当，分别是"装饰开始"和"装饰终结"。例（7）用"此"作主语，主语指的是前文的"先祖当贤，后子孙必显，行虽如桀、纣，列从必尊"这件事。谓语是"举荐贤人"。谓语的

"举荐贤人"是对主语的解释说明，也是全面性的总结。例（8）用指示代词"是"作主语，指代前面的"行其少顷之怒，而丧终身之躯，然且为之"这一行为。"忘其身"是动宾结构，作谓语。

（三）形容词谓语判断句

形容词谓语判断句主要指的是谓语由形容词或者是形容词性词组所构成的判断句。这种判断句中的形容词性谓语大多用来判断某一种人或某一种事物的特性，有时也能用于解释某事发生的具体原因。这类谓语在对主语解释中起着次要的作用，对主语的判断起着重要的作用。这种判断式的句子，结构一般为"主语 + 形容词性谓语 + 也"。这类判断句在《荀子》中出现得不多。例如：

（9）天下厌然，与乡无以异也。（《正论》）
（10）察察而残者，忮也。（《荣辱》）
（11）今生也有时，敛也无时，暴也。（《大略》）
（12）苟之，奸也。（《正名》）

上例中的谓语都是由形容词充当的。例（9）的主语就是指"天下安定的状况"，谓语由形容词"异"充当。谓语表示对主语的评价说明，也体现了对主语的判断作用。例（10）表明善于明察而遭到残害是因为被忌恨。主语表示一类人，即"察察而残"之人，谓语则对这类人进行了评价，认为是"忌恨"导致的。体现了由形容词充当的谓语对主语的判定作用，也强调了主语的性质。例（11）的主语就是"今生也有时，敛也无时"，谓语就是一个形容词"暴"，是对主语特征的一种概括判断。例（12）与例（11）一样，主语都是一种现象或者一种情况，谓语就是一个形容词"奸"，能够对主语所指的动作行为作出判定。

（四）数词谓语判断句

数词谓语判断句主要是指由数词充当谓语的判断句。这种判断句中的数词性谓语大多用来表示对事情或者是一些道理进行大致的论说后，再进行归纳和最终的总结性评价。数词充当谓语有时也会用来说明道理或例子成立的原因。在这类判断句中，结构一般为"主语 + 数词性谓语 + 也"。如《王制》"贵贱、杀生、与夺一也"说的是贵与贱、杀与生、给与夺，全都是一个道理。"一"这个数词充当谓语，对"贵贱、杀生、与夺"这些事件进行大致论说后，再抛开现象，推究本质。这类判断句在《荀子》中出现得不多，统计共有 20 例。例如：

（13）故百王之法不同，若是所归者一也。（《王霸》）

（14）故曰：仁义礼乐，其致一也。（《大略》）

（15）故春秋善胥命，而诗非屡盟，其心一也。（《大略》）

（16）其敬一也，其情二也。（《臣道》）

上面例句中的谓语均由数词充当。例（13）主语是指"各个君王的治国方法不同"这件事，谓语是"一"，意思是相同的。这属于总结性的评价，说明了虽然治国方法不同，但是本质归宿是一样的。例（14）意为"所以说：仁、义、礼、乐，它们的目标是一样的"。主语是指"仁义礼乐的目标"，谓语也是由数词"一"充当。主语列举出了不同的事物，谓语"一"对主语进行归纳说明，即主语的这些事物的目标是一样的。例（15）主语是指"两件不同的事情"，谓语由"一"充当，说明无论主语"春秋善胥命"也好，还是"诗非屡盟"也罢，其根本出发点只有一个"守信"。例（16）句中两个谓语分别由数词"一"和数词"二"充当，"一"的意思是相同、一样的，而"二"则被翻译成不同的。

（五）准系词谓语判断句

准系词谓语判断句主要是指由准系词充当谓语的判断句。王力（2004）明确指出，先秦时期是没有系词的，汉语真正的系词大约产生在公元1世纪前后，即西汉末年或东汉初叶。但是上古时期，有些词本身是虚词或者是动词特别像现代的系词，我们这里把这类词称为准系词，这样的准系词有多个，如"为""若""象""曰""似""谓"和"如"等。其中"曰"和"谓"这两个系词在使用时是表示对主语下定义或者是解释说明，主语与宾语往往是同类或者等同关系。"犹"和"若"等，对主语和宾语的判断就不是同一类，而是相同或相近的关系。在这类判断句中，结构一般为"主语＋准系词＋表语"。如《成相》："一而不贰为圣人。"说的是一心不二用的人就会成为圣人。"为"这个准系词充当谓语，对句子中的主语和宾语表示肯定的判断，判断出主语和宾语是同一类或相属一类事物。这类判断句在《荀子》中出现得不多，统计共有64例。例如：

（17）我、文王之为子，武王之为弟，成王之为叔父。（《尧问》）

（18）舍贵而为贱，舍富而为贫，舍佚而为劳。（《尧问》）

（19）窃货曰盗，匿行曰诈，易言曰诞。（《修身》）

（20）赐予其宫室，犹用庆赏于国家也。（《大略》）

上面四个例句中的谓语都是由准系词充当的。例（17）中，"我"，作为文王的儿子，武王的弟弟，成王的叔父。这句中的准系词"为"用来定义主语中"我"的不同身份。例（18）中，舍弃尊贵而甘为卑贱，舍弃富足而甘为贫穷，舍弃安逸而甘为劳累。这句中"为"后面的表语说明了主语性质的转变。例（19）中"曰"充当了准系词，属于对主语下定义或解释说明，是对主语"盗窃""贫穷""荒诞"行为的解释说明。例（20）中"犹"为准系词，表示两种行为的相似。

二、《荀子》判断句的语义关系类型

判断句中的主语和谓语之间有一定的联系。这种必然的联系在语义上的表现，就是所谓的语义关系。从狭义角度上讲，判断句中的语义关系可分为等同关系和相属关系两类。但是，随着这两个语义关系的发展，语义关系还有许多意义上的联系，如表示原因、表示比喻和表示其他的关系。以下将逐一进行分析。

（一）表示等同的语义关系

等同的语义关系，指的是判断句中谓语指向的内容与主语指向的内容一致，主语与谓语是"等同"的语义关系。主语与谓语所表达的内容一致，是等同的，这种就是等同语义关系。例如：

（21）丧礼之凡：变而饰，动而远，久而平。（《礼论》）
（22）三者，明主之所谨择也，仁人之所务白也。（《王霸》）
（23）天地者，生之始也；礼义者，治之始也。（《王制》）
（24）不饮不食者，浮蝣也。（《大略》）

例（21）的主语是"丧礼的常道"，指的就是谓语"变而饰，动而远，久而平"描述的三种情况。例（22）主语所说的"这三种情况"就是谓语指向的"君子和仁人选择和明白的事物"，它们构成等同语义关系。例（23）根据句意，主语"天地"和"礼义"分别是谓语"是生命的本源""治国的根本"的所指。主谓之间也是属于等同关系。例（24）主语所指的"不吃不喝的东西"就是谓语中"浮蝣"这种小虫。

（二）表示相属的语义关系

相属的语义关系是指判断句中的所有主语所指向的范围都必须包括在谓语所指的整体范围之内。主语所指的范围是从属于谓语所指的范围决定的，两者是"相属关系"。例如：

（25）隆礼效功，上也。（《议兵》）

（26）夫诚者，君子之所守也。（《不苟》）

（27）古之所谓士仕者，厚敦者也。（《非十二子》）

例（25）意为"崇尚礼义、重视战功，这是上等的办法"。主语所指的"隆礼效功"是谓语"上等的办法"之一种。两者构成相属关系。例（26）主语"诚"是谓语表达中君子所坚守的其中一种品质，也构成相属语义关系。例（27）主语"古之所谓士仕者"一定为"厚敦者"，而"厚敦者"则不一定都是"仕者"，所以主语所指的范畴属于谓语。

（三）表示原因的语义关系

表示原因是判断句本身的一种语义功能，是由于谓语在句中起到了解释说明主语的作用。这类判断句在《荀子》中很常见，其主要结构为"是 + 名/代 + 之 + 所（以）+ 动/形 + 也"。这类句子很多，其中《荣辱》篇中最为常见。例如：

（28）是诸侯之所以取国家也。（《荣辱》）

（29）是人情之所同欲也。（《荣辱》）

（30）是刑法之所不舍也。（《荣辱》）

（31）是其所以危也。（《荣辱》）

这些句子中"所"字词组作谓语中心，其前面为定语，这个定语可以是名词，如例（28）的"诸侯"；也可以是名词性词组，如例（29）、例（30）的"人情""刑法"；还可以是代词，如例（31）的"其"。助词"之"加在定语和"所"字词组之间作原因标志（但代词后面不加"之"字）。这类句子中的"以"是介词，表示"因为"。"所"字放在"以"的前面，再接谓词性结构，用来表示引起某种动作行为或某种性质、状态的原因。

（四）表示比喻的语义关系

许嘉璐（1992）指出："判断句中主语和谓语所表示的人或事物，如果既不相同，又不相包容，便构成了判断句的活用。"[①] 在判断句中，叙述人把句中的谓语看作喻体，把主语看作本体，主语与谓语之间构成比喻的关系。例如：

---

① 许嘉璐. 古代汉语 [M]. 北京：高等教育出版社，1992：131.

（32）故国者，重任也。（《王霸》）

（33）君者盘也，民者水也。（《君道》）

（34）心如虎狼，行如禽兽而又恶人之贼己也。（《修身》）

（35）为人下者乎，其犹土也。（《哀公》）

例（32）把国家比喻成一个重担。主语是国家；谓语是重担。例（33）将"君者"比作"盘"，"民者"比作"水"。例（34）将人心比作"虎狼"，行为比作"禽兽"，谓语所指就是喻体。例（35）把人谦虚的程度比作土地。

（五）表示其他的语义关系

按功能的不同，表达其他的语义关系也可以分为三类，这三类语义关系分别是：表示评价、解释说明和说明目的的语义关系。例如：

（36）若是，则权轻名辱，社稷必危，是伤国者也。（《王霸》）

（37）治者强，乱者弱，是强弱之本也。（《议兵》）

（38）故变而饰，所以灭恶也；动而远，所以遂敬也。（《礼论》）

例（36）中"若是，则权轻名辱，社稷必危，是伤国者也"表示评价的语义关系。这里指示代词"是"作主语，复指"权轻名辱，社稷必危"这两种行为。这样是危害国家，就是在评价这两种行为所带来的后果。表解释说明的语义关系的例（37），这句话的主语"治者强，乱者弱"是对"强弱之本"的具体解释。例（38）阐述了"变而饰"的目的是"灭恶"，"动而远"则是为了"遂敬"。

三、《荀子》判断句的标记类型

判断是思维的基本形式之一，就是肯定或否定某种事物的存在，或指明它是否具有某种属性的思维过程。洪波认为，先秦判断句的基本形式有："（NP）＋NP型、（NP）＋惟＋NP型、（NP）＋为＋NP型、（NP）＋NP＋也型。"① 这四种类型里有"惟"字、"为"字和"也"字充当判断句的标记。王静（2016）认为"惟"字判断句和无标记判断句是最早出现的。但随着时间的推移，"惟"字型的判断句逐渐消失，"是"字型的判断句出现也越来越多。"惟"字型判断句在战国时代已经没有了，而无标记的判断句却仍然存在。我们这里将前者称为有标记判断句，后者称为无标记判断句。

---

① 洪波. 先秦判断句的几个问题［J］. 南开学报（哲学社会科学版），2000（5）：50－51.

（一）有标记判断句

《荀子》中的判断句主要分为以下几类，见表1：

表1　《荀子》有标记判断句的类型

类型	举例
"也" 字式判断句	然而未有本统也，故可以霸而不可以王，是强弱之效也。（《议兵》）
"者" 字式判断句	书者，政事之纪也。（《正论》）
"是" 字式判断句	怒不过夺，喜不过予，是法胜私也。（《修身》）
"为""谓""曰""犹"等准系词字式判断句	窃货曰盗，匿行曰诈，易言曰诞。（《修身》）
否定判断句	然而君子不贵者，非礼义之中也。（《不苟》）

对于 "也" 字式判断句，王力（1980）提到，秦汉以前判断句通过谓语后面的语气词 "也" 来帮助判断。洪波（2000）则认为，处在判断句句末的 "也" 具有表示判断句的功能；不具有表示语气的功能，因此不是语气词，把它看作助词比较恰当。① 我们这里不分析 "也" 的性质，不可否认 "也" 字煞尾是上古判断句最基本的形式。

冯胜利、汪维辉（2003）认为汉语主语和谓语之间需要有一个停顿的位置，而且 "者" 常常出现在这个停顿的位置上。这类判断句为 "者" 字式判断句。往往与 "也" 搭配使用，如表1中的 "也" 字式判断句例句。"者" 字判断句和 "也" 字判断句是上古汉语最为常见的判断句。

王力（2004）认为 "为" 本身不是系词而是动词，在上古汉语某些句子里它具有一种引申的意义，使我们能够译成现代的 "是"。但是洪诚（2000）认为 "上古既有纯粹的系词 '是'，更有以加强语气为主要作用的系词 '为'"。② 虽然目前学界对于系词 "为" 的来源和发展没有明确统一的结论，但是不可否认，在上古文献中 "为" 在具体语境中的确有系词性的一面，如表1中的 "是" 字式判断句例句，"是" 复指前文主语 "怒不过夺，喜不过予"。这类 "是" 字判断句在《荀子》中也很多。

《荀子》的判断句中还常有 "曰、谓、如" 等准系词。这类判断句由准系词来充当判断标记，如表1的 "窃货曰盗，匿行曰诈，易言曰诞" 其用 "曰" 来充当判断标记。句中三个 "曰" 均充当准系词，表示对主语下定义或解释说明。给偷盗货物的行为下

---

① 洪波. 先秦判断句的几个问题 [J]. 南开学报（哲学社会科学版），2000（5）：50.
② 洪诚. 洪诚文集 [M]. 南京：江苏古籍出版社，2000：293.

定义为"盗"，给隐匿行为下定义为"诈"，把言语轻率的行为叫"诞"。这些都是正面的或者是肯定的判断。如果是否定判断，副词则多用"非"来否定整个谓语。而且都是在经典的"者""也"字判断句基础上否定，如表1中的否定判断句例句。

（二）无标记判断句

顾名思义，无标记判断句是一种不存在其他功能的虚词的句子。这是在汉语还不发达的时候使用的一种句式。我们将"主语，谓语"类型的判断句看作无标记判断句。无标记判断句是判断句的原型，它展现了汉语在早期阶段的真实面貌。无标记判断句是判断句的早期形式。无标记判断句的特征是句子中没有多出的语气词，只能通过主谓语义关系来判断。例如：

（39）安危利害之常体：先义而后利者荣，先利而后义者辱。（《荣辱》）

（40）人有三不祥：幼而不肯事长，贱而不肯事贵，不肖而不肯事贤。（《非相》）

（41）兼服天下之心：高上尊贵不以骄人，聪明圣知不以穷人，齐给速通不争先人，刚毅勇敢不以伤人。（《非十二子》）

例（39）无法找到能够标志判断句的明显标记，只能根据语义关系来判断。主语指的"安危和利害的一般情形"就是谓语中具体说明的内容。同理的还有例（40）和例（41）。例（40）的主语总括性地说明了人有三种不祥之灾，谓语则是对这三种不祥之灾进行了具体的说明。从语义关系上也能发现这是一个判断句。例（41）中主语说的是这个社会有使天下人心悦诚服的方法，谓语则是将这个"方法"具体列举出来了。

四、小结

本文通过分析《荀子》中出现的判断句语料，对判断句中的谓语类型进行一定的归纳研究，得出其判断句中的谓语有五大类，分别是名词谓语、动词谓语、形容词谓语、数词谓语和准系词谓语。分析《荀子》判断句中的语义关系，发现主语和谓语之间具有五种不同的语义关系，分别是表示等同的关系、相属的关系、原因的关系、比喻的关系和其他的关系。最后，依据判断句有无标记的判别标准，将其分为有标记判断句和无标记判断句进行基础的归类划分。但是文章是在前人的经验指导下的一种尝试，必然存在诸多不足，只期对上古汉语判断句作出进一步的分析。

参考文献

［1］冯胜利，汪维辉．古汉语判断句中的系词［J］．古汉语研究，2003（1）.

［2］郭绍虞．汉语语法修辞新探［M］．北京：商务印书馆，1979.

［3］洪波．先秦判断句的几个问题［J］．南开学报（哲学社会科学版），2000（5）.

［4］洪诚．洪诚文集［M］．南京：江苏古籍出版社，2000.

［5］王静．《孟子》判断句研究［D］．西安：西北大学，2016.

［6］王力．古代汉语［M］．北京：中华书局，1980.

［7］王力．汉语史稿［M］．北京：中华书局，2004.

［8］许嘉璐．古代汉语［M］．北京：高等教育出版社，1992.

接触演变

几段跨方言区的"同言线"

——中古透、定母字今音声母读 h

丘学强

"中古透、定母字今音声母读 h"是赣、粤、闽语某些区、片方言所共有的特点。某些军话、客家话同此。若将这些方言点在地图上用线条连接起来，可以画出几段或断或续的跨方言区"同言线"。

赣语区"中古透、定母字今音声母读 h"的地点有：

江西省抚州市的临川县、南城县、崇仁县、乐安县、峡江县、东乡县、广昌县、宜黄县、资溪县、南丰县、进贤县和新余市的高安县、上高县、吉安市、新余市、泰和县；福建省的建宁县、光泽县、邵武市和泰宁县；湖南省的莲花县、攸县、洞口县、绥宁县和隆回县等。

粤语区"中古透、定母字今音声母读 h"的地点有：

广东省江门市的台山、开平、恩平、新会、鹤山，珠海市的斗门（井岸）和中山市的古镇等。

闽语区"中古透、定母字今音声母读 h"的地点有：

海南省的海口市、文昌、琼海、万宁、陵水、澄迈、定安、屯昌、通什等。

另外，海南儋州中和军话、江西兴国藤田的客家话也有这一特点。

当然，这种透定母擦音化现象在各地是有类型上的差异的。如擦音化的范围各地有所不同等：新余、临川、峡江等地透定母字逢洪音读 h，逢细音读 t^h；黎川、广昌等地透定母字无论洪、细音都读 h；四邑片粤语则是透母、定母平声字声母读 h……

本文所要强调的是，"中古透、定母字今音声母读 h"的现象，即使从全国汉语方言这个大的范围上看，它都是非常特别的。如果我们不先入为主地先分出几大方言，那么，这几段"同言线"以及其他相关的"同言线"将会对方言的分区起什么作用？在划分方言的诸多条件中，语言特征的相同或相近与历史、民系、地理等条件比较起来，是否会显得不是很重要？

一

讨论这一现象，一般都必定延伸至端组、精组乃至帮组。

20 世纪 80 年代初，笔者在攻读硕士学位时就跟随詹伯慧师、饶秉才师对四邑方言进行了调查。后来，在导师的指导和同学们的帮助下整理了三卷本《珠江三角洲方言调查报告》中台山、开平、恩平、新会、江门、斗门等方言点①的材料，期间对四邑方言的声母系统中端、精两组声母的特殊读音产生了浓厚的兴趣。其大致情况是：

四邑片粤语中古透母、定母平声和部分上声字声母读 h：

透：	透	太	吐	探	坦	天	汤	塔	脱
	h-	h-	h-	h-	h-	h-	h-	h-	h-

定：	徒	题	肚	同	团	盾
	h-	h-	h-	h-	h-	h-

《开平县志》曾对上述特点作如下叙述："其为通全邑普通之习惯，则红与同两音而读为一音……太太、老太太，太字竟叫成俗读女阴之字，舌音作喉音，何不雅也。大抵邑中喉音多、舌音少……"②

台山话、开平话、鹤山话中端母字及定母去声、入声和部分上声字今音读零声母：

端：	端	帝	耽	丹	订	店	答	的	跌	督
	Ø-	Ø-	Ø-	Ø-	Ø-	Ø-	Ø-	Ø-	Ø-	Ø-

定：	定	大	杜	碟	电	独
	Ø-	Ø-	Ø-	Ø-	Ø-	Ø-

丁邦新记儋州村话时曾指出其声母的一系列连锁变化（chain shift），何大安、张光宇、云惟利等也认为海南闽语声母系统的现貌是系统内因语音调节产生一系列"连锁式链动"变化的结果。但没有涉及"透、定 tʰ 变 h"现象。

受他们的启发，笔者在《军话研究》（2005）以及之前的一些论文中认为，上述特点使得台山话、开平话、鹤山话音系产生了连锁变化：

为填补 tʰ 变 h 后形成的空白，台山话、开平话和鹤山话古精组部分字今音声母读 tʰ，使得该类字的声母与知照组部分字的声母（tsʰ）形成了对立。例如：

---

① 本文所调查的方言点，包括台山、开平、恩平、新会、江门、斗门等，是依据三卷本《珠江三角洲方言调查报告》的分点进行记录的。由于行政区划的调整，这些方言点可能与当前的行政分区有所不同。为保持资料的一致性和科学性，本文仍以《珠江三角洲方言调查报告》中所定义的方言点为准。
② 开平县地方志编辑委员会. 开平县志［M］. 开平县志办公室，1992.

清：清　错　惨　千　趣　妾　促　粗　戚
　　tʰ-　tʰ-　tʰ-　tʰ-　tʰ-　tʰ-　tʰ-　tʰ-　tʰ-

从：从　曹　惭　钱　贼
　　tʰ-　tʰ-　tʰ-　tʰ-　tʰ-

邪：详　松　囚　巡　邪
　　tʰ-　tʰ-　tʰ-　tʰ-　tʰ-

　　而为了填补 t 变为零声母后形成的空白，台山话、开平话和鹤山话古精组部分字今音声母读 t，因此也使该类字的声母与知照组部分字的声母（ts）形成了对立：

精：再　祭　子　赞　综　尊　崔　接　即　资　精
　　t-　t-　t-　t-　t-　t-　t-　t-　t-　t-　t-

从：自　造　疾　捷　渐　昨　在
　　t-　t-　t-　t-　t-　t-　t-

邪：寺　颂　象　俗　习　袭　席　谢
　　t-　t-　t-　t-　t-　t-　t-　t-

　　在比较长的时间里，因为局限于只是在"粤语"的范围内研究四邑话，该现象被认为是台山话等少数方言（粤语）所特有的。后来，我们发现在赣语中也有类似现象，如"淡、烫、断"等字的声母在新干、黎川、吉水、资溪等地都读 h；与此同时，我们注意到作为闽语之一种的海南方言也有类似现象，如海口方言的特点是没有送气的塞音、塞擦音，中古透母、定母平声字如"胎、梯、提、谈"等今音声母都是 h；中古精（还有庄、章）组字今音声母也有读 t 的，如"造、早、走、租、左"等；从笔者的调查以及丁邦新、陈波等的研究成果中又可以得知，儋州村话同样有类似特点。
　　本以为以上现象只出现于上述南方方言中，但经过调查却发现一贯来都被认为是"北方方言岛"的"军话"中也有类似现象。例如，在海南省的儋州中和军话中，"拖、滔、题、谭、艇、汤、糖、桃、腾、贪、痰、探、头、甜、天、田、团、铁、贴、脱、太、同、踢、条"等字，声母与四邑方言一样读 h；"墙、秋、慈、此、次、千、切、前"等字，声母是 tʰ；"蒋、酱、走、就、资、尖、剪、接、节"等字，声母是 t。
　　如果进一步比较，我们可以发现，儋州中和军话和海口闽语、儋州话、儋州村话、临高话、黎语等一样，都有内爆音 ɓ、ɗ 声母，"多、短、稻、第、夺、地、斗、赌、胆、党"等字的声母读 ɗ。因此，"蒋、酱、走、就、资、尖、剪、接、节"等字的声母读 t 也可以认为是因为填补端母读 ɗ 后留下的空白而产生的变化。
　　历史音系学中"音变链"指的是发生一系列音变的情形。某一音变影响另一音变，可以有两种方向的变化：变化过程从发音维度的上端或前端开始，链上留下的空槽由其他音从下面拉上来填充，称"拉变链"（drag chain）；从发音维度的下端或后端开始，每个音将下一个音推出原来的位置，称"推变链"（push chain）。那么，上述几种方言的历史音变是"推变"还是"拉变"？几位前辈并没有明确指出，而且他们所论及的只是海南的几种方言，没有论及赣语、四邑话和军话。

如果我们把同样具有"透、定母字今音声母读 h"特征的几种方言联系起来看，就会发现它们的"链动"情况是各有特色的。例如，古端母大部分字、定母仄声字和知母澄母一些字，如"爹、岛、店、督、大、惰、碟、张、箸、场"等，海口闽语今音声母读 ɗ，不读零声母，这与台山、开平方言的端母字读零声母，知澄母字声母读 ts 或 tsʰ 是不同的；海口闽语清从（平）、彻澄（平）、初崇（平）、昌船（平）母部分字，如"粗、齐、超、尘、抄、雏、车"等，今音声母读 s，也不像台山、开平方言那样读 tʰ 等。我们试列几种方言声母系统的"链动"（或不"链动"）情况，大致如下：

    海口闽语：p—ɓ，
            t—ɗ, s、ts—t, tsʰ—s。
            tʰ—h（缺送气音）
    台山话、开平话：t—∅, ts—t,
            tʰ—h, tsʰ—tʰ
            s—ɬ
    赤坎话、鹤山话：p—v, pʰ—h（缺双唇送气音）
            t—∅, ts—t,
            tʰ—h, tsʰ—tʰ
            s—ɬ
    新会话、恩平话：tʰ—h（缺 tʰ 音）
    儋州中和军话：p—ɓ，
            t—ɗ, ts—t
            tʰ—h, tsʰ—tʰ
    儋州村话：p—ɓ，
            t—ɗ, s、ts—t, tsʰ—s。
            tʰ—h
    部分赣语：tʰ—h, tsʰ—tʰ
            ts—t

如果我们以唇音作为发音维度的前端，舌尖音为中前端，舌上音为中端，零声母为中后端，喉音为后端，则台山话、开平话、赤坎话、鹤山话 t—Ø 、ts—t 为"中—前—中后"变链，tʰ—h、tsʰ—tʰ 为"中—前—后"变链，可见它们的变链有两条而不是一条。至于是"推"还是"拉"，则有点难以确定，因为其"前端（舌尖音）"处在链的中间。儋州中和军话 tʰ—h、tsʰ—tʰ 变链与台山话、开平话、赤坎话、鹤山话相同，t—ɗ、ts—t 变链则与海口闽语相似。而作为上述方言都具有的共同特点"tʰ—h"，在台山话、开平话、鹤山话、儋州军中和话中都是参与了"链变"的，但该特点在其他几种方言中却似乎只是单独的音变，没有引起"链变"，因此就使得那些方言的音系产生了"缺位"。例如，新会、恩平、海口闽语由于有"tʰ—h"的变化而 tsʰ 又没有变成 tʰ，因此就导致整个音系中出现了"没有 tʰ 声母"的情况。

"缺位"这一术语表示在一个关系型式的某一位置期待其出现而没有出现的语言学单位。音系缺位（phonological gap）或音系空洞的例子是一种语言有 p/b、t/d 的对立却没有相应的软腭音对立，即只有 k 没有 g。观察上述方言，我们可以发现，海口闽语没有送气系列声母 pʰ、tʰ、tsʰ，新会话、恩平话没有 tʰ 声母，开平话、鹤山话 p、pʰ 声母较少（少量字文读为 p、pʰ 声母）。这种缺位有的是因为"链变"不完全所造成的（如新会精母字没有变成 tʰ 以填补透定母字变 h 后留下的空槽），有的则是因为链变的方向不同所造成的（如海口闽语，透定母字变 h 后，tsʰ 却没有变成 tʰ，而是变成了 s，参与的是 t—ɗ，s、ts—t，tsʰ—s 系列的链变）。儋州中和军话的声母链变则与台山话、海口闽语及儋州村话都有相似之处。

如果我们接受历史音变以及"链变"的理论，还能看到如下的结果：链变的不完全会使得某些方言的音系产生"缺位"，如鹤山话没有 p、pʰ，新会话没有 tʰ，海口闽语没有 pʰ、tʰ、tsʰ 等。

于是，我们看到了这样的语言事实：除了透、定部分字今音声母读 h 外，精组部分字今音声母读 tʰ 或 t，这也是某些赣、闽、粤语和军话的共同特点。另一条"同言线"则是开平和台山方言共有的：端组字读零声母。而"缺 tʰ"和"缺双唇送气音"，如鹤山、赤坎少 p、pʰ，新会、恩平没有 tʰ，海口闽语没有 pʰ、tʰ、tsʰ 等也分别可以形成"同言线"。

二

对上述精组字声母读 t 或 tʰ 的现象，黄谷甘（1998）、麦耘（1997）、张均如（1983）等曾从其他角度进行过探讨。麦耘在《中古精组字在粤语诸次方言的不同读法及其历史涵义》一文中认为，粤语中的这种现象是因为在形成期受到了古壮侗语言的重大影响。但是，黄谷甘则在《古精组字闽（琼）粤语读 t- 的历史源头与分析》中认为，据张均如先生《壮侗语族塞擦音的产生和发展》一文的论述，壮侗语族的原始语都是没有塞擦音的，因此很难设想早期的粤语会受之影响而存在 t、θ 等音。黄文认为，上述现象应是与早期入琼汉人所带来的受南楚方言影响很深的粤语有关。云惟利在《海南闽语声母的特殊变化》一文中认为，海南闽语的上述现象是海南闽语初形成时与黎语融合所致，或者说海南话形成之初应即是黎人讲的闽南话。不过，上述文章都没有分析"透、定母字今音声母读 h"现象。余霭芹的《开平方言的几种句式——兼论语法类型的分布》则注意到了这一现象，该文在指出四邑话有客家话"中古次浊阳上今读阴平"特征的同时还说到"本来中古透母及定母平声变为 h 该是赣方言的区分性特征，可见四邑方言又带有赣方言的色彩"①。在注释中则说："赣方言处于过渡性地区，从来就很难辨出区分性的特征来……最近再寻味颜森关于江西方言分区（颜森 1986）及张维纲 1943 年的论文，忽悟赣语的区分性特征可能就是中古透定两母读如 [h]。这特征是其它方言少见的，只粤语少数方言如四邑、鹤山、南海等有类似音变。"② 在上述论述的前后，罗常培、陈立中、万波、何大安、万西康、刘纶鑫、孙宜志、刘新中等人的论著对上述现象也都有过探讨。罗常培在《临川音系》中认为，这种现象是由于遗失了闭塞成分但保留了送气成分；万西康认为是发音过程中追求省力所致；何大安认为这种现象可能应该解释为壮侗、南亚语的底层，或者赣方言受到了规律扩散的波及，但其研究对此尚存疑问。陈立中反对省力说的观点，认为这一现象是由于汉族在南迁过程中与中国南方的百越民族及其后裔融合，进而产生的一种规律性的音变现象。万波认为，解释为壮侗语的底层比较合适，并列举了较多理由予以论证。而孙宜志则以较多的论据否定此说，认为从音变特点来看，这应是赣方言的一种自身发展。2009 年《方言》第三期潘悟云的论文比较了临高话和海口话的音系，提出了"海口模式"和"上海模式"的概念。麦耘在论文中指出，精组字在粤语勾漏片中的声母读音为 t、tʰ，是古代岭南汉语中少数民族语言底层成分的体现，而广府等片的声母读音为 ts、tsʰ，则是后期层次覆盖的结果。此外，他在注释中提到，广府片边上的四邑片几乎没有受到这种影响，这个问题涉及四邑片的来源，需要另作讨论。

从"历史音变"以及"方言或少数民族语言影响""中介语石化"等角度来分析今音的上述观点都各有道理。但是，中国南方在远古时期的真实语言状况是怎样的？语言学界至今仍未有令人完全信服的确切推断。而余霭芹"透定两母读 [h] 是赣语的区分性特征"的观点虽然与众不同，但似乎无法覆盖全部赣语，因为据目前所知，虽然"淡、烫、断"等字的声母在新干、黎川、吉水、资溪等地读 h，但南昌话端组字声母却读 t、tʰ，如"同"读 tʰuŋ 不读 huŋ 等；其辖县安义的方言也是如此，如"太"读 tʰai 不读 hai 等。而且，如前所述，"tʰ 变 h"也不像余先生所说的那样只是粤语少数方

① 余霭芹. 开平方言的几种句式：兼论语法类型的分布 [J]. 语丛，1991—1992（12 – 14）.
② 余霭芹. 开平方言的几种句式：兼论语法类型的分布 [J]. 语丛，1991—1992（12 – 14）.

言如四邑话、鹤山话、南海话等才有的现象，部分闽语、军话、儋州话也有类似现象。既然这一特点不但不能覆盖赣语，而且在其他方言中也有表现，那么，"透定两母读[h]是赣语的区分性特征"的观点就值得商榷了，而"四邑方言带有赣方言的色彩"也似乎可以倒过来说成"某些赣方言带有四邑方言的色彩"，因为"t^{h}变h"完全覆盖了整个四邑方言。

虽然孙宜志以较多的论据否定了万波"解释为壮侗语的底层比较合适"的推断，但我们仍认为万波的论据以及潘悟云、云惟利的说法还是很有吸引力的。

不过，查壮侗语族语言音系，壮语、布依语、临高话，都没有送气音声母，以此来看潘悟云的"海口模式"推理以及云惟利的"黎人讲的闽南话"说法，是颇具说服力的。但是，如果说临高人"石化了的中介语"成就了海南闽语这一观点是真的（因为海南东线闽语没有送气音声母t^{h}和ts^h），那它是否也同时成就了部分赣语和四邑话？部分赣语和四邑话虽然透定母字声母读h，但为什么仍有送气音声母t^{h}和ts^h？再查傣语西双版纳方言、傣语德宏方言、侗语榕江章鲁、仫佬语罗城上南岸话、水族水庆话、毛南语环江下南话、黎语保定话等音系，都有送气音声母。那么，有送气音声母（起码都有t^{h}声母）的弱势语言又怎能使强势汉语的t^{h}变成了h？甚至，我们是否还可以反过来说，临高话"铜"读hɔŋ、"铁"读het是典型的音、义都是借自入琼时就带有"透、定母字变h"特色之汉语词汇？而临高话被认为是壮侗语族语言，但临高人却是汉族的，这也值得思考。

试图以"受古'壮侗语'、古黎语或古'南楚方言'的影响"来解释"透、定母字变h"的现象，会遇到不少困难。例如，冯成豹《海南琼海话声母的文白异读》就曾指出，透母字在海南南部闽方言（如乐东、板桥等）都读t^h，琼海一些偏远乡村的老人有时也是t^h、x不分，也许变化时间不会太长；定母字文读x，白读d——文读也当在白读之后。以云惟利"海南话形成之初应即是黎人讲的闽南话"的观点来推论，则有相似特点的儋州村话、儋州中和军话形成之初也当是黎人所讲，似乎太夸大黎人的能力了。海南黄流、板桥、感城等地闽语精庄章组字声母仍读ts，没有像东线海南闽语那样变为t应如何解释？黄谷甘设想精庄章组字声母读t在闽语入琼前已存在于早期的海南话中，推论海南黄流、板桥、感城等地闽语经历了从t到ts的变化，我们认为，闽语入琼前精庄章组字声母本来就读ts，似乎没有必要经过ts变t再变回ts的过程。如果我们认同"精庄章组字声母读t在闽语入琼前已存在于早期的海南话中"的设想，则宁愿认为闽语、儋州村话、儋州中和军话"部分精庄章组字声母读t"的特点是受早期海南汉语影响的结果，而西线闽语仍读ts则是因为没有受到影响。不过，"透、定母字变h"仍然未能得到解释。联系到儋州中和军话有与台山话、开平话一样的"t^h—h，ts^h—t^h"的链变，再将目光扩大到有"透、定母字变h"现象的四邑话、儋州村话和儋州中和军话、海南闽语、部分赣语这样一个较大的范围来看，我们是否也可以设想透、定声母字读 h 并不是"变"，而同样是早期南方汉语方言的特点呢？闽语没有 f 声母，一般都认为是"古无轻唇音"而不是因为"轻唇变喉音"。那么，"透、定（平）读 h"是否也可以认为，虽然其存在的年代没有"古无轻唇音""古无舌上音"那么古远，但也是古代南方汉语方言不同于中原汉语的特点？麦耘认为精组字在粤语勾漏片声母读 t、t^h 是古代岭南汉语中的少数民族语言底层成分，广府等片声母读 ts、ts^h 是后来的层次覆盖的结果——在广府片语音特点覆盖之前就已存在的且是"古代岭南汉语"的特点，年代也不会太晚。当然，这一点对上述"端 Ø，精 t""透 h，清 t^h"的链动假设是一种破坏。

1989 年，江西新干大洋洲出土了大量铸造精美的青铜器，堪称中国南方青铜器的典型代表，也是目前在同一遗迹单位内出土数量最多的一次，是继河南安阳殷墟妇好墓、四川广汉三星堆祭祀坑之后的又一重大发现。在中国的青铜文明时代，青铜礼器是身份、地位和权力的标志，特别是形制特殊、体量重大的青铜重器更是政权的代表。在河南安阳殷墟出土的很多青铜器让后人见识了商王朝的气势，我们所熟知的后母戊大方鼎便出自那里，而大洋洲出土的青铜器并不亚于殷墟，从青铜器的风格来看，大洋洲和中原地区有着不解的渊源。早在 1973 年，考古学家在距离大洋洲遗址 20 公里外的吴城，发现了一个古文明遗址，那里有成片的祭祀区、手工业区和居住区，也出土了大量的陶器、玉器和一部分青铜制品，而且风格和大洋洲出土的器物有很多相似之处。

1988 年，在距离大洋洲 3.5 公里的地方，还发现了一处规模极大的古城池——牛头城遗址。从出土遗物推断，这是一座建于商代晚期的古城。从城市的建造水平来看，牛头城的居民似乎比吴城的居民掌握了更为先进的技术，他们的城墙采用了夯筑技术，而不是简单的堆筑，建筑规划也更为周全，因此，有专家提出，大洋洲宝藏的主人不在吴城，而在牛头城，他们有可能是从中原来的移民。从牛头城的建筑规模可以看出，在商代时期，这里已经建立了强大的政权，这让考古专家联想到了传说中的"虎方"故国。"虎方"一词曾经出现在殷墟出土的甲骨文中，甲骨文记载，商代时期，在长江中下游地区有一个崇拜老虎的边远方国，称为虎方，传说商王朝曾视之为劲敌，多次出兵讨伐。虎方国雄踞鄱阳湖以西，洞庭湖以东，建立了国家政权，筑起了土城，创造了文字，是一个强大的政治集团。不仅如此，考古专家还在大洋洲出土的器物中发现了很多铸有老虎形象的青铜器，这似乎更加引证牛头城就是虎方古国的猜测。虽然这一切还都停留在推理的阶段，但是不管牛头城是不是传说中的"虎方"古国，这里也肯定是一个军事政治都很发达的城邦。因为在那个征战不断的年代，兵器往往是国力的象征，兵器的铸造工艺代表了一个王国的技术水准，而大洋洲出土的大量青铜兵器在铸造技艺方面已经达到了古中国的最高水平。在距离大洋洲一百多公里的赣江沿岸有一个叫瑞昌铜铃的古铜矿遗址，这里曾是古中国最重要的铜矿原产地，它的开采年代距今已三千多年。人们在这里发现了堆积的数十万吨炼渣，这些炼渣的含铜量很低，说明当时的冶炼技术已经十分先进。而且，在实验室里的铅同位素测试证实，大洋洲青铜器的原料确实全部来自江西瑞昌的铜铃古铜矿，丰富的原料使得大洋洲的先民把昂贵的青铜用于生产工具的制作，而由于中原的商王朝也需要大量的铜矿，所以就很有可能与这里的先民有贸易往来。天然铜矿在这里经过初步加工后，很有可能通过水路，运送到长江边的港口，然后再通过陆路一路北上，送到当时的王都殷墟，这也许就能解释为什么大洋洲的出土文物上聚合了如此多的中原文化因素。如此看来，赣江流域很早就存在一个非常发达的、可能是以汉族人为主的文明古国之推测，是可以相信的。文献材料中，也有 tʰ—h 相通的例子，如万西康注意到的东汉刘熙《释名·释天》中的资料："天，豫司兖冀以舌腹言之。天，显也，在上高显也。"（虽然万波认为是不足为训的极个别例子，但也可供思考。）那么，"透、定母字声母读 h"是否不一定要从与少数民族语有关的"影响"或"底层"等角度寻求答案，而可以从古代已经形成的南方汉语（方言）那里寻求答案？因为音类的对应那么整齐，应该是汉语早年内部差异的对应，与少数民族的音系没有太大的关联。我们赞同潘悟云的看法：语言借用通常是在词汇平面上进行，而不是在抽象的音系平面进行。而处于文化弱势的少数民族所学成的中介语按照中古音类重组汉语方言并由汉人流传至今的推测能否说得通？在四邑人、海南说闽语的人以及抚州等地说赣语的人都自认是汉族、多数族谱未见娶"蛮夷"或"俚人"为妻、史籍鲜有少数民族籍教师以浓重的族音汉语教汉人小孩认字之记载的条件下，这是值得怀疑的。

当某方言具有与另一方言（语言）相似的特点时，流行的分析方法是以"受影响"或"底层"为结论。但是，是甲方言影响乙方言还是反过来？是原地方言的影响使后来方言具有某特点，还是后来方言把该特点带到了移居地？当移民的年代比较久远而且当地原方言已经难以听到时，这些问题似乎是无法彻底弄清楚的。例如，四邑话有 ɬ 声母，甘于恩从四邑有不少人来自福建莆田的史实进行推论，认为该特点是从闽语带来的，我们认为这一分析是说得通的。但联系到粤西及广西也有很多地方有 ɬ 声母、四邑话"透、定（平）读 h"并非莆仙方言特点来看，又似乎难以定夺了。

我们能够肯定的是，从共时的角度进行分析，"透、定母字声母读 h"的现象使我们认识到：有些可以作为同一方言中分小片依据的不同特点，却可以是不同的大方言的共同特点。判断一种方言的归属，有时凭借的可能是历史或其他因素。例如，张光宇在1999 年指出，客家话是由具有共同族群意识的人所使用的语言。因为学者们发现，客家话的特点实际上也分布在其他方言中，赣客方言的差异主要体现在词汇上，而不是音系或演变类型。笔者在探讨儋州中和军话的归属问题时也遇到过类似问题：

海口闽语、儋州话、儋州村话、临高话、黎语等都有紧喉浊音 ɓ、ɗ 声母，儋州中和军话也有。在"连锁式链动"的作用下，为填补"端"读 ɗ 后的空白，儋州中和军话古精组字声母读 t。又，古"透"儋州话读 h，儋州中和军话也是如此。为填补"透"读 h 后的空白，儋州中和军话又将古"清"读成 tʰ。方言学界普遍认为军话属"北方方言岛"，但以上现象却使儋州中和军话的声母系统与一般的北方方言有了很大的不同。我们可以说这是受当地周围方言的影响，但 tsʰ 不向 s 演变，这又与儋州话、海南闽语不同。儋州中和军话的以上情况以前并未有人描述过。其声母特点与四邑话又有近似之处。若认为这种现象与早期入琼汉人所带来的受南楚方言影响很深的粤语有关，则儋州中和军话的语音系统是既"今"（如入声塞音韵尾消失）又"古"的。其"古"的一面是自身"存古"还是后来受琼闽语或儋州村话影响的结果？这值得深入探讨。由此带出的问题是，从时空观念出发，北方话南迁为闽、粤、客、军，其不同是源于年代，还是源于原来的方言就有差别？北方方言远离北方后必定保留离开时的原貌？能否说儋州中和军话等是汉代北方话，其"入声塞音韵尾消失"等"近今"的现象是经千年后与留在原地的北方话"殊途同归"所造成的？在"底层、表层"理论的探讨方面，就某些方言来说，是否"近今"的是"底层"，"近古"的反而是"表层"？从史实以及整个语言系统看，儋州中和军话具有许多北方方言的特点（如有许多北方方言口语词），但如果将其划归北方方言，则我们在归纳北方方言特点时又势必加上"透、定（平）读 h""清读 tʰ"等，这似乎是难以接受的。

三

用地理方言学的方法，我们可以根据上述现象画出"透、定母字声母读 h"等"同言线"，这些"同言线"是跨方言区的，与赣、闽、粤、北方方言区分界线完全不重合。随着方言调查研究的逐步深入和我们对更多未知方言的了解，类似的"同言线"将越来越多。如果我们不先入为主地先分出几大方言，那么，这些"同言线"将会对方言的分区起什么作用？在划分方言的诸多条件中，语言特征的相同或相近与历史、民系、地理等条件比较起来，有时是否会显得不很重要？所有这些，都值得我们继续深入探讨。

综上所述，本文认为，"透、定母字声母读 h""精组字声母读 t 或 tʰ"是古代部分南方汉语方言的固有特色，其形成的年代可以根据定母变化的不同类型等再予推拟。操四邑话、海口闽语者在入粤、入琼之前应该曾在具有以上特色的赣语区居住过，其中迁往四邑的人入粤后语言粤化了，但仍保留许多原有特色，"端读零声母"可能也是原有特色的保留。操海口闽语者的先人当曾在赣、闽交界地区居住（邵武、光泽、将乐、顺昌、建宁、泰宁等闽北县市的方言兼有赣、闽语特色，兴国的藤田客家话也兼有"透、定母字声母读 h""知组字声母读 t、tʰ"的赣、闽特色）。可以推断，如今归属于不同方言的几种小片方言是具有共同"祖语"的。四邑人的祖先后来移居"珠玑巷"，今海南操闽语者的祖先后来移居"莆仙"（当年具有上述特色之方言的范围当比今天更大），后才分别入粤入琼。因此，四邑话和海南闽语在语音上可以算是这一祖语的"飞地"。

我们再试举旁证：今天，新余方言端母读 l，都昌方言透母读 l，这在四邑的荷塘方言中也能找到类似的"飞地"，如荷塘方言"得唔得"读 lak⁵m²²lak⁵。台山话、开平话"端读零声母"虽然找不到直接的源头和类似的例子，但是，从音变的可能上看，既然端读 l 有据（同发音部位），再从 l 变成 Ø 也是可以找到例证的，如韩语中的汉字词，古汉语 t 尾变读为 l 尾，汉字的 l 声母则变读为零声母，如"李"，读 i……地理语言学和移民来源的更为深入的研究将有助于"四邑方言与赣语有渊源关系"推断的确认。如果不考虑文化等因素，从纯语音以及今音现状的角度考虑，四邑话声母在数量上和广州话一样，都是十几个声母，但比广州话多了 ɬ 和 v，而 t、tʰ、ts、tsʰ 与字词的关系和广州话又有实质上的不同，再加上不在少数的声调、韵母的差异，完全可以不划归粤方言。即使摆到全国方言地图上去比较，它也是独树一帜的。更何况，赤坎话、鹤山话还有"帮读 v、滂读 h"的特色——这两种集聚了"帮读 v、滂读 h、端读 Ø、透读 h、精读 t、清读 tʰ、心读 ɬ"特点的方言如果还不能算是最有特色的独立方言，那么，晋语、平话的独立又从何谈起呢？至少，这两种话都可以算是语音独具一格的"方言岛"。在语音特色的研究方面，四邑话以它们为中心，以"扩散"理论解释之，是可以考虑的研究方向：每隔一段距离少一两个特点。根据"对内具有一致性，对外具有排他性"的标准，四（五）邑方言甚至可以视作是独立于粤语之外的独立方言。当然，"壮侗语底层说"也须继续研究，但这还有待于古代百越语言地图的叠置。另外，随着地理方言学的蓬勃发展，我们在进行方言区划分的研究时是不是可以考虑将纯语音、纯词汇、纯语法的分区与综合文化、历史等其他条件的分区区别开来，将只看今音的分区和考虑古今音乃至少数民族音之关联的分区分别开来？它们可以是重合的，也可以是不重合的。

参考文献

[1] 冯成豹. 海南琼海话声母的文白异读 [C] // 詹伯慧，等. 第四届国际闽方言研讨会论文集. 汕头：汕头大学出版社，1996.

[2] 黄谷甘. 古精组字闽（琼）粤语读 t- 的历史源头与分析 [C] // 詹伯慧，王建设，等. 第五届国际闽方言研讨会论文集. 广州：暨南大学出版社，1999.

[3] 黄谷甘. 论海南话的声母系统 [J]. 广东民族学院学报（社会科学版），1998（2）.

[4] 开平县地方志编辑委员会. 开平县志 [M]. 江门：开平县志办公室，1992.

[5] 罗常培. 临川音系 [M]. 北京：科学出版社，1958.

[6] 刘新中. 海南闽语的语音研究 [M]. 北京：中国社会科学出版社，2006.

[7] 麦耘. 从粤语的产生和发展看汉语方言形成的模式 [J]. 方言，2009（3）.

[8] 麦耘. 中古精组字在粤语诸次方言的不同读法及其历史涵义 [J]. 中国语言学报，1997（2）.

［9］潘悟云．吴语形成的历史背景：兼论汉语南部方言的形成模式［J］．方言，2009（3）.

［10］丘学强．军话研究［M］．北京：中国社会科学出版社，2005.

［11］孙宜志．江西赣方言语言研究［M］．北京：语文出版社，2007.

［12］万波．赣语声母的历史层次研究［M］．北京：商务印书馆，2009.

［13］颜森．江西方言的分区（稿）［J］．方言，1986（1）.

［14］云惟利．海南闽语声母的特殊变化［C］// 詹伯慧，等．第四届国际闽方言研讨会论文集．汕头：汕头大学出版社，1996.

［15］张光宇．东南方言关系综论［J］．方言，1999（1）.

［16］张均如．壮侗语族塞擦音的产生和发展［J］．民族语文，1983（1）.

［17］中央民族学院少数民族语言研究所第五研究室．壮侗语族语言词汇集［M］．北京：中央民族学院出版社，1985.

博罗本地话中的粤客方言接触现象、规律与等级

李立林

引言

博罗县主要有本地话、客家话、粤语、福（学）佬话等方言，本地话分布在罗阳、龙溪、龙华、湖镇、横河等镇；客家话分布在罗阳、石坝、公庄、观音阁、杨村、柏塘、泰美、长宁、福田等镇；粤语主要分布在园洲、石湾两镇；福（学）佬话分布在罗阳、龙溪、泰美、观音阁、杨村等乡镇。就博罗老城区罗阳镇而言，主要有本地话、客家话、福（学）佬话三种方言，其分布大致如下：本地话分布于三徐、水西、上塘、横江尾、云步、黎村、巷口、大小塘、虾琅、浪头、观背、东区、西区等地，客家话分布于新结、梅林、廖洞、梅花、寨头、承粮陂、鸡麻地、天上无、涌口、莲湖、赤竹坑、杨梅、田牌、长贵、九村、东坑等地，横坑、小金、义和则本客均有；福（学）佬话主要分布在翠美园、新角。

博罗本地话的属性一直有所争议，归根结底是因为其方言中夹杂着粤客方言的成分。博罗本地话相关研究成果主要有刘叔新的《东江中上游土语群研究：粤语惠河系探考》（2007）和侯小英的《东江中上游本地话研究》（2008），以上前人研究成果指出了博罗本地话中与粤、客相近的语音、词汇特点，并提到了广州话对博罗话的接触影响，但其论证目的主要在于界定本地话的属性，故方言接触的阐述比较零散，不够系统、全面。此外还有杨杏冰的《粤客方言交界区博罗话的词汇特点》（1991），该文阐述了博罗本地话词汇中的粤客混合现象，多为例举，亦不够系统和全面。本文主要从接触的角度来看博罗本地话语音、词汇、语法中的粤客成分，通过博罗本地话与博罗承粮陂客家话、梅县客家话和广州话的对比、博罗本地话新老派自身的对比，来描写方言接触现象，阐述博罗本地话中所蕴藏的方言接触规律，揭示博罗本地话中的粤客接触等级。

语言（方言）接触，一般发生在双语（双方言）或多语（多方言）的语境下，博罗本地人除了会说本地话之外，部分人还可以说广州话、本地客家话[①]、普通话，一般

[①] 本地客家话是指博罗人所说的兴梅型客家话（有学者称之为新客家话），本文所说的承粮陂客家话属于其中一种。

不说梅县客家话。本文博罗本地话发音人，老派：李永荣，男，博罗罗阳老城区人，1947 年生，只说博罗本地话，普通话方音较重。新派：杨飞，男，博罗罗阳老城区人，1980 年生，会说本地话、广州话、本地客家话、普通话，主要说本地话；谢莹，女，博罗罗阳老城区人，1983 年生，会说本地话、普通话，可以听懂广州话但一般不说。博罗罗阳承粮陂客家话发音人张桂添，男，1955 年生，会讲承粮陂客家话、博罗本地话和普通话。

一、从语音看博罗本地话中的粤客接触与融合

（一）从声母看博罗本地话中的粤客接触与融合

据调查[①]结果，我们整理了博罗本地话与梅县客家话、广州话、承粮陂客家话声母各项特点的对照情况，如表 1 所示：

表 1　声母特征对照表

特征	方言点			
	梅县客家话	承粮陂客家话	博罗本地话	广州话
1. 泥来母不混	+	+	+	+
2. 精庄知章组塞擦音完全合流	+	−	+	+
3. 全浊声母清化逢塞音、塞擦音一律送气	+	+	+	−
4. "知"字白读声母为 t	+	+	+	−
5. 日母部分字读鼻音声母	+	+	+	−
6. 非敷奉母部分字读双唇音	+	+	+（少）[②]	−
7. 泥（娘）母存在洪细有别的现象	+	+	+／−[③]	−
8. 疑母细音字读鼻音声母	+	+／−（少）	−／+（少）	−
9. 微母读如明母	+／−	+	+	+
10. 从母少数字读擦音	+	+	−	−
11. 心母读边擦音	−	+	+	−

---

①　语音语料来源：罗阳本地话、承粮陂客家话均来自笔者的调研，以《中国语言资源保护手册·汉语方言》中的 1 200 字为主，并进行了增补。广州话、梅县客家话则主要参考《汉语方言字汇》，文中注音亦以此为准。

②　（少）表示虽存在这一特征，但所涉及的字比较少，下同。

③　+号在前，表示符合这一特征的字较多；−号在前，则表示不符合这一特征的字较多。下同。

　　表1第1条四个方言点均一致；第2条博罗本地话与广州话、梅县客家话表现一致，承粮陂客家话略有不同；第3、4、5条博罗本地话与两地客家话一致而与广州话不同；第6、7、8条博罗本地话主要与两地客家话一致，但管辖的字数相对较少；第9条博罗本地话与广州话、承粮陂客家话一致而与梅县客家话有所不同，第10条博罗本地话与广州话一致而与两地客家话不同，关于以上两条，博罗本地话与广州话是同源还是接触关系，难以判断；第11条为博罗本地话、承粮陂客家话共有，而与广州话、梅县客家话不同。

　　通过考察以上各点方言的声母特征对照情况以及博罗本地话新老派语音情况，我们认为广州话对博罗本地话声母的接触影响主要表现在以下几点：

　　1. 日母读鼻音声母的字逐渐减少

　　博罗本地话日母部分字读带鼻音的声母 ŋg（个别读 nd），如"儿 ŋgi^{21}""耳 ŋgi^{35}""染 ndiɛm^{24}""人 ŋgin^{21}""日 ŋgit^{5}"等，部分字读 z 声母，如"如 zi^{21}""绕 ziau^{21}""入 zip^{2}""软 zɔn^{24}""肉 zək^{2}"等，博罗本地话今读 ŋg 声母的日母字比惠城区本地话①今读 ȵ 声母的要少，如"肉""让""弱""褥""软"等。惠城区本地话今读 ȵ 声母，而博罗本地话今读 z 声母，博罗年轻人这部分 z 声母字逐渐演变为 j 声母，其音色越来越接近广州话，可见日母音值正受到广州话的影响。

　　2. 疑母细音字读鼻音声母现象逐渐减少

　　梅县客家话疑母洪音读 ŋ，细音读 ȵ，均为鼻音声母，而广州话仅洪音保留 ŋ 鼻音声母，细音读为 j 类声母。博罗本地话除了洪音保留 ŋg 外，少数细音也读鼻音声母，如"蚁 ŋgi^{35}""义 ŋgi^{41}""严 ndiam^{21}""业 ndiap^{2}"，但很多字与日母一样，已经演变为 z 声母，如"鱼 zi^{21}""遇 zi^{41}""言 zɔn^{21}""原 zɔn^{21}""月 zɔt^{2}""迎 ziɛŋ^{21}"等。由此可知，疑母和日母一样，开始朝 z/j 演变，应该是受到了广州话的影响。博罗本地话的这种演变又进一步地影响到了周边的客家话，如承粮陂客家话，其疑母细音字读鼻音声母的字亦少于梅县客家话，如"遇"字在承粮陂客家话中读 jy^{55}。

　　3. 泥（娘）母洪细有别的现象逐渐消失

　　博罗本地话泥（娘）母绝大部分字今读 nd 声母，没有 ȵ 声母，但"女 zi^{35}""浓 zɔŋ^{21}"等字声母为"z"，较为特别，残存泥（娘）母洪细有别的特点，这一特点保留在"女""浓"等常用字上，可见其方言底色，与客家话同源。博罗本地话泥（娘）母已逐渐由洪细有别变为洪细无别，如"娘 ndiɔŋ^{21}""年 ndiɛn^{21}"等，与洪音声母一致，应该是受到了广州话的影响。

　　以上几点，其声母的音值均越来越靠近广州话，但目前这种接触演变仅导致博罗本

---

　　① 惠城区本地话与博罗本地话同属东江中上游本地话（有学者称之为老客家话），较为接近。

地话的客家语音特色的磨损，尚未导致客家语音特点的消失，故还处于量变的过程中，并未达到质变。

（二）从韵母看博罗本地话中的粤客接触与融合

我们将各方言点韵母的特点列表比较，如表 2 所示：

表 2　韵母特征对照表

特征	方言点			
	梅县客家话	承粮陂客家话	博罗本地话	广州话
1. "我"白读为带 i 尾的复元音韵母	+	+	+	−
2. 遇合一合三均不裂化（无 ou/øy 等）	+	+	+	−
3. 止摄三等帮见组字不裂化（无 ei 等）	+	+	+	−
4. 止摄精组部分字韵母读为 u	−	+	+	−
5. 假摄二等、三等主元音相同	+	+	+／−	−
6. 无 a-ɐ 系列韵母的对立	+	+	+	−
7. 效摄一二等相混	+	+	+	−
8. 流摄一三等不混	+	−	+	−
9. 咸摄见晓组字不混入深摄	+	+	+	−
10. 臻开一与开三有别	+	+	+	−
11. 曾开三、梗开三四文读音读-n/-t 尾	+	+	+／−	−
12. 合口见组无 u 介音	−	+	+	−
13. 山开一见晓影组字与山合一合流	+	+	+	−
14. 咸合三保留-m/-p	+	+	+	−
15. 宕开三精组与知章组韵母有别	+	+	+	−
16. 遇合三、山合三读撮合呼	−	−／+	−／+	+
17. "靴"字读 œ	−	+	−／+	+
18. 梗开三精组与知章组字韵母有别	+	+／−	+／−	−
19. 效开三精组与知章组字韵母有别	+	+	−	−
20. 咸开三精组与知章组字韵母有别	+	+	−	−
21. 山摄三等精组与知章组字韵母有别	+	−／+	−	−
22. 臻摄合口字与山摄合口字部分合流	−	−	+	+
23. 深摄精组与知章组韵母有别	+	−	−	−
24. 山合一帮组与见组韵母不同	+	+	−	−
25. 止摄、蟹摄三等舌齿音字有舌尖元音 ɿ	+	+／−	−	−
26. 臻合三见组有 iun/iut 韵母	+	+	−	−
27. 通摄三等见组有 i 介音	+	+	−	−

从表2我们可以较为清晰地看到博罗本地话与承粮陂客家话、广州话及梅县客家话的异同。博罗本地话与承粮陂客家话、梅县客家话同而与广州话不同的特征包括表2中的第1~3条、第6~7条、第9~10条、第13~15条。第4条和第12条则为博罗本地话与承粮陂本地话同而与梅县客家话、广州话均不同的特征。第5条、第11条、第16~18条博罗本地话兼有梅县客家话和广州话的特征，即部分相同、部分不同。第19~27条博罗本地话与广州话同而与梅县客家话不同。

第1条只涉及"我"字，而"我"是方言中最基本最核心的词汇，一般受其他方言影响的可能性低。第2条"遇合一合三均不裂化（无 ou/øy 等）"、第3条"止摄三等帮见组字不裂化（无 ei 等）"在博罗本地话中表现非常规律，无例外字。第7条"效摄一二等相混"、第9条"咸摄见晓组字不混入深摄"、第10条"臻开一与开三有别"在博罗本地话中表现亦非常规律，无例外字。故这些特征与客家话乃是同源关系，亦未见广州话的接触影响。第12条"合口见组无 u 介音"，即见组开合口已合流，这一点在博罗本地话和本地客家话中表现一致，这一点博罗本地话与广州话、梅县客家话均不同，却是博罗本地话、本地客家话、本地粤语的共同特点。第13条"山开一见晓影组字与山合一合流"，除了广州话外，其他方言点均有此特点，所以博罗本地话与本地客家话、梅县客家话是同源关系。第14条"咸合三保留-m/-p"，博罗本地话与承粮陂客家话、梅县客家话保留了这一特点，是同源关系。

广州话对博罗本地话的接触影响主要表现在以下几点：

1. 止摄精组读 u 韵母的字明显减少，而变读为 i

博罗本地话中今读"u"韵母的止摄精组字不多，为了更好地观察接触现象，我们把承粮陂客家话、惠城区本地话和三栋客家话止摄精组今读情况一并举例，如表3所示：

表3 止摄精组例字表

例字	方言点					
	梅县 客家话	三栋 客家话	承粮陂 客家话	惠城区 本地话	博罗 本地话	广州话
资	$tsɿ^{44}$	tsu^{33}	tsu^{33}	tsu^{44}	tsi^{44}	$tʃi^{55}$
次	$tsʰɿ^{5}$	$tsʰu^{55}$	$tsʰu^{55}$	$tɕʰi^{213}$	$tsʰi^{41}$	$tʃʰi^{33}$
自	$tsʰɿ^{52}/tsʰɿ^{44}$	$tsʰu^{55}$	$tsʰu^{55}$	$tsʰu^{41}$	$tsʰi^{41}$	$tʃi^{22}$
子	$tsɿ^{31}/tsɿ^{44}$	tsu^{42}	tsu^{42}	tsu^{35}	tsu^{35}	$tʃi^{35}$
字	$sɿ^{52}$	su^{55}	$ɬu^{55}$	$tɕʰi^{41}$	$tsʰi^{41}$	$tʃi^{22}$
丝	$sɿ^{44}$	su^{33}	$ɬi^{33}$	si^{44}	$ɬi^{44}$	$ʃi^{55}$

由表 3 可知，止摄精组韵母读为 u 在本地客家话中表现较为整齐，应是本地客家话固有的特点，而在博罗、惠城区的本地话中则表现得较为参差，惠城区本地话比博罗本地话今读 u 韵母的要多一些，当下有的博罗年轻人连"子"也已经不读 u 韵母了，承粮陂客家话也开始丢失 u 韵母，如"丝"已读 i 韵母。止摄精组字韵母音值上趋同广州话，应是受到了广州话的影响。

2. 假摄三等精组字变读为 e 韵母，而与二等不同

博罗本地话虽然假摄三等知章组、喻母主元音与假摄二等相同，如"茶 tsʰa²¹""车 tsʰa⁴⁴""夜 za⁴¹"；但假摄三等精组字韵母已变读为 e，如"姐 tse³⁵""谢 tsʰe⁴¹"。音值上与广州话较为一致，应是受到了广州话的影响。

3. 曾开三、梗开三四文读音只有入声韵尾，读 -t 尾，阳声韵则读 -ŋ，且其主元音音色越来越近广州话

第 11 条"曾开三、梗开三四文读音读 -n/-t 尾"，这是本地客家话、梅县客家话的共同特点。但博罗本地话曾摄入声、梗摄入声的文读层读为 -t 韵尾，而阳声韵则读 -ŋ 尾，其读音与广州话较为接近，尤其是年轻人的发音，几乎与广州话相同。同为惠州地区的惠城区本地话则较好地保留了曾开三、梗开三四文读音读 -n/-t 尾的特点，如：

	冰	升	食	兵	星	积	击
博罗老派	piɛŋ⁴⁴	siɛŋ⁴⁴	set²	piɛŋ⁴⁴	ɬiɛŋ⁴⁴ 文读	tset⁵	ket⁵
博罗新派	peŋ⁴⁴	seŋ⁴⁴	set²	peŋ⁴⁴	seŋ⁴⁴	tset⁵	ket⁵
惠城区本地话	pən⁴⁴	sən⁴⁴	sət²¹	pən⁴⁴	sən⁴⁴ 文读	tsət⁴⁵	kət⁴⁵

可见博罗本地话阳声韵的这一特点应是受到了广州话的影响。

4. 今读撮口呼字逐渐增多

第 16 条"遇合三、山合三读撮合呼"，就这个问题，我们调查了多名博罗本地老年人，发现博罗本地话老派实际有两种情况，我们的发音人李永荣先生一般读齐齿呼韵母，不读撮口呼，而有些老人是读撮口呼的，我们的年轻男性发音人则基本上均读撮口呼，不再读齐齿呼，年轻女性发音人则个别常用的字读齐齿呼，如"猪"韵母为 i，大部分读撮口呼。博罗本地话新老派对比如下：

	女	书	雨	全	绝
博罗老派	zi³⁵	si⁴⁴	zi²⁴	tsʰiɛn²¹	tsʰiɛt²
博罗新派	zy³⁵	sy⁴⁴	zy²⁴	tsʰyɛn²¹	tsʰyɛt²

承粮陂客家话山合三一般读齐齿呼，与开口三等合流，但遇合三则有的字读 y，有的字读 i，如"女 ŋi⁴²""举 ki⁴²""去 çi⁵⁵""裕 ji⁵⁵""吕 ly³³""徐 tɕʰy²¹""余、如 jy²¹""锯 ky⁵⁵""遇 jy⁵⁵"等，虽然读 y 的字相对要多一些，但读为 i 韵母的字口语化程度较高。再结合山摄的情况来看的话，承粮陂客家话遇合三早期的层次应是 i，y 乃是后起现象。

结合博罗本地话和承粮陂客家话的表现，撮口呼的产生应是受外方言的影响而触动 i 向 y 演变，而受广州话影响的可能性最大。

5. 出现了 œ（或 ø）韵母

œ 系列韵母是粤方言的特色，这里仅涉及个别字的演变，博罗本地话老派无此特征，但年轻人"靴"读 hø⁵⁵，明显是受到了广州话的影响；承粮陂客家话亦出现 œ 韵母，也是受到了广州话的影响。

6. 精组与知章组韵母有别的现象逐渐消失

第 18 条至第 21 条，实际上涉及的是同一个问题，即各韵摄三等字精组与知章组韵母是否有别的问题。从表 2 我们可以看到，在本地客家话和梅县客家话中，各韵摄较为一致地表现出了精组与知章组韵母有别的特点。而博罗本地话则只在宕开三和梗开三还能看到此特点，如宕摄清母字"抢 tsʰioŋ³⁵"与澄母字"长 tsʰɔŋ²¹"、昌母字"厂 tsʰɔŋ³⁵"韵母不同；梗摄三等精母字"井 tsiaŋ³⁵"与书母字"声 saŋ⁴⁴"韵母不同。承粮陂客家话梗开三和山摄三等也开始出现精组与知章组合流的现象。可见在这一特点上，博罗本地话受到了广州话的影响，而承粮陂客家话又受到了博罗本地话和广州话的双重影响。

（三）从声调看博罗本地话中的粤客接触与融合

各方言点声调的具体表现和特征异同如表 4 和表 5 所示：

表 4　声调今读情况表

古调类	古清浊	承粮陂客家话	梅县客家话	博罗本地话	广州话
平	清	阴平 33	阴平 44	阴平 44	阴平 53/55
	浊	阳平 21	阳平 11	阳平 21	阳平 21

（续上表）

古调类	古清浊	承粮陂客家话	梅县客家话	博罗本地话	广州话
上	清	上声 42	上声 31	上声 35	阴上 35
	次浊	上声 42/阴平 33/去声 55（个别）	上声 31/阴平 44/去声 52（少数）	上声 35/阴去 24	阳上 23
	全浊	去声 55/阴平 33	阴平 44/去声 52	阴去 24/阳去 41	阳上 23/阳去 22
去	清	去声 55/上声 42（个别）	去声 52	阴去 24	阴去 33
	浊	去声 55/上声 42（个别）	去声 52	阳去 41①	阳去 22
入	清	阴入 3 / 阴入 3	阴入 1 / 阴入 1	阴入 5 / 阴入 5	上阴入 5 / 下阴入 3
	浊	阳入 5/阴入 3（少数次浊声母字）	阳入 5/阴入 1（少数次浊声母字）	阳入 2	阳入 2
今声调数量		7	6	7	9

表 5　声调特征对照表

特征	方言点			
	梅县客家话	承粮陂客家话	博罗本地话	广州话
1. 次浊上部分字与清上合流	+	+	+	−
2. 次浊上部分字、全浊上白读层归阴去	−	−	+	−
3. 次浊上部分字、全浊上白读层归阴平	+	+	−	−
4. 次浊上部分字、全浊上白读层保留阳上调	−	−	−	+
5. 去声分阴阳	−	−	+	+
6. 入声三分	−	−	−	+
7. 入声调值阴高阳低	−	−	+	+
8. 有连读变调	+	+	+	−

① 新派的口音中，发音人有时很难区分阳去与阴平，此二调有合并趋势。

从调类的分合来看，博罗本地话具有自己的特色（次浊上部分字、全浊上白读层归阴去），既没有客家话的典型特点（次浊上部分字、全浊上白读层归阴平），也没有粤方言的典型特点（次浊上部分字、全浊上白读层保留阳上调、入声三分），亦看不出接触的情况。从调值上来看，博罗本地话更近广州话，但目前的语料还无法证明调值受到了广州话的直接影响。但就连读变调来说，我们发现博罗本地话正在流失这一特点。在自然口语语流中，上声字若作为前字，则通常变为阴平44，如：手巾 $siu^{35-44}kin^{44}$、屎片（尿布）$si^{35-44}p^hiɛn^{35}$，但这种变调现象正在消退，不变调也可以，并不是强制性连读变调。而同为东江中上游本地话的惠城区本地话上声变调则非常整齐：前字为上声，后字无论是哪一个调类，前字调值均由 35 变为 55，如"普通 $p^hu^{35-55}t^hən^{33}$" "表扬 $piɛu^{35-55}jioŋ^{22}$"。与惠城区本地话相比，博罗本地话连读变调已不再是强制性变调了，这一变化明显是受到了不变调的广州话的影响。

二、从词汇看博罗本地话中的粤客接触与融合

关于东江中上游本地话词汇与粤客词汇的差异，刘叔新（2007）和侯小英（2008）都做了大量、细致的比较工作。刘叔新从东江中上游本地话各方言点说法较为一致的 820 个"特殊基本词语"出发，将其与粤客方言进行了比较，发现其与粤语近同而与客家话迥然不同的有 318 个，而刘叔新认为这 300 余个除了少数个别词是借自粤语外，其他都是同源关系，并非借用关系，应该是东江中上游本地话与粤语同源关系的有力证据；在特殊基本词语中，东江中上游本地话与客家话一致而不同于粤语的有 60 个。故刘叔新最后的结论是从词汇来看，东江中上游本地话与粤语本自一体。侯小英 2008 年的博士论文则从特征词的角度出发，统计、阐述了东江中上游本地话与粤语特征词和客家话特征词之间的同异情况，经统计，东江中上游本地话与客、粤、赣方言的关系词分别为 31.3%、26.1%、16.8%。31.3% 与 26.1% 差距不大，说明东江中上游本地话与粤、客均存在密切的关系。但具体到博罗本地话，粤方言特征词出现的比例则要比客家话特征词略高，侯小英认为东江中上游本地话与粤语相同的方言词有时不好分辨同源还是渗透关系，但也有一些比较明显的是粤语借词，该文列举了一些词语进行举例解释。刘、侯两位学者最终得出的结论不太一样，原因至少有二：一是比较的词语（条目）不一样，故结果不太一样；二是对于东江中上游本地话与粤语相同的那一部分词语，究竟是同源还是借用（渗透）关系，两人有不一样的理解。

从前人的比较来看，博罗本地话近粤与近客的词语均占有一定的比例，似乎难分伯仲。但具体是哪些类别的词与粤语同，哪些类别的词与客家话更近，还描述得不够清楚。我们尝试从不同的词语类别来观察博罗本地话所呈现出的方言差异和接触情况。考察的条目主要参考《中国语言资源调查手册·汉语方言》，分天文地理类、时间类、方

位类、植物类、动物类、房舍器具类、服饰类、饮食类、身体类、疾病医疗类、婚丧类、人品类、称谓类、农业类、商业类、文化娱乐类等 16 个类别进行考察，条目约 500 条，主要为名词，也包括部分动词。① 下文我们先观察容易受广州话影响的词语类别，再来分析具体的表现形式。

（一）容易受广州话影响的词语类别

在我们调查的约 500 条条目中，除去博罗本地话与广州话、梅县客家话（以下简称"广、梅"）均一致的词语，博罗本地话与广州话、梅县客家话均不同或只与某一种方言相同的词语的比例如表 6 所示：

表 6　博罗本地话与广、梅异同数据统计表

类别	博罗本地话					
	与广、梅均不同		与广同、与梅异		与梅同、与广异	
	数量	占比	数量	占比	数量	占比
天文地理类（25 条②）	6	24%	9	36%	2	8%
时间类（19 条）	8	42%	5	26%	3	16%
方位类（10 条）	8	80%	1	10%	1	10%
植物类（29 条）	6	21%	4	14%	10	34%
动物类（43 条）	6	14%	19	44%	10	23%
房舍器具类（43 条）	13	30%	19	44%	3	7%
服饰类（12 条）	3	25%	5	42%	3	25%
饮食类（36 条）	8	22%	10	28%	7	19%
身体类（38 条）	10	26%	10	26%	10	26%
疾病医疗类（15 条）	7	47%	3	20%	2	13%
婚丧类（12 条）	9	75%	3	25%	0	0%
人品类（24 条）	13	54%	9	38%	1	4%
称谓类（42 条）	13	31%	12	29%	8	19%
农业类（9 条）	4	44%	2	22%	1	11%
商业类（12 条）	4	33%	5	42%	2	17%
文化娱乐类（16 条）	9	56%	2	13%	4	25%
占比平均值	39%		29%		16%	

① 本章语料来源：博罗本地话、承粮陂客家话全部语料来源于笔者的实地调研。广州话、梅县客家话多参考《汉语方言词汇》；广州话另据《实用广州话分类词典》《广州方言词典》补充，广州话、梅县客家话注音以《汉语方言词汇》为准，部分语料为笔者调研核对所得；梅县客家话亦参考了庄初升教授所提供的语料。

② 这里统计的总条目，去除了各方言点完全一致的条目，下同。

从表6可知，博罗本地话在时间类、方位类、疾病医疗类、婚丧类、人品类、农业类、文化娱乐类词语中的本地特色非常明显，这些类别与广、梅均不同的比例明显高于与广同或与梅同的比例。而天文地理类、动物类、房舍器具类、服饰类、商业类则与广同的比例最高；植物类则与梅同的比例最高。身体类则三种比例相当。若只看与广同或与梅同的比例，则天文地理类、时间类、动物类、房舍器具类、服饰类、饮食类、疾病医疗类、婚丧类、人品类、称谓类、农业类、商业类与广同的比例高于与梅同的比例，只有植物类、文化娱乐类与广同的比例低于与梅同的比例。从最终的占比平均值我们可以看到，博罗话本地特色明显，与广、梅均不同的比例高达39%，其次是与广同的词语要多于与梅同的词语，可见博罗本地话词汇整体更近粤一些。

而从博罗本地话近粤的情况来看，最容易受影响的词语主要是房舍器具类、动物类、服饰类、商业类、人品类和天文地理类；其次是称谓类、饮食类、时间类、身体类、婚丧类、农业类和疾病医疗类。最不易受广州话影响的是植物类、文化娱乐类和方位类。

博罗本地话与广州话一致而与梅县客家话不同的词语列举如下（括号外为词条，括号内为博罗本地话说法）：

（1）房屋器具类："被子（被）""房子（屋）""厕所（屎坑）""桁（桁）""窗（窗）""梯子（梯）""东西（嘢）""床（床）""席子（席）""桌子（枱）""柜子（柜）""凳子（凳）""坛子（埕）""碗（碗）""筷子（筷子）""汤匙（匙羹）""柴火（柴）""毛巾（手巾）""手电筒（电筒）"。

（2）动物类："翅膀（翼）""蛇（蛇）""蝙蝠（飞鼠）""麻雀（麻雀）""鸽子（白鸽）""蜘蛛（蠄蟧）""蚕（蚕虫）""猪崽（猪仔）""狗（狗）""鸡（鸡）""鸭（鸭）""蚊子（蚊）""公牛（牛公）""虱子（虱乸）""母牛（牛乸）""母猪（猪乸）""母猫（猫乸）""母狗（狗乸）""母鸡（鸡乸）"。

（3）人品类："小孩（细蚊仔）""男孩（男仔）""女孩（女仔）""朋友（老朋）""泥水匠（泥水佬）""木匠（斗木佬）""妓女（老举）""贼（贼仔）""瞎子（盲仔）"。

（4）时间类："七月十五（鬼节）""中午（晏昼）""除夕（年晚）""冬至（过冬）""中秋（八月十五）"。

（5）农业类："锄头（锄头）""磨（石磨）"。

（6）天文地理类："太阳（热头）""星（星）""热水（热水）""煤油（火水）""彩虹（彩虹）""沙（沙）""露（雾水）""闪电（闪电）""砖（砖）"。

（7）婚丧类："娶老婆（娶老婆）""棺材（棺材）""上坟（拜山）"。

（8）服饰类："衣服（衫）""毛衣（冷衫）""短裤（牛头裤）""尿布（屎片）""扣子（纽）"。

（9）称谓类："妈妈（阿妈）""公公（家公）""婆婆（家婆）""叔母（阿婶）""姐夫（姐夫）""妹夫（妹夫）""女婿（女婿）""外甥（外甥）""外孙（外孙）"。

（10）身体类："眼睛（眼）""眼泪（眼泪）""嘴巴（嘴）""口水（口水）""舌头（脷）""牙齿（牙）""下巴（下巴）""胳膊（手臂）""大腿（大髀）""背（背脢）"。

（11）商业类："钱（银纸）""零钱（散纸）""工钱（人工）""路费（水脚）""集市（墟场）"。

（12）饮食类："饺子（饺子）""馄饨（云吞）""馅儿（馅）""粽子（粽）""点心（点心）""鸡蛋（鸡春）""冰棍（雪条）""吃早饭（食早餐）""吃晚饭（食晚饭）""饿（饿）"。

（13）疾病医疗类："患疟疾（发冷）""疤（疤）""看病（睇病）"。

（14）方位类："末尾（疆尾）"。

（15）植物类："叶（叶）""辣椒（辣椒）""蚕豆（蚕豆）""包心菜（椰菜）"。

（16）文化娱乐类："风筝（纸鹞）""讲故事（讲古仔）"。

植物类、文化娱乐类、方位类词语与广州话相同的占比均在 20% 以下，说明接触度比较低，而其他类别均有一定比例是与广州话相同的，可以说广州话对博罗本地话的影响应该是涉及了方方面面的词语，包括一些基本词。

但在具体的例子中，我们也发现了一个有趣的现象，凡是与个人相关程度比较高的词语一般不太容易受到广州话的影响，比如日常吃的、日常玩的、身体比较隐私的部位、与己身相关的方位等，如"前面（带头）""后面（后尾）""里面（内□tək5）""外面（出面）""菜（菜）""喝（说 ᵌ①sɔt⁵）""盛~饭（舀）""肚子（肚胈）""乳房（□mbi⁵⁵□ku⁵⁵）""拳头（拳头牯）""额头（额门头）""耳朵（耳吉ᵌkit⁵）"等。

这一现象说明，接触影响多始于交际，即与外人的语言接触，故在交际用语中出现的词语较为容易受到影响，而与个人相关度比较高或与家庭生活非常密切的词语则往往不容易受到影响。

（二）具体的接触融合表现

在词语的接触借用中，很多情况下是直接用目标语的词语替换了源语言中的词语，这种情况给我们考察是同源还是借用带来了困难，比如"除夕"博罗本地话说"年晚""年三十晚"，与广州话一致，而这一表达究竟是受到了广州话的影响抑或博罗本地话原本就是这样说的？讨论是同源还是接触，会出现"公说公有理、婆说婆有理"的争论，

---

① 本字未明的采用同音字，并在字的右上角加等号，下同。

这也是以往博罗本地话性质研究存在争议的原因之一。本节暂且搁置这一类与广州话完全一致的词语，而来观察、分析那些较为明显地体现粤客接触融合特色的词语的表现形式。

1. 本地特色说法与同广说法并存

有一些条目在博罗本地话中存在两种说法，一种与广州话同，另一种具有本地特色。如"东西"博罗本地话既可以说"嘢"，也可以说"工夫"，"工夫"是博罗本地话特色表达，而"嘢"显然是借自广州话。又如"七月十五"，博罗本地话既可以说"七月十四"，又可以说"鬼节"，前者是博罗本地话的特色表达，后者应来自广州话。

2. 同一个词中杂糅粤客两种特色

有一些词条杂糅了粤客两种特色。如"柚子"广州话说"碌柚"，梅县客家话说"柚欸"，而博罗本地话说"碌欸"，其中"碌"是粤语特色，而"欸"是客家话特色。又如"荸荠"博罗本地话说"马蹄欸"，其词根"马蹄"与广州话同，但后面却加上了客家特色词缀"欸"。

3. 同一类事物部分同梅、部分同广，表现为不对称性

在动物性别类词语中，有一个非常有意思的现象，即博罗本地话在雄性与雌性的表达上表现不对称，雌性动物类多用"嫲"，与广州话同；而雄性多用"牯"，与梅县客家话同，如表7所示：

表7　动物性别类词语举例

条目	广州话	博罗本地话	梅县客家话
公牛	牛公；牛牯	牛公	牛牯欸
公猪	猪公	猪牯	猪牯
公猫	猫公	猫牯	猫牯
公狗	狗公	狗牯	狗牯（欸）
虱子	虱嫲	虱嫲	虱嫲
母牛	牛嫲	牛嫲	牛嫲欸
母猪	猪嫲	猪嫲	猪嫲
母猫	猫嫲	猫嫲	猫嫲
母狗	狗嫲	狗嫲	狗嫲
母鸡（下过蛋的）	鸡嫲	鸡嫲	鸡嫲

一般来说，粤方言表示雌性动物的"嫲"与表示雄性动物的"公"相配，客家话表示雌性动物的"嫲"与表示雄性动物的"牯"相配，而博罗本地话刚好体现了粤客融合的特色。

与此类似的还有人品类词语，表示某类职业或某类人，广州话常用"佬"或"仔"，而梅县客家话多用"个 kɛ⁵²"或"欨 ɛ³¹"，而博罗本地话则两者皆用，如表8所示：

表8　人品类词语举例

条目	广州话	博罗本地话	梅县客家话
商人	生意佬；商家佬	做生意欨	做先理个
泥水匠	泥水佬	泥水佬	做泥水个
木匠	斗木佬	斗木佬	木匠
理发师	飞发佬	剃头佬	挥毛个
乞丐	乞儿	攞食佬	叫化欨；讨食个
瞎子	盲公；盲婆；盲仔；盲妹	盲仔	瞎眼欨；摸目欨
聋子	聋佬；聋婆；聋仔；聋女	聋欨	聋欨
哑巴	哑佬；哑婆；哑仔；哑女	哑□paŋ⁴⁴	哑婆
驼子	驼背（佬）；驼背婆；驼背仔；驼背女	阿驼欨	驼背欨
疯子	癫佬；癫婆；癫仔；癫女	懵仔	癫欨

如上，博罗本地话既有"做生意欨""聋欨""阿驼欨"这样的客式表达，又有"泥水佬""斗木佬""剃头佬""攞食佬""盲仔""懵仔"这样的粤式表达，亦是粤客融合的体现。

从以上分析我们不难看出，博罗本地话明显受到了广州话的影响，出现词语的并用或叠置或消退现象，词汇系统中呈现出粤客方言的接触与融合特点。

三、从语法看博罗本地话中的粤客接触与融合

上文的词汇分析已经涉及部分语法问题，即后缀的接触演变。再来看代词、副词、介词、连词、助词和部分句式及其标记的接触融合情况。代词我们考察了人称代词、指示代词、疑问代词共计25条条目，博罗本地话与广州话用字相同的条目仅有"我（我）""你（你）""他（渠）""自己（自己）""多少（几多）"5条；与梅县客家话相同的条目有"我（我）""你（你）""大家（齐家）""多少（几多）"4条；而不同于广、梅的多达18条，占比72%。由此可见，博罗本地话代词系统有自己明显的特色，基本没有受到广州话的影响，或较少受到广州话的影响。

副词、介词、连词我们考察了27个条目，其中有12条是博罗本地话与粤、客均一致的；剩下的15条，博罗本地话与广州话同而与梅县客家话不同的条目有"一起（一

齐）""刚（啱啱）""经常（成日）"3条；与梅县客家话同而与广州话不同的条目有"才（争 ⁼ ）""还（还）""也（也）""替（代）"4条；既不同广又不同梅的多达8条，包括"更（还过）""太（过头）""一共（共梅 ⁼ mbɔe²¹）""只（争 ⁼ ）""再（……过）""反正（样边样）""没有 ₋去过（冇）""和（拢 ⁼ ləŋ³⁵）"。可见除了个别副词受到了广州话影响外，大体还是保留了博罗本地话特色。

助词我们考察了"的""得""了1""着""过"，如表9所示：

表9 助词比较表

条目	广州话	博罗本地话	承粮陂客家话	梅县客家话
的（我~书）	嘅 ke³³	歘 e⁰①	个 ke⁵⁵	个 ɛ⁵²
得（算~太快了）	得 tɐk⁵	歘 e⁵⁵	倒 tau⁴²	倒 tau³¹
了（吃~饭）	咗 ʧɔ³⁵	杯 pɔe⁴⁴ / ɔe⁴⁴	歘 e²³	撇 pʰɛt¹ 歘 ɛ²²
着（吃~饭）	紧 kɐn³⁵	紧 kin³⁵	紧 kin⁴²	撑地 tsʰaŋ⁵²⁻⁵⁵ tʰi⁵² 等歘 tɛn³¹（nɛ²²）
过（去~）	过 kuɔ³³	过 kɔ²⁴	过 kɔ⁵⁵	过 kuɔ⁵²

从表9来看，只有"紧"在博罗本地话中与广州话一致，而与梅县客家话不同。包括承粮陂客家话也使用"紧"来表示动作行为的进行或持续，非常特别。这一点不排除是受到广州话的影响。其他明显未受到广州话影响，保留了博罗本地话的特色。

句式上我们重点比较了比较句、把字句和被字句的差异，如表10所示：

表10 比较句及"把""被"标记对照表

条目	广州话	博罗本地话	承粮陂客家话	梅县客家话
你比我高，他比你还要高。	你高过我，渠重高过你。	你高过我，渠还高过你。	你高过偲，佢比你还过高。	你比偲过高，佢比你还过高。
把	将 ʧœŋ⁵³	捉 tsək⁵	□kʰim⁵⁵	将 tsioŋ⁴⁴；将把 tsioŋ⁴⁴ pa³¹
被	畀 pei³⁵	畀 pi³⁵	畀 pi³⁵/⁵⁵	分 pun⁴⁴

---

① 读轻声，故记为0。

博罗本地话中的比较句格式为"A + 形容词 + 过 + B",单看博罗本地话,很难判断是不是受到了广州话的影响;但我们看承粮陂客家话,就会发现该方言点在本地话、粤方言的双重影响下,变成了粤客混合型的比较句模式,即"A + 形容词 + 过 + B"与"A + 比 + B + 过 + 形容词"并存于一句话中,由此可见博罗本地话目前的句式也不排除是接触影响的结果。"被"字句中的"被"本地话和广州话一致,均用"畀",连承粮陂客家话亦用"畀",与梅县客家话不同。承粮陂客家话应该受到了博罗本地话和粤方言的影响,但博罗本地话的"畀"是不是借用,目前还不能判断。

整体而言,博罗本地话的语法表现有非常强的个性特征,既不同于广州话,也不同于梅县客家话,可以说自成体系。但也存在接触现象,只是语法的接触程度并没有词汇那么高,也没有语音音值那么广。

四、博罗本地话中的粤客方言接触规律与等级

从上文的语音、词汇、语法的接触与融合现象,我们归纳广州话对博罗本地话的接触特点如下。

语音方面:首先是音值的渗透,包括部分日母字的声母由鼻音声母变为 z 声母,进而变为 j 声母;部分疑母细音字声母由 ŋg 声母变为 z 声母;止摄精组部分字韵母由 u 变为 i;假摄三等精组字韵母变读为 e;"靴"字读 ø 韵母等。其次是通过音值的变化最后达到音类分合的影响,包括泥(娘)母洪细有别变为洪细无别;曾开三、梗开三四文读音由-n/-t 类型变为-ŋ/-t 类型;精组与知章组韵母有别的现象逐渐消失;遇合三、山合三由齐齿呼变为撮合呼。以上两类接触演变均未能改变博罗本地话的客家话属性,还处在一个量变的过程中。

词汇方面:除了方位类、植物类、文化娱乐类较少受到影响外,可以说几乎涉及了词汇的各个类别,包括一些基本词汇。

语法方面:主要表现为"欸"后缀丢失;"佬"后缀的借用;个别句式的借用。

接触语言学家普遍认可,语言借用等级一般为:词汇成分(非基本词)>句法成分/音系成分 >形态成分。托马森(2014)认为,结构类型差异很大的语言很可能严格遵守这个借用等级,但结构类型高度相似的语言很可能在所有方面悖于这个借用等级。

通过上文对语音、词汇、语法三个方面的分析,博罗本地话中粤客接触的先后层级,更准确的规律应是:词汇成分 > 音值/形态(词缀)/句式 > 封闭类词语/音系格局。即词语是最容易受到影响的,甚至包括一些基本词汇;再是音值的变化、词缀的替换、部分句式的替换等。比较不容易受影响的是封闭类的词,如代词等,音系的整体格局亦不容易受到外方言的影响。

托马森(2014)基于借用成分的种类和层次与语音接触的等级和强度之间的关联,

概括了四个借用等级：①偶然接触（借用者不必是源语的流利使用者，以及/或者在借语使用者中双语人为数极少），其借用成分的种类和层级为只有非基本词汇被借用；②强度不高的接触（借用者须是相当流利的双语人，但他们很可能在借语使用者中占少数），其借用成分的种类和层级为功能词以及较少的结构借用；③强度较高的接触（更多的双语人；语言使用者的态度以及其他社会因素对借用有偏爱倾向或促进作用），其借用成分的种类和层级为基本词汇和非基本词汇均可借用，中度的结构借用；④高强度的接触（在借语使用者中双语人非常普遍；社会因素对借用有极强的促进作用），其借用成分的种类和层级为继续大量借用各类词汇，借用大量的结构。从等级来看博罗本地话中的粤客接触应该在第 2 等级到第 3 等级之间。

参考文献

［1］白宛如．广州方言词典［M］．南京：江苏教育出版社，1998.

［2］北京大学中国语言文学系语言学教研室．汉语方音字汇［M］．2 版重排本．北京：语文出版社，2003.

［3］北京大学中国语言文学系语言学教研室编．汉语方言词汇［M］．2 版．北京：语文出版社，1995.

［4］陈保亚．论语言接触与语言联盟：汉越（侗台）语源关系的解释［M］．北京：语文出版社，1996.

［5］陈保亚．语言接触导致汉语方言分化的两种模式［J］．北京大学学报（哲学社会科学版），2005（2）.

［6］陈淑环．惠州方言助词研究［D］．广州：中山大学，2006.

［7］戴庆厦，罗自群．语言接触研究必须处理好的几个问题［J］．语言研究，2006（4）.

［8］甘于恩，邵慧君．试论客家方言对粤语语音的影响［J］．暨南学报（哲学社会科学版），2000（5）.

［9］侯小英．东江中上游本地话研究［D］．厦门：厦门大学，2008.

［10］教育部语言文字信息管理司，中国语言资源保护研究中心．中国语言资源调查手册汉语方言［M］．北京：商务印书馆，2015.

［11］李如龙．论语言接触的类型、方式和过程［J］．青海民族研究，2013（4）.

［12］李如龙．新界客家话百年接触演变的启发［J］．龙岩学院学报，2014（6）.

［13］李如龙．演化与接触，系统与特征：再论汉语方言的比较研究［J］．国际汉语学报，2015（1）.

［14］刘若云．惠州方言志［M］．广州：广东科技出版社，1991.

［15］刘叔新．东江中上游土语群研究：粤语惠河系探考［M］．北京：中国社会出版社，2007．

［16］刘镇发，梁慧敏．珠江三角洲方言阴入声受广州话影响的演变情况［J］．语言研究，2011（4）．

［17］麦耘．从粤语的产生和发展看汉语方言形成的模式［J］．方言，2009（3）．

［18］麦耘，谭步云．实用广州话分类词典［M］．广州：世界图书出版广东有限公司，2016．

［19］吴安其．语言接触对语言演变的影响［J］．民族语文，2004（1）．

［20］吴芳．粤东双方言（双语）区内方言接触概述［M］//甘于恩．南方语言学：第2辑．广州：暨南大学出版社，2010．

［21］吴福祥．关于语言接触引发的演变［J］．民族语文，2007（2）．

［22］吴福祥．粤语差比式"X＋A＋过＋Y"的类型学地位：比较方言学和区域类型学的视角［J］．中国语文，2010（3）．

［23］吴福祥．语言接触与语法演变［J］．西南交通大学学报（社会科学版），2020（4）．

［24］王洪君．兼顾演变、推平和层次的汉语方言历史关系模型［J］．方言，2009（3）．

［25］王双成．接触与共性：西宁方言方位词的语法化［J］．语言科学，2020（2）．

［26］温昌衍，王秋珺．广东客闽粤方言词汇比较研究［J］．学术研究，2014（11）．

［27］温昌衍，王秋珺．客家方言［M］．广州：暨南大学出版社，2015．

［28］项梦冰，曹晖．汉语方言地理学：入门与实践［M］．北京：中国书籍出版社，2012．

［29］严修鸿．河源惠州"本地话"语音特点概略（一）［M］//甘于恩．南方语言学：第1辑．广州：暨南大学出版社，2009．

［30］严修鸿．河源惠州"本地话"语音特点概略（二）［M］//甘于恩．南方语言学：第2辑．广州：暨南大学出版社，2010．

［31］杨杏冰．粤客方言交界区博罗话的词汇特点［J］．深圳教育学院深圳师范专科学校学报，1991（2）．

［32］詹伯慧．广东境内三大方言的相互影响［J］．方言，1990（4）．

［33］詹伯慧，张日昇．珠江三角洲方言综述［M］．广州：新世纪出版社，1990．

［34］庄初升．广东省客家方言的界定、划分及相关问题［J］．东方语言学，2008（2）．

［35］中国社会科学院，澳大利亚人文科学院．中国语言地图集［M］．香港：朗文出版（远东）有限公司，1987．

［36］托马森．语言接触导论［M］．北京：世界图书出版公司北京公司，2014．

赣南闽南方言安平话语音述略

宋婕妤

一、赣南闽南方言安平话的声韵调

赣县江口镇闽南籍居民居住集中，人口较多，方言内部一致性较高。江口镇辖 17 个行政村，其中安平、李家、旱塘、优良四个行政村通行闽南方言。本文选择安平村闽南籍居民所使用的"漳州话"（以下称"安平话"）作为赣南闽南方言的代表方言点作了重点调查。以下归纳安平话的声韵调系统。

本文的发音合作人：张嵩珊，男，68 岁，初中文化程度；张承钰，男，56 岁，高中文化程度；张积檀，男，81 岁，初中文化程度。

（一）安平话单字声调 8 个

调类	调值	例字	调类	调值	例字
阴平 1	˦44	东该灯师尸	阴平 2	˨˦24	通开天春
阳平	˧˩31	门龙牛油铜皮糖红			
上声	˥˧53	懂古统苦买老五			
阴去	˨˩21	冻怪痛快半四寸去	阳去	˨22	卖路洞地动罪
阴入	˧˨<u>32</u>	谷稻谷急失湿乙	阳入	˧<u>33</u>	毒罚督

安平话的声调与古四声的关系及特点可以归纳为以下几点：

（1）古清声母字一般读阴调类，古浊声母字一般读为阳调类。安平话除上声不分阴阳以外，平声、去声、入声三声大致根据古声母的清浊分为阴阳两类。

（2）安平话阴平调根据全清和次清又分为两个调值，如"东［daŋ˦］""通［tʰəŋ˨˦］"。有一部分全清字的调值读与次清字同，如"风［həŋ˨˦］"。

（3）古上声清声母字多数归为上，如"懂［təŋˊ］""统［təŋˊ］"。古次浊声母字一部分归为上，如"买［meˊ］""老［loˊ］"，还有一部分次浊声母字归为阳去，如"有［u˨］"。古上声全浊声母全部归阳去，如"动［taŋ˨］""罪［tsue˨］"。

（4）去声根据古声母清浊分为阴去、阳去。其中阴去包括全清和次清的去声字，如"怪［kuɛˋ］""半［puãiˋ］""痛［tʰiaˋ］""快［kʰuɛˋ］"，阳去包括全浊和次浊的去声字，如"卖［me˨］""树［tɕʰiu˨］"，还包括全浊上声字和一部分次浊上声字。

（5）部分古入声字读为舒声。部分古清声母入声字今读阴平调中的全清声母的调值，如"节［tseˋ］""塔［tʰaˋ］"，还有一部分读为阴平调中的次清的调值，如"切［tseˇ］"；部分古浊声母入声字一部分今读阳平，如"十［zaʔˊ］""律［liuʔˊ］"。

（二）安平话声母20个，包括零声母在内

p	波 poˊ	播 poˊ	疤 pa˦	把 peˊ	霸 paˋ	怕 peˋ	谱 puˋ	
pʰ	普 pʰuˊ	部 pʰuˋ	辅 pʰuˊ	配 pʰuɛˋ	倍 pʰuɛˋ	皮 pʰue˦	抛 pʰau˦	
m	麻 maˊ	骂 meˋ	马 meˊ	模 moˊ	美 meˊ	亩 meˋ	某 meˋ	明 miãˊ
f	副 fuˋ	浮 feˊ	斧 fuˊ	符 fuˊ	户 fuˋ	戽 fuˋ	付 fuˋ	附 fuˋ
t	戴 tuaˋ	台 taiˊ	太 tuaˋ	大 tuaˋ	待 taiˋ	袋 teˋ	弟 tiˋ	对 tueˋ
tʰ	体 tʰiˊ	透 tʰɔˋ	头 tʰɔˊ	毯 tʰamˊ	痰 tʰamˊ	汤 tʰŋ˦	净 tʰɛˋ	听 tiã˦
n	奶 nãˊ	饶 niɔˊ	绕 niɔˊ					
l	了 liauˊ	料 liauˋ	漏 lɔˋ	楼 lɔˊ	刘 liuˊ	柳 liuˊ	镰 liamˊ	篮 lamˊ
ts	蛇 tsuaˊ	糯 tsoˋ	姐 tsiˋ	阻 tsuˋ	祖 tsoˊ	诸 tsu˦	主 tsuˊ	蛙 tsuˊ
tsʰ	寨 tsʰaiˋ	猜 tsʰai˦	菜 tsʰaiˋ	娶 tsʰuaˊ	厨 tsʰɔˊ	带 tsʰuaˋ	蔡 tsʰaiˋ	
dz	字 dziˋ	己 dziˊ	二 dziˋ					
s	世 siˋ	势 siˋ	所 soˊ	酥 soˊ	师 sai˦	柿 siˋ	事 siˋ	时 siˊ	随 suiˊ
tɕ	爹 tɕiɛ˦	斜 tɕiaˊ	谢 tɕiaˋ	拘 tɕi˦	句 tɕiˋ	具 tɕiˋ	拒 tɕiˋ	聚 tɕiˋ
tɕʰ	车 tɕʰiaˊ	扯 tɕʰiaˊ	趣 tɕʰiˋ	树 tɕʰiuˋ	住 tɕʰiaˋ	鼠 tɕʰiˊ	起 tɕʰiˊ	
ɕ	射 ɕiaˋ	赊 ɕia˦	须 ɕi˦	鱼 ɕiˊ	虚 ɕiˋ	许 ɕiˋ	细 ɕiˋ	死 ɕiˊ
k	挂 kuaˋ	瓜 kua˦	寡 kuaˊ	假 kɛˊ	嫁 kɛˋ	果 kuaˊ	哥 ko˦	个 keˋ
kʰ	棵 kʰoˊ	颗 kʰoˊ	夸 kʰua˦	垮 kʰuaˊ	概 kʰaiˋ	溪 kʰe˦	块 kʰuɛˋ	
ŋ	鹅 ŋoˊ	我 ŋaˊ	饿 ŋoˋ	五 ŋoˊ	涯 ŋɛˋ	藕 ŋiuˊ	腕 ŋuãˋ	

h	贺 hoˋ	火 huaiˋ	和 hoˊ	化 huaˋ	海 haiˋ	亥 haiˋ	煨 huɛˉ	会 hueˋ
ø	慰 uiˋ	围 uiˊ	肺 ueˋ	话 uaˋ	爱 aiˋ	挨 eiˋ	武 uˋ	务 uˋ

（三）安平话韵母 54 个，包括自成音节的 m̩

	a	ɔ	ɜ		o	e	ai	au	
i	ia						iau	iu	
u	ua		ɜu		ue	uai		ui	
	an		ən	ne		aŋ	ɔŋ	əŋ	ã	ɜ̃	m̩
in	ian					iŋ	iaŋ	iɔŋ	ĩ	iã	iɔ̃
un	uan					uŋ	uaŋ		uã	
aʔ	ɔʔ	ɜʔ	əʔ	oʔ	eʔ		ap	it	ɔk
iʔ	iaʔ		iɜʔ	ioʔ			iuʔ		
uʔ	ua			ueʔ				uk	

i	臂 piˋ	离 liˊ	理 liˋ	你 liˊ	资 tsiˉ	厘 liˊ
u	谱 puˊ	铺 puˋ	赌 tuˋ	怒 nuˋ	奴 luˋ	杜 tuˋ
a	疤 paˊ	霸 paˋ	麻 maˋ	社 saˋ	舍 saˋ	榨 tsaˋ
ia	射 çiaˋ	蔗 tçiaˋ	谢 çiaˋ	亚 iaˋ	住 tçʰiaˋ	驻 tçiaˋ
ua	大 tuaˋ	歌 kuaˋ	破 puaˋ	蛇 tsuaˋ	沙 suaˋ	瓜 kuaˋ
ɔ	九 kɔˋ	芋 ɔˋ	厨 tsʰɔˊ	渠 kɔˋ	够 kɔˋ	狗 kɔˋ
ɜ	下 hɜˋ	虾 hɜˊ	假 kɜˋ	叉 tsʰɜˊ	查 tsʰɜˊ	涯 ŋɜˊ
ɜu	背 puɜuˊ	梅 muɜuˊ	灰 huɜuˊ	杯 puɜuˉ	快 kʰuɜuˉ	税 suɜuˋ
o	拖 toˋ	可 kʰoˋ	锁 soˋ	度 toˋ	苦 koˋ	庐 loˋ
e	怕 peˋ	把 peˋ	爬 peˋ	街 keˉ	佳 keˉ	卖 meˋ
ue	开 kʰueˉ	贝 pueˋ	对 tueˋ	推 tueˋ	队 tueˋ	退 tʰuiˋ
ai	耐 naiˋ	爱 aiˋ	界 kaiˋ	来 laiˊ	灾 tsaiˉ	待 taiˊ
uai	衰 suaiˋ	果 kuaiˋ	火 huaiˋ	货 huaiˋ	载 kuaiˋ	乖 kuaiˋ
au	毛 mauˋ	抱 pauˋ	熬 ŋauˋ	卯 mauˋ	貌 mauˋ	闹 nauˋ
iau	疗 liauˋ	飘 pʰiauˉ	了 liauˋ	跳 tʰiauˋ	刁 tiauˉ	钓 tiauˋ

iu	树 tɕʰiu˩	跑 piu˩	苗 miu˥	庙 miu˩	表 piu˥	笑 ɕiu˥
ui	慰 ui˩	为 ui˩	龟 kui˥	规 kui˥	随 sui˥	亏 ui˥
in	宾 pin˥	殡 pin˥	民 min˥	邻 lin˥	进 tɕin˩	亲 tɕʰin˥
un	轰 hun˥	宏 hun˥	分 hun˥	粉 hun˥	准 tsun˩	顺 sun˩
an	单 tan˥	旦 tan˩	难 nan˥	兰 lan˥	懒 lan˥	安 an˥
ian	电 tian˩	颠 tian˥	面 mian˩	眠 mian˥	偏 pʰian˥	扁 pian˥
uan	暖 luan˥	卵 luan˥	惯 kuan˩	患 huan˩	弯 uan˥	短 tuan˥
ən	本 bən˥	门 mən˥	喷 pʰən˥	盆 pʰən˥	恩 ən˥	根 kən˥
iŋ	浆 tɕiŋ˥	张 tiŋ˥	上 tɕiŋ˩	秧 iŋ˥	箱 ɕiŋ˥	像 tɕʰiŋ˩
uŋ	旺 uŋ˩	枉 uŋ˥				
aŋ	东 taŋ˥	铜 taŋ˥	公 kaŋ˥	哄 haŋ˥	冬 taŋ˥	虫 tʰaŋ˥
iaŋ	蒋 tɕiaŋ˥	伤 ɕiaŋ˥	厂 tɕiaŋ˥	状 tɕiaŋ˩	姜 tɕiaŋ˥	强 tɕiaŋ˥
uaŋ	忘 uaŋ˩	网 uaŋ˥	望 uaŋ˩	汪 uaŋ˥	狂 kʰuaŋ˥	眶 kʰuaŋ˥
ɔŋ	虹 kɔŋ˥	腔 kɔŋ˥	讲 kɔŋ˥	绑 pɔŋ˥	邦 pɔŋ˥	总 tsɔŋ˥
iɔŋ	松 tɕiɔŋ˥	让 niɔŋ˩	抢 tɕiɔŋ˥	种 tɕiɔŋ˩	容 iɔŋ˥	浓 niɔŋ˥
əŋ	冷 ləŋ˥	僧 səŋ˥	更 kəŋ˩	庚 kəŋ˥	整 tsəŋ˥	圣 səŋ˩
ĩ	检 tsĩ˥	俭 tɕĩ˥	厌 ĩ˩	验 ŋĩ˩	严 nĩ˥	点 tĩ˥
ã	胆 tã˥	担 tã˩	衫 sã˥	担 tã˥	坦 tã˥	山 sã˥	岸 ã˩
iã	影 iã˥	听 tʰiã˥	声 ɕiã˥	定 tiã˩	订 tiã˥	颈 tɕiã˥
uã	关 kuã˥	宽 kʰuã˥	款 kʰuã˥	欢 huã˥	换 uã˩	
ɔ̃	饶 niɔ̃˥	绕 niɔ̃˩				
ɛ̃	生 sɛ̃˥	牲 sɛ̃˥	省 sɛ̃˥	净 tʰɛ̃˩	青 tsʰɛ̃˥	坑 kɛ̃˥
m̩	姆 m̩˥					
iʔ	逆 niʔ˩	域 iʔ˩	亿 iʔ˩	翼 iʔ˩	极 tɕiʔ˩	碧 piʔ˩
uʔ	独 tuʔ˩	毒 tuʔ˩	族 tsuʔ˩	恶 uʔ˩	幕 muʔ˩	缚 fuʔ˩
aʔ	答 taʔ˩	踏 tʰaʔ˩	纳 naʔ˩	杂 tsaʔ˩	盒 aʔ˩	法 faʔ˩
iaʔ	僻 piaʔ˩	勺 ɕiaʔ˩	只 tɕiaʔ˩	拆 tʰiaʔ˩	壁 piaʔ˩	狭 ɕiaʔ˩
uaʔ	脱 tʰuaʔ˩	夺 tuaʔ˩	滑 huaʔ˩	刮 kuaʔ˩	拔 muaʔ˩	割 kuaʔ˩

ɔʔ	剥 pɔʔ˧	扩 kʰɔʔ˧	桌 tɔʔ˩	学 ɔʔ˧	捉 tsɔʔ˧	国 kɔʔ˧
ɛʔ	百 pɛʔ˧	拍 pʰɛʔ˧	格 kɛʔ˧	客 kʰɛʔ˧	吓 hɛʔ˧	麦 mɛʔ˩
iɛʔ	叶 iɛʔ˧	越 iɛʔ˧	穴 ɕiɛʔ˧	虐 niɛʔ˩	嚼 tɕiɛʔ˩	捏 niɛʔ˧
əʔ	塞 səʔ˧	贼 tsəʔ˩	刻 kʰəʔ˧	隔 kəʔ˧	适 səʔ˧	册 tsʰəʔ˧
oʔ	博 poʔ˧	落 loʔ˩	作 tsoʔ˧	凿 tsʰoʔ˩	托 tʰoʔ˧	莫 moʔ˩
ioʔ	削 ɕioʔ˧	岳 ioʔ˩	着 tioʔ˩	约 ioʔ˧	雀 tɕʰioʔ˩	弱 nioʔ˩
eʔ	侄 teʔ˧	雪 seʔ˧	节 tseʔ˧	切 tseʔ˧	察 tsʰeʔ˧	八 peʔ˧
ueʔ	袜 mueʔ˩	月 ueʔ˩				
iuʔ	石 tɕiuʔ˧	尺 tɕʰiuʔ˧	屈 tɕʰiuʔ˧			
ap	十 tsap˩	杂 tsap˩				
ɔk	俗 sɔk˩	束 sɔk˧	属 sɔk˩	曲 tɕʰiɔk˧	狱 iɔk˩	陆 lɔk˩

二、赣南闽南方言安平话的主要语音特点

以下把安平话与漳州话作语音对比。漳州话的资料见《闽南方言常用小词典》以及《漳州方言同音字汇》。

（一）声调

闽南方言一般有 7 个调类。闽南方言 3 个主要方言点（泉州、厦门、漳州）中，泉州话上声分阴阳，去声不分阴阳；厦门话和漳州话是上声不分阴阳，而去声分阴阳，全浊上归阳去。安平话在调类分合上和漳州话相一致。

	懂	动	冻	洞
安平	təŋˊ	taŋ˩	təŋ˩	təŋ˩
漳州	tɔŋˊ	tɔŋ˩	tɔŋ˩	tɔŋ˩
厦门	tɔŋˊ	tɔŋ˩	tɔŋ˩	tɔŋ˩
泉州	təŋˈ	təŋ˩	taŋˊ	tɔŋˊ

（二）声母

（1）古非、敷、奉母字，大部分读 [p、pʰ] 或 [h] 声母。

	飞非	痹非	辅奉	饭奉	蜂敷	风非	分非
漳州	pue꜔	pui꜖	hu꜕	pui꜖	pʰaŋꜗ	hɔŋ꜕	hun꜕
安平	pue꜔	pui꜖	pʰu꜕	pui꜖	paŋꜗ	həŋ꜕	hunꜗ

（2）古知、彻、澄母字，大部分今口语仍读［t、tʰ］声母。

	张知	竹知	拆彻	茶澄	除澄	迟澄	长澄
漳州	tiaŋ꜔	tiɔk꜔	tʰik꜔	te꜖	ti꜖	ti꜖	tŋ꜖
安平	tiŋꜗ	tiʔ꜔	tʰiaʔ꜔	tɛꜗ	tiꜗ	tikꜗ	təŋꜗ

（3）古匣母字，大部分口语读［k］声母或零声母。

	活	县	河	鞋	蟹	会	厚
漳州	uaʔꜗ	kuĩ꜖	ho꜖	ue꜖	hai꜕	e꜕	kau꜕
安平	uaʔ꜔	kuĩ꜖	ke꜖	aiꜗ	ke꜕	e꜕	kɔ꜕

（4）古全浊声母字今读塞音、塞擦音声母时，部分读不送气声母。

	爬并	造从	条定	状崇	共群
漳州	pe꜖	tso꜖	tiau꜖	tsiɔŋ꜖	kaŋ꜖
安平	pek꜔	tso꜖	tiau꜖	tɕiaŋ꜖	kaŋ꜖

（5）安平话声母已经分化出舌面前音［tɕ、tɕʰ、ɕ］。有一部分精组声母［ts、tsʰ、s］与齐齿呼拼合的时候，舌尖前音演变为舌面前音［tɕ、tɕʰ、ɕ］，还有一部分是见系与细音相拼时分化出的［tɕ、tɕʰ、ɕ］。

	斜邪	趣清	萧心	契溪	契溪
漳州	sia꜖	tsʰi꜖	siauꜗ	kʰe꜕	kʰe꜕
安平	tɕia꜖	tɕʰi꜖	ɕiauꜗ	tɕʰiɛ꜕	tɕʰiɛ꜕

（三）韵母

（1）一些古四等韵字，今口语读为洪音。

	桂	惠	钉	零
漳州	kuɿ˩	huiˉ˩	tiŋ˥	liŋ˩
安平	kueɿ˩	hueˉ˩	təŋ˥	ləŋ˩

（2）没有撮口呼韵母。北京话读为撮口呼的字，在安平话里大部分读为齐齿呼或合口呼，有一小部分读为开口呼。

	女	语	绪	芋
漳州	li˥	gi˥	siˉ˥	ɔˉ˩
安平	ni˥	i˥	siˉ˥	ɔˉ˩

（3）安平话韵母有简化的趋势，首先表现在鼻音韵尾只剩［-n、-ŋ］，［-m］尾消失，漳州话所有读作［-m］尾的字在安平话里都读为［-n］，［-ŋ］尾仍旧保持。

	杉咸	侵深	删山	亲臻	桑宕	清梗
漳州	sam˥	tsʰim˥	san˥	tɕʰin˥	sŋ˥	tsʰiŋ˥
安平	san˥	tsʰin˥	san˥	tɕʰin˥	sɔŋ˥	tɕʰiŋ˥

（4）安平话的塞音韵尾大部分的［-p、-t、-k］都已经消失，但是在一些数字和常用语中还少量保存，基本上塞音韵尾只有鼻塞程度较弱的［-ʔ］。

	十侵	杂咸	汁深	揖侵	百庚	鸭咸
漳州	tsap˥	tsap˥	tsipˉ˩	ipˉ˩	pik˥	apˉ˩
安平	tsa˥	tsa˥	səʔ˥	iaʔ˥	pɛʔ˥	aʔ˥

三、赣南闽南方言安平话与漳州南靖话的对比

安平闽南籍居民的祖居地为福建漳州市南靖县。南靖县主要通行闽南方言。安平话保存了闽南方言的基本特点，但由于离开祖居地约 400 年，语言处在不断演变之中，又受迁入地的客家方言的影响，已经与祖居地方言有了较大的差异。以下作安平话与南靖话的语音对比。南靖话的资料见《南靖县志》。

（1）全浊声母清化。南靖话声母有 18 个，将《十五音》的"柳"母分为 [n、l]，"文"母分为 [m、b]，"语"母分为 [ŋ、g]。安平话浊塞音声母 [b、g] 已经消失。"柳"母仍分为 [n、l]，但是"文"母，"语"母声母已经不作两类区分。

	麻	帽	午	鹅	怒	利
安平	maʔˋ	mau˩	ŋɔˊ	ŋɔˊ	nuˋ	liˋ
南靖	maˇ	bo˩	ŋɔˊ	goˊ	nɔˊ	liˋ

（2）南靖话精组声母与见系声母没有合流。安平话见组声母与洪音相拼时仍读 [k、kʰ]，精组与洪音相拼仍读 [ts、tsʰ、s]，但是大部分见组和精组与细音拼合时读舌面音 [tɕ、tɕʰ、ɕ]。

	谢	邪	侵	兼	亲
安平	tɕʰia˩	ɕiaˋ	tɕʰin˥	tɕinˇ	tɕʰin˥
南靖	sia˩	siaˇ	tsʰim˥	kiam˥	tsʰin˥

（3）南靖话凡是非、敷、奉三母不读作清塞音 [p、pʰ]，而读作擦音 [h]，安平话大部分都演变为擦音 [f]。

	凤	封	符	废	浮
安平	fəŋˋ	fəŋ˥	fuˋ	fe˩	feˋ
南靖	hɔŋˋ	hɔŋ˥	huˇ	hui˩	huˇ

（4）南靖话从母读作 [dz]。安平话有部分从母字已经不读浊塞擦音 [dz]。

	热	绒	日	染	爪	字
安平	niɛʔ˧˩	loŋ˧˩	liʔ˧˩	la˥˩	tsau˥˩	dzi˧˩
南靖	dzuaʔ˧˩	dzioŋ˨	dzin˧˩	dziam˥˩	dziau˥˩	dzi˧˩

（5）南靖话古匣母部分字今仍读舌根塞音，还有一部分读作零声母或清擦音 [h]，而安平话中古匣母字大部分已经只读清擦音 [h]。

	猴	厚	汗	虹	横	宏
安平	kɔ˧˩	kɔ˧˩	kuã˧˩	kɔŋ˧˩	ua˧˩	hun˧˩
南靖	hɔ˨	hɔ˧˩	han˧˩	hɔŋ˧˩	hiŋ˨	hɔŋ˨

（6）部分古心母和禅母字，南靖话全部读作舌尖音 [ts、tsʰ、s]，安平话则大部分读作舌面音 [tɕ、tɕʰ、ɕ]。

	手	醒	笑	宋	先
安平	tɕʰiu˥˩	ɕiŋ˥˩	ɕiu˧˩	sɔŋ˧˩	ɕian˥˩
南靖	siu˥˩	tsʰɛ˥˩	tsʰiau˧˩	sɔŋ˧˩	siŋ˥˩

（7）南靖话古微母和明母字今多读为 [b]，少数明母读作 [m]。安平话古明、微母字多数读 [m] 声母，部分微母字今读零声母。

	麻	磨	模	味	尾	问	无
安平	ma˥˩	mo˥˩	mo˥˩	ui˧˩	mue˥˩	mun˧˩	mo˥˩
南靖	ma˨	bo˨	bo˨	bi˧˩	bi˨	bun˧˩	bo˨

（8）南靖话韵母有 70 个，安平话韵母只有 54 个，韵母呈现简化的趋势，其中古阳声韵今有部分读为鼻化韵。

	黏	剑	坦	关	欢	元
安平	nĩ˥˩	tɕĩ˥˩	tã˥˩	kuã˥˩	huã˥˩	iã˥˩
南靖	liam˨	kiam˥˩	tan˥˩	kuan˥˩	huan˥˩	guan˨

四、赣南闽南方言安平话与赣县客家方言的比较

赣县主要通行方言为客家方言。作为方言岛的安平话处于客家方言的包围之中。安平话数百年来的演变势必受到位于赣县客家方言的影响。以下联系赣县客家方言（称"赣县话"）讨论安平话的一些特点。

（1）赣县话中古并、定、群、从、澄、崇等全浊声母字，不论平仄，大都变为送气声。如："步，爬"的声母是［pʰ］，"台，袋"的声母是［tʰ］，"旧，件"的声母是［kʰ］。安平话则保留了古浊塞音和塞擦音声母读不送气音的特点。

	步	爬	台	袋	旧	件
安平	po꜒	pe꜒	tai꜒	te꜒	ku꜒	tɕian꜒

（2）赣县话古晓、匣母合口字大多读［f］声母。安平话多读为［h］声母和零声母。

	花	灰	回	毁	辉	换
安平	hua꜔	huɛ꜔	hui꜒	hui꜒	hui꜓	uã꜒

（3）客家话部分非、敷、奉母字，口语中大部分念［f］，有一部分念重唇音声母［p、pʰ］，如：飞、痱、辅、饭、蜂。安平话中有一部分非、敷、奉字保持了这一上古语音特点"古无轻唇音"，但是同时还有一大部分读清擦音［f］声母。

	飞	辅	饭	符	附	废	匪
安平	pue꜓	pʰu꜔	pui꜒	fu꜒	fu꜒	fe꜓	fe꜔

（4）赣县话精组字中，各摄一二等字的声母、臻、宕、曾、梗、通五摄三四等字的声母都为［ts、tsʰ、s］；假、效、流、咸摄三等或四等字的声母都为［tɕ、tɕʰ、ɕ］。安平话精组字受到了赣县话的影响，主要体现在假、效、流、咸摄三四等字上。

	邪假	斜假	椒效	萧效	救流	秋流	尖咸
安平	çia꜔	tçʰia꜔	tçiu꜔	çiau꜔	çiu꜒	tçiu꜔	tçi꜔

（5）客家话见组字中，各摄中的一二等字声母大部分为［k、kʰ］，并且蟹摄合口三四等、止摄合口三等字、宕摄合口三等字的声母也为［k、kʰ］，其他各摄三四等的字声母多数为［tç、tçʰ、ç］。安平话见组声母与洪音相拼保持［k、kʰ］，与细音相拼读舌面前音［tç、tçʰ、ç］的特点正是受到了赣县话的影响。

	桂蟹	规止	龟止	狂宕	况宕	居遇	寄止	骄效	救流
安平	kue꜔	kui꜔	kui꜒	kuaŋ꜔	kuaŋ꜔	tçi꜔	tçia꜔	çiau꜔	çiu꜒

（6）中古塞音韵尾［-p、-t、-k］在客家话中已经消失，取代的是喉塞音韵尾［-ʔ］。安平话已经不像本土闽南方言一样保持了较完整的入声塞音韵尾，大部分的［-p、-t、-k］尾已经消失，只留下了［-ʔ］尾和入声调类。

	杂	塔	及	别	骨	一
安平	tsaʔ꜔	tʰaʔ꜔	tçiεʔ꜔	piaʔ꜔	kuʔ꜔	it꜔

参考文献

［1］江西省赣县志编纂委员会．赣县志［M］．北京：新华出版社，1991.

［2］马重奇．漳州方言同音字汇［J］．方言，1993.（03）.

［3］谢秀岚．汇集雅俗通十五音［M］．颜锦华刻版，1869.

［4］中共南靖县委党史和地方志研究室．南靖县志（1991—2007）［M］．上海：上海人民出版社，2020.

［5］周长楫．闽南方言常用小字典［M］．福州：福建人民出版社，2007.

江西修水宁河戏韵辙特点略考*

胡松柏　姜迎春

　　宁河戏是江西省修水县的地方戏曲剧种。修水县位于赣西北与湘、鄂两省交界的省境边陲。宁河戏起源于修水县并以修水为主要流布地，兴盛时也流行于赣北及湘、鄂、赣交界一带。明隆庆元年（1567 年）修水县境内即有宁河戏专业班社活动，该剧种已有 400 余年的发展历史。宁河戏是江西省著名的地方戏曲剧种，2009 年获批列入省级非物质文化遗产项目名录，2016 年获批列入国家级非物质文化遗产项目名录。

　　江西省是戏曲资源大省，流布的剧种繁多，历史源远流长。《中国戏曲志·江西卷》录列了江西省 33 种地方戏曲剧种①。只是长期以来，较少研究者对各剧种作专业调研。就宁河戏的情况看，张待检编著的《修水宁河戏》一书是目前所能见到的宁河戏研究的唯一著作。该书对宁河戏的剧种源流、传统剧目、音乐曲调、艺术特点以及与剧种有关的传统习俗、文物古迹等都有详细论述，唯缺韵辙等舞台音韵方面的内容。

　　本文考察宁河戏的韵辙及其特点。

一、宁河戏的十道韵辙

　　根据现存剧本，本文归纳出宁河戏舞台音韵的韵辙，一共十道。韵辙名称参照"十三辙"拟定，称作"某某辙"。以下每道韵辙各举一个韵段为例，例中韵脚字下加横线表示，黑体字为古入声韵字。

　　1. 发花辙

　　王　洪：尊声国母休害<u>怕</u>，王洪保你坐中<u>华</u>。

　　* 本文研究获得 2016 年度国家社会科学基金重点项目"区域通语视角下江西地方戏曲音韵研究"（16AYY009）和 2018 年度国家社会科学基金重大项目"600 年来赣语与官话互动的历史追踪、现状调查与数据库建设"（18ZDA297）子项目"京剧、鄂赣皖交界处地方戏曲音韵及其所反映的官话赣语互动研究"的支持。

　　① 中国戏曲志编辑委员会，中国戏曲志江西卷编辑委员会. 中国戏曲志·江西卷［M］. 北京：中国 ISBN 中心，1998：88 – 95.

苏艳庄：坐中华来坐中**华**，敢对苍天把誓**发**。

王　洪：王洪降顺若有**假**，死在千军万马**踏**。

（《青石岭》王洪、苏艳庄唱）

2. 梭坡辙

王　允：董卓在朝乱朝**阁**，献帝怯懦岂奈何。
　　　　老天若助三分力，削奸除佞镇朝**歌**。

（《凤仪亭》王允念）

3. 一七辙

李隆基：一见王儿哭啼啼，打碎珠冠扯破**衣**。
　　　　驸马何事打了**你**，一一从头奏端**的**。

（《满堂福》李隆基唱）

4. 姑油辙

安禄山：志气凌云贯九**州**，百万儿郎称貔**貅**。
　　　　长枪短剑团牌**手**，要与唐室争帝都。

（《满堂福》安禄山念）

5. 乜斜辙

钟无盐：我刚进园未采**叶**，见一白兔浑身**血**。
　　　　你们想吃它的肉，我不对你**说**，我不对你**说**。

（《满采桑逼封》钟无盐念）

6. 怀来辙

郭子仪：舟战破怒扬四海，华堂银烛照三**台**。
郭夫人：夫妻同满双寿**偕**，引动仙女下瑶**阶**。

（《满堂福》郭子仪、郭夫人唱）

7. 遥条辙

紫薇大帝：风调雨顺，万民**好**，庆丰年，人人欢**乐**。
　　　　　在话肴，见了些，人寿年丰，果真是青史**标**。

（《十三福》紫薇大帝唱）

8. 言前辙

周益王：雅里兽说话好大胆，敢在金殿发狂言。
　　　　我朝能将有千万，要开此方有何难。
　　　　日已遂西且下殿，演武之时把你宣。

（《莲台山》周益王唱）

9. 江阳辙

李隆基：淡月苏秦摇建章，仙风吹下一炉香。
　　　　卿家去是白袍将，回朝两鬓白如霜。

（《满堂福》李隆基唱）

10. 人中辙

张夫人：女大当嫁本常情，两老你莫多挂心。
王　贵：我俩自知互照应，感儿做个良妇人。
张夫人：对待公婆要孝顺，夫唱妇随敬如宾。
王　贵：剪烛西窗习诗文，夫妇应该效梁孟。
张夫人：来日麒麟把子送，你爹娘便去抱外甥。

（《乌金记》张夫人、王贵唱）

二、宁河戏韵辙的主要特点

宁河戏韵辙的最重要特点是没有入声韵，古入声韵字归入阴声韵。上述十道韵辙阳声韵以外的阴声韵辙中，发花、梭坡、一七、乜斜、遥条五道韵辙中都包含有古入声韵字：

发花辙：[月]发、[合]踏　　　　梭坡辙：[铎]阁
一七辙：[锡]的　　　　　　　　乜斜辙：[叶]叶、[屑]血、[薛]说
遥条辙：[铎]乐

入声韵消失的特点表明宁河戏韵辙与依据北方官话所归纳出来的十三辙大体相当。
宁河戏韵辙与十三辙作对照，其中基本一致的韵辙有7道：发花辙、梭坡辙、乜斜辙、怀来辙、遥条辙、言前辙、江阳辙。
宁河戏韵辙与十三辙不一致的情况有三种：

1. 人辰、中东两辙合并

十三辙中的人辰和中东两道辙的字在宁河戏中是相押的，本文将其归并为"人中辙"。上述人中辙用例韵段中的韵脚字便包括十三辙中人辰、中东两辙的字。人辰辙所辖字为古深、臻摄字，中东辙所辖字为曾、梗、通摄字。

人辰辙：[深] 心　　　　　[臻] 人、顺、宾、文
中东辙：[曾]（缺字）　　　[梗] 孟、甥、情、应　　　　　[通] 送

2. 姑苏、油求两辙合并

十三辙中的姑苏和油求两道辙的字在宁河戏中是相押的，本文将其归并为"姑油辙"。上述姑油辙用例韵段中的韵脚字便包括十三辙中姑苏、油求两辙的字。姑苏辙所辖字主要为古遇摄今读洪音的字，油求辙所辖字主要为古流摄字。

姑苏辙：[遇] 都
油求辙：[流] 州、猴、手

3. 灰堆辙并入一七辙

十三辙中的一七和灰堆两道辙的字在宁河戏中是相押的。例如：

郭　爱：出府来不由人怒气不**息**，想起了小贱人把我来**欺**。
　　　　顾不得身跌倒进宫而**去**，要与那皇王女讲**些**是**非**。
　　　　猛抬头见宫中红灯挂**起**，小贱人这时候还等夫**回**。
　　　　见宫娥和彩女需要下**跪**，休通传驸马爷自闯宫**闱**。

（《满堂福》郭爱唱）

一七辙所辖字主要为古止摄和蟹摄三四等开口字以及深、臻、曾、梗摄的三四等开口字，灰堆辙所辖字主要为古止摄和蟹摄三四等合口入声韵字以及遇摄今读细音的字。

一七辙：[止开] 欺、起　　　　　[遇] 去　　　　　[曾开三入] **息**
灰堆辙：[止合] 非、跪、闱　　　[蟹合] 回

考虑到宁河戏舞台音韵中"非""回"等字都读 [i] 韵母，本文把一七和灰堆两辙合并的情况归纳为"灰堆辙并入一七辙"。

三、几点认识

（一）宁河戏舞台音韵的性质

就语言性质而言，戏曲舞台语言可以大致分为两类。一类是因"方言共通化"而形成的以方言为基础的"方言共通语"，一类是因"官话地方化"而形成的以共同语为基础的"地方官话"。宁河戏韵辙具有官话最基本的音韵特点，显示了宁河戏舞台语言与官话之间存在较强的一致性，因而可以将宁河戏舞台语言归入地方官话的一类。

讨论戏曲舞台语言时通常所称之官话，就时间上说，并非指现代的民族共同语（北京话），而是所谓的"旧官话"，即历史上（近代）的官话。而就空间上看，官话还因南、北地域的差异而有所谓"南方官话"和"北方官话"的分别。宁河戏韵辙没有入声韵，与十三辙一致，表明其具有北方官话的特点。十三辙中人辰和中东两辙的合并，则又显示了南方官话的特点。

作为在方言地区起源和流布的地方戏曲，宁河戏舞台音韵在保持官话音系结构的基础上势必接受修水地区方言①的影响。灰堆辙并入一七辙，以及前述止摄合口字"非"和蟹摄合口字"回"读 [i] 韵母，都属于借用修水话的读音，是修水地区方言对宁河戏舞台音韵产生影响的结果。

对十三辙中姑苏、油求两辙作归并，是宁河戏舞台音韵的一个突出特色。例如：

张三妻：你可知我心里油煎水<u>煮</u>，吃喝风逼得我债台高<u>筑</u>。

　　　　十年前大锅饭年年欠账，改革后我们家岁岁富<u>足</u>。

　　　　这两年吃喝风暗生明卷，吃过来喝过去无止无<u>休</u>。

　　　　丰收年本应当更加富<u>有</u>，可是呀人情账象灾害夺去丰<u>收</u>。

　　　　请帖张张冤枉<u>酒</u>，辛勤血汗酒里<u>流</u>。

　　　　请帖恶似逼租债，何日止来何日<u>休</u>？

　　　　盼只盼，党风正，民风顺把邪风刹<u>住</u>，美好日子万载千<u>秋</u>。

（《张三赴宴》张三妻唱）

这一韵段的韵脚字在修水地区方言中的韵母读音是：

[u/uʔ]：煮、住、收 / 筑

---

① 本文所称修水地区包括修水县境和修水县南边于1912年由修水县划分出去的铜鼓县，以及东边毗邻的且为宁河戏流布区域的武宁县。这一带方言大体一致，本文称"修水地区方言"。

[iu/iuʔ]：流、秋、休、有、酒／足

　　这里 [iu（iuʔ）] 中的 [u] 是韵腹。喉塞音韵尾 [ʔ] 闭塞程度比较轻微，[u] 和 [uʔ]、[iu] 和 [iuʔ] 因韵腹相同是可以相押的。《张三赴宴》是修水县宁河戏剧团于 1990 年创作并上演的现代戏剧目，这一用韵表明了现代修水地区方言使用者对 [u（iu）] [iu（iuʔ）] 韵母结构的认识。

　　从舞台音韵的角度看，宁河戏舞台语言是因"官话地方化"而形成的以共同语为基础兼具北方官话、南方官话和修水地区方言特点的地方官话。

（二）宁河戏舞台音韵的形成

　　地方戏曲的舞台语言决定于剧种的发展历史。一个剧种是以官话还是以方言作为唱念字音的标准而构成其剧白（包括唱白、说白）系统，主要与剧种的类型有关，此外与剧目内容的雅俗、演员文化程度的高低以及文人参与创作的成分多少往往也有一定关系。

　　就江西省各个戏曲剧种的情况看，剧种有所谓的"大戏"与"小戏"① 的区别。剧种的"大"和"小"，不仅仅指演剧的规模、流布的区域以及影响力的大小，更主要指的是剧目的题材是否宏大。宁河戏发端于敬傩活动，其目的是酬神还愿，傩歌傩舞的内容也多为歌颂神明或叙述菩萨来历等。至今宁河戏演出前后都要演习具有宗教色彩的唱傩歌、请傩神和辞神等关目，故又称"香火戏"。由娱神变为娱人的宁河戏保持了傩歌傩舞的严肃风格，剧目多数取材于历史故事和传奇，表现帝王将相、英雄豪杰的宫闱生活、征战场景，一般没有奸淫凶杀的内容和表演。宁河戏旧名"宁州大班""宁州大戏"，这一名称已经表明了宁河戏的剧种类型。以官话为舞台语言最为适合"大戏"表演。

　　值得一提的是，宁河戏舞台音韵的形成与邻省湖北的重要剧种汉剧有密切的关系。《中国戏曲志·江西卷》载："清初以后，……一种具有高腔、昆曲、宜黄腔（俗名二凡）和石牌腔等多种声腔的剧种，在修水县的案堂班中形成了。乾隆间出现了著名的'宁州十八班'。嘉庆以后，宁州大班来省会南昌演出……这时的宁河戏便以唱宜黄腔为主，其他声腔则居于次要地位，而湖北汉剧的传入，又促进了宁河戏的发展。道光二十七年（1847），湖北崇阳的三胜班（汉剧戏班），到修水的溪口、漫江等地演出，影响极大，首先是小溪三元班，继而各地案堂班，都吸收了汉剧的西皮腔，丰富了宁河戏的声腔和剧目，逐渐变成以二凡西皮为主，高腔渐成绝响，昆曲日渐衰微。"②

---

　　① 与"大戏"相对的是那些称作"三角班""半班"的各地"小戏"。这些"小戏"新中国成立后多数被冠以"采茶戏"的名称。采茶戏主要以方言为基础构成舞台语言。
　　② 中国戏曲志编辑委员会，中国戏曲志江西卷编辑委员会. 中国戏曲志·江西卷 [M]. 北京：中国 ISBN 中心，1998：122.

上述这段文字只说到湖北汉剧在声腔和剧目方面对宁河戏发展演变的影响，然而不难推想，声腔和剧目的移植促使宁河戏舞台音韵发生与汉剧相适切的语音标准的嬗变也是顺理成章的事情。上述宁河戏"姑苏、油求两辙合并"实际上也正反映出汉剧的韵辙特点。武汉话中，古遇摄今读洪音的字部分读［ou］韵母，而与古流摄今读洪音字同，如"［tou］：赌［遇］＝抖［流］""［tsou］：组［遇］＝走［流］"。汉剧以武汉地区方言为舞台语言的基础。这样，宁河戏舞台音韵中影响姑油辙形成的方言背景，便有了宁河戏起源地修水地区以及与宁河戏发展有关的汉剧起源地武汉地区两地方言的因素。

（三）宁河戏舞台音韵与修水地区的"区域通语"

区域通语是在特定区域通行的共同语变体。区域通语包含方言和共同语的成分，同时又既不同于共同语，也非一般的方言。区域通语有"方言共通语"和"地方官话"两类。方言共通语以方言为基础但又不仅仅限于某具体地点方言，而是既体现区域内不同地点方言的共性特点，又通行于整个方言区域。地方官话（包括今之"地方普通话"）则是带有方言特征的共同语。

在文化教育远未普及的历史条件下，地方戏曲在其流行区域除了推行道德教化、提供娱乐休闲以外，还具有作为最主要传播媒介在最广大社会范围内向各阶层受众推广区域通语的功能。戏曲的舞台语言本身便是区域通语的范本。宁河戏舞台语言属于官话，作为修水地区的区域通语，便是一种地方官话。

考察宁河戏舞台语言，可以在某种程度上了解修水地区历史上的区域通语的面貌。本文讨论宁河戏韵辙，有助于构拟修水地区明清时期区域通语的韵类。

参考文献

［1］张待检. 修水宁河戏［M］. 北京：中国戏剧出版社，2012.

［2］中国戏曲志编辑委员会，中国戏曲志江西卷编辑委员会. 中国戏曲志·江西卷［M］. 北京：中国 ISBN 中心，1998.

"汶"名考

涂良军

　　山东诸水，名"汶"者独多。有大汶河，入大清河；有小汶河，入大运河；有入潍之汶；有入沂之汶；兰陵县尚有一汶入今邳兰（苍）分洪道。又大汶河，其上源曰嬴汶（今作瀛汶），石汶入焉，又入于牟汶，复合柴汶为大汶河。入潍之汶尚有一支流为小汶。凡十汶也。《论语·雍也》："则吾必在汶上矣。"皇疏："汶，水名也，在鲁北齐南。"《汉书·郊祀志下》："于是上令奉高作明堂汶上。"注："汶，水名，出琅玡朱虚。"《说文·水部》："汶，水。出琅玡朱虚东泰山，东入潍。桑钦说：汶水出泰山莱芜，西南入泲。"《汉书·地理志上》："泲河唯兖州。"注："泲，本济水之字。"（按入泲之汶，今大汶河也。）若四川之汶则与岷一词，弗与焉。《史记·苏秦列传》："蜀地之甲，乘船浮于汶。"索隐："汶，即江所出之岷山也。"《资治通鉴·晋纪一》："汶山白马胡。"胡三省注："汶，读与岷同。"《资治通鉴·晋纪十七》："汶山太守。"胡三省注："汶，读曰岷。"《资治通鉴·魏纪五》："观汶水之流。"胡三省注："汶水，即岷江水也。"《类篇·水部》："汶，山，在蜀。"《别雅》一："汶山，岷山也。"

　　《广韵·问韵》："汶，水名。亡运切。"《集韵·问韵》："汶，《说文》：'水。出琅玡朱虚东泰山，东入潍。'桑钦说：'汶水，出泰山莱芜西，南入泲。'"《广韵·真韵》："汶，汶山，郡。又音问。武巾切。"案此字与岷同音。《集韵·真韵》："汶，《说文》：'山。在蜀湔氐西徼外。或作……岷。眉贫切。'"李珍华、周长楫《汉字古今音表》拟"汶"上古音为 mǐwən。拟"岷"上古音为 mǐĕn。此处所论，山东之汶也。山东汶水何以若是之众也？

　　此词或一东夷语词，其义为"水、河"。其词源出泰沂山区，约出现于距今 7 500～6 000 年之间，与大汶口新石器文化之源文化北辛文化似有密切关系。

　　山东地理大抵分为三单元：曰鲁中南山地丘陵区（以泰沂山区为中心），曰鲁西北与鲁西南黄河淤积平原（以菏泽地区为主），曰胶东。山东十汶，其源皆出鲁中南山地丘陵区（按鲁中鲁西诸川，其下游入于平原者，易为黄河所携之泥沙填塞，以致改道，不足论也；唯其上段，在山地丘陵区，黄河泥沙所不能及，河道稳定，可据以言之。且鲁中鲁西诸平原，初时尚在海面之下，河流最先形成者，乃其上段）。若鲁西北鲁西南黄河淤积平原（以菏泽地区为主）与胶东，则未闻有"汶"水也。安作璋主编《山东通史·先秦卷·通纪·引言》云："山东是东夷人的主要活动区域。……东夷人最初分布在山东的两大山地、丘陵区，即鲁中南山地丘陵区和东部半岛丘陵区。……鲁中南山地丘陵区，是全省地势最高、山地面积最大的地区。沂河、沭河、大汶河、泗河、淄水、潍河等主要河流从中部山区发源，呈辐射状向四方分流。……这一地区在先秦山东历史文化发展史上占有极其重要的地位，不但是最早的山东人的发祥地，而且是东夷人活动的主要根据地。著名的少昊部落就是在这里发达、强盛起来的，东夷人所创造的大汶口—龙山文化也是以这里为中心向周围传播的。"[1] "上古时代，胶东半岛是一个相对独立的地理单位，聚居在这里的东夷人，曾创造出大体上自成体系、独具特色的古文化系列。"[2] 其《山东通史·先秦卷·通纪·山东历史的开端·父系氏族社会》复云："从目前已掌握的考古材料来说，半岛地区的新石器文化大体经历了一个自成体系、序列完整的相对独立发展的过程，成为山东乃至全国史前文化的又一重要发祥地，于西部以泰沂山区为中心发展起来的新石器文化并立为山东新石器文化的两大支系。"[3]《山东通史·先秦卷·通纪·山东历史的开端·父系氏族社会》又云："大概七八千年前，从今黄河三角洲经聊城地区到菏泽地区这一弓形地带，主要还是一片布满大大小小湖泊、沼泽的水域，不适宜人类生存，所以新石器时代早期及其以前的文化遗址极少发现。迨至距今 6 000 年前后，鲁西北平原大致形成，才在平地凸起的小块高地（鲁西南一带俗称"堌堆"）上陆续出现了大汶口文化居民的活动踪迹。"[4]

按中国地图出版社编制出版之《中国自然地理图集》（第二版）"华北平原发展过程"一图，则华北平原原为一海湾，鲁西北鲁西南黄河淤积平原（以菏泽地区为主）当初位于海面以下，泰沂山区及胶东山区则各为一独立岛屿。据同书"华北平原的成长"一图所示，则 7 400 年前，因华北诸川冲积物之堆积，鲁中南山地丘陵区（以泰沂山区为中心）已与大陆广泛相连，而胶东仍为一岛屿。

《山东通史·先秦卷·通纪·山东历史的开端·父系氏族社会》谓："据碳 - 14 测定，大汶口文化年代约在距今 6 300 年到 4 500 年，经历了近 2 000 年的发展过程，通常分为早、中、晚三期。"[5] 关于大汶口文化渊源，《山东通史·先秦卷·通纪·山东历史的开端·母系氏族社会》曰："自后李文化开始，山东历史有了十分确定的前后相承、一环紧扣一环的发展序列。当代考古学研究已经清楚地揭示了由后李文化而北辛文化而大汶口文化而典型龙山文化而岳石文化，是同一文化的五个不同发展阶段。这也就是

① 安作璋，王克奇，王钧林．山东通史·先秦卷［M］．北京：人民出版社，2009：8 - 9.
② 安作璋，王克奇，王钧林．山东通史·先秦卷［M］．北京：人民出版社，2009：9.
③ 安作璋，王克奇，王钧林．山东通史·先秦卷［M］．北京：人民出版社，2009：25.
④ 安作璋，王克奇，王钧林．山东通史·先秦卷［M］．北京：人民出版社，2009：25.
⑤ 安作璋，王克奇，王钧林．山东通史·先秦卷［M］．北京：人民出版社，2009：27.

说，后李—北辛—大汶口—龙山—岳石文化系统，是出自同属一族的山东土著居民的创造。……这个同属一族的山东土著居民，就是历史上赫赫有名的东夷人。"① "后李文化遗址……主要分布范围在泰沂山系北麓山前地带。据测定，后李文化的年代大约距今9 000~7 500年，前后延续1 500年左右。后李文化不仅是山东也是整个中国北方发现的新石器时代最早的文化遗址之一。……后李文化很可能首先在整个泰沂山系传播开来，从而成为后来的北辛文化的直接来源。大概在向南渐进传播的前后，后李文化还北上、东进，其中一支进入了胶东半岛，发展出了白石文化。" "据北辛遗址碳 – 14 测定的年代，（北辛文化）大约距今7 500年至6 300年左右，经历了1 000多年的发展历程。"②

《山东通史·先秦卷·通纪·山东历史的开端·父系氏族社会》复云："邱家庄类型，得名于烟台市福山区邱家庄新石器文化遗址，年代约从距今6 000年到5 000年前，分为早晚两期。"③ "以邱家庄类型和北庄类型为代表的胶东新石器文化，与西部泰山一带的大汶口文化既有联系又有区别。大汶口文化承袭北辛文化而来，这一时期的胶东新石器文化却是从白石村一期文化发展起来的，而且北辛文化与白石村一期文化几乎没有什么发展上的联系，因此它们的渊源显然有别。邱家庄时期，二者开始发生较为密切的联系。"④

简要言之，泰沂山区北辛文化与胶东白石文化同源于后李文化，泰沂山区广有此词而胶东无此词，则此词似出现于后李文化之后，于泰沂山区独立形成；大汶口文化中后期之鲁中南山地丘陵区与邱家庄时期之胶东已有较为密切之联系，与鲁西北鲁西南亦已连为一体，而此词独见于鲁中南山地丘陵区，盖此词此时已结束形成过程，胶东及鲁西北鲁西南无与于此过程也。

又山东而外，扬州亦有一汶河，此河于20世纪50年代为政府填塞，修成今汶河路。安作璋主编《山东通史·先秦卷·列国志》有"淮夷"，谓："淮夷是东夷民族的一支，嬴姓，最初活动于今山东潍水流域。不少学者认为，潍、淮本为一字，今淮河之名，即因淮夷后迁至淮水流域而有此称。……后在周、鲁的打击下，淮夷又陆续迁徙，大部迁至淮水流域。王应麟《诗地理考》谓：淮夷之地不一，徐州有之，则在淮北，扬州有之，则在淮南，不止一种。西周金文中，亦有'淮夷'与'南淮夷'之别。"⑤此与扬州之汶或可互相印证。

据力提甫·托乎提《阿尔泰语言学导论》：根据中国的古代史书和在朝鲜高丽时期

---

① 安作璋，王克奇，王钧林. 山东通史·先秦卷［M］. 北京：人民出版社，2009：20 – 21.
② 安作璋，王克奇，王钧林. 山东通史·先秦卷［M］. 北京：人民出版社，2009：21.
③ 安作璋，王克奇，王钧林. 山东通史·先秦卷［M］. 北京：人民出版社，2009：38.
④ 安作璋，王克奇，王钧林. 山东通史·先秦卷［M］. 北京：人民出版社，2009：39.
⑤ 安作璋，王克奇，王钧林. 山东通史·先秦卷［M］. 北京：人民出版社，2009：375 – 376.

用汉文著述的朝鲜古代史书《三国史纪》所记载的高句丽、百齐、新罗三个国家的地名的对比，我们可以推断出这三个国家的语言本来就相差不大。如表 1 所示，表示"水""河"意义的词，其音三国之间都相似，都是［mul］或［mε］：

表 1　高句丽、百齐、新罗三国表"水""河"的地名和发音

国家	旧地名	音	新地名
高句丽	买忽	［mε hol］	水城
	德勿	［tək mul］	德水
百齐	其买	［ki mε］	林川
新罗	买珍	［mε kusul］	溟珍
	史勿	［sɑ mul］	泗水

按日语"水"为"mitsɯみず"。按み亦可指河流。茨城县水户市，音 mito，みと；と，户也，地当那珂川入海口。

按高句丽、百济（马韩）、新罗（辰韩、弁韩）、日本（倭国）于《后汉书》《三国志》《晋书》《南史》《北史》《梁书》《隋书》《旧唐书》《新唐书》皆入"东夷传"。

阿尔泰语亦有此词，如表 2 所示：

表 2　阿尔泰语中表示"江""河流""水"的词语

重音位置	词语形式
在末一音节者	土族语：muroon（江）　东乡语：moron（河）　保安语：moruŋ（河，指黄河） 东部裕固语：mereen（大河）　撒拉语：morən（河）　突厥语：mörän（河流） 察哈台语：mörän（河流）
在前一音节者	蒙古语：morō（江）　达斡尔语：mur（江）　满文：muku（水） 满语：mukə（水）　锡伯语：muku（水、水流）　鄂温克语：muu（水） 鄂伦春语：muu（水）　赫哲语：mukə（水）、mamŋu（江）　朝鲜语：mur（水）

之所以区分重音在末一音节还是前一音节，是因为重音在前一音节时，后一音节可能变得模糊而难辨原貌。

东夷语、朝鲜语、日语谱系至今无定论。如果光看这个词，它们和阿尔泰语似乎是有关系的。但究竟是发生学关系还是接触关系，还需要结合语言内外其他各方面的因素作进一步的探讨。

余 论

　　语言置换可能在中国内地广泛发生过。留下的痕迹似乎也分布广泛。汉族因汉水而得名。可汉水的"汉"是什么意思？洛阳因洛水得名。洛水的"洛"是什么意思？西周的京城是镐，"镐"是什么意思？北京一带，古代叫蓟，"蓟"是什么意思，难道是长满蓟草吗？那蓟草的"蓟"又是什么意思？山东古代叫齐鲁，"齐"是什么意思？"鲁"是什么意思？九州中，"雍""冀""兖"……是什么意思？凡此种种，用汉语解释，往往牵强肤浅。应当弄清它们到底来自什么语言，在这语言中它们的含义是什么。这对于理清中国上古乃至远古的历史，大概也是很有好处的。

　　"汶"是个地名。云南省各县市地名志大体已都出版，如《西畴县地名志》共有标准地名 2 037 条，其中汉语地名 1 780 条，壮语地名 240 条，彝语地名 14 条，瑶语地名 1 条，苗语地名 1 条，尚有 1 条来历待考。其中所有汉语地名全是当地汉族人很容易听懂的，"老街""莲花塘"之类。汉族人听不出命名来由的地名如"西洒""董马"之类的，大体上来自其他民族语言。其他各县市地名志的情况与此基本相同，各地名志在每条地名下都标明了它的命名理据。古代地名和现代地名在理据的有无方面会有本质的不同吗？云南汉语方言较为年轻，内部比较统一，词的理据比较清晰；在更古老的方言和语言中，由于古今音变、语言（方言）接触等原因，许多词的理据会不同程度地变得模糊，但模糊和没有是两回事。

参考文献

　　[1] 安俊. 赫哲语简志 [M]. 北京：民族出版社，1986.

　　[2] 安作璋，王克奇，王钧林. 山东通史·先秦卷 [M]. 北京：人民出版社，2009.

　　[3] 布和，刘照雄. 保安语简志 [M]. 北京：民族出版社，1982.

　　[4] 道布. 蒙古语简志 [M]. 北京：民族出版社，1983.

　　[5] 丁度. 集韵 [M]. 北京：中国书店，1983.

　　[6] 胡增益，朝克. 鄂温克语简志 [M]. 北京：民族出版社，1986.

　　[7] 胡增益. 鄂伦春语简志 [M]. 北京：民族出版社，1986.

　　[8] 李树兰，仲谦. 锡伯语简志 [M]. 北京：民族出版社，1986.

　　[9] 李珍华，周长楫. 汉字古今音表 [M]. 北京：中华书局，1999.

　　[10] 力提甫·托乎提. 阿尔泰语言学导论 [M]. 太原：山西教育出版社，2002.

　　[11] 刘明光. 中国自然地理图集 [M]. 2 版. 北京：中国地图出版社，2000.

　　[12] 刘照雄. 东乡语简志 [M]. 北京：民族出版社，1981.

　　[13] 邱雍，等. 宋本广韵 [M]. 北京：北京市中国书店，1982.

［14］王庆丰．满语研究［M］．北京：民族出版社，2005.

［15］宣德五，金祥元，赵习．朝鲜语简志［M］．北京：民族出版社，1985.

［16］照那斯图．东部裕固语简志［M］．北京：民族出版社，1981.

［17］照那斯图．土族语简志［M］．北京：民族出版社，1981.

［18］仲素纯．达斡尔语简志［M］．北京：民族出版社，1982.

封开长安标话 100 核心词中的汉语借词

侯兴泉

一、封开境内标话及周边汉语方言简介

标话是广东省肇庆市下辖的怀集、封开、德庆三县交界处及其相邻的广西贺州部分居民使用的一种交际语言，属于"侗台语族中的一种独立的语言"①，集中分布在广东西北部的谠山（旧称忠谠山，又名定党山）山脉沿麓地区。最主要的使用人口集中在广东肇庆市怀集县的诗洞、永固、大岗、梁村、桥头和封开县的长安等镇，封开县的金装、莲都、七星（今并入河儿口）等镇以及德庆县的古有镇和广西贺州市的沙田镇也有少部分人使用。

由于讲标话的族群在官方的民族成分记录中一般都是汉族，因此并没有一个专门关于讲标话人口（以下简称"讲标人"）的准确数字。《怀集县志》（1993）语言部分估计怀集境内约有 14 万讲标人，《封开县志》（1998）估计怀集有 15 万讲标人，封开有 7 217 人。

关于封开境内标话的研究成果整体上是比较薄弱的。颜冰（1988）是目前所知最早对封开境内的长安标话开展研究的学者。其硕士论文《封开标话语法初探》（主要成果后被收入到《封开县志》方言部分中）曾对封开标话的语音和语法做过一个初步的调查研究。不过颜文的研究重点在语法，语音部分的描写还存在不少问题。侯兴泉（2016）曾对封开长安庙后标话的音系作过描写分析，并对长安标话和周边开建方言借词与被借词之间的语音对应作了较为全面的比较研究。杨璧菀（2010）的博士论文《标话语音研究》是目前研究标话语音最为系统全面的专著，其视角涵盖了广东怀集、封开和广西贺州主要讲标话的方言点。到目前为止，尚未见到有专门研究封开标话汉借词的论著。林伦伦（2007）曾讨论了怀集标话中的 14 个古汉语借词（要、特、潭、得、胀、舷、狭、拾、凭、笼、胫、轭、屐、儿），这些借词大多数也都被借入到了封开标话当中，但这些借词都还不算是最核心的词汇。

---

① 梁敏，张均如. 标话研究［M］. 北京：中央民族大学出版社，2002：2.

封开作为岭南地区最早开发的中心地区①，同时是当地土著语言和汉语接触最早的地区之一，词汇接触现象尤其突出。封开境内目前通行的语言主要是粤语、标话和客家话。据侯兴泉（2017）介绍，封开县目前除了县城通行广州话外，下面各镇主要通行的汉语方言属于粤语勾漏片，南部个别镇（如平凤、江川、七星和渔涝的部分乡村）有数千人讲客家话。由于讲客家话的人群是清代后期才从其他地区迁入，且远离标话的大本营，因此封开境内长期跟长安标话有接触关系的汉语主要是封开北部的开建话。

本文重点对封开长安标话 100 核心词中的汉借词展开分析，以揭示古广信地区不同民族之间相互交往的历史与印记。本文的调查发音人为褥锡仙（男，1943 年生，退休干部）和褥梅英（女，1942 年生，不认字），都是封开长安镇庙后村人。

二、封开长安标话 100 核心词概貌

"核心词"这一概念源自美国历史语言学家 Morris Swadesh 在 1950 年代提出的语言年代学理论。为了测算语言发展的年代，Swadesh（1952）制定了 200 词表，他称之为"基本词根语素"，并认为这 200 词是人类语言最稳定的核心词。后来，Swadesh（1955）又在 200 词的基础上筛选出更为稳定的 100 词作为核心词。汪维辉（2018）对斯瓦迪士 100 核心词表的选词提出了修正看法，并更换了其中的两个词，把"bark（树皮）"和"we（我们）"这两个词换成了"hold（拿）"和"few（少）"。本文赞同汪的修改意见，故所讨论的长安标话 100 核心词词目与汪维辉（2018）相同，具体词目及其在封开长安标话及周边开建话的对应情况详见附表。

在长安标话的 100 核心词当中，有 49 个核心词（或语素）借自周边的开建话或怀集的上坊话（只有个别词借自上坊话）。开建话和上坊话同属粤语勾漏片，而勾漏片粤语是目前所知保留古汉语成分较多的粤方言片区之一，因此我们也可以说这 49 个汉借词都来自古汉语。我们按照词类对这 49 个古汉借词（或语素）进行了分类，具体如下（括号中斜线左边的数字为长安标话中实际出现的词数，右边为 100 核心词中该词类的总词数）：

（1）名词（21/53）：狗、虱、树、角、种（子）、皮、骨、油、毛、嘴、牙、舌、爪、心、肝/润、星、沙、地、云、烟、名。

（2）动词（13/20）：拎（拿）、饮、咬、看、听、晓（知道）、困（眼困，睡着）、洗凉、汤（烫杀，宰杀）、飞、睡（躺）、畀（给）、讲（说）。

---

① 封开县 1961 年由封川县和开建县合并而成。封川和开建两县在西汉汉武帝统一岭南后都属于苍梧郡辖地，其中封川县为苍梧郡治所"广信"的所在地（古广信县辖地包括原封川县及相邻的广西梧州的部分地区）。广信是公元前 111 年汉武帝统一岭南时所设"交趾部"治所所在地，它先是监察机构，后成为管辖岭南九郡的首府。在其后长达 300 多年的历史中，广信一直都是交趾刺史部及其后来改名交州的治所所在地，是岭南地区的首府，为当时岭南政治、经济和文化的中心。

（3）形容词（9/17）：少、长、墨（黑）、黄、绿、白、冷、满、圆。

（4）数词（2/2）：一、二。

（5）代词（2/6）：谁、物也（什么）。

（6）副词（2/2）：无（不，没）、总（全，都）。

从总的借词数量来看，长安标话 100 核心词中从汉语中借入的名词最多（21 个），动词次之（13 个），形容词再次之（9 个）。数词、代词和副词各借入了 2 个。从借入词语占 100 核心词中相应词类数目的比例情况来看，数词和副词的比例最高，都是 100% 借入；动词是 65%；形容词是 53%；借词低于一半的是名词（40%）和代词（33%）。

这里面有一些古汉语词在广府片粤语中较少使用，如"晓、睡（躺）、乌（何）、谁、墨（黑）、无、总"等；有的广府话虽然也有使用，但学界对其来源仍有争议，如"拎、汤/劏、物也（乜嘢）"等。下面我们重点对以上 10 个长安标话的汉借核心词的来源进行具体的解释和说明。

三、长安标话 100 核心词中的古汉语借词例释

（一）晓（晓）

晓，在《唐韵》中为"呼皛切"，在《集韵》《韵会》和《正韵》中为"馨鸟切"，本义为"明也"（《说文》），后引申出"知道"义。汉代扬雄《方言》云："党、晓、哲，知也。楚谓之党，或曰晓，齐宋之间谓之哲。"可见，"晓"早在西汉楚地一带就已经引申出"知晓"义。

封开长安标话"晓"音 [hεu⁵²]，声韵调跟古音完全对应：古晓母长安标话汉借音今读 h，古筱韵今读 εu，古阴上调今读 52。"晓"在长安标话中的主要义项为"知道"，保留的是古汉语词"晓"的引申义。

（二）睡（睡）

睡，在《唐韵》中是"是伪切"，在《集韵》《韵会》中是"树伪切"，本义为"坐寐也，从目、垂"（《说文·目部》），后引申出"睡着"和"躺、卧"等义项。"睡"引申为"躺、卧"义初见于宋代，广泛见于明清小说当中。如：

（1）恼烟撩露，留我须臾住。携手藕花湖上路，一霎黄梅细雨。娇痴不怕人猜，和衣睡倒人怀。最是分携时候，归来懒傍妆台。——宋·朱淑真《清平乐·夏日游湖》

（2）不分好歹，一顿钻进，那管刮破头皮，搠伤嘴脸，一轂辘睡倒，再也不敢出来。——明《西游记》

（3）他却黑暗里伏在他母亲床下，等他母亲上床睡倒，将已睡着，他却悄悄的摸将出来，先把那狐尾在他娘的脸上一扫。——明《醒世姻缘传》

（4）贾母便说："快回房去换了衣服，疏散疏散就好了，不许睡倒。"宝玉听了，便忙入园来。——清《红楼梦》

（5）那些朋友们和我赌赛，叫我睡在街心里，把膀子伸着，等那车来。——清《儒林外史》

"睡"在封开长安标话汉借音和开建话中都音［tʃœ²¹］，跟古音完全对应：古禅母在长安标话汉借音及开建话中均读 tʃ，古合口寘韵今读 œ，古阳去调今读 21。语义上，长安标话和开建话的"睡"的主要义项为"躺、卧"，"坐寐"和"睡着"义由"困（睏/瞓）"承担。"睡"在长安标话中的用例，如：

（6）限紧睡落床，又畀□［mɐn²⁴］吼起身。（刚躺下床，又被他喊起床。）
（7）睡耐腰骨酸痛。（躺久了腰骨酸疼。）

（三）乌（烏）

"乌"在《唐韵》中是"哀都切"，在《集韵》和《正韵》中是"汪胡切"，其本义是"孝鸟也"（《说文》），后被借用作"安也"或"何也"等疑问代词。"乌"作疑问代词在古代的用例，如：

（8）故乱世之主，乌闻至乐？——战国《吕氏春秋》

（9）相如以"子虚"，虚言也，为楚称，"乌有先生"者，乌有此事也，为齐难。——西汉《史记·司马相如列传》

（10）若无此，则若存若亡而已，乌能有得乎？——北宋《朱子语类》

（11）使不死，乌可制哉？——清·王夫之《宋论》

"乌"在封开长安标话汉借音和周边开建话中的读音都是［u⁴⁴］，跟古音完全对应：古影母在长安标话及开建话中均读零声母，古都韵今读 u，古阴平调今读 44。封开长安标话和周边开建话的"乌"还保留了古汉语疑问代词"何"的用法，一般用来问人或地方，如：

（12）你是乌人？（你是何人？）

（13）你去乌塘/旁？（你去哪里？）

　　需要提醒的是，长安标话用来问"何"人时，既可以用"谁"，也可以用"乌"，也就是说古汉语不同时期产生的两个疑问代词"谁"和"乌"都在封开长安标话及周边的开建话中得以留存。

（四）谁（誰）

　　"谁"在《五音集韵》为"是为切"，在《玉篇》为"是推切"，其本义是"何也"（《说文》），后专指某个人或某些人。

　　"谁"在封开长安标话汉借音和开建话中都读 [tʃœ²⁴]，声韵调跟古音完全对应：古禅母在长安标话及开建话中均读 tʃ，古合口脂韵今读 œ，古阳平调今读 24。"谁"的意义既保留本义"何也"，如"揾谁人（找那个）"；同时保留了基本义"专指某个人或某些人"的用法，如"谁晓（谁知道）"。

（五）墨

　　"墨"在《唐韵》是"莫北切"，在《集韵》《韵会》《正韵》中是"密北切"，"墨"的本义为"书墨也"（《说文》），后引申为"黑"义。如：

（14）君薨，听于冢宰，歠粥，面深墨。——《孟子·滕文公上》

（15）俄顷风定云墨色。——唐·杜甫《茅屋为秋风所破歌》

（16）细若蚊足，钩画了了，其色墨。——明·魏学洢《核舟记》

　　"墨"在长安标话中音 [mɐk³⁴] / [mok⁵]①，在开建话中音 [mɐk³⁴]。其中开建话和长安老女发音人"墨"的读音跟古音完全对应：古明母今读 m，古德韵今读 ɐk，古阳入今读 34（上阳入）和 2（下阳入）。长安标话老男发音人"墨"的发音在韵母主元音和声调两个地方都跟老女发音人及开建话有别，有两种可能：第一种可能是音变造成的，因为长安标话和开建话的"墨"一般不单用（仅作构词语素），它通常要跟"黑"组成一个状态词"墨黑"或"黑墨"，表示黑的程度很深，而"墨黑"中的"墨"在长安标话和开建话中既可以读作 [mɐk³⁴]，也可以读作 [mɐk⁵]，长安标话老男发音人"墨"的韵母同时发生改变，读作 [mok⁵]；第二种可能是长安标话的老男发音人很早就离开家乡到县城当干部，"墨"这个少用语素他已经读不准了。

_____

① "墨"老女发音人音 [mɐk³⁴]，老男发音人音 [mok5]。

（六）无（無）

"无"在《唐韵》中是"武夫切，音巫"，其在上古时期写作"鐕"，《说文》云："鐕，亡也。""無"其实是鐕字隶变后的俗写字。"无"在上古时期用作否定副词"不"或"没有"的用法是很普遍的，如：

（17）臣是以无请也。——《韩非子·喻老》

（18）请无攻宋矣。——《墨子·公输》

（19）不若无闻。——《吕氏春秋·慎行论》

（20）无偏无党。——《尚书·洪范》

（21）无内人之疏，而外人之亲。——《荀子·法行》

长安标话兼表否定"不"和"没有"的副词"无"音 $[mu^{24}]$，跟古音完全对应：古明微母在长安标话的汉借音中基本读作 m，古模韵和古虞韵唇音字主要读作 u，古阳平调今读 24。而周边的粤语及珠三角一带的粤语否定副词"无"的读音多已脱落元音，变为声化韵母 $[\dot{m}]$ 了，文字通常写作"唔"，且意义上很多时候也只相当于普通话的"不"。这说明长安标话的"无"还很好地保留着上古时期的音义形式和用法。

（七）总（總）

"总"在《广韵》和《正韵》中为"作孔切"，在《集韵》和《韵会》中为"祖动切"。其本义是"聚束也"（《说文》），后引申出"兼综""全部""一概"等意义和副词用法。"总"用作副词"全、都"在唐代文献中大量出现，在明清小说中也有许多用例，如：

（22）大师云：有一口屋，满中总是粪秽草土，是何物？——唐《楞伽师资记》

（23）秋风吹不尽，总是玉关情。——唐·李白《子夜吴歌·秋歌》

（24）纣王曰："君臣父子，总系至戚，又何分彼此哉？"——明《封神演义》

封开长安标话和开建话的"总"都还保留副词"全、都"的用法；其读音为 $[\mathit{tʃuŋ}^{52}]$，跟古音完全对应：古精母在长安标话的汉借音和开建话中都读作 ʧ，古董韵今读 uŋ，古阴上调今读 52。具体用法如：

（25）涅＝菜总畀□［ui²⁴］喫脱咧。（这些菜全被牛吃光了。）

（26）同日开会咸村人总要来啵。（明天开会全村人都要来哦。）

（八）拎（撂）

"拎"在《唐韵》和《集韵》中都是"郎丁切"，其在古汉语中有"手悬捻物也"（《玉篇》）或"县持也"（《六书故》）等义，"拎"作"提"义普遍见于明、清到民国的小说中。如：

（27）一个个拎着脑袋儿在手里，一个个挂着心胆儿在刀上。——明《三宝太监西洋记》

（28）二将上马，拎斧出营。——明《封神演义》

（29）文侯读毕，袖书勃然色变，令左右拎出箱盒来。——清《海国春秋》

（30）一个被济公拎在手里倒桩着头，那嘴里涎沫直滴。——清《续济公传》

（31）大年来不及避让，只将头儿一侧，拎起钢叉，向后倒刺。——民国《隋代宫闱史》

在封开长安标话和开建话中，表示"悬提"义的"拎"音［niəŋ⁴⁴］，表示"言语提及"义的"拎"音［liəŋ⁴⁴］。我们认为长安标话和开建话的第二个义项是从第一义项中引申出来的。从语音对应来看，第二个义项对应的读音［liəŋ⁴⁴］的声韵调跟古音基本对应：古来母在封开长安标话和开建话中今读都是 l，古青韵今读 liəŋ，古平声今读 44（阴平）和 24（阳平）。第一个义项对应的字音的声母应该是"拎"引申出第二义项以后，为了跟义项二别义而发生的曲折音变。跟"拎"发生类似音变现象的还有长安标话的"弄"：当其表示"用戏法或法术迷惑"义时读作［luŋ²¹］，音义跟古汉语的"戏、弄"对应；当其作"乐曲"或较为正式书面的"捉弄"义解时，则音［nuŋ²¹］，声母发生了跟"拎"类似的曲折变化，都由 n 变 l。

（九）汤（湯）

"汤"在《唐韵》中是"土郎切"，在《集韵》《韵会》和《正韵》中是"他郎切"，其本义是"热水也"（《说文》），后引申为动词义"汤水沃（用开水烫）"，如：

（32）有温泉穴，冬夏常热，其源可汤鸡豚，下流澡洗治疾病。——六朝史书《华阳国志》

（33）泉微作硫黄气，其热可以汤鸡瀹卵，而寅、午、酉三时尤灼，他时则稍杀。——清·屈大均《广东新语·温泉》

长安标话和开建话的"汤"（一般粤语中多写作俗字"劏"）都读作［thœŋ⁴⁴］，声韵调跟古音完全对应：古透母今读 th，古唐韵今读 œŋ，古阴平今读 44。意义今为"宰杀"义，其语义演变先是由古汉语"汤水沃（用开水烫）"的意义进一步引申为"用热水来去除被宰杀禽畜身上的毛"，最后语义扩展为"宰杀"。因为广东人在宰杀禽畜（鸡鸭猪羊）的时候，都需要经过"用开水烫毛"这个必经阶段。如果杀害的对象是"人"，一般用"杀""斩"或"打靶"而不用"汤"。

（十）物也

"物"在唐韵中为"文弗切"，本义乃"万物也"（《说文》）；"也"在唐韵中为"羊者切"，其本义为"女阴也"（《说文》），后被假借作句末语气词，有表肯定、表疑问、表感叹等用法。

封开长安标话和开建话表"什么"的疑问代词都可以用［mɐt⁵ȵiɛ⁵²］来表示，文字上通常跟其他粤语一样写作"乜嘢"。除此之外，长安标话还有一个同义词，叫"□□嘢［ʃeŋ⁴⁴ka³²ȵiɛ⁵²］"。张惠英（1990a）认为广州话"乜嘢"中的"乜"源自"物"，对此大家基本认可。但其中"嘢"的词源问题，学界尚未有一个统一的说法。张惠英（1990b）认为广州话中的"野（嘢）"是由"个"音变而来；曾绣薇（2021）推测粤语的"嘢"（"闲嘢"）可能是一个底层词，或来源自曾经在两广地区广泛分布的标话。

我们认为"乜嘢"的本字当写作"物也"，其用法很可能源自古汉语的"乌（何）物也"。据汪维辉（2018）介绍，在唐以前的汉语当中，表示"what/什么"的疑问代词主要有"何"系（何、胡、奚、曷）和"恶"系（恶、乌、焉、安）。长安标话和周边的开建话至今仍保留有"恶"系中"乌"的音义和用法，详见前面的词条（三）。

我们推测早期的标话和开建话在问事物的时候，应该经历过"乌物（什么东西）？""是……物也（是……东西）？"或"乌物也（什么东西呢）？"共用的阶段，后来由于使用频率较高，"是……物也？"这种用法逐渐胜出，遂替代了其他两者用法。这种推测在粤语中可以找到相关的旁证，据《汉语方言地图集·语法卷》"017 什么"图，有37 个粤语点保留"物嘢"（按：我们认为应为"物也"）的用法，还有两个点保留"阿物"（按：我们认为应为"乌物"）。

从读音来看，长安标话和开建话的"物也［mɐt⁵ȵiɛ⁵²］"中"也"的声母和韵母跟古音都是一一对应的：古以母字在长安标话汉借音和开建话中读零声母（j）或 ȵ（白读）①，古麻开三马韵今读 ia。"也"和"物"的声调都由原来的阳调（阳上和阳入）变为阴调（阴上和阴入），这是由于"是……物也？""乌物也"等结构中的"物也"经常处于焦点重音兼句末疑问语调所在的位置上，最终因重读和语调的双重影响而引发了声调的高化（由阳调变为相应的阴调）。

四 、结语

一般来说，一个语言词汇系统中的 100 核心词是其最常用、最基础的词汇，通常是不会大规模借用外来词语的。但封开长安标话 100 个核心词的使用现状告诉我们，这些最核心的词汇中已有接近一半的词语借自汉语，这种情况至少说明了两个重要事实：一是说明长安标话经过两千多年跟汉语的深入接触，词汇系统已深受周边汉语的影响，其语言性质正在发生逆转②；二是证明了陈保亚（1996）提出语言间词语借用的"有阶无界"理论有很强的预测性和解释力，只要接触的密度和强度够大，最核心的词语也会被大量借用。接下来一个很重要的课题是要进一步分析，究竟是什么原因导致长安标话和开建话之间发生了这种深度的语言融合。

参考文献

[1] 曹志耘. 汉语方言地图集·语法卷 [M]. 北京：商务印书馆，2008.

[2] 陈保亚. 从核心词分布看汉语和侗台语的语源关系 [J]. 民族语文，1995（5）.

[3] 陈保亚. 论语言接触与语言联盟：汉越（侗台）语源关系的解释 [M]. 北京：语文出版社，1996.

[4] 封开县地方志编纂委员会. 封开县志 [M]. 广州：广东人民出版社，1998.

[5] 侯兴泉. 粤语勾漏片封开开建话语音研究：兼与勾漏片粤语及桂南平话的比较 [M]. 上海：中西书局，2016.

[6] 侯兴泉. 封开方言志 [M]. 广州：世界图书出版广东有限公司，2017.

[7] 怀集县地方志编纂委员会. 怀集县志 [M]. 广州：广东人民出版社，1993.

[8] 梁敏，张均如. 标话研究 [M]. 北京：中央民族大学出版社，2002.

[9] 林伦伦. 标话中的古汉语借词 [J]. 民族语文，2007（6）.

---

① 长安标话汉借音和开建话古以母白读今读 ȵ 的常用字例还有"摇""谣""阎""淫""延""缘""寅""孕""疫""勇""涌""用""欲"等。

② 据侯兴泉（2016）的研究，封开长安标话的音系跟周边的开建话音系已高度一致。再加上本次调查的两位发音人均为 70 岁以上的老者，标话固有词汇相对来说是掌握得比较好的。如果我们把调查对象转向 50 岁以下的中青年，相信汉语借词的比例会大幅提升，汉借词超过长安标话固有词的可能性非常大。

［10］汪维辉．汉语核心词的历史与现状研究［M］．北京：商务印书馆，2018.

［11］颜冰．封开标话语法初探［D］．广州：中山大学，1998.

［12］杨璧菀．标话语音研究［D］．北京：北京语言大学，2010.

［13］曾绣薇．"'嘢'系乜嘢?":"粤方言词'嘢'来源重探"［C］//粤港澳高校中文联盟．第 25 届国际粤方言研讨会论文摘要．2021.

［14］张惠英．广州方言词考释［J］．方言，1990a（2）.

［15］张惠英．广州方言词考释（二）［J］．方言，1990b（4）.

［16］SWADESH M. Lexico-statistic dating of prehistoric ethnic contacts：with special reference to the North American Indians and Eskimos ［J］. Proceedings of the American philosophical society, 1952, 96（4）.

［17］SWADESH M. Time depths of American linguistic groupings ［J］. American Anthropologist, 1955, 56（3）.

附表　封开长安标话和开建话 100 核心词对照表

序号	100 核心词	长安标话	开建话	是否汉借词
1	I（我）	□ki⁴⁴	我 ŋuɔ⁵²	否
2	you（你）	□n̠iɛ²⁴	你 nɐi²⁴²	否
3	hold（拿）	拎 niəŋ⁴⁴	拎 niəŋ⁴⁴／揸 tʃa⁴⁴／□n̠ia⁴⁴	是
4	this（这）	□ha⁴⁴	□kei⁵²	否
5	that（那）	□hŋ⁴⁴	□pui⁵²	否
6	who（谁）	谁（人）tʃœ²⁴（n̠iɐn⁴⁴）／乌（人）u⁴⁴（n̠iɐn⁴⁴）	谁（人）tʃœ²⁴（n̠iɐn⁴⁴）／乌（人）u⁴⁴（n̠iɐn⁴⁴）	是/是
7	what（什么）	乜嘢 mɐt⁵n̠iɛ⁵²／□□嘢 ʃɐŋ⁴⁴ka³²n̠iɛ⁵²	乜嘢 mɐt⁵n̠iɛ⁵²	是/否
8	not（不）	无 mu²⁴	唔 ŋ̩²¹／□n̠i⁴⁴／无 mu²⁴	是
9	all（全部）	总 tʃuŋ⁵²	总 tʃuŋ⁵²／咸（总）ɔm²⁴⁻²¹（tʃuŋ⁵²）	是
10	many（多）	□uɔ²⁴²	多 tuɔ⁴⁴	否
11	one（一）	一 iɐt⁵	一 iɐt⁵	是
12	two（二）	二 n̠i²¹	二 n̠i²¹	是
13	big（大）	□tœn²⁴²	大 tai²¹	否
14	long（长）	□lui²⁴	长 tyŋ²⁴	否

（续上表）

序号	100 核心词	长安标话	开建话	是否汉借词
15	small（小）	□ŋɛ⁴⁴	□ni³²	否
16	woman（女人）	□□（□）a²²piɛ²⁴（lɐn²⁴）	女（人）nɔi²⁴²（ȵiɐn⁴⁴）	否
17	man（男人）	□□（□）a²²koŋ⁴⁴（lɐn²⁴）	男（人）nɐm²⁴（ȵiɐn⁴⁴）	否
18	person（人）	□lɐn²⁴	人 ȵiɐn²⁴	否
19	fish（鱼）	□mai²¹	鱼 ȵy²⁴	否
20	bird（鸟）	□□a²²phok⁵	雀仔 tʃok⁵⁻³² tʃai⁵²	否
21	dog（狗）	狗（瘟）kou⁵²⁻³²（uɐn⁴⁴）	狗 kou⁵²	是
22	louse（虱子）	虱（嫲）ʃɐt⁵⁻³²（na⁵²）	虱（嫲）ʃɐt⁵⁻³²（na⁵²）	是
23	tree（树）	树 tʃy²¹	树 tʃy²¹	是
24	horn（角）	角 kœk³²	角 kœk³²	是
25	seed（种子）	种 tʃoŋ⁵²	种 tʃoŋ⁵²	是
26	leave（叶子）	□miɛ⁴⁴	叶 ip²⁴	否
27	root（根）	蔃 kyŋ⁵²	蔃 kyŋ⁵²	否
28	few（少）	少 ʃiu⁵²	少 ʃiu⁵²	是
29	skin（皮肤）	皮 pi²⁴	皮 pɐi²⁴	是
30	flesh（肉）	□tʃiɛ⁵²	肉 ȵiok³⁴	否
31	blood（血）	□lyt³⁴	血 hyt⁵	否
32	bone（骨头）	骨 kuɐt⁵	骨 kuɐt⁵	是
33	grease（脂肪）	油 iɐu²⁴	油 iɐu²⁴	是
34	egg（蛋）	□lui²¹	春 tʃʰɐn⁴⁴	否
35	tail（尾巴）	□tyŋ⁴⁴	尾 mɐi²⁴²	否
36	feather（羽毛）	毛 mɔ²⁴	毛 mɔ²⁴	是
37	hair（头发）	□□□a²²mɔ⁵²⁻³² tʃɔm⁴⁴	头毛 tɐu²⁴⁻²¹ mɔ²⁴／头发 tɐu²⁴⁻²¹ fat³²	否
38	head（头）	□mɔ⁵²	头 tɐu²⁴	否
39	ear（耳朵）	□œ²⁴	耳 ȵi²⁴²／耳尾 ȵi²⁴²⁻²¹ mɐi²⁴²	否
40	eye（眼睛）	□tʃœ⁴⁴	眼 ŋan²⁴²	否
41	nose（鼻子）	□niɛŋ⁴⁴	鼻 pɐi²¹	否
42	mouth（嘴）	嘴 tʃœ⁵²	嘴 tʃœ⁵²	是
43	tooth（牙齿）	牙 ŋa²⁴	牙 ŋa²⁴	是

（续上表）

序号	100 核心词	长安标话	开建话	是否汉借词
44	tongue（舌头）	（嘴）舌（ʧœ⁵²⁻³³）ʧʰit³⁴	舌 ʧʰit³⁴／ 舌脷 ʧʰit³⁴⁻²¹lei²¹	是
45	claw（爪子）	爪 n̠iɛu⁵²	爪 n̠iau⁵²	是
46	leg（脚）	□puk⁵	脚 kiək⁵	否
47	knee（膝）	□（□牯） ʃœ⁵²⁻³²（lɔ²²¹ku⁵²）	□（头牯） ʃœ³²（tɐu²⁴⁻²¹ku⁵²）	否
48	hand（手）	□iɛ²⁴	手 ʃou⁵²	否
49	belly（肚子）	□tɐm⁴⁴	肚 tɔ²⁴²	否
50	neck（脖子）	□ɐn⁴⁴	颈 kiɐŋ⁵²	否
51	breasts（乳房）	□nin⁴⁴	□ nin⁴⁴	否
52	heart（心脏）	心 ʃiɛm⁴⁴	心 ʃɐm⁴⁴	是
53	liver（肝）	肝 kɔn⁴⁴／润 n̠in²¹	肝 kɔn⁴⁴／润 n̠in²¹	是
54	drink（喝）	饮 iɐm⁵²	饮 iɐm⁵²	是
55	eat（吃）	□kun⁴⁴	喫 hiək⁵	否
56	bite（咬）	咬 ŋau²⁴²	咬 ŋau²⁴²	是
57	see（看见）	看（□）hon³²（tai³²）	看（见）hɐn³²（kin³²）	是
58	hear（听见）	听（倒）tʰiŋ³²（tɔ⁵²）	听（闻）tʰiŋ³²（mɐn²⁴）	是
59	know（知道）	晓 hɐu⁵²	知 tɕi⁴⁴／晓 hiu⁵²	是
60	yellow（黄）	黄 uoŋ²⁴	黄 uoŋ²⁴	是
61	sleep（睡）	困（眠/瞓）fen³²	困（眠/瞓）fin³²	是
62	die（死）	□ʃa⁴⁴	死 ʃei⁵²	否
63	kill（杀）	汤（劏）tʰœŋ⁴⁴	汤（劏）tʰœŋ⁴⁴／ 杀 ʃat³²	是
64	swim（游水）	洗凉 ʃai⁵²⁻³²lyŋ²⁴	洗凉 ʃai⁵²⁻³²lyŋ²⁴／ 游水 iɐu²⁴⁻²¹ʃœ⁵²	是
65	fly（飞）	飞 fei⁴⁴	飞 fei⁴⁴	是
66	walk（走）	□pui⁴⁴	行 ɛŋ²⁴	否
67	come（来）	□nuŋ⁴⁴	来 lɔi²⁴	否
68	lie（躺）	睡 ʧœ²¹	睡 ʧœ²¹	是
69	sit（坐）	□pʰœ⁵²	坐 ʧuɔ²⁴²	否
70	stand（站）	□nyn⁴⁴	企 ki²⁴²	否
71	give（给）	畀 pi⁵²	畀 pei⁵²／□ pan⁵⁴	是
72	say（说）	讲 kœŋ⁵²	讲 kœŋ⁵²	是

（续上表）

序号	100 核心词	长安标话	开建话	是否汉借词
73	sun（太阳）	□□a²² lyt⁵	热头 ŋit³⁴⁻²¹ tɐu²⁴	否
74	moon（月亮）	□pin⁴⁴	月亮 ŋyt³⁴⁻²¹ luŋ²¹	否
75	star（星星）	（天）星（tʰɛn⁴⁴⁻³²）ʃiəŋ⁴⁴	（天）星（tʰɛn⁴⁴⁻³²）ʃiəŋ⁴⁴	是
76	water（水）	□niɛm²⁴²	水 ʃœ⁵²	否
77	rain（雨）	□ʃɐn⁴⁴	雨 y²⁴²	否
78	stone（石头）	□□a²² pœŋ²⁴	石头牯/仔 ʧiᵉk²¹ tɐu²⁴⁻²¹ ku⁵²/ʧai⁵²	否
79	sand（沙子）	沙 ʃa⁴⁴	沙 ʃa⁴⁴	是
80	earth（土地）	地 tei²¹	地 tei²¹	是
81	cloud（云）	云 uɐn²⁴	云 uɐn²⁴	是
82	smoke（烟）	（□）烟（pɔi⁴⁴⁻³³）in⁴⁴	（火）烟（fuɔ⁵²⁻³³）in⁴⁴	是
83	fire（火）	□pɔi⁴⁴	火 fuɔ⁵²	否
84	ash（灰）	□□pui⁴⁴⁻³³ piɛu⁵²	火灰 fuɔ⁵²⁻³² fui⁴⁴	否
85	burn（烧）	□tiɛu²⁴²	烧 ʃiu⁴⁴	否
86	path（路）	□ʧœn⁴⁴	路 lu²¹	否
87	mountain（山）	□ʧɔŋ⁴⁴	山 ʃan⁴⁴	否
88	red（红）	□luŋ³²	红 oŋ²⁴	否
89	green（绿）	绿 lok³⁴	绿 lok³⁴	是
90	white（白）	白 pɛk²¹	白 pɛk²¹	是
91	black（黑）	墨 mok⁵/□ʧɔm⁵²	黑 hɐk⁵/墨 mɐk³⁴	是/否
92	night（晚上）	□（间）hem³²⁻³³（kɛn⁴⁴）	晚（间）man²⁴²（kan⁴⁴）	否
93	cold（冷）	冷 lɛŋ²⁴²	冷 lɛŋ²⁴²	是
94	full（满）	满 mœn²⁴²	满 mɔn²⁴²；□lɐn²⁴²	是
95	new（新）	□mai³²	新 ʃɐn⁴⁴	否
96	good（好）	□lɛ⁴⁴	好 hɔ⁵²	否
97	hot（热）	□lyt⁵	热 ŋit³⁴	否
98	round（圆）	圆 yn²⁴	圆 yn²⁴	是
99	dry（干）	□ʃai³²	干 kɔn⁴⁴	否
100	name（名字）	名 miəŋ²⁴	名 miəŋ²⁴	是

广东佛山大榄话高变调的声学特征[*]

陈卫强

　　粤语的高变调是一种较为常见的变调模式。在广西容县、玉林（玉州），粤西信宜、高州等地的粤语中，高变调能与所有本调对立。广府片粤语的高变调大多已经与本调融合，如广州话的高升变调跟阴上调已经混同，高变调在上阴入调中也无法体现。大榄话的高变调能与所有本调对立，这在广府片粤语中比较鲜见。目前报道有此现象的，除佛山大榄外，仅有中山小榄、佛山顺德大良两处，这对研究粤语高变调的演变具有重要意义，下文将对其变调的声学特征进行分析。

一、大榄话的声调及变调

　　大榄话是指广东省佛山市南海区狮山镇大榄村使用的一种粤语，属于广府片粤语。大榄话有八个声调，古四声各分为阴阳两类，阴平与阳去混同，入声分为上阴入、下阴入和阳入三类。

　　大榄话变调有三个，包括两个舒声变调 –55、–215 以及一个入声变调 –215，主要为名词语素变调。阴平变 –55 调，部分阳平和上声字也变读 –55 调，如：花 fa^{22-55}、筛 sei^{22-55}、钉 $teŋ^{22-55}$、包 pau^{22-55}（包子）、蚊 men^{21-55}、茅寮 $mau^{21}leu^{21-55}$、蚁 $ŋei^{13-55}$、手指尾 $seu^{24}tsi^{24}mei^{13-55}$（小指）。

　　部分 –55、–215 变调具有表小功能，用于指称相对较小的事物，如：白蚁 pak^2 $ŋiaŋ^{13}$、蚁 $ŋei^{13-55}$（蚂蚁）；帽 mau^{22}（斗笠）、草帽 $ts^hau^{24}mau^{22-215}$；牛绳 $ŋeu^{21}seŋ^{21}$、红头绳 $hoŋ^{21}t^heu^{21}seŋ^{21-215}$；麻袋 $ma^{21}tɔi^{22}$、衫袋 $sam^{215}tɔi^{22-215}$。

　　–215 变调表示程度更深，如：多 $tɔ^{22}$—$tɔ^{-215}$（更多）、大 tai^{22}—tai^{-215}（更大）、高 kau^{22}—kau^{-215}（更高）、长 $ts^hœŋ^{21}$—$ts^hœŋ^{-215}$（更长）、厚 heu^{33}—heu^{-215}（更厚）、满 mun^{13}—mun^{-215}（更满）、深 sem^{-55}（浅）—$sɐm^{22}$—$sɐm^{-215}$（更深）。

* 本文系国家社会科学基金重点项目"基于大数据的广东粤语方言语音综合研究（19AYY005）"、广东省哲学社会科学规划后期资助项目"广东南海方言音韵研究"（GD22HZY02）及佛山市南海区人民政府地方志办公室、南海区档案馆地情文化保育项目阶段成果。

　　－215 变调非常普遍，分布于所有声调之中，且与阴上调和上阴入调对立。如表 1
所示：

表 1　大榄话变调分布

调类	阳去（阴平）	阳平	阴上	阳上	阴去	上阴入	下阴入	阳入
本调	22	21	24	13	33	5	3	2
变调	－215／－<u>215</u>							

　　举例如下：

　　阴平变 －215 调，如：沙 sa$^{22-215}$、梳 sɔ$^{22-215}$、衫 sam$^{22-215}$、薄刀 pɔk^{2}tau$^{22-215}$（菜
刀）、鼻哥 pei^{22}kɔ$^{22-215}$（鼻子）、砖 tsyn$^{22-215}$、田基 tʰɛn^{21}kei$^{22-215}$、黄蜂 wɔŋ^{21}foŋ$^{22-215}$。

　　阳平变 －215 调，如：肴 ŋau$^{21-215}$（猪肉）、磨 mɔ$^{21-215}$、伯爷婆 pak^{3}jɛ^{55}pʰɔ$^{21-215}$（老
太婆）。

　　阴上变 －215 调，如：椅 ji$^{24-215}$、佬 lau$^{24-215}$。

　　阳上变 －215 调，如：蜢 mɐŋ$^{13-215}$。

　　阴去变 －215 调，如：蔗 tsɛ$^{33-215}$、裤 fu$^{33-215}$、凳 tɐŋ$^{33-215}$、秤 tsʰɐŋ$^{33-215}$、髻 kɐi$^{33-215}$、
锯 køy$^{33-215}$。

　　阳去（阴平）变 －215 调，如：辫 pin$^{22-215}$（辫子）、冷饭 lam^{13}fan$^{22-215}$、蛋 tan$^{22-215}$、
姨丈 ji^{21}tsœŋ$^{22-215}$、土地 tʰou^{24}tei$^{22-215}$（土地公）。

　　上阴入变 －<u>215</u> 调，如：粥 tsok$^{5-\underline{215}}$。

　　下阴入变 －<u>215</u> 调，如：垃圾 lap^{2}sap$^{3-\underline{215}}$、背脊 pui^{33}tsɛk$^{3-\underline{215}}$、柏 pak$^{3-\underline{215}}$、头发
tʰɐu^{21}fat$^{3-\underline{215}}$。

　　阳入调变 －<u>215</u> 调，如：侄 tsɐt$^{2-\underline{215}}$（侄儿）、凿 tsɔk$^{2-\underline{215}}$、笛 tɛk$^{2-\underline{215}}$、蚊毒 mɐŋ^{21}
tok$^{2-\underline{215}}$（细蚊子）。

二、大榄话声调及其变调的声学特征

　　下面分别介绍大榄话各类声调及其变调的基频曲线和基频数值。附图上部是波形图，
下部是窄带语图，频率范围设置为 0～3 000 Hz，基频范围设置为 50～150/160/170 Hz。基
频值取自调型段等间隔提取的 10 个基频数据。

　　1. 阴平变调

　　阴平变调以"哥"单字调和"哥鼻～（鼻子）"变调为例（如表 2、图 1 所示）。
"哥"的基频曲线大致为低平型，"哥鼻～"的基频曲线为低降升型。"哥"的基频数值

维持在 90 Hz 上下，"哥鼻~"的基频数值从 91.2 Hz 略降至 86.4 Hz，而后上升至 124.7 Hz。

表 2　哥 kɔ²² 和哥 kɔ⁻²¹⁵ 鼻~ 的基频数值

例字	F0_ Hz									
哥	87.4	90.0	90.9	92.1	92.8	92.1	91.5	91.3	89.9	87.8
哥鼻~	91.2	86.4	89.8	93.6	99.0	106.7	116.2	121.4	124.3	124.7

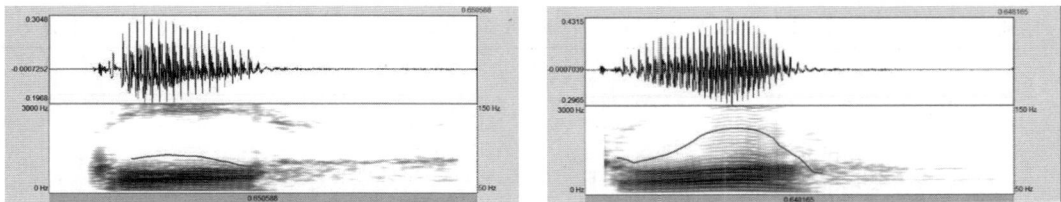

图 1　哥 kɔ²² 和哥 kɔ⁻²¹⁵ 鼻~ 的基频曲线

2. 阳平变调

阳平变调以"婆"单字调和"婆伯爷~（老太婆）"变调为例（如表 3、图 2 所示）。"婆"的基频曲线大致为中降型，"婆伯爷~"的基频由线为低升型。"婆"的基频数值从 101.6 Hz 降至 88.8 Hz，"婆伯爷~"的基频数值从 75.7 Hz 上升至最高点 113.5 Hz。

表 3　婆 pʰɔ²¹ 和婆 pʰɔ⁻²¹⁵ 伯爷~ 的基频数值

例字	F0_ Hz									
婆	101.6	100.2	101.1	102.1	102.3	100.4	99.0	95.8	91.3	88.8
婆伯爷~	75.7	78.8	82.6	87.3	94.5	102.6	108.6	110.7	113.5	111.5

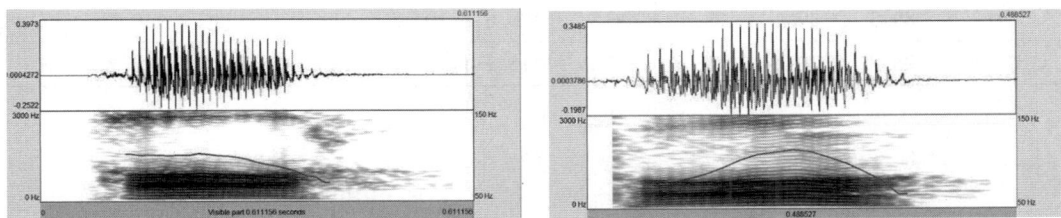

图 2　婆 pʰɔ²¹ 和婆 pʰɔ⁻²¹⁵ 伯爷~ 的基频曲线

3. 阴上变调

阴上变调以"老"单字调（古次浊口语常用字读入阴上调）和"佬肥~"变调为

例（如表 4、图 3 所示）。"老"的基频曲线大致为中升型，"佬肥～"的基频曲线为低降升型。"老"的基频数值从 94.3 Hz 一直升至 116.5 Hz，"佬肥～"的基频数值从 75.6 Hz 略降至 70.5 Hz，后段上升至 122.2 Hz。基频数值显示变调的起始点比阴上调的起始点低，变调的最高点比阴上调的最高点略高。

表 4　老 lau^{24} 和佬 lau^{-215} 肥～的基频数值

例字	F0_ Hz								
老	94.3	95.3	97.1	101.0	103.9	105.0	107.0	110.3	113.9	116.5
佬肥～	75.6	71.1	70.5	74.3	82.8	92.4	104.7	110.4	115.5	122.2

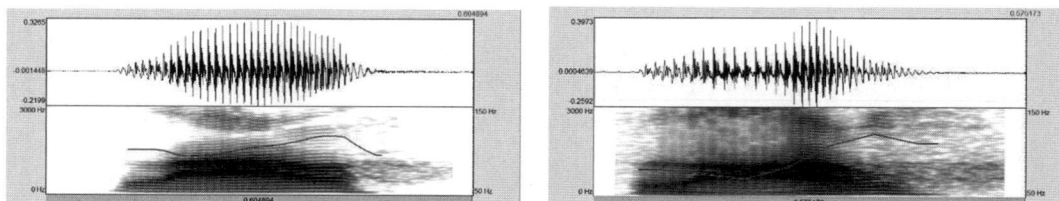

图 3　老 lau^{24} 和佬 lau^{-215} 肥～的基频曲线

4. 阳上变调

阳上变调以"女"单字调和"女（女儿）"变调为例（如表 5、图 4 所示）。"女"的基频曲线大致为低升型，"女（女儿）"的基频曲线同样为低升型。"女"的基频数值从 89.0 Hz 升至最高点 119.2 Hz，"女（女儿）"的基频数值从 96.8 Hz 上升至 125.6 Hz。基频数值显示变调的起始点和最高点都比阳上调的起始点和最高点略高。

表 5　女 løy^{13} 和女 løy^{-215}（女儿）的基频数值

例字	F0_ Hz								
女	89.0	89.4	92.4	96.2	100.6	104.3	111.4	117.6	119.2	117.8
女（女儿）	96.8	101.8	107.8	111.3	115.2	119.1	121.6	123.4	125.2	125.6

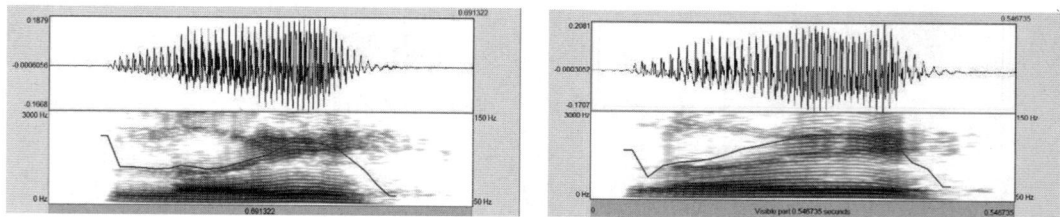

图 4　女 løy^{13} 和女 løy^{-215}（女儿）的基频曲线

5. 阴去变调

阴去变调以"借"单字调和"蔗"变调为例（如表 6、图 5 所示）。"借"的基频曲线大致为中平型，"蔗"的基频曲线为低升型。"借"的基频数值维持在 118 Hz 上下，"蔗"的基频数值从 106.4 Hz 上升至最高点 153.4 Hz。

表 6　借 tsɛ^{33} 和蔗 tsɛ$^{-215}$ 的基频数值

例字	F0_ Hz								
借	118.1	118.4	119.1	118.4	117.6	118.1	118.0	117.8	116.8	115.2
蔗	106.4	112.4	112.9	117.5	127.3	136.4	144.3	151.2	153.4	152.2

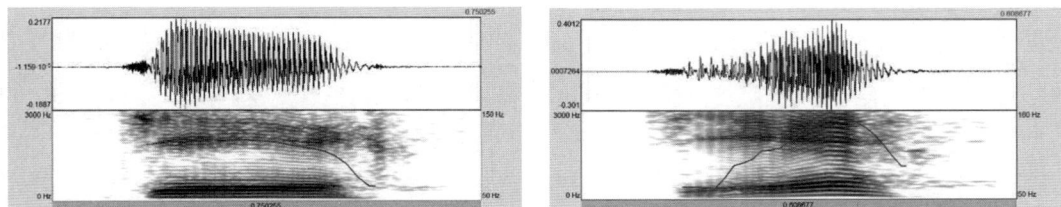

图 5　借 tsɛ^{33} 和蔗 tsɛ$^{-215}$ 的基频曲线

6. 阳去变调

阳去变调以"辨"单字调和"辫"变调为例（如表 7、图 6 所示）。"辨"的基频曲线大致为低降型，"辫"的基频曲线为低升型。"辨"的基频数值前段维持在 115 Hz 上下，后段略降至 107.8 Hz；"辫"的基频数值从 104.9 Hz 上升至 151.3 Hz。

表 7　辨 pin^{22} 和辫 pin^{-215} 的基频数值

例字	F0_ Hz								
辨	114.6	115.2	115.9	115.4	114.1	112.7	111.6	110.1	108.8	107.8
辫	104.9	109.0	113.2	119.3	125.3	131.1	135.1	136.9	141.8	151.3

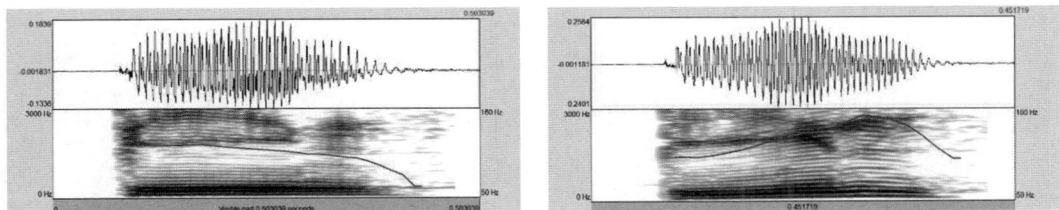

图 6　辨 pin^{22} 和辫 pin^{-215} 的基频曲线

7. 上阴入变调

上阴入变调以"竹"单字调和"粥"变调为例（如表8、图7所示）。"竹"的基频曲线大致为短促高降型，"粥"的基频曲线为低降升型。"竹"的基频数值起始于 155.3 Hz，后段略降至 137.2 Hz，时长为 74 ms；"粥"的基频数值从 92.5 Hz 略降至 86.8 Hz，后升至 126.3 Hz，时长为 180 ms。可见，上阴入变调的时长显著增加。

表8 竹 $tsok^5$ 和粥 $tsok^{-215}$ 的基频数值

例字	F0＿Hz									
竹	155.3	153.1	151.3	149.7	148.1	146.3	144.5	142.5	140.3	137.2
粥	92.5	86.8	89.3	96.0	105.7	112.5	117.7	121.1	123.1	126.3

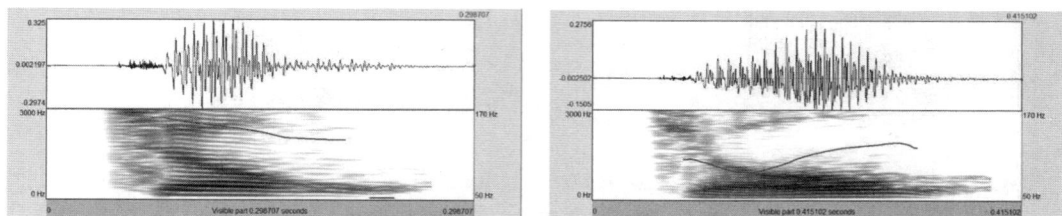

图7 竹 $tsok^5$ 和粥 $tsok^{-215}$ 的基频曲线

8. 下阴入变调

下阴入变调以"伯"单字调和"柏"变调为例（如表9、图8所示）。"伯"的基频曲线大致为中平型，"柏"的基频曲线为低升型。"伯"的基频数值平均为 104.3 Hz，时长为 162 ms；"柏"的基频数值从 76.7 Hz 上升至 127.6 Hz，时长为 207 ms。可见，变调的时长比下阴入调的时长更长。

表9 伯 pak^3 和柏 pak^{-215} 的基频数值

例字	F0＿Hz									
伯	105.7	103.3	102.7	99.2	102.1	107.0	108.0	106.4	105.2	103.5
柏	76.7	82.0	98.9	110.9	110.9	111.0	117.7	121.6	125.3	127.6

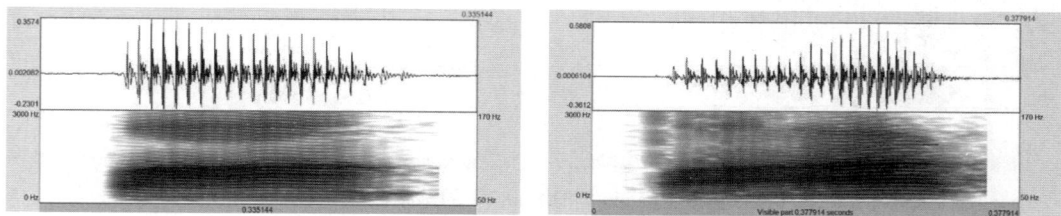

图8 伯 pak^3 和柏 pak^{-215} 的基频曲线

9. 阳入变调

阳入变调以"白"单字调和"卜萝~"变调为例（如表 10、图 9 所示）。"白"的基频曲线大致为低降调型，"卜萝~"的基频曲线为低升型。"白"的基频数值起始于 113.2 Hz，后段略降至 100.8 Hz，时长为 123 ms；"卜萝~"的基频数值从 84.0 Hz 上升至 108.5 Hz，时长为 206 ms。可见，变调的时长比阳入调的时长更长。

表 10 白 pak^2 和卜 pak^{-215} 萝~的基频数值

例字	F0_Hz									
白	113.2	110.9	110.7	109.5	106.0	104.7	104.0	102.8	101.6	100.8
卜萝~	84.0	85.1	86.8	92.5	97.5	99.5	101.8	104.9	107.3	108.5

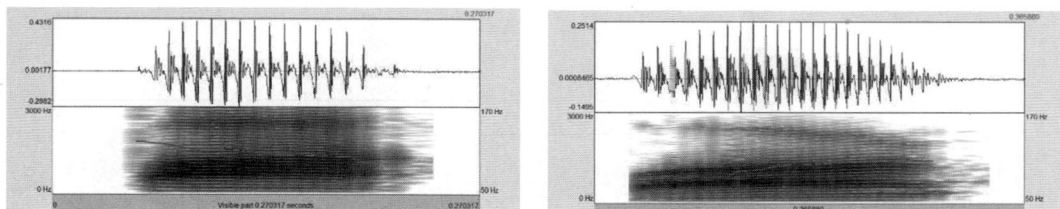

图 9 白 pak^2 和卜 pak^{-215} 萝~的基频曲线

从上列对照组的数据可以看出，大榄话变调可以在所有调类中出现，变调的基频曲线大致为低降升型或低升型，跟原调调型对立。在入声中，变调时长明显比原调时长更长。

三、大榄话变调与阴上调的声学比较

大榄话变调（-215）与阴上调（24）同为升调型，两者极容易混淆，不过大榄话发音人在声调感知上对变调和阴上调的区分是清楚的，这在调查之中已经过反复对照确认，如：裤 fu^{-215} ≠ 苦 fu^{24}、梳 sɔ$^{-215}$ ≠ 锁 sɔ^{24}、椅 ji^{-215} ≠ 耳 ji^{24}。为进一步分辨大榄话的变调和阴上调，下面选取五组声韵相同的最小对立组作比较分析。

平声对照组：瓜 kwa$^{22-215}$—寡 kwa^{24} 肠 tsʰœŋ$^{21-215}$—抢 tsʰœŋ^{24}

上声对照组：蜢 mɐŋ$^{13-215}$—猛 mɐŋ^{24}

去声对照组：扫 sau$^{33-215}$—嫂 sau^{24} 饭 fan$^{22-215}$—反 fan^{24}

1. 阴平变调与阴上调

以阴平变调"瓜"和阴上调"寡"对比为例（如表 11、图 10 所示）。阴平变调"瓜"

的基频曲线大致为低降升型，阴上调"寡"的基频曲线为中升型。"瓜"的基频数值从81.0 Hz 略降至77.9 Hz，而后上升至 125.3 Hz，时长 253 ms；"寡"的基频数值从103.5 Hz 升至122.2 Hz，时长 164 ms。数据显示，阴平变调的基频起始点比阴上调的起始点低，阴平变调的基频最高点比阴上调的最高点略高，阴平变调的时长比阴上调的时长更长。

表 11　瓜 kwa$^{22-215}$和寡 kwa^{24}的基频数值

例字	F0_ Hz									
瓜	81.0	77.9	78.5	81.8	86.3	98.5	103.4	112.7	120.3	125.3
寡	103.5	102.9	104.5	105.6	107.6	110.1	116.1	120.1	122.1	122.2

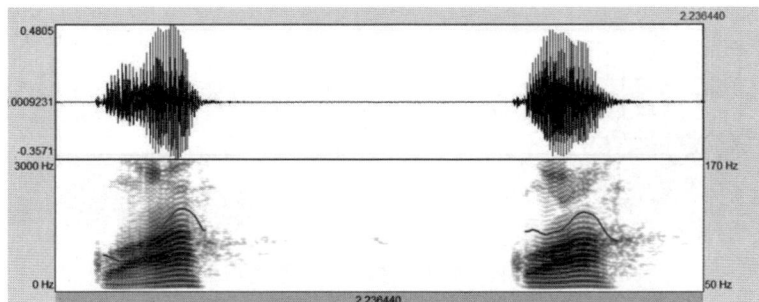

图 10　瓜 kwa$^{22-215}$和寡 kwa^{24}的基频曲线

2. 阳平变调与阴上调

以阳平变调"肠"和阴上调"抢"对比为例（如表12、图11 所示）。阳平变调"肠"的基频曲线大致为低降升型，阴上调"抢"的基频曲线为中升型。"肠"的基频数值从 81.9 Hz 上升至 145.7 Hz，时长 252 ms；"抢"的基频数值从 106.3 Hz 升至143.6 Hz，时长 207 ms。数据显示，阳平变调的基频起始点比阴上调的起始点低，阳平变调的基频最高点比阴上调的最高点略高，阳平变调的时长比阴上调的时长稍长。

表 12　肠 tsʰœŋ$^{21-215}$和抢 tsʰœŋ^{24}的基频数值

例字	F0_ Hz									
肠	81.9	85.0	88.5	94.4	107.5	118.8	129.9	138.2	142.6	145.7
抢	106.3	107.2	109.9	113.3	117.0	121.4	127.8	132.7	138.0	143.6

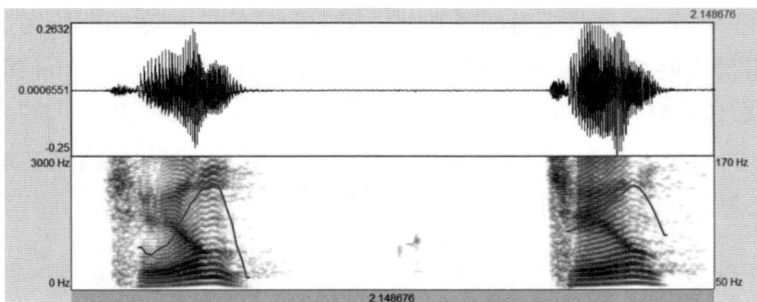

图 11　肠 tsʰœŋ²¹⁻²¹⁵ 和抢 tsʰœŋ²⁴ 的基频曲线

3. 阳上变调与阴上调

以阳上变调"蜢（蚂蚱）"和阴上调"揢（手拔）"对比为例（如表 13、图 12 所示）。阳上变调"蜢"的基频曲线为低降升型，阴上调"揢"的基频曲线为中升型。"蜢"的基频数值从 76.0 Hz 略降至 75.8 Hz，而后上升至 137.6 Hz，时长 219 ms；"揢"的基频数值从 101.3 Hz 升至最高点 131.5 Hz，时长 172 ms。数据显示，阳上变调的基频起始点比阴上调的起始点低，阳上变调的基频最高点比阴上调的最高点略高，阳上变调的时长比阴上调的时长稍长。

表 13　蜢 mœŋ¹³⁻²¹⁵ 和揢 mœŋ²⁴ 的基频数值

例字	F0_ Hz								
蜢	76.0	75.8	79.1	86.4	96.4	105.8	117.2	132.6	137.0	137.6
揢	101.3	103.5	105.7	108.6	115.2	123.3	127.9	130.7	131.5	131.4

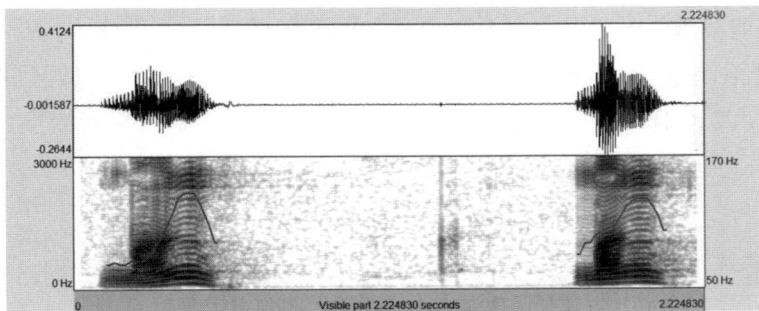

图 12　蜢 mœŋ¹³⁻²¹⁵ 和揢 mœŋ²⁴ 的基频曲线

4. 阴去变调与阴上调

以阴去变调"扫（扫把）"和阴上调"嫂"对比为例（如表 14、图 13 所示）。阴去变调"扫（扫把）"的基频曲线为低降升型，阴上调"嫂"的基频曲线为中升型。"扫（扫把）"的基频数值从 79.8 Hz 降至 72.6 Hz，而后上升至 115.5 Hz，时长 201 ms；"嫂"的基频数值从 95.3 Hz 升至 116.7 Hz，时长 158 ms。数据显示，阴去变调的基频起始点比阴上调的起始点低，阴去变调的基频最高点与阴上调的最高点基本持平，阴去变调的时长比阴上调的时长稍长。

表 14　扫 sau$^{33-215}$（扫把）和嫂 sau^{24}的基频数值

例字	F0_ Hz									
扫（扫把）	79.8	74.0	72.6	78.8	88.7	92.6	96.8	104.2	113.3	115.5
嫂	95.3	95.6	96.9	99.9	105.1	108.5	112.0	114.3	115.1	116.7

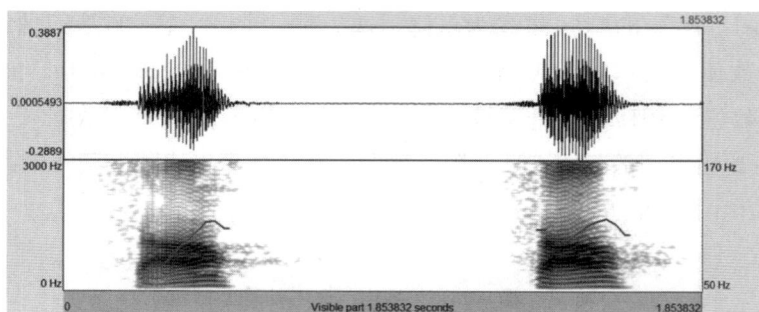

图 13　扫 sau$^{33-215}$（扫把）和嫂 sau^{24}的基频曲线

5. 阳去变调与阴上调

以阳去变调"饭"和阴上调"反"对比为例（如表 15、图 14 所示）。阳去变调"饭"的基频曲线为低降升型，阴上调"反"的基频曲线为中升型。"饭"的基频数值从 72.2 Hz 降至 69.0 Hz，而后上升至 132.7 Hz，时长 248 ms；"反"的基频数值从 92.9 Hz 升至 120.0 Hz，时长 186 ms。数据显示，阳去变调的基频起始点比阴上调的起始点低，阳去变调的基频最高点比阴上调的最高点略高，阳去变调的时长比阴上调的时长稍长。

表 15　饭 fan$^{22-215}$和反 fan^{24}的基频数值

例字	F0_ Hz									
饭	72.2	69.0	78.8	82.6	95.9	107.7	116.5	121.8	125.4	132.7
反	92.9	93.0	93.8	94.7	100.9	106.5	113.5	117.6	119.5	120.0

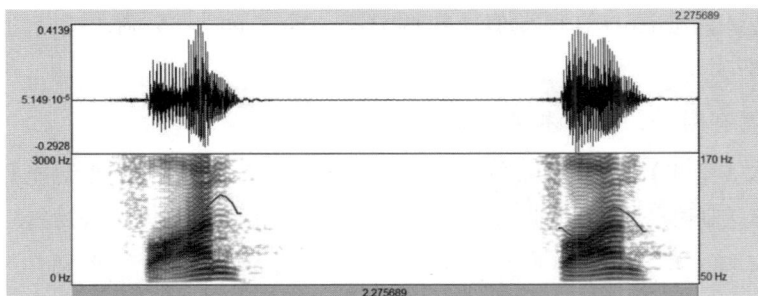

图 14 饭 fan$^{22-215}$ 和反 fan^{24} 的基频曲线

从上列对照组的数据可以看出，大榄话变调的基频曲线为低降升型，阴上调的基频曲线为中升型，变调的基频起始点低于阴上调的起始点，而变调的基频最高点普遍高于阴上调的最高点。此外，变调的时长也大于阴上调的时长。声学数据显示大榄话变调与阴上调的分别是清晰且稳定的，两者不混同。

四、高变调在粤语中的表现

据目前所见材料，粤语中高变调能与所有本调对立的有广西容县、玉林（玉州）粤语，粤西茂名地区如信宜、高州等地的粤语和珠三角地区的中山小榄话和佛山顺德大良话，可分为三种类型：

1. 高变调只有一个，且与本调对立

粤西茂名辖下信宜、高州、化州、电白等地粤语有高变调，叶国泉、唐志东指出："信宜话的九个单字调都可以变音，变音只有一个，调值特高而上扬，比任何一个单字调本调都要高，与本调极易区别。"[①] 邵慧君表示："高扬调的调值比阴上 35 更高，起点值约在 4～5 度之间，而终点值超出字调中最高调值（5 度）的范围。"[②] 朱晓农（2004）根据信宜话的录音材料发现，这个超高调的基频可以高达 340 多 Hz。信宜话变调分布如表 16 所示：

表 16 信宜话变调分布

调类	阴平	阳平	阴上	阳上	阴去	阳去	上阴入	下阴入	阳入
本调	53	11	35	23	33	22	5	3	2
变调				↗					

---

① 叶国泉，唐志东. 信宜方言的变音 [J]. 方言，1982（1）：47–51.
② 邵慧君. 广东茂名粤语小称综论 [J]. 方言，2005（4）：337–341.

广西容县话的变调与信宜类似，变调只有一个，读为 35 调，能与九个调类对立（周祖瑶，1987）。

2. 高变调有两个，且与本调对立

广西玉林（玉州）话（梁忠东，2002）有 55 和 35 变调。55 变调能与阴平、上阴入调对立，35 变调能与其余声调对立。广西玉林（玉州）话变调分布如表 17 所示：

表 17　广西玉林（玉州）话变调分布

调类	阴平	阳平	阴上	阳上	阴去	阳去	上阴入	下阴入	上阳入	下阳入
本调	54	32	33	23	52	21	5	3	2	1
变调	55	35					55		35	

中山小榄话（郑伟聪，1990）有超高平变调（55*）和高升变调（25*）两种。超高平变调与阴平、阳平和上阴入调对立，高升变调与阴上、阳上、去声、下阴入、阳入调对立。中山小榄话变调分布如表 18 所示：

表 18　中山小榄话变调分布

调类	阴平	阳平（阴去）	阴上	阳上	去声	上阴入	下阴入	阳入
本调	53	32	35	13	22	55	34	22
变调	55*		25*			55*	25*	

佛山顺德大良话（林柏松，1990）有超高升变调（25）和超高平变调（55*）两种，阴平、阴入等高调类读为超高平变调，除阴平、阴入外的低调类读为超高升变调。佛山顺德大良话的变调能与所有声调形成对立，如佛山顺德大良话的超高升变调与阴上调（24）有别，超高平变调与上阴入调（55）有别。

中山小榄话和佛山顺德大良话的高升变调跟阴上调都是对立的，虽然相关报道没有反映出声学数据，但从其声调调值可以看出，中山小榄话的高升变调起点比阴上调（35）低，佛山顺德大良话超高升变调终点比阴上调高，这些特征跟大榄话低降升变调的声学特征类似。

3. 高变调有两个，与多数本调对立，部分混同

广州话的高平变调（55）和高升变调（35）属于高变调模式，是高变调分化的结果。对于广州话阴平调的 53 和 55 两种调值，以往的处理方式主要有两种：或分为两类，包括上阴平 53 和下阴平 55；或作为自由变体 53/55。施其生（2004）研究一百年前的广州话后指出，现今阴平调的高降调变体是本调，而阴平调的高平调变体是高平变

调，后者渐渐取代前者。从其来源看，广州话的 55 调与 35 变调为同一性质，作为变调处理更合适。从分布看，高平变调主要发生于阴平调，高升变调发生于除阴平、上阴入和阴上外的其他调类之中。不过，广州话的高升变调跟阴上调已经混同，两者不能分别，如：豉 si^{22-35} 蚝 ~ ＝ 屎 si^{35}、钱 ts^hin^{21-35} ＝ 浅 ts^hin^{35}、楼 $lɐu^{21-35}$ ＝ 扭 $lɐu^{35}$。广州话变调分布如表 19 所示：

表 19　广州话变调分布

调类	阴平	阳平	阴上	阳上	阴去	阳去	上阴入	下阴入	阳入
本调	53	21	35	13	33	22	5	3	2
变调	55	35	—		35		—		35

下面以两个声韵相同的最小独立组为例进行比较。

（1）桃 t^hou^{21-35} 和土 t^hou^{35}。

广州话高升变调"桃"的基频曲线为中升型，阴上调"土"的基频曲线为中升型。"桃"的基频数值从 129.9 Hz 上升至 244.0 Hz，时长 244 ms；"土"的基频数值从 133.5 Hz 升至 230.9 Hz，时长 242 ms。数据显示，高升变调的基频起始点比阴上调的起始点略低，高升变调的基频最高点比阴上调的最高点略高，高升变调的时长与阴上调的时长接近。如表 20、图 15 所示：

表 20　桃 t^hou^{21-35} 和土 t^hou^{35} 的基频数值

例字	F0＿Hz									
桃	129.9	130.2	135.4	148.3	159.1	182.9	219.6	233.3	244.0	243.2
土	133.5	133.6	135.3	140.0	154.3	176.5	198.0	206.0	224.7	230.9

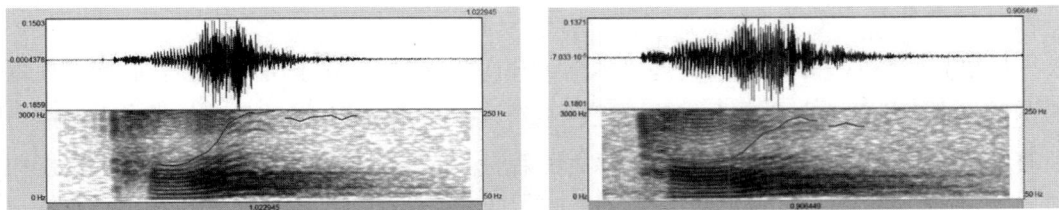

图 15　桃 t^hou^{21-35} 和土 t^hou^{35} 的基频曲线

（2）房 $fɔŋ^{21-35}$ 和纺 $fɔŋ^{35}$。

广州话高升变调"房"的基频曲线为中升型，阴上调"纺"的基频曲线为中升型。"房"的基频数值从 147.1 Hz 上升至 225.3 Hz，时长 256 ms；"纺"的基频数值从

131.9 Hz 升至 221.8 Hz，时长 250 ms。数据显示，高升变调的基频起始点比阴上调的起始点略高，高升变调的基频最高点与阴上调的最高点接近，高升变调的时长与阴上调的时长相仿。如表 21、图 16 所示：

表 21　房 fɔŋ$^{21-35}$ 和纺 fɔŋ^{35} 的基频数值

例字	F0_ Hz									
房	147.1	151.3	155.8	161.5	171.0	177.5	185.0	191.2	210.2	225.3
纺	131.9	137.3	143.3	149.6	157.8	172.3	186.3	192.0	209.1	221.8

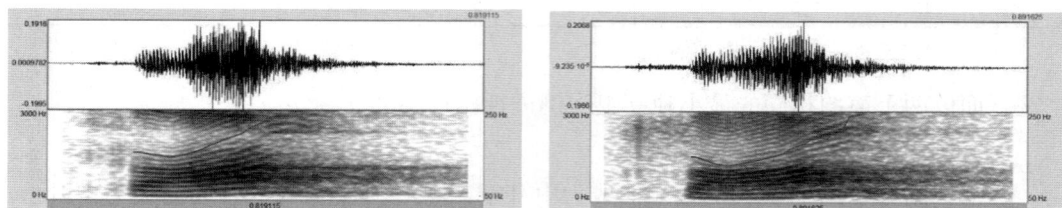

图 16　房 fɔŋ$^{21-35}$ 和纺 fɔŋ^{35} 的基频曲线

从上面两个对照组的数据可以看到，广州话高升变调的基频曲线与阴上调的基频曲线同为中升型，高升变调和阴上调的基频起始点和基频最高点相差不大，高升变调和阴上调的时长也几乎相同。声学数据显示广州话的变调与阴上调已然混为一体。值得注意的是，赵元任（1947）特别指出虽然广州话阴上调和高升变调很相似，但两者并不一样，阴上调调值记作（35），而高升变调调值记作（25）。[①] 可见广州话的高变调与阴上调的融合也是近几十年才发生的。

五、结语

粤语高变调模式的最初形式是"本调 + 升调"，变调独立于所有本调，后期再根据声调调值发生进一步分化融合（陈卫强、王媛媛，2022）。广西、粤西粤语的变调能与所有本调区分，中山小榄话、佛山顺德大良话的小称变调在阴上调和上阴入调中也能构成对立，而广州话的高变调在阴上调和上阴入调中无法体现，那是高变调分化整合且与同为高调的阴上调和上阴入调融合的结果。曹志耘（2002）提出小称变调因本调不同而发生融合分化，可分为分变式和合变式两类。佛山南海大榄话的小称变调无疑属于合

---

① 赵元任（1947：34）原文为："Words in the upper rising tone never have a corresponding form with pinn'iam, probably because of the great similarity between this tone（35）and the pinn'iam（25）."

变式的类型，而且与包括阴上调和上阴入调在内的所有本调构成对立，保留着粤语高变调较早期的形式，为粤语高变调的演化过程提供又一语言事实例证。

参考文献

［1］曹志耘．南部吴语语音研究［M］．北京：商务印书馆，2002.

［2］陈卫强，王媛媛．广东佛山（南海）粤语的小称变调［J］．方言，2022，44（2）.

［3］梁忠东．玉林话的小称变音［J］．广西师范大学学报（哲学社会科学版），2002（3）.

［4］林柏松．顺德话中的变音［C］//詹伯慧．第二届国际粤方言研讨会论文集．广州：暨南大学出版社，1990.

［5］施其生．一百年前广州话的阴平调［J］．方言，2004（1）.

［6］郑伟聪．小榄话变调现象初探［C］//詹伯慧．第二届国际粤方言研讨会论文集．广州：暨南大学出版社，1990.

［7］周祖瑶．广西容县方言的小称变音［J］．方言，1987（1）.

［8］朱晓农．亲密与高调：对小称调、女国音、美眉等语言现象的生物学解释［J］．当代语言学，2004（3）.

［9］CHAO Y R. Cantonese primer［M］．Cambridge：Harvard University Press，1947.

粤方言"掹"类词语的使用现状及发展趋势

王永欣　孙玉卿

　　粤方言动词"掹"属于一级方言特征词,与"拉""扯""挽""牵"等词的基本义具有共同的语义要素,都表示用手使关系对象发生位移,并且在部分词语的使用上存在替换关系;动词"拔"虽未见于粤方言词典,但偶尔出现在方言调查中,与"掹"存在替换关系。因此,我们将"掹""拉""扯""牵""挽""拔"合称为粤方言"掹"类动词。根据粤方言词典的释义,结合对"掹"类相关词语、俗语的语义分析,我们初步将"掹"类动词的义位分为8类(如表1所示):

表1　粤方言"掹"类动词义位统计

义位分类		用力使物品朝自己所在的方向或跟着自己移动	用力抓住并拉,拽,揪	把固定或隐藏在其他物体里的东西往外拉,抽出来	往上提或垂手拿着	捕捉,抓捕	拉扯使升起	形容呼吸困难	拖累	合计
粤方言"掹"类动词	掹	√	√	√				√		4
	拉	√				√			√	3
	扯	√					√	√		3
	牵	√						√		2
	挽①				√					1
	拔			√						1

---

　　① 粤方言动词"挽"是多义词,但本文研究只罗列了它在粤方言中固有的"提,拎"义,删除了受普通话影响而产生的其他义项,因此在义位统计上多义词"挽"只有1个义项。同理,"拔"的情况也是如此。

通过检索中国语言资源保护工程采录展示平台①，我们发现粤方言区使用"撐"表"拔"义的方言点在数量上占据绝对优势，"撐"类词语的使用情况值得研究。本文将通过问卷法、统计法、比较法等对粤方言"撐"类动词的使用现状及发展趋势进行探讨。

一、粤方言"撐"类词语的使用现状

本小节通过问卷调查分析"撐"类词语的使用现状。问卷中"撐"类相关词语共计38例，来自方言词典及方言调查资料的共计32例；为填补粤方言词典中动词"拔"的空缺，从《现代汉语词典》（第7版）中挑出"拔"字常用词语5例。每个义项设置一题，合并为选词填空题共计26题，问卷词语项目如表2所示：

表2　问卷词语项目

序号	词语项目	词语来源	词义说明
1	扯大缆	《广州方言词典》	一项集体性体育活动，两队人在一条大绳的两端用力拉，拉过规定的界线为胜。
2	拔河	《现代汉语词典》	
3	拉大缆	《汉语方言大词典》	
4	撐绳	《广州方言词典》	
5	撐耳仔	《广州方言词典》	揪耳朵。
6	挽水	《广州方言词典》	提水，从水井里取水上来。
7	佢夹硬撐我去睇戏	《广州方言词典》	他硬拉我看电影。
8	扯幔	《广州方言词典》	把船帆升到杆顶上。幔：船帆。
9	拉车	《现代汉语词典》	用力拽着车子使其向受力方向移动。
10	拉衫尾	《广州方言词典》	动词，指女人非正式结婚而到男家；名词，指跟着母亲改嫁到后父家的孩子。
11	撐衫尾	《广州方言词典》	
12	拉肠	《广州方言词典》	布拉肠粉的简称。即用屉布垫在底下蒸熟的肠粉，蒸好把屉布拉掉，故名。
13	扯痰	《广州方言词典》	哮喘。痰 jià：喉病。
14	撐痰	《广州方言词典》	
15	牵痰	《广州方言词典》	
16	扯气	《广州方言词典》	临死时喘气。
17	牵气	《广州方言词典》	

---

① 中国语言资源保护工程采录展示平台网址：https：//www.zhongguoyuyan.cn/index。

（续上表）

序号	词语项目	词语来源	词义说明
18	挽手	《广州方言词典》	名词，篮子等的提梁。
19	拉尺	《广州方言词典》	名词，金属制的软尺，可卷起。
20	搣猫尾	《广州话俗语词典》	两人合谋去捉弄别人。
21	扯猫尾	《广州话俗语词典》	
22	扯头缆	《广州方言词典》	牵头，带头，发起。
23	拉头缆	《广州话俗语词典》	
24	拉人落水	《广州方言词典》	拖人下水。
25	搣草	《广州方言词典》	用手除草。
26	拔草	《现代汉语词典》	
27	扯线	《广州方言词典》	介绍，搭桥。
28	拉线	《广州方言词典》	
29	挽住个篮	《广州方言词典》	动词，提篮。
30	搣胡须	《广州话方言词典》	把胡子往外拉。
31	搣牙	《汉语方言大词典》	口腔科最常用的治疗技术。
32	拔牙	《现代汉语词典》	
33	扯皮鞋	《广州方言词典》	缝皮鞋，因把线头扯来扯去，故云。
34	警察拉人	《广州方言词典》	警察抓捕人。
35	挽油瓶	《广州方言词典》	动词，妇女带着孩子改嫁；名词，随母亲到后父家的孩子，也叫"油瓶仔"。
36	拔火罐	《现代汉语词典》	中医的一种治疗方法。
37	拔刺	《现代汉语词典》	把刺从肉里抽出来。
38	扯线公仔	《广州话俗语词典》	拉线木偶人；比喻不能自主的人，也说"木头公仔"。

　　根据对词语使用频率（使用频率为"经常使用"和"偶尔使用"频率之和）的分析，"搣"类词语的使用情况可分为以下 3 类：

　　第一类是收录在词典中、本次调查显示现在还在普遍使用的词语，共计 11 例（如表 3 所示）。这些词语在日常生活中为大多数粤方言使用者所熟知，从 20 世纪 90 年代到现在使用频率较高，短时间内将继续作为强势词汇留在粤方言中。为方便分类讨论，本文暂且将曾收录在方言词典中的词语称为"旧词语"。

表3　使用频率较高的"旧词语"

动词	义项分类	词语项目	使用频率合计
拉	引申义1	拉肠	83.72%
		拉尺	64.19%
	引申义2	拉线	53.95%
		拉人落水	83.72%
	引申义3	警察拉人	82.32%
搣	拔	搣牙	74.89%
		搣草	70.24%
		搣胡须	63.72%
	揪	搣耳仔	65.11%
扯	引申义1	扯猫尾	64.19%
	引申义2	扯气	51.16%

　　第二类是收录在词典中、本次调查显示现在不经常使用的词语,共计20例(如表4所示)。这些词语曾经在实地调查中被记录下来,代表了当时发言人的词语选择,也反映了当时的词汇使用状况,但在几十年的发展变化中由于使用频率降低,它们逐渐处于边缘地位,未来可能会比第一类词语更快更早地退出日常生活。其中,值得注意的是"扯䋌""扯/搣/牵瘝""扯皮鞋"这些词语项目与"搣"类6个动词搭配的使用频率全部低于50%。由此看来,这3组词语或许会较早退出词汇系统。同时,被调查者补充填写的"升䋌""哮喘""缝皮鞋"等词语体现了普通话对粤方言词汇的影响。

表4　使用频率较低的"旧词语"

动词	义项分类	词语项目	使用频率合计
扯	基本义	扯大缆	27.91%
	引申义1	扯皮鞋	25.12%
	引申义2	扯线	33.49%
		扯头缆	31.16%
	引申义3	扯瘝	21.86%
	引申义4	扯䋌	42.32%
拉	基本义	拉大缆	25.12%
	引申义1	拉衫尾	40.46%
	引申义2	拉头缆	30.70%

（续上表）

动词	义项分类	词语项目	使用频率合计
揦	拉扯	佢夹硬揦我去睇戏	45.11%
		揦绳	34.88%
	引申义1	揦衫尾	40.00%
	引申义2	揦猫尾	16.75%
	引申义3	揦瘕	14.42%
牵	引申义	牵气	2.33%
		牵瘕	1.86%
挽	引申义1	挽油瓶	2.33%
	引申义2	挽住个篮	40.93%
		挽手	33.49%
		挽水	17.21%

　　第三类是未收录在词典中、在本次调查中出现的使用频率较高的词语，共计9例（如表5所示）。但这些词语并不全是新词语，具体可以分成3种：

　　一是普通话与粤方言共有的词汇，不具有被方言词典收录的价值，例如"拉车""拔河""拔牙"。

　　二是本属于普通话，当时未进入粤方言，现在逐渐进入粤方言的词汇，例如"牵线"（使用率为63.72%）。"牵线"为普通话和闽方言共有的词汇，但问卷显示"只选择使用'牵线'一种说法"与"还会说闽方言"的相关性不大，因此我们倾向于认为粤方言中的"牵线"来自普通话。

　　三是既不属于粤方言也不属于普通话的词汇，由于词语使用泛化，产生了新的用法，例如"拉手"（篮子的提梁）、"扯耳仔"（揪耳朵）、"扯胡须"（把胡须往外拉）、"扯衫尾"（动词，指女人非正式结婚而到男家；名词，指跟着母亲改嫁到后父家的孩子）。表达"篮子等的提梁"义时，"挽手"的使用频率只有33.49%，"拉手"的使用频率达52.09%。作"挎，拉起，提起"义的"挽"逐渐消失，动词位置出现空缺，使用频率较高的"拉"替补不常用的"挽"，这是使用泛化的表现。同理，动词"扯"也存在使用泛化的情况。调查结果显示，"扯衫尾""拉衫尾""揦衫尾"的使用频率为63.26%、40.46%、40.00%，过去词典未收录的"扯衫尾"的使用频率超过了俗语词"拉衫尾""揦衫尾"，动词"扯"的使用呈现新趋势。

表5　其他使用频率较高的词语

种类	动词	义项分类	词语项目	使用频率合计
第一种	拉	基本义	拉车	88.37%
	拔	基本义	拔河	82.79%
		基本义	拔火罐	80.93%
		基本义	拔牙	50.7%
第二种	牵	引申义	牵线	63.72%
第三种	拉	基本义	拉手	52.09%
	扯	基本义	扯耳仔	67.91%
		基本义	扯胡须	55.35%
		引申义	扯衫尾	63.26%

二、粤方言"掹"类动词的发展趋势

李荣在《广州方言词典》（1998）序言中明确指出此部词典的调查方式以实地调查为主。词典中的相关词语是过去方言调查收集而来的，代表了20世纪90年代"掹"类动词的使用情况；问卷调查结果代表了"掹"类动词的使用现状。借用陈祝琴（2019）用例折算的方法，可大致分析20世纪90年代以后粤方言"掹"类动词的词义变化趋势。

Traugott 和 Dasher（2001）在 *Regularity in Semantic Change* 一书中将词义分为三个层面：语句例意义、语句型意义、编码意义。从语句例意义到编码意义的发展定型，需要在语义搭配的基础上保持高频率使用；词义演变通常存在中间过渡状态，即共时层面上的新旧词义并存状态，形成一个语义连续统，词义演变的发展过程也是新旧词义斗争的过程。为了更加直观地展示"掹"类动词不同词义的使用现状和词义变化趋势，我们将20世纪90年代方言词典中记录的词语设定为旧词A，位于编码意义语义层；将词典中未出现的词语设置为新词B，位于语感偏差或即将消亡语义层。参考陈祝琴（2019）的用例折算方法，根据本文研究需要，我们规定用例使用频率低于20%的为语感偏差或即将消亡语义，使用频率在20%～36%之间的为语句例意义，使用频率在36%～50%之间的为语句型意义，使用频率在50%以上的为编码意义。我们设定每跨过一个语义层就用一个箭头"→"或"←"表示，向左跨过三个语义层的新词到达编码意义语义层，语义有固化的趋势；向右跨过三个语义层的旧词的语义有消失的趋势。根据本次问卷调查结果，我们整理出了"掹"类词语的使用频率范围，并将之划分到相应的语义层，具体如表6所示。

表6　"掹"类词语的语义层划分及词义变化趋势

使用频率		>50%	36%～50%	20%～36%	<20%
语义层		编码意义	语句型意义	语句例意义	语感偏差或即将消亡语义
义位	把固定或隐藏在其他物体里的东西往外拉，抽出来	掹草	拔草←←		
		掹胡须 扯胡须←←←			
		掹牙 拔牙←←←			
		拔火罐←←←			
	用力使物品朝自己所在的方向或跟着自己移动	拔河←←←		掹绳→→ 扯大缆→→ 拉大缆→→	
		拉车			
			佢夹硬掹我去睇戏→		
	往上提或垂手拿着				挽水→→→
		拉手←←←		挽手→→	
			挽住个篮→		
		扯线公仔			
	用力抓住并拉，拽，揪	扯耳仔←←← 掹耳仔			
	拉扯使升起		扯鲤→		
	拉/扯的引申义，依靠	扯衫尾←←←	拉衫尾→ 掹衫尾→		
	扯/掹的引申义，形容呼吸困难			扯痕→	掹痕→→→ 牵痕→→→
		扯气			牵气→→
	拉/掹的引申义，捉弄	扯猫尾			掹猫尾→→→
	拉/扯的引申义，带头		扯头缆→	拉头缆→→	
	拉的引申义，拖累	拉人落水			
	拉/扯的引申义，介绍，搭桥	牵线←←← 拉线		扯线→→	
	扯的引申义，缝			扯皮鞋→→	
	拉的引申义，捕捉，抓捕	警察拉人			

（一）粤方言动词"揇"的使用范围缩小

方言调查显示，20 世纪 90 年代之前，粤方言动词"揇"的使用频率远高于"拔"，占据绝对优势。粤方言词典中收录的相关俗语词较多，这说明"揇"的造词能力非常强，其词汇地位比较稳固。在本次调查中，"揇"的使用范围呈缩小趋势，详细情况如下：

一是同义词语中动词"拔"的使用频率上升。例如"拔河"的使用频率为82.79%，远高于"揇绳"，"拔"的词汇地位有所上升。从目前调查结果来看，"拔"义应该还是"揇"的核心语义，但受普通话的影响，"拔"在个别词语中占据优势地位，"揇"的管辖范围缩小，"拔"类词语将逐渐与"揇"类词语处于并存状态。

二是同义词语中动词"揇"的使用率低于"拉"和"扯"。在问卷中所有"拉""扯""揇"都可以使用的语境里，"揇"的使用频率都低于"拉"或"扯"，处于竞争的弱势地位。例如，俗语词"揇猫尾"（合伙捉弄别人）的使用频率为16.75%，"扯猫尾"的使用频率为64.19%。"揇"表"揪"义时使用频率较高，但仍低于"扯"，且"拉"也逐渐进入相关词语中，挤压"揇"的使用空间。由此看来，未来"揇"很难替代"拉"或"扯"。

三是生僻俗语词中"揇"使用频率降低。"揇瘝"使用频率极低，处于即将消亡的语义层，可能会被普通话词语"哮喘"替代。"揇瘝"使用频率较低可能与"瘝"不常见有关。"瘝"指喉病，意义比较生僻，其他词如"扯瘝""牵瘝"使用频率也比较低，不如"哮喘"常见，更容易被普通话词语替换。

（二）粤方言动词"拉"的使用范围扩大

粤方言动词"拉"义项较多，词义范围广，可搭配的宾语类型及引申义也比较丰富，本身有着较强的生命力。本次问卷调查显示，"拉"的使用范围扩大，详细情况如下：

一是同义词组中"拉"使用频率高于"挽"。例如在表"往上提或垂手拿着"义的相关词语中（尤其新词"拉手"的使用频率已经超过了50%），"拉"比"挽"的使用频率更高，有词语固化的趋势，存在取代后者的可能。

二是部分词组中"拉"的使用存在泛化现象。"拉"的"拽，揪"义是"揇"具有的义位，"拉扯使升起"是"扯"单独具有的义位。在不强调大力拉扯的情况下，"拉"也可以与"扯""揇"替换，变相挤占"扯"和"揇"的使用空间。

另外，"拉大缆"中的"拉"是基本义，该词语的消亡主要与拔河这项运动的衰落有关;"拉头缆"使用频率较低与拉纤绳这项劳动的消失有关。这属于与社会－历史变迁有关的个别词语消亡,不影响动词"拉"的强势地位。

(三) 粤方言动词"扯"的使用范围扩大

粤方言动词"扯"的词义使用变化方向明确,总体来看其使用范围有扩大趋势。

一是"扯"在表示需用力拉扯时使用频率较高。如表6所示,作为旧词,表"呼吸困难"的"扯气"的使用频率远高于"牵气";可能受普通话的影响,"扯耳仔"这一用法出现,呈现使用固化趋势。

二是"扯"在表贬义的俗语词中使用频率较高。例如表"捉弄""拖累"义时,"扯"的使用频率远高于"猛"。在不强调用力大小的情况下,"扯"比较容易进入一些偏贬义的俗语词。对主体来说,用力较大属于不利因素,在描述此类动作时用"扯"较多;对于抽象事物而言,遇到不好的、想要摆脱的某些困境时,用"扯"也比较符合认知规律,例如新词语"扯衫尾"就带有一些贬义色彩。动词"扯"能够进入某些俗语词中并成为具有编码意义的成员,说明其词汇竞争力较强。

"扯大缆""扯鲤"同属于与社会－历史变迁有关的个别词语消亡,不影响动词"扯"的发展方向。

(四) 粤方言动词"牵"与"挽"的部分词义消亡

粤方言动词"牵"和"挽"具有粤方言特色的义项将逐渐消失,普通话相关动词将把新的义项带入粤方言。

粤方言动词"挽"属于传承词,有逐渐消失的趋势,表"往上提或垂手拿着"义时使用率较低,未来可能会被"拉"和"提"取代;由于生产生活发生变化,"挽水""挽住个篮""挽手"的使用频率降低,使得传承词"挽"逐渐退出粤方言词汇系统。

粤方言动词"牵"的特色用法在于表达"呼吸困难"义,其中"牵瘰"使用频率为1.86%,"牵气"使用频率为2.33%,基本已退出词汇系统。表达"呼吸困难"义时,其使用频率低于其他5个动词,这说明"牵"的词汇地位非常低,在粤方言动词中不具备竞争力。"牵线"一词表示"介绍,搭桥",来自普通话,使用频率高于旧词"拉线""扯线",属于受普通话影响而新增的词义。

三、小结

（一）粤方言动词"揦"的词义发展经历了由简到繁再到简的过程

根据早期粤语口语文献资料库、早期粤语标注语料库①、香港 20 世纪中期粤语语料库②和前人研究，我们发现，晚清至 20 世纪 90 年代的粤方言动词"揦"主要有两个义项，分别是"拉扯"义和"拔"义；20 世纪 90 年代的方言调查显示"揦"的常用义以"拔"义为主，新增了"揪"义和相关引申义用法；本次问卷调查也显示"揦"表"拔"义时使用频率较高，表"拉扯"义时使用较少。受社会发展的影响，部分词语使用"拔"词较多，例如"揦牙"的使用频率低于"拔牙"。随着词语的使用变化，"揦"的常用义从清末民初的 2 个（"拉扯"义和"拔"义）变为 20 世纪末期的 4 个（"拉"义和"扯"义分开，新增了"揪"义），再到现在的 1 个（"拔"义为主）；"揦"的词义发展经历了由简到繁再到简的过程。"拔"的使用频率则先降低再逐渐升高，部分词语的使用与普通话趋同。

（二）粤方言"揦"类词语的使用趋势规律明显，词义分工明确

语言的经济性原则要求用最少量的语言表达最大量的信息，这在词汇方面则表现为词义分工逐渐明确。粤方言动词"揦""拔""拉""扯""挽""牵"因语义侧重点的不同，在词语搭配方面各有优势。动词"揦"以"把固定或隐藏在其他物体里的东西往外拉，抽出来"义为主，词义范围缩小；表需用力拉扯及消极色彩时以"扯"为主；其余情况下多用"拉"。动词"拉"和"扯"的使用范围扩大；动词"牵"和"挽"的方言特色用法逐渐消失，普通话用法强势进入，词汇系统逐渐简化。

参考文献

[1] 白宛如. 广州方言词典 [M]. 南京：江苏教育出版社，1998.

[2] 闭克朝. 广西横县平话词汇（二）[J]. 方言，1994（2）.

[3] 陈晓锦，陈滔. 广西北海市粤方言调查研究 [M]. 北京：中国社会科学出版社，线装书局，2005.

[4] 陈晓锦，翁泽文. 粤语西翼考察：广西贵港粤语之个案研究 [M]. 广州：暨

---

① 张洪年、姚玉敏在早期西洋学者编写的粤方言教材基础上建立了早期粤语口语文献资料库和早期粤语标注语料库。以收录的词典和教材出版时间为准，其语料集中在 1828 年至 1931 年，属于清朝晚期至民国前期粤语语料。

② 香港教育大学语言学及现代语言系在香港 20 世纪五六十年代的粤语长片的基础上构建了香港 20 世纪中期粤语语料库。以可检索的影片的上映时间为准，其语料集中在 1952 年至 1966 年。

南大学出版社，2010.

[5] 陈祝琴. "仆倒"义动词语义演变的系统性考察 [J]. 语言学论丛，2019（1）.

[6] 贾彦德. 汉语语义学 [M]. 北京：北京大学出版社，1999.

[7] 蒋绍愚. 怎样掌握古汉语的词义：兼谈"义位"和"义素"在词义分析中的运用 [J]. 语文研究，1981（2）.

[8] 蒋绍愚. 词义的发展和变化 [J]. 语文研究，1985（2）.

[9] 蒋绍愚. 汉语词义和词汇系统的历史演变初探：以"投"为例 [J]. 北京大学学报（哲学社会科学版），2006（4）.

[10] 蒋绍愚. 常用词演变研究的一些问题 [J]. 汉语学报，2021（4）.

[11] 冷玉龙，韦一心，等. 中华字海 [M]. 北京：中华书局，中国友谊出版公司，1994.

[12] 李如龙. 汉语方言特征词研究 [M]. 厦门：厦门大学出版社，2002.

[13] 刘俐李，王洪钟，柏莹. 现代汉语方言核心词·特征词集 [M]. 南京：凤凰出版社，2007.

[14] 刘钟达，等. 普通话影响下粤方言词汇的演变及发展趋势 [J]. 戏剧之家，2016（22）.

[15] 麦耘，谭步云. 实用广州话分类词典 [M]. 香港：商务印书馆（香港）有限公司，2011.

[16] 欧阳觉亚，等. 广州话、客家话、潮汕话与普通话对照词典 [M]. 广州：广东人民出版社，2005.

[17] 欧阳觉亚，周无忌，饶秉才. 广州话俗语词典 [M]. 广州：广东人民出版社，2010.

[18] 饶秉才. 广州音字典：普通话对照 [M]. 广州：广东人民出版社，2007.

[19] 饶秉才，欧阳觉亚，周无忌. 广州话方言词典 [M]. 香港：商务印书馆（香港）有限公司，2009.

[20] 温昌衍. 广东客闽粤方言词汇比较研究 [J]. 学术研究，2014（11）.

[21] 吴福祥. 试谈语义演变的规律 [J]. 古汉语研究，2017（1）.

[22] 吴福祥. 语义演变与词汇演变 [J]. 古汉语研究，2019（4）.

[23] 吴福祥. 语义演变与主观化 [J]. 民族语文，2019（5）.

[24] 许宝华，宫田一郎. 汉语方言大词典 [M]. 北京：中华书局，1999.

[25] 詹伯慧，张日昇. 珠江三角洲方言词汇对照 [M]. 广州：新世纪出版社，1988.

[26] 詹伯慧，张日昇. 珠江三角洲粤方言的常用词 [J]. 方言，1989（4）.

[27] 詹伯慧，张日昇. 粤北十县市粤方言调查报告 [M]. 广州：暨南大学出版

社，1994.

［28］詹伯慧，张日昇．粤西十县市粤方言调查报告［M］．广州：暨南大学出版社，1998.

［29］詹伯慧．广州话正音字典：广州话普通话读音对照［M］．广州：广东人民出版社，2002.

［30］中国社会科学院语言研究所词典编辑室．现代汉语词典［M］．7 版．北京：商务印书馆，2016.

［31］TRAUGOTT E C，DASHER R B. Regularity in semantic change［M］．Cambridge：Cambridge University Press，2001.

两百年来粤语劝止副词的变异和变化[*]

严丽明

当代广府粤语通用的表示禁止、劝阻的劝止副词是"唔好",而"咪〔mɐi¹³〕"和"唔好"的连读合音词"冇〔mou³⁵〕"^①在地域分布方面有所不同。但历时语料显示,19世纪20年代时粤语中常用的劝止副词是"莫"和"莫个",稍晚的粤语文献中还出现了"咪〔mɐi¹³〕个"。上述情况表明,粤语的劝止副词在近两百年的时间里经历了不同变体之间的变异竞争,而竞争的结果是劝止副词"莫"和"莫个"被淘汰,代之以"唔好""咪〔mɐi¹³〕"和"冇〔mou³⁵〕"。从语言变异研究的角度来看,语言是一个异质但有序的系统,语言的变异和变化都基于语言的使用,始于言语交际的需要,同时受语言系统内部规律的制约。经分析,我们发现劝止副词"莫个"非祈使否定义的出现和发展是粤语劝止副词更迭变化的重要催化剂。在变异竞争过程中,语言内部的发展规律、语言代偿机制、"接受者设计原则"以及语言经济原则共同影响着广府粤语劝止副词最终的变化结果。

一、早期粤语的劝止副词^②

用于祈使句中表示禁止、劝阻的"莫"和"莫个"在19世纪20年代的粤语文献中出现的次数最多,是当时常用的劝止副词。其中"莫"是一个书面语词,其所在的句子多为熟语或文言句子,如例(1)和例(2);"莫"也有用于口语的例子,如例(3)和例(4),但与书面语例子相比,口语例子要少得多。在19世纪20年代的粤语文献中^③,使用劝止副词"莫"的例子共有28个,其中书面语例子23个,占比约

---

* 本文是教育部人文社会科学青年基金项目"互动视角下的云浮粤语特色虚词及相关构式研究"(18YJC740123)成果之一。

① 目前该词未有统一和标准的书写形式,我们姑且将之写作"冇"。

② 本文所使用的都是广府粤语的语料,如无特别说明,文中的"粤语"都指广府粤语。本文所涉及的广州话、香港粤语以及云浮粤语都同属广府粤语,三者在语音、词汇和语法方面的差异并不影响彼此间的言语交流。

③ 本文的历时粤语语料主要来源于香港科技大学中国语言学研究中心的早期粤语口语文献资料库和早期粤语标注语料库。语料库无偿对外开放使用,特此感谢有关机构和个人。

82.1%，口语例子 5 个，占比约 17.9%。由此可见，早期粤语的劝止副词"莫"具有浓厚的书面语色彩，主要用于书面语体。

（1）静坐常思己过，闲谈莫道人非。（《广东省土话字汇》，1828）
（2）得之莫喜，失之莫忧。（《广东省土话字汇》，1828）
（3）莫多手。（别乱碰。）（《广东省土话字汇》，1828）
（4）卖仔莫摸头。（卖孩子别抚摸孩子的头。）（《广东省土话字汇》，1828）

劝止副词"莫个"一般只用于口语语体。在同一种粤语文献中，使用"莫个"的例子共有 16 个，除了例（5）表现出一定程度的文言色彩外，其余 15 个都属于口语语体，"莫个"的口语例子占比超过 93%，如例（6）、例（7）。

（5）你莫个为佢所愚啊。（你别被他骗了。）（《广东省土话字汇》，1828）
（6）你莫个去。（你别去。）（《广东省土话字汇》，1828）
（7）你莫个学佢啊。①（你别学他啊。）（《广东省土话字汇》，1828）

因此，我们认为"莫"和"莫个"是早期粤语中句法和语义功能相同但语体属性有别的两个劝止副词。

19 世纪 20 年代的粤语文献中还有一个劝止副词"唔好"，但与"莫"和"莫个"相比，它出现的次数明显要少得多。相同文献中使用劝止副词"唔好"的例子一共只有 7 个，且全部都是口语例子，如例（8）和例（9）。可见，"唔好"也是粤语中一个用于口语语体的劝止副词变体。

（8）你唔好开价。（你别开价。）（《广东省土话字汇》，1828）
（9）你唔好撩佢啊。（你别逗他。）（《广东省土话字汇》，1828）

到了 19 世纪 40 年代，粤语文献中又出现了一个新的劝止副词"咪"，如例（10）和例（11）。

（10）铺床啰，咪揦蚊趯入去呀。（铺床吧，别让蚊子飞进去了。）（*A Chinese Chrestomathy in the Canton Dialect*，1841）
（11）好嘞好嘞，咪讲闲话嘞。（好了好了，别说闲话了。）（*A Chinese Chrestomathy in the Canton Dialect*，1841）

---

① 原句中语气词写作"阿"，我们根据现代粤语词书习惯将其改为"啊"。

当代粤语中"咪"是一个有不同读音和语义功能但书写形式相同的同形词。否定祈使句中的劝止副词"咪",读音为［mɐi¹³］,阳上调;另一个"咪"的读音为［mɐi²²］①,阳去调,源于"唔系"的连读合音,语义功能相对复杂,我们拟另文探讨。为了方便讨论,我们把劝止副词"咪"称为"咪₁",把源于"唔系"的合音词"咪"称为"咪₂"。现有的粤语历时语料显示,19世纪20年代至20世纪初,粤语中只有"咪₁",还没有出现"咪₂";"咪₂"首见于20世纪40年代初期的香港粤语电影对白中。

张洪年(2015)发现,19世纪60年代以及20世纪初的粤语文献中有一个新的劝止副词"咪个",如例(12)和例(13)。根据词义,这里的"咪个"应该是"咪₁个"。"咪₁个"在历时语料中的用例极少,在我们使用的语料库中并未出现,而张洪年文中也只提到了例(12)和例(13)两个例子。这说明"咪₁个"在粤语劝止副词的变异竞争中是处于劣势的,至于其原因我们会在后文进行分析。

(12)我劝你各人,咪个遮瞒自己,咪个俾人遮瞒。(我劝你们,别骗自己,别被人骗。)(《亲就耶稣》,1865)

(13)求老爷千万赏面,咪个推辞。(求老爷千万要赏脸,别推辞。)(《粤音指南》,1903)

二、两百年来粤语劝止副词的更迭变化

(一)粤语劝止副词的变异竞争过程

按照语言变异研究的观点,语言的每一种历时变化最初都表现为共时变异。当前粤语劝止副词的使用情况也是劝止副词各个变体在粤语发展的不同阶段持续展开变异竞争的结果。有关早期相关文献语料的统计数据表明,不同劝止副词的使用频次呈现出此消彼长的态势(如表1所示)。

表1　早期粤语文献劝止副词出现次数统计表

文献	莫		莫个	唔好	咪₁	咪₁个
	书面语	口语				
《广东省土话字汇》(1828)	23	5	16	7	0	0

---

① ［mɐi²²］是广州话的读音,云浮话中"咪₂"的读音为［mɐi²¹］,阳平调。因为云浮话的阳去和阳平合流,广州话的阳去字在云浮话中都读阳平。

（续上表）

文献	莫		莫个	唔好	咪₁	咪₁个
	书面语	口语				
A Chinese Chrestomathy in the Canton Dialect（1841）	1	8	2	7	4	0
《马可传福音书》（1872）	0	0	0	24	5	0
Easy Phrases in the Canton Dialect of the Chinese Language（1877）	0	5	0	36	3	0
Cantonese Made Easy（1883）	0	0	0	2	4	0
Cantonese Made Easy（1888）	0	1	0	5	11	0
《马可福音中西字》（1899）	0	0	0	22	6	0
How to Speak Cantonese（1902）	0	0	0	13	10	0
Progressive and Idiomatic Sentences in Cantonese Colloquial（1931）	0	0	0	17	15	0

从统计数据可知，"莫"和"莫个"在 19 世纪 20 年代的粤语文献中出现的次数最多，"唔好"虽然也在使用，但相比之下它的使用频率远低于"莫"和"莫个"。这说明，19 世纪 20 年代以前，粤语的常用劝止副词是"莫"和"莫个"。19 世纪 40 年代的文献中又出现了一个新的劝止副词"咪₁"，而此时"莫"和"莫个"出现的次数与 19 世纪 20 年代相比已经明显减少，而"唔好"的使用频次没有明显变化。虽然我们使用的语料库缺少了 19 世纪 50 年代至 60 年代的文献，但张洪年（2015）的历时语料检索结果显示，这一时期的粤语文献中并没有出现"莫"和"莫个"。可见，从 19 世纪 50 年代开始，"莫"和"莫个"已经不是粤语常用的劝止副词，取而代之的是"唔好"和新兴的"咪₁"。19 世纪 70 年代以后，虽然个别文献中"咪₁"的使用频次是"唔好"的两倍，但总体而言，还是"唔好"在变异竞争中占据优势。到了 20 世纪中期，"唔好"的竞争优势尤为明显。在 20 世纪 50 年代至 60 年代香港粤语电影的对白（约 20 万字）中①，作为劝止副词的"唔好"出现了 439 次，而"咪₁"只出现了 144 次。直到现在，"唔好"仍是各地广府粤语都普遍使用的劝止副词，"咪₁"则只在广州、香港等部分广府粤语地区使用。

当代广州话的劝止副词主要是"唔好"和"咪₁"，且二者有一定的分工。"咪₁"多用于随意语体，在正式语体中较少出现；"唔好"则可以用于两种语体。如例（14）

---

① 语料来源于香港教育大学语言学及现代语言系的香港 20 世纪中期粤语语料库（第一阶段）。语料库无偿开放给公众使用，特此感谢有关机构和个人。

既可以用"咪₁",也可以用"唔好";但例(15)作为公交车广播用语,一般只用"唔好"。不过,二者的使用有时也会受到韵律的制约,当祈使句的谓语部分是一个单音节动词时,其否定形式多倾向于在动词前添加"咪₁",如例(16)。

(14)你咪(唔好)乱咁讲嘢啊。(你别乱说话啊。)

(15)请唔好将头、手伸出窗外!(请不要把头、手伸出窗外。)

(16)咪走!(别跑!)

而同属广府粤语的云浮话在劝止副词的使用情况上却与广州话有所不同。云浮当地人表达禁止、劝阻时并不使用"咪₁",日常口语除了使用"唔好"外,普遍使用的另一个劝止副词是"唔好"的连读合音词"□[mou³⁵]",我们姑且将之写作"冇"①。张洪年(2015)提到使用"唔好"的连读合音词表示否定命令是"近些年出现的新情况",这仅是香港粤语和广州话的情况。另外,关于广州话或香港粤语的研究文献一直以来都未提及作为劝止副词的"冇[mou³⁵]"(曾子凡,1999;李新魁等,1995;麦耘、谭步云,1997;饶秉才等,1997;张励妍、倪列怀,1999;詹伯慧,2002a、2002b;邓思颖,2015)。而云浮话中表示禁止、劝阻的劝止副词一直以来都以"唔好"及其合音词"冇"为主,且二者在云浮话中的分工与广州话的"唔好"和"咪₁"一样。"冇"主要用于随意语体,而"唔好"则既可以用于随意语体,也可以用于正式语体,如例(14')和例(15)。

(14')你冇(唔好)乱咁讲嘢啊。(你别乱说话啊。)

需要补充说明的是,在粤语劝止副词的变异竞争过程中,虽然也曾出现过"咪₁个",但即使在早期粤语中,"咪₁个"的使用频率也极低。在19世纪60年代至20世纪初的粤语文献中,"咪₁个"只有寥寥几例,如例(12)、例(13)和例(17)。在20世纪50年代至60年代的粤语电影对白中,"咪₁个"的用例也仅有一例,见例(18)。此后直至当代,我们仅在20世纪70年代的香港粤语歌曲的歌词中发现了一例,见例(19)。总体而言,"咪₁个"自产生以来,在劝止副词的变异竞争中一直处于绝对的劣势,目前该词已然消亡。

(17)咪个立乱咁施威。(不要随便耍威风。)(《趣报·新鼓吹》,1906)②

① 张洪年(2015)指出有人将该词写作"冇"或"帽"。
② 例子转引自邓小琴(2013),有删减。

（18）你咪个话无缘！（你别说没缘分！）（《为情颠倒》，1952）

（19）咪个谦虚，几大充有水。（别谦虚，无论如何都要装有钱。）（《有酒今朝醉》，1976）

（二）粤语劝止副词变异竞争的结果

综上，在近两百年的变异竞争中，早期粤语劝止副词"莫"和"莫个"自19世纪50年代开始逐渐被淘汰；"咪₁个"始见于19世纪60年代的粤语文献，但自出现以来其使用频率一直都很低，昙花一现后最终也销声匿迹；"唔好"在竞争中逐渐确立了优势地位，成为当代粤语劝止副词的标准变体，不受地域、语体的限制，各地粤语都通用；而后起的非标准变体"咪₁"和"冇"则受到地域和语体的双重制约。

三、粤语劝止副词更迭变化的动因分析

在变异竞争过程中，各劝止副词在使用频次和使用条件方面的此消彼长是变化的表象，表象背后各有演变的动因和制约条件。

（一）"莫"在口语中消亡的原因

早期粤语中，"莫"是一个书面语中常用的劝止副词，其自身的语体属性与日常口语的语体特点是相悖的。因此，当粤语中还有其他专用于口语的劝止副词变体时，例如"莫个""唔好"，"莫"在口语中则逐渐被淘汰，这是语言发展规律的自然结果。

（二）劝止副词"莫个"被淘汰的动因分析

根据表1以及张洪年（2015）的检索结果，19世纪40年代以后，"莫个"的用例已经不复多见，虽然1871年的 *A Chinese and English Dictionary* 和1900年的《正粤讴》都出现了"莫个"例子，但都只有一例，而且在此后直到20世纪60年代的语料中我们都没有再发现"莫个"的用例。这一情况表明，劝止副词"莫个"最晚于20世纪初已经在变异竞争中被淘汰。

作为早期粤语口语中常用的劝止副词，"莫个"为何会在与"唔好"的竞争中逐渐失去优势并最终被"唔好"取代呢？我们认为，根本原因是"莫个"的语义功能发生了变化，在特定的句法和语义条件的作用下浮现出非祈使否定义，并分别沿着两条不同的路径逐步演变为表测度和表或然性的认识情态副词，严丽明（2023）对"莫个"的非祈使否定功能的浮现过程和演变机制作了详细的探讨。

虽然"莫个"在20世纪初期以后的粤语文献以及当代广州话、香港粤语中都已不再使用，但由于语言发展的地域不平衡性，同属广府粤语的云浮话却保留了"莫个"在不同发展阶段的演变结果，比较完整地展示了"莫个"非祈使否定义浮现和发展的过程。祈使否定副词"莫个"的否定项具有两个显著的语义特征，即其内容对于说话人而言是不期望和未确知的。如例（6）和例（7），句中"莫个"的否定项"去"和"学佢"都是说话人不希望发生的事情，同时是未确切发生的，说话人对具体情况的知识状态自然也是未确知的。而"莫个"非祈使否定义的浮现和发展过程正是不期望、未确知的语义内容从行为域隐喻投射到言域和知识域的结果。"莫个"从行为上对未然且可控事件的实际禁止劝阻发展为在言语上对未然但不可控事件的提醒避免，如例（5），是否"为佢所愚"属于不可控的事件，说话人只能在口头上提醒听话人注意避免，但无法直接阻止。而从言域到知识域的功能扩展中，"莫个"的发展路径并不唯一，而是以言域功能为节点，形成了一个双路径的二维演变模式。一方面，"莫个"从言语上对未然但不可控事件的提醒发展为在认识上对不期望发生且未确知具体情况的已然事件的测度，如例（20）。另一方面，"莫个"则发展为表示或然性的情态副词，而且在"提醒避免→或然性"的演变过程中，它的语音形式也发生了相应的变化，从"莫个"演变为"咪［mɐi²¹］个"。"莫个"不仅从言语上的提醒避免发展为说话者对不期望且不可控事件为真的或然性的认识，如例（21），还在言语交际合作原则的作用下进一步消解了担心或不期望的语义成分，发展为表示对所有不可控事件为真的或然性的认识，如例（22）①。

（20）甲：咁耐都唔见个衰仔出来嘅？（怎么这么久都不见那臭小子出来呢？）

乙：莫个畀老师留堂嘅？你快啲打个电话问问老师。（别是被老师留堂了吧？你快点打个电话问问老师。）

（21）上天棚收啲衫翻落来啦，咪个等阵落雨。（上天台把衣服收回来吧，万一待会儿下雨。）

（22）去啦，咪个有好嘢益你呢。（去吧，说不定有好东西给你。）

综上，在这个隐喻投射的过程中，"莫个"语义功能的演变一度形成了具有二维演变路径的双轨演变模式，即以提醒避免为节点，分别形成了"禁止劝阻 > 提醒避免 > 对非期望事件的测度（担心 – 认识情态）"和"禁止劝阻 > 提醒避免 > 不期望事件的或然性（担心 – 认识情态）> 中性事件的或然性（中性情态）"两条语义功能演变的路径。

从云浮话"莫个"语义功能的复杂多样性中可以看出，"莫个"确实经历了一系列

---

① 云浮粤语"莫个"语义的具体演变过程和演变机制详见严丽明（2023）。

历时的语义功能演变，在表示禁止劝阻的语义基础上，发展出了表示提醒避免、测度（非期望事件）以及事件的或然性等语义功能；而表或然性时，又可以分为不期望型或然性和中性事件或然性。如此复杂多样的演变结果叠加并存，致使"莫个"出现了明显的语义增殖，同一语音形式负担了多种语义功能。按照"接受者设计原则"（Helasvuo，2014），为了增强话语语义的可识解度，以便于听者更快速、更有效地识解话语意义，在交际互动中，语义识解所需条件更少的表达形式往往被优先选择。相对于语义功能复杂的"莫个"，后起的"唔好"等劝止副词语义功能相对单一，其语义识解所需的条件更少，因此被优先选择，而作为劝止副词的"莫个"则逐渐被淘汰，而这一演变结果也反映在了云浮话中，即云浮话的"莫个"不再表示禁止劝阻。

（三）"咪₁"和"冇"产生的动因

关于"咪₁"和"冇"的产生，我们认为这是语言系统的代偿机制和经济原则共同作用的结果。劝止副词"莫"和"莫个"被淘汰，打破了语言系统原有的平衡，触发了语言系统的代偿机制①，需要有相同功能的词填补空缺。"唔好"虽是口语词，但其语音形式并不符合粤语词单音节占优势的韵律特征。换言之，就音节数量而言，"唔好"这个双音节词不是粤语的最简方案，不符合语言经济原则，毕竟粤语中也曾存在一个可用于口语的单音节劝止副词"莫"。在语言代偿机制和经济原则的共同作用下，粤语出现了两类简化劝止副词语音形式的方式：一是直接衍生新的单音节劝止副词"咪₁"；二是"唔好"两个音节合二为一，产生了合音词"冇［mou³⁵］"。广州话优先选择了第一种方式，而云浮话则选择了第二种，而这样的选择结果也反映了语言发展的不平衡性。

（四）"咪₁个"出现和消亡的原因

我们认为"咪₁个"是在"咪₁"的基础上比照"莫个"而产生的一个劝止副词。"咪₁个"自出现以来在变异竞争中一直处于劣势，不过它作为双音节词可以满足某些语言运用场景对语句节律的特定要求。如例（19），作为歌词，双音节的"咪₁个"比单音节的"咪₁"更符合乐句的节拍要求，同时"咪₁个"两个音节的声调也比"唔好"更贴近此处音阶的音高，因此填词人选用了日常口语中极少使用的"咪₁个"。然而，"咪₁个"的这些特殊作用在日常口语交际中并没有多少用武之地，而且其与已有的劝止

---

① 马清华（2005）引用王珏《语言内部补偿论》相关观点提出，无论是历时平面还是共时平面，如果有一种形式在语言系统的运作过程中缺席，有时会有另一种貌似无关的形式可以顶替它发挥相应的作用，以保证语言系统的整体区别功能的大体平衡。

副词变体"咪₁"在语义功能、语体范围等方面并无二致，同时违反了语言经济原则，因此出现不久后就在变异竞争中被淘汰了。

四、余论

以上我们梳理了19世纪20年代以来粤语劝止副词的更迭变化过程，并分析了其中的变异动因，认为劝止副词"莫个"的非祈使否定功能的浮现和发展是这一演变过程的重要催化剂。以上谈论都基于默认"莫个""唔好""咪"等是副词这一观点，但关于"唔好"的语法性质仍存在不同观点。主流观点一般都把"唔好"归类为否定副词（曾子凡，1999；李新魁等，1995；麦耘、谭步云，1997；饶秉才等，1997；张励妍、倪列怀，1999；詹伯慧，2002a、2002b），不过邓思颖（2022）在比较了"唔好"和"咪"的句法差异后，认为"唔好"是一个义务情态助动词。对于邓思颖的观点，我们有以下看法：

首先，邓思颖认为"唔好"允许其后的动词性成分省略或前移，如例（23）、例（24），都是由"唔好"作为义务情态助动词在句中充当中心语所致。但事实上例（23）的"唔好"也可以用"咪"来替换，如例（23'）。另外，"咪"也可以脱离动词而独用，如例（25）。

（23）你哋唔好三个人一架车喇。（你们别三个人一辆车了。）

（23'）你哋咪三个人一架车喇。

（24）睇书，你千祈唔好！（看书，你千万别！）

（25）咪嘞！你都系去睇睇好啲。（别啊！你还是去看看比较好！）

其次，汉语副词独用的情况并不罕见。陆俭明（1982、1983）就已经指出汉语口语中副词可以脱离动词和形容词独用。方梅（2022）也认为可独用的副词几乎覆盖了副词的所有语义类别，并进一步分析了副词独用现象的序列特定性和位置敏感性。粤语中也有不少可独用的副词，如"未""冇""是但""冚唪唥"等。这都说明了"唔好"独用的句法特点并不具备排他性，如果要据此而将"唔好"归入助动词，那么又该如何处理其他副词呢？

再次，"咪"要求谓语所表达的动作是可控的，而"唔好"没有这个限制，这一区别或许正好说明了"唔好"所具备的非祈使否定功能的浮现条件比"咪"更成熟一些。而从同类副词如共同语的"别""莫"以及粤语的"莫个"的历时发展过程来看，祈使否定副词搭配非可控谓语是其祈使否定功能弱化乃至消失的句法特征之一。从上文的分析可知，与"咪"相比，"唔好"的使用时间更长、使用频率更高、使用地域更广，在长期的变异竞争中一直都处于优势地位，因此其语义功能泛化的可能性也更高。

最后，关于"咪"可以否定助动词"使"而"唔好"不能这一问题，我们发现"咪使"的搭配范围也极其有限，只有"咪使指拟""咪使闭翳"。

参考文献

［1］邓思颖．粤语语法讲义［M］．香港：商务印书馆（香港）有限公司，2015.

［2］邓思颖．粤语祈使句的否定成分［C］//暨南大学汉语方言研究中心，暨南大学语音及语音信息处理实验教学示范中心．第26届国际粤方言研讨会会议手册．2022.

［3］邓小琴．粤方言否定副词"咪"之溯源及其语义虚化［J］．前沿，2013（20）.

［4］方梅．从副词独用现象看位置敏感与意义浮现［J］．中国语文，2022（1）.

［5］马清华．并列结构的自组织研究［M］．上海：复旦大学出版社，2005.

［6］麦耘，谭步云．实用广州话分类词典［M］．广州：广东人民出版社，1997.

［7］李新魁，黄家教，施其生，等．广州方言研究［M］．广州：广东人民出版社，1995.

［8］李宇凤．也论测度疑问副词"莫"的来源［J］．语言科学，2007（5）.

［9］陆俭明．现代汉语副词独用刍议［J］．语言教学与研究，1982（2）.

［10］陆俭明．副词独用考察［J］．语言研究，1983（2）.

［11］饶秉才，欧阳觉亚，周无忌．广州话词典［M］．广州：广东人民出版社，1997.

［12］严丽明．从"莫个"到"咪个"：情态演化的一个粤语样本［M］//中山大学中国语言文学系《汉语语言学》编委会．汉语语言学：第4辑．北京：社会科学文献出版社，2023.

［13］曾子凡．广州话、普通话口语词对译手册［M］．增订版．香港：三联书店（香港）有限公司，1999.

［14］詹伯慧．广东粤方言概要［M］．广州：暨南大学出版社，2002.

［15］詹伯慧．广州话正音字典：广州话普通话读音对照［M］．广州：广东人民出版社，2002.

［16］张洪年．"至/正"与"莫个"：早期粤语语料中残留的语法现象［C］//孙景涛，姚玉敏．第十八届国际粤方言研讨会论文集．广州：暨南大学出版社，2015.

［17］张励妍，倪列怀．港式广州话词典［M］．香港：万里书店，1999.

［18］HELASVUO M L. Searching for motivations for grammatical patternings［J］. Pragmatics，2014，24（3）.

从语义地图看湖南及其周边方言"咖"的语法化[*]

李冬香

　　根据笔者搜集到的资料，湖南湘方言、江西赣语、鄂东南赣语、粤北土话、桂北平话、贵州锦屏西南官话、四川的湘语和西南官话等方言中存在一个音义相同或相近、各地写法不同的词。这些不同的写法包括"咖""嘎""呱""刮""咯""过"等，本文统一写作"咖"。"咖"的主要作用是表结果和动作的完成，如长沙：一到出窝就要失咖。（一到满月就会被人偷走。）| 我麻起胆子打咖几回！（我壮着胆子打了几次！）| 那时候，换咖一个组长哒!①② 关于湖南湘方言这个"咖"的本字，学界有比较多的讨论。李维琦（1998）、李蓝（2004）、胡萍（2016）等分别认为湖南祁阳话、安仁话、青衣苗人话、绥宁关峡平话等方言中的"咖"本字是"过"。陈满华（1995）推测，不但安仁话的"嘎"，连湘、赣方言里的"嘎"（咯、咖等）也可能源于表完成的"过"。彭逢澍（1999）认为湖南湘方言中的这个"咖"本字就是"过"。李冬香（2003）进一步论证，不但湖南的方言，江西、粤北等地的方言中普遍存在的表动作完成的"咖"也来源于古代汉语的"过"。笔者考察了最近几年的一些新成果，仍然坚持"咖"来源于"过"这一观点。③ 虽然"咖"普遍见于湘语、赣语及其周边方言，但以"过"为本字、全面探讨"咖"的虚化过程的论著还未问世，因此本文将在已有研究的基础上，从语义地图的角度讨论"咖"的语法化过程。

---

　　* 本文是 2016 年国家社会科学基金一般项目"吉安片赣语与周边方言的比较研究"（项目编号：16BYY043）阶段性研究成果。

　　① 伍云姬. 湖南方言的动态助词［M］. 长沙：湖南师范大学出版社，1996：195.

　　② 因原文缺少译文，本文中部分例句未配有译文，下同。

　　③ 也有学者持不同的意见，如史有为（2003）认为，湖南话的"嘎/咖/介/解"等可能来自中古汉语表示完成的"却"。伍云姬（1996、2006）推测这个"咖"来源于"解"。王培光、张惠英（2004）认为这个"咖"来源于"个"。

一、湖南及其周边方言 "咖" 的功能①

根据笔者搜集到的材料，湖南及其周边方言的 "咖" 的功能如下：

（一）动相补语（咖₁）

用在动词或形容词后，句中没有其他结果补语，主要有以下三种情况：

第一，用于句末，跟动词后的 "掉" 很相似，所附的动词一般具有 "去除" 意义，如常宁：拿盘子洗刮。（把盘子洗了。）｜ 拿衣取刮。（把衣服脱了。）②

第二，用于句中动词或形容词后，但一般不能独立成句，必须满足下列两个条件中的一个才能成句：有后续小句；句中有表示时间的词语或句末有相当于普通话 "了₁₊₂" 的虚词 "哒""哩""了" 等，如东安石期：食咖饭就去。（吃了饭就来。）③ ｜ 衡阳：得其伲走咖嗟。（让他们走了再说。）｜ 吃咖饭哒。（吃完饭了。）④

第三，位于动词或形容词后，与相当于普通话 "了₁" 的虚词 "哒₁""哩₁""了₁" 等连用，形成 "动词/形容词 + 咖 + 哒₁/哩₁/了₁ + （宾语）" 的格式，如永州岚角山：我吃呱哩饭。（我吃了饭。）⑤

关于 "咖₁" 的性质，学术界意见比较统一，多数人认为可以将之归入补语。笔者同意把 "咖₁" 看作补语的意见，但也有少数方言的 "咖" 前不能加 "得/不"，不能用于否定句等，如安仁话 "嘎"（陈满华，1995）。因此，考虑到部分方言中 "咖" 的这一特点，笔者把它归入动相补语（吴福祥，1998）。

（二）结果兼界限标记（咖₂）

用在动词或形容词与补语或宾语之间，补语或宾语或表结果，或表趋向，或表处所，或表性状，主要有以下几种情况：

第一，补语或宾语中必须有数量成分，如泰和：权叔上半日吃刮一包阿诗玛。⑥ ｜ 益阳：今年比旧年又大咖一岁。⑦

---

① 在湖南及其周边方言中，绝大多数方言另有一个表经历的 "过"，与 "咖" 不同音。本文不讨论这个与 "咖" 不同音的 "过"。

② 吴启主. 常宁方言研究［M］. 长沙：湖南教育出版社，1998：256.

③ 蒋军凤. 湖南东安石期市土话研究［M］. 长沙：湖南师范大学出版社，2016：196.

④ 彭兰玉. 衡阳方言语法研究［M］. 北京：中国社会科学出版社，2005：197 – 209.

⑤ 李星辉. 湖南永州岚角山土话研究［M］. 长沙：湖南师范大学出版社，2016：173.

⑥ 戴耀晶. 赣语泰和方言语法的完成体（上）［J］. 语文研究，1995（1）：42.

⑦ 崔振华. 益阳方言的动态助词［M］//伍云姬. 湖南方言的动态助词. 长沙：湖南师范大学出版社，1996：238.

第二，补语为介词短语，如宜章：丢咯在街上。（丢在街上了。）[①] ｜ 放咯在台婆上。（放在桌子上了。）[①] ｜ 新化：个南瓜烂咖在土里。（南瓜烂在地里了。）[②]

第三，补语为表示状态的形容性词语，如祁东：门关过崩紧。｜ 桌子擦过干干净净。[③] ｜ 宜章：食咯□lei^{33}□lei^{55}光。（吃了个精光。）[④]

第四，补语为趋向补语，如新化：部摩托车逗小王骑咖去哩。（摩托车被小王骑走了。）[⑤] ｜ 长沙：肯定会死咖去。（肯定会死的。）[⑥]

"咖$_2$"同"咖$_1$"的区别在于"咖$_2$"句中出现了动相补语，但是"咖$_2$"仍然具有"去除""完结"等意义，如第一种和第四种中的"咖"有的可以理解为"掉"。"咖$_2$"的事件界限标记一说来源于鲁曼（2010）。[⑦] 笔者注意到，在"咖$_2$"的几种用法中，几乎所有的方言都有第一种用法，但不一定有其他几种用法。沈家煊（1995）指出，数量词对句法结构的制约实际上是"有界""无界"对句法结构的制约，数量结构（包括时量短语）具有使"无界"变成"有界"的功能。笔者把"咖$_2$"的功能概括为结果兼界限标记作用的另一个重要因素是当地人的语感。笔者注意到，很多有"咖"的方言中还有动态助词"哒$_1$""哩$_1$""了$_1$"等，这些动态助词也可以出现在"咖$_2$"的第一种用法中，但两者有非常明显的区别："咖"有强调句中数量短语的作用，"哒$_1$／哩$_1$／了$_1$"等则没有。有此现象的方言包括泰和话（戴耀晶，1995）、吉安横江话（温美姬，2017）、涟源话（陈晖，1999）等。沈若云（1999）在谈到宜章土话"咯"的上述第一种、第二种用法时指出，它的作用是强调动作的结果。罗昕如（2008）在谈到新化话"咖$_2$"的第二种用法时指出，此时的动态助词"咖"表完成，虽然没有"咖"也可以，但略去"咖"后动词的完成义就不明确，因此表完成义时"咖"一般不能省略。李文军（2008）把祁东话上述第三种用法的"过"看作表示完成体兼标记状态补语结构。总之，上述"咖$_2$"各种用法的实质都是结果兼界限标记。

（三）界限标记（咖$_3$）

用在句中补语之后，句中或句末带"哒""哩""了"等，补语主要有三种：趋向补语、结果补语、带有补语性质的动态助词。主要用于以下几种格式：

① 沈若云. 宜章土话研究 [M]. 长沙：湖南教育出版社，1999：205.
② 罗昕如. 湖南方言中的"动词＋动态助词＋介宾短语"句型 [J]. 方言，2008（4）：333－339.
③ 李文军. 祁东方言语法研究 [D]. 贵阳：贵州大学，2008：22.
④ 沈若云. 宜章土话研究 [M]. 长沙：湖南教育出版社，1999：205.
⑤ 罗昕如. 新化方言研究 [M]. 长沙：湖南教育出版社，1998：252.
⑥ 伍云姬. 湘方言动态助词的系统及其演变 [M]. 长沙：湖南师范大学出版社，2006：43.
⑦ 鲁曼（2010）把长沙话中的"咖"都归入事件标记，本文依据其出现的语法环境把长沙话中的"咖"分为"咖$_1$""咖$_2$""咖$_3$"三个。

第一，用于"动词＋趋向补语＋咖＋哒/哩/了"的格式，如溆浦：寝室同学都留落来呱了。（寝室同学都留下来了。）①

第二，用于"动词/形容词＋结果补语＋咖＋哒/哩/了"的格式，如永州：辣椒红完嘎了。②

第三，用于"动词＋带有补语性质的动态助词＋咖＋（宾语）＋哒/哩/了"的格式，如隆回：我写起咕字哩。③ ｜ 宁远：学堂考起呱了。④

第四，用于"动词/形容词＋结果补语＋咖＋哒₁/哩₁/了₁＋宾语"的格式，如泰和：水生扯烂改姊妹个作业本。⑤⑥

从上文可以看出，"咖₃"同"咖₂"有区别。第一，从语义指向来看，"咖₃"指向的是补语，而"咖₂"指向的是谓语动词或形容词。第二，从出现的环境来看，"咖₃"出现在补语后，而"咖₂"出现在补语前。第三，从历史层次来看，"咖₃"晚于"咖₂"。从后文表1可以看到，相当多有"咖₂"的方言没有"咖₃"；而有"咖₃"的方言都有"咖₂"。鲁曼（2010）认为，长沙话中的"咖"可以出现在动相补语后，如：作业写完咖哒。｜昨晚上我被雷声吓醒咖哒。鲍厚星（1996）则认为，如果动词后面紧跟补语，"咖哒"则不适宜连用，如"衣服洗干净咖哒/休书写好咖哒"的说法是不能成立的。鲍厚星（1996）和鲁曼（2010）对于长沙话补语后是否可以带"咖"的不同描写应该源于老派和新派的差别。在邵阳话、邵东话中，"咖₂""咖₃"可以同时出现在一句话中，如邵东：东西担过下去过哩。｜东西担下去过哩。｜东西担过下去哩。不过，三种说法中，最后一种说法的使用频率要高些（孙叶林，2009）。从邵东话最后一种说法（即"咖₂"）的使用频率高于第二种（即"咖₃"）这一现象可以看出，"咖₃"正在产生。也正是因为两个"咖"功能不同，所以它们才能在一句话中同时出现。

（四）界限标记兼表完成（咖₄）

用于句中或句末，句中没有其他表完成的动态助词，主要有两种情况：

一种是用于句中，出现在动相补语或趋向补语后，"咖"后接小句或带有数量成分的宾语、补语，如东安花桥：□mai⁴²届打错呱人，是囝为□mai⁴²黑落大雨，又有得光。

① 贺凯林．溆浦方言研究［M］．长沙：湖南教育出版社，1999：229．
② 唐玉萍．永州话中的助词"嘎"和"了"［J］．邵阳学院学报（社会科学版），2008（2）：67－70．
③ 丁加勇．隆回方言的动态助词［M］//伍云姬．湖南方言的动态助词．长沙：湖南师范大学出版社，1996：364．
④ 张晓勤．宁远平话研究［M］．长沙：湖南教育出版社，1999：242．
⑤ 戴耀晶．赣语泰和方言语法的完成体（下）［J］．语文研究，1995（2）：46－49．
⑥ "改"为"刮""矣"的合音。

（□mai⁴²：那。届：次。黑：夜。）① ｜全州文桥：做迟呱一只工。（迟做了一天。）② ｜
重庆梁平：我一晚上看完嘎两本小说。③

　　一种是用于句末，且只出现在动补短语或者是动补式合成词的后面，如全州文桥：
讲着讲着就笑起来呱。（讲着讲着就笑了起来。）｜你莫拘那瓶水一下就喝完呱。（你别
把那瓶水一下子就喝完了。）④⑤ ｜绥宁关峡：钱着伊用完呱。（钱被他花光了。）｜饭着
伊食完呱。（饭被他吃完了。）⑥ 普通话中，这种句末的"了"兼有"了₂"的功能，但
是在全州文桥等地的方言中，这个句末的"咖"只有表完成的作用，并没有表语气的
作用，因为"咖₄"后可以再加语气词，如全州文桥：我罗作业做完呱了。（我的作业
做完了。）⑦ ｜绥宁：人都走光嘎（咧）。（人都走光了。）⑧

（五）表完成（咖₅）

　　用于"动词 + 咖 + 非数量宾语"的格式，如东安花桥：他掇□e³³只事情告诉呱闪电娘
娘。（掇：把。□e³³：这。）⑨ ｜贵州锦屏：她比赛得嘎第一名。（她比赛得了第一名。）⑩⑪

（六）表经历（咖₆）

　　用于动词后，表示曾经发生过，相当于普通话的"过₂"。值得注意的是，有不少方
言"咖"表经历时只能用于肯定句，不能用于否定句。这些方言包括邵阳话、宁远平
话、零陵话、资源延东话、四川乐至话、祁东话、永州岚角山土话⑫等（储泽祥，
1998；张晓勤，1999a、1999b；张桂权，2005；彭春林，2008；李文军，2008；李星

---

① 鲍厚星. 东安土话研究［M］. 长沙：湖南教育出版社，1998：254.
② 唐昌曼. 桂北平话与推广普通话研究：全州文桥土话研究［M］. 南宁：广西民族出版社，2005：272.
③ 李代祥. 梁平话的助词"嘎"和"了"［D］. 北京：首都师范大学，2001：6.
④ 唐昌曼. 桂北平话与推广普通话研究：全州文桥土话研究［M］. 南宁：广西民族出版社，2005：265 – 276.
⑤ 唐昌曼（2005）没有介绍"呱"放在句末的情况，笔者整理该书的材料时发现，所有在句末的"呱"都
出现在补语后。除了上文的例子以外，还有如：猜着呱。｜桥头比南宁冷多呱.
⑥ 胡萍. 湖南绥宁关峡苗族平话研究［M］. 长沙：湖南师范大学出版社，2016：167.
⑦ 唐昌曼. 桂北平话与推广普通话研究：全州文桥土话研究［M］. 南宁：广西民族出版社，2005：274.
⑧ 曾常红. 绥宁方言的动态助词概述［M］//伍云姬. 湖南方言的动态助词. 长沙：湖南师范大学出版社，
1996：439.
⑨ 鲍厚星. 东安土话研究［M］. 长沙：湖南教育出版社，1998：218.
⑩ 肖亚丽. 贵州锦屏方言的"嘎"和"了"［J］. 沈阳大学学报（社会科学版），2016（5）：585 – 589.
⑪ 从现有的材料来看，宜丰话（徐奇，2010）、永州话（唐玉萍，2008）等方言的"咖"可以用于"动词 + 咖 + 非
数量宾语"的格式。但从他们提供的材料来看，宜丰话本身有一个表完成的"了"，永州话这个格式的"咖"主要为年轻
人所用，因此这两种方言中"咖"的这一用法受近期官话的影响，本文不讨论这一用法。
⑫ 李星辉（2016）没有说明"呱"表经历时能否用于否定句，但是他给出这样一个例句：他去咖长沙，我莫
□do³³去。（他去过长沙，我没有去过。）根据这一描写，笔者判断永州岚角山土话的"过"只能用于肯定句。

辉，2016），如四川乐至：他以前遭判咖刑。| 北京他去咖！| 这封信我看咖两遍。①
祁东：这本书我只看过一回。| 你到过北京去个啊。②

不过，也有些方言的"咖"既可以用于肯定句，又可以用于否定句，如攸县：佢
细基壮过。（他小时候胖过。）| 你假子吃过，肯定还会想吃。（你假如吃过，肯定还会
想吃。）| 我孟发势看过。（我从来没看过。）③

二、湖南及其周边方言"咖"的语义地图

根据各地方言拥有"咖"的功能的数量，笔者将湖南及其周边方言中的"咖"大
致分为以下 11 类（如表 1 所示）。

表 1 "咖"的功能的分布情况

类型	功能	方言点
第一类	咖₁、咖₂	绝大多数方言点
第二类	咖₂	嘉禾、汝城
第三类	咖₁、咖₂、咖₃	衡阳、溆浦、湘乡、泰和、东安石期、长沙_{新派}、永州、隆回桃洪镇
第四类	咖₁、咖₂、咖₃、咖₄	绥宁_{赣语}、洞口_{赣语}、重庆梁平、全州文桥④
第五类	咖₁、咖₂、咖₃、咖₄、咖₅	东安花桥、洞口_{老湘语}
第六类	咖₁、咖₂、咖₄、咖₅、咖₆	城步、贵州锦屏
第七类	咖₁、咖₂、咖₃、咖₄、咖₅	江西上高⑤
第八类	咖₁、咖₂、咖₆	攸县、祁东
第九类	咖₁、咖₂、咖₃、咖₆	邵阳、邵东⑥、永州岚角山、四川乐至、宁远、零陵、隆回周旺
第十类	咖₁、咖₂、咖₃、咖₄、咖₆	资源延东
第十一类	咖₁、咖₂、咖₄、咖₅、咖₆	绥宁关峡

① 彭春林. 四川乐至方言中的"咖"[J]. 现代语文，2008（21）：110-111.
② 李文军. 祁东方言语法研究 [D]. 贵阳：贵州大学，2008：23-24.
③ 董正谊. 攸县方言的动态助词 [M] //伍云姬. 湖南方言的动态助词. 长沙：湖南师范大学出版社，1996：87.
④ 唐昌曼（2005）的论著只介绍了"咖₁""咖₂"的部分用法。笔者注意到，全州文桥土话有一个相当于普通话的"掉"的词，读 [kɯ⁰]，如：你先去拗那只鸡杀□kɯ⁰ 掉。| 食□kɯ⁰ 这碗饭。从它的语音和语义来看，这个"□kɯ⁰"的本字就是"过"，其用法属于"咖₁"的第一种用法。唐昌曼虽然把这个"□kɯ⁰"看作语气助词，但翻译为"掉"。全州文桥土话"咖₁"的其他用法如：花赤呱了。"咖₃"的用法如：鸡杀好呱了。（鸡杀好了。）| 伊走那走过去呱了。
⑤ 江西上高话"咖₁""咖₂"的功能由"刮"充当，"咖₃""咖₄""咖₅"的功能由"过"充当。"咖₃"的用法由罗荣华教授邮件告知，如：阳阳咯作业早过啊。| 我界东西收起来过咧。（我把东西收起来了。）罗秀云、罗荣华（2017）认为完成体标记"刮"是由动词"刮"虚化而来，前文指出其本字也是"过"。
⑥ 孙叶林（2009）没有介绍邵东话"咖"表经历时是否可以用于否定句，笔者发现它与邵阳话"咖"用法基本相同，因此把它归入只能用于肯定句一类。

要说明的是，表1对各地方言"咖"的用法的归类只能按照大类来进行，因为各学者对于这个"咖"的用法的描写并不统一，有的可能不够全面，因而笔者无法确定其详细的情况。因此，表1中各个类型的"咖"的各种用法并不一定在某个方言中全部存在，可能只有其中的某一种或某几种。此外，从已有的材料来看，存在"咖$_2$"用法的方言都有第一种用法，但不一定有其他几种用法。不过，也有例外，如道县祥林铺土话中"咖$_1$"的第一种用法由另一个词语"吧/唠"来替代，如：我抓紧钱失吧。（我把钱丢了。）｜抓衣脱唠。（把衣服脱了。）① 从李星辉（2016）提供的永州岚角山土话的材料来看，永州岚角山土话中"咖$_1$"的第一种用法也应该不用"咖"，因为处置句中大多数方言用"咖"时它不用，如：快□tia^{33}门关起来。｜□tia^{33}衣服洗干净。②

语义地图模型是近年来兴起的一种语言类型学研究方法，它以多功能语法形式为研究对象，通过跨语言的比较，研究语法形式和语法意义之间的关联模式。按照语义地图连续性的假说，汉语方言中像"咖"这样的共时的多个功能是在不同历史阶段形成的，这些功能之间有时间先后次序和亲疏远近的关系（潘秋平，2013；潘秋平、张敏，2017）。这里的时间先后次序和亲疏远近关系其实就是层次。赵元任指出："原则上大概地理上看得见的差别往往也代表历史演变上的阶段。所以横里头的差别往往就代表竖里头的差别。"③ 如何确定这些共时层面的"咖"所反映的历史演变的阶段，即先后次序呢？主要有两种方法：第一种方法是基于功能蕴含关系的跨语言比较。如表1显示，有"咖$_3$"的方言都有"咖$_2$"，但有"咖$_2$"的方言不一定有"咖$_3$"，由此推定，"咖$_2$"早于"咖$_3$"。第二种方法是语法化程度和语法化原则。如果按照第一种方法来判断，"咖$_2$"早于"咖$_1$"，但是笔者仍然认为"咖$_1$"早于"咖$_2$"。因为从语法化程度上来看，"咖$_1$"明显弱于"咖$_2$"（吴福祥，2014）。也就是说，当这两种方法得出的结论不一致的时候，笔者优先考虑第二种方法（原因详见下文）。根据上述原则以及表1，湖南及其周边方言"咖"的语义地图如图1所示。

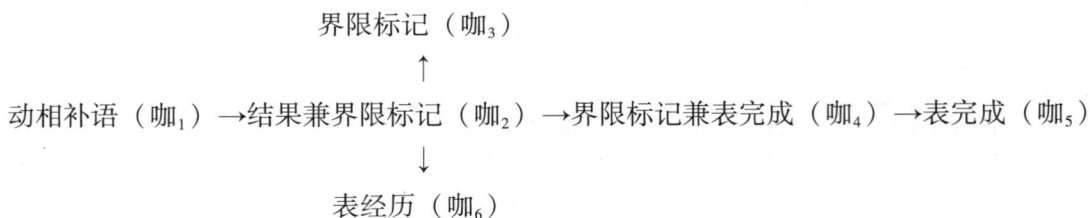

界限标记（咖$_3$）

↑

动相补语（咖$_1$）→结果兼界限标记（咖$_2$）→界限标记兼表完成（咖$_4$）→表完成（咖$_5$）

↓

表经历（咖$_6$）

图1　湖南及其周边方言"咖"的语义地图

① 谢奇勇. 湖南道县祥霖铺土话研究 [M]. 长沙：湖南师范大学出版社，2016：191.
② 李星辉. 湖南永州岚角山土话研究 [M]. 长沙：湖南师范大学出版社，2016：185.
③ 赵元任. 语言问题 [M]. 北京：商务印书馆，1980：104.

三、湖南及其周边方言"咖"的虚化例外的原因

前文指出，语义地图模型是基于语义地图连续性假说产生的。按照语义地图连续性假说，在整个演变过程中，某个特定语法形式所展现的不同用法在历史演变中只能按照节点间的系联轨迹依次获得其他功能，而不能跨过节点来获得功能，否则必然在某个阶段无法在体现人类语言共性的概念空间上画出连续不断链的语义地图（潘秋平，2013）。依据图1并对照表1可以看出，有些方言的"咖"的虚化路径不符合语义地图连续性假说，出现了由多项语法化导致语义地图断链的现象，表现在以下两个方面：

第一，有些方言并没有前一个用法，却产生了后一个用法，如表1的第二类。

第二，有些方言同一个节点上产生两个不相连的意义节点。如表1的第四类、第五类和第七类"咖₂"产生了"咖₃""咖₄"，第九类"咖₂"产生了"咖₃""咖₆"，第十类和第十一类"咖₂"产生了"咖₄""咖₆"。笔者注意到，产生两个不相连的意义的节点都集中在"咖₂"。

那么，是什么导致了"咖"的上述断链现象？原因有以下几个：

（一）语言接触

第二类"咖"在语义地图上的断链现象是没有"咖₁"却有"咖₂"，这一现象暂时只见于汝城话和嘉禾土话。汝城话"咖₁"的用法由"哝"来承担。"哝"相当于普通话的"了₁""了₂"，如：唔要拿茶碗砸哝！（不要把茶碗砸了。）｜拿咯碗饭食哝。（把这碗饭吃了。）｜食哝饭再去好吗？（吃了饭再去好吃吗？）｜我照哝相哝。（我照相了。）① 根据卢小群（2002）提供的材料，笔者无法判断嘉禾土话"咖₁"的用法如何表达。此外，前文指出，道县祥林铺土话以及永州岚角山土话"咖₁"的第一个用法也是用其他词语来代替。不过，如前所述，与嘉禾相接的宁远平话存在"咖₁"，与汝城相接的资兴土话也存在"咖₁"，如：洗过手。（洗好手。）｜杀过地。（已经杀死了。）｜红过地。（太红了。）② 笔者注意到，这些断链现象都集中在湘南地区的方言上。湘南地区语言面貌非常复杂，既有少数民族语言的底层，又有古湘语的成分，后来又深受官话影响。而"咖"是湘语、赣语共同的方言词，保留了唐代"过"的读音和用法（李冬香，2003）。因此，笔者认为，湘南地区的"咖"应该是古湘语的底层，由于语言或方言接触，"咖"的其他功能被其他词语所替代，因此出现了断链现象。这也是为什么前文判断各个"咖"的先后次序时优先考虑语法化程度和语法化原则这个方法，因为语言或方言接触会导致功能蕴含关系出现紊乱。

---

① 曾献飞. 汝城方言研究［M］. 北京：文化艺术出版社，中国社会科学出版社，2006：197-204.
② 李志藩. 资兴方言［M］. 海口：海南出版社，1996：439-444

（二）临界环境

如前所述，一个节点同时产生两个不相连的意义的节点都集中在"咖₂"，由"咖₂"一共产生出三个不相连的意义节点"咖₃""咖₄"和"咖₆"。为什么这一现象集中在"咖₂"？原因在于它所处的临界环境。彭睿（2008）把语法化连续环境分为四个：非典型环境、临界环境、孤立环境、习用化环境。其中，临界环境的重要特点是歧解性，源义和目标义都是可能解释。从已有的材料来看，笔者推测，"咖₂"的第一种用法属于其中的临界环境，此时的"咖"既可以理解为表完毕的"掉""完"，又可以理解为表经历的"过"。因此，在后来的演变过程中，有的方言的"咖"朝着纯界限标记即"咖₃"演变；有的方言的"咖"朝着完成态即"咖₄"演变；有的方言的"咖"则朝着经历态即"咖₆"演变。

曹广顺（1995）在谈到近代汉语"过₂"时推测，表曾经的"过₂"是表完结的"过₁"在特定语境条件下的产物，这种"特定语境条件"指的是表完结的"过₁"被用于表述过去发生的事件的句子（语境）中。前文指出，在有"咖₆"的方言中，"咖₆"只能用于肯定句，不能用于否定句。也就是说，它只能用于已然事件，不能用于未然事件。因此，"咖₂"既具有结果意义，又具有界限标记作用，而且它只用于已然事件，符合曹广顺（1995）所提到的特定语境条件。

李维琦（1998）、陈满华（1995）曾分别推测祁阳话的"过"、安化话的"嘎"过去有表动作完毕和表经历的两种用法，不过后来这两种用法分化为两个语音上稍有不同的动态助词。"咖"因为用法不同分化为两个语音上不同的动态助词的现象在江西上高话（罗秀云、罗荣华，2017；罗秀云，2019）和全州文桥土话（唐昌曼，2005）存在。前文指出，江西上高话"咖₁""咖₂"用"刮"，"咖₃""咖₄""咖₅"用"过"；全州文桥除土话"咖₁"的第一种用法用"□kɯ⁰"外，其余的都用"呱"。这两种方言"咖"的分化的实质是其在不同虚化阶段的用法和读音在共时系统中的叠置。

总之，从笔者搜集到的材料来看，上述方言"咖₆"在肯定句中的用法是由"咖₁"一步步虚化而来的。本文没有讨论的与"咖"不同音的表经历的"过"是否也是由用法不同导致的语音分化的结果呢？"咖₆"用于否定句的现象又是如何产生的？限于篇幅，笔者将另文讨论这些问题。

（三）语法格式的制约以及语言系统的许可

从前文可以看出，由"咖₂"演变到"咖₃"的原因是结果补语的出现导致"咖₃"表结果的功能消失，因此这个虚化过程是由语法格式的制约带来的。从前文谈到的长沙话的新老变异来看，这一演变还在发展之中。那么，为什么有的方言虚化到"咖₂"以后不再继续虚化了，而有的方言则继续虚化呢？原因在于它们各自所处的助词系统不同。

由表 1 可知，由"咖₂"演变为"咖₄"的有第四类的绥宁和洞口的赣语、重庆梁平以及全州文桥土话，第五类的东安花桥和洞口老湘语，第六类的城步青衣苗人话、贵州锦屏话，第七类的江西上高话，第十类的资源延东话以及第十一类的绥宁关峡平话。笔者发现，这些方言都有一个共同点，即其中没有与普通话的"了₁"相对应的虚词。① 因此，在该方言助词系统的许可之下，"咖₂"慢慢虚仡为"咖₄"。当然，由于各自的虚化速度不同，它们所处的阶段也不同。从现有的材料来看，有的方言虚化为"咖₄"后继续虚化为"咖₅"，如城步青衣苗人话、贵州锦屏话、江西上高话、绥宁关峡平话。那些本身具有表完成的动态助词的方言在虚化为"咖₂"或者"咖₃"后则不再继续虚化。

如果该方言中没有与普通话"了₂"对应的语气词，或者虽然有，但是来自晚期的官话，那么这个"咖"可能继续虚化为语气词"咖₆"，前者如城步青衣苗人话、绥宁关峡平话，后者如锦屏话和上高话②。不过，锦屏话和上高话虽然都有来自普通话的"了₂"，但两者又有区别。江西上高话中"过"与"了"不能同时出现。锦屏话中的"嘎"不但可以单独出现，还可以与"了"组合在一起使用，但加不加"了"都可以；这个"了"只有凸显语气的语用功能，是一个语法羡余成分（肖亚丽，2016）。这也从侧面证明，虽然"咖"虚化为语气词，但虚化得并不彻底，仍然具有标记兼表完成作用，因此可以再带上"了₂"。像湖南及其周边方言的"咖"虚化为界限标记兼表完成的"掉"类词还有云南罗平话的"掉"，如：包包不有掉掉掉。（包包没有掉掉。）| 你的包包掉掉掉了。（你的包包掉掉了。）③ 这里的三个"掉"，第一个是动词，第二个是动相补语，第三个是界限标记兼表完成。三个"掉"后面还可以加"了"，不过只见于新派，与贵州锦屏话的"嘎"相同。

潘秋平（2013）在谈到给予动词的多项语法化时指出，为缓和多项语法化和概念空间之间的紧张关系，或者说，以多项语法化和概念空间之间不存在矛盾冲突为前提，通过跨语言或方言的比较研究，给予动词在同一个节点上产生的两条不同的独立语法化链条在同一个语言或方言中构成互补分布，两者不会同时启动。如果有例外，它的产生并不是源于语言或方言自身的发展，而是语言或方言的接触导致的。上文对"咖"的虚

---

① 洞口老湘语还有两个表完成的虚词"起"和"倒"，但都与"呱"一样，虚化不彻底。

② 罗秀云（2019）没有指出已然貌中"了₂"是后起的，但上高话的"过"用法比"了₂"丰富多了，它可以跟"去"连用组成"去过"，常常出现在句末。此外，上高话表完成的"了₁"是上高话的表层，是受普通话影响出现的，年轻人多用；"过"是上高话底层，中老年人多用（罗秀云、罗荣华，2017）。由此笔者推断，"了₂"也应该是后起的。

③ 张明仙. 从语义地图看罗平方言"掉掉掉"中"掉₃"的虚化轨迹 [J]. 曲靖师范学院学报，2011，30（5）：75－79.

化路径的分析表明，有些例外现象确如潘秋平（2013）所说是由语言或方言接触所致，但在临界环境开出两个并不毗邻的语义这一现象与上述两者不会同时启动的推断并不符合。

四、结语

"咖"广泛分布于湖南境内及其周边的湘语、赣语以及西南官话中。尽管来源相同，但是由于各自的语法系统以及所处的语言环境不同，今天"咖"在不同方言中有不同的用法。"咖"的用法主要有以下几种：①动相补语；②结果兼界限标记；③界限标记；④界限标记兼表完成；⑤表完成；⑥表经历。从"咖"的演变过程来看，①②③三个用法的虚化是因各自所处的语法格式不同产生的，而④⑤⑥三个用法的产生是由于该方言语法系统中没有与普通话相对应的虚词。曹广顺在谈到"却"和"了"的关系及其各自的发展过程时指出："助词的发展变化是在语法格式的演变中实现的，是在助词体系的制约下进行的，只有放在格式与体系的框架之内，才能清楚地显示出单个助词发展的历史过程，以及其中包含的复杂因果关系，才能准确地对其产生变化的历史和原因作出描写。"① 湖南及其周边方言中的"咖"也不例外。"咖"的虚化路径显示，表完成的动态助词"咖"是从动相补语一步一步虚化而来的，虚化的语法格式是出现在结果补语之后，条件是该方言中不存在表完成的动态助词。表经历的助词"咖"也是从动相补语虚化而来的，虚化的语法条件主要是出现在动词后、数量短语前。

本文运用语义地图的方法进行了跨方言的比较研究，清楚地展现了各个方言中"咖"的语法功能的差异，而这些地域性的差异反映出了它们时间发展的序列，显示出"咖"的虚化路径。不过，按照语义地图连续性假说，多项语法化中的两条途径不能在一种语言或方言里同时启动，可是在湖南及其周边方言中，"咖₂"这一临界环境却存在这一现象。笔者认为，这一例外的出现应该与该方言本身的助词系统有关。因此，如何运用语义地图理论解释这类同时启动现象值得进一步探讨，这或许有助于它的完善和发展。

参考文献

[1] 鲍厚星. 长沙方言的"咖"与"哒"［M］//陈恩泉. 双语双方言（四）. 香港：汉学出版社，1996.

[2] 曹广顺. 近代汉语助词［M］. 北京：语文出版社，1995.

[3] 陈晖. 涟源方言研究［M］. 长沙：湖南教育出版社，1999.

[4] 陈满华. 安仁方言［M］. 北京：北京语言学院出版社，1995.

---

① 曹广顺. 近代汉语助词［M］. 北京：语文出版社，1995：25.

［5］储泽祥．邵阳方言研究［M］．长沙：湖南教育出版社，1998.

［6］戴耀晶．赣语泰和方言语法的完成体（下）［J］．语文研究，1995（2）.

［7］胡萍．湖南绥宁关峡苗族平话研究［M］．长沙：湖南师范大学出版社，2016.

［8］李冬香．从湖南、江西、粤北等方言中的"咖"看湘语、赣语的关系［J］．语文研究，2003（4）.

［9］李蓝．湖南城步青衣苗人话［M］．北京：中国社会科学出版社，2004.

［10］李维琦．祁阳方言研究［M］．长沙：湖南教育出版社，1998.

［11］李文军．祁东方言语法研究［D］．贵阳：贵州大学，2008.

［12］李星辉．湖南永州岚角山土话研究［M］．长沙：湖南师范大学出版社，2016.

［13］卢小群．嘉禾土话研究［M］．长沙：中南大学出版社，2002.

［14］鲁曼．长沙方言中的"咖"和"哒"［J］．中国语文，2010（6）.

［15］罗昕如．湖南方言中的"动词＋动态助词＋介宾短语"句型［J］．方言，2008（4）.

［16］罗秀云．赣语上高话的体貌系统［D］．上海：华东师范大学，2019.

［17］罗秀云，罗荣华．赣语上高话完成体"刮"［J］．宜春学院学报，2017，39（11）.

［18］潘秋平．从语义地图看给予动词的语法化：兼论语义地图和多项语法化的关系［M］//吴福祥，邢向东．语法化与语法研究（六）．北京：商务印书馆，2013.

［19］潘秋平，张敏．语义地图模型与汉语多功能语法形式研究［J］．当代语言学，2017，19（4）.

［20］彭春林．四川乐至方言中的"咖"［J］．现代语文，2008（21）.

［21］彭逢澍．湖南方言"咖、嘎"等本字即"过"考［J］．语言研究，1999（2）.

［22］彭睿．"临界环境－语法化项"关系刍议［J］．语言科学，2008（3）.

［23］沈家煊．"有界"与"无界"［J］．中国语文，1995（5）.

［24］沈若云．宜章土话研究［M］．长沙：湖南教育出版社，1999.

［25］史有为．汉语方言"达成"貌的类型学考察［J］．语言研究，2003，23（3）.

［26］孙叶林．邵东方言语法研究［M］．广州：花城出版社，2009.

［27］唐昌曼．桂北平话与推广普通话研究：全州文桥土话研究［M］．南宁：广西民族出版社，2005.

［28］唐玉萍．永州话中的助词"嘎"和"了"［J］．邵阳学院学报（社会科学版），2008（2）.

［29］王培光，张惠英．说"个、的"可以表示完成、持续［C］//戴昭铭．汉语方言语法研究和探索：首届国际汉语方言语法学术研讨会论文集．哈尔滨：黑龙江人民出版社，2003.

［30］温美姬．赣语吉安横江话的两个完成体标记：哩、刮［J］．嘉应学院学报，2017，35（9）．

［31］翁姗姗，李小凡．从语义地图看现代汉语"掉"类词的语义关联和虚化轨迹［C］//刘丹青．汉语方言语法研究的新视角：第五届汉语方言语法国际学术研讨会论文集．上海：上海教育出版社，2013．

［32］吴福祥．重谈"动＋了＋宾"格式的来源和完成体助词"了"的产生［J］．中国语文，1998（6）．

［33］吴福祥．语义图与语法化［J］．世界汉语教学，2014，28（1）．

［34］伍云姬．湘方言动态助词的系统及其演变［M］．长沙：湖南师范大学出版社，2006．

［35］肖亚丽．贵州锦屏方言的"嘎"和"了"［J］．沈阳大学学报（社会科学版），2016（5）．

［36］徐奇．江西境内赣方言动词完成体考察［D］．南昌：南昌大学，2010．

［37］张桂权．桂北平话与推广普通话研究：资源延东直话研究［M］．南宁：广西民族出版社，2005．

［38］张晓勤．零陵话的动态助词［J］．零陵师范高等专科学校学报，1999（4）．

［39］张晓勤．宁远平话研究［M］．长沙：湖南教育出版社，1999．

衡阳方言中的助词 "嗟" 及其来源

肖自辉

衡阳方言属于湘方言衡州片中的衡阳小片（鲍厚星、陈晖，2005）。衡阳方言中有一个读音为 [tɕia³³] 的句末助词，一般写为 "嗟"（彭兰玉，2005；李永明，1986）。"嗟" 在不同的句子里有不同的语法意义，一种是作为先行体貌助词表示先行意义，另一种是作为语气助词起强化语气的作用。有时同一个带 "嗟" 的句子会有两重意义，比如 "把门关哒嗟"，可以理解为 "先把门关上再说"，也可以理解为 "（记得）把门关上"。本文介绍衡阳方言句末助词 "嗟" 两种用法的分布特征以及各种语义功能，并结合早期的汉语材料和现代方言材料，着重讨论 "嗟" 及其双重功能的来源问题。

衡阳方言是笔者的母语，但为确保方言语料的准确性，笔者认真地对相关句子进行了调查核实，文中发音合作人分别为肖先生（60 多岁，珠晖区人，小学文化）、罗女士（70 来岁，珠晖区人，初中文化）。

一、助词 "嗟" 的两种用法

（一）先行体貌助词 "嗟₁"

从时间意义的角度看，"嗟₁" 可看作先行体标记，常置于动词或动词结构之后，表示其前跟动作或事件在时间或次序上领先。"嗟₁" 的这种用法类似于其他湘方言中句末助词 "着" 的用法①②。例如：

（1）你呷点饭。——得客来哒嗟。（等客人来了再说。）

此话的语境是要做某件事（即吃饭），说话人建议先等某个事件发生（即客人来）再做，其中 "客人来" 是将来事件，晚于说话时间，那件要做的事（吃饭）就是此句

---

① 对 "着" 的这种用法不同学者称法不同，比如陈小荷（1990）称之为 "句末语素"，王晖（1991）称之为 "时间助词"，伍云姬（1994）称之为 "接续态助词"，萧国政（2000）称之为 "先事助词"。

② "着" 在湘方言中的用法具体可参见《湖南方言的动态助词》（伍云姬，1996）。

的参照时间，它又晚于此句的事件时间。它符合 Reichenbach 时体理论中的 S < E < R 的时间结构（金立鑫，2008），即说话时间（S）早于事件时间（E），事件时间又早于参照时间（R）。事件时间和参照时间均晚于说话时间，都是在将来，也就是说"嗟₁"只与将来时间发生联系。

从句法功能上看，"嗟₁"黏附在句子（包括小句）上，最常见于谓词性句子，也可以附于体词性句子，绝大多数情况下出现于句末，有时后面还可以加其他助词，例如：

（2）呷饭嗟不？（先吃饭吧？）

（3）呷哒嗟撒。（先吃吧。）

（4）莫呷嗟啰。（先不要吃嘛。）

1.（主语＋）动词短语/形容词短语 ＋ 嗟₁

"嗟₁"常黏附在谓词性句子上，主流句式是"（主语＋）动词短语/形容词短语＋嗟₁"。

第一，"嗟₁"黏附的谓词性句子一般是动词性句子，表示该句所述动作/事件的先行实现。例如：

（5）走不？——我还有事，你走嗟。（我还有事，你先去。）

（6）现在你可以讲哒不？——帮门先关哒嗟。（先把门关上。）

（7）接哒走不？——得其歇下嗟，等下再走。（让他休息一下，等下再走。）

（8）你吗不问其？——得其呷咖嗟。（等他吃完再说。）

（9）我肚子冇力哒，呷点饭唧嗟吧？（我肚子饿了，先吃点饭吧？）

该句式中的动词短语多是双音节或多音节词，结构上为动词性述宾、述补、连动、兼语短语等，或在动词后面加其他助词，如例（8）中的"呷咖"；也可以是单音节词，如例（5）中的"走"。

上面有的动词短语前出现时间副词"先"，如例（6）；未出现的也可加上，如例（5）可以变成"你先走嗟"。加上"先"后，动作或事件的先后顺序更加明显。

第二，"嗟₁"也可黏附在形容词性句子上，表示该句所述状态变化的先行实现。例如：

（10）你打算哪前唧送其回去？——得其懂事嗟。（等他懂事再说。）

（11）你现在去不？——不去，我病好点唧嗟。（不去，等我病好点儿再说。）

（12）姆妈，我要呷西瓜。——西瓜熟哒嗟。（等西瓜熟了再说。）

该类句首往往出现"得"（等），如例（10），语义上与"嗟₁"形成呼应。其他两例也可加上"得"，如"得我病好点唧嗟""得西瓜熟哒嗟"。

2. 名词短语 + 嗟₁

"嗟₁"也可黏附在体词性句子后面，主流句式是"名词短语 + 嗟₁"，表示时间或次序的优先。

"名词短语 + 嗟₁"句式中的名词性成分一般只能由含顺序义的时间名词或时间名词短语，以及有顺序义或临时获取顺序义的其他名词或名词性短语充当，具有谓词性。例如：

（13）你今日把作业做完。——埋日嗟，今日有时间。（明天再说，今天没有时间。）

（14）我要呷月饼。——中秋节嗟。（中秋节再说。）

（15）快来打牌啰。——下次嗟，现在还有事。（下次再说，现在还有事。）

（16）我有点唧晕车，得我下车。——下只站嗟。（下个站再说。）

（17）你嘛不帮其买点书？——小学嗟，现在其又不认字。（小学再说，现在他还不认识字。）

例（13）和例（14）中的"嗟₁"黏附在时间名词或时间名词短语后，表示答话人所要求的时间的优先。例（15）、例（16）、例（17）黏附于其他有顺序义的名词或名词短语上，表示答话人所要求的次序的优先。

从上面的例子可以看出，一般情况下"嗟₁"字句作为应答句，前句是对方提出的疑问、要求或建议。有时，"嗟₁"字句也可作为始发句，例如：

（18）歇下唧嗟，等下还有好远咯路走。（休息一下再说，等下还有很远的路要走。）

（19）书放哒嗟，来帮下忙。（先把书放下，来帮下忙。）

作为始发的"嗟₁"字句后面必定会有跟随小句，以对前句进行补充说明。也就是说，在"嗟₁"字句前后一般都有伴随句出现。这是因为"嗟₁"所表的意义"在先"总是在一定的序列中体现出来。因此，不管是在由对话构成的话轮中，还是在由自话构成的复句中，一个句子带上"嗟₁"，就意味着说话人承认存在一个动作或事件系列。序列性是"嗟₁"字句的语义基础。

（二）作为语气助词的"嗟₂"

"嗟₂"主要表加强语气，可用于疑问、陈述等句型，主流句式是"（主语＋）动词短语/形容词短语/名词短语＋嗟₂"。与"嗟₁"后面还可出现其他助词不同，"嗟₂"只出现在句末，后面不可有其他助词。

1. "嗟₂"位于陈述句末

"嗟₂"位于陈述句末，可肯定句中所陈述的事实、情况，使陈述句形成强烈的强调语气。例如：

（20）外头得落雪嗟。（外面在下雪呀。）
（21）煮饭都不晓得煮嗟。（饭都不会煮呀。）
（22）我爷老子会骂你咯嗟。（我爸爸会骂你的。）
（23）只有五只猪崽唧嗟。（只有五只小猪呢。）

例（20）的"嗟"肯定"外面在下雪"这个事实，强调提醒的语气；例（21）的"嗟"肯定"不会煮饭"这个事实，强调了不满的语气；例（22）的"嗟"肯定"我爸爸会骂你"这个事实，强化了警示语气；例（23）的"嗟"肯定"只有五只小猪"的事实，强调数量之少。

2. "嗟₂"位于祈使句末

"嗟₂"位于祈使句末，可突出、强调祈使义，使祈使句的提醒建议义或命令警告义更为明显、突出。"嗟₂"的发音越重，劝说的意味越强烈。

（24）你要去嗟，不去不行嗟！（你一定要去，不去不行！）
（25）来不来是其咯事，你喊还是要喊其嗟。（来不来是他的事，但你还是要邀请他呀。）
（26）你以后莫到我屋来嗟！（你以后不要到我家来！）
（27）你记得帮窗子打开嗟！（你一定要记得把窗户打开！）

例（24）的"嗟"强调"你一定要去，不去不行"的提醒义；例（25）的"嗟"强调"你还是要邀请他"的建议义；例（26）的"嗟"强调"你以后不要到我家来"的禁止语气；例（27）的"嗟"强调"一定要记得把窗户打开"的命令义。

3. "嗟₂"位于疑问句末

"嗟₂"位于疑问句末，可突出、加强原本的疑问义，使疑问句形成深究的疑问语气；在某些特指问句末，也可突出反诘语气，消解句子的疑问义，使其作用等同于一个感叹句。例如：

(28) 其呷咖饭哒冇嗟？(他吃完饭了没有？)

(29) 你屋崽到哪里去哒嗟？(你儿子到哪里去了？)

(30) 我吗里要怕嗟？(我为什么要怕他？)

例（28）的“嗟”加强了“他吃完饭了没有”的疑问语气；例（29）的“嗟”强化了“你儿子到哪里去了”的疑问语气；例（30）的“嗟”加强了句子的反诘语气，消解了句子的疑问义，使语义类似于“我才不怕他呢”。

4. “$嗟_2$”位于感叹句末

“$嗟_2$”位于感叹句末尾，可强调感叹义，使感叹语气更强烈、明显。例如：

(31) 我恨死其哒嗟！(我恨死他了！)

(32) 因为其咯事我也是急起不得了嗟！(因为她的事情，我是着急得不行啊！)

在上述例句中，例（31）的“嗟”使表示不满（愤怒）的感叹语气更为强烈；例（32）的“嗟”进一步强调了说话者的急切语气。

二、“嗟”的来源探讨

(一)“$嗟_1$”和“$嗟_2$”的关系

要弄清楚“嗟”的本字是什么、其来源如何，可能首先得弄清楚“$嗟_1$”和“$嗟_2$”的关系。因为“$嗟_1$”和“$嗟_2$”虽然语音形式基本相同，但它们的关系理论上依然有两种可能：一是二者同出一源，它们的不同作用是由语义的分裂造成的；二是两者不同源，但由于语音演变合二为一。那么“$嗟_1$”和“$嗟_2$”到底是同源的还是不同源的呢？

笔者倾向于认为它们同源，理由有三：

一是“$嗟_1$”和“$嗟_2$”不仅语音形式相同，而且分布的句法环境基本一致，在句中的位置也基本相同，一般都位于句末。

二是“$嗟_1$”和“$嗟_2$”的语法意义并非毫无关联。笔者发现，“$嗟_1$”除了表示先行体貌，也带有一定的强化语气的作用，如以下两个例句：

(33) 你先吃。

(34) 你呷（哒）嗟。

这两句话意义基本相同，都表示"你先吃"，但例（34）带有更迫切、强烈的语气。

三是"嗟₁"和"嗟₂"在句中不能同时出现，即带有"嗟₁"的句子不能在后面再加表强化语气的"嗟₂"。例如：

（34'）　*你呷哒嗟₁嗟₂。

由此，笔者更倾向于认为"嗟₁"和"嗟₂"同出一源，它们的不同作用是由词义的分裂等造成的。

（二）"嗟₁""嗟₂"的来源探讨

前文提到，在其他湘方言中普遍存在一个位于句末的先行助词"着"。"着"在部分湘方言中的读音、意义如表1所示：

表1　"着"在部分湘方言中的读音、意义

方言	读音	意义	例句
长沙方言	tso^{24}	先行义	你屋里买电视机不啦?——等我有钱着。（等我有钱再买电视机。）
安乡方言	tso^{33}	先行义	我去困一个钟头着。（我先去睡一个小时。）
常德方言	$tsuo^0$	先行义	我穿件衣服啊着。（我先去穿件衣服。）
岳阳方言	tso^0	先行义	写封信着。（先写封信。）

一般认为，这些方言中表先行的"着"本字应该就是古代汉语中的"着"。因为从语音上看，"着"字原本作"著"，在《广韵》中有三个读音：一个去声，陟虑切，知母御韵。其他两个是入声，其中一个是清声，张略切，知母药韵；另一个是浊声，直略切，澄母药韵。去声的"著"即"显著"的"著"，与湘方言的先行助词"着"关系不大；入声的"著"后来写作"着"。从语音关系上看，湘方言中"着"的读音与《广韵》入声的"著"（即后来的"着"）有比较严整的对应关系。而且从语义上看，"着"字表示先时、相当于"再说"的用法①在元末明初的《水浒传》以及其后的《西游记》《金瓶梅》《初刻拍案惊奇》《二刻拍案惊奇》等语料中已经比较常见了。例如：

---

①　关于"着"这种用法的来源，有学者认为它是从"再说"衍生而来的［具体参看萧国政（1996、2000）］，也有学者认为它是从唐代以降表祈使的"着"发展而来的［参看杨永龙（2002）］，本文就不赘述了。

（35）一把扯住文若虚，对众客道："且慢发货，容我上岸谢过罪着。"（《初刻拍案惊奇》，卷1）

（36）你且先去看看柜里着，再来寻秤不迟。（《二刻拍案惊奇》，卷36）

（37）那妇人便道："怪行货子，且不要发讪，等我放下这月琴着。"（《金瓶梅》，第27回）

（38）"……把这和尚拿来，奉献大王，聊表一餐之敬。"洞主道："且莫吃他着。"（《西游记》，第20回）

例（35）、例（36）、例（37）中的"着"可对译为"再说"，"着"字前动词短语是肯定性成分，"动词短语＋着"的意思是"暂时先做某事"，同时表明或隐含"暂缓考虑或暂时不做其他事情"的意思，如例（35）是说"先让我上岸谢罪，发货的事暂时缓一缓"。例（38）中的"着"字前动词短语是否定性成分，"动词短语＋着"也可理解为"暂且先做某事"，同时表明或隐含"等一等再考虑是否改变这种状态"的意思，如例（38）"且莫吃他着"的意思是"暂且先别吃他，等一下再看吃不吃"。动词短语在形式上可以由述补结构、述宾结构、动词重叠形式和带"了""过"的动词短语构成，前面可用"先""待""等""且"等表示先时的词语作标志。总之，从句法和语义上看，古代汉语中的这个"着"与湘方言中句末助词"着"非常接近。

因此，湘方言中的"着"应该是来源于古代汉语的句末助词"着"。但现在的问题是，衡阳方言中的"嗟₁""嗟₂"是不是和其他湘方言中的"着"一样，也是来源于古代汉语的句末助词"着"？

笔者认为"嗟₁"跟其他湘方言中的"着"以及古代汉语中的先行助词"着"有很强的联系。首先从语义上看，"嗟₁"和其他湘方言中的"着"以及古代汉语中表先行意义的句末助词"着"用法基本一致。其次从语音上看，衡阳方言"嗟₁""嗟₂"读音为 $[\text{tɕia}^{33}]$，衡阳方言中的"着"读音为 $[\text{tɕio}^{11}]$，两者语音上有联系——声母和介音一致，声调虽有改变，但对于句末助词来说，这也是比较常见的；而且衡阳方言知组读同精组，因此"嗟₁""嗟₂"的声母同古汉语"着"的声母也有语音对应关系。最后，"着"作为先行助词普遍存在于湘方言中，衡阳周边方言也多是以"着"为先行助词，因此从地域分布上看，衡阳方言"嗟₁""嗟₂"与"着"来源一致的可能性也很大。

但是，笔者同时认为，"嗟₁"跟"着"关系密切，并不意味着"嗟₁""嗟₂"与"着"完全同源。理由也有两个：一是从语音上看，衡阳方言"嗟₁""嗟₂"的主要元音是 $[\text{a}]$，其他方言"着"的主要元音是 $[\text{o}]$ 或其他后元音、央元音。而且衡阳方言中"着"的读音是 $[\text{tɕio}^{11}]$，比如睡着 $[\text{suei}^{213}\text{tɕio}^{11}]$、着急 $[\text{tɕio}^{11}\text{tɕi}^{22}]$，主要元音也是 $[\text{o}]$。那么为什么位于句末不读轻音的"着"的主要元音 $[\text{o}]$ 会从后高元音演变为前低元音 $[\text{a}]$ 呢？这从语音上不太好解释，而且在衡阳方言中也几乎没有发生同类演变的例证。二是从语义上看，衡阳方言中的"嗟₁""嗟₂"与其他湘方言中的"着"相比，语义范围更广，除了表示先行体貌，还可以在各种句式中用于强化语气。这在其他有句末助词"着"的湘方言中是不太常见的。

根据以上疑问并结合衡阳方言的实际情况，笔者认为，衡阳方言中的"嗟"很可能是表先行体貌的句末助词"着"和表强化语气的语气词"啊"的合音词。

衡阳方言中有一个比较常用的、表示强化语气的"啊"，一般位于句末，读音为$[a^{11}]$。例如：

(39) 你看哒其，莫得其绊倒啊。（你看着他，别让他摔倒了呀。）
(40) 其也是有点蠢气几啊！（他真是有点蠢啊！）
(41) 衣服有洗完啊，莫想恰饭。（衣服没有洗完，别想吃饭。）
(42) 咯是搞吗名堂啊？（这是搞什么鬼呀？）
(43) 你去不去啊？（你去不去呀？）

这个句末语气词"啊"是羡余的，主要起强化语气的作用。例（39）的"啊"加强告诫语气；例（40）突出气愤情绪；例（41）的"啊"强化假设前提；例（42）的"啊"加强反诘语气；例（43）的"啊"加强疑问语气。总体上看，"啊"的用法和"嗟₂"基本一致，可以相互替换。

从语用上看，表示先行意义的助词"着"本身不能用于强化语气，当需要强化"着"字句的语气时，说话人就在后面加一个语气词"啊"。因此，衡阳方言中"着"和"啊"会经常相连并用，在较为随便的口语语体中使用频率较高。在高频使用中，前后相连的成分的词义会逐渐变化并可能进一步形成合音，如普通话"啦₇啊""呗吧欸"等合音式语气词。从语音上看，当"着$[tɕio^{11}]$"和"啊$[a^{11}]$"组合在一起时，后字为零声母，因此很容易融入前字的音节；后字融入后，中间的元音$[o]$发生脱落，演变成$[tɕia]$，从而形成合音。再从语义上看，"着""啊"两个助词，前者的语义重一些，后者的语义往往相对空灵，语义上处于依附地位，这样也具备产生合音的语义条件。合音之后的助词"嗟"最开始同时具有两种功能：表示先行意义和强化语气；但后来在高频使用中词义逐渐磨损和虚化，并发生了分化：一种基本脱落了强化语气的功能，主要保留了先行助词的用法，成为"嗟₁"；另一种脱落了先行意义，只保留强化语气的用法，成为"嗟₂"。演变过程如图 1 所示：

$$着\ [tɕio^{11}]\ +啊\ [a^{11}]\rightarrow嗟\ [tɕia^{33}]\begin{cases}嗟₁，表示先行意义（带有些许强调语气）\\ \\ 嗟₂，强化语气\end{cases}$$

图 1　"嗟$[tɕia^{33}]$"的演变过程图

事实上，衡阳方言中，通过合音构成的助词并不鲜见，比如"�[iai$^{11/33}$]"是"耶[ie$^{11/33}$]＋诶[e$^{11/33}$]"的合音；"吧[pa$^{22/11}$]"是"不[pu^{22}]＋啊[a^{11}]"的合音，"呗[pe^{11}]"是"不[pu^{22}]＋诶[e$^{11/33}$]"的合音，"嚜[me^{11}]"是"冒[mau^{213}]＋诶[e$^{11/33}$]"的合音（鲍厚星、陈晖，2005）。也正是因为衡阳方言中的"嗟"是"着"和"啊"的合音词，所以它在语音形式和语法意义上和其他湘方言中的助词"着"有所不同。

参考文献

［1］陈小荷．汉语口语里表示"……再说"的语素"着"［M］//胡盛仑．语言学和汉语教学．北京：北京语言学院出版社，1990.

［2］鲍厚星，陈晖．湘语的分区（稿）［J］．方言，2005（3）.

［3］金立鑫．对 Reichenbach 时体理论的一点补充［J］．中国语文，2008（5）.

［4］李永明．衡阳方言［M］．长沙：湖南人民出版社，1986.

［5］彭兰玉．衡阳方言语法研究［M］．北京：中国社会科学出版社，2005.

［6］王晖．山东临驹话的时间助词"着"［J］．中国语文，1991（2）.

［7］伍云姬．长沙方言的动态助词［J］．方言，1994（3）.

［8］伍云姬．湖南方言的动态助词［M］．长沙：湖南师范大学出版社，1996.

［9］萧国政．武汉方言助词"左"［C］//胡明扬．汉语方言体貌论文集．南京：江苏教育出版社，1996.

［10］萧国政．武汉方言"着"字与"着"字句［J］．方言，2000（1）.

［11］杨永龙．汉语方言先时助词"着"的来源［J］．语言研究，2002（2）.

试论黔中屯堡方言中的语气词"哩"

——兼谈与贵州汉族移民的关系

叶晓芬

屯堡方言①指早期屯堡人定居贵州安顺之后世代流传下来的汉语方言。元末明初，大批军事汉族移民②进入黔地。为了解决诸多军人的生活问题，明朝政府便命令军人们就地屯田、开垦荒地，解决日常生活所需。之后，除军屯以外，又有大批民屯和商屯驻扎在黔中的交通要道上，逐渐形成今天的屯堡村寨。由于屯堡村的先民们大多来自今天江苏、安徽、江西及上海等地，因此屯堡村民的方言可谓今天江淮官话底层的"活化石"。

自吕叔湘发表《释〈景德传灯录〉中"在""著"二助词》（1941）以来，学界对语气词的讨论不胜枚举。江蓝生在《疑问语气词"呢"的来源》（1986）一文中将"呢"分为"呢₁"和"呢₂"两大类，其中"呢₁"指疑问语气词，"呢₂"指非疑问语气词。吕叔湘《现代汉语八百词》（2019）中注明"哩"是方言，用法与"呢"的两种使用情况相同：①指明事实而略带夸张：a. 可 + 形 + 呢，b. 才 + 动 + 呢，c. 还 + 动 + 呢；②用于叙述句的末尾，表示持续的状态，常和"正""正在""在（那里）"或"着"连用。目前尚未见到关于屯堡方言"哩"的研究成果。研究发现，屯堡方言中的语气词"哩"不仅具备"呢₁"和"呢₂"这两种用法，而且还可与"吗"等互换使用。与此同时，安顺城区普遍使用的是"么"。下文将结合具体用例进行追本溯源。

一、疑问句中的"哩"

屯堡方言的语气词"哩"不仅可以用于疑问句中，而且可以用于陈述句中。不过，总的来说，它用于疑问句中的情形要多于用于陈述句中的情形。

---

① "屯堡"是很明显的他称，习惯上指屯堡居民比较集中的安顺。
② 明代对贵州实行的大规模军事移民主要有四类：一是异地任官；二是军士留成；三是谪迁流放；四是自发流移。参见叶晓芬、雷鸣《简论黔中汉语方言的历史形成》（2013）。

（一）"哩"在疑问句中的结构类型

屯堡方言中的疑问句有四种结构类型，包括是非问、选择问、特指问及正反问。"哩"在这些疑问句中都读作中平调 $[li^{33}]$，因此语调无须升高。另外，由于"哩"的强势地位，现代汉语中经常使用的疑问语气词"吧""啊"等在该方言中几乎没有踪迹。

1. 是非问

（1）你老家黄果树哩？（你的家乡是黄果树吗？）

（2）今年天太干 $[lan^{21}]$，晓得谷子是有点收成不得哩？（今年的气候很干燥，不知道稻子有没有收成呢？）

（3）他离开家好多年噢/哩，哪个晓得他现在在哪里哩？（他离家很多年了，不知道他现在人在哪里呢？）

以上例句省掉"哩"依然成立，只是表达效果相对较弱。一般来说，正是因为有末尾的语气词"哩"，屯堡方言才显得比较地道。此外，例（3）中的"噢"可用"哩"替换，但是在日常交际中，说话人为了避免重复，也有可能在前一个小句的末尾有意不用"哩"。

在屯堡方言中，是非问中的副词不仅有肯定形式，而且有否定形式。但两者都体现说话人本身已对询问事件有一定的心理预设，并不一定需要对方给予肯定的答复。这类句子包含反问的色彩。从句法位置看，这类副词可在句子之前也可在主语之后。

（1）"该是"是非问。

这类句式表面上用了含肯定意义的副词"该是"，但实际表达的效果却同"不是"是非问很相似，在一定程度上暗含了询问人对某一事件的质疑态度，有时甚至含有轻微的批评意味。

（4）今天该是/该比昨天冷哩？〔（你该不会没有发现）今天比昨天冷吧？！〕

（5）这个方法该是简单哩？〔这个方法简单吧？（言外之意："这个方法很简单呢。"）〕

（6）找钱又不容易，一天大手大脚的！我们该是没有讲错你哩？（挣钱不容易，整天大手大脚的，我们讲错你了吗？）

此外，"该是"还常见于比较句中。从形式上来说，这类句子多含有两个客观事物作为参照对象，不禁会让人有二选一的错觉。但它实际上也暗含了询问者对某一事物的肯定态度，或带有一点轻松的调侃意味。

（7）市里该是比乡下热闹哩？（市里比乡下热闹吧？）

（8）坐高铁该是比坐火车舒服哩？（坐高铁比坐火车舒服吧？）

（9）现在哩，娃娃该是要比以前哩①，享福哩？吃得好，穿得好！（现在，娃娃比以前享福呢，吃得好，穿得好！）

对于例（7）至例（9）中的"哩"，大部分贵州汉语方言用的是"吧"或"哈"，抑或不加任何语气词。此外，例（9）中的"哩"不仅可出现在句末，而且能出现在句中。这种情况在屯堡方言中比较常见，下文将会作进一步的探讨。

（2）"硬是"是非问。

此处"硬是"的"硬"是疑母字，保留了中古音的读法，读作 $[\eta \ni n^{24}]$。该词有两个意思：一是指态度坚决，一点儿都听不进他人的意见；二是"总是"或"真是"之义。

（10）你硬是还要吃哩？等我打电话问哈医生哈。（你坚持要吃嘛？！等我打电话问问医生。）

（11）你硬是学不进哩？那老师也不得办法，只有叫家长来把你请回家啦。（你一直学不进嘛？！那老师也没有办法，只好叫家长来把你请回家啦。）

（12）讲啦这么多道理（哩），你硬是听不进（哩）？（讲了这么多道理嘛，你就一直没有听进去吗？！）

例（12）中，如前一个分句的末尾用了"哩"，那么后一分句的末尾则无须再用；反之，如前一小句的末尾没用"哩"，那么后一分句的句末便需添上。

（3）"白"（"白白"）是非问。

这类句型不仅可单用"白"，而且可出现重叠形式"白白"。同样，这表示问话人的反诘语气，暗含对对方的批评或是不满的态度。

（13）讲了这半天，难道我白说了哩？（讲了这半天，难道我白说了吗？）

（14）哪样苦都怕吃，光想白（白白）的要哩？（什么苦都怕吃，只想白要成果吗？）

---

① 屯堡方言助词"的"也读 $[li^{33}]$，但一般不用于停顿当中。除此之外，"的"多见于人称代词之后，用于强调所属关系。

（15）他家老嘞都不上门来和我们说哈，这个事就想白白嘞算了哩？（他家老的都不上门来和我们说一下，这个事就想白白算了吗？）

自马思周、潘慎（1981）首次指出近代汉语中有一个比较特殊的副词"白"以来，该词便受到学界的不少关注。据孙锡信（2014）的研究，该词在《红楼梦》及《儿女英雄传》中有一些新的用法。他总结了四种情况，分别是：a. 表特定目的，有"特意"之义；b. 表无特定目的，有"随便"之义；c. 表示范围，有"只"之义；d. 修饰介词。就大部分贵州汉语方言来说，"白"（"白白"）除了可以用于是非问外，还可在陈述句中用于上述后面三种情况。根据马思周（1990）的描述，副词"白"在限制领域分别可表程度、表范围、表语气；配对的低级语义标志分别为"随便""总""竟"。结合贵州大部分汉语方言使用的情况来看，显然"白"在陈述句中也是低级语义标志。

例（13）至例（15）句末的"哩"，在一般贵州汉语方言中可用"啊"替换。

（4）"不是"是非问。

（16）昨天他不是才吃过哩？（昨天他不是才吃过吗？）

（17）你不是答应过他哩？咋个就搞忘了哩？（你不是答应过他吗？怎么就搞忘了呢？）

（18）不是听说他家娃娃出门打工去了哩？咋个今天还在街上看到哩？（不是听说他娃娃出门打工了吗？怎么今天还在街上看到他呢？）

"不是"是一个表否定的副词，但结合交际情景看，表面上说话人对某一类事物或事件并不怎么确定，但实际上说话人自己心里或许已有预设的答案，询问对方无非是想进一步确认猜想。句子表面否定，实乃肯定，这一现象与语气词"哩"的功能有着密不可分的联系。

另外，如果是对已经完成的动作行为发出疑问，说话人应在"哩"前面再加上完成体的语气词"了"。

（19）活路做完了哩？就回家去休息了。（活做完了吗？就回家休息了。）

（20）作业做完了哩？给我看一下才能出去玩。（作业做完了吗？给我看一下才能出去玩。）

例（19）和例（20）中的"哩"主要被说话人用于重复对方的话语，以便更好地衔接下文，具有兼职重申标记的功能。

2. 选择问

现代汉语的选择问就是把几个项目并列提出来，要求对方从中选择一项作答。它常采用复句形式，前后分句常用"是"和"还是"相呼应，常涉及的语气助词是"呢""啊"，而不是"哩"。屯堡方言的选择问通常也是以选择关系的复句形式出现，其中关联词不一定都得出现，但需有语气词"哩"进行辅助，起到强调作用。除此之外，亦不妨将"哩"看作引发、转接和占据话轮的话语标记。

. （1）"哩"出现于带关联词的选择问。

屯堡方言的选择问可以含有多种形式的关联词，尽管这与贵州其他大部分汉语方言差别不大，但与普通话仍有一定差异。

①"是……哩，是……（哩）"。

（21）我在那边一直听到你们在摆白，觉得你们讲**哩**方言和我们那边的好像，所以想问哈你们是安顺城头的**哩**，是大西桥的**哩**？（我在那边一直听你们聊天，觉得你们讲的方言和我们那边的很像，所以想问问你们是安顺城里的还是大西桥的？）

（22）家头的日历搞落嗷，我想问哈端午是明天**哩**，是后天？（家里的日历搞丢了，我想问问明天是端午还是后天是？）

（23）他家办酒是明天**哩**，是后天？（他家办酒是明天还是后天？）

其中例（21）中的"摆白"指聊天。此外，由于句子稍长，名词短语中的"安顺城头"之后也紧接着出现了"哩"，起到舒缓语气、停顿的作用；而同样是地点名词的"大西桥"之后的"哩"显然是整个句子的疑问语气词。此句语境为说话人之前没有加入言语交谈中，因为对旁人的某一话题感兴趣，以加入"哩"的方式占据话轮，吸引旁人成为自己的听众，并希望对方对自己的问题作出答复，同时带动话题继续深入。例（22）及例（23）中都只用了一个"哩"，按照屯堡方言疑问句都有"哩"的规律，理论上来说，如果句末再加上一个"哩"，句子也勉强成立。但语言也需遵循经济简洁的原则。这种说法一般出现在说话人随意对某一事件进行询问，抑或中途转接与之前交流不甚相关的话题的情况中。

②"是……哩，还是……（哩）"。

（24）这件毛衣是大哥**哩**/嘞，还是二哥**哩**？（这件毛衣是大哥的，还是二哥的呢？）

（25）是在家吃饭**哩**，还是出去吃？随便你。（是在家里吃饭，还是出去吃？随便你。）

（26）你是要拿锄头去**哩**，还是镰刀去？我好找出来。（你是拿锄头去，还是拿镰刀去？我好找出来。）

可见，这一句式与普通话的"是……还是"是一致的，提问者给出并列的选项，供对方作出选择。

③ "还是……哩，还是……"。

（27）你还是在上海打工**哩**，还是在广州？（你是在上海打工还是在广州打工？）

（28）我们还是吃了**哩**，还是要等？这大半天都还不见他来。（我们开始吃了吗？还是要等？这都好一会儿了还没见到他。）

（29）你们那里还是种水稻**哩**，还是种苞谷？（你们那里是种水稻还是种玉米？）

这一句式中的第一个"还是"并不指某事某物的持续状态，而是体现询问者的试探语气。虽然普通话中没有这个句式，但贵州其他大部分汉语方言都有类似的用法。此外，这一句式常与普通话中的"……还是……"或者"是……还是……"两种句式对应。

④ "……哩，还是……"。

（30）今天寨子头有两家办酒，去李老二家**哩**，还是张麻子家？（今天寨子里有两家办酒，是去李老二家还是张麻子家？）

（31）明天赶场天人多很，不晓得坐班车**哩**，还是面包车回来？（明天赶集人很多，不知道能否坐上中巴车还是面包车回来呢？）

从上述例句可看出，"……哩，还是……""是……哩，是……（哩）"句式都是"是……哩，还是……（哩）"句式的变体，在日常交际中"是……哩，还是……（哩）"使用频率最高。

⑤ "不是……哩，还是……哩"。

（32）昨天的油不是你拿来**哩**，还是你拿来**哩**？（昨天的油是不是你拿来的？）

（33）这件事不是你干**哩**，还是你干**哩**？（这件事是不是你干的？）

受这一句式的影响，另有"不是……哩，是……（哩）"的格式出现。例如：

（34）柜子里的戒 [kai²⁴] 指 [tsʅ³³] 不是你拿**哩**吗是你拿**哩**？（柜子里的戒指是不是你拿的？）

（35）你跟我说诶 [ei⁵⁵] 不是那个位置**哩**是？（你和我说的是不是那个位置？）

例（34）除在句中有"哩"外，还有疑问词"吗"，二者同时出现在这里并不是羡余现象。去掉"吗"，句子依然成立；但是去掉"哩"，句子不成立：* 柜子里的戒 ［kai²⁴］指 ［tsʅ³³］不是你拿吗是你拿？ 二者在句中共同增强疑问语气，同时表明说话人在内心已经认定对方就是事件的执行者，因此难免流露出批评的情绪。这类句子还可以被更直接地表达成反问句：

（36）柜子里的戒 ［kai²⁴］指 ［tsʅ³³］不是你拿哩吗还能有哪个？（柜子里的戒指不是你拿的还能有谁？）

（37）柜子里的戒 ［kai²⁴］指 ［tsʅ³³］不是你拿哩吗？（柜子里的戒指难道不是你拿的吗？）

上述几个句式主要是老年人在使用。目前，年轻人已经鲜少这么使用了。

（2）"哩"出现于不带关联词的选择问。

这种句式尽管没有关联词，但是除"哩"语气词外，还会同时包含"嘞 ［lɛ³³］""哈 ［xa²⁴］"等语气词，并且它们的位置不能互换。

（38）你真嘞给哩假嘞给？（你是真愿意给还是假装愿意给？）

（39）这件衣服你看哈大哩小？（这件衣服你看看是大还是小呢？）

（40）你到底喜欢绿 ［lu³³］哩吗红哩？赶紧选好哩，好回家。（你到底喜欢绿色还是红色呢？赶紧选好，好回家。）

（41）这 ［tsʅ³³］个月的水费要收哩不收？（这个月的水费收还是不收？）

例（41）的"这"为白读，在现代新派屯堡方言中，已有部分人将之读为 55 调。此外，与上文例句一致的是"哩"仍然可出现在句中或句末。其中例（40）中的"哩"可用"呢"替代，结合安顺城区的方言使用情况，这里仍将之看作疑问语气词。该句带有催促、求证口吻，而这种效果主要来自"到底"与"……哩/吗"的双重表达。

（3）"哩"与"吗""么"的互换使用。

除"哩"之外，"吗"亦是屯堡方言中的高频词。在选择问中，二者往往可以互换。另外，安顺城区方言中与之相对应的是"么"。以下按照屯堡方言和安顺城区方言的次序展开描写。

（42）屯堡方言：明天读书哩（吗）放假？
　　　安顺城区方言：明天读书么放假？
　　　　　（明天是读书还是放假？）

（43）屯堡方言：你家是刘官哩（吗），是九溪？

　　安顺城区方言：你家是刘官嘞么？是九溪嘞？

　　　　　　　　（你家是刘官村还是九溪村？）

（44）屯堡方言：你到底吃哩（吗）不吃？

　　安顺城区方言：你到底吃么不吃？

　　　　　　　　（你到底是吃还是不吃？）

（45）屯堡方言：这个月的水费要收哩（吗）不收？

　　安顺城区方言：这个月的水费要收么不收？

　　　　　　　　（这个月的水费要收还是不收？）

（46）屯堡方言：你是［ʂʅ³³］在贵阳工作哩（吗）？还是在安顺工作？

　　安顺城区方言：你是［ʂʅ⁵⁵］在贵阳工作么［mɛ⁵⁵］？还是在安顺工作？

　　　　　　　　（你是在贵阳工作还是在安顺工作？）

（47）屯堡方言：你也要去哩？搞快点，我们都已经在楼下噈。

　　安顺城区方言：你也要去么［mɛ⁵⁵］？么［mɛ⁵⁵］搞快点，我们都已经在楼下噈。

　　　　　　　　（你也要去吗？快一些，我们已经在楼下了。）

首先，例（43）中的"哩"尽管对译时能够与"的"相对应，但是仍被认为是"哩"。其一，在日常交际中，结构助词"的"尽管有白读［li³³］，但这种情形更常见于"女的""男的"等词，情景对话中的"的"更常读作［lei³³］；其二，上文已经提及"哩"有提起话题的作用，而"的"则不符合这一条件；其三，"的"不能用于这一句式。

其次，从例（42）至例（47）不难看出，在选择问中，屯堡方言的"哩"基本都能够被"吗"甚至安顺城区方言的"么"替换。虽然一般的是非问很少用"吗"，但是仍可用近义词"么"。不过，略有区别的是安顺城区方言，如果发生言语行为的双方较为熟络，他们往往会在是非问之后再用一个"么"重新提起话题，带有询问求证的言外之意。这类句中的第二个"么"不能用"哩"或"吗"替换。

最后，当"是""像""姓""属于"等不及物动词作谓语，动作是长期行为或问话者语气较急切、较简洁或较粗鲁时，"哩"亦常被"吗"代替。

（48）他是乡镇干部**吗**是老师？（他是乡镇干部还是老师？）

（49）你姓叶**吗**？姓聂？（你姓叶还是姓聂？）

（50）明天赶场**吗**？吃酒？（明天是赶集还是去赴宴？）

（51）穿皮鞋好**吗**穿布鞋好？（穿皮鞋舒服还是穿布鞋舒服？）

3. 特指问

屯堡方言的特指问亦是像普通话那样由疑问代词和相关短语组成。通过用疑问代词（如"哪个""哪刚〔kaŋ⁴²〕""咋个"等）和由它组成的短语（"怎么搞""搞哪样""做哪样"等）来表明疑问点，说话者希望对方就疑问点作出答复。这主要分为两类：一是完全式特指问；二是简略式特指问。

（1）完全式特指问。

（52）零件多得不得了，到底这个东西要咋个做〔tsəu²⁴〕哩？（零件多得很，到底这个东西要怎么做呢？）

（53）刚才都没有看到你，你是哪刚〔kaŋ⁴²〕来的哩？（刚才没有看到你，你是什么时候来的呢？）

（54）哪个喊你出院哩？（哪个喊你出院的呢？）

（55）今年您多大年纪哩？（今年您多大年纪了？）

（56）好多钱才够去浙江的路费哩？（多少钱才够去浙江的路费呢？）

例（52）以及下文中出现的"做"为老派读法。例（53）中"哪刚"的"刚"为白读，意为"什么时候"。

（2）简略式特指问。

简略式特指问省略了疑问代词，但仍有体词或体词性短语以及疑问语气词。尽管它和是非问在形式上很接近，但从语义上本文仍将其认定为特指问。

（57）我的车子哩？（我的车子呢？）

（58）就你们两姊妹在，你妈哩？（就你们两姊妹在，你妈呢？）

（59）你爹哩？（你爹呢？）

对于以上例句中的"哩"，大部分贵州汉语方言可用语气词"嗯〔ən⁵⁵〕""咹"对应。此外，"嗯"与"咹"还有些小小的区别。如果问话人已经从某处获取了相关信息，但还不是那么肯定，那他往往用含"咹"的特指问，目的是期待对方给予肯定答复；如果问话人对某件事情完全不清楚，那他多用"嗯"提出疑问，以便获得自己想要的确切信息。

4. 正反问

屯堡方言中的正反问同普通话一样，传达的也是一种未定信息，也是以"×不（没）×"的句式出现。

（60）去不去哩？（去不去呢？）

（61）他胖〔maŋ³³〕不胖哩？（他胖不胖呢？）

（62）学校隔你家近不近哩？（学校离你家近不近？）

例（61）中的"胖"为白读。此外，"×不（没）×"句式也可以用于附加疑问句中。

（63）去年村委组织60岁到75岁之间的老人去昆明玩了一趟。妈咦，30多个老人，收拾打扮的，一路唱着山歌，你说大家欢喜不欢喜哩？〔去年村委组织60到75岁之间的老人去昆明玩了一趟。天哪，30多个老人，收拾打扮得（精神抖擞），一路上唱着山歌，你说大家欢喜不欢喜？〕

（64）不得彩礼就上门来提亲，搞没搞错哩？（没有彩礼就上门提亲，有没有搞错呀？）

（65）这几天老是看你去医院打吊针，手都打肿哦，痛不痛哩？（这几天一直看你去医院打点滴，手都打肿了，痛不痛嘛？）

从上述几例看，即使删掉其中的"×不（没）×"，前面的句子还是成立的，只是语义的完整性有些欠缺。

另外，正反问从类型上来说主要有两种：

（1）"A不A"式正反问。

（66）这间屋头你说脏不脏哩？（这间屋子你说脏不脏？）

（67）你是不是来吃喜酒哩？（你是不是来喝喜酒的呀？）

（68）这件衣服的质量好不好哩？（这件衣服的质量好不好呢？）

据考察，这类"A不A"式正反问结构中的"A"通常是单音节动词和形容词，在句中作谓语成分。此外，这类正反问还有一种句式"好不好"，主要是作为疑问句的插入语使用，例如：明天我和你一起去，好不好？暑假我们一家人去北京旅游，好不好？这类"好不好"结构从表面上看是正反问，实际上带有很强烈的征询对方的口吻。这一类的结构由否定式"好不"的词汇扩大化所致；而否定式"好不"之后才有肯定式"好不"的出现。虽然在现代汉语中，否定式"好不"已经消失了，但它在贵州大部分汉语方言中还留有蛛丝马迹。

（2）"A不/没AB"式正反问。

普通话中双音节动词或形容词的正反问结构通常为"AB不/没AB"，另有"A不/没AB"的变体形式，而屯堡方言中后一种情况居多。

（69）你到底是舒不舒服哩？（你到底舒服不舒服呀？）

（70）这家饭店到底干不干净哩？（这家饭店到底干净不干净呀？）

（71）他到底讨不讨嫌哩？（他到底讨厌不讨厌呢？）

（72）他到底起来没起来哩？（他到底起床没有呀？）

例（72）也可说成：他到底起没起来哩？尽管"AB 不/没 AB"和"A 不/没 AB"两种形式差别不算太大，但是仔细分辨的话，二者在语义上仍有细微差别。另外，"动词短语 + 不 + 动词短语"句式主要是对某一事件的已然情况进行质疑；"动词短语 + 没 + 动词短语"句式主要是对某一事件的未然情况进行质疑。这意味着前者的信息焦点体现的是过去时，而后者体现的是将来时。可以说，这两种形式在语义上是互补的。

（二）"哩"在疑问句中的交际类型——回声问

最早有关回声问的研究可追溯至吕叔湘在 1947 年出版的《中国文法要略》一书中提出的"复问"说。王长武（2014）认为，回声成分可以是先述话语的任何部分或者整体，表现形式可以是词和短语，间或也有单句、句群或语素，一般来说有直引式、截取式和转换式三种形式。屯堡方言中的"哩"亦广泛运用于回声问中，例如：

（73）生活哩？做得多就多得点吃，做得少嘛就少得点吃。（生活嘛，做得多就多得点吃，做得少就少得点吃。）

（74）那［a²⁴］个哩？你去哪点找哩？［那个呢？你去哪里找？（言外之意："哪里有这么好的事?!"）］

（75）唱山歌哩？要有吃闲饭的才唱。（唱山歌，得比较空闲的人才唱。）

屯堡方言中的回声问主要针对询问者的疑问，先重复话题，再作出答复。这不仅起到提醒听者注意的作用，而且听起来很有韵律。

二、陈述句中的"哩"

"哩"在屯堡方言的陈述句中不仅可以用于分句的末尾，而且可以用于整句之末。分句中的"哩"主要起到舒缓语气的作用，而整句末的"哩"则起到成句作用，尤其在现在或将来的时态中更不能省略。从语调上来说，口语中都采用平调，书面上全句末尾用句号。

（1）屯堡方言陈述句中的"哩"可以用于过去、现在及将来几种时态中，无论是在十分确切还是不太肯定的语气中都适用。"哩"在句中仍读高平调33，句子用平调，例如：

①过去式。

（76）他们怕做活路哩，全部出去打工了。（他们怕做农活，全部出去打工了。）

（77）这回哩，她在那边生得两个娃娃。（这回，她在那边生了两个小孩。）

（78）那阵子哩，哪家都老火。（那阵子嘛，哪家都困难。）

②现在式。

（79）一般般哩，也不好讲嘛。（家里情况一般，不知道如何说。）

（80）她来了几天哩，都是在家头，我还没见到哩。（她来了几天了，都是在家里，我还没见着她呢。）

（81）忙个哪样，村长都还在这里，不用赶着下田哩。（忙啥，村长都还在这里，不用太着急。）

③将来式。

（82）今天天黑啾，明天起早点哩，再慢慢去。（今天天黑啦，明天起早点啦，再慢慢去。）

（83）一哈不下雨哩，就把谷子拿出来晒哈。（一会儿不下雨嘛，就把谷子拿出来晒一下。）

（84）你们赶紧收拾走了，一哈城管的就来了哩。（你们赶紧收拾走了，一会儿城管就来咯。）

（2）置于句末的"哩"主要用于表示赞美、惊喜、夸张、着急等语气，读音非常清脆，如：

（85）今年还得了"三好学生"奖状哩。（今年还得了"三好学生"奖状呢。）

（86）这么小的娃娃还会帮他妈妈卖菜哩。（这么小的娃娃还会帮他妈妈卖菜呢。）

（87）她年轻的时候坐月子一天能吃一只鸡，哪怕这哈下大泡雪，还能在门边穿针哩。（她年轻的时候坐月子一天能吃一只鸡，哪怕现在下大雪，她还能在门边穿针呢。）

（88）这么大的年纪，还能扫街哩。（这么大的年纪，还能扫街呢。）

（89）时间不早哩，赶紧卖完好回家哩。（时间不早了，赶紧卖完好回家呢。）

例（85）和例（86）体现出说话人的惊喜及赞誉之情；例（87）和例（88）则体现出说话人的惊讶及对对方的夸赞；例（89）表明因为时间紧迫，对话中的一方正在焦急地催促另一方。

上文爬梳了"哩"在疑问句和陈述句中的诸多使用情况，那么屯堡方言中的"哩"为什么能兼顾这么多的语用功能？现代汉语文献中"哩"与"吗""么"几乎没有交集，为何在屯堡方言及安顺城区方言中会有诸多牵连？它的历史源流到底是怎样的？带着这些问题，本文进入第三个环节的讨论。

三、"哩"的历史源流及其被"么""吗"替换的原因

（一）"哩"的历史源流

据杨树达《词诠》的研究，现代汉语的"呢"在古代是用"尔"字。"尔"在《广韵》中为"儿氏切"，即止摄纸韵字；"呢"在《广韵》中为"女夷切"，即止摄脂韵字。因此，王力（2015）认为由"尔"变"呢"也是说得通的。江蓝生（1986）认为作为疑问语气词的"呢₁"较早的写法是"聻"。该词出现于五代南唐泉州招庆院静、筠二僧师编辑的禅宗语录集《祖堂集》中。

（90）夹山问："这里无残饭，不用展炊巾。"对曰："非但无有，亦无者处。"夹山曰："只今聻?"对云："非今。"（《祖堂集》）

（91）仰山便去香岩处贺喜一切后便问："前头则有如是次第了也，然虽如此，不息众疑。作摩生疑聻? 将谓予造，师兄已是发明了也。别是气道造，道将来！"（《祖堂集》）

此后，在《景德传灯录》（根据《祖堂集》改写而成）中，"呢₁"仍然少见，往往以"你"和"那"对应。金代《西厢记诸宫调》和元杂剧中都不乏将"那"用作"呢₁"的情况（江蓝生，1986）。

（92）你过门七日，谁与你递茶送饭那?（《孟德耀举案齐眉》）

（93）兄弟，你怎么忘了那?（《争报恩》）

据王力研究，作为非疑问语气词的"呢₂"产生于 13 世纪左右。《正字通》载："哩，音里，元人词曲借为助语。"[①] 学界公认"哩"的较早形式是"裏"。吕叔湘旁征

---

① 张自烈. 正字通 [M] //《续修四库全书》编委会. 续修四库全书：第 234 册. 上海：上海古籍出版社，1995—2002：177.

博引，认为"裏"是唐宋语气词"在裏"的省略形式。"唐人多单言在，以在概裏；宋人多单言裏，以裏概在。裏字俗书多简作里。本义既湮，遂更著口。传世宋代话本，率已作哩，或宋世已然，或后人改写，殆未易定。"① "哩"主要在元朝时期被使用，它不仅可以用于表示平缓、愤怒、惊讶等语气，还可以兼表疑问语气。兹举如下数例进行说明：

（94）（旦云）山寿，来有何故？（山寿云）俺师父使我来问姐姐讨花哩。（《董秀英花月东墙记》）

（95）（道姑云）小姐，老相公去后，你每日做甚么功课？（正旦云）我绣着一床锦被哩。（《玉清庵错送鸳鸯被》）

例（94）和例（95）中的"哩"都用在陈述句中，主人公以较为平缓的语气如实回答对方的问题。

（96）寡人拿这弹弓在手，那诸禽百鸟看见，只道要打他，都也惊怕哩！（《金水桥陈琳抱妆盒》）

（97）〔相见科。末〕来，我且问你两个，往常间不曾恁的快活，今日如何这般快活？〔丑〕院公，你那得知我吃小姐苦哩！（《琵琶记·牛氏规奴》）

（98）张驴儿，你当日下毒药在羊肚儿汤里，本意药死俺婆婆，要逼勒我做浑家。不想俺婆婆不吃，让与你父亲吃，被药死了，你今日还敢赖哩！（《窦娥冤》）

（99）母亲，我一径的来问这亲事哩。（《赵盼儿风月救风尘》）

例（96）描写出"诸禽百鸟"以为要被宋真宗用弹弓攻击的惊恐之情；例（97）体现出府堂中的小丫头日常生活的艰辛；例（98）体现出窦娥在公堂上对张驴儿的恶行作申述时那极端愤懑的心情；例（99）生动详细地描摹了主人公周舍想要娶宋引章的急切心理。

（100）嫂嫂，咱坟园到那未哩？（《鲠直张千替杀妻》）

（101）（正末云）介林于府学中攻书，已经半年之间，不知你做甚功课哩？（《晋文公火烧介子推》）

（102）（红云）你道请谁哩？（《崔莺莺待月西厢记》）

（103）（旦云）请谁？（红云）请张生哩！（《崔莺莺待月西厢记》）

---

① 吕叔湘. 吕叔湘全集：第2卷〔M〕. 沈阳：辽宁教育出版社，2002：62.

例（100）至例（103）中的"哩"都用于是非问中，其中例（100）和例（101）询问的焦点或是在前一小句，或是在后一小句；例（102）和例（103）则比较简洁。在例（102）中，丫头红娘知道小姐崔莺莺对张生暗生情愫之后，很是欣喜地告知她到访之人便是张生。这表面是一般的疑问，实则表明说话人内心已经很是笃定，用设疑的方式可以更好地烘托氛围，以引起对方的关注。面对丫头的询问，主人公崔莺莺内心有千言万语难以诉说，因此她的疑问更像是自问自答。

另外，"哩"亦常见于小句中，用于语气停顿，舒缓句子过长带来的发音压力。

（104）这妇人抬举着我那孩儿哩，我如今唤他抱出那孩儿来，我试看咱。（《刘夫人庆赏五侯宴》）

（105）"大凡结亲呵，儿孩儿便看他家道，女孩儿便看他颜色。也速该亲家，我家里有个女儿，年幼小哩，同去看来。"就引到他家里去了。（《元朝秘史》）

（106）师父正望先生来哩，只此少待，小僧通报去。（《崔莺莺待月西厢记》）

尽管在元代文献中"哩"大量出现，但同时有不少用作"哩"的"那"。鉴于篇幅有限，这里不过多展开。另外，明代的典籍中亦有不少"哩"出现于感叹句、陈述句及疑问句中。

（107）番官道："好胡诌哩！"（《三宝太监西洋记》）

（108）王明道："你们不要吊谎哩！"（《三宝太监西洋记》）

（109）番官听知，大笑了一声，说道："好胡诌！自古到今，那里有个天会射得叫哩？"（《三宝太监西洋记》）

（110）二魔道："兄长放心，我这葫芦装下一千人哩。"（《西游记》）

（111）行者闻言，呵呵笑道："早哩，早哩！还不曾出大门哩！"（《西游记》）

（112）八戒慌了道："哥哥，莫是妖精弄法，假捏文殊菩萨，哄了我等，却又变作和尚，来与我们斗智哩？"（《西游记》）

（113）你道差远不差远哩？（《禅真后史》）

清代之后，"呢"字的用法进一步发展，基本取代了"哩"。此时，"呢"可谓多功能语气词，不仅用于短句之中，而且常见于长句中，例如：

（114）胡千听了，不觉从鼻子管中，笑出一个哼声来，说道："我真不懂你这位老姑大王，究竟还是真要成佛成仙，作个女圣人呢，还是十八副假面具，装出假道学来，哄骗你亲兄弟？"（《八仙得道》）

（115）云宗道："吚，你如今不挑水了，叔叔有信，叫你进京与他为子，要享富贵呢。"（《大明奇侠传》）

（116）那些衙役便喝道："呔！站着，老爷问话呢！"（《大明奇侠传》）

（117）你道是甚么事呢？（《二十年目睹之怪现状》）

即是说，到了清代，在《二十年目睹之怪现状》《红楼梦》等文献中，"呢"字大量出现，从而使得"哩"几乎退出了历史舞台。如今，"哩"仅保存在南方方言中。可以说，屯堡方言中的"哩"是近代汉语的遗留，准确地说是江淮官话的体现，且属于早期方言对"呢₁"和"呢₂"的混用。"哩"在今安徽来安南部方言中就有所保留。（唐国栋、胡德明，2017）

第一，用于特殊的特指问当中，即"名词短语＋哩"和"动词短语＋哩"，例如：

（118）小娃子都吃过了，大人哩？

（119）外头这么热，我们过一刻子再去哩？

（120）我们是不是过一会再去哩？

第二，用于选择问中或选择问末尾，例如：

（121）我是买红颜色的哩，还是买绿颜色的唉？

（122）我是买红颜色的哩，还是买绿颜色的哩？

（二）"哩"被"吗""么"替换的原因

"吗""么"①的历史来源一直都是学界关注的热门话题，诸多时贤对此也写了不少精辟的文章。这里择其一二观点进行简介。

1. "吗"的源流

"吗"的较古形式是"么"。《集韵》所载，"么"为"眉波切"，即中古属戈韵，起初念〔muɑ〕（细也），后来由于韵头失落，变为〔ma〕，估计被借用为语气词的时候，"么"已经是〔ma〕。后来整个歌戈韵演变为〔o〕〔uo〕〔ə〕，只有"他""么"等少数字变得强势，没有参与变化。最后才有人采用了比较适合后代音系的谐声偏旁的"马"字，将之写作"吗"（王力，2015）。

---

① 虽然"么"的产生时间要早于"吗"，但本文是以屯堡方言为视角，因此行文书写顺序是"吗""么"。

2. "么"的源流

"么"应该是从"无"演变而来的。"无"的上古音是 [mǐwa]，它的文言音和白话音大不相同：文言音逐渐变为轻唇（mǐua→mǐwu→vǐwu→vu→wu）；白话音则保留着重唇的 [m] 而丧失了韵头。语气词"无"能保留更多的原来形式，所以从中古到现在，它在普通话里一直读 [mɑ]（王力，2015）。储泰松、杨军（2015）亦持这种观点，他们认为"无"在唐宋时期的书面语里固然产生了语音变化，但在某些方言或口语里仍然保持上古 [mu] 的读法；它在"存雅"的文献里依然写作"无"，而在"求俗"的文献里则写作"麽（么）磨率"类词；由于入声韵尾的消失，"么"与"末"变成同音字，还可写作"没"。元代以后，"么"类字在书面语里的读音又发生了变化，读 [mo]，而口语里仍然读 [ma]，因此"么"就不能准确反映这一读音了，于是写作"嘛""吗"。另外，据赵颖（2015）对《红楼梦》和《儿女英雄传》中"么"和"吗"的对比研究，不难发现其对比数字是相当惊人的。二者的比例在《红楼梦》中为34：0，在《儿女英雄传》中则是142：218。从以上两组数据可发现，"吗"从清代中晚期开始被广泛使用，其使用频率远高于"么"。

以上对"哩""吗""么"历史来源的剥茧抽丝显然能够很好地解释屯堡方言中的"哩"能够被"吗"以及安顺城区方言的"么"取代的原因。也即是说，"哩"从元朝时期开始被大量使用，并且身兼二职。它不仅可以用于表示非疑问语气，而且可以用于表示疑问语气，这是早期近代汉语的现象，更是江淮官话底层的体现。语言随着时代的发展而变化，自清代开始，由于"么""吗"被大量使用，因此二者在实际交际中都能够与"哩"交替使用。

此外，值得注意的是，尽管"吗""么"在语用功能上有很大程度的重叠，但仍有细微的差异。"么"产生的时间相对久远，因此语法功能有弱化的倾向，譬如上文的例（47）。从对安顺城区方言"么"的考察来看，"么"有时在句中起到连接词的作用。而"吗"后来居上，表疑问语气的功能一直居于强势地位。不过，纵观屯堡方言和安顺城区方言，"吗"的使用频率虽居高不下，但并没有完全取代"么"。在疑问功能上处于弱势的"么"，则又发展了其在非疑问语气方面的功能，最终得以生存。

这里将"哩"的历史源流及其在现代屯堡方言中的使用情况以图的形式作出如下梳理（如图1所示）：

"哩"在屯堡方言中的使用有两条主线，一是指向"呢₁"，二是指向"呢₂"。其中矩形框内的"那"与"呢"表示早期"呢₁"的用法；小椭圆形内的"吗"与"么"则表示在屯堡方言选择问中与"哩"交替使用的情形；大椭圆形内的注释则表示"哩"的功能节点；箭头表示语义演变方向。

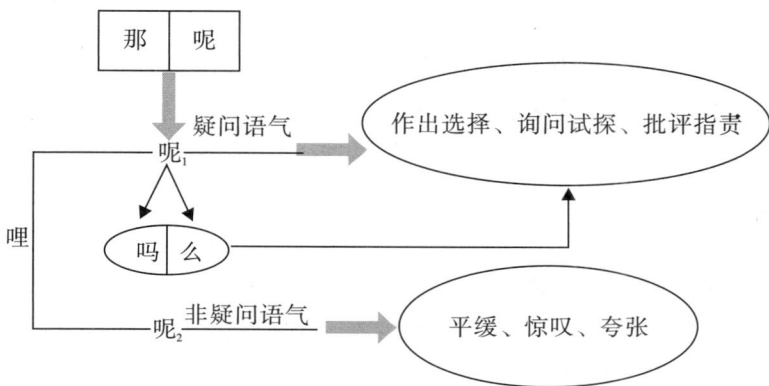

图1 "哩"的历史源流及其在现代屯堡方言中的使用

四、由"哩"看黔中的汉族移民成分

上文不惜笔墨讨论了"哩"在屯堡方言中的用法，同时论证了它是早期江淮官话的底层，这就难免与明清时期的黔中汉族移民产生诸多关联。在元代以前，贵州大部分地区都是蛮荒之地，居住人口也是以少数民族为主，鲜少有汉人进入贵州。可以说，在元代以前，贵州还未得到真正的开发。在之前的各个历史朝代，贵州也一直处于边缘地位。13世纪中叶，元朝政府为了进一步稳固统治，派遣蒙古宗王忽必烈带兵进攻云南大理国，以此达到夹攻南宋、铲除边疆少数民族反叛势力的目的。之后，元朝正式在云南建立行省，为统一管理，将今云南省、四川西南部、贵州安顺等地与中南半岛北部都纳入行政管辖。通过实地调查和查阅相关历史文献，我们发现，较早进入贵州的汉人以穿青人①为主（另撰文讨论）。之后，元末明初，为了巩固对西南地区的统治，明朝政府在清扫云南边疆元朝残余势力时，派遣大量汉族移民进入贵州，尤其是黔中一带。该地处于过去的交通主干道，而这些驻扎在交通要道上的汉族移民便逐渐成为今天的屯堡人。早期屯堡移民以江淮地区人民为主，"多明初平黔将卒之后，来自江南，尚有江左遗风"②。叶晓芬等（2013）从屯堡方言声母的角度，论证了其中的翘舌声母 $[\text{tʂ}]$ $[\text{tʂʰ}]$ $[\text{ʂ}]$ $[\text{ʐ}]$ 与南京、昆明、庐江及巢湖等地的方言有很高的相似性，这为屯堡移民方言的底层来源于明代江淮官话提供了有力的佐证。语气词"哩"的使用再次反映了此种情况。

清朝时期，一大拨汉族移民再次进入贵州，这一时期移民成分则相对复杂。除占主流的江西籍移民外，还有不少四川、湖北、湖南、广东等地的移民。相比明代来说，清代进入黔中腹地的汉族移民不仅分布范围广，而且深入少数民族地区。叶晓芬等

---

① 穿青人目前仍是未识别民族，主要居住于贵州省毕节市一带。

② 张锳，修；邹汉勋，朱逢甲，纂．（咸丰）兴义府志［M］．咸丰四年（1854）刻本，贵阳文通书局据刻本铅排本，1915：379.

（2013）考证了部分地名是汉语和少数民族语言相互交融的结果，诸如"坡贡""把路"等。因此，可以说屯堡方言中的语气词"哩"是明代江淮官话的底层，而"吗""么"是清代移民进入黔地之后语言叠置的结果。

五、结语

总之，从"哩"在屯堡方言中的高频使用情况来看，它不仅可以用于疑问句，而且可以用于非疑问句。它在疑问句中主要增添设疑的色彩，在非疑问句中主要体现说话人的夸赞、惊讶、欣喜等情绪。"哩"用于表达夸赞、惊讶等情绪时与另一个高频词"妈咦"① 有异曲同工之处（另文撰写），这从语法的角度再次为屯堡方言乃江淮官话的活化石提供了有力佐证。并且，从语言表征上看，移民的不断介入致使语气词不断叠加，"吗""么"能够与之互换便是很好的例证。三者产生的时间先后顺序应该是这样的：哩→么→吗。只不过，屯堡方言中"吗"可以广泛替换"哩"，而安顺城区方言广为使用的却是"么"，而这又清晰地反映出明清时期移民来源的明显不同。由于清代移民成分较为复杂，因此无论是屯堡方言还是安顺城区方言都相应地出现了"吗"及"么"。

但是，仍有一些问题亟待后续研究解决：①尽管已经根据历史发展的脉络梳理了"呢"的前身，如"那"等，但是目前还未找到语音演变的相关证据；②吕叔湘认为"哩"来源于"在裹"，但是二者为什么均可单独出现？这体现了语言的经济原则还是语法演变的推拉关系？以下结合全文及相关文献列出表 1 至表 3 以供参考：

表 1　屯堡方言语气词"哩"在疑问句中的使用情况②

结构类型	出现的情况	所处位置
是非问	"该是"	句中、句末
	"硬是"	句末
	"白（白白）"	句末
	"不是"	句末
带关联词的选择问	"是……是……"	句中、句末
	"是……还是……"	句中、句末
	"还是……还是……"	句中
	"……还是……"	句中
	"不是……还是……"	句中、句末

---

① "妈咦"亦是来自江淮官话，例如：妈咦，这个有哪样好？还有比这个更好的。
② 表 1 仅列"哩"在疑问句结构类型中的使用情况，而交际类型中因回声问无明显标记，故多根据语境进行判定。

（续上表）

结构类型	出现的情况	所处位置
不带关联词的选择问	—	句中、句末
特指问	完全式特指问	句末
	简略式特指问	句末
正反问	"A 不 A" 式正反问	句末
	"A 不/没 AB" 式正反问	句末

表2 "哩"在部分汉语方言中的非疑问语气用法①

所属语言分区方言	地点	读音	义项	出现位置
西南官话	屯堡	li³³	哩	句中、句末
北京官话	北京通县	nə°	呢	句末
中原官话	山西襄汾	li²²	呢	句末
	河南郑州	li°	呢	句末
		li°	的	句中
	山东东平	li°	的	句末
晋语	山西和顺	lei¹¹	呢	句末
		lei³¹	的	句中
	山西忻州	liə°	呢	句末
吴语	上海	li¹³	呢	句末
	江苏苏州	li³¹	呢	句末
徽语	安徽歙县	lei³¹	呢	分句之末

表3 屯堡方言与普通话、贵州其他汉语方言疑问语气词对照表

类型		屯堡方言	贵州其他汉语方言	普通话
结构类型	是非问	哩	嘛、啦、哈、吧	呢、吗、吧
	选择问	哩	嘞、噢、咯、么②	呢、吧
	特指问	哩	嘛、哟、咹、嵝、嗯	呢
	正反问	哩	哦、嘛	呢

---

① 除屯堡方言外，其余方言参照：许宝华，宫田一郎. 汉语方言大词典［M］. 北京：中华书局，1999：4800.

② "么"主要见于安顺城区方言。

（续上表）

类型		屯堡方言	贵州其他汉语方言	普通话
交际 类型	回声问	哩	嘞、嗯、呀［ia²⁴²］、 呢［nɪn⁵⁵］①	呀、呢、哇

参考文献

［1］储泰松，杨军．疑问语气词"婆"的语源及其流变［J］．安徽师范大学学报（人文社会科学版），2015（1）．

［2］黄国营．"吗"字句用法初探［J］．语言研究，1986（2）．

［3］江蓝生．疑问语气词"呢"的来源［J］．语文研究，1986（2）．

［4］吕叔湘．释《景德传灯录》中"在""著"二助词［J］．华西协合大学中国文化研究所（集刊），1941，1（3）．

［5］吕叔湘．现代汉语八百词［M］．北京：商务印书馆，2019．

［6］马思周．再论近代汉语副词"白"［J］．中国语文，1990（5）．

［7］马思周，潘慎．《红楼梦》《儿女英雄传》中的副词"白"［J］．中国语文，1981（6）．

［8］邵敬敏．现代汉语疑问句研究［M］．上海：华东师范大学出版社，1996．

［9］孙锡信．中古近代汉语语法研究述要［M］．上海：复旦大学出版社，2014．

［10］太田辰夫．中国语历史文法［M］．蒋绍愚，徐昌华，译．修订译本．北京：北京大学出版社，2003．

［11］唐国栋，胡德明．安徽来安南部方言疑问语气词浅探［J］．文教资料，2017（12）．

［12］王长武．现代汉语回声结构研究［J］．理论月刊，2014（11）．

［13］王力．汉语史稿［M］．北京：中华书局，2015．

［14］王钰．再论"吗"的属性、功能及其与语调的关系［J］．汉语学习，2016（5）．

［15］文炼．从"吗"和"呢"的用法谈到问句的疑问点［J］．思维与智慧，1982（4）．

［16］吴福祥．从"Vp-neg"式反复问句的分化谈语气词"麽"的产生［J］．中国语文，1997（1）．

［17］叶晓芬，雷鸣．简论黔中汉语方言的历史形成［J］．怀化学院学报，2013（10）．

［18］张静．浅谈现代汉语疑问语气词"么"［J］．伊犁师范学院学报，2004（1）．

［19］赵颖．近代语气词"么""吗"的对比研究：以《红楼梦》和《儿女英雄传》为考察对象［J］．常州工学院学报（社会科学版），2015，33（1）．

---

① "呀"［ia²⁴²］和"呢"［nɪn⁵⁵］亦主要见于安顺城区汉语方言。前者用例如：问：今天城管没有来追你们呀？答：城管？今天城管呀［ia²⁴²］没有来。后者是普通话"呢"［nə］的音变。后者用例如：问：今天你拿去的菜卖完呢？菜？答：卖完嗽呢［nɪn⁵⁵］。

山西偏关话的推链式音变

崔淑慧

一、引言

偏关县位于山西省西北晋蒙交界处，为山西省忻州市下辖县，西临黄河与内蒙古准格尔旗隔河相望，北依长城与内蒙古清水河县接壤，南与山西河曲、五寨两县相连，东与山西神池、朔州两县（市）毗邻，总面积为 1 685.4 平方千米。

根据侯精一、温端政、田希诚《山西方言的分区（稿)》（1986），偏关话属山西方言五台片。根据侯精一《晋语的分区（稿）》（1986），偏关话属晋语五台片。根据侯精一、温端政主编的《山西方言调查研究报告》（1993），偏关话属山西北区方言忻州片。偏关话有 23 个声母，39 个韵母（具体见附表），阴平上、阳平、去声、入声 4 个单字调，古今声调的对应关系大致是：古平声清声母字、古上声清声母字和次浊声母字今读阴平上，古平声浊声母字今读阳平，古去声和古上声全浊声母字今读去声，古入声今读入声。具体情况见表 1：

表 1　偏关话古今声调对应表

古声调	平		上			去		入	
古声母	浊	清	清	次浊	全浊	清	浊	清	浊
今声调	阳平	阴平	上声			去声		入声	
调　值	44	214				52		ʔ33	

偏关话中有些韵母在山西北区方言中显得比较特殊：偏关话中的 [ɥ] [ʮ] 韵母在山西北区其他方言中是没有的，主要来源于中古遇摄合口三等，与山西北区其他方言的 [y] 韵母相对应。偏关话的 [i] [y] [ɿ] [ʅ] 韵母与山西北区其他方言的这几个韵母来源不同：[i] 韵母主要来源于中古咸山摄开口二三四等今齐齿呼字，蟹摄开口一二等见系部分字也读 [i] 韵母；[y] 韵母主要来源于中古山摄合口三四等今撮口呼字；[ɿ] [ʅ] 两个韵母除来源于止摄开口三等外，还来源于中古蟹摄开口三四等。这是偏关话韵母发生了一系列的推链式音变所导致的结果。

偏关话的韵母发生了一系列的推链式音变，导致偏关话的声母也发生音变。偏关话的 [ts] [tsʰ] [s] 声母与山西北区其他方言的 [ts] [tsʰ] [s] 声母来源不同：偏关话的 [ts] [tsʰ] [s] 声母除来源于中古知系和精组外，还来源于中古见系部分字；声母来源于精组的，除包括普通话今读"洪"音的字外，还包括部分普通话今读"细"音的字。

本文将对山西偏关话推链式音变的具体表现及发生原因进行简单探讨。

二、偏关话推链式音变的具体表现

（一）韵母方面

（1）咸山摄开口二三四等今普通话韵母读 [ian] 的字在山西北区方言中韵母多读复合元音韵母 [ie]，而在偏关话中读单元音韵母 [i]，即偏关话发生了"ie→i"的音变。例如：

①咸摄。

开口二等：减碱鉴监舰 tɕi \\ 鸽嵌 tɕʰi \\ 咸陷馅衔 ɕi \\ 岩 i。

开口三等：贬 pi \\ 廉镰帘敛殓脸 li \\ 尖歼渐检俭剑 tɕi \\ 签钳潜欠 tɕʰi \\ 险 ɕi \\ 验淹阉掩厌炎盐阎檐艳焰腌严酽 i。

开口四等：掂点店 ti \\ 添舔甜 tʰi \\ 鲇拈念 ni \\ 兼 tɕi \\ 谦歉 tɕʰi \\ 嫌 ɕi。

②山摄。

开口二等：艰间简柬拣奸谏铜 tɕi \\ 闲限苋 ɕi \\ 眼颜雁晏 i。

开口三等：鞭编变辨辩汴便_{方便}pi \\ 篇偏骗便_{便宜}pʰi \\ 绵棉免勉娩缅渑面 mi \\ 碾辇 ni \\ 连联 li \\ 煎剪箭溅践贱饯件犍建键健腱 tɕi \\ 迁浅钱遣乾虔 tɕʰi \\ 仙鲜癣羡宪献 ɕi \\ 谚焉延筵演言堰 i。

开口四等：边蝙扁匾遍辫 pi \\ 片 pʰi \\ 面 mi \\ 颠典电殿奠垫 ti \\ 天田填 tʰi \\ 年撵 ni \\ 怜莲练炼 li \\ 荐肩坚茧见 tɕi \\ 千前牵 tɕʰi \\ 先显贤现 ɕi \\ 研砚烟燕宴 i。

另外，山摄合口三等的"恋""铅"和合口四等的"县"在偏关话中韵母也读作 [i]。

（2）蟹摄开口三四等、止摄开口三等今普通话韵母读 [i] 的字在山西北区方言中韵母也多读 [i]，而在偏关话中读 [ʅ]（来母除外），即偏关话发生了"i→ʅ"的音变。例如：

①蟹摄。

开口三等：蔽敝弊币毙 pʅ \\ 际 tsʅ \\ 艺 ʅ。

开口四等：蓖闭陛璧 pʅ \\ 批 pʰʅ \\ 迷米谜 mʅ \\ 低底抵帝弟第递 tʅ \\ 梯体替涕剃屉题提蹄啼 tʰʅ \\ 泥倪 nʅ \\ 济荠稽计髻 tsʅ \\ 砌脐启契 tsʰʅ \\ 栖犀细溪奚系_{联系}sʅ。

②止摄。

开口三等：彼鄙比秕被婢避备箆 pʅ \\ 庇痹披丕屁皮疲脾琵批 pʰʅ \\ 糜弥眉楣媚 mʅ \\ 地 tʅ \\ 尼腻 nʅ \\ 饥冀己记机讥技忌 tsʅ \\ 器欺起气奇岐祁期旗 tsʰʅ \\ 牺嬉稀 sʅ \\ 宜仪蚁谊义议疑拟沂毅倚椅医意衣依移易夷姨肆矣饴已以异 ʅ。

另外，止摄合口三等的"季""遗"在偏关话中韵母也读作 [ʅ]。

（3）蟹摄开口三四等、止摄开口三等来母今普通话韵母读 [i] 的字在山西北区方言中韵母也多读 [i]，而在偏关话中读 [ʅ]，即偏关话发生了"i→ʅ"的音变。例如：

①蟹摄。

开口三等：例厉励 lʅ。

开口四等：犁黎礼丽隶 lʅ。

②止摄。

开口三等来母：离篱梨利厘李里 lʅ。

（4）山摄合口三四等今普通话韵母读 [yan] 的字在山西北区方言中韵母多读复合元音韵母 [ye]，而在偏关话中读单元音韵母 [y]，即偏关话发生了"ye→y"的音变。例如：

合口三等：卷眷绢圈（猪圈）倦捐 tɕy \\ 全泉圈（圆圈）拳权颧劝 tɕʰy \\ 宣选旋镟喧楦 ɕy \\ 圆员院原元源愿冤怨袁辕援园远 y。

合口四等：犬 tɕʰy \\ 玄悬炫 ɕy \\ 渊 y。

另外，山摄开口三等的"轩""掀"和开口四等的"弦"在偏关话中韵母也读作 [y]。

（5）遇摄合口三等今普通话韵母读 [y] 的字在山西北区方言中韵母也多读 [y]，而在偏关话中读 [ɥ]（来母除外），即偏关话发生了"y→ɥ"的音变。例如：

合口三等：女 nɥ \\ 车（车马炮）据锯拘俱矩拒距惧 tsɥ \\ 趋取趣驱渠 tsʰɥ \\ 须徐序叙续虚许吁 sɥ \\ 鱼渔语御愚虞娱遇寓淤迂于盂雨宇禹羽芋余异与誉预豫榆逾愉愈喻 ɥ。

另外，蟹摄开口四等的"婿"在偏关话中韵母也读作 [ɥ]。

（6）遇摄合口三等来母普通话今韵母读 [y] 的字在山西北区方言中韵母也多读 [y]，而在偏关话中读 [lɥ]，即偏关话发生了"y→ɥ"的音变。例如：

合口三等来母：驴旅滤屡 lɥ。

另外，止摄开口三等来母的"履"在偏关话中韵母也读作 [ɥ]。

由上文可见，偏关话韵母的推链式音变从大处着眼其实可分为两类，（1）（2）（3）属一类，（4）（5）（6）属另一类。第一类普通话韵母的韵头或韵腹都是 [i]，偏关话的韵母分别读作 [i][ʅ][ʅ]，我们把这一类音变叫作"i 系列音变"；第二类普通话韵母的韵头或韵腹都是 [y]，偏关话的韵母分别读作 [y][ɥ][ɥ]，我们把这一类音变叫作"y 系列音变"。i 系列音变和 y 系列音变可分别表示如下。

i 系列音变：

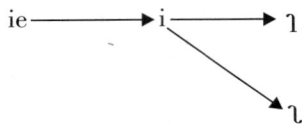

y 系列音变：

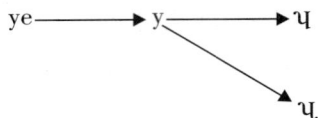

普通话中韵母读音相同的部分中古入声字在偏关话中舒化后读音不同，这一现象反映出这些字在偏关话中舒化的时间有早有晚、次序不同。例如：

揖忆亿翼易 ʅ \\ 逸抑 i。

妾灭撤 i \\ 茶泄液腋 ie。

"\\"前的字舒化时间应当比较早，发生了相应的音变；"\\"后的字舒化时间应当比较晚，没有发生相应的音变。

（二）声母方面

遇摄合口三等精组、见组、晓组，蟹摄开口三四等精组、见组、晓组，止摄开口三等见组、晓组今普通话声母读〔tɕ〕〔tɕʰ〕〔ɕ〕的字在山西北区方言中声母也多读〔tɕ〕〔tɕʰ〕〔ɕ〕，而在偏关话中读作〔ts〕〔tsʰ〕〔s〕，也即偏关话发生了"tɕ→ts、tɕʰ→tsʰ、ɕ→s"的音变。例如：

①遇摄。

聚居举据锯驹俱句巨具 tsʮ \\ 蛆趋娶趣去驱渠瞿 tsʰʮ \\ 絮需徐绪墟嘘许吁 sʮ。

②蟹摄。

祭挤剂继髻 tsʅ \\ 妻齐契 tsʰʅ \\ 西洗细分系_联系 sʅ。

③止摄。

寄肌几基纪饥既妓 tsʅ \\ 企弃杞岂汔骑鳍其棋祈 tsʰʅ \\ 戏熙喜希 sʅ。

三、偏关话推链式音变的发生原因

偏关话在声母、韵母两个方面发生了推链式系列音变，我们认为发生这种音变的原因主要如下：

咸山摄开口二三四等、山摄合口三四等字的韵母变读〔i〕〔y〕分别是偏关话韵母 i 系列和 y 系列推链式音变的起点，也是偏关话韵母发生推链式音变的直接原因。

由于咸山摄开口二三四等、山摄合口三四等字的韵母变读 [i] [y]，其读音分别和蟹摄开口三四等、止摄开口三等字与遇摄合口三等字的读音变得完全相同，迫使蟹摄开口三四等、止摄开口三等字的韵母和遇摄合口三等字的韵母发生变化，导致蟹摄开口三四等、止摄开口三等字和遇摄合口三等字的高元音韵母进一步高化并舌尖化。例如咸山摄的"点""典"，其本来读音很可能为 [tie²¹⁴] 或与之近似的读音，由于发生了音变，变读为 [ti²¹⁴]，这样其读音就和蟹摄"低"等字的本来读音变得相同，从而迫使"低"等字的读音发生变化，最终读成 [ts²¹⁴]。又如山摄的"眷""倦"，其本来读音很可能为 [tɕye⁵²] 或与之近似的读音，由于发生了音变，变读为 [tɕy⁵²]，这样其读音就和遇摄"据""锯"等字的本来读音变得相同，从而迫使"据""锯"等字的读音发生变化，最终读成 [tsʯ⁵²]。

至于咸山摄字为何会首先发生音变，其深层原因还有待进一步研究。

韵母的变化引起了声母的连锁反应。蟹摄开口三四等、止摄开口三等与遇摄合口三等字的韵母由 [i] [y] 变为 [ɿ] [ʮ] [ɥ] [ʯ]，从而导致蟹摄开口三四等、遇摄合口三等的精、见、晓组字和止摄开口三等见、晓组字的声母由 [tɕ] [tɕʰ] [ɕ] 变为 [ts] [tsʰ] [s]。例如止摄"寄""棋""希"等字的韵母由 [i] 变成了 [ɿ]，由于偏关话中 [tɕ] [tɕʰ] [ɕ] 不和 [ɿ] 相拼，因此其声母由 [tɕ] [tɕʰ] [ɕ] 变为 [ts] [tsʰ] [s]。

参考文献

[1] 侯精一. 晋语的分区（稿）[J]. 方言，1986（4）.

[2] 侯精一，温端政. 山西方言调查研究报告 [M]. 太原：山西高校联合出版社，1993.

[3] 侯精一，温端政，田希诚. 山西方言的分区（稿）[J]. 方言，1986（2）.

[4] 王福堂. 汉语方言语音的演变和层次 [M]. 北京：语文出版社，1999.

[5] 王洪君. 文白异读与叠置式音变 [M] // 《语言学论丛》编委会. 语言学论丛：第 17 辑. 北京：商务印书馆，1992.

[6] 王力. 汉语语音史上的条件音变 [J]. 语言研究，1983（1）.

[7] 赵彤. 山西方言的知、照系声母 [J]. 语文研究，2001（4）.

附表 1　偏关话音系声母

声母（23）				
p 步别	pʰ 怕盘	m 门马	f 飞符	
t 夺到	tʰ 同太	n 难念		l 兰吕
ts 机祖	tsʰ 举仓		s 虚生	
tʂ 招主	tʂʰ 锄潮		ʂ 税扇	ʐ 日认
tɕ 精节	tɕʰ 全丘		ɕ 选休	
k 贵该	kʰ 开跪	ŋ 案袄	x 活灰	
∅ 严远而微约				

附表 2　偏关话音系韵母

韵母（39）			
ɿ 地以	i 连介	u 故母	y 圆劝
ʅ 知离		ʮ 语虚	ʯ 驴吕
ər 耳儿			
a 爬辣	ia 架夹	ua 刮花	
ɤ 河蛇		uɤ 过多	
	ie 野茄		ye 靴瘸
ɛi 妹卖		uɛi 怪桂	
au 烧报	iau 条较		
ɤu 斗收	iɤu 流勾		
ɛ 胆含	iɛ 甘岸	uɛ 端船	
ɔ 当光	iɔ 讲良	uɔ 汪望	
ɤŋ 庚本	iɤŋ 紧灵	uɤŋ 魂翁	yɤŋ 云兄
ʂe 直木	ieʔ 北踢	ueʔ 鹿国	yeʔ 域浴
aʔ 色割	iaʔ 滴百	uaʔ 郭落	yaʔ 缺月

附表 3　偏关话音系单字调

单字调（4）		
声调	调值	例字
阴平上	214	诗灯开飞椅免体纸短女
阳平	44	时题人寒锄房扶龙云神
去声	52	到是凳妇柱爱变漏用饭
入声	ʔ33	识滴福锡搭袜局服药域

政治话语关键词"战略"的搭配特征、泛指及其动因*

方清明　黄琦泓

一、引言

话语具有社会性、实践性和政治性，是一种社会实践和行动的方式，既被社会型塑，也能构筑社会秩序、型塑社会。窦卫霖认为"时政话语是一国政府在进行本国经济、政治、社会、文化、环境等多方面治理时，所使用的权威、正式用语，体现在相应时期内一国治理的重大指导方向的战略性思路"①。安丰存、王铭玉指出"政治话语凸显国家政治特色及核心价值观，具有引导话语受众了解并接受国家核心政治理念及政治行为的作用"②。刘兆浩、常俊跃（2021）指出，较多学者从会话分析、批评语篇分析、概念隐喻分析等视角对政治话语的定义、体系建构、个案等进行了论述。

中国政治话语体系建设是新时代的发展要求，已经有学者对相关词语进行了探讨。如郭熙（2012）指出"讲话"类词语存在层化现象："讲话"是高阶词语，它的施动者总处于高等级位置；"汇报"则是低阶词语，它的施动者总处于低等级位置。"讲话 > 演讲、演说、讲演 > 分享 > 发言 > 汇报"构成一个层级系列。苗兴伟（2016）从系统功能语言学视角考察了未来话语"中国梦"的话语建构情况。文秋芳（2017）从认知语言学和功能语言学视角考察"人类命运共同体"的概念、人际和语篇功能。闫克（2022）探讨了政治话语中"X 共同体"词族的建构问题。

上述研究加深了人们对政治话语关键词研究的思考，不过客观而言，我们发现仍有很多个案值得探讨。如在当代政治话语中，"战略"既是一个抽象概念，又是一个高频关键词。我们检索"北京语言大学现代汉语语料库·报刊"（下称"BBC 语料库·报刊"）后发现，包含"战略"一词在内的结果多达 230 019 个，"发展战略""战略思

* 本文系国家语言文字工作委员会"十四五"科研规划 2022 年度科研项目"中华思想文化术语的当代阐释与价值引领研究"（YB145–51）阶段性成果。原文载于《中国语言战略》2023 年第 2 期。

① 窦卫霖. 如何提高中国时政话语对外传译效果：基于认知心理学角度［J］. 探索与争鸣，2019（6）：127.

② 安丰存，王铭玉. 政治话语体系建构与外译策略研究［J］. 外语教学，2019（6）：1.

想""战略布局""战略研究"等搭配频频出现。虽然"战略"是一个高频词，但是人们却习焉不察。"战略"作为一个词，其自身特点，如搭配特征、句法功能、历时的语义变迁，尚缺乏基本的描写与解释。鉴于此，本文拟从共时和历时两个层面对"战略"的用法进行描写和考察。

二、"战略"的共时分析

（一）"战略"的中心语用法

"×战略"搭配是以"战略"为右核心构成的一个词族，其下位类别和意义颇为丰富。本文搭配用例来自"BCC 语料库·报刊"，按照使用频率高低排列，例如：

（1）a. 军事战略、外交战略、文化战略、经济战略、语言战略、核战略、能源战略、市场战略、石油战略、海洋战略、财经战略、知识产权战略、科技战略
b. 名牌战略、强国战略、人才战略、品牌战略、精品战略、大集团战略
c. 国家战略、全球战略、国际战略、世界战略、地缘战略
d. 公司战略、企业战略

例（1）"×战略"多为"名词＋战略"搭配。例（1a）"×"表示某个领域、范畴，如"军事战略"是指军事方面的战略；"外交""文化""经济""语言"等也都是与国计民生息息相关的重要领域。可以认为，越是重要的领域，越需要考虑战略问题。如在当代语境下，语言的重要性越来越凸显，那么"语言战略"问题也就越来越值得思考。例（1b）"×"表示希望实现的目标，这可以通过补足相关的谓词进行验证，如"名牌战略"是指"实施名牌战略"或者"走名牌战略"。方清明（2014）指出"世界""世界上"不仅有宽泛范围义，还有极性程度义，例（1c）"×"亦是如此，范围与层级兼而有之，例如"国家战略"可以指某个国家的战略，如"中国的战略"，也可以指"国家级战略"，即这个战略是国家级的，而非某个省或地区的战略。例（1d）"×"表示主体，如"公司战略"指公司要实施或考虑的战略。有些"×"可前可后，构成互逆形式，例如"资源战略—战略资源""安全战略—战略安全"。但我们仔细分析后发现，互逆形式的语义关系不尽相同，如"安全战略"是指安全方面的战略，而"战略安全"是指关系全局的安全。

人们是如何区分"战略"的呢？有一类"×战略"能够回答该问题，其中充当"×"的修饰成分具有维度区分的属性。例如：

（2）a. 重大战略、伟大战略、重要战略、新战略、总体战略、长期战略、基本战略

b. 全面战略、长远战略、正确（的）战略、整体战略、新型战略、宏伟战略、宏观战略

c. 共同战略、主要战略、总战略、根本战略、中长期战略、首要战略、基本战略

d. 前瞻性战略、新兴战略、国家级战略、整套战略、积极战略

例（2）里"×"作为属性修饰"战略"，二者中间可以插入定语标记"的"，如既可以说"伟大战略"，也可以说"伟大的战略"。这些搭配直观地说明了"战略"的积极属性，如可以说"重大战略""长期战略""新战略""宏观战略"，但一般不说"微小战略""短期战略""旧战略""微观战略"。可见，"战略"的区分维度有明显倾向，人们往往关注某个事情的重要方面而忽略次要方面，因为只有重要方面才能决定事件性质，如"重要（的）战略"用例多达 5 279 条，这就很能说明问题。可以说，"战略"都是重要的、基本的、长远的。

（二）"战略"的定语用法

1."战略＋具体名词"搭配

（3）a. 战略武器、战略核武器、战略轰炸机、战略导弹、战略火箭、战略飞机

b. 战略要地、战略位置、战略基地、战略重镇、战略空间、战略公路、战略支点、战略据点、战略基点、战略区、战略地区、战略制高点、战略高地、战略通道

c. 战略物资、战略原料、战略石油、战略情报

d. 战略研究所、战略研究院、战略研讨会、战略论坛、战略报告

e. 战略家、战略伙伴、战略投资者、战略工程、战略产业、战略新兴产业

从语义上看，例（3a）至例（3c）均与战争、军事有关。例（3a）与武器有关，跟常规武器相比，"战略武器"更具决定性。例（3b）与空间位置有关。例（3c）与物资、情报等有关。例（3d）与研究有关，不限于战争或军事，如"语言战略研究所"是研究语言战略的机构。例（3e）属于其他类。从定语性质来看，例（3）里"战略"主要对中心语起到限制说明作用，凸显中心语"极其关键或重要"的属性。

2. "战略 + 抽象名词" 搭配

（4）a. 战略意义、战略地位、战略眼光、战略定力、战略高度、战略利益、战略优势、战略价值、战略作用、战略重要性、战略远见

b. 战略目标、战略任务、战略决策、战略计划、战略意图、战略步骤、战略纲要、战略框架、战略对策、战略目的

c. 战略方面、战略方向、战略层面、战略体系、战略全局、战略问题、战略思想、战略思路、战略格局、战略角度、战略重点、战略要点、战略措施、战略举措、战略思维、战略关系、战略形势、战略态势、战略观点、战略重心

d. 战略伙伴关系、战略机遇、战略联盟、战略力量、战略经济、战略高技术

例（4）整体上体现出某种积极属性，"战略 + 抽象名词"一般都可以说成"战略性 + 抽象名词"，如"战略意义"可以说成"战略性意义"。我们仔细分析后发现，每个下位类型各有特点。例（4a）可以用"具有战略 + 抽象名词"句法进行验证，如"战略意义"可以说成"具有战略意义"，"具有战略意义"比"具有意义"内涵更丰富，级别也更高。"战略"具有稳定的定语功能，且可表达极性高程度修饰义。这一点从其与相对词"策略"的比较就可以看出来："策略"基本没有定语功能，如不能说"策略武器""策略全局""策略伙伴关系"等。

"战略"作为修饰语，与"关键""核心""重要"等词在语义内涵上有相似之处，但是用法不尽相同。"战略"具有全局性、宏大性，这是"关键""核心""重要"所不具备的，如"战略眼光"就不能说成"关键眼光""核心眼光""重要眼光"。如可以说"关键技术""核心技术"，但是一般不说"战略技术"。再如"战略意义"和"重要的战略意义"都可以使用，但后者是比前者更为外显和强调的说法，因为"战略意义"本身就是重要的，要不然就称不上"战略意义"。例（4b）里的例词可以与"实施""设定"类动词搭配，如"实施……战略计划""设定……战略任务"等。例（4c）一般指就"战略"本身进行思考，或者从"战略"角度进行思考，可以利用介词性框架"从战略……""在战略……"进行验证，如"从战略角度出发""在战略方向上"等。例（4d）属于其他类，兹不赘述。

3. "战略 + 动词" 搭配

（5）a. 战略布局、战略对接、战略转移、战略转变、战略支援、战略沟通、战略协作、战略防御、战略决战、战略部署、战略动员、战略管理、战略研究、战略推进、战略调整、战略进攻、战略反攻、战略安排、战略互惠、战略考虑、战略谋划、战略思考、战略选择

b. 战略需要、战略要求、战略定位、战略发展

例（5）里"战略+动词"的搭配整体上是名词性的，其后一般不能再带宾语，如一般不说"战略动员大家完成任务"。例（5a）里的实例多与"进行""加强"等动词搭配，如"进行战略布局""加强战略沟通"等。例（5b）里的实例多与"考虑""满足""服务"等动词搭配，如"满足战略要求"等。

（三）"战略"的宾语用法及其动词时态

"动词+战略"有时候是紧邻搭配，如"调整战略"；但多数时候"战略"前面还有修饰语，形成"动词+……+战略"的跨距搭配，如例（6）。

（6）实施科教兴国战略、提出全面从严治党战略、推动可持续发展战略、制定太极拳全球发展战略、落实京津冀协同发展战略、实行沿海地区经济发展战略、转变农业发展战略、探索企业发展战略

例（6）里"实施""提出""推动""制定"等动词与"战略"搭配。从理论上来说，这些动词与"战略"的搭配机会应该是平等的。不过表1显示，"实施……战略"用例达到14 543条，异常高频，这是为何？原因在于，"实施"是指"实行（法令、政策等）"①。"战略"作为政治话语，其关键在于实施，只有"用行动来实现"才具有意义，"实施……战略"能体现党和政府务实的执政理念和治国方针。正因为"实施……战略"符合务实的政治话语功能，它才有可能成为高频词。

表1　相关动词与"战略"搭配频率

序号	实例	频率	序号	实例	频率
1	实施……战略	14 543	5	落实……战略	1 924
2	提出……战略	4 249	6	实行……战略	934
3	推动……战略	3 176	7	转变……战略	195
4	制定……战略	3 131	8	探索……战略	152

① 中国社会科学院语言研究所词典编辑室. 现代汉语词典 ［M］. 7 版. 北京：商务印书馆，2016：1186.

（7）提出实施、推动实施、制定实施、坚持实施、探索实施、加强实施

再如，例（7）的搭配说明，"提出""推动""制定"等动词位于"实施"之前，"实施"是核心谓语，在语义上起决定作用。

（8）（坚决、大力、正在、进一步、将、必须、全力、重点、依法、逐步、率先、稳步、尽快）实施……战略

与"战略"搭配的动词的时态多为现在时或将来时，如例（8）"正在实施……战略""进一步实施……战略""将实施……战略""必须实施……战略"。"战略"多用于现在话语和未来话语，"它必然是关乎人们尚未实现但又在努力争取实现的事情，并由此催生强烈的奋斗动机和动力"①。用于现在话语的"战略"凸显当下努力奋斗的必要性和紧迫性，用于未来话语的"战略"展现了未来愿景，体现为国家和人民的行动目标。如果"战略"已经完成，那么它不但失去了引领作用，而且带有陈旧之感。政治话语的功能主要是着眼当下、放眼未来，因此与"战略"搭配的动词较少使用完成时态，如较少说"实现了……战略""完成了……战略""落实了……战略"。

（四）"战略"是一个大词

什么是"大词"？不同学者对此有不同称说，如石毓智（2001）把"声息""声音""强音"和"事儿""责任""使命"里的"强音""使命"这类词称为语义程度极高的名词，其后一般不能直接加"没"表否定。郭熙（2012）指出"讲话"是高阶词语，它的施动者总处于高等级位置。也有些学者在谈到大词小用现象时对此有所涉及，如陆俭明（2007）指出"当我走进教室的时候，周老师正在跟班长商议辅导的时间"里的"商议"属于大词小用，应该用"商量"。赵丕杰（2018）指出成语"革故鼎新"应用于改朝换代或重大变革等语境，若把某个方面、某些单位、某项工作的改进、创新说成"革故鼎新"，则犯了大词小用的错误。社会有阶层差异，反映社会的语言也有层级性。客观事物有大小之别，表述事物的词也有大小之分。我们认为所谓"大词"就是一个相对于其他相关词而言，具有语义程度高、主体地位高等属性的词。政治话语里的"战略"是一个"大词"，表现如下：

第一，"战略"语义程度高。"战略"具有全局性、整体性、高度性、前瞻性、长

---

① 伟达．海外版望海楼："中国梦"的动力源［N/OL］．人民日报（海外版），2013 – 02 – 01 ［2023 – 02 – 03］．http：//opinion．people．com．cn/n/2013/0201/c/003 – 20398718．html．

期性等语义特征。与相关词语对举时，"战略"总是处于语义高的一端，其他词语处于语义低的一端，如"战略—战役—战斗""战略—政策""战略—策略"。

第二，"战略"主体地位高。其主体多是国家，如"国家战略""中国的发展战略"等。地位低的名词很少作为"战略"的主体，如一般不说"家庭的战略""张三的战略"等。要说明的是，刻意的、修辞性的大词小用现象不在本文探讨之列。

第三，"战略"所涉领域重要，如"军事战略""外交战略""经济战略""安全战略""语言战略"等。描述普通领域时一般不用"战略"，如一般不说"日常生活的战略""娱乐的战略"等。

第四，"战略"所涉范围广，具有极性义，如"国家战略""全球战略""国际战略"等。描述小范围时一般不用"战略"，如一般不说"村里的战略""教室里的战略"等。

第五，作为修饰语，"战略"具有正向极性高程度义。如外交关系用语"合作伙伴""建设性合作伙伴""全面合作伙伴""战略伙伴""战略合作伙伴""全面战略合作伙伴关系"，其中凡是带"战略"的用语都比不带"战略"的用语外交级别更高，体现的关系也更亲密。相关搭配多具有积极属性，如"战略眼光""战略定力""战略家"等。若"战略"与相关负面义词搭配，则可能产生语义色彩中和的政治修辞效果，如"战略性撤退""战略性失败"等。

第六，从本源义来看，"战"指战争，是超越个体的事情，使人在认知上容易产生"大"的联想。"略"为"大致、不详细"之义，这是"战略"不指具体细节之事的根源所在。从本源义来看，"战略"作为"大词"有一定的必然性。

三、"战略"的历时分析

我们注意到《现代汉语词典》收录了"战略"的两个义项：①指导战争全局的计划和策略：～部署 | ～防御。②泛指决定全局的策略：革命～ | 全球～。[①] 义项①为"战略"的本义用法，义项②为"战略"的泛指用法。从本义到泛指，"战略"的语义发生了怎样的变化？这需要从历时角度进行分析。

我们选择《毛泽东选集》《毛泽东文集》《邓小平文选》《江泽民文选》《胡锦涛文选》《习近平谈治国理政》作为语料，理由有二：第一，国家领导人的文献形成了较好的历时动态语料，其中"战略"的使用具有传承关系。第二，"战略"的语义形成、泛指用法与国家领导人对该词的使用密不可分。我们对这些语料进行了统计，数据如表2所示。

[①] 中国社会科学院语言研究所词典编辑室. 现代汉语词典［M］. 7版. 北京：商务印书馆，2016：1648.

表2 "战略"在不同语料里的频率差异

语料	语料规模	本义用法	泛指用法	合计
《毛泽东选集》《毛泽东文集》	259 万字	757 次（95%）	41 次（5%）	798 次（100%）
《邓小平文选》	85 万字	66 次（63%）	38 次（37%）	104 次（100%）
《江泽民文选》	100.5 万字	255 次（35%）	480 次（65%）	735 次（100%）
《胡锦涛文选》	102.2 万字	83 次（9%）	831 次（91%）	914 次（100%）
《习近平谈治国理政》	101 万字	93 次（9%）	935 次（91%）	1028 次（100%）

由表2可知，近百年来"战略"用法变化的大致趋势是：本义用例趋少，泛指用例增加。具体如下：

第一，《毛泽东选集》《毛泽东文集》中的41次"战略"泛指用法大多出现在《毛泽东文集》第七、八卷，成稿时间在新中国成立之后的1956年到1975年，这说明彼时"战略"有了零星的泛指用法。

第二，《邓小平文选》第三卷成稿时间在1982年到1992年。这时"战略"已经有较多泛指用法，如"战略重点，一是农业，二是能源和交通，三是教育和科学"，该用例里的"战略"不用于战争、军事领域，而用于农业等领域，属于泛指用法。可以认为，改革开放后，随着国家重心转移到经济建设上来，"战略"泛指用法逐渐增加。

第三，《江泽民文选》里"战略"本义用法依然有255例，这超出了我们的预计。我们仔细观察后发现，这与当时国际动荡（如海湾战争、车臣战争）、提出"科技强军战略"等事件密切相关。这255条用例里，少数与战争直接相关，多数与军事、武器相关，这在一定程度上也体现了该词的语义泛指。

第四，"战略"泛指用例最多的是《习近平谈治国理政》，具体分析详后。

（一）《毛泽东选集》和《毛泽东文集》里的"战略"

在毛泽东同志的文献里，绝大多数"战略"都是本义用法，即"指导战争全局的计划和策略"，受"战"字的本源义影响较大。与"战略"共现的往往是战争类词语，如"战术""战争""战役""战斗""作战""军队""部队""兵力""游击战""防御""进攻""敌人"等。在战争年代，毛泽东同志持续地在多篇文章里深入探讨了"战略"问题，例如：

（9）八月失败，完全在于一部分同志不明了当时正是统治阶级暂时稳定的时候，反而采取统治阶级政治破裂时候的<u>战略</u>，分兵冒进，致边界和湘南同归失败。（《毛泽东选集》第一卷《中国的红色政权为什么能够存在？》一九二八年十月五日）

（10）<u>战略</u>与战役枢纽的抓住。……抓住<u>战略</u>枢纽去部署战役，抓住战役枢纽去部署战斗。（《毛泽东文集》第一卷《直罗镇战役同目前的形势与任务》一九三五年十一月三十日）

（11）<u>战略</u>问题是研究战争全局的规律的东西……因为敌我双方的技术、战术、<u>战略</u>的发展，一个战争中各阶段的情形也不相同……只要有战争，就有战争的全局。世界可以是战争的一全局，一国可以是战争的一全局，一个独立的游击区、一个大的独立的作战方面，也可以是战争的一全局。凡属带有要照顾各方面和各阶段的性质的，都是战争的全局。研究带全局性的战争指导规律，是<u>战略</u>学的任务……说到全局和局部的关系，不但<u>战略</u>和战役的关系是如此，战役和战术的关系也是如此……反对战役的持久战和<u>战略</u>的速决战，承认<u>战略</u>的持久战和战役的速决战……红军的<u>战略</u>退却（长征）是红军的<u>战略</u>防御的继续，敌人的<u>战略</u>追击是敌人的<u>战略</u>进攻的继续。（《毛泽东选集》第一卷《中国革命战争的战略问题》一九三六年十二月）

（12）<u>战略</u>战术、<u>战略</u>战役、<u>战略</u>方针、<u>战略</u>问题、<u>战略</u>阶段、<u>战略</u>步骤、<u>战略</u>胜利、<u>战略</u>失败、<u>战略</u>守势、<u>战略</u>转移、新<u>战略</u>、<u>战略</u>指导、<u>战略</u>指导者、<u>战略</u>眼光、<u>战略</u>头脑、<u>战略</u>学（摘录自《毛泽东选集》第一卷《中国革命战争的战略问题》一九三六年十二月）

（13）a. 我们的<u>战略</u>是"以一当十"，我们的战术是"以十当一"，这是我们制胜敌人的根本法则之一。（《毛泽东选集》第一卷《中国革命战争的战略问题》一九三六年十二月）

b. 当着我们正确地指出在全体上，在<u>战略</u>上，应当轻视敌人的时候，却决不可在每一个局部上，在每一个具体问题上，也轻视敌人。（《毛泽东选集》第四卷《关于目前党的政策中的几个重要问题》一九四八年一月十八日）

例（9）显示，毛泽东同志在 1928 年已经使用"战略"一词。例（10）中，毛泽东同志于 1935 年使用了"战略、战役、战斗""战略、战役、战术"的层级化表述，这有利于"战略"大词属性的确立。例（11）中，毛泽东同志对"战略"进行了系统阐释："战略"的定义是具有全局性、规律性的东西，处于高阶位置。例（12）中，毛泽东同志大量使用了"战略"类复合词，形成词族效应。例（13）的相关论述后来被概括为"战略上藐视敌人，战术上重视敌人"，成为毛泽东战略思想的集中表达。概言之，经过毛泽东同志的创新性使用和深入阐释，"战略"被赋予"全局性"这一重要语义内涵。毛泽东同志的相关论述确立了"战略"在此后政治话语里的价值方向。

（二）《习近平谈治国理政》里的"战略"

1. "战略"的语义张力

党的十八大以来，以习近平同志为核心的党中央高度重视"战略"的阐述和理论建设，使得"战略"用法的张力空前体现。例如：

（14）战略问题是一个政党、一个国家的根本性问题。战略上判断得准确，战略上谋划得科学，战略上赢得主动，党和人民事业就大有希望。一百年来，党总是能够在重大历史关头从战略上认识、分析、判断面临的重大历史课题，制定正确的政治战略策略，这是党战胜无数风险挑战、不断从胜利走向胜利的有力保证。这次全会决议对百年奋斗历程中党高度重视战略策略问题、不断提出科学的战略策略作了全面总结。注重分析和总结党在百年奋斗历程中对战略策略的研究和把握，是贯穿全会决议的一个重要内容，我们一定要深入学习、全面领会。战略是从全局、长远、大势上作出判断和决策。我们是一个大党，领导的是一个大国，进行的是伟大的事业，要善于进行战略思维，善于从战略上看问题、想问题。正确的战略需要正确的策略来落实。策略是在战略指导下为战略服务的。战略和策略是辩证统一的关系，要把战略的坚定性和策略的灵活性结合起来。（摘自《习近平谈治国理政》第四卷《续写马克思主义中国化时代化新篇章》）

例（14）从理论高度阐释了"战略"是从全局、长远、大势上作出判断和决策，而"策略"是在战略指导下为战略服务的。"战略—策略"对举使用，进一步说明了"战略"的大词属性。

2. "战略"泛指用法分析

"战略"已经成为当下重要的时政话语关键词，下面我们来看《习近平谈治国理政》里"战略"的使用领域分布情况，如表3所示。

表3 《习近平谈治国理政》里"战略"的使用领域分布

序号	1	2	3	4	5	6	7	8	9	10
领域	政治	经济	外交	安全	军事	科技	文化	生态	教育	农业
频率	272	226	115	94	93	91	62	44	16	15

由表3可知，第一，在《习近平谈治国理政》里，"战略"使用领域非常广泛，一共涉及10个领域。第二，与"战略"本义用法有关的只有军事领域，共计93例。泛指

用例数量超过军事领域的有政治、经济、外交、安全领域，这说明国家非常关注上述 4 个领域的战略问题。第三，"战略"一词的用法是动态变化的，我们也应采取动态策略来认识它。"战略"渐渐摆脱战争领域，其"战"字本源义影响变小。

（三）"战略"泛指的动因

第一，语言随着社会的变化而变化。词语反映社会的变迁，反映不同历史时期社会生活的时代特征。郭熙（2019）指出，中国语言生活不断发展变化，它深受中国政治、经济和文化生活的影响，"战略"一词也体现了语言生活的与时俱进。近代以来，中国人民蒙受了外国侵略和内部战乱的百年苦难。在战争年代，毛泽东同志使用的"战略"自然多与战争、战事密切相关。改革开放后，中国长期稳定，将发展重心转移到经济上来，"战略"的泛指用法也就渐渐多了起来。当今世界正经历百年未有之大变局，国际形势复杂多变，改革发展稳定、内政外交国防、治党治国治军各方面任务之繁重前所未有，党和政府面临的风险挑战之严峻亦前所未有。复杂的形势要求党和政府从战略高度考虑问题，政治话语里"战略"的高频使用势在必然。正是由于近百年来政治话语发生了从革命战争话语到经济建设话语的转变，"战略"也从本义用法出发，渐渐产生了泛指用法。

第二，满足宏观语言层级需求。李宇明指出，语言生活可以划分为宏观、中观、微观三个层级，"宏观语言生活是指与国家直接相关、需要国家直接规划的语言生活"①。政治话语属于宏观语言层级，多用于表达党和政府各方面的政治策略，"战略"的全局性和宏观性满足了政治话语宏观语言层级的需求。

第三，顺应正式语体表达需求。政治话语属于正式语体，整体上要求用语正式、严谨。冯胜利（2010）指出，正式语体语法的基本特征是泛时空化，即减弱或去掉具体事物、事件或动作中时间和空间的语法标记。"战略"是抽象名词，具有天然的泛时空化特点，顺应了正式语体的要求。

（四）"战略"的语言规划效应

语言规划要从语言文字使用的社会实际出发。分析"战略"一词的产生、泛指和演变后，我们认为"战略"是语言规划里词语使用的典型成功案例。与一般词语的发展不同，"战略"一词的发展受到伟人的积极影响。毛泽东同志早在 1936 年就频繁使用"战略"，涉及定义、词族、极性程度义等用法，使"战略"的"全局性"语义特征和

---

① 李宇明. 论语言生活的层级 [J]. 语言教学与研究，2012（5）：1 – 10.

价值方向较早得到定位。伟人使用的词语一旦经过传播，影响往往更为深远，这种词语的伟人效应起点很高，作用也很明显。"战略"在领导人文献里被频频使用，不是偶然现象，而是政治话语乃至权力话语的必然选择。在"战略""策略""谋略""方略"词群里，"战略"很早就被确立了大词地位，并得到广泛应用。五代领导人文献里都持续不断地出现"战略"一词，其意义容易得到强化巩固。"战略"既可充当中心语，又可充当修饰语。一方面，使用"战略"一词能提升工作格局和主体地位层次，形成制度性的话语秩序，这也是满足社会与时代发展需要的必然要求；另一方面，若不分场合地过度使用"战略"，也可能会造成假大空现象，产生语言腐败。

四 、结语

本文利用大规模语料库，从共时方面揭示了"战略"一词的全局性、整体性、高度性、前瞻性、长期性等语义特征；从语义程度、主体地位、所涉领域、范围、修饰语特征等方面说明了"战略"的大词属性；从历时方面考察了"战略"的语义泛指过程，并从社会因素、层级需求、语体要求三方面解释了"战略"泛指的动因。

通过"战略"的个案研究可以看出，政治话语关键词的语言内涵值得深入研究，关键词的语言本体研究对政治话语的构建作用应该得到重视。语言学领域对于我国政治话语的体系构建及有效传播应该且可以发挥更大作用。我们相信，若采用自下而上的研究范式对一系列关键词个案进行深入研究，必能展现中国政治话语的特色，凸显语言为政治服务的功能，从而促进中国政治话语体系的构建，增强当代文化自信。

参考文献

[1] 方清明．汉语抽象名词的语料库研究［J］．世界汉语教学，2014，28（4）．

[2] 冯胜利．论语体的机制及其语法属性［J］．中国语文，2010（5）．

[3] 郭熙．华语视角下的"讲话"类词群考察［J］．语言文字应用，2012（4）．

[4] 郭熙．七十年来的中国语言生活［J］．语言战略研究，2019，4（4）．

[5] 刘兆浩，常俊跃．政治语言学的内涵与外延［J］．外语研究，2021，38（6）．

[6] 陆俭明．词汇教学与词汇研究之管见［J］．江苏大学学报（社会科学版），2007（3）．

[7] 苗兴伟．未来话语：中国梦的话语建构［J］．天津外国语大学学报，2016（1）．

[8] 石毓智．肯定和否定的对称与不对称［M］．北京：北京语言文化大学出版社，2001．

[9] 文秋芳．拟人隐喻"人类命运共同体"的概念、人际和语篇功能：评析习近平第70届联合国大会一般性辩论中的演讲［J］．外语学刊，2017（3）．

［10］习近平．习近平谈治国理政：第1卷［M］．北京：外文出版社，2014．

［11］习近平．习近平谈治国理政：第2卷［M］．北京：外文出版社，2017．

［12］习近平．习近平谈治国理政：第3卷［M］．北京：外文出版社，2020．

［13］习近平．习近平谈治国理政：第4卷［M］．北京：外文出版社，2022．

［14］闫克．"X共同体"词族：当代政治话语建构的成功案例［J］．语言战略研究，2022，7（4）．

［15］赵丕杰．使用"革故鼎新"不要大词小用［J］．青年记者，2018（6）．

［16］中共中央文献编辑委员会．毛泽东选集［M］．北京：人民出版社，1991．

［17］中共中央文献编辑委员会．邓小平文选［M］．北京：人民出版社，1994．

［18］中共中央文献编辑委员会．江泽民文选［M］．北京：人民出版社，2006．

［19］中共中央文献编辑委员会．胡锦涛文选［M］．北京：人民出版社，2016．

［20］中共中央文献研究室．毛泽东文集［M］．北京：人民出版社，1996．

综合应用

语言流播与地理文化的关系

伍　巍　李立林

一、地理因素与语言流播的关系

地理因素主要指山与水对人类活动所造成的阻隔与通达，这是最原始的自然条件对语言流播的影响。

（一）山

在欧洲西部，意大利与法国被高耸的阿尔卑斯山脉阻隔，故同属于罗曼语族的意大利语与法语各自独立发展。

中国一向是一个自给自足的农耕国家，因燕山山脉的横亘，游牧民族与农耕民族之间有天然的分界，这是公元 7 世纪前后北方的突厥语与中原汉语无交集的原因。河北（北方话）与山西（晋语）两省间纵隔太行山脉，故两地方言迥然不同。在多山的皖南徽州方言区，因长期交通闭塞，往往隔一座山头方言就彼此各异，故有"十里不同音"的旧说。

相反，一马平川的华北平原因无大山阻隔，故形成了广袤的北方官话区。

（二）水

大江大河与沿海水域对语言的流播存在双重影响，水系的通达可以促进语言的流播，也可以对语言的传播造成阻隔。

1. 通达

中国西部的澜沧江经云南景洪向南流入老挝、泰国、缅甸后被称为"湄公河"。它是一条重要的农耕生命源流与交通水道，上游景洪一带为傣语区，属壮侗语族傣语支，今老挝、泰国沿河一带均通用傣语。傣语的流播无疑与这条水系相关。

被称为"广东母亲河"的西江水系贯通广西东部与广东中南部，经广州汇入珠江。两个地区虽同属粤语区，但广西东部属勾漏片粤语区，广东中南部属广府片粤语区。然而广西西江沿岸的梧州等商业集散地却通行广府片粤语，与两广交界处的封开、郁南、德庆粤语（属勾漏片）判然不同，我们无法否认这是沿水通达的交通贸易促成的结果。

广东东部沿海地区是潮汕闽语的集中分布地，西部沿海地区的电白、遂溪、雷州、徐闻也是闽语的集中分布地，两地被中山、香港、澳门、阳江等一大片珠三角粤语区隔开。这一"跳跃式"的方言分布看似奇怪却不难解释，原来最富庶的珠三角沿海地区早有众多的本土居民聚居，只有西部人口稀少，故东部早期的闽语移民主要凭借沿海水路迁徙到粤西南地区，同时将他们日常操用的闽语带到该地，导致了广东闽语的"跳跃式"分布。

2. 阻隔

水往往也会对语言流播造成一定的阻隔。南亚语系与南岛语系正因太平洋的分割而各自两立。苏州、无锡与隔江相望的扬州、泰州、南通同属江苏省，前者位于江南，属吴语区；后者位于江北，今属江淮官话区。前辈学者认为，江苏通泰地区历史上曾为吴语地块，西晋"永嘉之乱"后，因北方移民不断南下，通泰地区逐渐变为江淮官话区。长江流经此处时江面越来越宽，形成了一道天然屏障，使此处的两岸方言彼此分隔，各自独立发展。

另有一种阻隔并非山水之隔，而是地隔。周振鹤与游汝杰认为，汉语方言"最早形成的是吴语和老湘语……最后是赣语和客家话""吴语和老湘语比较接近"。[①] 他们认为，湘语区与吴语区本是紧密相连的一整块方言区。魏晋之后，北方移民逐渐南下，像楔子一样从江西一带切开一个移民入口。随着江西移民聚居地的不断扩大，赣语与客家话两大方言区在中间地带逐渐形成，将本是地缘相接的湘语与吴语彻底隔开，形成东西两个相距遥远的方言区。两者经过漫长的各自发展，最终分化为今天的吴语与湘语两种不同的方言。

与此相类，福建闽语播迁到广东后，分布于潮汕与湛江两地，因长期地隔的原因各自独立发展，形成彼此不同的两个闽语小片。

二、文化因素与语言流播的关系

文化因素主要指生产力因素、聚居文化、现代交通与通信、语言政策四个方面对语言（方言）流播的影响。

---

① 周振鹤，游汝杰. 方言与中国文化［M］. 2版. 上海：上海人民出版社，2006：9.

（一）生产力因素对语言流播的影响

生存与发展是人类活动的第一要求，先进的生产力往往是人们的优先选择。2002年，我们曾对福建长泰县高层山区的磜头畲语进行考察。该畲语社群原先居住在山上，是一座畲语岛。面临周边闽语社群的包围，他们的主要经济来源为种植与养殖，寨子里没有商店，也没有学校，连宰杀一头猪都要赶到山下请闽语社群的人帮忙。在这种情况下，全寨的畲民不得不兼用闽语与外界沟通，即使是在家庭内部使用的畲语亦夹杂了很多长泰闽语的成分。山下闽语社群因畲语对他们无用，则无须掌握畲语。如今畲语正逐渐退出该社群的家庭用语之列，仅用于祭祀等族群仪式。这一残存的畲语走向彻底消亡应该是迟早的事。

满族本为游牧民族，清军入关统治中国后，满语并未成为清朝的权威语言，反而一直处于式微状态，如今趋于消亡。对此唯一的解释是农耕文化对游牧文化的取代。不难理解，英语今天在全世界流行，凭借的正是西方不断提高的科技创新能力。

（二）聚居文化对语言流播的影响

一定规模的族群聚居往往具有一种强大的文化影响力。历史上，从中原陆续南迁的客家人以集群形式定居于广东梅州一带，大规模聚居的文化向心力使得客家人的民俗传统顽强延续，客家方言成为客家人身份认同的表征符号，客家地区甚至流传"宁忘祖宗坑，不忘祖宗声"的训导。与此同时，那些散入珠三角的客家人因缺少集群式的文化向心力，早已被粤语使用者同化。

马来西亚、新加坡、印度尼西亚等地的中国侨民因集体聚居形成文化向心力，得以保存与延续各自的汉语方言。

（三）现代交通与通信对语言流播的影响

在香港，早期的客家话与粤语两大方言的使用人口数量与分布面不相上下。随着香港经济的崛起与其世界金融贸易中心的确立，地铁、公路、水上交通线四通八达，使香港成了一个名副其实的"交通网络村"。多数上班一族每日穿行于香港各地，打破了港岛、新界、大屿各区域的界限，快速促成了香港日常通用语的统一。港澳历来受广府文化的影响最深，所以今天香港的交际语基本为广府片粤语，客家话、英语只在一定范围内通行。

现代通信、网络的发达对语言的传播起到了不可小觑的作用。广东珠三角一带的方言内部还是有明显的差异，如广州人不一定听得懂东莞话。自20世纪50年代起，广东省广播电台即以广州话与普通话两种传播语播音。此后，广州周边地区的人逐渐能听懂广州话与普通话。改革开放后，电视、网络的逐渐普及有效扩大了广州话与普通话的影响，如今东莞、中山等地的孩子不一定会说地道的本地方言，但大多会说普通话，很多人能熟练地兼用广府片粤语。

改革开放以前，北方人因听不懂广府片粤语，往往对它有一种强烈的抵触情绪。随着电视、网络传播的普及，北方人逐渐喜欢上粤语流行歌曲，并纷纷用广府片粤语学唱，这不能不归功于通信传播的发达。

（四）语言政策对语言流播的影响

新加坡曾受英国殖民统治100多年，英语在该国具有一定的影响。该国国民由华族、马来族、印度族和其他族群组成，总人口近600万，其中华人占比74.2%，是新加坡的第一大族群。华人大多为闽南、潮汕移民，母语为闽语。1965年新加坡脱离马来西亚宣布独立，政府规定英语为第一语言，故原来使用汉语、马来语、印度语的居民均以英语作为通用语。尽管华人为该国的第一大族群，但汉语如今正逐渐退缩为华裔族群与华裔家庭内部的日常用语。

20世纪90年代初我们刚来广州，很多广州人听不懂普通话，我们用普通话购物往往遭到本地人的拒绝。此时香港尚未回归，我们在香港购物同样如此，甚至参加香港学术会议时也被要求以广府片粤语或英语交流。即使有些香港学者听得懂普通话，但在讨论环节仍然用粤语向我们提问，我们当时只能仰仗广州学者翻译。随着《中华人民共和国国家通用语言文字法》的颁布与普通话的推广，如今普通话在香港基本通行无阻。

三、移民因素与语言流播的关系

移民指一定规模人口的集体迁徙。移民的原因不外有三：①战乱导致的人口锐减，需要移民填补；②为讨生活远走他乡的人潮；③工程建设导致的人口迁徙。第一种形式如历史上的"湖广填四川"，一片广袤的西南官话区因此形成；第二种形式如清代中叶的"闯关东""下南洋"；第三种形式如我国20世纪60年代的"三线建设"，在偏远地区形成了许多异乡方言岛。这三类移民均涉及大量人口的集体迁徙，移居者自然将他们固有的母语一并移植到新的聚居地，形成新的语言分布格局。下文重点介绍前两种移民形式对语言流播的影响。

（一）战乱移民对语言流播的影响

战乱移民涉及的迁徙人口最多、波及面最广，故对语言流播的影响也最大。

位于安徽东南部的宣城、郎溪、广德、宁国等地临近浙江的湖州（吴语区），此地向来为鱼米富庶之地，也是拱卫南京的门户。历史上这片区域本属吴语的分布地界，方言学界称之为"亚吴语"。20 世纪 80 年代初，为配合《中国语言地图集》的制作，我们深入该地区调查后发现，只有边远地区尚存在零散的亚吴语分布，方言面貌迥异于前。这一变故要从太平天国运动这一历史事件说起。

清咸丰年间太平天国运动兴起，不久太平军攻陷天京（南京）。清军为了镇压这次农民起义，在皖南一带与太平军展开了数年的殊死搏斗，位于要冲的宁国一带更是双方来回拉锯的战场。据民国《安徽省宁国县志》记载，经过数年的征战，该地"土著之民十不满一"，荒村焦土一片，赤地不闻鸡犬。平定太平军乱后，为恢复农业生产，清政府先后招募近百万湖北、河南等地的移民进入该地复垦。大规模的移民使这一地区的语言面貌发生了彻底的变化，从此在皖南诸县形成了连片的江淮官话区。

（二）"下南洋"移民对语言流播的影响

马来西亚是一个民族众多的国家，华裔人口占该国总人口的 24.6%，是马来西亚的第二大族群。华裔聚居区主要流通粤语、闽语、客家话三种汉语方言，其中粤语人口集中于马来西亚政治经济的中心地带，影响亦最为明显。

马来西亚独立后，政府规定以马来语为国家通用语，并将马来语与英语并列为学校教育的考试语言。因考虑到众多的民族诉求，该国语言政策相对宽松，华人聚居区可以开办民间华语学校，近年吉隆坡逐渐通行普通话。2023 年 8 月，我们有幸走访马来西亚吉隆坡等地，驾车陪同我们的是一位土生土长的第三代华裔司机，他能用比较流利的普通话与我们交流。他载我们去马六甲访问时，一路上分别用马来语、英语、广府片粤语与不同的人自如交流。我们走访吉隆坡的茨场街（唐人街），华人商店与餐馆的服务员同样能以不同的语种招待不同族裔的顾客，甚至有些印度裔和马来裔的青年走进广东人的商铺也能操用广府片粤语。走访期间，我们在吉隆坡"雪隆广东会馆"召开了一次座谈会，与会者大多能在广府片粤语、普通话、马来语、英语间自由转换。即使个别老人不懂普通话，也能以广府片粤语、马来语、英语随意交谈。一位来自"马华工会"的朋友告诉我们，华人掌握多种语言是马来西亚多民族文化环境使然，也是华人生存与发展的需要。

参考文献

[1] 顾黔. 通泰方言音韵研究［M］. 南京：南京大学出版社, 2001.

[2] 李应泰, 范葆廉. 宣城县志［M］. 合肥：黄山书社, 2008.

[3] 史皓元, 石汝杰, 顾黔. 江淮官话与吴语边界的方言地理学研究［M］. 上海：上海教育出版社, 2006.

[4] 杨虎修, 李丙盛. 安徽省宁国县志［M］. 台北：成文出版社有限公司, 1936.

[5] 中国社会科学院语言研究所, 中国社会科学院民族学与人类学研究院, 香港城市大学语言资讯科学研究中心. 中国语言地图集［M］. 2 版. 北京：商务印书馆, 2012.

《广东粤方言地图集》与广东地理语言学[*]

甘于恩　林宸昇

2023 年 10 月,《广东粤方言地图集》(下文简称"《地图集》")在历经近二十年的调查、整理、绘图、修订后,正式由广东省地图出版社出版。它是我国首部省域方言地图集,标志着广东地理语言学研究的重大进展。

一、编纂语言地图集的战略意义

《地图集》的编成不仅在广东和全国范围内具有地理语言学的学术价值,而且具有其独特的战略定位和意义,主要包括以下五点:

(一)语言地图集能助力语言省情调查、濒危方言保护和乡村方言"留样"

广东是改革开放的前沿,大江南北乃至五洲四海的人们都聚集于此,还有多个世居少数民族,他们和不同民系、不同文化背景的汉族人比邻而居。因此,广东的语言和方言种类多样、互相交融,往往在一市、一县内就分布着多种语言和方言,"表现出许多区域特征和变异特征"①。如此的方言样貌赋予了广东地理语言学研究得天独厚的优势,广东也因此成为语言资源的"富矿",成为了解语言接触现象、形成和检验各类语言接触理论的宝地。

"省情调查研究对于国民经济的发展具有重要的意义,语言及方言的省情研究对于地理语言学研究十分重要,是其有效开展的基础。"②《地图集》作为广东语言省情调查最新、最全面的重大成果,不仅是对广东粤方言的一次大普查,也将进一步细化和更新广东语言资源现状分布情况。

---

* 基金项目:2013 年度国家社会科学基金重点项目"粤、闽、客诸方言地理信息系统建设与研究"(项目号:13AYY001)、2019 年度国家社会科学基金重点项目"基于大数据的广东粤语方言语音综合研究"(项目号:19AYY005)。

① 甘于恩. 广东汉语方言研究的格局与思路[M]//汉语南方方言探论. 广州:世界图书出版广东有限公司,2014:3.

② 甘于恩. 广东闽方言的分布[M]//汉语南方方言探论. 广州:世界图书出版广东有限公司,2014:38.

　　而在语言省情调查中，最需要关注的是其中的小众方言，特别是濒危方言。这些方言往往位于交通不便的乡村或山区，亟待保护和记录"留样"。虽然《地图集》调查的范围和布点数量尚有限，但我们调查时即坚持每县"县城 1 点，非县城 1 点"的设点原则，使《地图集》同时"体现代表性"和"较古老的特征"①；在关注"省城粤语""县域粤语"的同时，更着重调查"乡村粤语"。我们强调走入村镇、实地调查的"接地气"学风，使《地图集》成为厘清广东粤方言分布状况的又一次生动实践。

　　在后续的"粤闽客诸方言地理信息系统"中，我们还加入了对岭南汉语方言濒危程度的标注，这"既是语言国情调查的重要内容，也是保护和抢救语言资源的重要举措"，将引起社会对方言生存状况的关注，从而产生积极影响（甘于恩，2016a）。我们曾呼吁"重视边界方言和濒危方言的研究，组织人力开展调查"，我们认为"较之广东地区众多需要抢救、研究的小方言而言"，濒危方言的调查与整理出版的成果"不是多了，而是远远不够"②。为此，《汉语亲属称谓问题与岭南语言资源》（廖小曼、甘于恩，2019）一书中不仅收录了介绍广州、佛山、清远、茂名、汕头、中山、肇庆封开等市县语言资源的论文，还对雷州半岛的客家话（赵越，2019）和云浮市的闽方言"学佬话"（廖小曼，2019）等小众和濒危方言作了比较细致的介绍。

　　语言省情调查的价值不仅局限于语言学内部，对相关学科也有重要的价值，如《地图集》所提供的各方面信息可以作为民政、农业农村、教育、人力资源等相关职能部门制定地区差异化政策时的重要参考材料。张振兴对《地图集》的意义、价值作了客观的评价，他认为"一部优秀的语言地图集，……人类学、考古学、民族学、社会学、民俗学、历史学、文学等部门的专家学者也会感到兴趣。同时，有关的政府部门、经济管理部门以及新闻机构有时候也需要参考其中的资料"③。

（二）语言地图集反映的各类语言特征对国家安全和刑事侦查有特殊价值

　　张天伟提出，"关键语言"不仅包括"与国家安全、国家战略、国家利益和国家发展相关"④ 的少数民族语言和外语，也应当包括方言。粤方言正是典型的跨境、跨国方言，不仅在广东、广西、海南等省区使用，在中国香港和澳门乃至海外华人社区中也有较高的文化地位和较多的使用人口，全世界使用粤方言的总人数多达 6 800 余万。因此，粤方言不仅在我国语言生活中有着十分重要的地位，还具有广泛的国际影响（张振

---

　　① 董一博，方舒雅. 中国地理语言学研究的又一力作：《广东粤方言地图集》［M］//刘新中. 南方语言学：第 19 辑. 广州：世界图书出版广东有限公司，2022：261.

　　② 甘于恩. 广东汉语方言研究的格局与思路［M］//汉语南方方言探论. 广州：世界图书出版广东有限公司，2014：14.

　　③ 张振兴.《广东粤方言地图集》述评［J］. 暨南学报（哲学社会科学版），2010，32（3）：101.

　　④ 张天伟. 我国关键语言战略研究［J］. 中国社会科学院研究生院学报，2015（3）：92.

兴，2010）。此外，在刑事侦查中，通过分析犯罪嫌疑人话语中的方音特征、方言词汇特征和方言语法特征等信息，往往可以判断其真实的籍贯，识破其伪装（詹伯慧、张振兴，2017）。语言地图（包括粤方言地图）在这方面可以发挥重要的作用。

（三）语言地图集是沟通内地民众与海外乡亲的文化桥梁

方言是"自家人"相认的钥匙，是维系一个族群的无形文化纽带，能起到联系侨情、记住乡愁的重要作用。保护好岭南粤方言，使之更好地发挥联络感情、凝聚人心的作用，有利于铸牢中华民族共同体意识，使港澳同胞通过粤方言这一纽带永远心向内地、心向祖国，也使海外华侨华人与故乡之间能借助方言的力量，永葆血浓于水的情感联系。

（四）语言地图集体现了国家对于语言、方言地图等文化资源的重视

近年来，各类区域性方言地图集课题项目陆续获准立项。以国家社会科学基金为例，我们在"国家社科基金项目数据库"① 中查询到 20 项区域性方言地图集项目，其中 7 项为重点项目。方言地图项目所涉地域遍及大江南北，涵盖的方言类型包括官话方言和晋方言、平话、客家话等各类非官话方言，方言地图立项数目在近十年内迅猛增长（如图 1 所示）。这说明国家无疑是支持和重视方言地图的。尤其值得一提的是，广东的粤、闽、客三大方言都将分别有自己的地图集，这在全国范围内都绝无仅有，广东方言语情的重要性和其在全国的分量由此可见一斑。

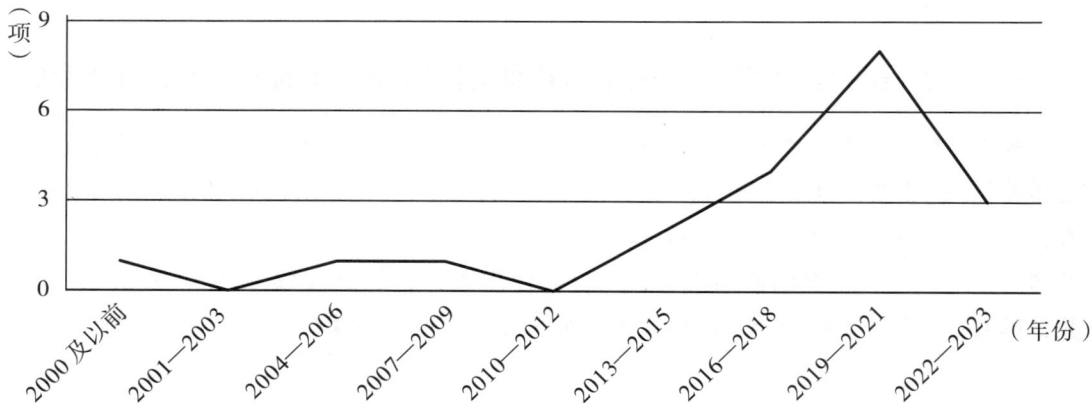

图 1　国家社会科学基金地域性方言地图集立项数量走势图

---

① 国家社科基金项目数据库：https：//fz. people. com. cn/skygb/sk/index. php/Index/index。

（五）语言地图集有助于传承优秀中华传统文化，助力乡村振兴

方言与地域文化、乡土文化紧密相连，而中华传统文化的底色就是乡土文化，中华传统文化也可以看作中国不同地区地域文化的集合。因此，《地图集》的出版不仅有助于传承和保护广东地方文化，挖掘珍贵的广东语言文化资源，也是传承中华优秀传统文化在广东粤方言区的具体实践。

乡村振兴是国家的重要战略，而乡村文化振兴是其中不可或缺的一环。作为不可再生的特殊的非物质文化遗产（田立新，2015）和中华优秀语言文化的精粹，汉语方言不仅是"一种有价值、可利用、出效益、多变化、能发展"的特殊资源，还具有社会价值、文化价值，承载着丰富而厚重的社会文化信息（陈章太，2008）。其所蕴含的乡土文化资源也是振兴乡村文化的重要源泉，对乡村文化振兴起着重要作用（王莉宁、康健侨，2022）。但当前包括粤方言在内的不少汉语方言（尤其是农村方言）却有明显的式微势头，这将严重阻碍乡土文化的传承。因此，中共中央办公厅、国务院办公厅曾在2017年的文件中指出，应当在"大力推广和规范使用国家通用语言文字"的同时，"保护传承方言文化""挖掘和保护乡土文化资源"①。《地图集》在流行粤方言的各县级单位的非县城地区均设有调查点，意在保留"乡村粤语"相对古老的特征，这与2021年教育部等三部门提出的"繁荣发展乡村语言文化"②的倡议不谋而合。我们相信，只有留住乡音、繁荣乡村方言文化，才能更好地记住乡愁。

二、四十年来逐步发展成熟的广东地理语言学研究

自20世纪八九十年代起，新兴的地理语言学在广东逐步生根开花，并不断承继和累进。在此过程中，广东学者通过扎实的田野调查不断充实基础语料，为学科在广东的勃发打下基础。他们不仅主持和参与多项地理语言学相关课题项目和各类学术活动，还结合掌握的广东汉语方言材料，提出了语言特征地理分布样态分类、方言接触下的声调梯级过渡等新理论，对方言地图的制图技术、图例设置的标准原则也进行了深入探讨，为地理语言学理论建设贡献出广东力量。

本部分将按广东地理语言学的草创期（20世纪80年代至90年代后期）、发展期

---

① 新华社．中共中央办公厅、国务院办公厅印发《关于实施中华优秀传统文化传承发展工程的意见》［EB/OL］．（2017－01－25）［2024－01－13］．https：//www. gov. cn/zhengce/2017－01/25/content_5163472. htm.

② 教育部，国家乡村振兴局，国家语言文字工作委员会．关于印发《国家通用语言文字普及提升工程和推普助力乡村振兴计划实施方案》的通知［EB/OL］．（2021－12－23）［2024－01－13］．https：//www. gov. cn/zhengce/zhengceku/2022－01/09/content_5667268. htm.

（20世纪90年代后期《广东粤方言概要》出版至21世纪初"广东粤方言地图集"项目获批）、收获期（21世纪初"广东粤方言地图集"项目正式开始调查至今）三个阶段，概述广东地理语言学的发展历程。

（一）广东地理语言学的草创期

最早的广东汉语方言特征图出现在《珠江三角洲方言综述：珠江三角洲方言调查报告之三》（下文简称"《珠三角》"）中，该书遴选《珠江三角洲方言字音对照》及《珠江三角洲方言词汇对照》中31个方言点较典型的语言特征，绘制了42幅方言地图（由甘于恩负责），除图1"调查点分布图"外，其他都是方言特征图（詹伯慧、张日昇，1990）。这些方言点分布于粤港澳大湾区各地市和两个特别行政区，覆盖粤（25点）、客（5点）、闽（1点）三大方言。该书为后来的广东地理语言学的调查工作和地图绘制实践提供了宝贵经验，具有填补空白的开先之功。

1992年起，省港两地再度携手，对广东西江、北江流域粤方言开展调查研究，并于1994年和1998年分别出版《粤北十县市粤方言调查报告》（下文简称"《粤北》"）和《粤西十县市粤方言调查报告》（下文简称"《粤西》"）。两书的第五章都是方言地图专章，分别绘制了45幅和68幅方言特征图（前者由甘于恩负责，后者由伍巍负责）（詹伯慧、张日昇，1994、1998）。甘于恩和曾建生认为，前者所附方言特征图"反映的语言特征相对集中，绘制水平也有所提高"，但也存在"条目设置仍不尽人意""重要的语法特征没有反映出来"等问题。后者总结经验，质量有所提高：它不仅收录了有史以来最多的方言特征图，且因"条目设置及质量皆有较大提升"，特别是"增加了反映语法特征的条目"，同时"图例较清晰，特征表述也简明扼要"①。

（二）广东地理语言学的发展期

2002年，由詹伯慧主编的《广东粤方言概要》（下文简称"《概要》"）出版。该书是《珠三角》《粤北》《粤西》等的集大成之作，涉及广东全省及港澳地区共47个粤方言点。除尽数收录《珠三角》25个粤方言点及《粤北》《粤西》各10个方言点外，书中还补充了粤西南的湛江廉江、茂名信宜2个方言点。该书第四章为"广东粤方言特点示意图"，共包括语音图24幅、词汇语法图41幅（由甘于恩负责）（詹伯慧，2002）。这些地图清晰明了地展示了岭南粤方言的基本语言特征，对帮助人们宏观审视、了解粤方言特点起到重要作用。但因前期成果有限，有些材料无法对齐，部分关键性方言特征无法成图展示，还存在部分语法条目不够系统、体例尚欠统一、绘图略显粗糙、地图开本过小等问题。

---

① 甘于恩，曾建生. 广东地理语言学研究之若干思考 [J]. 暨南学报（哲学社会科学版），2010（3）：110.

《概要》的绘制不仅是岭南粤方言状况的首次整体展示，还推动了对方言地图绘制理论问题的探讨。2001 年，陈章太、詹伯慧、伍巍《汉语方言地图的绘制》一文不仅回顾了民国以来发表的各类汉语方言地图并作了客观的评介，还指出了当时汉语方言地图存在的三个主要问题：调查点较少、缺少语法特征分布图、尚缺大方言地图集。这三个问题在《地图集》中均得到了较好解决，反映出方言地图调查和绘制技术在近二十年间的快速发展。2003 年，甘于恩、贺敏洁发表的《〈广东粤方言概要〉地图绘制的理论收获与不足》则是对《概要》一书中地图绘制的经验总结和客观反思，推动着日后地图绘制技术不断进步。

同年，教育部重大项目"汉语方言地图集"启动调查研究工作（由曹志耘主持），甘于恩、庄初升、严修鸿、刘新中等多名广东学者参与了对广东粤、闽、客方言及海南闽语的调查，并参与了条目制定、规范标准拟定等工作。2008 年，《汉语方言地图集》（三卷本）出版，含广东省 92 个方言点（其中粤方言点 43 个），在港澳也各调查了 1 个粤方言点（曹志耘，2008）。甘于恩指出，《汉语方言地图集》的调查使广东学者"在地理语言学上获取了实践经验和理性认识"[1]。

2004 年，甘于恩以"广东粤方言地图集"为题申报了当年的国家社会科学基金项目，开启了广东地理语言学独立发展的新时期。

（三）广东地理语言学的收获期

2005 年，《地图集》正式启动调查工作；2008 年底，项目以"优秀"等级顺利结项。在近四年的调查中，调查团队对省港澳 122 个粤方言点进行了较为系统的调查采录工作，涉及语音、词汇、语法诸方面。调查团队不仅获取了大量的一手材料，还在此基础上绘制了 103 幅语音图、258 幅词汇图及 70 幅语法图，建立起相对完善的数据库。上述地图从语音、词汇、语法多方面审视粤方言的主要特征，并展示特征的空间分布，为粤方言的比较研究提供可靠的依据。它不仅是广东有史以来首部专业的语言地图集，而且在调查点数目、调查条目覆盖面和方言特征图的数量上都远超之前任何一部涉及广东的方言调查著作。同时，《地图集》采用专业地理制图软件Arc GIS制图，图例清晰、图幅精美，讲究图例间的逻辑关系，便于读者阅读，引起了学术界广泛关注。石汝杰认为，当前汉语方言地理语言学研究"除了大规模、大范围的研究，更需要大量的区域地图"，其中"一个好例子是甘于恩主编的《广东粤方言地图集》"[2]。

---

[1] 甘于恩. 基于 GIS 的岭南方言地理语言学研究［C］//从北方到南方：第三届中国地理语言学国际学术研讨会论文集. 北京：科学出版社，2016：2.

[2] 石汝杰. 修订版后记：语言地理学前途无量［M］//贺登崧. 汉语方言地理学. 石汝杰，岩田礼，译. 上海：上海教育出版社，2018：146.

2021 年初，广东省地图出版社决定正式出版此地图集，《地图集》开始了正式修订工作。其后两年多里，项目主持人带领课题组与出版社团队一道，从结项材料中精选出 151 幅图（语音图 35 幅、词汇图 101 幅、语法图 15 幅）列入正式出版的书稿中，还为每幅图加上解释性的文字说明。

2013 年，甘于恩还以"粤、闽、客诸方言地理信息系统建设与研究"为题成功申报国家社会科学基金重点项目。项目于 2015 年底正式启动，2019 年结项。课题主要成果之一"粤闽客诸方言地理信息系统"① 就是以《地图集》建立的语料库为基础，整合其他相关项目的数据②而形成的。同时，系统中还详细登录了每份语言数据的调查人、发音人、数据录入人、资料整理人等信息。可以说，"粤闽客诸方言地理信息系统"是《地图集》的拓展深化，二者可谓广东地理语言学研究的"双子星"成果。"粤闽客诸方言地理信息系统"不仅是岭南方言研究的又一项开拓性工程，有助于"展示各种方言的本质特征和有机联系"，而且对岭南地区地理语言学乃至人文地理学研究"具有一定的指导、示范作用"③。

除《地图集》外，于 2021 年出版的《广东东部闽方言语音地图集》是首部反映粤东五市闽方言语音特点的地图集，也是广东地理语言学人亲自谋划、实施并出版的又一部佳作。《中国语言资源集·广东》（下文简称"《资源集》"）④ 也是不得不提的一项关键研究成果。该丛书虽非地理语言学研究成果，但因其设点涵盖广东三大方言及粤北土话，且调查点数达 72 个，布点相对密集，并详细记录了各调查点的语音、词汇、语法及口头文化，研究者既能从整体上把握广东方言分布概貌，又能了解各调查点语音、词汇、语法的基本样貌，进而可将其作为探寻广东诸方言间影响、竞争、融合的样本。因此，我们将在下文尝试对该书与《地图集》进行对照阅读。

进入收获期后，广东的方言学研究者还参与或主导了数次地理语言学会议，其中最重要的会议当属中国地理语言学国际学术研讨会。该会议已举办四届，首届于 2010 年召开，由北京语言大学、日本金泽大学联合主办；第二届于 2012 年召开，由南京大学主办；第四届于 2017 年召开，由华东师范大学主办。在这里要特别提到第三届中国地理语言学国际学术研讨会。此次研讨会于 2014 年 8 月举行，这是该研讨会迄今唯一一次在广东召开，由暨南大学和佛山科学技术学院（现佛山大学）共同主办。会议论文集《从北方到南方：第三届中国地理语言学国际学术研讨会论文集》由科学出版社出版，其中收录的 18 篇论文大都是在理论或实践上有建树、有新意的成果，可以启发、

---

① 暨南大学"粤闽客诸方言地理信息系统"：http：//1. 14. 238. 88：8099/dialect/main/index. html。

② 包括广东省级项目"广东粤方言数据库"、国家社会科学基金项目"粤西湛茂地区粤、客、闽方言接触研究"、国家社会科学基金重大项目"粤、闽、客诸方言地理信息系统建设与研究"等。

③ 甘于恩. 基于 GIS 的岭南方言地理语言学研究 [C] //从北方到南方：第三届中国地理语言学国际学术研讨会论文集. 北京：科学出版社，2016：3.

④ 《资源集》共 4 卷 9 册，其中语音卷 2 册、词汇卷 4 册、语法卷 1 册、口头文化卷 2 册。

推动中国地理语言学的发展（甘于恩，2016a）。

另外，2014年5月和2015年11月，广东学者还分别出席了由泰国朱拉隆功大学主办的第二届亚洲地理语言学国际研讨会、由日本金泽大学和富山大学联合主办的东亚地理语言学国际专题研讨会。2013年，暨南大学汉语方言研究中心与岭南师范学院联合举办了与地理语言学有关的"粤西方言与文化高端论坛"，以及"广东/岭南汉语方言研究的理论与实践"专题培训会（2010—2014年）。

近年来，有关广东汉语方言的地理语言学课题项目获批数量不断增加，除了上文提及的项目外，李立林、赵越、李菲、黄绮烨等中青年学者也获批了各级在研项目（甘于恩、秦绿叶，2023）。经过近四十年的不懈努力和勤恳耕耘，广东的地理语言学在南粤大地丰富方言资源的滋润下，逐渐具备了厚积薄发的力量，迎来了学科的春天。

三、从《地图集》看岭南方言的传播、接触与交融

（一）广东粤方言内部视角

粤方言是广东省使用人口最多的方言，使用人口4 000多万，是广东的主流方言和强势方言。据《中国语言地图集》（第2版），广东粤方言可分为广府、四邑、高阳、吴化、勾漏5个片。传统上，粤方言的分区标准包括：①声母标准：古全浊声母今读是否送气，古端母、透母、心母和精组字的今读；②韵母标准：古止摄开口齿音字精庄、知章是否区分，古鱼虞韵和模韵是否分立，是否有舌尖元音；③声调标准：上声、去声是否两分（中国社会科学院语言研究所等，2012）。《地图集》也设置了与上述标准相应的图幅，如语音图12"並母仄声'败''白'的声母"与第一条声母标准相合，语音图8、9、11"古浊上与清上是否合并""古浊上有无并入阳去（或去声）""去声是否两分"则对应了声调标准。

"声调是一个方言区别于另一个方言最重要的特征之一。"[①] 因此《地图集》除沿用传统方言学分区标准之外，还积极探索引入广东粤方言声调格局差异为粤方言分区。为此，在"粤闽客诸方言地理信息系统"中，研究人员专门设计了"岭南方言声调数据库"作为其子库。甘于恩、陈敏华《论广东粤方言的声调格局》（2021）和甘于恩的《声调的梯级过渡：一种方言接触的模式》（2019）则详细阐述了从声调角度为粤方言分区的方法。前者在讨论粤方言各片声调格局基本特点的基础上进一步提出，将声调和声调格局作为方言分区标准，能更新视角、细致分类，并从方法论角度阐释了地理语言学对方言分区的作用，指出运用地理语言学方法除可获取大量翔实语料之外，更可增强

---

① 甘于恩，张译方，李菲. 岭南方言声调数据库的建设与理论思考［M］//张世方. 语言资源：第1辑. 北京：商务印书馆，2018：133.

分区结果的科学性和说服力。后者提出"声调梯级过渡理论",并以广府粤方言阴平调调值问题为例加以阐述。《地图集》语音图2"阳平调值图"的说明中也涉及了各类调值调型在广东粤方言中的分布及方言接触导致的"梯级过渡"现象。

《地图集》中有些图幅可反映出粤方言某片的特征,如语音图7"古清平与清去是否合并(例:医—意)"。该图说明指出,除了江门江海、荷塘两个方言点受主流粤语影响保持两调独立之外,其他的四邑片粤方言都呈现古清平与清去合流的"四邑片主流特征"。语音图32"深摄入声韵的韵尾"的说明则显示,读喉塞尾的方言点"主要分布在东莞、深圳两地",与莞宝片分布范围基本重合,这也可被认为是其特征之一。

(二)广东粤闽客方言相互关系视角

《粤语多源论》(甘于恩,2008)一文对粤方言"西江流域文化起源说"提出了不同意见。文章"从粤语方言内在的差异性、粤语形成历史的多层次性、粤语广府话权威性形成的历史"[1] 等方面,有力地论证了粤方言"不是一个由纯粹的方言发端而来的现实体,而是由多种方言(语言)混合而成的混合体"[2]。

关于粤方言"多层次""混合体"特性的产生原因,除了移民来源的时间、地域不同外,方言间的互相影响和竞争也是不可忽视的因素。甘于恩等就此问题撰写了数篇文章(甘于恩、邵慧君,2000;甘于恩,2003;甘于恩、刘倩,2004;甘于恩,2016b),从广东省内三大方言的接触和历史层次视角分析广东各地闽、客方言对粤方言的影响,这些文章还论及粤方言的"底层"问题。

《地图集》的"说明"中也多次提及"异质成分"或"异质方言的影响"。语音图1"声调数目图"显示,5~6个声调的粤方言所处的区域往往是方言接触带或方言复杂区域,不排除异质方言的影响因素。语音图10"古次浊上有无读阴平(例:有)"显示,该现象见于珠三角西侧江门6点、中山1点,东侧东莞2点,并引用《中国语言地图集》(第2版)的论述指出古次浊上混入阴平是客赣方言的常见特征[3]。而上述有些方言点至今仍有大量的客家方言使用者,有些则是早期客家方言的通行区,因此这种局部特征可能是语言接触的结果。语音图23"遇合一疑母'五'的读音"显示,博罗罗阳、吴川吴阳和坡头区三地粤方言"五"字读 [ŋou],与粤东潮汕闽语读法相同,"应与异方言(闽语)的接触有关"。又如词汇图4显示,将"下雨"说成"落水"的方言点分

---

① 张振兴.《汉语南方方言探论》序 [M] //甘于恩. 汉语南方方言探论. 广州:世界图书出版广东有限公司,2014:2.

② 甘于恩. 粤语多源论 [J]. 学术研究,2008(8):149.

③ 《中国语言地图集》(第2版)的原文是"(客家话)有些古浊音声母上声字(次浊上声字多,全浊上声字少)今读阴平"。

布于广东江门、阳江、茂名、湛江、珠海、惠州等地市及云浮、清远的部分地区，与客家方言分布区高度一致（林伦伦、甘于恩、庄初升，2022a），因此上述粤方言点的"落水"说法很可能是受客家话影响的结果。佛山、广州两市北部和韶关南部兼用"落水"和"落雨"，则可体现粤方言主流说法和客家方言说法互为角力、竞争的态势。

一些零星分布的说法也可看作方言接触的结果。如对于"瓶子"（词汇图13），肇庆端州白土和阳江阳东东城有"京"的说法，《资源集》中阳江、阳春两个方言点也说"京"①（林伦伦、甘于恩、庄初升，2022b）。据考察，该说法可能与闽南方言表"瓶子"义的［kan¹］（常写作俗字"矸"）同源。《地图集》词汇图17"床"的"眠床"说法见于中山石岐和汕尾海丰鹅埠，而《资源集》（2002b）显示，广东闽方言点除雷州外一律采用"眠床"说法。从说法和分布位置来看，这也应当是受闽方言影响的结果。阳江阳西儒洞有闽方言点分布，当地粤方言受其影响而吸收部分闽方言说法，如对于"桌子"（词汇图18），儒洞粤方言中"床""枱"并用，当与粤西闽语有关。《资源集》（2002b）指出，广东闽方言点除南澳、陆丰、雷州说"桌（团）"外，其余都说"床"。"苍蝇"在儒洞粤方言中也用闽方言说法"胡蝇"（词汇图30），明显反映出其与粤西闽语的接触关系。

类似例子在《地图集》中还有很多。例如，对于"脱（衣服）"（词汇图41），肇庆、阳江说"裰"；对于"系（鞋带）"（词汇图42），湛江、茂名、阳江用"缚"；对于"吐（出来）"（词汇图47），粤西部分方言点读［pʰ］声母的"啡"，上述说法都与闽方言一致。词汇图52"捡（起来）"显示的"捡"这一说法则"与客家方言不谋而合"，该说法主要出现在江门、珠海、云浮南部、惠州、东莞、广州北部等地，这些地区大都有客家方言分布，因此"不排除异质方言带来的影响"②。对于"（一）个（人）"（词汇图89），粤西的粤方言多说"只"，也与客家方言相同；"外祖父""外祖母"在惠州、云浮、韶关、清远等地的粤方言中分别称"姐公（子公）"和"姐婆（子婆）"（词汇图69、70），这更是客粤方言接触的明证。③

（三）跨境粤方言视角

中共中央、国务院印发的《粤港澳大湾区发展规划纲要》明确指出，粤港澳大湾区的范围包括香港特别行政区、澳门特别行政区和广东省广州、深圳等"珠三角九

---

① 《资源集》在两处"京"字后还加有上标的"＝"号，表示同音字。
② 甘于恩，秦绿叶. 广东粤方言地图集［M］. 广州：广东省地图出版社，2023：89.
③ 本例和上例也可从《资源集》相关词条中得到印证。

市"①。粤港澳大湾区是我国语言资源最丰富的地区之一：粤方言几乎覆盖整个粤港澳大湾区，主要属广府片，客家方言、闽方言也有一定使用人口，还零散分布其他小方言。

早在广东地理语言学的发端期，《珠三角》已将香港岛、新界锦田及澳门市区列入调查范围，新旧两版《中国语言地图集》和《汉语方言地图集》也包含了对港澳特区方言情况的调查。《广东粤方言地图集》除涵盖广东省通行粤方言的全部60个县市区共120个方言点外，在香港、澳门也各设有1个调查点。从历史上看，香港和澳门本就是广东省的一部分，故《地图集》凡例称"广东省行政区域以及香港、澳门两个特别行政区范围"是"传统意义上的'广东'或'南粤'"②。《地图集》中的各图也反映出港澳与广州间的相似之处。以语音图为例，全书35个语音项目中，香港、澳门与广州相同者分别有31个、32个，省港澳之间的"大同小异"从中可见一斑。

粤港澳大湾区粤方言在广东的核心地位还可以从《地图集》的选点看出。从表1可以看出，《地图集》设置了122个粤方言点，其中69个分布于粤港澳大湾区，占比超一半。

表1　《地图集》在粤港澳大湾区各地的粤方言点数量表

城市	数量	城市	数量
香港特别行政区	1	澳门特别行政区	1
广州市	10	深圳市	4
珠海市	3	佛山市	13
惠州市	5	东莞市	3
中山市	3	江门市	13
肇庆市	13	总计	69

粤方言不仅通行于粤港澳大湾区，还随着华人的足迹散播到海外，现在主要分布于亚洲、欧洲、美洲、大洋洲的华人社区中。由于时空阻隔，海外汉语方言往往容易发生不同于祖居地方言的变化，不过总体上说，"海外粤方言与国内粤方言的差异不大"③。

《中国语言地图集》（中国社会科学院、澳大利亚人文科学院，1987）B－16图"印度太平洋地区及世界其他地区的汉语方言分布"文字说明（邹嘉彦撰）指出：海外汉语（包括华语和汉语方言）社区约150个，会说华语或某种汉语方言者约2 381万

---

① 新华社. 中共中央　国务院印发《粤港澳大湾区发展规划纲要》［EB/OL］.（2019－02－18）［2024－01－13］. https：//www. gov. cn/zhengce/2019－02/18/content_ 5366593. htm.

② 甘于恩，秦绿叶. 广东粤方言地图集［M］. 广州：广东省地图出版社，2023：1.

③ 詹伯慧，张振兴. 汉语方言学大词典［M］. 广州：广东教育出版社，2017：184.

人。其中，海外粤方言母语者约有500万人，约占海外汉语母语者的45.7%，比例与闽南方言母语者相当。但海外还有约600万人将粤方言作为第二语言使用，不仅超过了海外粤方言母语者的数量，也使粤方言成为海外华裔使用人数最多的汉语方言。文中还分析了海外粤方言非母语者数量多于母语者的原因：粤方言是海外唯一一种具有广泛社会语用领域的汉语方言，如澳大利亚、越南和北美国家的部分中文学校仍将其作为教学语言，国际航班广播往往也兼用华语和粤方言，一些海外华人社区也以粤方言作为社区的通用语。

据陈晓锦、章策（2023）介绍，澳大利亚悉尼、南非约翰内斯堡、英国伦敦和曼彻斯特、西班牙马德里、荷兰阿姆斯特丹、法国巴黎、加拿大多伦多和温哥华、阿根廷布宜诺斯艾利斯等地的华人社区通行的都是广府片粤方言，而四邑片粤方言则主要通行于马来西亚砂拉越泗里街、缅甸曼德勒、加拿大维多利亚、巴西圣保罗和里约热内卢、古巴哈瓦那等地的华人社区。巴拿马巴拿马城华人既有说四邑片粤方言者，也有说广府片粤方言者。法属留尼汪圣但尼华人说顺德话，美国弗雷斯诺市华人说中山话。因此，在这些社区里，以粤语为母语的成员通常只会说粤语，而以其他方言为母语的成员就往往兼通粤语。《地图集》中收录的相关粤方言点的描述便可拿来与之对比，从"跨境粤方言"视角观照粤方言海外传播的演变路径。

四、《广东粤方言地图集》的学术价值

（一）为地理语言学的人才培养及研究队伍建设作出贡献

"人才是第一资源"，这于学术研究而言尤为真切。广东的地理语言学发展历程尚短，精心培养和发掘一批具备地理语言学素养、经过学科体系训练的年轻人才，并加以充分利用，调动人才的积极性，仍是今后广东地理语言学的头等大事。

如果说《珠三角》《粤西》《粤北》《概要》的调查与编纂培养了广东第一批地理语言学研究团队，那么《地图集》的编纂和"粤闽客诸方言地理信息系统"的建立则培养出了新一代年轻而富有朝气和创新精神的硕博士研究生及青年教师团队。他们经过调查的历练，掌握了录音、记音、分类、制图等相关技能方法，不仅提升了专业能力，还在此过程中熟悉了开展科研项目的流程。其中，曾参与《地图集》调查、数据库建设等各个环节的硕博士研究生和青年教师超过30人；曾参与"粤、闽、客诸方言地理信息系统建设与研究"课题者更有六七十人之多。他们中的不少人走上工作岗位后，正在为广东地理语言学的可持续发展添砖加瓦。其中还有一些佼佼者，通过自己的不懈努力，已成功申请了地理语言学的省部级乃至国家级项目（详见本文第一节第四小节）。

（二）建立了地理语言学研究机构，创设了地理语言学学术平台和学术活动

汉语方言研究是暨南大学的传统优势学科，在良好的方言调查传统积淀下，广东地理语言学研究应运而生。2008 年，汉语方言研究中心成为广东省普通高校人文社会科学重点研究基地，为广东汉语方言的发展提供了绝佳平台。2010 年，汉语方言研究中心成立了地理语言学研究室，该研究室于 2014 年升格为地理语言学研究所。该研究所的成立顺应了广东地理语言学蓬勃发展的势头，建立起定期交流发布学术信息的平台，有助于培养更多地理语言学领域的专业人才，进一步深化岭南地理语言学研究。

该研究所成立后，先后开展了多项地理语言学课题项目，并取得一定成绩。自2001 年起，《地图集》和"粤、闽、客诸方言地理信息系统建设与研究"项目的课题组成员积极参与国际国内重要学术会议，发出了广东地理语言学的声音。地理语言学研究所成立后，先后组织了数次小型广东方言研讨会和地理语言学专题培训会。

同时，在"南方语言学论坛"和学术辑刊《南方语言学》中，地理语言学的比重也不断增加。论坛先后邀请中国台湾地区的张屏生、洪惟仁、李仲民及日本的岩田礼等在地理语言学领域颇有造诣和影响力的学术名家来校讲学；而《南方语言学》自 2009年收录了秦绿叶、甘于恩《方言特征分布图的符号应用研究》一文以来，更是收录了数十篇地理语言学相关论文，"地理语言学"也成为《南方语言学》常设栏目。另外，微信公众号"语言资源快讯"也是展示各地方言、传播地理语言学知识、发布最新研究成果的平台。

众所周知，地理语言学相比于传统方言学研究，更需要组建团队，强调分工配合，形成规模效应和良性互动。只有内部高效运作、成员密切合作，研究才能顺利推进。因此，在暨南大学汉语方言研究中心的影响和带动下，中山大学、深圳大学、韩山师范学院、广东外语外贸大学、广东技术师范大学、岭南师范学院等广东各高校也陆续有学者从事地理语言学研究。同时，汉语方言研究中心还先后在岭南地区各高校建立了数十个科研工作站，在体制上为分工合作提供了有利条件，广东地理语言学因此呈现出欣欣向荣的良好发展势头。

（三）推动地理语言学数字化、现代化，由描写走向解释

广东地理语言学的地图绘制有三个标志性的成功案例，第一个是《广东粤方言概要》，第二个是《广东东部闽方言地图集》，第三个则是《广东粤方言地图集》。这三部著作不仅代表着广东地理语言学和地图绘制技术从"人工手绘，无数据库，无解释"

到"电脑绘制，无解释"再到"电脑绘制，有较详细的解释"的三个演进阶段，还反映了广东地理语言学从粗放到相对精细、从特征展示到特征解释的艰难转型。同时，与愈加发达的信息技术手段和近来风头正盛的"数字人文"理念相契合，这三个成功案例也代表着从"纸质基础材料＋单一纸本地图"向"数据库建设＋纸本地图"再到"数据库建设＋地理信息系统'动图'"的迭代。广东地理语言学由此走入了更为数字化、可视化、现代化、注重交互性和多模态的新时期。

作为国内首部带有解释性文字的省域方言地图，《地图集》中的每幅地图不仅都附有简要的说明，而且基本实现了对方言词分布特点的归纳和演变规律的分析，可归入"解释地图"（interpretative maps）的范畴，这是作者提出"从描写走向解释"这一主张的主动实践。董忠司、李仲民两位中心兼职教授近年来发表的《从〈广东粤方言地图集〉"筷子"图试论语词的时空之变》（2013）和《由词汇看语言的"非连续性变化"——以〈广东粤方言地图集〉为例》（2013）两篇运用"解释性原则"进行个案研究和理论探讨的文章，是"从描写走向解释"这条道路上的最新成果。

五、《地图集》的修订简况及进一步提升的建议

张振兴《〈广东粤方言地图集〉述评》（2010）是对当时尚未正式出版的《地图集》初稿的评论性文章。他在文中客观地指出《地图集》初稿可以改进的一些方面，并提出了自己的建议。对这些意见建议，课题组在修订时均作了正面回应，修正了其中绝大部分的问题。特别是地图集成书中各图所附的"说明"正是在张先生"可以考虑每幅图加配适当的文字说明，提高地图集的实际使用价值"[①] 的建议下添加的，这反映了课题组将《地图集》打造为学术精品的决心和信心。

不过，我们仍然发现了地图集中尚待改进的地方，如《地图集》部分图名有精修的必要。以语音图为例，图35可考虑删去"咸摄"二字，这是因为即便在有文白异读现象的粤方言点中，"淡"字的两读差异也只体现在声母和声调上，并不涉及韵母；语音图20的图名中"遇摄合口一等"的古音地位表述与其他语音图不同，如有的写作"遇合一"，应当统一；图20表现了"眼"的声母分布，但与图名"疑母一二等"古音地位不符，可考虑补入古疑母一等的例字。另外，图31、图32分别只以"咸摄阳声韵"和"深摄入声韵"出图。我们认为，将咸摄、深摄阳声和入声韵合并出图，能更好反映韵尾演变的不平衡性。此外，还可以考虑在语音图中增加更多"特字图"，如声母特字"钩""剥""箍"，以及韵母特字"个""错""锯"等。

另外，《地图集》缺少索引，这也是今后该书再版和数字化时应当注意补足的方

[①] 张振兴.《广东粤方言地图集》述评 [J]. 暨南学报（哲学社会科学版），2010，32（3）：101.

面。正如甘于恩在《〈粤方言研究书目〉的编纂与出版》中指出的"衡量一部学术著作水平的高低……很重要的一条便是看它是否做到科学化、标准化",索引"恰恰是标准化所必不可少的"①。

为了更好地与新时期"新文科"的理念接轨,我们认为,可在《地图集》和"粤闽客诸方言地理信息系统"基础上进一步整合相关资源。例如,今后《地图集》数字化时,可考虑为地图说明中语言学相关概念增加与《汉语方言学大辞典》的链接;未来《地图集》加入粤方言各点音系时,也可与"汉语方言语音特征数据库"进行链接;还可将图例符号嵌入地图说明文字中,或增加点击图例便可高亮相关方言点的功能,以进一步方便读者快速掌握各语言特征在图中的分布情况。另外,与发展更为充分的日本地理语言学者的成果〔如岩田礼《汉语方言解释地图》(2009)〕相比,《地图集》还可以进一步在说明中细化语言特征的分类系统,并增加"条目分图",从不同角度表现条目特点,增加条目的地图信息量(曹志耘,2010);也可组成"图组",进行跨图比较,这些举措或许能进一步提升此作品的质量。

六、结语

《地图集》的出版获得了社会上的积极评价,被称为"地理语言学、粤语方言学研究的扛鼎之作"②,是对课题组成员把论文写在田野大地上的学术精神及务实作风的生动诠释。《地图集》的出版无疑将对广东乃至中国的地理语言学的未来发展产生深远影响。

然而,未来还有更艰巨、难度更大的任务等待着广东地理语言学人去探索、去攻克。目前,《地图集》和《广东东部闽方言语音地图集》均已成功出版,而粤西闽方言和客家方言的详细调查和地图集编纂工作也正在快马加鞭地进行。另外,广东省内还有不少小众方言,如土话、官话、军话、旧式正话等,这些方言虽已有少量材料,但仍有进一步调查的必要,之后也可编成同类地图集出版。在此基础上,"包括广东省境内的所有语言和方言"的《广东语言地图集》和"包括广西、海南等省区"的《粤方言地图集》就有出版的可能(张振兴,2010)。总之,我们的终极目标是建构有汉语特色的地理语言学理论,这是一个宏大的目标,需要几代人的不懈努力。

① 甘于恩.《粤方言研究书目》的编纂与出版〔M〕//纵横辞海.北京:国际文化出版公司,2006:91.

② 吴波.《广东粤方言地图集》今日首发:广东粤方言研究的标志性成果正式发布〔N/OL〕.广州日报,2023 - 12 - 24〔2024 - 01 - 11〕.https://huacheng.gz - cmc.com/pages/2023/12/24/SF11275615d6813f4e94b349e880e7bd.html.

参考文献

［1］曹志耘．汉语方言地图集：语音卷［M］．北京：商务印书馆，2008.

［2］曹志耘．读岩田礼编《汉语方言解释地图》［J］．方言，2010（4）.

［3］陈晓锦，章策．从华人移民看海外汉语方言的传播与发展［J］．暨南学报（哲学社会科学版），2023，45（5）.

［4］陈章太，詹伯慧，伍巍．汉语方言地图的绘制［J］．方言，2001（3）.

［5］陈章太．论语言资源［J］．语言文字应用，2008（1）.

［6］董忠司．从《广东粤方言地图集》"筷子"图尝试论语词的时空之变［J］．粤语研究，2013（13）.

［7］甘于恩．四邑话：一种粤化的混合方言［J］．中国社会语言学，2003（1）.

［8］甘于恩．粤语多源论［J］．学术研究，2008〔8〕.

［9］甘于恩．从北方到南方：第三届中国地理语言学国际学术研讨会论文集［C］．北京：科学出版社，2016.

［10］甘于恩．强势与弱势：论广东诸方言的接触与变异［M］//庄初升，邹晓玲．濒危汉语方言研究．广州：中山大学出版社，2016.

［11］甘于恩．声调的梯级过渡：一种方言接触的模式［EB/OL］．（2019 – 07 – 07）［2024 – 01 – 03］．https：//mp. weixin. qq. com/s/jVGqNkT0Xmq3FpucuOWybA.

［12］甘于恩，陈敏华．论广东粤方言的声调格局［M］//甘于恩．南方语言学：第17辑．广州：世界图书出版广东有限公司，2021.

［13］甘于恩，贺敏洁．《广东粤方言概要》地图绘制的理论收获与不足［J］．中国语文通讯，2003（65）.

［14］甘于恩，刘倩．粤方言中的闽语成分［J］．华侨大学学报（哲学社会科学版），2004（3）.

［15］甘于恩，秦绿叶．广东粤方言地图集［M］．广州：广东省地图出版社，2023.

［16］甘于恩，邵慧君．试论客家方言对粤语语音的影响［J］．暨南学报（哲学社会科学版），2000（5）.

［17］李仲民．由词汇看语言的"非连续性变化"：以《广东粤方言地图集》为例［J］．粤语研究，2013（13）.

［18］廖小曼．云浮富林镇学佬话濒危状况概说［M］//廖小曼，甘于恩．汉语亲属称谓问题与岭南语言资源．广州：世界图书出版广东有限公司，2019.

［19］廖小曼，甘于恩．汉语亲属称谓问题与岭南语言资源［M］．广州：世界图书出版广东有限公司，2019.

［20］林春雨，甘于恩．广东东部闽方言语音地图集［M］．北京：中国社会科学出版社，2021.

［21］林伦伦，甘于恩，庄初升．中国语言资源集·广东：词汇卷：第 1 册［M］．北京：中国社会科学出版社，2022.

［22］林伦伦，甘于恩，庄初升．中国语言资源集·广东：词汇卷：第 2 册［M］．北京：中国社会科学出版社，2022.

［23］林伦伦，甘于恩，庄初升．中国语言资源集·广东：词汇卷：第 3 册［M］．北京：中国社会科学出版社，2022.

［24］林伦伦，甘于恩，庄初升．中国语言资源集·广东：词汇卷：第 4 册［M］．北京：中国社会科学出版社，2022.

［25］秦绿叶，甘于恩．方言特征分布图的符号应用研究［M］//甘于恩．南方语言学：第 1 辑．广州：暨南大学出版社，2009.

［26］田立新．中国语言资源保护工程的缘起及意义［J］．语言文字应用，2015（4）.

［27］王莉宁，康健侨．中国方言文化保护的现状与思考［J］．语言战略研究，2022，7（4）.

［28］岩田礼．汉语方言解释地图［M］．东京：白帝社，2009.

［29］詹伯慧．广东粤方言概要［M］．广州：暨南大学出版社，2002.

［30］詹伯慧，张日昇．珠江三角洲方言综述：珠江三角洲方言调查报告之三［M］．广州：广东人民出版社，1990.

［31］詹伯慧，张日昇．粤北十县市粤方言调查报告［M］．广州：暨南大学出版社，1994.

［32］詹伯慧，张日昇．粤西十县市粤方言调查报告［M］．广州：暨南大学出版社，1998.

［33］詹伯慧，张振兴．汉语方言学大词典［M］．广州：广东教育出版社，2017.

［34］张振兴．《广东粤方言地图集》述评［J］．暨南学报（哲学社会科学版），2010，32（3）.

［35］张振兴．《汉语南方方言探论》序［M］//甘于恩．汉语南方方言探论．广州：世界图书出版广东有限公司，2014.

［36］赵越．雷州半岛客家方言概说［M］//廖小曼，甘于恩．汉语亲属称谓问题与岭南语言资源．广州：世界图书出版广东有限公司，2019.

［37］中国社会科学院，澳大利亚人文科学院．中国语言地图集［M］．香港：朗文出版（远东）有限公司，1987.

［38］中国社会科学院语言研究所，中国社会科学院民族学与人类学研究所，香港城市大学语言资讯科学研究中心．中国语言地图集［M］．2 版．北京：商务印书馆，2012.

四十年来我国地理语言学的发展*

陈曼君

一、引言

现代地理语言学诞生于 19 世纪下半叶的西方，20 世纪一二十年代由瑞士人吉叶龙编制出版的地理语言学杰作《法国语言地图集》对后世产生深远影响。20 世纪 20 年代以后，西方地理语言学的研究方法很快就由林语堂、岑麒祥等学者介绍到中国。刘复提出了"编成一部《方言地图》"① 的设想。由于我国需要调查研究的民族语言、汉语方言极其复杂，分布的地域又非常辽阔，人力、物力、财力、技术匮乏，当时无论从哪方面讲都难以实施、完成编纂全国性语言地图集或汉语方言地图集这样浩大的工程。尽管刘复提出的设想无法如愿实施，但是学者们并没有放弃对现代地理语言学研究方法的追求。我们认为，我国现代地理语言学的发展，以《中国语言地图集》的启动为分水岭，大致可以分为探索期（20 世纪 20 年代至 1982 年）和展开期（1983 年至今）两个阶段。

探索期中，学者们在中国传统方言学的基础上，尝试着开展涉及方言地图的研究，一开始只涉及个别语言区域地图的绘制，体现了学者们对现代地理语言学研究方法的摸索和尝试；后来出现了成批方言特征地图的绘制，最早见于赵元任等《湖北方言调查报告》（1938 年成书，1948 年出版）。在赵元任等先生的影响下，此类方言调查报告、方言研究便逐渐多了起来，出现了个别乃至一定批量的方言地图的绘制，展现了中国学者对现代地理语言学研究方法孜孜不倦的实践和对现代地理语言学研究方法的吸收和消化。学界在这一时期进行了不少探索，为展开期的研究积累了不少经验。

展开期自《中国语言地图集》起，已有 40 年的历史。关于这 40 年来我国地理语言学的发展状况，学界并没有进行过专门探讨，而只是有所涉及，主要关注汉语方言分区图、汉语方言特征图以及近 20 年来中国地理语言学的研究领域和研究方法等方面的进展。由于学界对地理语言学的界定众说纷纭，总体上偏向狭小，因此学界对我国地理语

* 基金项目：2020 年度福建省社会科学规划项目"语言地理学视角下的闽台闽南方言副词研究"（FJ2020B129）。

① 项梦冰. 方言地理、方言分区和谱系分类 [J]. 龙岩学院学报，2012 (4)：21 – 30.

言学发展状况已有的探讨也不够全面。总体上看，40 年来我国地理语言学的研究成就和研究力量及其存在的不足尚未得到系统的概括和总结。关于地理语言学的定义，学界争议较大。陈曼君（2022）曾对地理语言学的定义作过探讨。本文将在此基础上对上述方面进行讨论。

二、四十年来我国地理语言学的研究成就

正是由于有前期的探索和积累，又有《方言》杂志的创办（1979）、全国汉语方言学会的创立（1981）和改革开放的东风等诸多条件，中国的语言事业、方言事业得到了前所未有的发展，1983 年《中国语言地图集》的启动是一个良好的开端，由此拉开了我国现代地理语言学的发展由探索期进入展开期的序幕。后来又受日本地理语言学及贺登崧的地理语言学理论等的影响，我国地理语言学的学术氛围日益浓厚，各方面的工作都有序铺开。1983 年以来的 40 年间，我国地理语言学研究所取得的成就主要表现在以下四个方面：

（一）《中国语言地图集》和《汉语方言地图集》等地图集的先后问世和立项

在展开期，大陆地理语言学界取得的举世瞩目的成就就是《中国语言地图集》（第 1 版、第 2 版）、《汉语方言地图集》、《中国拉祜语方言地图集》等各种语言、方言地图集的问世。

《中国语言地图集》（第 1 版）调查了 600 多个县市的方言，是中澳双方语言学界通力合作、历时多年、于 1987 年和 1989 年出版的地理语言学学术精品。它是我国地理语言学史上的第一座丰碑，对推动我国地理语言学的发展意义非凡，它将作为一项标志性成果永载史册。《中国语言地图集》共有彩色地图 35 幅，每幅图附有必要的文字说明。《中国语言地图集》包含 A、B、C 三部分内容：A 部分有 5 幅综合图，包括"中国汉语方言图""广西壮族自治区语言图"等；B 部分有 16 幅汉语方言图；C 部分有 14 幅中国少数民族语言图。"这种用多幅彩色地图的形式，把汉语方言和各少数民族语言加以分类分区，标出它们的地理分布，在我国还是第一次。"① 张振兴、徐睿渊（2018）指出，《中国语言地图集》丰富了汉语方言分区的理论，是汉语方言研究理论和实践相结合的产物，具体体现在三个方面：第一，在汉语方言分区的层次方面提出了全新的概

---

① 张振兴，徐睿渊. 中国语言地图集（第 1 版/第 2 版）［EB/OL］.（2018 – 07 – 11）［2024 – 01 – 23］. http：//ling. cass. cn/keyan/xueshuchengguo/cgtj/2021112/t20211209 – 5380352. html.

念；第二，提出了关于方言分区的新见解；第三，提出汉语方言分区的两个基本标准，一个是古入声字的演变，一个是古浊声母字的演变。《中国语言地图集》出版之后，在海内外学术界产生极大的反响。

2012 年问世的《中国语言地图集》（第 2 版）是由中国社会科学院和香港城市大学共同合作、历时 10 年完成的，获得 2012 年商务印书馆"十大人文社科类好书"的殊荣。新版《中国语言地图集》既继承了原版的理论框架，又在理论和实践上有所创新和扩展。新版地图仍分 A、B、C 三部分，但是增加了 44 幅图，包括 1 幅"平话土话"图、19 幅分省区汉语方言分布图和 24 幅少数民族语言分布图。文字部分对每幅地图作了详细说明。《中国语言地图集》（第 2 版）分为"汉语方言卷"和"少数民族语言卷"两卷，全面地反映了 1987 年以后 20 多年来我国语言调查研究的重大进展和重要成果。

《汉语方言地图集》2001 年启动，2008 年出版，收图 510 幅，分语音卷（205 幅）、词汇卷（203 幅）、语法卷（102 幅），由曹志耘担任主编，组织国内外 57 位学者实地调查全国 930 个地点共同完成。该地图集不仅是国内第一部汉语方言特征地图集，而且是世界上第一部在统一的实地调查的基础上编写的、全面反映和展示 20 世纪汉语方言中重要语言现象共时差异和地理分布状况的原创性语言特征地图集，是当代中国汉语方言研究的一座丰碑，有力地推动了地理语言学这一学科在中国的建设和发展，在中国地理语言学研究史上具有里程碑的意义。

《中国拉祜语方言地图集》（1992）是我国第一部覆盖一种语言的，显示语音、词汇、语法等语言特征的大型方言地图集。这部地图集由金有景主编，共有 369 幅地图，其中语言特征地图 366 幅，展示了 252 个调查点的拉祜语方言土语的语言特征。这是完全靠以金有景为首的少数几个人付出大量艰辛的劳动铸就的少数民族语言地图集的第一座丰碑。

上述这些地图集都是覆盖全国的语言、汉语方言或某一语言的地图集。地域性的语言、方言地图集十分罕见。由林春雨与甘于恩合著的《广东东部闽方言语音地图集》（2021）是这方面较为突出的一部作品。它不仅是广东省首部正式出版的语言地图集，而且是近年来比较少见的全彩图语言地图集。全书语音地图共分为字音地图以及分区地图。字音地图分为声母、韵母和声调地图，包括共时和历时分类；分区地图分为声母、韵母、声调和整体语音分区图（潘悟云，2022）。该书入选由商务印书馆、中华书局领衔全国共 19 家专业出版社共同推荐的"2021 语言学百大好书榜"。

除了上述的地图集以外，越来越多的学者开始主持区域性的方言地图集项目，如年度国家社会科学基金重大项目"西北地区汉语方言地图集"（邢向东，2015）、"中国蒙古语方言地图"（森格，2015）、"中国苗语方言地图集"（余金枝，2021），年度国家社会科学基金重点项目"上海市方言地图集"（陈忠敏，2015）、"中国朝鲜语方言地图集"（姜镕泽，2016）、"湘西地区汉语方言地图集"（邹晓玲，2016）、"桂东北地区方言地图集"（邓玉荣，2017）、"北京方言地图集"（卢小群，2020）、"江西赣方言地图集（语音集）"（张勇生，2020）、"京津冀地区汉语方言地图集"（桑宇红，2022），年度国家社会科学基金一般项目"贵阳市及周边地区汉语方言地图集"（涂光禄，1999）、"广东粤方言地图集"（甘于恩，2004）、"西部地区蒙古语方言地图研制"（斯琴巴特尔，2006）、"广西平话方言地图集"（李连进，2009）、"山西晋方言地图集"（李建校，2013）、"黑龙江省汉语方言地图集"（梁晓玲，2016）、"傣语方言地图集"（何冬梅，2016）、"中国哈萨克语地图集"（范晓玲，2017）、"纳西语方言地图集"（和智利，2017）、"陕西方言地图集"（柯西钢，2018）、"山东省汉语方言地图集"（王红娟，2019）、"江苏境内汉语方言地图集的编制研究"（吴波，2019）、"广东客家方言地图集"（赵越，2019）、"徽州方言地图集"（栗华益，2020）、"壮傣语支语言地图集"（吕嵩崧，2021）、"宁夏汉语方言地图集"（张秋红，2021）、"广东闽方言地图集与地理类型学研究"（林春雨，2021），以及年度教育部人文社会科学项目"浙江汉语方言地图集"（黄晓东，2012）等。

这期间，值得一提的还有日本学者推出的一系列引用我国第二手材料的汉语方言方面的地图集，如岩田礼等《汉语方言地图（稿）》（1992）（第一部涵盖整个汉语方言的特征地图集）、平田昌司等《汉语方言地图集》（1995）、远藤光晓等《汉语方言地图集（稿）第3卷》（1999）、太田斋等《汉语方言地图集（稿）第4卷》（2004）、岩田礼《汉语方言解释地图集》（2009）和《汉语方言解释地图（续集）》（2012）等。尽管引用第二手材料会导致一些问题，但是它们带给我国汉语方言学界的启发是不可忽视的。

（二）继续开展方言调查报告与方言地图绘制相结合的实践

进入展开期以来，学者们继承了赵元任方言研究的传统，继续在各地方言调查研究中不断地探索方言分区地图和特征地图绘制的方法。这个时期，这类方言研究成果主要有：詹伯慧主编的系列调查报告《珠江三角洲方言综述》（1990，42幅地图）、《粤北十县市粤方言调查报告》（1994，45幅地图）、《粤西十县市粤方言调查报告》（1998，68幅地图），钱乃荣《当代吴语研究》（1992，50幅地图），侯精一、温端政主编的《山西方言调查研究报告》（1993，50幅地图），殷焕先主编的《山东省志·方言志》（1993，25幅地图），陈章太、李行健主编的《普通话基础方言基本词汇集》（1996，63幅地图），鲍明炜主编的《江苏省志·方言志》（1998，55幅地图），刘纶鑫主编的《客赣方言比较研究》（1999，36幅地图）以及钱曾怡主编的《山东方言研究》（2001，24幅地图）、《汉语官话方言研究》（2010，9幅地图）等。

展开期中，延续赵元任方言研究的附有方言地图的此类调查报告主要集中出现于20世纪90年代，进入21世纪后，此类调查报告已经是少之又少了，进入2010年以后更是非常罕见，可以说已日渐为地理语言学其他方面的研究所取代了。

（三）推出一系列地理语言学理论方面的论著

早在 20 世纪上半叶，就有关于地理语言学的介绍、地理方言学的理论问世。前者如林语堂、刘复、岑麒祥等学者的介绍，在中国语言学界掀起了一定的波澜，具体体现在探索期。后者如贺登崧于 20 世纪 40 年代阐述的汉语地理方言学理论，在汉语学界却没有掀起波澜。对此中的原因，贺登崧（2003）、石汝杰（1997、2003）、高晓虹（2011）等学者都有论及，其中高晓虹的洞察最为全面、深刻。此外，还有一个非常重要、非常关键的原因，那就是对于贺登崧 20 世纪 40 年代在中国所进行的汉语地理方言学研究工作，当时能有所了解的人微乎其微。一方面是贺登崧的研究成果分散地发表于辅仁大学学报 Monumenta Serica（华裔学志）和《中央研究院历史语言研究所集刊》上，另一方面是贺登崧的论文一般是用法文和英文撰写的。贺登崧的汉语地理方言学理论对中国语言学界产生重要而广泛的影响是 21 世纪以后的事情了。

20 世纪 50 年代以后，除了探索期的研究成果外，真正的汉语地理语言学理论探索与建设基本处于断层状态。进入 20 世纪 80 年代以后，情况有所改善。《语言地理类型学》（桥本万太郎著、余志鸿译，1985）、《汉语方言学》（黄景湖，1987，涉及"地理图示法"）、《汉语方言及方言调查》（詹伯慧，1991，专列一节"方言地图的编制"）、《汉语方言学导论》（游汝杰，1992，专立一章"方言地理研究"）、《汉语方言地理学的优良教科书：评介贺登崧〈论中国方言地理学〉》（石汝杰，1997）等论著的问世，使汉语地理语言学逐步获得学者的关注。

进入 21 世纪以来，有关汉语地理语言学理论方面的论著陆续问世。贺登崧在 20 世纪 40 年代构建的汉语地理方言学理论于 1994 年被日本岩田礼和桥爪正子系统地编著为《中国の方言地理学のために》出版，该书又于 2003 年由石汝杰、岩田礼译成中译本《汉语方言地理学》在国内出版。从此以后，贺登崧的汉语地理方言学理论才对中国地理语言学研究产生广泛的影响。与此同时，先后问世的《老枝新芽：中国地理语言学研究展望》（曹志耘，2002）、《汉语方言地理学：入门与实践》（项梦冰、曹晖，2005、2013）、《建立汉语方言地理底图和坐标编号系统的设想》（张维佳，2006）、《〈中国拉祜语方言地图集〉的编绘理论与实践》（金有景，2006）、《基于 MAPGIS 的中国历史方言地理信息系统（CHDGIS）设计与实现》（张义，2006）、《地理语言学及其在中国的发展》（曹志耘，2003）、《〈广东粤方言地图集〉的理论价值及相关问题》（甘于恩，2007）、《读岩田礼编〈汉语方言解释地图〉》（曹志耘，2010）、《汉语方言地理学大有可为——岩田礼教授访谈摘录》（黄晓东，2012）、《语言地理学的理论及其在汉语中的实践》（孙宜志，2012）、《我国方言地理学发展演变及问题分析》（胡迪等，2012）、《〈方言〉与中国地理语言学》（张振兴，2013）、《汉语方言地理学研究探索与分歧》

（冯青青，2014）、《论汉语方言地理信息系统（GIS）》（刘俐李、闾国年，2015）、《基于 Arc GIS-Corel Draw 的方言地图集制作与研究：以广西平话方言地图集为例》（周冬梅、童新华、李连进，2015）、《西北地区汉语方言地图集的绘制》（邢向东，2017）、《基于 Vue. js 框架的 Web 方言地图的设计与开发》（毛炎，2018）、《"粤闽客"诸方言地理信息系统建设与发展》（秦绿叶、甘于恩，2019）、《海峡两岸地理语言学的名称和定义小议》（陈曼君，2022）等一系列论著对中国地理语言学理论、方法、内涵、名称等领域的不断探索，给学者们以很多的启迪，对中国地理语言学的发展起到重要的推动作用。

（四）以"调查、画图、解释"为目的的研究成果不断涌现

贺登崧所倡导的"调查、画图、解释"三步骤这一地理语言学研究方法在中国迟迟无法生根发芽，乃至于他在其著作日译本《中国の方言地理学のために》（1994）里的作者序言中这样说道："在方言地理学的领域所作的研究论文，据我所知，只有王辅世的上述《宣化方言地图》和岩田礼最近发表的一些论文。"一直到 2000 年以后情况才发生根本性的变化。以"调查、画图、解释"为目的的期刊论文和著作不断涌现，可谓"老枝新芽"、异彩纷呈。其中尤为值得一提的是硕士研究生、博士研究生等新生代力量不断壮大，发展势头良好。我们以"地理语言学""语言地理学""方言地理学"为关键词，以 2000 年至 2020 年为时间段，在中国知网、万方数据库、读秀学术搜索系统等平台进行搜索，搜索到的学术论文有近 160 篇，其中硕士学位论文 61 篇、博士学位论文 11 篇。2000 年以来的前 10 年和后 10 年相比，博士学位论文由 5 篇增至 6 篇，而硕士学位论文则由 3 篇增至 58 篇，增长速度十分惊人。著作方面的成果比较少，只有 10 多部。2021 年至 2022 年，地理语言学的发展势头仍然向好，仅中国知网上搜索到的硕士学位论文就达 12 篇。这些论著主要是汉语方言的地理语言学研究，也有少数民族语言的地理语言学研究；既有区域性的综合研究，也有区域性的专题研究，还有全国性的综合研究。全国性的综合研究仅见于个别论文，区域性的综合研究有 60 篇以上，更多的是区域性的语音、词汇、语法等领域的专题研究。其中主要是语音研究和词汇研究，语法研究十分少见。

三、四十年来我国地理语言学的研究力量

40 年来我国地理语言学之所以能取得上述的研究成就，主要得力于一支支日益发展壮大的研究队伍。目前，我国地理语言学的研究力量主要有中国社会科学院团队（以下简称"社科院团队"）、"北语"团队、广东团队、江浙沪团队、西北团队、内蒙古团队、湖南团队，以及津鲁团队和其他北京团队、桂川云贵团队、赣闽鄂团队。

（一）社科院团队

40 年来我国地理语言学研究的第一座丰碑——《中国语言地图集》（1987、1989），由中国社会科学院与澳大利亚人文科学院合作编纂。《中国语言地图集》中的分区图及文字说明部分，是由中国社会科学院语言研究所等单位组织全国数十名语言工作者共同编制的，汉语方言部分由李荣、熊正辉、张振兴担任主编，少数民族语言部分由傅懋勣、王均、道布担任主编。《中国语言地图集》（第 2 版）（以下简称"新版《地图集》"）是中国社会科学院 2002—2008 年 A 类重大科研项目成果，由中国社会科学院语言研究所等单位组织国内 50 多位专业语言学者前后耗时 10 年共同编制而成。熊正辉、张振兴、黄行、道布和邹嘉彦组成编辑委员会共同担任主编，张振兴担任执行主编。《中国语言地图集》（第 1 版、第 2 版）凝聚了中国社会科学院李荣、熊正辉、张振兴、傅懋勣、王均、黄行、道布等无数语言学家的心血，是语言学界的一大创举。中国第一部覆盖一种语言的区域性地图集《中国拉祜语方言地图集》（1992）乃是中国社会科学院民族研究所金有景研究员主编的，这是他带领少数几个人为中国地理语言学奉献的又一部杰作。除此以外，张振兴、金有景等人也在地理语言学理论等方面作出孜孜不倦的探索。社科院团队不仅在全国具有榜样的力量，而且在此期间培养和锻炼了一大批人，为推进中国地理语言学的发展作出了不可磨灭的贡献。

（二）"北语"团队

曹志耘对中国地理语言学的发展也作出了重要贡献。他不仅较早地为中国地理语言学学科建设建言献策，主持完成了在中国地理语言学研究史上具有里程碑意义的《汉语方言地图集》，从而培养了一大批地理语言学研究人才，而且继续为中国地理语言学的发展摇旗呐喊，发起、举办了首届中国地理语言学国际学术研讨会并主编、出版了此次研讨会的论文集《汉语方言的地理语言学研究》。论文集汇集了来自中国大陆、中国香港、中国台湾、日本、美国、俄罗斯等地区和国家的语言学家和青年学者在"理论研究""语音研究""词汇研究""区域方言的地理分布和历史演变"四个方面的优秀研讨成果。正如该书所言，"本书构建了适用于汉语实际的地理语言学研究框架，是将地理语言学的理论方法运用与汉语方言研究的成功范例，代表着当前中国地理语言学研究的前沿水平"①。

---

① 曹志耘. 汉语方言的地理语言学研究：首届中国地理语言学医际学术研讨会论文集［C］. 北京：商务印书馆，2013：封底。

该论文集也汇集了曹志耘及北京语言大学多位学者的众多研究成果。这些成果都是围绕着曹志耘《汉语方言地图集》展开探讨的。曹志耘《汉语方言的地理分布类型》（2011）是第一篇从宏观视野综合研究全国汉语方言的地理语言学研究成果的论文。论文依据《汉语方言地图集》510 幅涉及语音、词汇、语法内容的方言特征地图，把汉语方言分为对立型和一致型两种类型。对立型包括南北对立型和东西对立型。南北对立型有秦淮线型（秦岭－淮河线）、长江线型（长江中下游）两类。东西对立型也有阿那线型（内蒙古兴安盟的阿尔山市至广西百色市的那坡县）、太行山线型（太行山脉，也许与汉语方言早期的分布状况有关）两类。对立型中，南北对立是主要的，东西对立相对而言是次要的。一致型包括长江流域型、江南漏斗型（北端在长江一带，中心正好是长江以南的两大水系——鄱阳湖水系和洞庭湖水系，亦即江西以及湖南的部分地区）、东南沿海型（浙江、福建、台湾、广东、海南、广西一带，特别是沿海地区）。围绕《汉语方言地图集》进行探讨的还有张维佳《汉语方言卷舌音类的地理共现与共变》（2011）、刘晓海《从地理分布看汉语方言的优势调型》（2013）、王莉宁《汉语方言上声的全次浊分调现象》（2012）、赵日新《汉语方言"走"义和"跑"义的词形分布》（2013）、胡士云《汉语亲属称谓的方言类型：以"祖称"和"父称"为例》（2015）、唐伶《岭南土话"爷爷"的呼称形式考察》（2013）等。

此外，曹志耘、张维佳还指导学生撰写地理语言学学科专业的学位论文，例如曹志耘指导的博士学位论文《宣化方言变异与变化研究》（郭风岚，2005）、《处州方言的地理语言学研究》（王文胜，2004 年成书，2008 年正式出版）和张维佳指导的硕士学位论文《孟州话的方言地理学研究》（董冉，2005）等。同时，曹志耘培养出来的王文胜等也已开始指导学生撰写这方面的硕士学位论文，如《吴语松阳玉岩方言语音词汇研究》（程朝，2019）。

（三）广东团队

20 世纪 90 年代，詹伯慧等主编出版了系列调查报告《珠江三角洲方言综述》（1990，42 幅地图）、《粤北十县市粤方言调查报告》（1994，45 幅地图）、《粤西十县市粤方言调查报告》（1998，68 幅地图），培养了一批地理语言学研究的骨干人才。进入 21 世纪，以甘于恩为首的广东研究团队脱颖而出。为了促进地理语言学事业的发展，在甘于恩的带领下，广东团队推出了一系列举措：第一是把暨南大学汉语方言研究中心建设成为广东省普通高校人文社会科学重点研究基地；第二是创建《南方语言学》学术刊物；第三是建立地理语言学研究所；第四是举办多届地理语言学培训班；第五是举办中国地理语言学国际学术研讨会。由此广东地理语言学研究呈现出良好的发展态势。21 世纪以来，广东团队涌现了一批研究项目和研究成果，如甘于恩除了主持"广东粤方言地图集"（2004）、"广东闽方言地图集"（2010）项目外，还主持国家社会科学基金重点项目"粤、闽、客诸方言地理信息系统建设与研究"（2013），主编出版反映了地理语言学的最新研究进展的《从北方到南方：第三届中国地理语言学国际学术研讨会论文集》，并指导了《粤东闽语 -n、-ŋ 韵尾的方言地理类型研究》（吴芳，2009，后于2013 年改为《粤东闽语前后鼻音韵尾类型研究》出版）、《粤东闽语语音的地理类型学研究》（林春雨，2017）、《梅州客家方言语音的地理语言学研究》（李菲，2018）等博士学位论文和《中山粤方言的地理语言学研究》（蔡燕华，2006）、《澄海方言咸深二摄闭口韵尾的地理分布研究》（邹珣，2007）、《广东兴宁客家话语音研究》（陈苏方，2016）、《广东翁源客家话语音研究》（吴碧珊，2017）、《湛江闽语语音的地理语言学研究》（廖小曼，2019）等硕士学位论文，其中李菲的博士学位论文以《地理语言学视域下梅州客家方言语音研究》为题于 2022 年出版；《南方语言学》推出了《鄂东南赣语的地理分布类型》（张勇生，2013）等系列论文；又如陈云龙、邵慧君、刘新中分别主持的国家社会科学基金重点项目"岭南濒危方言有声数据库建设"（2014）、"基于大数据的广东粤语方言语音综合研究"（2019）、"广东粤闽客三大方言语音特征系统分层实验研究"（2022），严修鸿主持的国家社会科学基金项目"方言接触带上的语言地理——以连城方言为例"（2012），其他学者主持的省级项目"粤东闽方言的地理分布及其语言类型学研究"（林伦伦，2010）、"粤东西部闽方言语音地理类型研究"（吴芳，2010）等，以及学者们发表的《海南闽语的语音研究》（刘新中，2004 年博士学位论文，后于 2006 年出版）、《广东方言的地理格局与自然地理及历史地理的关系》（张双庆、庄初升，2008）、《粤东惠河片闽南语的分布及其地理环境特征》（潘家懿、林伦伦，2011）、《广东潮阳闽南方言的语音分区》（吴芳，2011）、《深圳本土方言的地理分布特点》（汤志祥，2015）等学术成果。尤为引人注目的是林春雨和甘于恩合著的《广东东部闽方言语音地图集》（2021）。

（四）江浙沪团队

江浙沪地区对地理语言学研究着力较多的有顾黔、潘悟云、陈忠敏、孙宜志、苏晓青、赵则玲、侯超、李建校、王海燕、林齐倩等学者，取得了令人瞩目的成绩。顾黔是中国较早关注地理语言学研究的学者，她早在 1999—2001 年就跟外国学者合作主持了中美两国合作研究项目"江苏境内江淮官话与吴语的分界"，并于 2006 年出版了项目的研究成果《江淮官话与吴语边界的方言地理语言学研究》（史皓元、石汝杰、顾黔，2006），同时发表了《江苏溧水方言地理学研究》（2006）等论文。潘悟云主持过 2009年度教育部哲学社会科学研究重大课题攻关项目"汉语方言地理信息系统平台建设"。上述两位学者分别指导过《连云港方言地理语言学研究——以语音为例》（王萍，

2014)、《汉语语音地理类型研究》（龙国治，2017）等博士学位论文。陈忠敏主持过2015年度国家社会科学基金重点项目"上海市方言地图集"。孙宜志先后主持过2008年度、2019年度国家社会科学基金项目"金华方言的地理语言学研究""温州地区方言的语言地理学研究"。苏晓青和岩田礼合作发表了具有理论深度的《矫枉过正在语音变化中的作用》（2004），后来苏晓青主持了2009年度国家社会科学基金项目"江苏东北部多方言交界地区方言的语言地理学研究"，指导了《地理语言学视角下的东海方言研究》（刘芳芳，2013）等硕士学位论文。此类硕士学位论文还有刘民钢指导的《客赣方言词汇的语言地理学研究》（王晢媛，2013）等。赵则玲、侯超和李建校分别主持过年度国家社会科学基金项目"语言地理学视域中的宁波方言调查与比较研究"（2013）、"地理语言学视阈下苏皖浙交界地区吴语音变研究"（2018）、"山西方言语音解释地图"（2019），同时赵则玲还发表了《浙江宁海方言人称代词说法的地理分布及其类型》（2015）、《语言地理学视域中的宁波方言比较研究》（2022）等论著。

此外，江浙沪团队也有其他论著问世。著作方面有《方言地理学视角下徐州市、铜山县城乡方言接触研究》（王海燕，2017）和《苏州郊区方言研究》（林齐倩，2017）等；论文方面有《历史音变规律与方言地理分布类型》（郑伟，2013）、《山东莒县方言尖团音的社会地理语言学研究》（亓海峰，2019）、《地理分布、气候特征对语言结构模式的影响》（金立鑫，2022）等。在上述三篇论文中，郑伟从吴语若干音变特征归纳出音变规律在方言地理类型分布上的4种表现：连续型、离散型、递推型、辐射型；亓海峰罕见地采用社会地理语言学的调查方法，对山东莒县多个村庄的不同年龄阶段发音人的尖团音的读法进行密集调查和研究；金立鑫考察了35种施通格语言的地理分布、气候特征以及这些语言母语者的生活方式，发现人类语言句法结构的"施通格模式→混合模式→主宾格模式"大致对应于人类文明的发展进程。亓海峰还和陶寰分别指导了《山西阳泉方言的声调变异研究》（邓碧瑶，2020）、《吴语绍兴话方言地理学研究》（金春华，2014）等硕士学位论文。进入2022年，更有多篇此类硕士学位论文问世，如李旭平、王双成、徐越、赵庸分别指导的《吴语"返回"义动词的词汇类型、地理分布与历时更替》（翁汀汀，2022）、《基于地理语言学的卫藏方言示证标记比较研究》（普布德吉，2022）、《20世纪中叶浙江方言词语的地理语言学考察》（林玲，2022）、《温州乐清方言的地理语言学研究》（王含春，2022）。

（五）西北团队

邢向东一直致力于西北方言的地理语言学研究，并取得了显著的成绩。其早期著作《神木方言研究》（2002）已在地理语言学方面作过很好的尝试，里面附有1幅方言分区图和18幅语音、词汇特征分布图；他与王临惠、张维佳、李小平合著的《秦晋两省沿河方言比较研究》（2012）也附有 11 幅地图，为地理语言学研究积淀了深厚的基础。继而，他不仅单独或与学者合作发表了《关中方言古知系合口字的声母的读音类型及其演变》（张双庆、邢向东，2012）、《陕西关中方言古帮组声母的唇齿化与汉语史上的重唇变轻唇》（邢向东，2013）、《近八十年来关中方言端精见组齐齿呼字的分混类型及其分布的演变》（邢向东、张双庆，2013）、《方言地图反映的关中方言地理》（邢向东，2017）等多篇论文，而且主编出版了《西北地区汉语方言地理学研究》（2020）。该书是其主持的国家社会科学基金重大招标项目"西北地区汉语方言地图集"（2015）的阶段性成果，汇集了邢向东、高峰、孙建华、柯西钢、贺雪梅、王三敏、莫超、黑维强、张永哲、马梦玲、雒鹏、张建军、朱富林、王新青、何菲菲等众多学者撰写的 26 篇论文，是集体智慧的结晶，内容涵盖陕西、甘肃、青海、新疆等地的方言语音、词汇、语法、语言接触和地域文化，从多角度揭示了西北地区汉语方言的面貌。西北团队的其他地理语言学研究成果还有孙建华《汉语方言小称变音的地理分布及其演变》（2018）和刘艳《山西文水及边界地区的方言地理学研究》（2019）等论著，以及舍秀存、沈力分别主持的年度国家社会科学基金项目"撒拉语的地理语言学研究"（2014）、"基于地理信息系统（GIS）的汾河流域方言混合地带的语言传播现象研究"（2018）等。

（六）内蒙古团队

内蒙古团队主要是内蒙古大学的研究团队。这个团队在地理语言学研究方面相当活跃，代表人物有森格、高·照日格图、斯琴巴特尔。森格除了主持国家社会科学基金重大招标项目"中国蒙古语方言地图"（2015）外，还指导学生撰写《乌珠穆沁土话语言地理研究》（包红艳，2011）、《鄂尔多斯土语语言地理研究》（雅茹，2011）等硕士学位论文。高·照日格图不仅主持完成了教育部人文社会科学重点研究基地重大课题"内蒙古蒙古语方言地图集"两个子课题和主持国家社会科学基金重大项目"中国蒙古语方言地图"子课题，作为总主编出版了《内蒙古蒙古语方言地图资料集》（13 册，亲自完成 4 册，2018），而且指导娜仁其木格、柴乐根、银桃、白永泉、乌日那、新苏布达、钦德木尼、美音图等众多学生撰写地理语言学博士、硕士学位论文，论文内容涵盖蒙古语方言语音现象，锡林郭勒盟察哈尔口语的地理语言学研究和兴安盟、赤峰市、通辽市、呼伦贝尔市等地蒙古语的方言地理学研究。除了三持"西部地区蒙古语方言地图研制"（2006）项目外，斯琴巴特尔还主持过"蒙古语察锡乌土语方言地理学研究"（2004—2006）项目，指导过《察哈尔土语地理学研究》（海其力木格，2019）、《青海甘肃蒙古语土语方言地理学研究》（乌吉木吉，2020）等硕士学位论文。内蒙古大学格日勒图和内蒙古师范大学额勒森其其格则分别指导了《阿拉善土语语言地理研究》（哈斯图亚，2011）、《鄂尔多斯土语方言地理学研究》（苏日高格其其格，2019）等硕士学位论文。

（七）湖南团队

由鲍厚星指导的彭泽润《衡山南岳方言的地理研究》（2003）是中国第一篇地理语言学博士学位论文，也是中国第一篇地理语言学学位论文。彭泽润后来出版的《地理语言学和衡山南岳方言地理研究》（2017）是在其博士学位论文的基础上修改而成的，是其主持的2011年度国家社会科学基金项目"地理语言学和衡山南岳方言地理研究"的研究成果。作者翻山越岭，一个村子又一个村子地进行高密度的、地毯式的田野调查，总共调查了354个村子，此书也成为中国第一部从地理语言学角度研究一个县每个自然村的方言的著作，为细致的地理语言学研究树立了榜样。论文方面，彭泽润与其他学者合作发表了《湖南方言声调的地理语言学研究》（彭泽润、王梦梦，2016）、《湖南江永土话声调的地理语言学研究》（彭泽润、崔安慧，2017）、《从地理语言学看湖南语言分布格局》（彭泽润、胡月，2019）等。彭泽润对地理语言学的贡献还在于他大力培养地理语言学研究的生力军，2013年以来他指导王婧、李瑞瑞、左银霞、易小成、李日晴、张玉林、姚芳、雷群香、周琴、李婉、周倩妮等学生撰写硕士学位论文10多篇，论文内容涵盖湖南江永黄甲岭、源口、桃川、回龙圩、粗石江、夏层铺、允山、兰溪各地土话的地理和社会研究，湖南安化与涟源交界位置的汉语方言、湖北潜江方言的语音地理语言学研究，以及湖南长沙到宁乡汉语方言的地理语言学研究。

在湖南团队里，吕俭平的研究也十分值得注目。吕俭平自2015年以来先后主持过湖南省社会科学西部项目和国家社会科学基金项目，并于2019年出版了项目研究成果《汉语方言分布格局与自然地理、人文地理的关系》。该书首次尝试从自然地理、人文地理等非语言因素对整个汉语方言分布格局的历时形成与共时分布进行了全面的分析与梳理，将语言与地理、历史、文化熔于一炉。

此外，还有《河南偃师方言处置兼被动标记"叫"——兼论"叫"在汉语方言中的地理分布》（郭笑，2021）、《湖南东北部干亲称谓的地理语言学研究》（孙益民，2022）、《湖南永兴方言 i > ʅ 的舌尖化音变——兼议 i > ʅ 在湘、赣语中的地理分布及底层溯源》（胡斯可，2022），以及鲍厚星、陈晖分别指导的博士学位论文《湘江流域汉语方言地理学研究》（李永新，2009）（后改名为《湘江流域方言的地理语言学研究》于2011年出版）、《湘西乡话地理语言学研究》（任溪，2021）及李星辉指导的硕士学位论文《湖南宁乡方言的地理语言学研究》（黄欣欣，2012）等成果问世。

（八）津鲁团队和其他北京团队

王临惠除了与邢向东等学者合作外，还成了天津团队的核心人物。他所申请的年度国家社会科学重点项目"地理语言学视阈下的环渤海方言比较研究"（2015）获得立项，之后便开始致力于环渤海方言的地理语言学研究。与此同时，天津师范大学也开始培养地理语言学研究人才，如支建刚指导的硕士学位论文《地理语言学视角下的磁县方言语音研究》（汪菁，2018）。钱曾怡为山东团队打下了良好的研究基础，近年来山东团队也继续关注地理语言学研究，具体成果如张树铮、岳立静分别指导的硕士学位论文《桓台方言语音内部地理差异研究》（张梦瑶，2018）、《菏泽市牡丹区方言语音地理差异研究》（杨青，2021）和《山东方言词汇地理研究》（张晋龙，2019）等。

曹志耘《汉语方言地图集》（2008）的影响深远，不仅"北语"团队对它青睐有加，进行上述的解释工作，北京大学、北京师范大学等高校的学者也陆续对它展开研究，如项梦冰除了出版具有重要影响力的《汉语方言地理学——入门与实践》（2005、2013）外，还推出《说"冰雹"》（2013）、《汉语方言里的拾取义动词（上）（下）》（2013、2014）、《汉语方言里的寻找义动词》（2018）等系列论文。此外，北京师范大学和中央民族大学要么有成果问世，如荣晶、丁崇明《现代汉语方言完成体标记的类型分布》（2019），姜镕泽《中国朝鲜语方言词汇"猫"的地理分布》（2022），崔桂荣《中国朝鲜语方言/p/不规则活用现象及其地理分布特征考察——以"topt'a（助）""purəpt'a（羡）"为例》（2022），要么有项目立项，如卢小群的年度国家社会科学基金项目"基于语言地理学的北京方言调查"（2013），要么指导了这方面的硕士学位论文，如才旺拉姆指导了《地理语言学视角下的甘南藏语方言研究》（三木旦，2020）、《地理语言学视角下的阿坝藏语方言研究：以阿坝县、若尔盖、红原县为例》（索郎措，2020）等。

（九）桂川云贵团队

这些地区中，贵州、广西地区较早加入地理语言学的研究队伍。涂光禄、李连进除了分别主持过国家项目"贵阳市及周边地区汉语方言地图集"（1999）、"广西平话方言地图集"（2009）外，也分别指导了《荣县方言语音系统及内部差异研究》（王琛，2006）、《南宁市北湖村平话语音比较研究》（罗敏，2014）和《广西平话融江片杨梅百姓话研究》（徐艺，2014）等硕士学位论文；有的学者仅指导硕士学位论文，如占升平指导了《重庆市梁平区方言的地理语言学研究》（孙旭，2021）。其他地区涌现出主要涉足语音和词汇的系列硕博学位论文，如戴庆厦指导的博士学位论文《纳系族群亲属称谓系统的语言地理研究》（和智利，2016），周及徐、汪启明分别指导的《宜宾、泸州地区数县市方言音韵结构及其方言地理学研究》（张驰，2012）、《四川绵阳地区方言音系实验语音学分析及方言地理学研究》（周颖异，2014）、《四川眉山市、乐山市交界地区方言音系调查研究》（郑敏，2017）、《基于方言地理学的魏晋南北朝韵部发展研究》

（郭玲，2017）和《陕西省方志中的方言词研究》（黄沙，2018），罗骥、马艳分别指导的《滨州方言文白异读地理语言学研究》（王晓莹，2016）、《寻甸汉语方言撮口呼地理分布调查研究》（马继英，2014）和《富源方言的地理语言学研究》（王娇，2019），以及苏连科、王国旭、韦远诚分别指导的《凉山州昭觉县彝语方言的地理语言学研究》（杜国秀，2021）、《云南华坪汉语方言名词的地理语言学研究》（严珺，2021）、《壮语辅音的地理类型研究》（肖锦燕，2022）等硕士学位论文。同时，云南、贵州和广西地区还有《云南壮侗语族语言地理分布探析》（骆小所、太琼娥，2011）、《阿昌语语音的方言地理学研究》（杨露，2020）、《黔东南方言地理学研究》（王贵生、张雄等，2015）和《贺州市的语言种类及地理分布》（杨璧菀、邓玉荣，2018）等论著问世。

（十）赣闽鄂团队

江西省的地理语言学研究以胡松柏的研究为最早。在他的指导和带动下，江西省开始出现这方面的硕士学位论文如《江宁方言的地理语言学研究》（刘存雨，2008）等，先后主持"语言地理学视角下江西徽语现状及历史调查研究"（胡松柏，2010）、"语言接触视角下的鄂东南赣语地理语言学研究"（张勇生，2014）、"地理语言学视域下的赣闽粤交界地带客家方言语法特征研究"（付欣晴，2017）三个年度国家社会科学基金项目，并出现了由肖九根指导的《赣南客家话方位词语义研究及其地理分布：以"上、下、前、后"义类为例》（卢小芳，2016）、《宁都客家方言地理语言学研究》（廖丽红，2018）等硕士学位论文。福建省、湖北省近年来才开始出现这方面的研究。福建地区既有这方面的项目立项，如陈菘霖、陈曼君分别主持的年度国家社会科学基金项目"汉语方言内向被动标记的地理分布与历史演变研究"（2018）和省级社会科学规划项目"语言地理学视角下的闽台闽南方言副词研究"（2020），也有研究成果问世，如上述提及的《海峡两岸地理语言学的名称和定义小议》（陈曼君，2022）、《近20年中国地理语言学研究评述》（卢罗兰、陈曼君，2022）和陈曼君指导的硕士学位论文《四川遂宁方言的地理语言学研究》（卢罗兰，2022）。湖北地区有如杨凯主持的年度国家社会科学基金项目"基于《蕲春语》的蕲春方言地理语言学研究"（2019）等成果。值得一提的是，以往的地理语言学研究都倾向以语音和词汇为研究对象，专门以语法作为研究对象的项目仅见于赣闽地区。

除了上述研究团队外，有的地方还出现零星的研究成果，如黑龙江大学刘宇指导的《西南官话方言词汇的地理语言学研究：以〈汉语方言地图集词汇卷〉为依据》（李倩，2022）、宁夏大学马晓玲指导的《静宁方言内部差异地理分布研究》（赵娟红，2022）、河北大学傅林指导的《普通话撮口呼韵母在环北京地区方言中对应韵母类别的地理类型学研究》（刘潇，2021）等硕士学位论文。

四、结语

我国现代地理语言学产生于 20 世纪二三十年代，以 1983 年《中国语言地图集》的启动为分水岭，该学科的发展可以分为探索期和展开期。一开始，中国学者就为地理语言学学科的发展摇旗呐喊并身体力行，但在相当长的时期里都处于摸索时期。直到 1983 年《中国语言地图集》的启动才使地理语言学进入了 40 年的展开期。本文着重讨论展开期即 1983 年以来地理语言学的研究成就和研究力量，从中展现了 40 年来我国地理语言学良好的发展格局，同时暴露了其不足之处。

40 年来，我国地理语言学的研究成就主要体现在语言（方言）地图集的编纂、方言调查报告结合方言地图绘制的实践、地理语言学理论方面的探索和"调查、画图、解释"工作的开展四个方面。语言（方言）地图集的编纂由面及点进行，即由全国性地图集研究向区域性地图集研究发展。区域性地图分两类，一类覆盖某一地区的汉语方言或单一汉语方言，具体包括西北地区汉语方言、贵阳市及周边地区汉语方言、浙江汉语方言、上海市方言、陕西方言、广东粤方言、广西平话方言、山西晋方言等；另一类只涉及某种语言的整体分布或者局部分布，具体涉及中国拉祜语方言、中国蒙古语方言等。从中可以看出，无论是地区地图研究还是语种地图研究，其在全国的分布都是相当不平衡的。方言调查报告结合方言地图绘制的实践则越来越少，逐渐被其他类型的研究所取代。地理语言学理论方面的探索虽然取得诸多成具，但是探讨的力度、深度、广度和锐度都不够，有待于进一步加强。"调查、画图、解释"工作的开展已经取得前所未有的成绩，但主要集中于语音研究和词汇研究，很少涉足语法研究，能够提炼到一定理论高度的更少。

40 年来，我国地理语言学的研究队伍不断发展壮大，地理语言学研究由全国性研究向区域性研究铺开。社科院团队和"北语"团队对地理语言学的发展发挥着龙头的作用。社科院团队率先联合多方力量完成全国汉语方言和少数民族语言的分区地图集这一艰巨浩大、彪炳史册的工程，并率先举少数几个人之力完成我国第一部覆盖一种语言的，显示语音、词汇、语法等语言特征的大型方言地图集。"北语"团队则是率先汇聚全国的力量完成我国第一部汉语方言特征地图集，这也是世界上第一部在统一的实地调查的基础上编写的原创性语言特征地图集。与此同时，"北语"团队还为中国地理语言学的发展摇旗呐喊，发起、举办了中国地理语言学国际学术研讨会，主编、出版汉语方言的地理语言学研究论文集，并在推动地理语言学的深入研究方面身先士卒。其他团队的研究主要聚焦于区域性研究。在区域性研究有出色表现的有广东团队、江浙沪团队、西北团队、内蒙古团队、湖南团队等研究队伍。此外，津鲁团队和其他北京团队、桂川云贵团队、赣闽鄂团队也都纷纷参与其中，并取得不同程度的研究成果。可以说，我国地理语言学研究正在全国逐渐铺开，发展势头良好，但是研究力量主要集中于北京、广东、江苏、上海、浙江、陕西、山西、内蒙古和湖南等地，在区域性的研究方面呈现出较大的不平衡性。

参考文献

［1］曹志耘. 汉语方言的地理语言学研究：首届中国地理语言学国际学术研讨会论文集［C］. 北京：商务印书馆，2013.

［2］陈曼君. 海峡两岸地理语言学的名称和定义小议［M］//刘新中. 南方语言学：第19辑. 广州：世界图书出版广东有限公司，2022.

［3］高晓虹. 汉语方言地理学历史发展刍议［J］. 语言教学与研究，2011（5）.

［4］贺登崧. 汉语方言地理学［M］. 石汝杰，岩田礼，译. 上海：上海教育出版社，2003.

［5］潘悟云. 地理语言学的新探索［J］. 广东技术师范大学学报，2022，43（4）.

［6］石汝杰. 汉语方言地理学的优良教科书：评介贺登崧《论中国方言地理学》［J］. 国外语言学，1997（1）.

［7］石汝杰. 贺登崧和汉语方言地理学［J］. 语言教学与研究，2003（6）.

源于中国知网（CNKI）的广府方言研究文献综述[*]

——基于 SATI、CiteSpace 的文献计量分析

龚琬茵

一、概述

本文以中国知网（以下简称"CNKI"）为文献来源，运用 Excel 和文献计量分析软件 SATI、CiteSpace，从发文时间、发文机构、发文期刊、核心作者、研究热点与演进趋势等角度，对 1979 年至 2022 年 CNKI 收录的广府方言研究论文进行计量分析研究。根据伍巍《粤语》（2007），以广州话为代表的粤语广府片分布于广州市（越秀、荔湾、海珠、天河、白云、黄埔、番禺、花都、增城、从化）、东莞市（大部分）、中山市（大部分）、珠海市（除斗门区）、深圳市（部分）、佛山市、肇庆市（鼎湖、高要）、云浮市（云城区）、罗定市（大部分）、清远市（清城区、英德部分、清新部分、佛冈部分）、茂名市（电白部分）、韶关市（乐昌、曲江县市的城区）。长期以来，粤语学界广泛关注广府方言的研究，在各类期刊发表了数量众多的学术论文。笔者认为有必要从统计学的角度对其进行全面梳理和系统分析，为开展下一步的研究提供数据参考。笔者于 2023 年以 CNKI 中的"学术期刊""学位论文"为检索数据库，以"广府话""广府方言""广州话""佛山话""中山话""香港话""澳门话""石湾话""广府片""南海话""白话"等为关键词进行检索，筛选出与广府方言相关的论文共 429 篇，对发文时间、发文机构和发文期刊等数据进行统计并绘制图表；通过 SATI、CiteSpace 对文献数据进行可视化分析和知识图谱绘制，梳理研究主线，发掘研究的热点和演进趋势，对广府方言研究作较为全面的回顾与前瞻。因为大部分港澳学者发表的论文未被 CNKI 收录，所以数据来源存在一定的局限性。

二、广府方言研究发文信息分析

发文信息包括发文时间、发文机构、发文期刊、发文作者等元素，具体可从以下几点来进行量化分析。

---

* 本文承暨南大学汉语方言研究中心彭志峰讲师、岭南师范学院陈李茂副教授指导并提出有益的修改意见，特此感谢！

（一）发文时间分布、发文作者时间分布

基于图 1、图 2，本文将广府方言研究历程分为三个阶段：①起步阶段（1978—1993 年），该时期主要研究内容为广州话，聚焦语音和词汇方向，涉及语言比较和语法结构研究。②稳步增长阶段（1994—2003 年），广州话的语音、词汇研究仍属研究重点，同时句式、语法结构和方言比较等研究内容兴起，计算机相关言语测听软件研究、语码转换、港澳粤语等研究方向的论文涌现。2002 年，暨南大学汉语方言研究中心与香港大学语言学系联合开办粤方言研究网站，带动了一批学者投入广府方言的研究中。③高速发展阶段（2004 年至今），研究方向趋向均衡，广府片区各地的方言均有学者开展研究，除了语音和词汇等研究重点，语法、方言比较、语言接触和社会应用等研究也稳步发展。2008 年，暨南大学汉语方言研究中心获批广东省人文社会科学重点研究基地，促进了广府方言研究的蓬勃发展。

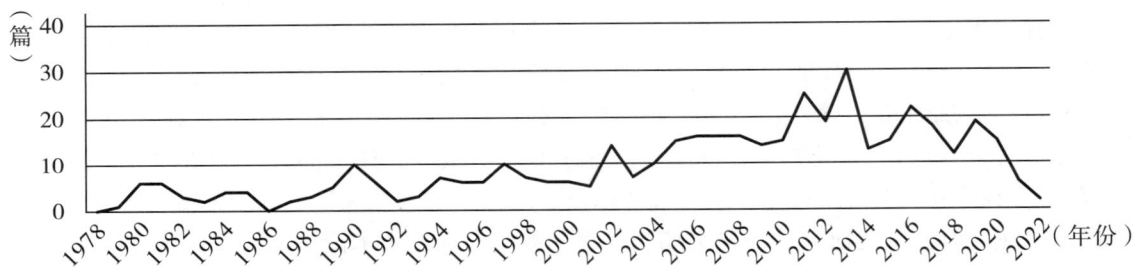

图 1　广府方言研究发文数量时间分布

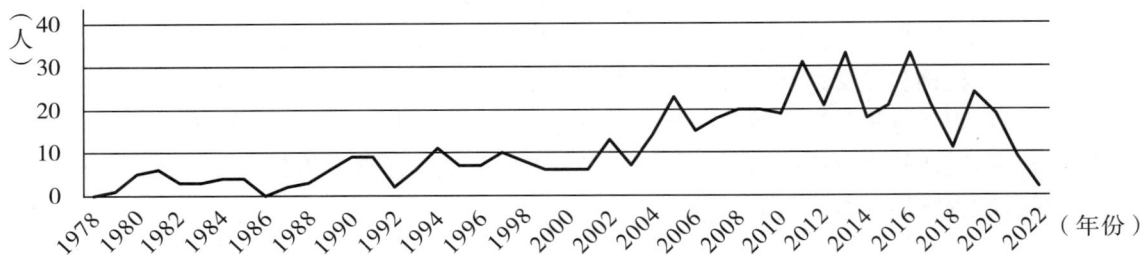

图 2　广府方言研究发文作者数量时间分布

（二）发文机构分布

由图 3 可得，在广府方言研究发文数量上，暨南大学、华南师范大学和中山大学名列机构前三，各机构的发文数量存在一定差距。从前十名的发文机构来看，广府方言研究具有很强的地域性，前六名研究机构集中在粤港澳大湾区。

由图 4 可得，香港理工大学中文及双语学系分别与厦门大学中文系、南开大学文学院和中国社会科学院语言研究所进行了相关合作，但核心机构之间的合作较少，合作关系不紧密。

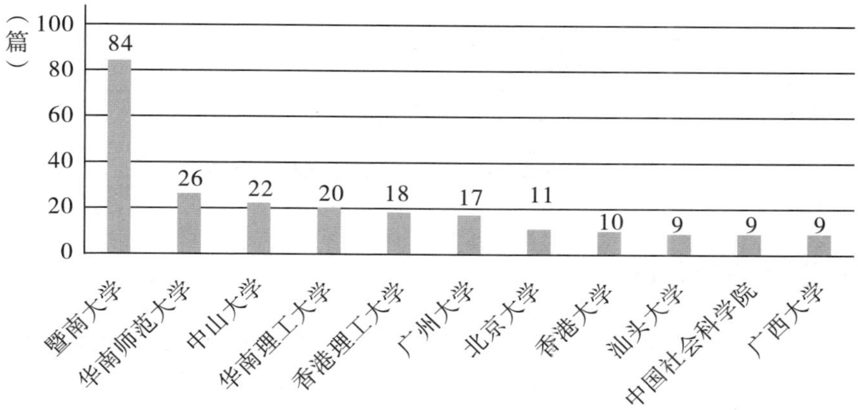

图3　广府方言研究发文数量机构分布

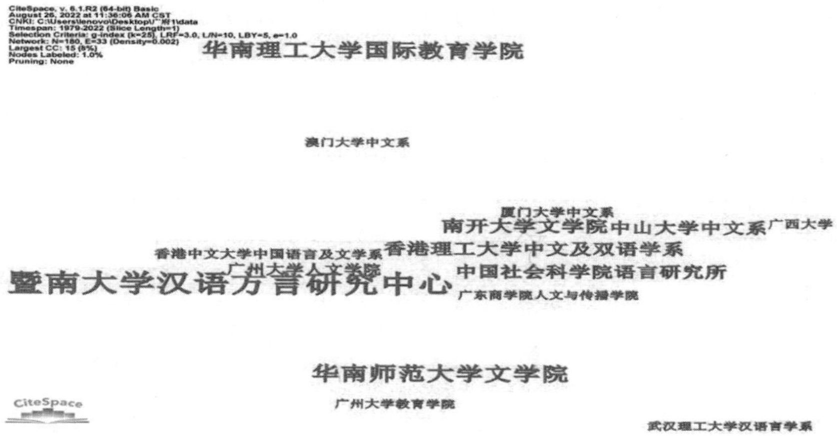

图4　研究机构共现网络

（三）学位论文所属机构分布

相关学位论文的数量在一定程度上可以反映各高校在广府方言研究人才培养方面的综合实力（如图 5 所示）。其中，暨南大学以 21 篇排名第一；港澳学者的学位论文因未收录于 CNKI，难以考察。总体来看，广府方言研究人才培养以两广为中心，向四周扩散，部分非广府地区高校也培养了一批相关人才，如云南师范大学、北京大学。

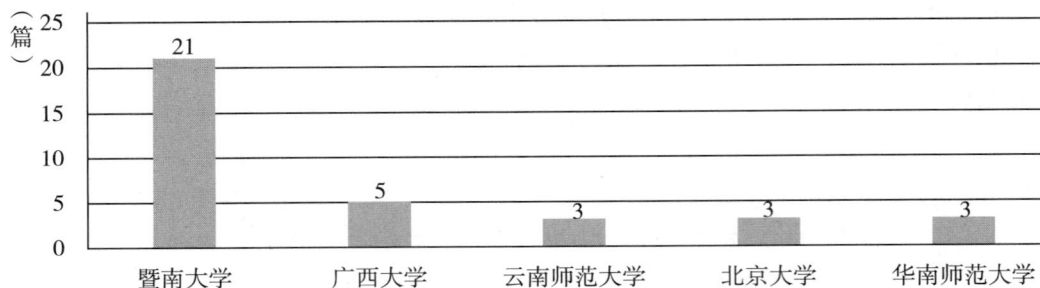

图5　广府方言研究学位论文所属机构分布

（四）发文期刊分布

由图6可得，发表广府方言研究论文最多的前三种刊物分别是《方言》《暨南学报》（哲学社会科学版）和《中国语文》。在所选的324篇期刊论文中，共有139篇发表于"北大核心"或"CSSCI"期刊，占比约为42.9%；整体来看，期刊层次较高，作者发文质量较优。从地域分布看，发文期刊地域分布较均匀，尽管研究机构和学者主要分布在粤港澳大湾区，但发文期刊没有过多局限在广东省内的期刊阵营。

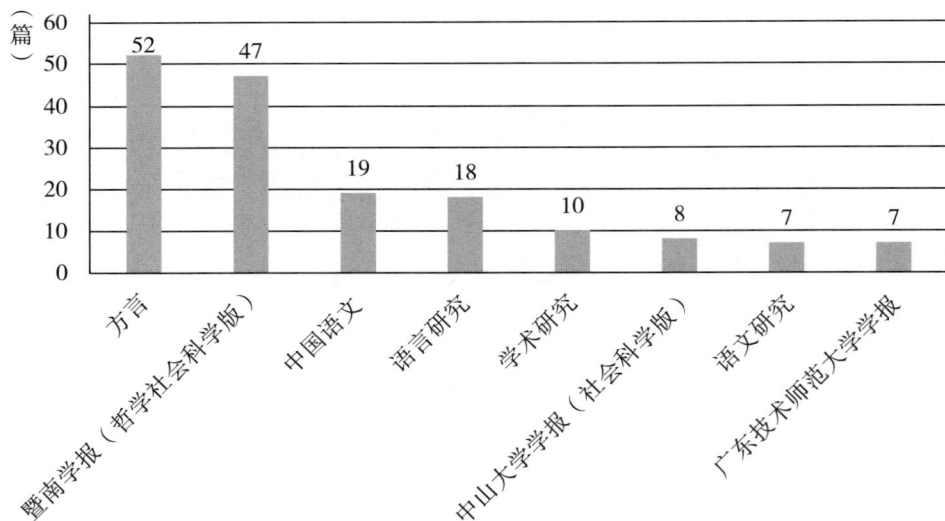

图6　广府方言研究发文数量期刊分布

（五）核心作者分析

1. 核心作者的遴选和评估原理

"核心作者"的概念由科学家德瑞克·约翰·德索拉·普莱斯提出，指在某一领域论文高产、具有一定学术影响力的作者。宗淑萍（2016）的研究表明，发文量与被引量分别从"量"与"质"两个方面反映了作者的学术水平。发文量代表了作者对期刊的重要性，被引量代表了作者的学术影响力，二者权重值分别为 0.5 与 0.5。因此，本文将发文量和被引量的权重值分别定为 0.5 和 0.5。

核心作者最低发文量计算公式：

$$m_{\mathrm{p}} = 0.749 \sqrt{n_{\mathrm{pmax}}}$$

m_{p} 为统计时段内核心作者至少发表的论文数；n_{pmax} 为统计时段内累计最高发文量。

每位核心作者候选人的综合指数：

$$z_i = \frac{x_i}{\bar{x}} \times 100 \times 0.5 + \frac{y_i}{\bar{y}} \times 100 \times 0.5$$

式中 z_i 为第 i 位候选人综合指数；$\bar{x}$ 为核心作者候选人平均发文量；$\bar{y}$ 为核心作者候选人发文平均被引量；x_i 为第 i 位候选人累计发文量；y_i 为第 i 位候选人累计被引量。广府方言研究核心作者情况见附表。

2. 分析结论

经计算评估后，广府方言研究学者的研究专长大致可以分为五类：①语音学研究：伍巍、麦耘、白宛如、陈卫强、甘于恩、黄家教、贝先明、谢郴伟等；②词汇学研究：彭小川、单韵鸣、麦耘、汤志祥、方小燕、白宛如、黄小娅、陈卫强、甘于恩、陈慧英、詹伯慧等；③语法学研究：单韵鸣、伍巍、白宛如、陈卫强、甘于恩、黄家教、詹伯慧、金桂桃等；④传承与保护：单韵鸣、甘于恩、侯兴泉、詹伯慧等；⑤香港粤语研究：邓思颖、陆镜光、朱永锴、刘艺、贝先明等。

（六）作者合作关系网络

图 7 较为直观地显示了广府方言研究领域的高产作者，他们形成了小范围的合作，主要是师生之间的合作，如谢郴伟、石锋和温宝莹（师生），甘于恩和彭咏梅（师生），伍巍和陈卫强（师生）。核心作者之间的合作较少。

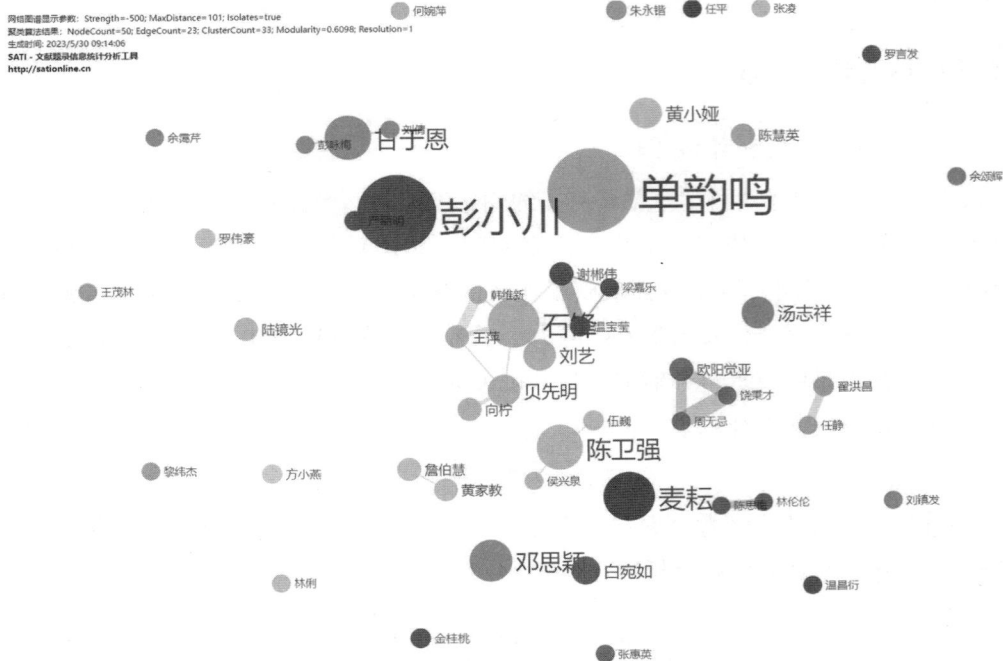

图7　作者合作关系网络图

三、广府方言的研究热点与演进趋势分析

（一）关键词共现图谱分析

图 8 为 CiteSpace 绘制的词频≥2 的关键词聚类图谱，图 9 为 SATI 绘制的词频排名前 50 的关键词高频网络节点知识图谱，其中"广州话""粤语""粤方言""广州方言""香港粤语""普通话""声调""语音""词汇""变异""比较""形容词""方言""动态助词""方言词"是在两种算法中词频都≥6 的关键词，体现了广府方言研究的热点。"广州话"连接的关键词还有"动态助词""语法化""声调变异"等，这说明在广州话研究中声调、词汇受到较多的关注；"粤语"连接的是"本字""方言俗字""计算机""特征词""方言语法"等，这表明粤语的词汇、语法以及计算机转写是热度较高的关注点；"香港粤语"连接的是"广州粤语""一级元音""语音特点"等，这表明香港粤语的语音体系和特点受到大家关注，其经历变迁之后与传统广府方言的比较也是研究的热门。除此之外，各个关键词之间连接紧密，一定程度上反映出广府方言的各个研究之间联系较为密切。

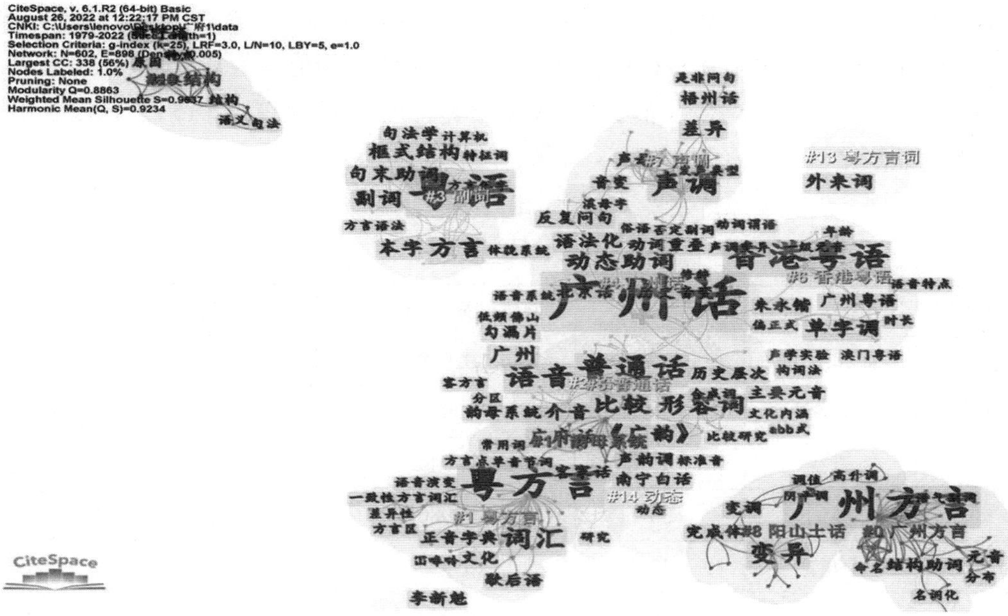

图 8　关键词聚类图谱

图 9　关键词高频网络节点知识图谱

（二）关键词聚类分析

开展关键词聚类分析是为了将相似关键词进行归类，探寻相关研究的热点。通过

CiteSpace 聚类得到关键词聚类表（见表 1）后，本文选取了前七个聚类标签，其中知识图谱模块值（Q 值）均值为 0.886 3，网络同质度（s 值）均值约为 0.965。一般来说，Q 值 > 0.3 说明聚类结构显著，s 值 > 0.5 说明聚类合理（陈悦等，2015）。可以看出，本次聚类效果良好。

表 1　关键词聚类表

聚类号	聚类名称	聚类大小	网络同质度（s 值）	年份中位数
0	广州方言	39	0.999	2000
1	粤方言	38	0.989	2008
2	语音	38	0.944	2002
3	副词	35	0.986	2004
4	广州话	33	0.925	2000
5	普通话	30	0.934	1996
6	香港粤语	28	0.972	2008

笔者将意义相近的关键词再次进行合并归类，结合表 1、图 8、图 9，最终得到了三个广府方言研究的热点。

1. 语言本体研究

（1）广州话。

作为广府方言的代表，广州话是广府方言研究的重点。单韵鸣、彭小川、麦耘、汤志祥等学者对广州话进行了深入研究。单韵鸣、李胜（2018）对广州人的语言态度和传承认同进行了调查，表示语言传承需要多方合力，方言认同是文化认同的重要组成部分。彭小川（2003）对"持续"进行了详细分析，把广州话中表"持续"义的几种形式分为静态与动态，再对其形式、主要功能、限制条件和是否作体标记方面进行了对比和总结。彭小川（2006）认为广州话疑问语调与语气助词的关系是前者影响后者调值的改变，而不是前者趋同于后者，分析了是非问句的功能类别并将之与普通话的是非问句功能类别进行了比较。麦耘（1999）探讨了广州话的介音问题，认为粤语早期是有介音的，但现在没有介音，并继续对广州话中介音是否消亡这一问题进行了探讨。汤志祥（2000）根据粤语后缀的"组合—派生"能力，把粤语的常见后缀分为开放性后缀、半开放性后缀和封闭性后缀三类。

（2）港澳粤语。

港澳粤语也是广府方言的重要组成部分，港澳学者对此尤为关注。朱永锴、陆镜光、邓思颖等学者对港澳粤语进行了深入研究。朱永锴（1990、1995、1997）对外来词进行了调查分析和词语汇释，将其与普通话词进行了文化特性上的比较。陆镜光（2002）对香港粤语中的"先"进行研究，发现"先"有两类，一类是能还原成普通话的"先"，一类是由表示时间或次序先后的副词"先"演变而来的、不能还原且主要功能是充当话语标记的"先"。邓思颖（2006）从句法的角度探讨粤语加强语气的"先"的语法特点，说明其只出现在疑问句中，不与任何第二类句末助词连用以及不出现在任何嵌套小句中，最后表示希望借此对南方方言的"后置"现象分析提供帮助。

2. 方言工具书和信息处理

方言工具书的编纂一直受到学界的广泛关注，詹伯慧、陈慧英、马文谊、饶秉才、欧阳觉亚和周无忌等学者对该方向进行了深入研究。詹伯慧联合其他学者一起编纂了《广州话正音字典》。詹伯慧（1998）对收字原则、注音原则、释义原则和检索方式进行说明，表明字典主要收录口语的特殊用字，采用国际音标标注读音，以现代汉语通用的书面语进行释义。陈慧英、马文谊（2000）出版了《广州话入门》，系统地从语音、词汇和语法三方面介绍了广州话。饶秉才、欧阳觉亚、周无忌（1979）阐释了编写方言词典的现实意义，介绍了《广州话方言词典》如何选词、用字、释义、注音，并提出了方言词典编纂中有待进一步探讨的问题。在广府方言研究中，计算机信息化处理起到很好的辅助作用，在1991年出现了第一篇相关论文《粤语有声计算机辅助教学系统研制》，该方向的研究学者有谢郴伟、刘新中、贝先明等。谢郴伟（2014、2015、2017、2019）利用对角、半空间测试法对广州话中单字音平调、双字组平调、平调和低平调混淆进行了感知研究。贝先明（2014）运用计算机语音分析软件 Praat 对发音人声调的基频和音长分别进行声学测量和数据处理，比较分析了穗、港、澳三地粤语单字调。

3. 语言接触、比较

广府方言内部的比较、广府方言与闽客方言、普通话的比较也是学界的关注点。朱永锴、郑定欧和贝先明等学者对广府方言与其他方言的比较与接触有比较深入的研究。朱永锴（1997）对北京、香港、台湾口语里的同形词进行比较，从差异形成的原因、语言结构和语言运用角度等方面进行考察。郑定欧（1998）从香港粤语形成的历史、社会、经济、心理条件等角度，指出香港粤语跟广州粤语的差异，开展了香港粤语与广州粤语的比较研究。张振江、陆镜光（2007）描述了广州话与普通话、香港话之间正在进行的语词接触，探讨相关接触机制，试图根据一个进行中的语言接触的经验个案，建立一个可验证的经验的理论模型，丰富现行的语词接触理论。

（三）关键词突现分析

图10是通过 CiteSpace 以 CNKI 相关论文数据为基础绘制的关键词局部突现图谱。

其中"Keywords"为关键词;"Year"为检索到的数据的年份;"Strength"为突现强度,突现强度越高,说明研究前沿越明显;"Begin"为某一关键词研究热点的起始年份;"End"为终止年份。关键词的突现年份即该研究领域在某一较短时间段内成果涌现年份。

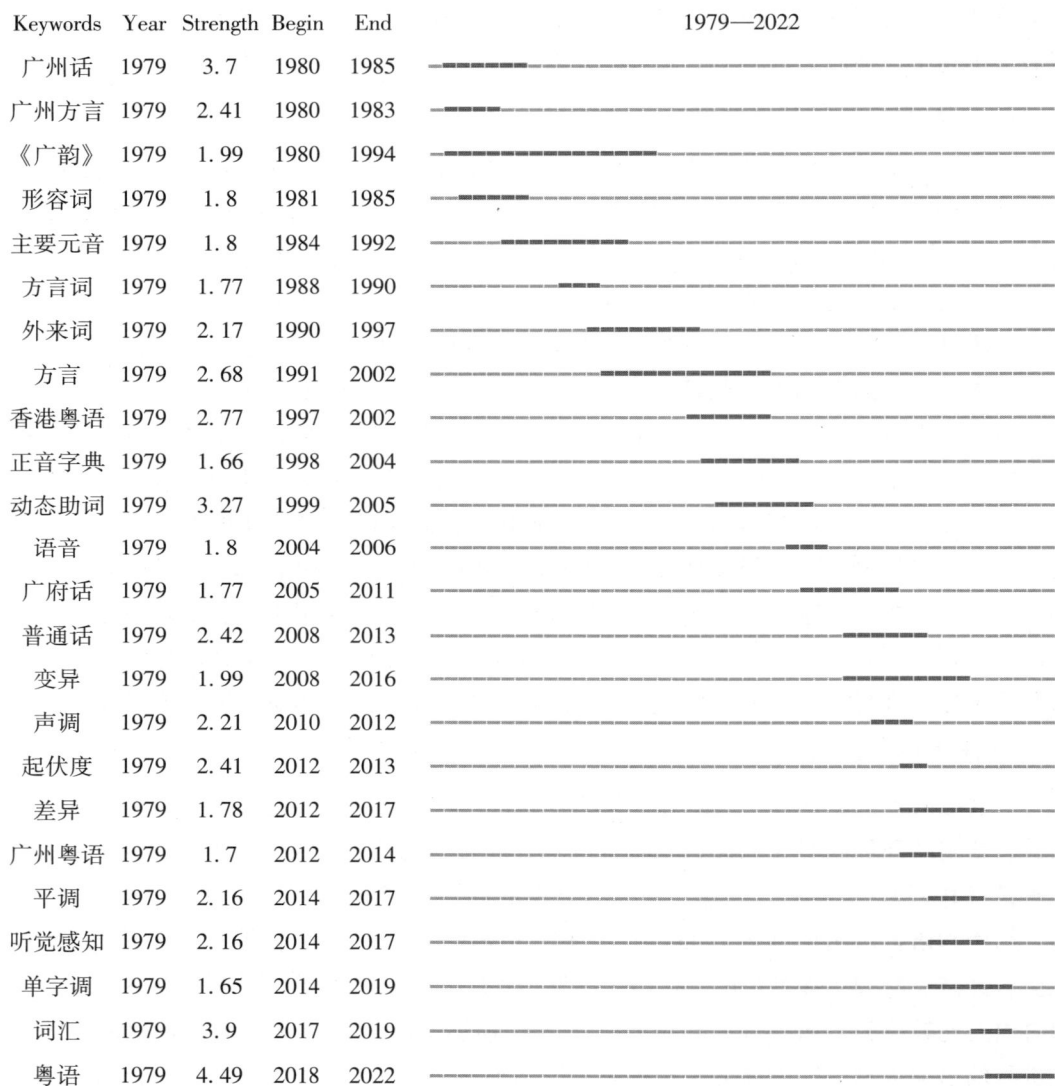

Keywords	Year	Strength	Begin	End	1979—2022
广州话	1979	3.7	1980	1985	
广州方言	1979	2.41	1980	1983	
《广韵》	1979	1.99	1980	1994	
形容词	1979	1.8	1981	1985	
主要元音	1979	1.8	1984	1992	
方言词	1979	1.77	1988	1990	
外来词	1979	2.17	1990	1997	
方言	1979	2.68	1991	2002	
香港粤语	1979	2.77	1997	2002	
正音字典	1979	1.66	1998	2004	
动态助词	1979	3.27	1999	2005	
语音	1979	1.8	2004	2006	
广府话	1979	1.77	2005	2011	
普通话	1979	2.42	2008	2013	
变异	1979	1.99	2008	2016	
声调	1979	2.21	2010	2012	
起伏度	1979	2.41	2012	2013	
差异	1979	1.78	2012	2017	
广州粤语	1979	1.7	2012	2014	
平调	1979	2.16	2014	2017	
听觉感知	1979	2.16	2014	2017	
单字调	1979	1.65	2014	2019	
词汇	1979	3.9	2017	2019	
粤语	1979	4.49	2018	2022	

图 10 关键词局部突现图谱

"《广韵》(1980—1994 年)""主要元音(1984—1992 年)""正音字典(1998—2004 年)""语音(2004—2006 年)""声调(2010—2012 年)""平调(2014—2017 年)"等关键词反映语音研究的热点持续时间长,传统的研究以注音、正音、声调等为主，形成了系统的广府方言语音系统。随着信息处理技术的发展，实验语音成为新兴关注点，"平调（2014—2017 年）""听觉感知（2014—2017 年）"关键词出现，"单字调（2014—2019 年）"的相关研究增多，在近年持续时间较长。2018 年第二十三届国际粤方言研讨会以"网络与智能化时代的粤语研究"为主题，预计关于广府方言信息化处理的文献数量会进一步增加。

"香港粤语（1997—2002 年）"与"外来词（1990—1997 年）"的突现年份首尾相连，外来词是港澳粤语的一大特色，也是一个重点研究方向。"形容词（1981—1985 年）""方言词（1988—1990 年）""动态助词（1999—2005 年）""词汇（2017—2019 年）"等关键词表明在不同的时间段词汇研究的热点方向不同，但均有相关成果涌现，近年来词汇的语法化也是一个新兴的关注点。

"普通话（2008—2013 年）""广州话（1980—1985 年）""广州方言（1980—1983 年）"等关键词表明，广府方言中广州话的研究一直备受关注，广州话与普通话的比较、差异分析也饱受关注。

结合图 10 与相关文献资料，笔者发现新兴关注点为"听觉感知""平调""单字调"，但未形成明显的热点。

四 、结语

通过分析改革开放后广府方言研究论文的整体发展情况，笔者发现，广府方言研究的发文量呈上升趋势，形成了由暨南大学汉语方言研究中心、华南师范大学文学院和中山大学中文系等机构与《方言》《暨南学报》（哲学社会科学版）和《中国语文》等期刊组成的研究阵地，以及由彭小川、单韵鸣、麦耘等学者组成的学术团体。

笔者通过关键词分析发现，在广府方言的本体研究方面，语音和副词都形成了相关的聚类：语音的聚类中包含了"韵母系统""介音"等关键词；香港粤语的聚类中包含了"声学实验""单字调"等关键词；副词的聚类中包含了"句末助词""框式结构"和"计算机"等关键词。工具书编纂与信息技术处理方面包含的关键词有"《广韵》""计算机"等；语言接触方面包含的关键词有"比较""比较研究"和"普通话"等。结合关键词局部突现图谱对广府方言研究的趋势进行分析后发现，利用计算机技术对广府方言进行信息化处理、分析的论文不断增加，语音方面的"平调""听觉感知""单字调"成为新兴关注点，词汇的语法化也受到不少关注，但未形成关注热点，相关领域有待开拓。

就目前的情况来看，广府方言研究还存在一些不足：①针对广府片广州和港澳以外地区的方言研究较少，虽然广府方言以广州话为代表，但如佛山话、清远话、肇庆话等都有自身的特点，而相关领域处于一个刚刚起步的阶段，有待进一步开拓；②跨学科、多学科结合的研究方式不够深入，方言研究与信息技术的结合处于一个上升发展期，仪器、软件的辅助应用在不断发展，对于如何更好地使用相关设备、利用相关理论以及发展跨学科合作等问题有待进一步探索。

　　本文基于 CNKI 数据库进行文献计量分析，目的是展现广府方言研究状况与探讨广府方言研究的未来趋势，但由于历届国际粤方言研讨会中的不少优质论文和港澳学者部分论文未收录于 CNKI，本文在信息的收集方面具有局限性。因此，全面的计量统计及综述将是未来努力的方向。

参考文献

　　［1］贝先明，向柠．穗、港、澳三地粤语单字调的声学比较分析［C］//中国语言学会语音学分会，中国中文信息学会语音信息专业委员会，中国声学学会语言听觉和音乐专业委员会．第十一届中国语音学学术会议（PCC2014）论文集．2014.

　　［2］陈慧英，马文谊．广州话入门［M］．北京：北京语言文化大学出版社，2000.

　　［3］陈悦，陈超美，胡志刚，等．引文空间分析原理与应用：CiteSpace 实用指南［M］．北京：科学出版社，2014.

　　［4］陈悦，陈超美，刘则渊，等．CiteSpace 知识图谱的方法论功能［J］．科学学研究，2015，33（2）.

　　［5］D．普赖斯．洛特卡定律与普赖斯定律［J］．张季娅，译．科学学与科学技术管理，1984（9）.

　　［6］邓思颖．粤语疑问句末"先"字的句法特点［J］．中国语文，2006（3）.

　　［7］陆镜光．广州话句末"先"的话语分析［J］．暨南学报（哲学社会科学版），2002（2）.

　　［8］麦耘．广州话介音问题商榷［J］．中山大学学报（社会科学版），1999（4）.

　　［9］彭小川．广州方言表"持续"义的几种形式及其意义的对比分析［J］．语文研究，2003（4）.

　　［10］彭小川．广州话是非问句研究［J］．暨南学报（哲学社会科学版），2006（4）.

　　［11］邱均平，温芳芳．近五年来图书情报学研究热点与前沿的可视化分析：基于 13 种高影响力外文源刊的计量研究［J］．中国图书馆学报，2011，37（2）.

　　［12］饶秉才，欧阳觉亚，周无忌．关于《广州话方言词典》［J］．辞书研究，1979（2）.

　　［13］单韵鸣，李胜．广州人语言态度与粤语认同传承［J］．语言战略研究，2018，3（3）.

　　［14］汤志祥．粤语的常见后缀［J］．方言，2000（4）.

　　［15］伍巍．粤语［J］．方言，2007（2）.

［16］谢郴伟，石锋，温宝莹．广州话单字音平调听感实验初探［C］//中国语言学会语音学分会，中国中文信息学会语音信息专业委员会，中国声学学会语言听觉和音乐专业委员会．第十一届中国语音学学术会议（PCC2014）论文集．2014.

［17］谢郴伟，石锋，温宝莹．广州话平调的感知研究［C］//中国中文信息学会语音信息专业委员会．第十三届全国人机语音通讯学术会议（NCMMSC2015）论文集．2015.

［18］谢郴伟，石锋，温宝莹．广州话平调的感知［J］．清华大学学报（自然科学版），2017，57（3）．

［19］谢郴伟．广州话中低平调混淆的感知研究［J］．中国语音学报，2019（1）．

［20］詹伯慧．关于《广州话正音字典》［J］．学术研究，1998（6）．

［21］詹伯慧．粤语研究的回顾与展望［J］．暨南学报（哲学社会科学版），1999（6）．

［22］张振江，陆镜光．广州话与普通话、香港话的语词接触［J］．广西民族大学学报（哲学社会科学版），2007（4）．

［23］郑定欧．语言变异：香港粤语与广州粤语比较研究［J］．中国语文，1998（1）．

［24］朱永锴．香港粤语词语汇释［J］．方言，1990（1）．

［25］朱永锴．香港粤语里的外来词［J］．语文研究，1995（2）．

［26］朱永锴．北京、香港、台湾口语里的同形词比较［J］．方言，1997（4）．

［27］宗淑萍．基于普赖斯定律和综合指数法的核心著者测评：以《中国科技期刊研究》为例［J］．中国科技期刊研究，2016，27（12）．

［28］邹微．中国彝语文研究的回顾与展望（1992—2021）：基于 CiteSpace 的文献计量分析［J］．民族学刊，2021，12（10）．

附表　广府方言研究核心作者情况表

序号	作者	发表文章数	累计被引量	计算结果	作者文献
1	彭小川	17	251	316.264 7	[1] 彭小川，严丽明. 广州话形成中的程度副词"超"探微 [J]. 广西社会科学，2006（2）：158 - 162. [2] 彭小川. 广州方言表"持续"义的几种形式及其意义的对比分析 [J]. 语文研究，2003（4）：45 - 48. [3] 彭小川. 广州话是非问句研究 [J]. 暨南学报（哲学社会科学版），2006（4）：112 - 117，152.
2	单韵鸣	18	122	227.275 5	[1] 单韵鸣. 广州话定指"量 + 名"结构再探 [J]. 语言研究集刊，2019（2）：245 - 260，432 - 433. [2] 单韵鸣，李胜. 广州人语言态度与粤语认同传承 [J]. 语言战略研究，2018，3（3）：33 - 41. [3] 单韵鸣. 广州话动词"够"的语法化和主观化 [J]. 语言科学，2009，8（6）：633 - 640.
3	邓思颖	9	138	171.264 3	[1] 邓思颖. 粤语疑问句末"先"字的句法特点 [J]. 中国语文，2006（3）：225 - 232，287 - 288. [2] 邓思颖. 粤语框式虚词结构的句法分析 [J]. 汉语学报，2006（2）：16 - 23，95. [3] 邓思颖. 再谈"了₂"的行、知、言三域：以粤语为例 [J]. 中国语文，2013（3）：195 - 200，287.
4	伍巍	4	157	147.714 0	[1] 伍巍，王媛媛. 广州音系舌根声母 kw、k'w 讨论 [J]. 暨南学报（哲学社会科学版），2006（4）：123 - 126. [2] 伍巍，陈卫强. 一百年来广州话反复问句演变过程初探 [J]. 语言研究，2008（3）：13 - 18. [3] 伍巍. 广州话溪母字读音研究 [J]. 语文研究，1999（4）：45 - 47，53.
5	麦耘	10	66	124.933 7	[1] 麦耘. 粤方言的音韵特征：兼谈方言区分的一些问题 [J]. 方言，2011（4）：289 - 301. [2] 麦耘. 广州话介音问题商榷 [J]. 中山大学学报（社会科学版），1999（4）：66 - 71. [3] 麦耘. 广州话的"异式词" [J]. 广东民族学院学报（社会科学版），1991（1）：61 - 65.

（续上表）

序号	作者	发表文章数	累计被引量	计算结果	作者文献
6	汤志祥	7	91	120.981 8	[1] 汤志祥. 广州话三字格词语研究 [J]. 深圳大学学报（人文社会科学版），1994（3）：72 – 79. [2] 汤志祥. 论"港澳词语"以及"澳门特有词语"[J]. 江苏大学学报（社会科学版），2008（5）：24 – 29.
7	方小燕	4	105	108.797 4	[1] 方小燕. 广州话里的动态助词"到"[J]. 方言，2003（4）：352 – 353. [2] 方小燕. 广州话里的疑问语气词 [J]. 方言，1996（1）：56 – 60.
8	白宛如	6	78	103.698 7	[1] 白宛如. 广州话本字考 [J]. 方言，1980（3）：209 – 223. [2] 白宛如. 南宁白话的 [ɬai˧] 与广州话的比较 [J]. 方言，1985（2）：140 – 145.
9	黄小娅	7	53	92.542 7	[1] 黄小娅. 广州方言口语中留存的古汉语词 [J]. 广州大学学报（社会科学版），2007（9）：8 – 11. [2] 黄小娅. 广州方言异序词的百年演变 [J]. 广州大学学报（综合版），2001（7）：63 – 69. [3] 黄小娅. 试论广州方言的基本特征词"煲"[J]. 暨南学报（哲学社会科学版），2011，33（3）：145 – 149.
10	陈卫强	8	49	84.249 1	[1] 陈卫强. 广东从化粤方言表方式的后置虚成分"取"[J]. 中国语文，2011（5）：436 – 438. [2] 陈卫强. 广东从化粤语的"VP – 麼"格式 [J]. 中国语文，2017（5）：575 – 581，639.
11	甘于恩	6	40	75.259 6	[1] 甘于恩. 粤方言变调完成体问题的探讨 [J]. 暨南学报（哲学社会科学版），2012，34（7）：70 – 73，162. [2] 甘于恩. 广州话"听日"的语源 [J]. 中国语文，2003（3）：272 – 273.
12	陆镜光	4	47	65.390 5	[1] 陆镜光. 广州话句末"先"的话语分析 [J]. 暨南学报（哲学社会科学版），2002（2）：41 – 44. [2] 陆镜光. 粤语"得"字的用法 [J]. 方言，1999（3）：215 – 220.

（续上表）

序号	作者	发表文章数	累计被引量	计算结果	作者文献
13	陈慧英	5	33	62.466 9	陈慧英.广州话的"噉"和"咁"[J].方言,1985(4):297-304.
14	朱永锴	4	39	59.403 3	[1] 朱永锴,谭成珠.语言的文化特性例谈:从普通话与香港话对比说起[J].语文建设,1997(10):45-46. [2] 朱永锴.香港粤语里的外来词[J].语文研究,1995(2):50-56.
15	黄家教	5	28	58.724 9	[1] 黄家教.广州话的œ[J].中山大学学报（社会科学版）,1992(3):127-128. [2] 黄家教,詹伯慧.广州方言中的特殊语序现象[J].语言研究,1983(2):121-126.
16	詹伯慧	4	30	52.667 7	[1] 詹伯慧.粤语研究的回顾与展望[J].暨南学报（哲学社会科学版）,1999(6):11-21. [2] 詹伯慧.关于《广州话正音字典》[J].学术研究,1998(6):81-83.
17	刘艺	5	19	51.989 3	刘艺.香港粤语声调的性别特征分析[J].汉语学报,2012(1):36-43,95-96.
18	贝先明	4	18	43.687 0	贝先明.广州话单字调的音高和时长[C]//中国语言学会语音学分会,中国中文信息学会语音信息专业委员会,中国声学会语言、音乐和听觉专业委员会.第九届中国语音学学术会议（PCC2010）论文集.2010:701-705.
19	谢郴伟	4	14	40.693 4	谢郴伟,石锋,温宝莹.广州话平调的感知[J].清华大学学报（自然科学版）,2017,57(3):299-305.
20	金桂桃	4	13	39.945 0	[1] 金桂桃.19世纪以来广州话完成体标记"了""晓""咗"的发展[M]//北京师范大学文学院.励耘语言学刊:2018年第2辑.北京:中华书局,2018:342-354. [2] 金桂桃,刘畅.19世纪以来广州方言选择疑问句的发展[J].中国语文,2017(5):582-588,639. [3] 金桂桃.近两百年广州话"乜"系疑问形式的发展[J].方言,2016,38(4):401-409.

如何利用汉语方言研究成果进行语言学课程教学

徐红梅

汉语方言的丰富性、复杂性是世界语言中少有的。汉语方言的调查研究取得了令人瞩目的成果，它对于研究古今汉语及相关的汉藏语系诸语言具有重大的意义，对于普通语言学理论的研究，特别是对于建立一套结合我国实际、具有民族特色的语言学理论体系，更有着积极的推动作用。而我们在本科汉语言文学专业语言学学科的教学领域适当利用汉语方言研究成果，可以获得更好的教学效果。目前本科汉语言文学专业语言学学科必修的课程是现代汉语、古代汉语以及语言学概论，本文将就这三门课程在教学中如何利用汉语方言研究成果进行初步探讨。

一、普方比较，科学掌握现代汉语特点

在现代汉语课程教学中，如果要使学生更好地理解现代汉语（现代汉民族共同语）的特点，就有必要充分利用汉语方言调查的成果，适当通过现代汉语和汉语方言的对比来加深学生对现代汉语特点的认识。

特点总是在比较中体现出来的。比较可以是历时的，也可以是共时的，共时的比较可以外族语言为对象，也可以汉语方言为对象。现代汉语的特点毕竟不同于汉语方言，我们应适当结合汉语方言来讲解它的特点，特别是结合学生家乡方言的特点，这样可以使他们对汉语特点的认识、领悟更感性，也更深刻。现代汉语课程的教学内容主要包括语音、词汇、语法三方面。

首先，在语音方面，现代汉语的一个特点是音节结构中辅音收尾（即韵母中辅音做韵尾）的比较少，只限于［-n］和［-ŋ］两个，就是通常我们说的前鼻音韵尾和后鼻音韵尾；而在南方各大方言中，如粤方言、闽方言、客家方言、赣方言等，音节末尾的辅音就不止前、后鼻辅音［-n］和［-ŋ］，还有三个鼻辅音即［-m］［-n］和［-ŋ］，除此之外还有塞音韵尾，即［-p］［-t］［-k］［-ʔ］。用这几种南方方言来跟现代汉语进行比较，就可以凸显现代汉语课程中所讲授的"音节末尾出现的辅音少"这一音节结构特点了。另外，在进行现代汉语语音教学时，为了让学生更好、更科学地掌握现代汉语

语音的声母、韵母及声调的发音特点，也可以适当地将学生家乡方言语音的声母、韵母、声调与普通话语音相比较，找出对应规律，这样有利于学生掌握普通话的发音特点，同时能进一步帮助他们学会更准确的发音。

其次，在词汇方面，现代汉语词汇中双音节词占优势，这一特点可以通过古今汉语的对比进行说明，也可以利用汉语方言词汇的调查研究成果加以印证。以南方三大方言为例，对于普通话"名字"，粤方言、客家方言、闽方言都叫"名"；"眼睛"，闽方言叫"目"，粤方言叫"眼"；"筷子"，闽方言叫"箸"；"翅膀"，粤方言叫"翼"。很多普通话的双音节词在各地方言，特别是南方方言中是单音节的，有的是保留了古汉语的单音节词。通过比较这些汉语方言用词与现代汉语用词，学生可以更好地认识现代汉语词汇从单音节向双音节发展的趋势。

最后，在语法方面，现代汉语的语序、句式等都有不同于汉语方言的特点。将汉语方言中的特殊语序、句式等跟普通话加以对比，学生可以更为深入地理解现代汉语句法方面的特点。

语序，即在句法结构中词语的排列顺序，往往指的是句子成分在句子中的排列顺序。以广东方言为例，广东方言与普通话在句子成分排列顺序上大致一样，比如"主语在前，谓语在后""定语在前，中心语在后"等；但在某些语序的排列上，广东方言与普通话还是有一定的差异，例如状语的位置、双宾语的位置、补语的位置以及动词"来""去"的位置等。

普通话中的状语通常要放在充当谓语中心语的动词、形容词前面，例如"我先走了""你多吃点儿""你真勇敢"。但在广东方言中，状语往往后置，例如"你先走"，粤方言说"你行先"；"多穿一件衣服"，粤方言、客家方言说"着多一件衫"等。

普通话的双宾语句中，一般是指人的宾语在前，指物的宾语在后。在广东方言中，两种宾语的顺序大多时候跟普通话相反，往往指人的宾语在后，指物的宾语在前。例如"他给我三本书"，粤方言说"佢畀三本书我"。双宾语的位置在客家方言中有一定的灵活性，指人宾语和指物宾语都是既可以在前，又可以在后。

其他差异之处还有补语的位置以及动词"来""去"的位置。将现代汉语跟汉语方言进行比较，可以显示出现代汉语的特色。

句式是指一种语言中句子的惯用格式，比较能反映语言的特色。与西方语言相比，现代汉语的比较句、处置句、被动句、疑问句等有自己的特色。当然我们也可以利用汉语方言中的相关句式和普通话进行比较，这样学生理解、掌握起来也更有兴趣。

总之，从教学实践的角度来说，在现代汉语的教学中，充分利用汉语方言的调查成果，适当地将汉语方言和现代汉语的相关方面进行比较，可以加深学生对现代汉语特点的认识，能使学生更好地理解现代汉语的特点。

二、以今释古，透彻理解古代汉语知识

汉语各方言都是历史发展的产物。由于语言发展的不平衡性，古代汉语的许多现象不可避免地分别保留在不同层次的汉语方言中。通过揭示各地方言的种种表现，教师可以用生动事实来说明古代汉语的诸多特点。

对于古代汉语的很多知识点，如果只通过学习古代文选、分析文言文来获取，学生会觉得枯燥或者难以理解。但如果结合汉语方言调查的成果，用学生熟悉的家乡话来阐释古代汉语知识，我们相信学生理解起来会更透彻，学起来也会更有兴趣。

通过汉语方言读音的印证，学生可以对古代汉语中的古音韵知识有更深切的体会。例如，古汉语教材中提及的"古无轻唇音、古无舌上音"等上古汉语的语音特点在闽方言中有所保留。"古无轻唇音"指上古没有中古的"非敷奉微"轻唇四母，这四母在上古归于"帮滂并明"重唇四母，即"轻唇归重唇"；用现在的话来说就是没有唇齿声母［f］，中古非、敷、奉声母字读为［p］［pʰ］。现在闽方言口语中保留了这个特点，例如潮汕话"饭"读［pun²¹］，厦门话"分"读［pun⁴⁴］。"古无舌上音"是说上古没有中古的舌上音"知彻澄"三母，这三母上古归于舌头音"端透定"三母，即"舌上归舌头"；用现在的话来说就是没有声母［tʂ］［tʂʰ］，现在［tʂ］［tʂʰ］声母的字读为声母［t］［tʰ］。闽方言也保留了这一特点，例如厦门话"陈"读［tin²⁴］、"中"读［tiɔk⁴⁴］、"竹"读［te²⁴］。另外，古汉语音韵学还包含入声韵、阳声韵、阴声韵等概念，如果单用古代的韵书进行讲解、说明，学生很难听懂。现代汉语已经没有入声韵了，这时候借助汉语方言中的入声来讲解，学生会更容易理解。例如，粤方言比较完整地保留了中古时期的入声，在《广韵》中入声韵配阳声韵，两种韵介音和元音相同，区别在于入声韵有清塞尾［-p］［-t］［-k］三种韵尾，阳声韵有相应发音部位的鼻音［-m］［-n］［-ŋ］三种韵尾。粤方言的广州话中这六种辅音韵尾都有，教师可以用现在的广州话读音去解释说明什么样的韵是入声韵、什么样的韵是阳声韵等，相信学生听到自己的乡音一定会更有兴趣，并且对这些枯燥的概念有更感性的认识。同时，在古汉语的诗文押韵、平仄等问题上都可以用汉语方言语音来解释为什么有些用现代汉语普通话读来不押韵、平仄不合规律的诗文在古代是合辙押韵以及平仄相宜的。

在古汉语词汇和语法教学方面，可以利用的汉语方言材料也很多。汉语发展至今，很多词汇在某个时期是通用语；随着历史的发展演变，有些通用语会在共同语中消失，但保留在某些方言中，尤其粤方言、闽方言、吴方言以及客家方言保留的古汉语词汇较多，所以我们在帮助学生理解掌握古汉语词语的时候可以适当地借助方言调查的成果。例如，粤方言中的常用词语"食（吃）""行（走）""徛（站）""饮（喝）""面（脸）""睇（看）"等，以及闽方言中的"鼎（锅）""目（眼睛）""箸（筷子）""曝

（晒）""崎（陡）"等都是直接继承于不同历史时期的古典文献中的古汉语词汇。古汉语中许多语法现象，例如宾语前置、介词省略、比较句中的形容词谓语前置、形容词和名词活用作动词及无系词的判断句等，也都与某些汉语方言中的语法现象相似，这说明汉语方言与古代汉语具有很深的历史渊源，教师在讲解这些古汉语语法特点时可以利用这些汉语方言的语法现象来加深学生对古汉语语法的理解。其实每种汉语方言中都或多或少地保留了历史上的一些古语词与某些语法特点，方言学界对各地词汇、语法的调查研究也包含对汉语方言中古语词与古代语法格式的调查研究，本科的古代汉语课程完全可以利用这些成果并结合学生的家乡方言进行古汉语词汇、语法的教学。

三、补充语料，深入阐释语言学基础理论

汉语方言学对于语言学概论课程教学的意义在于，它能够为语言理论的讲解提供丰富、生动的例证。正如曾毅平（2001）指出的那样，现行教材的语料主要以现代汉语和印欧系语言为主，而印欧系语言学生除了对英语有些感性认识外，对其他语言大都没有语感，懂几种语言的教师也很少，因而教材中的语料不能发挥应有的作用，这意味着在教学中充实调整语料十分必要。因此，在语料的选取方面，应该注意补充汉语方言的材料。在教学中，教师可以结合学生的家乡方言来解释说明问题，这样学生更容易理解、接受。因此，汉语方言学在语言学概论的教学中有着非常重要的地位和作用，很多知识点都可以利用汉语方言学的知识去阐释，有些还离不开汉语方言学的成果去说明。

一方面，我们可以利用汉语方言语料进行语言结构的教学。语言结构包括语音、词汇、语法等部分，内容涉及普通语音学、普通语法学、普通词汇学等方面的概念、原理及规律。如果教师只通过普通话的例证来讲解这些普通语言知识，学生会觉得其内容与现代汉语课程重复，而且有些原理是普通话语料无法解释的。除了用英语的事实进行说明外，我们认为汉语方言的材料非常丰富且复杂，可以用来说明很多普通语言学的知识，所以很有必要补充汉语方言的语料。

在进行语音教学时，第一个问题就是要阐释语音的社会属性，语音的社会属性主要表现在同一个音素在不同语言或方言中具有不同的作用、在交际中执行不同的功能。这完全可以利用汉语方言学的材料来说明，例证也较丰富。例如，舌面后鼻音音素［ŋ］在普通话及北方大部分方言中只用作韵尾，而在很多南方方言中不但可以用作韵尾，还可以用作声母以及声化韵。［p］［t］［k］三个辅音音素在普通话、北方方言、吴方言、湘方言中只作声母，在客家方言、赣方言、粤方言及闽南方言中除了作声母外，还可作韵尾。广东高校的学生一般都来自粤、客、闽三大方言区，教师上课时完全可以利用他们熟悉的方言，用各自的语音系统来阐明语音的社会属性。这样一来，学生既感到亲切又容易接受，学起来也不会觉得枯燥乏味。

对于国际音标的教学，如果只联系普通话和英语中有的音素，那么有些音素可能就永远不为学生所理解。在各地方言中常常有一些普通话没有的元音及辅音，如果教师能联系学生实际，结合学生的家乡方言，以其母语为例来说明问题，学生学起来会更容易一些，体会也会更深刻一些。例如，在辅音方面，粤方言四邑片有舌尖中清边擦音［ɬ］；在元音方面，粤方言大部分地区有圆唇元音［œ］（［ø］），闽方言的潮州话有舌面后高不圆唇元音［ɯ］。总之，在汉语方言中有许多元音和辅音是普通话语音系统中所没有的，将其补充进来用以讲解元音和辅音的发音要领是十分必要的。

语言学概论中有关语法范畴、语法方式的概括总结涉及了世界上主要的语言种类。汉语同印欧系语言分属不同类型，在语法方式上属于分析型语言。对于分析型语言的语法手段如词序、虚词、语调等，教师可以结合现代汉语知识来讲解；但对于综合型语言的语法手段，如形态、数、格、级、体、态、内部屈折等，学生（包括教师）在印欧系语言中除了对英语的语法有所了解之外，对其他语言的相关知识基本不懂。这样教师在讲述这些内容时会感到语料不足，很难让学生理解透彻，这时候可以借助汉语方言的语料来进行讲解。汉语方言中"体"的表达丰富多彩，如梅县、五华、长汀等地客家方言中有表示多种体貌的助词"啊"，广州话有表示回复体的助词"翻"、表示始续体及惯常体的助词"开"等。内部屈折是综合型语言常见的语法方式，普通话中少见，但某些汉语方言会用内部屈折形式表示一定的语法意义，如某些闽方言小片用语音屈折形式表示人称代词的单复数，梅县话通过声调的变化区分指示代词的近指、远指等。

另一方面，关于语言演变特点的教学也可以利用汉语方言语料来开展。例如，语言演变中的一个重要特点是语言发展的不平衡性，由于语言发展的不平衡性，古代汉语的许多现象不可避免地分别保留在不同层次的汉语方言中。我们可以用生动的语言事实来阐释汉语发展中的不平衡性。以古汉语入声的发展为例，古汉语有四个声调即平声、上声、去声、入声，入声的发展演变在汉语各地方言中具有不平衡性，有些方言如粤方言的广州话、闽方言的厦门话和客家方言的梅县话不但保存了古入声，而且完整地保存了古声韵的塞音韵尾［-p］［-t］［-k］；闽方言的潮州话保存了入声而在塞声韵尾上稍有变化，失去了［-t］韵尾而又有了［-ʔ］韵尾；闽方言的福州话和吴方言的苏州话保留了声调而一律以［-ʔ］为韵尾；湘方言的长沙话中入声调虽自成一调但已无塞声韵尾。在北京话中，不但入声的塞声韵尾消失，连入声也作为一个独立的声调消失了。古入声调的字在北京音中都已分别合并到平、上、去各调中去，即所谓"入派三声"。"古入声调及其相应塞声韵尾在现代汉语方言中的反映是一个生动的例子，足见方言材料对于认识汉语的发展演变是多么的重要。"①

以上，我们以本科汉语言文学专业语言学学科必修课程为例说明了如何利用汉语方

---

① 詹伯慧，李如龙，黄家教，等. 汉语方言及方言调查［M］. 武汉：湖北教育出版社，2001：14.

言研究成果进行语言学学科课程教学。其实，汉语方言学的研究成果用途十分广泛，不仅对语言学主干课程有利用价值，对语言学的其他选修课课程，如现代汉语语法研究、现代汉语修辞学、现代汉语口语、汉语史等，也有值得借鉴之处。特别是现代汉语口语教学，普通话教学是这一课程很重要的内容，只有从各地方言与普通话之间的内在联系出发，运用比较语言学的方法，科学地揭示各地方言与普通话之间的对应关系，找出其中的规律性，才能够结合不同方言的特点，更好地进行普通话教学。

参考文献

［1］黄伯荣，李炜．现代汉语［M］．北京：北京大学出版社，2012．

［2］彭小川．广州话的动态助词"翻"［J］．方言，1999（1）．

［3］彭小川．广州话的动态助词"开"［J］．方言，2002（2）．

［4］饶长溶．关于客家方言体貌助词"啊"［J］．韶关学院学报，2001（11）．

［5］徐红梅．汉语方言对《语言学概论》课程教学的多元意义［J］．广东技术师范学院学报，2011，32（4）．

［6］叶蜚声，徐通锵，王洪君，等．语言学纲要［M］．修订版．北京：北京大学出版社，2010．

［7］曾毅平．"语言学概论"课程建设的若干问题［J］．语言教学与研究，2001（1）．

动补式离合词的界定与汉语补语系统的简化

林柏松

一

教育部与国家语言文字工作委员会 2021 年联合发布的纲领性文件《国际中文教育中文水平等级标准》（以下简称"《标准》"）第一次把"动补式离合词"列入国际汉语教学三级语法点。如何理解"动补式离合词"这个新的语法标准，并把它贯彻到我们的日常教学当中，是我们每个中文老师必须思考的问题。

仔细阅读这个刚发布的《标准》，发现它并没有对动补式离合词下一个定义，它只列出了四个例子："看见""打开""离开""完成"。下面让我们分析一下它所举出的四个例子，看看它所说的"动补式离合词"到底指的是什么。

首先，从音节的数量来看，我们发现，它所列举的动补式离合词都是双音节的。其次，从词的构成来看，我们可以发现，它们都由一个主要动词加上另一个单音节动词作为补充成分而构成。再从构词的词素这个角度来看，构成这个复合词的两个词素都是可以独用的，也就是说，每一个词素都可以作为一个词被单独使用。最后，从这些词的离合状态来看，它们都是可离可合的，合则为词，离则成短语。所谓"离"，指的是在这些双音节词中间可以插入一些词。我们发现，这四个动补式离合词中间都可以插入"得"和"不"，构成能性补语，例如：

（1）看见黑板上的字→看得见黑板上的字/看不见黑板上的字
（2）打开这个箱子→打得开这个箱子/打不开这个箱子
（3）离开她的妈妈→离得开她的妈妈/离不开她的妈妈
（4）完成这个项目→完得成这个项目/完不成这个项目

由此我们可以看到，《标准》所指的"动补式离合词"，其实就是可离可合的动补式复合动词。

必须指出，此处动补式离合词的概念与现行许多汉语教科书的说法并不一致。这里的关键在于对"词"这个语言学基本概念的理解。众所周知，在结构语言学的发展中起了重要作用的美国语言学家伦纳德·布龙菲尔德（Leonard Bloomfield）把词定义为最小的能够独立运用并具有意义的语言单位。这个定义已被语法学界普遍接受，现行的汉语教科书基本上沿用了这个说法。作为中国高等学校文科教材的《现代汉语》课本，在谈到区分词与词组时作了以下的解释："短语不是'最小的'能够独立运用的单位。它是可以分离的，中间往往能插入别的造句成分（即'扩展'），而词是不能分离的，分离之后就不表示原来的意思了。"① 因此，在现行许多汉语教科书里，《标准》所列出的四个动补式离合词"看见""打开""离开""完成"都是词组，而不是词。一些语法书以"看见"为例，把"见"作为补语，而把"看见"作为词组处理（刘月华、潘文娱、故韡，2001）。

笔者认为，尽管布龙菲尔德为"词"的定义提供了一个可以接受的总体概念，但是由于每种语言都有其独特的形态和句法结构，因此应该允许"词"的概念在不同语言之间存在差异。其实，动补式离合词在现代汉语中是一种客观的存在，前贤对此早有论述。"中国现代语言学之父"赵元任在他的汉语语法奠基之作《中国话的文法》一书中，用了整整一章三十几页的篇幅对汉语"词"的概念进行讨论，包括把词作为音韵单位、用轻重音和声调区别词、用停顿作词的记号、用替代跟分离辨别词，以及把词作为一个意念单位或某些功能架构的最小单位等。他认为，汉语里的词是形态的、句法的、语义的具体特征的结合，把词定义成一种最小的独用语式未免过于严格。赵元任提出了"可以扩大的动补式复合词"这个概念，他指出："要是动词跟补语都可以独用，通常就可以插进别的字眼变成词组，比如有'吃饱'，就可以说'吃的太饱''吃的不很饱'等等。"他特别要我们注意的是："动-补式复合词如果可以扩大，并不等于说扩大以后还是一个复合词。比如'吃的太饱'就是一个谓式补语。"② 因此，《标准》所指的"动补式离合词"其实就是赵元任这里说的"动-补式复合词"。一旦插入其他成分，它就变成了词组，成为句子中的补语成分。

中国语言学家吕叔湘在《现代汉语八百词》里也曾提出"动结式动词"的概念。他说："有时候，动词加补语和动结式动词表示相似的意思。这两种格式的选择主要决定于第二部分的长短，短的可以跟一个简单的动词结合成一个短语式动词，长了就用'得'字引进，单独成为一个成分。"③他指出，"长大"是一个动结式动词，插入一些词变成"长得又高又大"，那就变成"动词＋补语"了。吕叔湘这里所说的"动结式动词"或"短语式动词"，就是动补式离合词，当补充成分因插入语而变长后，就变成了"动词＋补语"的结构。

除了赵元任、吕叔湘以外，海内外还有不少语言学工作者、语法专家在汉语离合词

① 黄伯荣，廖序东．现代汉语：上册［M］．增订3版．北京：高等教育出版社，2002：253.
② 赵元任．中国话的文法［M］．丁邦新，译．香港：中文大学出版社，1980：224.
③ 吕叔湘．现代汉语八百词［M］．北京：商务印书馆，2001：23.

方面都有过论述。由于篇幅的限制，本文恕不罗列。那么，现在为什么要把"动补式离合词"列为新的语法标准？笔者认为，我们制定语法标准的目的就是要正确地解释语言现象，给语言使用者或学习者一个指引。汉语里的离合词是一种客观存在，"离合词"这一概念正确地反映了汉语的实际情况。汉语里的离合词有相当一部分是动宾式离合词（例如：吃饭→吃一顿中国饭）。"动宾式离合词"已于2009年被国家汉办列入国际汉语课程大纲，而"动补式离合词"在2021年才被列入《标准》，这反映了语法学界对汉语离合词认识的逐渐深化，也反映出汉语离合词的研究成果在汉语国际教学领域得到了进一步的体现。另外，笔者认为，"动补式离合词"的解释比传统的句子补语成分更容易被欧美学生接受。例如，对"他看见了一个人"这个句子，传统的解释是"看"是主要动词，"见"是结果补语，"一个人"是它带的宾语。那么，现在把"看见"当作一个动补式离合词，把"一个人"看作它带的直接宾语，这样的解释对不熟悉补语概念的欧美学生来说就简单和直接多了。因此，把"动补式离合词"列为国际汉语教学新的语法标准值得充分肯定。

二

在贯彻和实施《标准》所规定的"动补式离合词"这个新的语法标准时，我们不禁要问：在日常汉语教学中，应该如何界定动补式离合词呢？具体来说，除了《标准》所列举的"看见""打开""离开""完成"这四个例子以外，还有哪些词可以列入动补式离合词？下面，让我们根据动补式离合词可离可合、双音节这些基本特征，从首位词、补充成分（末尾词）、可否插入和分离这三个方面进行考察。

在首位词方面，《标准》在提到动补式离合词的首位词时只列举了四个单音节动词，并不包括单音节形容词。笔者认为，可以充当动补式离合词的首位词绝对不限于这四个单音节动词，一大批单音节动词都可以充当动补式离合词的首位词，如"听见""碰到""提高""推翻""说服""记住""做完""讲清""叫醒"等。这些动补式离合词中间都可以插入"得"或"不"而构成所谓的"能性语式"。我们知道，汉语里的形容词与动词具有许多相同的属性。西方的一些语法书直接把形容词称为"状态动词"（stative verb）。因此，把动补式离合词的首位词从单音节动词扩展到单音节形容词可谓顺理成章，如"熟透""好极""坏透""糟透""忙坏""累死""红遍"等。这些形容词和它的补充组合也是可离可合的，中间可以插入其他成分，例如"好极→好到极点""累死→累得要死"。

在补充成分（末尾词）方面，《标准》在介绍动补式离合词的补充成分时只列举了"见""开""成"三个单音节动词，并不包括单音节形容词。笔者认为，动补式离合词的补充成分可以扩展到其他一大批单音节动词，几乎包括全部的单音节趋向动词，如

"听懂""碰到""进来""出去""拿出""带进""赶上""想起",还可以包括一大批单音节形容词,如"学好""搞好""弄坏""写错""拉长""吃饱""喝足""缩短"。上述单音节动词充当补充成分时,中间都可以插入"得"或"不"而构成"能性语式",如"进来→进得来/进不来"。单音节形容词充当补充成分时,不但可以插入"得"或"不",还可以插入更多成分,如"学好→学得好/学不好/学得非常好/学得不太好"。

在可否插入和分离方面,上文已经说过,《标准》里的四个动补式离合词中间都可以插入"得"或"不"。笔者认为,动补式离合词的重要特点之一就是它可离可合,合则为词,离则成词组。因此,下面一批动补复合词也可以算作动补式离合词,如"住在""放在""生于""死于""忙于""来自""发自""走向"。虽然这些词的中间不可以插入"得"或"不",但是首位词和末尾词都可以分离独立使用,如"住在家里→在家里住""走向世界→向世界走去",所以它们还是可以归入动补式离合词。把它们归入动补式离合词的一个好处是可以由此简化补语系统,这在下文还会进一步讨论。综上所述,动补式离合词概念和范围的扩展如表1所示。

表1 动补式离合词概念和范围的扩展

位置	对比	
	《标准》里的动补式离合词:"看见""打开""离开""完成"	可以被列入动补式离合词的一批双音节动补复合词
首位词	只列举了四个单音节动词	听见、碰到、提高、推翻、说服、记住、做完、进清(可以扩展到一大批单音节动词)
	没包括单音节形容词	熟透、好极、坏透、糟透、忙坏、累死、红遍(可从单音节动词扩展到单音节形容词)
补充成分(末尾词)	只列举了"见""开""成"三个单音动词	听懂、碰到、进来、出去、拿出、带进、赶上、想起(可扩展到一大批单音节动词,包括趋向动词)
	没包括单音节形容词	学好、搞好、弄坏、写错、拉长、吃饱、喝足、缩短(可从单音节动词扩展到一大批单音节形容词)
可否插入和分离	首位词和末尾词可分离独立使用;中间都可以插入"得/不",如"看见→看得见/看不见"	住在、放在、生于、死于、忙于、来自、发自、走向(虽然这些词的中间不可以插入"得"或"不",但是首位词和末尾词都可以分离独立使用,如"住在家里→在家里住""走向世界→向世界走去",所以它们还是可以归入动补式离合词)

在以上提到的所有扩展的动补式离合词中，首位词和补充成分都是可以独用的词。如果两者之中有一个甚至两个都是连用的词素而不是可以独用的词，如"克服""串通""改良""改善"，那么它们的结合就十分紧密，中间不能插入其他成分，两者不能分离。这些词仍然属于动补式复合词，但是不能叫作"动补式离合词"。例如"克服"，我们不能说"克得服"或"克不服"。对于这些不能分离的动补式复合词，我们仍把它们视作一般的双音节动词。在这方面，现行的汉语教科书倒比较一致，并没有什么分歧，没有教科书会把不能独用的补充词素视作补语。

我们在上文讨论动补式离合词的扩展时，对象都是双音节词，因为《标准》所列举的动补式离合词全都是双音节动词。那么，动补式离合词可以扩展到多音节吗？例如，"走进来""洗干净""笑起来""整理好""收拾干净"这些词都是多音节的，我们能否把它们都归为动补式离合词呢？虽然有些语法学者建议把它们也归作动补式离合词，但是笔者认为这些多音节的动补式组合与"看见"这类双音节动补式离合词毕竟有明显的区别，我们很难把它们归作同一类。究其原因有两个：一个原因是从古汉语到现代汉语的词汇双音化趋势以及汉语的双音韵律强烈地影响着我们的思维方式，使我们习惯上把专有名词以外的双音节词视为常态，而把双音节以上的组合看作词组。另一个更重要的原因是结构层次上的考虑。像"看见"这类双音节复合动词从结构上来分析只有两个层次（"看" + "见"）；可是，像"走进来""收拾干净"这种三四个音节的组合则含有两个以上的结构层次（"走" + "进来"／"收拾" + "干净"："进来""收拾"和"干净"都可以再拆分），这样的多音节动补组合很松散，与双音节的动补式离合词结构不一样。因此，我们不主张把动补式离合词扩展到多音节。值得一提的是，于2012年颁布并实施的《汉语拼音正词法基本规则》是以词为书写单位的，该文献的6.1.2.4条明确规定："动词（或形容词）与后面的补语，两者都是单音节的，连写；其余情况，分写。例如：gǎohuài（搞坏）、dǎsǐ（打死）、shútòu（熟透）、jiànchéng（建成［楼房］）、huàwéi（化为［蒸汽］）、dàngzuò（当作［笑话］）、zǒu jìnlái（走进来）、zhěnglǐ hǎo（整理好）。"①既然把"走进来"和"整理好"都分写，该文献显然是把它们当作词组来处理了。

三

把"动补式离合词"列为新的语法标准，对汉语语法教学有着深远的启示作用。《标准》里提出的"动补式离合词"概念，其实就是把双音节动补复合词的补充成分

① 中华人民共和国国家质量监督检验检疫总局，中国国家标准化管理委员会. 汉语拼音正词法基本规则：GB/T 16159—2012［S］. 北京：中国标准出版社，2012：4.

（如"看见"的"见"）从补语（句子成分）回归到动补式离合词构词成分（词素）来处理。我们把动补式离合词的概念和范围加以扩展，可以大大简化现行的补语语法系统。

众所周知，现行汉语教科书和文献所描述的汉语补语系统非常繁杂，如表 2 所示。

表 2　汉语教科书和文献对汉语补语的分类

名称	书目					
	《现代汉语》（黄伯荣等，2002）	《实用现代汉语语法》（刘月华等，2001）	《新实用汉语》（刘珣等，2005）	《外国人实用汉语语法》（李德津等，2008）	《国际汉语教学通用课程大纲》（孔子学院总部等，2014）	《国际中文教育中文水平等级标准》（教育部等，2021）
数量补语	住了三天	等一下/学了一小时	看了两遍	去一次/看三遍	来北京三年了/看过三遍	去过一次/凉快一些
结果补语	你得叫醒我/这个字写错了	看见/坐在/收拾干净	学好中文/放在盘子里	听懂/写对/飞往/洗干净	作业写完了/票买到了	写错/看懂/洗干净
可能补语	写得好；写不好	看得懂/去不了	拿得动/吃不下	看得见/看不见	看得见/看不见	听得懂/洗不干净
趋向补语	传来脚步声/笑起来	走来/进去/想起来	进来/出去/高兴不起来	回来/进去/笑起来了	上来/下去/哭起来了	走来/打开/哭起来
状态补语	写得好；写得不好					快得很/难过得吃不下饭
情态补语		睡得很晚/打了个落花流水	打扫得干干净净/高兴得跳起来			
程度补语	心里痛快极了	高兴极了/累得要命	忙得很/舒服得多/喜欢得很	跑得快/累得很/说得很流利	跑得很快/中文说得很流利	怕得厉害/开心得不得了

（续上表）

名称	书目					
	《现代汉语》（黄伯荣等，2002）	《实用现代汉语语法》（刘月华等，2001）	《新实用汉语》（刘珣等，2005）	《外国人实用汉语语法》（李德津等，2008）	《国际汉语教学通用课程大纲》（孔子学院总部等，2014）	《国际中文教育中文水平等级标准》（教育部等，2021）
介词短语补语		生于/来自/忙于/落后于				
时间、处所补语	出在1949年/生在何处					
动补式离合词						打开/看见/离开/完成

表2反映了当前有影响力的汉语教科书在补语分类方面的混乱情况。首先，补语大类是按照语义来划分的，可是除了数量补语、结果补语、可能补语和趋向补语这四大类补语的意义指向比较清楚、各家的划分也比较一致以外，其他各类补语的名称和分类都不一样。特别是对于介词短语补语的划分，《实用现代汉语语法》以词性为根据来划分，与其他按语义来划分的教科书明显不一致。如果坚持以语义来划分，又很难概括和归类。其次，各类补语按语义划分存在着交叉的情况。例如，判断某个补语到底是状态补语、情态补语还是程度补语有时十分困难，连汉语教师自己也难以判断，更不用说外国学生了。另外，某些补语，如"写得好"，可以是可能补语，也可以是状态补语。而一些趋向补语，如"起来"和"下去"的一些用法已经与动作的趋向没有关系了。最后，很多补语的分类里面都包含了双音节动补式离合词，如我们上文所分析的那样，在不分离的情况下，它们的补充成分（末尾词）其实只是构词的词素，而不是句子的补语成分。

那么，应该怎样对现行的补语系统加以简化呢？笔者认为应该从两个方面来进行：一是通过动补式离合词去掉相当一部分单音节的补语，所剩下的真正的补语只有多音节的补语，带"得"或不带"得"，例如"跑得很快""收拾得很整齐""哭起来了""高兴极了"。二是从结构出发简化补语的分类，我们可以把补语分为带"得"的补语和不带"得"的补语两大类，然后结合上下文，让学生具体了解这个补语所表达的意义。

最后，笔者想强调的一点是，教学语法与理论语法的要求不一样，针对母语学生的教学语法跟针对非母语学生的教学语法又不一样。理论语法的研究是越详细越好，可是对外国学生的语法教学应该是越简明越好。从国际汉语语法教学的角度来看，对于汉语最重要的三个结构助词"的""地""得"，只需要让外国学生知道它们分别是定语、状语、补语的标志就行了，完全没有必要让他们记住汉语的定语、状语和补语的详细分类。汉语是一种非常丰富多彩的语言，我们确实也无法从语义的角度对定语、状语和补语作出详细的分类。我们相信，正确界定动补式离合词并以此对补语系统进行简化，一定会给汉语国际教学带来新的局面！

参考文献

［1］董秀芳．词汇化：汉语双音词的衍生和发展［M］．成都：四川民族出版社，2002.

［2］国家对外汉语教学领导小组办公室汉语水平考试部．汉语水平等级标准与语法等级大纲［M］．北京：高等教育出版社，1996.

［3］黄伯荣，廖序东．现代汉语［M］．增订3版．北京：高等教育出版社，2002.

［4］教育部，国家语言文字工作委员会．国际中文教育中文水平等级标准：GF‐0025—2021［S］．北京：北京语言大学出版社，2021.

［5］孔子学院总部，国家汉办．国际汉语教学通用课程大纲［M］．修订版．北京：北京语言大学出版社，2014.

［6］李德津，程美珍．外国人实用汉语语法［M］．修订本．北京：北京语言大学出版社，2008.

［7］林柏松．飞跃中文：第1册［M］．北京：华语教学出版社，2022.

［8］林柏松．飞跃中文：第2册［M］．北京：华语教学出版社，2022.

［9］刘珣．新实用汉语课本［M］．北京：北京语言大学出版社，2005.

［10］刘月华，潘文娱，故铧．实用现代汉语语法［M］．增订本．北京：商务印书馆，2001.

［11］陆志韦．汉语的构词法［M］．北京：商务印书馆，1957.

［12］姚道中，刘月华．中文听说读写［M］．波士顿：波士顿剑桥出版社，2008.

［13］中国社会科学院语言研究所词典编辑室．现代汉语词典［M］．5版．北京：商务印书馆，2005.

汉语二语教学语法体系吸收语法研究新成果之我见

彭小川

众所周知，理论语法是汉语二语教学语法的来源和依据，教学语法是在不断吸收理论语法研究成果的过程中逐步发展完善的。多年来，汉语理论语法和教学语法的研究成果层出不穷，面对琳琅满目的新研究成果，该如何进行甄选、吸收，以更有效地研制新一代的汉语二语教学参考语法呢？我们认为，应先着眼于语法体系中比较重大的方面。下面着重谈两点：

一、应关注关系到汉语语法范畴的语法研究新成果

建立语法体系，语法范畴是其中重要的组成部分之一，尤应予以关注。近年来，学者们分别提出不少新的汉语语法范畴，我们应着重对它们进行研究，从中甄选出意义和形式均能互相验证的、可接受度高的新语法范畴加以吸收，从而充实汉语二语教学语法体系。

例如，严丽明在其博士学位论文《现代汉语对比范畴研究》（2009）中提出了"对比范畴"。我们认为，此新成果就颇值得加以吸收。

下面以连词"而"为例。

现代汉语中"而"有好几种用法，其中一种如：

（1）这里已是春暖花开，而北方还是大雪纷飞的季节。（转引自《现代汉语八百词》）

对于此种用法，权威工具书通常解释为"表示转折"。然而，现实话语中不少表转折的句子不能用"而"，如例（2）、例（3）；同样，不少用"而"的句子也不能换用"但是"，如例（4）、例（5）。实际上，"而"的这种用法是"表示对比"。

（2）1992 年开始，台湾逐渐降低交流门槛，但要求两岸交流学生须为在校生，且须团体出行。

（3）你可以去，但别告诉别人。

（4）不是我们不让他去，而是他自己不愿意去。

（5）其实，父母的家庭熏陶对舒乙来说是迥然不同的。"父亲超前，母亲正规，我两边都沾光。"父亲从来不会告诉舒乙应该如何如何，而是以身作则。而母亲则告诉他应该如何如何，不该如何如何。

例（2）、例（3）只表转折，不含对比义，故不能用"而"；例（4）、例（5）则刚好相反，其中例（5）非常典型，该例在阐述父母对舒乙的熏陶迥然不同时含有两重对比，先是将父亲是怎么做的跟他从不怎么做的进行对比，后是将母亲的做法跟父亲的做法进行对比。整个语篇丝毫没有转折义，故作者才会既肯定父亲，又肯定母亲，说自己"两边都沾光"。因而例（5）的两个"而"均不能换成转折的标记"但/但是"。

应该说，关于对比的概念，学界早有提及。例如，吕叔湘（1956）指出有些句子句与句之间是"对待关系"，"构成一种对照"；廖秋忠（1986）更是直接提出了"对比连接成分"的概念；此后，徐烈炯、刘丹青（1998）在探讨上海话话题标记"末"时也提到了对比性复句的概念；彭小川（1999）指出，语气副词"倒"的基本语法意义是表示对比；刘清平（2000）对"却"和"但是"进行过详细的比较，指出"却"强调的是对比关系，而"但是"则表示转折关系；王功平（2003）从多个角度对同是表示对比的"倒"与"却"的异同进行过比较；石毓智（2005）指出"是"有一种用法是对比标记①。在古代汉语研究方面，王力（1981），杨伯峻（1981），郭锡良、唐作藩（1999）等也早已指出，古代汉语中的"则"具有表示对比或对待关系的用法。只不过，上述成果均为个案研究，严丽明（2009）则明确提出了现代汉语对比范畴。

严丽明（2009）的研究不但提出并很好地论证了汉语有"对比范畴"，而且真正建立起了汉语整个对比范畴体系，包括：

$$\left\{\begin{array}{l}\text{对比项的构成}\\\text{典型对比的主要特征}\\\text{对比关系的多角度分类}\\\text{对比标记的多角度分类}\\\text{标记与关系的交互作用}\\\text{对比关系的主要表达功能}\end{array}\right.$$

该研究成果还将对比范畴跟相邻的几个范畴进行了区分，如"对比"与"并存"、

---

① 笔者注：严格地说这种提法略有瑕疵，应该说"不是……是……"或者"是……不是……"才属对比标记。

"对比"与"比较"、"对比"与"转折"等，并明确指出对比标记有：而、则、倒、倒是、却、相反、反而/反倒/反、偏/偏偏、不是……是……/是……不是……、X是……Y是……、如果说……那么……等。

在汉语二语语法教学实践中，我们讲授"倒""而""反而"等语法点时，也深感将之解释为"表示对比"（当然，它们还有各自的个性），留学生要好理解得多。

例如教副词"倒"：

（6）A. 房间不大，收拾得倒挺干净的。

　　　B. 这儿环境倒还好，但交通不太方便。

例（6）A、B两句体现了"倒"的基本用法。如果按照《现代汉语八百词》的解释去教，就要说A句表示转折，"倒"后用表示积极意义的词语；B句表示让步，用在前一小句，后一小句常用"就是""可是""但是""不过"等呼应。这样，A、B两句是完全没有什么联系的。更为关键的是，它们实际运用的情况是，表示转折的并非都能用"倒"，如例（7）；表示让步的，也大多不能用"倒"，如例（8）。

（7）这是一个好方法，但是不容易实现。

　　　＊这是一个好方法，倒不容易实现。

（8）这样做即使很困难，我也不会放弃。

　　　＊这样做倒很困难，我也不会放弃。

而用"表示对比"来教，就简单清晰很多。

以例（6）B句为例，我们可以根据"倒"的核心语义及基本用法，有针对性地设计例句，并引导学生观察思考：

说话人在例（9）这两句中分别想强调什么？

（9）A. 这儿交通不太方便，环境倒挺好。

　　　B. 这儿环境倒挺好，但交通不太方便。

如果让学生把下面两句话分别放到例（9）A句、例（9）B句的后面，学生会怎么选？

① 算了，咱们另找住处吧。

② 我喜欢这儿的环境，咱们就在这儿租房子住吧。

学生不难找到正确的答案：

（9）A + ②

（9）B + ①

进而在老师的引导下总结副词"倒"的核心语义是"表示对比"，并掌握其用法。

对比 $\begin{cases} \text{A.} \underline{\hspace{4cm}}, \underline{\hspace{2cm}\text{倒（好的）}\hspace{2cm}}。 \\ \text{B.} \underline{\hspace{2cm}\text{倒（好的）}\hspace{2cm}}, \underline{\hspace{4cm}}。 \end{cases}$

上面的教学案例印证了"对比"说的合理性。实践证明，除了"倒"以外，还应将严丽明（2009）指出的"而""则""倒""倒是""却""相反""反而/反倒/反……"等均视为对比标记。这样一来，老师好教，学生好学。制定新一代汉语二语教学参考语法时，应该吸收"对比范畴"这一新成果。

二、应重视关系到汉语语法重点类别之再分类的语法研究新成果

建立语法体系的重要基础之一就是要对语法现象作分类。对于所分出的类别包括其下位类别，学界难免会有不同的观点。就汉语二语教学语法体系而言，对其中一些重点类别的下位类别，尤其是争议较大、易对教学造成影响的，我们应予以更多的关注，认真切实地将新的研究成果与旧说进行比较研究，从而确定取舍。

例如，汉语句子成分中有补语，这是汉语语法的特点之一。对补语进行分类，无论是理论语法，还是教学语法，都是需要重点观照的。具体到汉语二语教学，补语也是教学的重点和难点之一。

关于补语的分类，大多类别没有什么分歧，唯独对类似表1中第2、3组的句子，分歧颇大。

表1　不同文献中汉语补语分类情况

文　献	例句及定性		
	第1组	第2组	第3组
	那儿冷得很。 喜欢得要命。	张老师讲得非常精彩。 这场球打得不够好。	她气得浑身发抖。 他赌钱赌得倾家荡产。
朱德熙《语法讲义》（1982） 黄伯荣等《现代汉语》（增订3版）（2002）	程度补语	状态补语	

（续上表）

文　献	例句及定性		
	第 1 组	第 2 组	第 3 组
	那儿冷得很。 喜欢得要命。	张老师讲得非常精彩。 这场球打得不够好。	她气得浑身发抖。 他赌钱赌得倾家荡产。
胡裕树《现代汉语》（重订本）（1981） 邵敬敏《现代汉语通论》（第 2 版）（2007）	程度补语	情态补语	
马真《简明实用汉语语法》（1981） 王还《对外汉语教学语法大纲》（1994）	程度补语		
《汉语水平等级标准与语法等级大纲》（1996）	程度补语		—
《高等学校外国留学生汉语言专业教学大纲（附件二）》（2002）	程度补语	情态补语	
邢福义《汉语语法学》（1998）	程度补语	评判补语	结果补语

从表 1 可以看出，三组句子都含结构助词"得"带出的补语。各文献对第 1 组为程度补语没有异议，对第 2、3 组则有较大的分歧，不仅体现为对补语小类的命名不同，还体现为对第 2、3 组究竟是宜分还是宜合这一问题的观点不同。

从成果发表的时间看，朱德熙（1982）、胡裕树（1981）的成果较早；黄伯荣等（2002）、邵敬敏（2007）、《高等学校外国留学生汉语言专业教学大纲（附件二）》（2002）等成果比较新。但具体到对第 2、3 组补语的命名，可以看出，提法上实际与旧说无异。要说结论有新观点，且发表时间相对而言比较新的成果，当属邢福义的《汉语语法学》（1998），不仅首提第 2、3 两组应分，而且命名也大不相同。

诚然，对待语法研究的新成果，并非但凡新说都是正确的、都要吸收，关键还要看其是否在理。经过比较研究，我们认为，邢福义（1998）将第 2、3 组的补语分成两类，且提出"评判补语"之说，是言之成理的，汉语二语教学语法体系应吸收此成果。理由如下：

1. 第 2、3 组句子语义重点不同

从意义上看，第 2 组例句"张老师讲得非常精彩""这场球打得不够好"分明是侧重于言者对动作行为或状态进行评价或判断，而不是强调状态或情态，也不是强调程度。换句话说，第 2 组句子最主要的功能是进行评价和判断。

关于这一点，邢福义说得很好："评判补语表示对心语行为性状的评议和判断。如果以 XY 分别代表心语和补语，那么二者的语义关系是：Y 评判 X 为怎么样。Y 反映说话人的心理感受…… 评判补语不同于程度补语，Y 不是单纯强调 X 的程度。尽管 Y 对 X 来说往往包含有程度的因素，但 Y 又有特定的评议内涵。"① 因此我们认为，"得"后成分确实应该界定为"评判补语"。

而第 3 组则完全不同，例子除了表 1 中的"她气得浑身发抖""他赌钱赌得倾家荡产"外，还有以下句子：

（10）小强走得两腿发软，便停下休息。

（11）李英高兴得跳了起来。

显而易见，第 3 组句子纯粹是言实，情况是怎么样就怎么样，不带有言者的主观评判，不反映说话人的心理感受。如例（10），"两腿发软"是小强自己的感觉和实情，而不是说话人的心理感受，说话人对此并没有进行任何的评判。第 3 组句子的语义重点明显跟表评判的第 2 组句子不同，它们理应被分为不同的小类。

2. 第 2、3 组可能存在的表达形式有所不同

以属于第 2 组的例（12）为例：

（12）这幅字写得不错。

我们同意邢福义（1998）的观点，尽管"不错"也包含程度的因素，但它被着重用于评价"这幅字"写得怎样。一般来说，事物本身会有不同的程度之分，而说话人对事物的评价也可因其自身主观视点和心理感受的不同而有异，所以，面对同一幅字，不同的言者所作出的评价完全可能有程度上的不同，甚至是相反的，这就决定了可能有多种表达形式存在：

（13）这幅字写得不好。

（14）这幅字写得不怎么样。

---

① 邢福义. 汉语语法学 [M]. 长春：东北师范大学出版社，1998：112 – 113.

（15）这幅字写得还可以。

（16）这幅字写得比较好。

（17）这幅字写得挺好的。

（18）这幅字写得很好！

（19）这幅字写得太好了！

而第 3 组句子不同，它们是言实的，这意味着它们面对同一事物时不可能存在多种尤其是相反的表达形式。如例（11）"李英高兴得跳了起来"，面对这一实情，根本不可能有相反的表达"＊李英高兴得不跳起来"，也不可能有程度不同的表达"＊李英高兴得跳起来一点""＊李英高兴得比较跳起来""＊李英高兴得很跳起来"。

3. 第 2、3 组之分还可得到方言的佐证

在粤方言广州话中，第 2 组"评判补语"的形式标记是"得"，如例（20）、例（21）；而第 3 组的形式标记则是"到"，如例（22）、例（23）。两者是不相同的。

（20）幅字写得几靓嘛。（这幅字写得挺漂亮的。）

（21）呢间公司经营得唔好。（这间公司经营得不好。）

（22）佢讲到声都沙晒。（他说得声音都沙哑了。）

（23）我哋笑到肚都痛。（我们笑得肚子都疼了。）

在广州话中，这两组句子分别采用不同的形式标记，从另一侧面为普通话补语系统中第 2、3 组句子有别提供了佐证。上面例（22）、例（23）中"到"的使用正体现出补语是在强调动作的结果或状态达到了一个什么样的程度，而不是评判。

以上我们从三个方面论证了汉语补语系统中第 2、3 组句子的不同，证明了邢福义（1998）将它们分为两组，且提出"评判补语"之说的合理性，建议汉语二语教学语法体系吸收此成果。至于第 3 组句子中的补语应命名为什么补语，因不是本文讨论的重点，这里就不展开了，我们拟另文阐述。

三、余论

本文集中探讨汉语二语教学语法体系及标准建设中对新的语法研究成果的吸收问题，强调面对汉语语法研究众多的新研究成果时，应先着眼于语法体系中比较重大的方面，如关系到语法范畴的，或者是关系到语法重点类别之再分类的。但这并不意味着可以忽略语法个案研究的新成果，也不意味着汉语二语教学语法体系的修订只观照语法研究的新成果，对一些一直悬而未决又比较重要的问题，同样应予以重视、研讨解决。

例如副词"也",它是高频副词,是汉语二语教学必教的词语。单个地讲授其语法意义,问题还不是太大,可一旦要建立副词的分类系统,它的归类问题就难办了,可以说这个问题长期没有得到解决。"也"的基本义用法的归类情况具体如下:

(1)归入范围副词:朱德熙(1982)、胡裕树(1981)、国家对外汉语教学领导小组办公室(2002)。

(2)归入频率副词:国家对外汉语教学领导小组办公室汉语水平考试部(1996)、邢福义(1998)。

(3)归入重复副词:王还(1994)、张谊生(2000)。

(4)归入重复、频率副词:卢福波(1996)。

(5)未见归入哪类:马真(1981)、黄伯荣等(2002)、邵敬敏(2007)。

"范围""频率""重复",可谓分歧很大。尤其值得注意的是第五种情况,高频副词"也"并没有现身,某种程度上也反映出将其归类之难。诚然,副词本来就是个大杂烩,要分得干净利索,委实不易,但可以讨论如何处理更为合理些,建议接下来在构建和研制汉语二语教学语法体系及标准的过程中,对类似的问题也予以关注。

参考文献

[1]国家对外汉语教学领导小组办公室汉语水平考试部.汉语水平等级标准与语法等级大纲[M].北京:高等教育出版社,1996.

[2]国家对外汉语教学领导小组办公室.高等学校外国留学生汉语言专业教学大纲[M].北京:北京语言文化大学出版社,2002.

[3]郭锡良,唐作藩.古代汉语:上册[M].修订本.北京:商务印书馆,1999.

[4]胡裕树.现代汉语[M].重订本.上海:上海教育出版社,1981.

[5]黄伯荣,廖序东.现代汉语[M].增订3版.北京:高等教育出版社,2002.

[6]廖秋忠.现代汉语篇章中的连接成分[J].中国语文,1986(6).

[7]刘清平."却"与"但是"的语义、句法和语用比较[J].学术研究,2000(10).

[8]卢福波.对外汉语教学实用语法[M].北京:北京语言学院出版社,1996.

[9]吕叔湘.中国文法要略[M].修订本.北京:商务印书馆,1956.

[10]马真.简明实用汉语语法[M].北京:北京大学出版社,1981.

[11]彭小川.论副词"倒"的语篇功能:兼论对外汉语语篇教学[J].北京大学学报(哲学社会科学版),1999(5).

[12]彭小川.广州话助词研究[M].广州:暨南大学出版社,2010.

[13]邵敬敏.现代汉语通论[M].2版.上海:上海教育出版社,2007.

[14]石毓智.论判断、焦点、强调与对比之关系:"是"的语法功能和使用条件[J].语言研究,2005(4).

［15］王功平．副词"倒"与"却"的对比语义、语气及相关问题研究［D］．广州：暨南大学，2003.

［16］王还．对外汉语教学语法大纲［M］．北京：北京语言学院出版社，1994.

［17］王力．古代汉语：第 2 册［M］．北京：中华书局，1981.

［18］邢福义．汉语语法学［M］．长春：东北师范大学出版社，1998.

［19］徐烈炯，刘丹青．话题的结构语功能［M］．上海：上海教育出版社，1998.

［20］严丽明．现代汉语对比范畴研究［D］．广州：暨南大学，2009.

［21］杨伯峻．古汉语虚词［M］．北京：中华书局，1981.

［22］朱德熙．语法讲义［M］．北京：商务印书馆，1982.

［23］张谊生．现代汉语副词研究［M］．上海：学林出版社，2000.

印度尼西亚坤甸潮汕方言代际传承中的语言活力研究

黄洁纯　邵　宜

一、引言

随着海外华语研究的兴起，海外汉语方言作为我国方言的重要组成部分日益受到学界关注，潮汕方言在海外华人社区中的传承状况也成为研究的焦点之一。目前关于海外方言的研究多从词汇、语音、语法等方面入手（陈晓锦，2020；陈佩英，2020；马重奇，2019；林伦伦，2006），从语言活力的角度探究海外汉语方言的传承状况的研究还比较少。

印度尼西亚（以下简称"印尼"）作为海外华人最多的国家，其华人社区呈现出多样化的方言景观。然而，受到语言政策及多语环境的影响，当地汉语方言的传承面临着危机。在印尼西加里曼丹省的省会坤甸，潮汕方言是当地的强势方言之一，它在坤甸的客观活力状况如何？坤甸的潮汕华人对潮汕方言的活力评估是否存在着代际差异？不同代的华人所感知到的潮汕方言的活力水平是否会对他们的语言自评水平、语言使用情况、语言态度产生影响？为探究上述问题，本文以坤甸潮汕方言作为研究对象，从主客观语言活力角度出发，探究坤甸潮汕方言的代际传承情况，并预测其未来的发展趋势。

二、理论基础

族群语言活力理论（Ethnolinguistic Vitality Theory）是 Giles 等人在 1977 年提出的一个社会心理学概念，它探究的是一个族群在多大程度上作为一个群体实体运行、作为一个独特的社会群体成长，以及族群对群际背景下的社会结构性变量的依赖程度（豪格、阿布拉姆斯，2011）。

该理论由主观活力和客观活力两部分组成，涉及人口学因素、地位影响和组织支持度三组变量。其中，人口学因素变量指的是在某一特定地区或国家领土内一个语言族群的分布和规模；地位影响变量指的是与语言族群声望相关的因素；组织支持度变量指的是一个语言族群在一个国家或地区的各种组织机构中所取得的正式和非正式支持的程度。正式的组织支持是指族群成员在国家或地区的政府机构、司法系统、教育系统中所取得的控制地位和权力；非正式的组织支持是指附属族群自发组建的组织数量以及这些组织在各种场合中代表和维护自己族群语言利益的能力。根据这三组变量的综合评估结果，族群语言活力可大致被划分为低、中、高三个水平。其中，低活力群体最有可能经历语言同化而走向消亡，高活力群体在多语环境中更有可能保持他们的族群语言和独特的文化特征。

三、坤甸潮汕方言的客观活力评估

对坤甸潮汕方言客观活力的评估主要参照 Giles 等（1977）的客观语言活力评估体系，如表 1 所示。

表1　客观语言活力评估体系

变量	指标	描述
人口学因素	人口比例	本族群的人口比例
	人口居住格局	本族群成员集中居住的状况
	族际通婚情况	本族群与外族群通婚的情况
地位影响	经济地位	本族群对经济领域的掌控程度
	社会地位	本族群与外族群的地位是否平等
	社会历史地位	本族群的历史能否激励成员走向团结
	语言地位	族群语言在言语社区内外的地位
组织支持度	正式的组织支持度	族群成员在政府、学校等机构中的代表性，以及族群语言在政府服务、大众传媒、学校教育中的使用程度
	非正式的组织支持度	族群成员自发组建的社团数量与社会影响力，以及族群语言在社团中的使用程度

具体的评估方式为：依据客观数据及相关文献评估坤甸潮汕华人族群在各变量上所占有的优势指标数，进而将坤甸潮汕方言在各变量上的相对活力大致分为五个等级（如表2所示），最后综合评估其整体的客观活力水平。

表 2　客观语言活力等级评估方式

评估方式		活力等级
在某一变量上	坤甸潮汕族群的优势指标数 = 100%	高
	100% > 坤甸潮汕族群的优势指标数 > 坤甸潮汕族群的劣势指标数	中等偏高
	坤甸潮汕族群的优势指标数 = 坤甸潮汕族群的劣势指标数	中等
	坤甸潮汕族群的劣势指标数 > 坤甸潮汕族群的优势指标数 > 0	中等偏低
	坤甸潮汕族群的优势指标数 = 0	低

（一）坤甸潮汕方言在人口学因素变量上的客观活力状况

在人口数量上，陈佩英（2020）指出，潮汕华人约占坤甸总人口的 20%，占坤甸华族人口的三分之二。2022 年，坤甸全市总人口为 673 400 人[①]，按照这一比例进行推算，2022 年坤甸市的潮汕华人约有 13 万，其人口规模在坤甸华族中占有明显优势，但若与当地的土著族群相比，只能算是少数。

在人口分布上，坤甸潮汕华人集中居住在卡普阿斯河以东的区域。根据房屋样式，可以将潮汕华人与土著族群区分开来（郑享中，2020）。在婚姻方面，"二战"前，坤甸的华人社会分为潮州帮与客家帮，两帮之间很少通婚。"二战"以后，坤甸华人社会帮派分立的现象逐渐消失，潮汕华人与客家华人通婚的情况有所增加。不过，坤甸潮汕华人与当地土著族群通婚的情况还不多。因此，在人口学因素上，坤甸潮汕方言优势指标数多于劣势指标数，其活力大致为中等偏高水平。

（二）坤甸潮汕方言在地位影响变量上的客观活力状况

在经济方面，早期移民到坤甸的华人主要从事开采金矿的工作，他们大多是潮汕人和客家人。后来潮汕人在与客家人的冲突中落败，转而从事商业。印尼独立以后，华人在政坛上长期缺乏发展空间，使得许多华人努力发展商业，进一步增强了华人在经济领域中的实力。如今，坤甸各行各业都有潮汕华人的身影，华人几乎掌控了坤甸的大中型企业，而马来族和爪哇族一般从事小型商业。

在社会历史方面，坤甸潮汕华人的地位随着当局政策的变化而变化。印尼独立后，华人在许多方面都遭受到了不公平的对待，社会地位低下。这段共同的历史遭遇增强了

---

① 数据来自坤甸市人口和民事登记处网站：https：//disdukcapil. pontianak. go. id。

坤甸潮汕族群的凝聚力，坤甸的潮汕华人以潮汕方言为身份符号，始终坚持在家庭和社区中使用潮汕方言。自 1998 年哈比比政府上台后，印尼逐步调整对待华人华侨的政策，华人与其他族群的地位开始趋于平等。

在语言地位方面，印尼将华语看作一门外语，潮汕方言属于汉语方言的一种，也就被归入外语的行列中。然而，潮汕方言通行于坤甸的中部、南部及南部郊区，"市场上买卖一般使用潮语，连一些做小贩的印尼人也学会几句潮汕话，以应付买客"[①]，当地的土著族群也略懂潮汕方言。

因此，坤甸潮汕方言在地位影响上的优势明显，其活力大致为高水平。

（三）坤甸潮汕方言在组织支持度变量上的客观活力状况

印尼华人在政治领域中的代表性较弱。在苏哈托政府时期，国会中只有少数华人担任议员，长期没有华人入选内阁，华人想要进入政府当公务员困难重重，地方上的华人官员更是少之又少。后苏哈托时期，政府逐渐取消了对华人的歧视性政策，参政的华人增多。西加里曼丹的华人为了更好地表达华族心声也渐渐加入参政队伍中。然而，不管是成为候选人还是当选议员，西加里曼丹华人的比例都远低于马来族和达雅族，坤甸潮汕华人的参政比例更是不值一提。在媒体语言方面，当地并没有专门的潮汕方言节目。学校教育也没有将潮汕方言列入教学课程之中，潮汕方言也不是教学媒介语。因此，在正式的组织支持度上，坤甸潮汕方言的活力大致为低水平。

在非正式的组织支持度上，坤甸潮汕华人组建了很多社团，潮汕方言是当地华人社团的通行语。在举办传统习俗活动时，人们经常使用潮汕方言，潮汕方言成为坤甸潮汕华人传承族群文化传统的关键纽带。不过，目前这些社团的成员多是上了年纪的老人，新一代华人对加入这些社团组织或参与社团活动缺乏兴趣，这在一定程度上削弱了坤甸潮汕方言的活力，所以坤甸潮汕方言在非正式组织支持度上的活力大致为中等偏高水平。

坤甸潮汕方言在这三组变量上的客观活力等级如表 3 所示。将地位影响上的高活力与正式的组织支持度上的低活力相抵消，坤甸潮汕方言整体的客观活力大致处于中等偏高水平，具有一定的活跃性。然而，Giles 等（1977）所提出的客观语言活力评估指标不够细致，也难以做到完全客观，本文对坤甸潮汕方言客观活力的粗略评估也仅是大致呈现坤甸潮汕方言客观上的活跃程度，调查的重点集中在坤甸两代潮汕华人的主观语言活力评估上。

---

① 王炎荣. 潮汕华侨与华人 [M]. 香港：天马出版有限公司，2020：87.

表 3　坤甸潮汕方言在各变量上的客观活力等级

变量		活力等级
人口学因素		中等偏高
地位影响		高
组织支持度	正式的组织支持度	低
	非正式的组织支持度	中等偏高
整体活力		中等偏高

四、坤甸潮汕方言代际间的主观活力调查

（一）调查设计及基本信息

成长于印尼实行强制同化政策时期与成长于实行民族平等、文化宽容政策时期的两代潮汕华人在主观语言活力、语言使用情况、语言态度等方面是否存在差异这一问题为本次调查研究的重点。

本次调查的对象均是来自坤甸共同希望语言学院的学生和家长。该学院中出生于1998 年以后，且出生地及成长地都为坤甸的潮汕华人多为第四代华人，他们的父母出生于 20 世纪 50 年代至 70 年代之间，其青少年成长时期恰是印尼实行强制同化政策的时期。因此，本次问卷调查的两组对象具体为坤甸第三代潮汕华人中出生于 20 世纪 50年代至 70 年代的人（下文简称为"第三代华人"），以及坤甸第四代潮汕华人中出生于1998 年以后的人（下文简称为"第四代华人"）。

调查所使用的问卷为汉语和印尼语双语版本，由基本信息、主观语言活力、语言使用情况、语言态度四部分组成。其中主观语言活力部分问卷主要参照了 Bourhis 等（1981）所设计的主观语言活力问卷。语言使用情况部分问卷主要参考了 Yagmur 的 *First Language Attrition among Turkish Speakers in Sydney*（1997）中的"语言使用 – 选择量表"以及陈颖《美国华人社区的语言使用与语言认同——以大华府和纽约都会区为例》（2012）中的"美国华人语言使用状况问卷"。

本次调查于 2022 年 5 月至 2022 年 11 月展开，通过 Google Form 平台发送问卷链接。共回收问卷 122 份，删除无效问卷 23 份，最终筛选出有效问卷 99 份，问卷有效率约为81. 15%。其中，共回收第三代华人有效问卷 42 份、第四代华人有效问卷 57 份。主观语言活力部分问卷的整体信度为 Cronbach's $\alpha = 0.831$，KMO 值 0.827，Bartlett 球形度检验 $p < 0.01$；语言使用情况部分问卷的整体信度为 Cronbach's $\alpha = 0.883$，KMO 值为0. 814，Bartlett 球形度检验 $p < 0.01$。

调查对象的基本信息如表 4 所示，两代华人的性别比例并不均衡，以性别作为变量，分别对两代华人的相关评估结果进行数据检验，结果没有表现出显著差异。

表4　调查对象的基本信息

变量		第三代		第四代	
		人数	比例①	人数	比例
性别	男	32	76.19%	11	19.30%
	女	10	23.81%	46	80.70%
文化程度	小学及以下	11	26.19%	0	0.00%
	初中	7	16.67%	0	0.00%
	高中	17	40.48%	4	7.02%
	本科及以上	7	16.67%	53	92.98%
平均年龄		54 岁		21 岁	

（二）数据分析

1. 代际间的主观语言活力评估结果比较

本文根据均值将主观语言活力的水平分为五个等级，如表5所示。

表5　主观语言活力等级表

活力均值范围	活力等级
4≤均值≤5	高
3.5≤均值<4	中等偏高
2.5≤均值<3.5	中等
2≤均值<2.5	中等偏低
1≤均值<2	低

独立样本 t 检验的结果显示，两代华人所评估的坤甸潮汕方言的活力水平存在显著的代际差异（$t = -2.287$，$p = 0.024$），虽然两代华人都认为坤甸潮汕方言处于中等活力水平，但第四代华人所评估的坤甸潮汕方言的活力水平值比第三代华人高。两代华人对坤甸潮汕方言的活力评估差异集中在组织支持度上（$t = -2.608$，$p = 0.011$），第三代华人认为坤甸潮汕方言在这一变量上的活力是中等偏低水平，而第四代华人则认为是中等水平。

两代华人对印尼语的活力水平评估差异则集中在地位影响上（$t = -3.943$，$p = 0.000$），第三代华人认为印尼语在地位影响上的活力为中等水平，而第四代华人则认为印尼语在该变量上的活力为中等偏高水平。

---

① 本文在计算时数值精确至小数点后两位，存在因四舍五入导致各项百分比相加不完全为100%的情况，但误差均在 ±0.01% 之间，特此说明，下同。

2. 代际间的语言能力与语言水平比较

如表6所示，两代华人都至少掌握两种语言/方言，基本具备双语（多语）能力。从掌握的语种来看，印尼语和潮汕方言是两代华人必会的语言和方言；但从第三代华人到第四代华人，掌握英语的人数比例从45.24%上升至77.19%，掌握华语的人数比例从73.81%升至89.47%，掌握客家方言的人数比例从66.67%降至29.82%，而在接受调查的第四代华人中已经没有人会说福建话了，这表明坤甸潮汕华人的方言学习意识呈代际减弱趋势。

表6 两代华人的语言能力比较

语言能力		第三代		第四代	
		人数	比例	人数	比例
会说的语言/方言数量	一种	0	0.00%	0	0.00%
	两种	5	11.90%	2	3.51%
	三种	8	19.05%	9	15.79%
	四种及以上	29	69.05%	46	80.70%
掌握的语种（含方言）	印尼语	42	100.00%	57	100.00%
	英语	19	45.24%	44	77.19%
	华语	31	73.81%	51	89.47%
	马来语	0	0.00%	2	3.51%
	潮汕方言	42	100.00%	57	100.00%
	客家方言	28	66.67%	17	29.82%
	福建话	2	4.76%	0	0.00%

如图1和图2所示，两代华人对自己的印尼语、英语、华语、潮汕方言水平的评估也表现出代际差异。第三代华人认为自己这四种语言/方言达到"挺好的"及以上水平的比值排序为：潮汕方言（78.57%）＞印尼语（59.52%）＞华语（19.05%）＞英语（9.52%）。第四代华人认为自己这四种语言/方言达到"挺好的"及以上水平的比值排序为：印尼语（100.00%）＞潮汕方言（87.72%）＞华语（52.63%）＞英语（26.32%）。从代际的角度分析，坤甸潮汕华人的印尼语、英语、华语水平都有了显著提升。与第三代华人相比，第四代华人中认为自己的印尼语达到"特别好"的水平的人数比例增加了35.72%，认为自己的英语达到"挺好的"及以上水平的人数比例增加了16.8%，认为自己的华语达到"挺好的"及以上水平的人数比例增加了33.58%；而认为自己的潮汕方言"特别好"的第四代华人的人数比例却下降了26.69%。

特别好
30.95%
0.00%
2.38%
54.76%

挺好的
28.57%
9.52%
16.67%
23.81%

一般
38.10%
35.71%
54.76%
21.43%

不是很好
2.38%
19.05%
7.14%
0.00%

完全不会
0.00%
35.71%
19.05%
0.00%

■印尼语　■英语　□华语　■潮汕方言

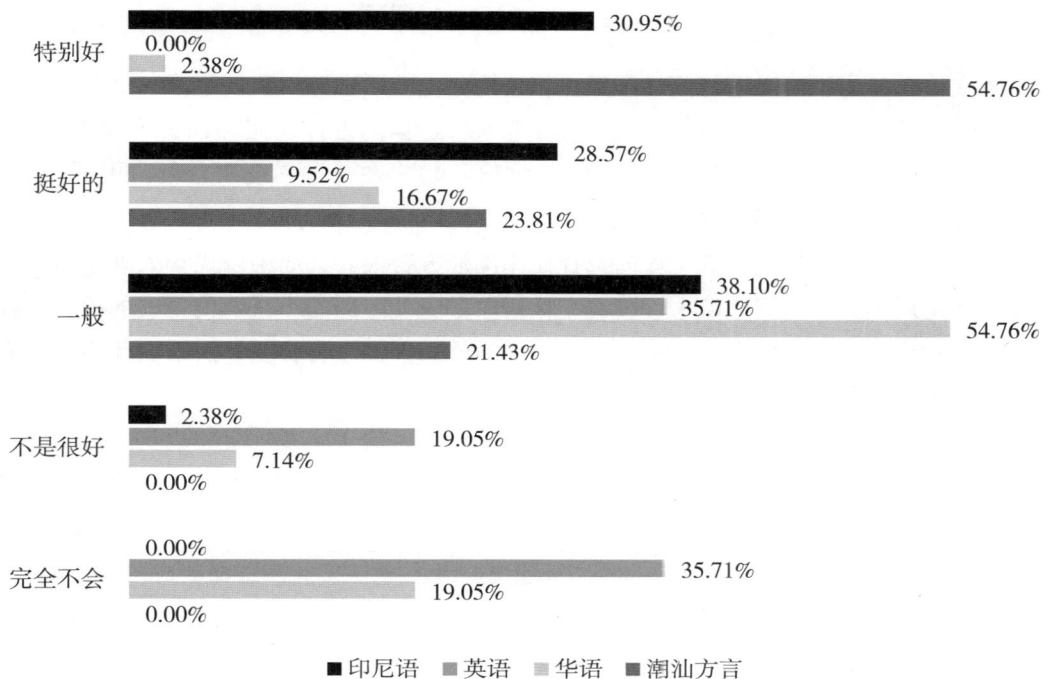

图1　第三代华人对四种语言/方言的自评水平

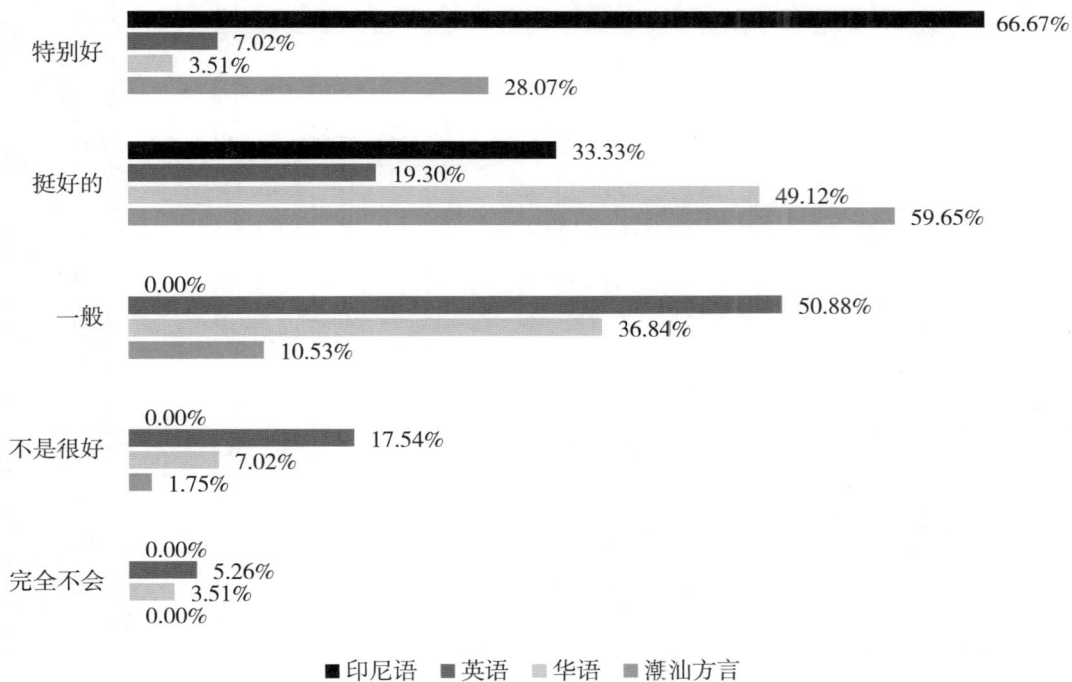

特别好
66.67%
7.02%
3.51%
28.07%

挺好的
33.33%
19.30%
49.12%
59.65%

一般
0.00%
50.88%
36.84%
10.53%

不是很好
0.00%
17.54%
7.02%
1.75%

完全不会
0.00%
5.26%
3.51%
0.00%

■印尼语　■英语　□华语　■潮汕方言

图2　第四代华人对四种语言/方言的自评水平

3. 代际间的语言使用情况比较

本文以 3 分为中间点，将两代华人在相关语域中的语言选择和使用情况划分为四种模式：主要选择使用潮汕方言模式（1≤均值＜2）、偏向选择使用潮汕方言模式（2≤均值＜3）、偏向选择使用印尼语模式（3≤均值＜4）、主要选择使用印尼语模式（4≤均值≤5）。具体情况如表 7 所示。

整体而言，第三代华人处于偏向选择使用潮汕方言模式，而第四代华人处于偏向选择使用印尼语模式。在家庭域中，随着交谈对象辈分差距的缩小，两代华人的语言选择和使用模式由主要选择使用潮汕方言向偏向选择使用潮汕方言转变，而第四代华人的转变倾向比第三代华人更明显。

表 7　两代华人在不同语域中的语言使用情况均值

语域	具体问题	第三代	第四代
家庭域	与祖父母交流	1.667	1.386
	与父母交流	1.714	1.842
	与兄弟姐妹交流	1.881	2.561
生活域	与朋友交流	2.095	3.088
	与邻居交流	2.381	3.140
	买东西	2.786	3.526
	在华人餐馆点餐	2.238	2.982
	参加潮汕社团活动	2.024	2.368
	参加宗教活动	2.381	3.123
	接陌生电话	4.143	4.649
工作域	与同学/同事交流	2.548	3.333
	与老师交流	3.667	3.982
	去政府办事	4.405	4.579
	去银行办事	4.286	4.526
	找工作	4.000	4.509
传媒域	看电影/电视	3.286	3.912
	听广播	3.190	4.000
	听歌	3.143	3.860
	看/听戏曲	3.143	3.895
总计		2.893	3.435

注：分值越接近"1"，表明潮汕方言的使用频率越高；分值越接近"5"，表明印尼语的使用频率越高。

从独立样本 t 检验的结果来看（如表 8 所示），两代华人在生活域（$t = -5.150$，$p = 0.000$）、工作域（$t = -3.084$，$p = 0.003$）、传媒域（$t = -3.979$，$p = 0.000$）中的语言使用模式均表现出明显的代际差异。第三代华人在生活域中处于偏向选择使用潮汕方言交流模式，而第四代华人则处于偏向选择使用印尼语交流模式，生活域成为两代华人语言转用的过渡区域。在工作域中，第三代华人的语言使用模式为偏向选择使用印尼语交流模式，第四代华人的语言使用模式是主要选择使用印尼语交流模式。在传媒域中，两代华人都处于偏向选择使用印尼语模式，但第四代华人的语言使用模式已经非常接近主要选择使用印尼语模式了。

表 8　两代华人在不同语域中的语言使用情况的差异分析

语域	代际	个案数	M	SD	t	p
家庭域	第三代	42	1.754	0.871	-1.084	0.282
	第四代	57	1.930	0.689		
生活域	第三代	42	2.578	0.571	-5.150	0.000
	第四代	57	3.268	0.716		
工作域	第三代	42	3.781	0.656	-3.084	0.003
	第四代	57	4.186	0.638		
传媒域	第三代	42	3.191	0.837	-3.979	0.000
	第四代	57	3.917	0.939		

4. 代际间的语言态度比较

从图 3 和图 4 可见，两代华人对潮汕方言均表现出强烈的学习愿望且对自我的潮汕方言水平要求较高。从图 5 可见，两代华人学习潮汕方言的原因不同，选择"祖辈传下来的要求""听起来亲切""用途多"这三个原因的第四代华人人数比例与第三代华人相比分别下降了 12.41%、24.31%、22.31%，选择"便于和长辈沟通""便于和其他说潮汕方言的人交流""想要传承潮汕文化"这几个原因的第四代华人人数比例与第三代华人相比分别上升了 14.79%、9.39%、22.56%。

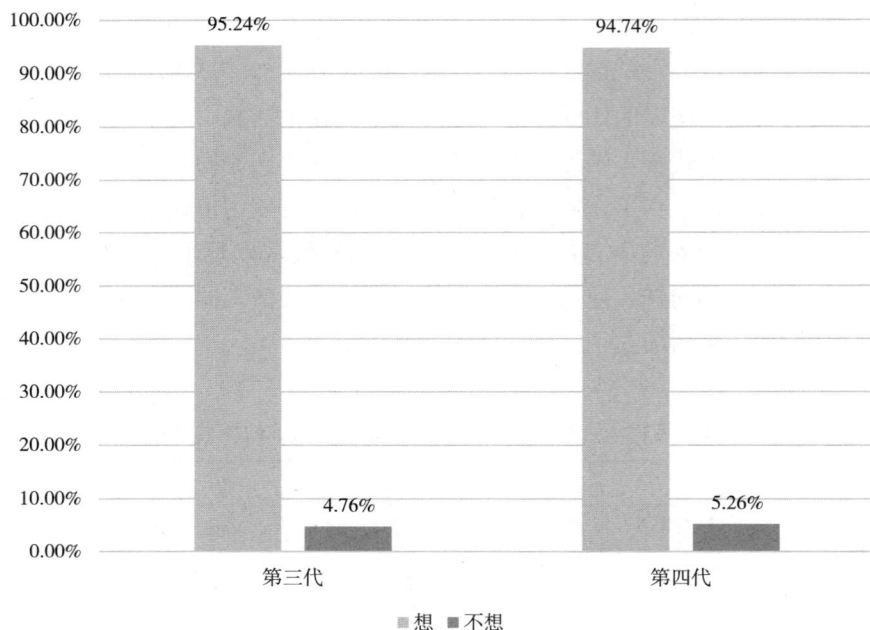

图3　两代华人学习潮汕方言的意愿

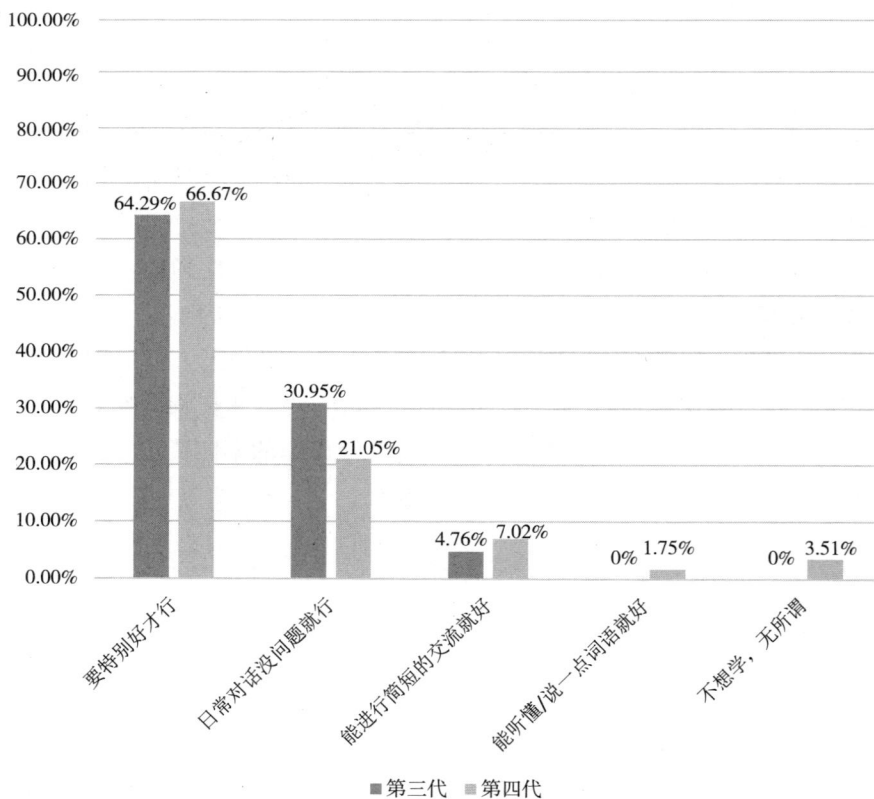

图4　两代华人对自我的潮汕方言水平的要求

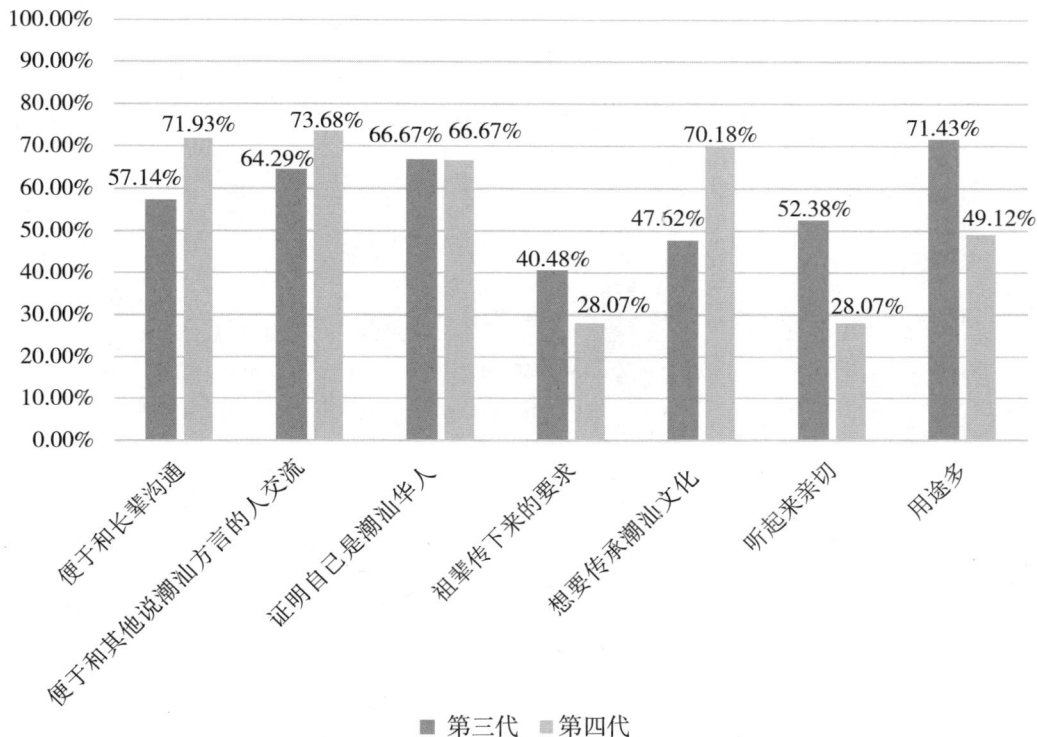

图5　两代华人学习潮汕方言的原因

　　由图6可见，与第三代华人相比，放弃学习英语和印尼语的第四代华人人数比例分别下降了25.06%和4.63%，放弃学习华语和潮汕方言的第四代华人人数比例上升了16.29%和13.41%。从图7可以看出，与第三代华人相比，放弃学习潮汕方言的第四代华人人数比例上升了41.48%，放弃学习华语的人数比例增加了20.17%，而放弃学习印尼语、英语的人数比例均呈下降趋势。

　　在"您希望自己的孩子学习下面哪些语言/方言？请按照重要程度给它们排序（1为最重要，5为最不重要）"这道题中，第三代华人的重要性排序依次为：华语＞英语＞潮汕方言＞印尼语；第四代华人的重要性排序依次为：华语＞潮汕方言＞印尼语＝英语。潮汕方言不是两代华人为孩子进行语言规划的重点。

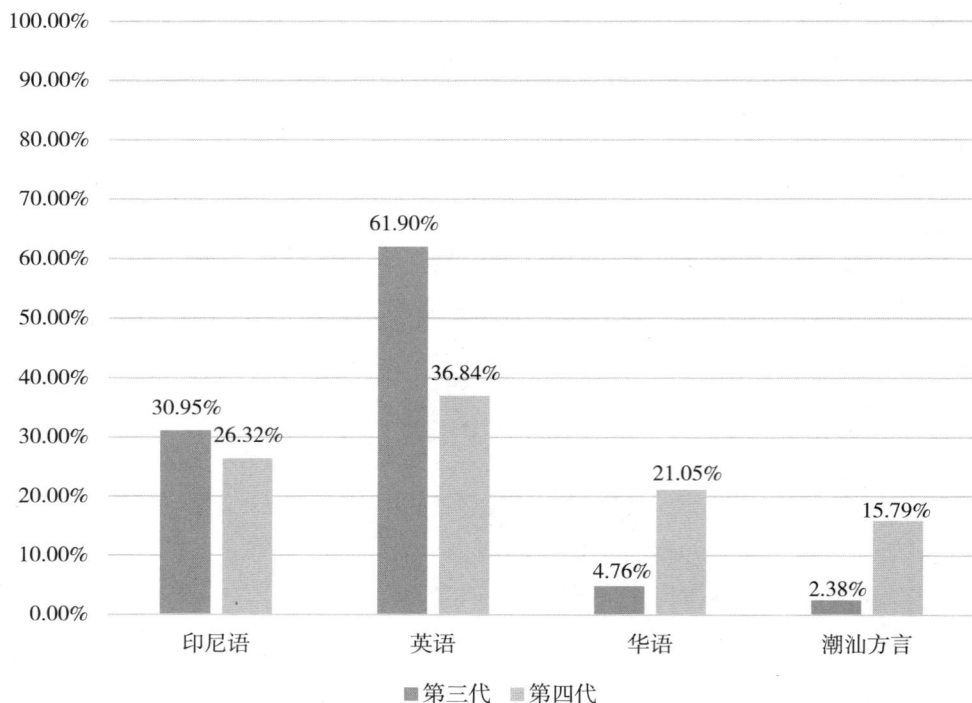

图 6　两代华人放弃学习一种语言/方言的情况

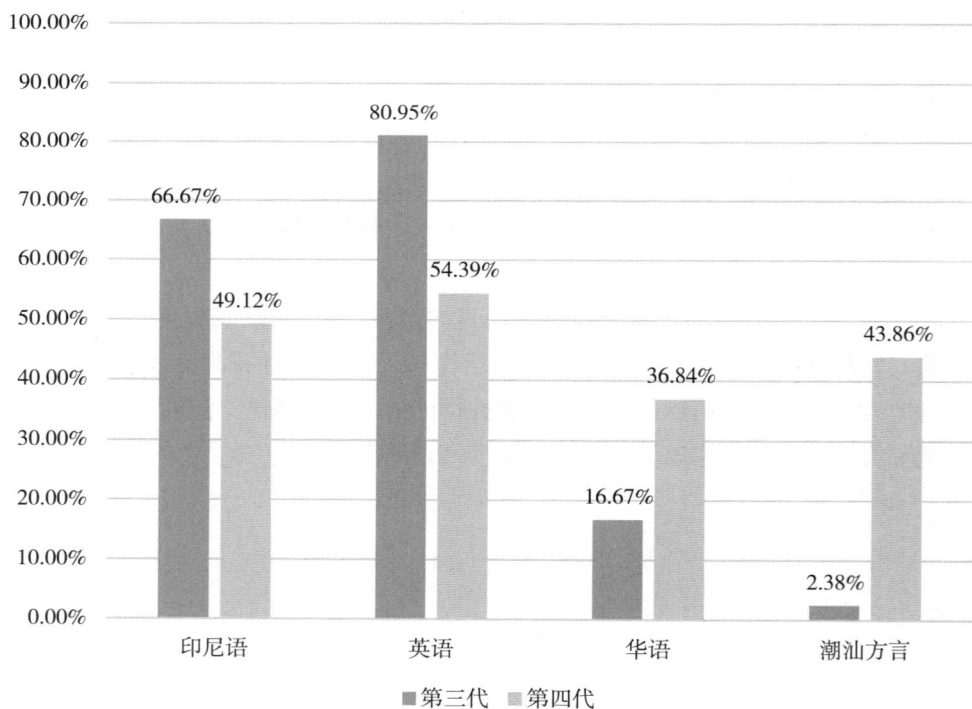

图 7　两代华人放弃学习两种语言/方言的情况

5. 代际间坤甸潮汕方言的主观活力与相关因素的关系

本文对两代华人的主观语言活力评估结果与他们的语言自评水平、语言使用情况、语言态度分别进行相关性分析。结果显示，第三代华人的印尼语主观活力评估结果与他们的潮汕方言的自评水平、在工作域中的语言使用情况、对自我的潮汕方言水平的要求呈正相关关系（$r = 0.705$，$p < 0.01$；$r = 0.389$，$p < 0.05$；$r = 0.752$，$p < 0.01$），而与他们整体的语言使用情况、在家庭域及生活域中的语言使用情况呈负相关关系（$r = -0.353$，$p < 0.05$；$r = -0.775$，$p < 0.01$；$r = -0.505$，$p < 0.01$）。第三代华人的潮汕方言主观活力评估结果与他们在传媒域中的语言选择呈负相关关系（$r = -0.306$，$p < 0.05$）。第四代华人的印尼语主观活力评估结果与他们的印尼语的自评水平、在工作域中的语言使用情况呈正相关关系（$r = 0.379$，$p < 0.01$；$r = 0.320$，$p < 0.05$），其潮汕方言主观活力评估结果与他们在传媒域中的语言使用情况呈负相关关系（$r = -0.271$，$p < 0.05$）。

本文以主观活力评估结果为自变量、以上述具有相关关系的因素为因变量进行回归分析。结果显示，第三代华人的印尼语主观活力评估结果会对他们的潮汕方言的自评水平、在工作域中的语言使用情况、对自我的潮汕方言水平的要求产生显著的正向影响（$\beta = 1.136$，$p < 0.01$；$\beta = 0.504$，$p < 0.05$；$\beta = 0.871$，$p < 0.01$），而会对他们整体的语言使用情况、在家庭域及生活域中的语言使用情况产生显著的负向影响（$\beta = -0.246$，$p < 0.05$；$\beta = -1.332$，$p < 0.01$；$\beta = -0.570$，$p < 0.01$）。第三代华人的潮汕方言主观活力评估结果会对他们在传媒域中的语言使用情况产生显著的负向影响（$\beta = -0.659$，$p < 0.05$）。这表明第三代华人感知到的印尼语活力水平越高，反而会对自我的潮汕方言水平评价越高，在工作域中更倾向于使用印尼语；但其整体以及在家庭域、生活域中更偏向选择潮汕方言，且对自我的潮汕方言水平要求更高。

第四代华人的印尼语主观活力评估结果对他们的印尼语的自评水平、工作域中的语言使用情况具有明显的正向影响（$\beta = 0.339$，$p < 0.01$；$\beta = 0.384$，$p < 0.05$），其潮汕方言主观活力评估结果对他们在传媒域中的语言使用情况具有明显的负向影响（$\beta = -0.725$，$p < 0.05$）。这表明第四代华人感知到的印尼语活力水平越高，他们对自我的印尼语水平评价越高，在工作域中偏向使用印尼语；而同时他们感知到的潮汕方言活力更低，在传媒域中会更偏向选择印尼语。

五、讨论

（一）主客观语言活力之间存在双向互动关系

在客观语言活力方面，坤甸潮汕方言在地位影响上存在突出优势，在组织支持度上活力最弱，这种客观情况影响了族群成员对潮汕方言活力的感知。在主观语言活力方面，两代华人均认为坤甸潮汕方言的活力优势体现在地位影响上，活力劣势体现在组织支持度上。而族群成员对语言活力的感知又会促使他们采取行动来调整本族群在群际比较中的地位。第三代华人强调自己的潮汕方言说得比印尼语好，在私人语域中坚持使用潮汕方言，在主观意识上也希望自己的潮汕方言能学到比较好的程度，他们通过这些方式努力提高坤甸潮汕方言的地位。而第四代华人选择印尼语的倾向更加明显，他们认为自己的印尼语水平更好，在许多语域中放弃使用潮汕方言，转向使用印尼语的趋势愈发显著，这也将降低坤甸潮汕方言的客观活力水平。

（二）族群认同度影响着两代华人传承潮汕方言的态度和行动，而族群认同度受到华人成长的社会环境以及代际推移的影响

由于印尼在不同时期所施行的对待华人的政策不同，两代华人成长的社会环境不同，他们对潮汕族群的认同感也不同。面对内外族群活力失衡的现象，与第四代华人相比，第三代华人在语言态度与语言使用情况等方面表现出了更为强烈的族群维护意识。此外，随着华人在坤甸落地生根，他们对祖籍地的情感逐渐变淡，对所在国的归属感不断增强，这也使得潮汕华人对本族群的认同度呈现代际降低的趋势，越来越多的新生代华人缺乏传承潮汕方言的积极态度。不过，第四代华人对潮汕方言所具有的文化和身份象征功能的认同又显示了他们对潮汕族群仍怀有亲近、认同的态度，这也将影响坤甸潮汕方言的传承发展。

（三）坤甸潮汕方言的传承发展既有危机又有机遇

虽然坤甸潮汕方言低于印尼语的活力水平反映了其面临的危机，但华人对潮汕方言的文化价值和族群象征作用的认同又表明了坤甸潮汕方言传承发展仍存在可能。坤甸潮汕方言在人口学因素、地位影响、非正式的组织支持度方面活力水平较高，华人可以通过在家庭内部坚持使用潮汕方言来加强新生代华人的母方言意识，守住坤甸潮汕方言最后的阵地。在社区中，华人可以依托社团开展相关的潮汕方言或潮汕文化宣传活动，在传承潮汕传统文化的同时吸引新生代华人关注潮汕华人社团活动，进而鼓励他们参与其中。此外，华语成为华人语言规划的重点也为潮汕方言的传承提供了机遇，结合潮汕方言与华语在词汇、语法方面的共性来帮助华人学习华语，既可以强化新生代华人对潮汕方言的实用性认识，又可以帮助学生更高效地学习华语，实现华语与潮汕方言的协同发展。总之，全球化给坤甸潮汕方言的传承带来了危机，但在危机之中也存在着文化平等机遇。过去的事件曾使得坤甸潮汕华人被迫放弃自己的母语，却也增强了坤甸潮汕华人的族群意识。在新的历史条件下，华人要对自己的族群身份及文化特点有所了解，守住族群语言、守住族群文化，这也是潮汕文化在海外源远流长的重要根基。

受各种因素的影响，本次调查的两代华人在人数、性别比例等方面并不均衡，且未能结合本体调查探究坤甸潮汕方言在微观上的活力状况，这些问题都有待今后的研究进一步完善。

参考文献

［1］陈佩英．印尼坤甸潮州华人的词汇变迁［J］．潮学研究，2020（1）.

［2］陈晓锦．东南亚潮州话词语的借出与借入［J］．潮学研究，2020（2）.

［3］陈颖．美国华人社区的语言使用与语言认同：以大华府和纽约都会区为例［D］．南京：南京大学，2012.

［4］林伦伦．潮汕方言和泰语的双向借词及其演变发展［J］．民族语文，2006（2）.

［5］马重奇．海上丝绸之路与汉语闽南方言在东南亚一带的传播：新加坡和马来西亚闽南方言音系个案研究［J］．西南民族大学学报（人文社会科学版），2019，40（1）.

［6］迈克尔 A. 豪格，多米尼克·阿布拉姆斯．社会认同过程［M］．高明华，译．北京：中国人民大学出版社，2011.

［7］郑享中．潮州人传统信仰和习俗在印度尼西亚的传承和演化：以西加省坤甸市及其附近地区为例［J］．潮学研究，2020（2）.

［8］BOURHIS R Y, GILES H, ROSENTHAL D. Notes on the construction of a 'subjective vitality questionnaire' for ethnolinguistic groups［J］. Journal of multilingual and multicultural development, 1981, 2（2）.

［9］GILES H, BOURHIS R Y, TAYLOR D M. Towards a theory of language in ethnic group relations［M］//GILES H. Language, ethnicity and intergroup relations. London：Academic Press, 1977.

［10］YAGMUR K. First language attrition among Turkish speakers in Sydney［M］. Tilburg：Tilburg University Press, 1997.

海外华人社区保育与海外华文教育

陈晓锦

一、海外华人社区亟需保育

海外华人社区，无论是为人们所熟知的亚洲马来西亚、印度尼西亚、新加坡、泰国、越南，欧洲英国、法国，非洲毛里求斯，大洋洲澳大利亚，美洲美国、加拿大等国的唐人街；还是不那么引人注目的小国（地区），如亚洲文莱、老挝，欧洲荷兰，非洲（法属）留尼汪、马达加斯加，美洲古巴、巴拿马等的华人社区，都有着沉甸甸的历史。在世界上不同国家的华人社区里，流传的是粤方言、闽方言、客家方言、吴方言、官话方言，还有这些方言承载的社区文化。

五大洲不少国家的老华人社区传承都在一百年甚至是两三百年以上，社区中的汉语方言同样也流传了一百年或两三百年。我们在海外调查汉语方言时，接触过的发音人就有海外第四、五、六代的华人移民。语言是文化的基础，海外华人社区不但仍然流行汉语方言，而且社区里依托在汉语方言之上的方言文化大都依然灿烂。无论是行走在大国的大唐人街，还是小国的小唐人埠，都可以感受到存在于异国他乡的、浓浓的中华文化。

但是万物都会发展变化。远离祖籍地，百年老华人社区也都在与居住国流行的语言和文化的碰撞中慢慢演变。其中，作为社区文化基础的社区流行汉语方言的变化，最应该引起关注。海外年轻一代的华人如今大都不说或较少说祖辈的汉语方言，而改说居住国的主流语言或世界通用语英语，或是在世界范围内正在受到追捧的华语。就算是在一些原本华人比较多、中华文化氛围比较浓厚的国家，也是如此。如今，在国民素有"语言天才"之誉、中老年华人普遍掌握好几种汉语方言的马来西亚，年轻人也少学、少说汉语方言，转而注重华语，而他们的选择也普遍得到了老年华人的认可，因为老年华人也认为在中国崛起的年代，学习华语比学习汉语方言更有前途。在华人占比高达75%的新加坡，因为政府的推动，年青一代更是逐渐抛弃汉语方言，转而专注于学习华语。我们的实地调查表明，这种现象同样发生在欧洲华人社区的年轻人中。

张振兴先生曾说："语言是文化之根。离开了语言，一切的人类文化事实上都可能是不存在的。"① 学习华语值得推崇，但是汉语方言也决不能放弃。海外汉语方言是系连华人和祖籍国之间最亲切、最自然的链条。海外老华人社区都是由当年那些文化水平不高、使用不同汉语方言的穷苦"华工"创立的。美国、加拿大唐人街的创立者是在 19 世纪掘金年代使用台山话的华人，社区呈现的就是粤方言文化。泰国曼谷唐人街耀华力路展示的是创立该社区的广东潮州人的闽方言和潮州文化。马来西亚砂拉越古晋的华人社区是由客家华人创立的，展示的则是客家文化。

汉语方言是海外华人的根，如果放弃了汉语方言，华人社区中以汉语方言为依托的文化也会崩塌。古巴哈瓦那华人社区的现状，就是一个警示。

哈瓦那华人社区鼎盛期人口十几万，自 20 世纪 50 年代中期以来，由于华人的二次移民，以及没有新鲜血液（新华人移民）加入，前些年我们实地调查时，社区中持中国护照的华人（华侨）仅剩 115 人。社区原本流行的汉语粤方言台山话和广州话都已经濒临消失，华人见面只说西班牙语。缺失了汉语方言的支撑，文化赖以生存的语言基础消失，社区原有的华文报社、华语影院、中医药房等机构都早已关闭，甚至社区原有的财产，如房产等，因为得不到维护，也在一点一点流失、一点一点被侵占蚕食，社区的存在岌岌可危。

哈瓦那华人社区的现状说明，维护海外华人社区的文化与维护华人社区的汉语方言息息相关。语言是文化的基础，海外华人社区的保育必须从社区的汉语方言保育做起。除古巴华人社区以外，海外还有一些状况非常不好的华人社区，如印度加尔各答塔坝的客家华人社区就已经从鼎盛时期的五六万人（一说四五万人）锐减至几千人，社区人口的不断减少进一步加快了塔坝客家方言的流失和社区的颓败。在美国这个超级大国，也有诸如俄勒冈州波特兰老唐人街被霸占、华盛顿唐人街被挤占等情况。社区被侵占，还何谈社区流行汉语方言的维护？

其实，无论在海外哪个国家，相对于居住国的主流语言和祖籍地的汉语方言，海外华人社区的汉语方言都是弱势、濒危的，都亟待挽救。多年来，我们一直在竭尽所能地呼吁挽救海外华人社区濒危汉语方言，而海外华人也有学习祖辈使用的汉语方言的意愿，也为维护华人社区的汉语方言作了很多努力。例如：

马来西亚华人张吉安十多年来进行"乡音考古"，为 400 多位长辈记录下了他们记忆中的中国原乡的歌谣、戏曲、谚语和童谣。马来西亚的不少华人团体会举办一些汉语方言的教育活动。前几年，一位广东潮州籍的博士研究生到马来西亚东部地区的孔子学院支教，当地的潮州华人社团就曾请她去教潮州话。

越南胡志明市的客家华人常年聘请来自广东梅州的第一代华人在客家会馆里做客家话指导、开办客家话学习班。

---

① 张振兴. 中国语言研究的两大战略导向 [J]. 语言战略研究，2021，6（3）：1.

新加坡华人林仰忠自 2003 年起在会馆教潮州话。他的学生，除了被父母送来学习的儿童和来怀旧的老年潮籍华人，还有医疗、社区机构的医护人员、社工。林仰忠教小朋友讲日常交流的词汇、辨认各种动物名称和数字，也教方言童谣。对抱着怀旧的心态来上课的潮籍老人，林仰忠则会让他们慢慢拾回被忘掉的潮州话，学习更多的潮学知识。新加坡的一些医院、社区也会不定期组织一些职员、社工来上课，以优化与使用方言的老年人的沟通方式，帮助他们建立良好的就医或养老环境。

泰国曼谷的潮安同乡会举办了泰国的第一个潮州话学习班，他们以用当地华人熟悉的泰文给潮州话标注潮州音等形式来开展教学。当一些年轻华人不解地问"为什么要学潮州话"时，主办者的回答是："学潮州话不要问学来做什么，这就是爷爷奶奶的语言，你有义务学会并传承下去。"

二、面对华人的华文教育应辅以华人的母语教育

华文教育是教育学下属的一门学科，目的是帮助受教育者"熟练掌握汉语听、说、读、写、口译、笔译的能力"，使受教育者"了解中国国情与中华文化"。而多了"海外"二字的海外华文教育，则将这种教育行为限定在海外。

在界定了海外华文教育的性质和范围以后，还应该有对海外华文教育面向什么人，即海外华文教育受众的界定。

我们认为，海外华文教育的受众有两类：非华人和海外华人。

非华人即没有中国血统的外国人。海外华人包括：①持中国护照的华侨；②已加入外籍的华人。也就是说，海外华人包括了从中国移居海外的第一代华人和在海外出生的、有中国血统的华人。海外华文教育必须区分对非华人和海外华人的教育。以往的海外华文教育一般没有认真关注这个问题，而不区别受众的教育方式往往会导致事倍功半，现在是时候认真探讨这个问题了。

面对没有中国血统的非华人的华文教育是把华文作为第二语言的教育，是华文在世界范围内的横向传播，通常可以采用类似国内的英语教育等一般的外语教育模式。这方面，教育界有很多成熟的经验，之前的海外华文教育采用的主要也是这种方式。本文对这种方式不作详细讨论。我们要探讨的是面对海外华人的华文教育。

华语除了汉语共同语普通话，还包括汉语的各种方言。汉语共同语与汉语方言的关系是同一语言系统内的关系。海外不同国家的华人社区通用语，除了居住国的主流语言以外，往往是华人自祖籍地带来的汉语粤方言、闽方言、客家方言、官话方言、吴方言。目前，海外汉语方言的使用者大都是中老年华人，尽管不少年青一代的华人不说、少说汉语方言，但在他们的成长过程中，还是有比较多机会接触汉语方言的。可以说，大多数海外生长的华人初识华语华文，是从接触海外华人社区的汉语方言开始的。

　　因此，面对海外华人的华文教育，不仅是华文在世界范围内的横向传播，而且应该被看作华文在世界范围内的纵向传承，而非完全的第二语言学习。

　　语言学习需要有一个环境氛围。好的环境氛围往往容易使人触类旁通，产生理解、接受新事物的灵感。在学习华语方面，海外华人与非华人本质的区别是，虽然都处于中国以外，但接受教育的非华人对华语的认识往往是从零开始的。而华人的生活背景与非华人存在许多不同之处，海外各国的华人社区、华人的朋友圈、华人的家庭生活等的语言生活，都为华人提供了理解中华文明、中华历史的一定条件。通常情况下，华人对中国历史、中国文化，如对四大名著等的了解和理解，也会比一般非华人深。同时，海外华人社区也为华人提供了学习华语的一定氛围，海外华人也可能从小在自觉与不自觉中接触、学习了不同的汉语方言。这些都是非华人所普遍缺乏的。

　　世界各国华人社区的文化都是建立在社区交际用语——汉语方言之上的，汉语方言教育的缺失，在一定程度上弱化了华人的文化认同；文化认同的弱化，又进一步加速了汉语方言的消失。

　　如今世界各国华人社区的汉语教育大都只是华语教育，但是早期的海外华文教育却是以华人社区通行的汉语方言教育开展的。传统的华校教育就是汉语方言教育，无论是有文字记载的最早的华文学校，即 1690 年在荷属东印度尼西亚巴达维亚（现雅加达）由华侨倡办的"明诚书院"，还是华人在世界各地自办的各类私塾式的课堂，抑或是第二次世界大战之后越南南方华人社区的 400 多所中小学校，海外华人社区华人所办的学堂、学校最初的教学语言都是社区通行的汉语方言。

　　例如，"二战"之后，在当时还被称为"西贡"的越南胡志明市中的 200 多所中小学，教学语言就是粤方言广州话。还有，位于加利福尼亚州旧金山唐人街的美洲中华中学校于 1888 年（清光绪十四年）成立，是美国现存历史最悠久的华文学校。其成立之初也是以当地华人社区中最通行的粤方言台山话为教学语言的，于 1926 年左右改用粤方言广州话教学，直至学校成立一百周年即 1988 年，才开始设立华语教学班，当时学华语的学生并不多。该学校到 2007 年开始停办广州话班，2010 年则全部取消粤方言教学。现在，学校的全部教学用语都改成了华语普通话。当年，如果一个国家的华人社区流行多种汉语方言，那么由社区使用不同汉语方言的华人举办的学堂、学校就可能使用不同的汉语方言教学。例如，马来西亚东马砂拉越诗巫华人社区通行闽方言闽东话，以前诗巫华校的教学语言就曾是闽东方言；古晋华人社区流行客家方言，以前古晋华校的教学语言就曾是客家话；吉隆坡流行粤方言广州话，当地华校最早的教学语言就是粤方言。

　　如同美国旧金山美洲中华中学校，海外各国的华文学校目前的教学语言都从汉语方言转为了华语。当前，全面重启海外华校的汉语方言教育既不现实也没有必要。在全球华语热的大趋势下，持续努力促进华语教育不断发展是我们的责任，但维护华人社区的汉语方言也刻不容缓，因为华人社区的文化有赖于社区汉语方言的支撑。在国家挽救濒危方言的力度目前还无法惠及海外华人社区汉语方言时，除了海外华人的自救，语言学工作者也必须努力。我们必须广开思路，努力调查记录华人社区的汉语方言，把宝贵的方言资源记录、保留下来，在进一步推广华语的同时，努力维护华人社区的汉语方言。

汉语方言既是大多数华人从小接触、接受、学会的语言，也是海外华人社区文化依附的基础，面对华人的华文教育，就应该包含社区汉语方言教育。维护华人社区文化，从社区汉语方言保育做起。

面向海外华人的华文教育从华人比较熟悉的汉语方言入手，比从一开始就要华人由居住国主流语言、汉语方言直接转换到华语，可能更加容易让人接受。但也正因为海外华人是在华人社区不同的汉语方言和方言文化的浸润下成长的，他们在学习华文的路上，除了有可能比非华人更容易入门、更容易掌握语言的运用以外，也更可能受到不同汉语方言的影响，增添了额外的学习困难。这是海外华文教育者必须正视的问题。

我们可以利用在海外逐渐增多的孔子学院和孔子课堂的力量维护海外华人社区的汉语方言和方言文化。

据统计，截至 2020 年底，全球共有 180 多个国家和地区开展中文教育，70 多个国家将中文纳入国民教育体系，国外正在学习中文的人数超过 2 000 万，累计学习和使用中文的人数接近两亿。到 2020 年，五大洲共有 162 个国家和地区设立了 540 所孔子学院和 1 154 个孔子课堂。假如孔子学院和孔子课堂在推动汉语传播的同时，也开设一些维护社区汉语方言的教学活动，那将是海外华人社区的大幸、海外华人社区汉语方言的大幸。

在现阶段，需要充分利用遍布五大洲的孔子学院和孔子课堂的师资力量开展华人社区流行的汉语方言教学，以促进社区的汉语方言的保育。针对不同国家华人社区所流行的汉语方言的具体情况，在孔子学院懂得汉语方言的教师中选择合适的人选，然后在以普通话为主的教学中适当掺入有关社区流行的汉语方言教学，开设具有特色的海外汉语方言课程，挖掘海外华人社区的方言文化资源，这样的做法是具有可行性的。这不啻是目前一个促进海外华人社区汉语方言发展和文化保育的有效办法，而且会在激发华人学习祖辈汉语方言的热情上起到一定的作用。

海外华文教育和海外华人社区保育，看似互不相干，实际上是息息相关的。推广汉语普通话和教学汉语方言，应该都是孔子学院的职责，维护海外华人社区汉语方言，也定能起到促进华人学习华文的作用。孔子学院应该依托现有的教学平台，在主要进行普通话教学的前提下，依据海外华人社区的实际，适当地开展一些汉语方言的教学活动。相信孔子学院的汉语方言教学能够充分整合海外华人社区传播汉语方言的力量和海外华文教育的力量，在扩大汉语国际教育影响力的同时，也能够有效地起到挽救海外华人社区汉语方言、维护海外华人社区文化的作用。

三、关于孔子学院开展汉语方言教学活动的几点建议

上文谈到，面对华人的华文教育应辅以华人的母语教育。针对目前海外汉语方言在华人社区的状况，我们依据孔子学院的教学条件和教学特点，对孔子学院在主要推广华文教育的前提下开展海外汉语方言教学活动提出一些参考性的建议。

第一，孔子学院应该根据海外华人社区的实际情况进行汉语方言教学。由于世界五大洲不同国家的华人社区通行的汉语方言各不相同，在进行海外汉语方言教学时，注意依据当地华人社区汉语方言使用的具体情况，因地制宜地制定相应的教学内容。

例如，美国、加拿大华人社区主要通行粤方言广州话和台山话，在开展汉语方言教学活动时，就应该首先开展广州话和台山话的教学；新加坡、菲律宾的华人社区主要通行福建闽南话，应该首先开展福建闽南话教学；泰国、柬埔寨的华人社区主要使用广东潮州话，应该首先开展潮州话教学；毛里求斯、巴拿马的华人社区主要通行客家方言，应该首先开展客家话的教学；意大利华人社区主要通行吴方言温州话，应该首先开展温州话的教学；中亚乌兹别克斯坦、塔吉克斯坦、吉尔吉斯斯坦华人社区通行东干语，应该开展西北官话东干语的教学。

海外不少华人社区流行不止一种汉语方言。在关注了社区内流行的强势方言之后，在有条件的地方也应该进一步开展社区内流行的其他汉语方言的教学。例如，在马来西亚就不仅应有福建闽南话、福建闽东话、广东闽方言潮州话、广东粤方言广州话的教学，还应有客家方言等的教学。在文莱首都斯里巴加湾应有福建小金门话的教学，在产油区马来奕则应有广东揭西客家话的教学。在非洲（法属）留尼汪的首府圣但尼应该开展粤方言的教学，而在当地南部的旅游区圣皮埃尔则应开展客家方言的教学。

只有因地制宜地开展相应的教学活动，才能够满足不同华人学习汉语方言的需求，起到促进海外汉语方言传承与传播、促进华文教育发展、维护华人社区文化保育的作用。

第二，事物都是相辅相成的。俗话说"先入为主"，从小形成的语言习惯，要改正并非易事，假如华文教育者能事先了解华人学习者的汉语方言背景，在教学时有的放矢，那么学习者就会少走一些弯路。

祖辈使用汉语方言的华人学习华语时会受到方言使用习惯的影响。故华人掌握一些基本的汉语方言知识，在了解自己母语基本特点的同时，也能更好地学习华语。例如，在华语语音教学中，如果使用闽南话的华人明白自己的母语中缺少唇齿清擦音［f］声母，使用客家方言的华人知道自己的母语中没有撮口呼［y］韵母，说闽、粤、客、吴方言的华人了解自己的方言中平舌音、翘舌音不分，他们在华语学习中就会注意去克服这些缺陷。而华文教育者在掌握学习者方言背景的情况下，也能够有针对性地展开教学。这样教学相长，既维护了华人社区的汉语方言，也促进了华语的教学与学习。

第三，孔子学院在开展汉语方言教学时应该融合海外华人社区的文化特色。语言是文化的载体，语言的使用与文化内容息息相关。我们在对外国人进行汉语教学时，往往会采用介绍中国传统文化和传统习俗等辅助方式；孔子学院也常常把书法、剪纸、茶文化、节日风俗等中国传统文化融入语言教学里。目前，大多数海外华人社区都保留了相对完整的中国祖籍地传统文化。孔子学院在开展汉语方言教学时，若能把海外华人社区具有重要特色的文化活动融入其中，那么发生在身边的鲜活的文化现象定会在一定程度上有助于海外华人理解中华文化的具体含义，也能够提高华人学习汉语方言和华语的热情。

例如，在流行粤方言的华人社区，可以让学习者了解、感知社区的粤菜文化、醒狮文化、粤剧文化，并对比海外和中国国内的粤菜文化、醒狮文化和粤剧文化等的异同；在流行潮州方言的华人社区，可以让学习者了解、感知社区的潮菜文化、工夫茶文化、潮剧文化，并对比海外和中国国内的潮菜文化、工夫茶文化、潮剧文化的异同。假如所在的华人社区不止流行一种汉语方言和方言文化，则可以对比不同的汉语方言和方言文化，让学习者在比较中感受它们的特点与差异，感受由不同的地域文化构成的中华文化的博大精深。

第四，关于方言教育师资力量的培育，现阶段，孔子学院可以先从自身的教师队伍中组织、培训海外汉语方言教学的师资力量。

孔子学院的教师来自国内不同的汉语方言区，不少教师的母语背景为汉语方言。这些教师既能够说流畅的汉语普通话，也会说汉语方言，还拥有海外华语教学的实践经验，是开展海外汉语方言教学的首要力量。懂得汉语方言的华文教师能够同时满足教导华人学习汉语普通话和汉语方言的基本需求。初期，在懂得汉语方言的孔子学院教师中选拔人才，建立起最初的汉语方言教学师资队伍，亦不失为一个有效的办法。可在汉语方言教学活动具有一定规模以后，招收更加专业的海外汉语方言教师，逐步加强海外汉语方言教学的队伍。

相信孔子学院在华语教学之余开展可行的汉语方言教学的举措，以及海外华人社区传播汉语方言的民间力量，定能促进海外华人社区的汉语方言保育、方言文化保育和华文教育的共同进步。

参考文献

［1］陈晓锦，庄晓茹. 孔子学院应该开展汉语方言教学［M］//刘新中. 南方语言学：第 19 辑. 广州：世界图书出版广东有限公司，2022.

［2］郭熙. 论祖语与祖语传承［J］. 语言战略研究，2017，2（3）.

［3］郭熙. 华语与华语传承研究再出发［J］. 语言战略研究，2021，6（4）.

黄谦的《汇音妙悟》与梅膺祚的《字汇》

王建设

清代黄谦所编撰的泉州地方韵书《汇音妙悟》在闽南一带影响很大，系闽南各地韵书的蓝本，对于研究两百年来泉州方言语音及词汇的变化、发展具有重要的参考价值。《汇音妙悟》问世后，广受欢迎，民间不断翻刻，流传至今的版本多达数十种。由于辗转翻刻，很多版本质量非常低劣，令人难以卒读。黄典诚曾经在《泉州〈汇音妙悟〉述评》中"提出一个骇人听闻的问题"："《汇音》已经濒于'银钩创阅，晋豕成群'〔语见（唐）长孙讷言《切韵笺注序》〕，几乎不能翻检使用的地步了，如果不迅速加以整理，便将削弱其作用与影响。"①

2008 年受泉州地方典籍《泉州文库》整理出版委员会的委托，我接受了校订《汇音妙悟》的任务。然而，在最初的五六年中，我除了搜集到七八个不同版本的《汇音妙悟》、做了一些表格设计等基础工作外，对校订工作几乎一筹莫展：一来是因为教学、行政工作比较繁忙，无法集中精力研究；二来是因为《汇音妙悟》中的冷僻字词太多，造字、查找费时费神，工作量极大；三来是因为《汇音妙悟》虽然版本多，但差错比比皆是，就是质量稍微好一些的《新镌汇音妙悟全集》（即大版式《汇音妙悟》，曾栋老先生所赠），也同样问题多多，这成了校订过程中最大的拦路虎。

2015 年，我退休后，终于能够潜下心来着手《汇音妙悟》的校订工作。校订工作进行几年后，我偶然注意到黄谦在《汇音妙悟·自序并例言》末尾提到："《字类》因字寻音，是编因音寻字，随字注解，一览了然。虽粗识字义者，亦为有用，即以当一小本'字类补'，无不可也。"（《字类》，即梅膺祚《字汇》，明代流行极广的一部按部首编排的字书。）根据作者的提示，我将《汇音妙悟》与《字汇》认真地进行了比对，发现《字汇》对《汇音妙悟》的编写影响非常大，甚至可以断言，《字汇》就是黄谦编撰《汇音妙悟》时最重要的参考书。我粗疏地统计了一下，《汇音妙悟》从春韵到花韵，四韵中词条的音、形、义与《字汇》密切相关的已多达四十几条（因篇幅所限，这里不一一列出）。此发现帮我解决了许许多多的难题，也大大加速了校订进程。我终于在

---

① 黄典诚. 泉州《汇音妙悟》述评 [J]. 泉州文史，1980（2-3）：97-106.

2022 年初完成了《汇音妙悟校注新编》的全稿，该书已于 2023 年 4 月由商务印书馆正式出版。

下面分别举例说明。

一、《字汇》有助于判正误

春韵求母上去 晫[日光也]：《字汇》："古钝切，昆去声。日光也。"［按］"晫[日光也]"，道光本、文德堂本、会文书庄本、市图善本误作"暗[目老也]"，廖新校增本误作"暽[目大也]"，大版式本漫漶不清。

春韵气母上入 矻[~穷极也]：《字汇》："苦骨切，音窟。矻矻，劳极也。"［《广韵》：苦骨切，入没，溪。］参见"矻矻"。矻矻，勤劳不懈貌。《汉书·王褒传》："器用利，则用力少而就效众。故工人之用钝器也，劳筋苦骨，终日矻矻。"（唐）颜师古注："应劭曰：'劳极貌。'如淳曰：'健作貌。'如说是也。"［按］诸本原注"~：穷极也"实为"~~：劳极也"之误，廖新校增本则误改作"~穷"。

春韵边母下上 笨[竹里；又粗率也]：《字汇》："布衮切，音本。竹里。〇又步闷切，盆去声。粗率也。"［《广韵》：蒲本切，上混，并。］①指竹中内层白色薄皮。《说文·竹部》："笨，竹里也。"（南唐）徐锴《系传》："（笨）竹白也。"（清）段玉裁注："谓其内质白也。又有白如纸者，《吴都赋》注谓之竹孚俞。"②愚鲁；不聪明。《宋书·王微传》："小儿时尤粗笨无好，常从博士读小小章句，竟无可得。"［按］原注"竹里"，诸本皆误衍为"竹里贮物"。

春韵气母下入 屈[尽也]：《字汇》："屈……〇又渠勿切，音倔。尽也；竭也。《汉志》：'天下大屈。'贾谊曰：'日用之无度，则物力必屈。'"《孙子·作战》："攻城则力屈。"《汉书·食货志上》："生之有时，而用之亡度，则物力必屈。"（唐）颜师古曰："屈，尽也。"［按］"屈[尽也]"，樋口新编本、大版式本误作"倔[尽也]"（此误应源于《字汇》的释义"音倔。尽也"），廖新校增本误改作"局[~促也]"，其余诸本均作"局[尽也]"，音、形、义皆误。

春韵他母上入 悴[~忽；不怅]：《字汇》："他骨切，音秃。与'悴'同。悴忽，不怅。"［按］原注"不怅"，道光本、文德堂本、会文书庄本、市图善本、廖新校增本皆误作"不张"。

春韵争母上平 僎[遵也]：［《广韵》：将伦切，平谆，精。］通"遵"。赞礼。即典礼饮宴时辅佐主人行仪节的人。《礼记·少仪》："介爵、酢爵、僎爵，皆居右。"（汉）郑玄注："古文《礼》'僎'作'遵'，遵为乡人为卿大夫来观礼者。"《字汇》："租昆切，音遵。《乡饮酒礼》辅主人者。或作'遵'，为其降席而遵法者。"［按］原注"遵也"，道光本、会文书庄本误作"道也"，大版式本漫漶不清，樋口新编本作"遵法"，"法"疑为衍字。

春韵时母下平 徇[以身从物]：《字汇》："松闰切，音殉。《说文》：'行示也。'……又自衒名行也；又以身从物曰徇。与'殉'同。"［按］原注"以身从物"，除樋口新编本外，其余诸本均作"以身从"。

春韵文母下入 歿[手也]：《集韵》："莫勃切。《说文》：'入水有所取也。从又在回下……回，渊水也。'"《字汇》："莫勃切，音没。入水有所取也。○《说文》：'从又在回下。'又，手也。"［按］除廖新校增本注作"同上"（"上"指"没"字）正确外，其余诸本原注均为"手也"，误。"歿"即"叟"，实同"没"。

香韵时母上平 蔏[~蔏;常山]：《字汇》："尸羊切，音商。蔏蔏，药也，根曰常山。"［按］原注"常山"应为"根曰常山"的误省（诸本皆误）。

二、因《字汇》而导致音误

春韵他母上平 悈[忽也]：《集韵》："他骨切。《说文》：'肆也。'"《字汇》："他骨切，吞入声。肆也；忽也。"［按］声、韵、调皆不合，应归他母上入（见下）。疑因《字汇》注音所用"吞"字而误。原注"忽也"，樋口新编本、道光本误作"怱也"。

春韵语母上入 伔[鵬~;不安]：《集韵》："五忽切。《博雅》：'危也。'"《字汇》："五忽切，音兀。鵬伔，不安。"［按］调不合，应归下入。

春韵争母下入 烾[烟出貌]：《字汇》："直律切，音术。《广韵》：'烟出貌。'"［按］声不合，应归地母（因《字汇》同音字"术"而致误）。（注：《字汇》音系以《洪武正韵》为主，知照混，彻穿混，澄床混。）

春韵英母下去 顐[秃也]：《字汇》："胡困切，魂去声。秃也。"［按］声不合，应归喜母。

春韵英母下去 儠[戏也]：《字汇》："胡困切，魂去声。戏也。"［按］声不合，应归喜母。

春韵出母上平 輴[载柩车]：［《广韵》：丑伦切，平谆，彻。］古代载柩车。《礼记·丧大记》："君殡用輴，欑至于上，毕涂屋。"《字汇》："枢伦切，音春。载柩车。"［按］声不合，应归他母。因《字汇》注音而误。（注：《字汇》音系以《洪武正韵》为主，知照混，彻穿混，澄床混。）

春韵出母上平 鷻[鶞~]：《集韵》："敕伦切。鸟名。《尔雅》：'春鳸，鴩鷻。'"［《广韵》：丑伦切，平谆，彻。］鴩鷻，亦作"鴩盾"，亦作"分循"。春鳸的别称，一种候鸟。参见"鴩鷻"。《字汇》："枢均切，音春。春鳸，名鴩鷻。"［按］声不合，应归他母。因《字汇》注音而误。

春韵出母上平 橁[木名]：［《集韵》：敕伦切，平谆，彻。］木名。即香椿。《左传·襄公十八年》："孟庄子斩其橁以为公琴。"（晋）杜预注："橁，木名。"《字汇》："枢均切，音春。木名。"［按］声不合，应归他母。因《字汇》注音而误。

春韵出母上平 櫄〔木名〕：同“杶”“橁”或“椿”。椿，[《广韵》：丑伦切，平谆，彻。] 亦作“櫄”。椿树，通称“香椿”。《太平御览》卷九六一引《左传·襄公十八年》：“孟庄子斩其椿以为公琴。”《字汇》：“枢伦切，音春。木似樗而可为弓干。《禹贡》所谓‘杶’也。”今本《左传》作“橁”。[按] 声不合，应归他母。因《字汇》注音而误。

朝韵柳母上去 炓〔火光也〕：[《广韵》：力吊切，去啸，来。] 火光貌；火光。[按] 调不合，应归下去。

朝韵柳母上去 尞〔祡祭天也〕：《字汇》：“力吊切，音料。祡祭天也。”[按] 调不合，应归下去。

朝韵求母下去 彴〔行也〕：《字汇》：“巨小切，音叫。行也。”[按] 调不合，应归下上。

朝韵争母上平 嘲〔言相调也〕：[《广韵》：陟交切，平肴，知。] 嘲笑；讥笑。（汉）扬雄《解嘲》：“今子乃以鸱枭而笑凤皇，执蝘蜓而嘲龟龙，不亦病乎?”《字汇》：“陟交切，爪平声。言相调也。”该字今泉读 [꜀tiau]。[按] 声不合，应归地母郊韵。因《字汇》同音字而误。

飞韵地母上平 隹〔鸟短尾之总名〕：[《广韵》：职追切，平脂，章。] 短尾鸟。《说文·隹部》：“隹，鸟之短尾总名也。”《字汇》：“朱惟切，音追。鸟之短尾总名。”[按] 声不合，应归争母。因《字汇》注音而误。

飞韵地母上上 捶〔以杖击也〕：《集韵》：“主縈切。《说文》：‘以杖击也。’”《字汇》：“之蘂切，追上声。《说文》：‘以杖击也。’”[按] 声不合，应归争母，因《字汇》同音字而误。

飞韵地母上上 䮔：同“騹”。《字汇》：“之垒切，追上声。马小；重骑也。”[按] 声不合，应归争母，因《字汇》同音字而误。

花韵争母上入 䶥〔满口也〕：《集韵》：“张滑切。《说文》：‘口满食。’”《字汇》：“张滑切，音札。口满食……丁滑切，挞入声。口满食。”[按] 声不合，应归地母，因《字汇》同音字而误。

花韵争母上入 窭〔面短也〕：《集韵》：“张刮切。面短貌。”《字汇》：“丁滑切，挞入声。短面也。”[按] 声不合，应归地母，声母因《字汇》同音字而误。樋口新编本“窭”误归下入。

花韵争母上入 窡〔穴中见也〕：《集韵》：“张滑切。《说文》：‘穴中见也。’”《字汇》：“丁滑切，挞入声。穴中见也。”[按] 声不合，应归地母，声母因《字汇》同音字而误。

香韵求母上平 卭〔病也〕：[《字汇》：其凶切。] 同“邛”。毛病；弊病。《诗·小雅·巧言》：“匪其止共，维王之卭。”（汉）郑玄笺：“卭，病也。”[按] 调不合，应归下平。

三韵出母上去 赚[重卖也;又错也]：《集韵》："直陷切。《广雅》：'卖也。'一曰市物失实。"[《集韵》：直陷切，去陷，澄。]误；贻误。（宋）徐铉《稽神录拾遗·教坊乐人子》："讶，赚矣！此辟谷药也。"《字汇》："床陷切，音暂。重卖也；又错也。"[按]声不合，应归地母。因《字汇》注音而误。

秋韵争母上平 啁[~嘈;小鸟声]：[《广韵》：张流切，平尤，知。]啁嘈，象声词。鸟虫鸣声。《荀子·礼论》："小者是燕爵，犹有啁嘈之顷焉，然后能去之。"梁启雄简释："啁嘈，小鸟鸣也。"《字汇》："职流切，音周。啁，唯小鸟群沸急迫之声。"[按]声不合，应归地母。因《字汇》同音字"周"而误。

秋韵争母上平 辀[车前曲木]：[《广韵》：张流切，平尤，知。]车辕。用于大车上的称"辕"，用于兵车、田车、乘车上的称"辀"。《左传·隐公十一年》："公孙阏与颍考叔争车，颍考叔挟辀以走。"（晋）杜预注："辀，车辕也。"《字汇》："职流切，音周。车前曲木。"[按]声不合，应归地母。原注"车前曲木"源自《字汇》。

秋韵争母上平 诪[~张;诳也]：[《广韵》：张流切，平尤，知。]欺诳。（南梁）刘勰《文心雕龙·程器》："潘岳诡诪于愍怀，陆机倾仄于贾、郭。"《字汇》："诪，职尤切，音舟。诪张，诳也。"[按]声不合，应归地母。因《字汇》而误。

秋韵争母上平 调[~饥]：[《广韵》：张流切，平尤，知。]朝；早晨。《广韵·平尤》："调，朝也。"调饥，朝饥，早上没吃东西时的饥饿状态，形容渴慕的心情。《诗·周南·汝坟》："未见君子，惄如调饥。"毛传："调，朝也。"（汉）郑玄笺："未见君子之时，如朝饥之思食。"《字汇》："调，职流切，音周。重也，与'辀'同。"《诗·周南》："惄如调饥。"[按]声不合，应归地母。因《字汇》而误。

秋韵争母上平 鷙[引击也]：[《广韵》：张流切，平尤，知。]投掷；引击。章炳麟《新方言·释言》："今语自远引而击之亦曰'鷙'，俗作'丢'。山东、辽东谓搒掠捶击曰'鷙'，乃正作张流切，而稍变为去声。"《字汇》："鷙，职流切，音周。《说文》：'引击也。'"[按]声不合，应归地母。因《字汇》而误。

三、因《字汇》而导致义误

朝韵普母上平 麃[舞貌;耘也]：《集韵》："悲娇切。麃麃，武貌。"《字汇》："卑遥切，音标。舞貌。《诗·郑风》：'驷介麃麃。'又耘也。"[按]声不合，应归边母。原注"舞貌"，应作"武貌"，因《字汇》而误。

朝韵地母下上 晛[嘹田中穴]：《集韵》："徒了切……一曰嘹田中穴。"嘹，[《广韵》：力求切，平尤，来。]火耕。《说文·田部》："嘹，烧穜也。"（清）段玉裁注："谓焚其草木而下种，盖治山田之法为然。"《字汇》："徒了切，条上声。田中穴。"[按]原注诸本均作"田中穴"，缺"嘹"，疑因《字汇》而误。

生韵时母上平 狌[鼠属]：［《广韵》：所庚切，平庚，生。］同"鼪"，俗称"黄鼠狼"。《庄子·秋水》："骐骥骅骝，一日而驰千里，捕鼠不如狸狌，言殊技也。"《集韵》："息正切。鼠属。《庄子》'捕鼠不如狸狌'或从鼠。"《字汇》："师庚切，音生。猫属。"［按］原注"鼠属"，樋口新编本、大版式本、道光本、文德堂本、市图善本误作"猫属"，会文书庄本误作"猫名"。此误源自《字汇》。

四、因苟省《字汇》释义而导致义误

香韵出母上上 耸[耳高]：《字汇》："'聳'本字。《六书正讹》：'耳聋曰耸。'又借为高。"［按］声不合，应归时母。传统辞书查无"耳高"义，疑为"耳聋曰耸。又借为高"之误省。

东韵求母上入 牿[闲牛马]：《集韵》："姑沃切。《说文》：'牛马牢也。'"《字汇》："古禄切，音谷。闲牧牛马也。"［按］"闲牛马"应为"闲牧牛马"之误。大版式本误作"闲土马"，道光本、会文书庄本、廖新校增本误作"闲也马～"，文德堂本、市图善本误作"闲也～马～"。

东韵喜母上平 风[大块之噫气；又声教也；又～俗]：《字汇》："方中切，音锋。大块之噫气，王者之声教也。又风俗。"［按］"又声教也"应为"王者之声教也"之苟省。原注"大块之噫气"，大版式本、道光本、文德堂本、会文书庄本、市图善本误作"大块之意气"；"又声教也；又～俗"，廖新校增本改作"又去声，教也；又～俗"，不确。

上面所列只是部分例子，但已足以看出《汇音妙悟》与《字汇》二者之间的密切关系。

参考文献

［1］黄谦．新镌汇音妙悟全集［M］．（刊刻年代不详，藏泉州市图书馆）．

［2］黄谦．增补汇音妙悟［M］．薰园（薰园）藏版，道光辛卯年（1831）．

［3］黄谦．增补汇音妙悟［M］．文德堂木刻本，光绪甲午年（1894）．

［4］黄谦．增补汇音妙悟［M］．厦门会文书庄薰园藏版石印本，光绪乙巳年（1905）．

［5］廖木能．新校增汇音妙悟［M］．北京：中国文史出版社，2015．

［6］梅膺祚．字汇［M］．华国堂刻本，万历四十三年（1615）．

［7］樋口靖．新编拟音对照汇音妙悟［M］．台北：台湾语言与语文教育研究所，2007．

《辟邪归正（客话）》写作的方言点与年代[*]

钟 奇

一、引言

韩国人郑安德从法国国家图书馆和梵蒂冈教廷图书馆搜集资料，于 2000 年编成《明末清初耶稣会思想文献汇编》（五卷本），由北京大学宗教研究所出版。其中第四卷第五十四册收客家方言文献《辟邪归正（客话）》，作者不详。

书中说原底本藏在荷兰莱顿大学汉学研究所图书馆（Sinologische Instituut Leiden）。我们在莱顿大学图书馆网站（https：//www. library. universiteitleiden. nl/）搜"辟邪归正"，得书名《辟邪归正（客话）》、*Pixie gui zheng（Kehua）*、*Phit sya kui tsin*，后两者分别为汉语拼音、客家话罗马字拼法。出版日期为 19 – –，年份的最后两位数是两短横，即具体年份不详。全书共三卷 68 节，每节一问一答；竖排，300 页整，3 万多字；繁体，仅极少数用罗马字。

该书真如郑安德所言是明末清初就出现的客家方言文本吗？它具体是哪种客家方言？以下我们将从词、字来作推断。在此特别感谢在荷兰莱顿大学访学的暨南大学中文系教授张家梅帮忙扫描《辟邪归正（客话）》。

二、写作方言

推断写作方言，可从用词入手。用于对比的书有三：李如龙、张双庆《客赣方言调查报告》（1992），罗美珍、林立芳、饶长溶等《客家话通用词典》（2004），庄初升、黄婷婷《19 世纪香港新界的客家方言》（2014）。《辟邪归正（客话）》原书只有"、"一种标点，字作繁体或异体，今如实录上。例词、例句后的大括号中的内容为注释。以

* 本论文属广东省普通高校人文社会科学重点研究基地暨南大学汉语方言研究中心自设项目"汉语方言专名专音现象比较研究"（编号：21JNZS15）和暨南高峰论坛项目"长沙话专名专音现象比较研究"（编号：22JNWK08）成果。

下分析中有的地名有数字下标是因为用于对比的三本书中部分方言点相同，如新界$_2$和梅县$_2$材料分别来自庄初升、黄婷婷（2014）及罗美珍、林立芳、饶长溶等（2004）。

1. 樣邊｛怎么｝、樣邊樣｛怎么｝

《辟邪归正（客话）》例：

（1）請問上帝兩隻字係樣邊解呢（节1）｛隻：个。係：是｝

（2）上帝樣邊話得佢係無所不知、無所不能、又全備慈善嘅呢（节2）｛話：说。佢：他。嘅：的｝

（3）真神上帝、既然全備盡善、樣邊講世界上、還有惡心嘅人呢（节3）

（4）雖然燒就南山嘅竹、也唔可以使灰變成錢銀、咁樣看起來、樣邊還用得倒呢（节15）

（5）等到耶穌翻生上天、吩咐門徒傳揚翻生嘅證據、門生就被人打罵害迫、設使唔係親見確實、樣邊樣還有咁堅心來做證呢（节28）｛翻生：复活。害迫：迫害。咁：这么｝

"樣邊"与连山（ŋioŋ⁵ piɛn¹）、新界$_2$［嚷邊（子）nyoǹ⁴ pen¹（tṣ¹）］吻合，与清溪（两边 liɔŋ³ pen¹）、梅县$_2$（ŋioŋ⁵ ŋe²、ŋioŋ⁵ pan¹）接近但稍有偏离；"樣邊樣"与惠东（ŋioŋ⁵ pen¹ ioŋ⁵）吻合（李如龙、张双庆，1992；罗美珍、林立芳、饶长溶等，2004；庄初升、黄婷婷，2014）。"樣邊樣"在书中仅有1例。

2. 满下｛都｝

（6）或者善、或者惡、各人心肝藏緊嘅念頭、滿下都明白（节2）｛緊：着｝

（7）堯、舜、禹、湯、文、武、滿下做帝王、桀紂幽厲、也滿下做帝王、但係堯、舜、禹、湯、文、武所講嘅說話、所做嘅事、滿下係善（节9）

（8）明道先生有咁樣話、天下嘅賢人、滿下係上帝嘅臣子（节10）｛咁樣：这样｝

（9）聖賢唔曾講嘅理、耶穌滿下也講明（节26）

"滿下"只与新界$_2$［滿吓（man¹ ha⁴）］吻合，与其他方言不合（李如龙、张双庆，1992；庄初升、黄婷婷，2014）。

3. 湯｛宰杀｝

（10）父母在生當時、佢就薄待佢、父母死後、翻下轉就厚待佢、湯等豬羊來獻祭（节17）｛翻下轉：反而｝

"宰杀"义的"湯"全书只此 1 例。

"湯"与翁源（盪 tʰong¹）、连南（盪 tʰong¹）、西河（盪 tʰong¹）、陆川（盪 tʰong¹）、曲江（劏 tʰɔng¹）、连山（tʰong¹）、新界₁（盪 tʰɔng¹）、新界₂（劏 tʰoǹ¹）相同（李如龙、张双庆，1992；罗美珍、林立芳、饶长溶等，2004；庄初升、黄婷婷，2014）。

4. 開 {表"消失"义的唯补词；完成体标记}

表"消失"义的唯补词"開"，可译为"掉""了"：

（11）將儒教該等讀書人殺死埋開佢（节 9）
（12）元世祖遵從釋教、也禁道教、燒開道教嘅書（节 9）
（13）貪心又行姦淫、冇開自家良心（节 11）{冇：没}
（14）照咁樣來講、立生人做尸、係錯亂人倫、故所以愛改開佢（节 14）{愛：要}

它也可作完成体标记，如：

（15）其意思即係話、吾唔係出開世乜嘅都曉、係勤力好學正知嘅（节 12）{乜嘅：什么。曉：知道。勤力：努力。正：才}
（16）但係父母死後、入開殮當時、做子女應當愛在側邊、來表明哀切嘅孝心（节 18）
（17）雖然跪到爾膝頭腫開、佢也唔曉回答汝（节 18）
（18）若使爾父母在世當時、其靈魂在本身、佢係睡開、汝也必定唔拜佢（节 18）{唔：不}

"開"的用法与惠东（hoi¹）、西河（hoi¹）、新界₂（hoi¹）吻合（李如龙、张双庆，1992；罗美珍、林立芳、饶长溶等，2004；庄初升、黄婷婷，2014）。

从以上例词可知，《辟邪归正（客话）》的写作方言是香港新界客家话。

三、写作年代

推断写作年代，主要可从用字入手。

（一）与粤方言相同的方言字

《辟邪归正（客话）》受粤方言影响极大，至少有 15 个与通语不同但与粤方言相同的方言字。

1. 唔 {不} (比较：唔 [m^{11}]$_{广}$①)

(19) 上帝兩隻字、唔係天、唔係地、唔係理、唔係道、唔係氣、唔係性、唔係人、唔係物件、也唔係鬼神、係造天地與人、又造萬物嘅大主宰、係天下萬人嘅天亞爸、係萬王个王（节1）{亞爸：爸爸}

(20) 上帝從冇中造倒天地萬物、唔用材料、唔使心力、唔使揀日子時辰、喊佢有就有、喊佢成就、就成就、喊佢生就生、喊佢死、即時就死、故所以佢係無所不能（节2）{倒：了。使：用}

(21) 譬如桀紂所講嘅說話、所做嘅事、滿下殘害子民、這咁唔好嘅帝王、做子民、嗜時可以學其樣嗎（节9）{嗜時：难道}

(22) 設使父母冇好行為、做子女儕、就唔學其樣、這係虞帝舜帝盡孝順嘅本分、想傳孝順嘅道理（节17）{冇：没有。儕：者，表人后缀}

2. 嘅 {的：结构助词或语气助词}（比较：嘅 [kɛ^{33}]$_{广}$）
全书作助词者750例（另有69例在"乜嘅"中），如：

(23) 做人子孫儕、設倒春天與秋天、兩擺獻祭、来表明子孫嘅孝心、實在報本追遠嘅道理、嗜時可以廢開佢嗎（节17）{設倒：如果}

(24) 樣邊講自夏朝到今下、換開二十幾朝、封神嘅事、唔單止明白嘅人知其係假、就係有多少智慧嘅人、也都唔肯信（节43）{今下：现在。唔單止：不单止}

(25) 唔用三牲果品元寶香燭樣事、因為神係至富有嘅、因為神唔居住人手所造嘅屋、天做其座位、地做踏腳凳嘅（节35）

(26) 真神上帝、造人五臟六腑、筋骨皮毛、四肢百骸、自天子至到人民、大抵同樣、多少分別嘅、不過肥瘦黑白唔止（节40）{唔止：而已}

或写"該"，只有10例，如：

(27) 慎終兩隻字該意思、即係話父母臨死該當時、做子女儕應該儘自家嘅本分、時常在父母該左右、盡心盡力来服事佢、幫助佢、安慰佢、使佢安樂來去世（节13）

(28) 甚至到有等將父母該屍骸裝落棺材肚裏去、在屋家停三兩年也有、停十年幾載也有、以為係出奇嘅貨物嗒、等有好價錢來賣、做乜嘅有咁殘忍嘅心呢（节37）{肚裏：里面。屋家：家}

---

① 带下标"广"的字为广州话用字，后同。

（29）孟子有話、遊手好閒、好賭博、好打酒醉、戀慕錢財、私心妻子、任自家該耳朵來聽淫聲、任自已嘅眼來看淫色、好與人爭鬥、這咁多就係唔孝順（节64）

例（27）到例（29）中，邻句、平行句同时出现"該""嘅"。或写"个"，仅1例，见例（19）。

3. 咁（比较：噉［kɐm³⁵］广/咁［kɐm³³］广）

"咁""咁樣"指方式，义为"这/那样"。其中"咁"又指程度，义为"这/那么"，指方式、程度无差别。"咁"指方式的用例全书仅1个：

（30）查考祭墳墓嘅事、始初見倒在周朝、在後秦漢兩朝、就好多人行咁嘅禮（节16）

"咁"指程度，如：

（31）但係天地咁闊大、又有萬樣物件、竟係一位大主宰、樣邊料理得咁多呢（节5）

（32）地方燥、棺木冇咁容易爛（节37）

（33）誰不知封張儀之後、冇幾久、徽宗父子妻妾滿下被金人捉去、受羞辱、講唔出咁淒涼、死在五國城（节44）

"咁樣"指方式，如：

（34）咁樣看起來、係亞爸亞嬭嘅意思唔呢（节3）｛亞爸：爸爸。亞嬭：妈妈｝

（35）設使勤力讀書、又極有才學、自然國家憑文取士、自古到今也係咁樣（节47）

（36）既然中開進士、奉命出海、一往一來、唔曾遭倒有危險、因咁樣有功勞、封佢做侯爵（节53）

广州话"噉［kɐm³⁵］""噉样［kɐm³⁵］"指方式，义为"这/那样"；"咁［kɐm³³］"指程度，义为"这/那么"。"噉""咁"或都写成"咁"，指方式、程度无差别。

4. 噲｛会，可能，能｝（比较：噲［ui¹³］广）

全书有37例，如：

（37）若使一國有兩隻君王、其國就噲亂、一家有兩隻家長、其家必定噲分、一身有兩隻頭顱、就噲變做怪物（节5）｛頭顱：脑袋｝

（38）唔拜老祖公、嗿時老祖公唔嚕餓死嗎（节13）

（39）設使爾祖公在生当時、汝將纸灰做真銀来畀佢、唔单止佢唔愛、翻下轉、嚕駡汝像發顛一样實在係唔孝順（节15）

"嚕"也写作"會"，但只有3例：

（40）可見魔鬼在世間乘機會来誘惑人、係咁樣做乜嘅唔禁止佢呢（节22）

（41）可知唔好信地理先生、来畀佢欺骗、倚靠風水、就得福、實係會生禍（节37）

（42）講論乜嘅緣故聖會唔准人娶妾（节64）

广州话中从前有"會""嚕"的写法，现只有"会"。

5. 孻 {儿子}（比较：孻［lai⁵⁵］{末尾}ᵣ）

（43）如同天地萬物嘅頭腦、國家有君王、屋家有家長、又像完身有頭、孻子有亞爸、樹木有根、水有源頭（节1）{完身：全身}

（44）在後舜帝孻子、其名商均、又係極瘟嘅人、故所以其位讓畀夏禹王來做（节15）

（45）耶穌既然係真神嘅孻子、做乜嘅被人釘死在十字架呢（节27）

《辟邪归正（客话）》中的"孻"与粤方言中的"孻"意思不同，只是借音字。

6. 佢 {第三人称单数}（比较：佢［kʰœy¹³］ᵣ）

（46）意思係話、成王、康王兩隻人嘅德行、冇人可以與佢比得（节10）

（47）前時看倒行邪術嘅人、做等極出奇嘅事、唔係魔鬼幫助佢来講、人斷冇本事来做、可見魔鬼在世間乘機會来誘惑人、係咁樣做乜嘅唔禁止佢呢（节22）

（48）若使孻子有罪、即時就減開佢、就失開做亞爸嘅恩情（节27）

7. 冇［mou¹³］{无}（比较：冇［mou¹³］ᵣ）

全书共180例，如：

（49）意思係話、係至大嘅上帝、佢冇私心來憎惱人（节10）

（50）兼且自古時以來、滿下都有死、設使人冇教育就與禽獸嚨（节30）

（51）若係冇風、人就容易生病（节37）

"冇"也写作"無"。除了书面体(如"無所不能""無所不知")、古籍引用(如"天無二日,民無二王")、词中的语素(如"無辜""無賴")以外,口语体只有6例,如:

(52)若使一世都盡本分、也無分外嘅餘功(节27)

(53)這係第九件信佢係實在嘅、今日奉教嘅人、滿下尊重聖教、無一的可以嫌棄(节28)

(54)因為人像細子噃、無乜嘅見識、最容易受人誘惑、若使既然身入教會、就有牧師先生、用聖經來教導、加增爾智慧、就可以免脫誘惑(节29)｛細子:儿童｝

广州话中"mou¹³｛无｝"也有"冇""无"两种写法。

8. 喬｛棵｝(比较:喬[pʰo⁵⁵]ₙ)

全书仅有2例,如:

(55)許遜門邊有一隻大潭、該等水周長年冇乾、側邊有一喬鐵色嘅樹、就係話、該喬樹與該隻大潭、做祭孽龍嘅地方(节52)

9. 揸｛拿,掌｝(比较:揸[tsa⁵⁵]ₙ)

(56)殊不知行船嘅人、若使入新港口、或遇急灘、必愛請本土人、習慣水路嘅做稍公、揸舵來帶水路、或使曉行水路嘅人唔曾到、船就唔敢行(节53)

(57)有隻帝晒、被元兵追迫到三山地方、有三隻人、手揸利器、打退元兵(节58)｛迫:逼迫｝

(58)其爸聽倒、用火燒開該間白雀寺、獨獨觀音手揸楊枝投水浸死、故所以話佢化身為神(节61)

10. 乜(比较:乜[mɛt⁵]ₙ)

《辟邪归正(客话)》中"乜"单独不成词,多见于"乜嘅｛什么｝"一词中,共69例,如:

(59)必定與該等飛禽走獸有乜嘅分別(节3)

(60)聖教既然係真教、至正嘅道、做乜嘅、該等做帝王嘅人又唔崇拜(节9)

(61)係咁樣、有乜嘅孝順呢(节64)

也有"使乜｛不用｝"的用法，仅有1例：

（62）真神祝福佢話、生育眾多、鋪滿通天大下、人物自然昌盛、使乜轉世來生呢（节64）

广州话中"乜"既可单独成词，如"乜［mɐt⁵］｛什么｝"；也可作为词的一部分，如"乜嘢［mɐt⁵iɛ¹³］｛什么｝""使乜［sɐi³⁵mɐt⁵］｛不用｝"。

11. 亞｛称谓前缀｝（比较：亞［a³³］ʳ）①

（63）好比做人亞爸儕、唔顧其等孲子嘅順逆、先行係愛這隻打該隻係嗎（节39）
（64）查考宋史、玉皇生在漢朝尾、姓張、其名喊做亞儀、真定府行唐縣人（节44）｛尾：末｝
（65）後來改姓關、其名喊做亞羽、別字雲長、係後漢昭烈皇帝嘅武將（节48）

12. 的｛一点儿，一些｝（比较：的［ti⁵⁵, tit⁵⁵］ʳ）

（66）又看地下該等草與樹木、四季輪流來生、春天當時就生葉、夏天當時就開花、秋天當時就結果、冬天當時就彫謝、冇的紊亂（节5）
（67）上帝做萬樣全完嘅頭腦、萬樣到好嘅根原、冇一的缺乏、天地間至好嘅滿下在上帝噠來（节2）｛全完：完全｝
（68）汝等愛看天上嘅日頭月光、與各樣嘅星宿、每日每夜、照次序來行動、自古時到今日、千古萬年以來、冇一的差錯（节5）

13. 添（比较：添［tim⁵⁵］ʳ）

与广州话类似，《辟邪归正（客话）》中的"添"用在句子后部，表示范围扩展动作等涉及的对象增加（麦耘、谭步云，1997）。

（69）設使又有一、加落一去添、就成做二囉（节6）
（70）汝自後如果悔罪改過、吾就自家挖一隻眼來待汝、又出命挖太子一隻眼珠添（节27）
（71）信求簽儕、唔單止冇益、兼且有損害添（节41）

---

① 饶秉才，欧阳觉亚，周无忌. 广州话词典［M］. 广州：广东人民出版社，1997：57.

14. 倒｛助词｝（比较：倒［tou³⁵］ŗ）

"tou³⁵｛助词｝ŗ"在《广州话词典》中写为"到"："到 dou³⁻²助词①用在动词后面，表示目的已达到或者事情有了结果，或存在某种情况。相当于普通话的'到了''着（zháo）''有'……②用在动词或否定词'唔'后面，表示没有完成动作的能力……"① 在《实用广州话分类词典》（麦耘、谭步云，1997）中写为"倒"。

《辟邪归正（客话）》中也有相同用法：

（72）真神上帝、既然係有、請問下有那儕看得倒呢（节8）｛那儕：哪里｝

（73）如同看倒一間屋、就知始初有木匠師傅造倒嘅、看倒有光、就知有日頭、看倒煙、就知有火、看倒國家有律法、就知有君王、看倒有天地人物、就知有上帝主宰（节8）

（74）其意思即係話、想看佢、又看唔倒、想聽其聲、又聽唔倒（节8）

但书中该字多用作"了"义，与粤方言不同：

（75）真神上帝、係全備盡善、生倒萬物來養人（节4）

（76）好比朝廷設倒律法、懲治子民、除開行惡嘅人民、安置善良嘅百姓、誰不知、還有不肖嘅子弟、唔狂律法、謀財害命、姦拐偷盜、做樣樣嘅惡事（节33）｛狂：怕。樣樣：各种各样｝

（77）至到宋朝徽宗皇帝、也習練老君道教、封許遜做神功妙濟真君、賜倒一隻區額、寫竟王隆萬壽（节52）

15. 畀｛给，被｝（比较：畀［pei³⁵］ŗ）

"给"义例：

（78）真神上帝、畀倒人嘅靈性、本來係全備盡善（节3）

（79）這等極惡嘅野獸、與毒蛇蟲豸、雖然佢嘷害人、但係也可以有益畀人（节4）

（80）也有清朝康熙君、在北京、題隻區額、畀基督教咁樣寫倒、萬有真原（节9）

"被"义例：

（81）故所以吾等、做上帝軍兵、在生一世、務要打贏魔鬼、制勝自己嘅私欲、複

---

① 饶秉才，欧阳觉亚，周无忌. 广州话词典［M］. 广州：广东人民出版社，1997：57.

禮來行仁愛、直行天堂嘅路、時時警醒祈禱、免至畀佢誘惑、翻下轉、得得永生嘅福倒（节22）

（82）如同吾等、既然做耶穌門生儕、在這世界上、傳揚主嘅道理、也好多擺受人咒罵、好多擺畀人拒逐、好多擺受人羞恥（节23）｛擺：次｝

（83）地方燥、棺木冇咁容易爛、藏風草木冇事損傷、避水、墳墓唔怕畀水冲崩、子孫免開掛心（节37）

书中仍有"被"字，有"被""给"义。"被"字"被"义例：

（84）耶穌既然係真神嘅孻子、做乜嘅被人釘死在十字架呢（节27）

（85）舊約書離耶穌千幾年、或者幾百年、先知師由真神默示、加先講出救世主降生在那裏地方、係乜嘅人子孫、又講及佢在世被人害死、翻生上天、滿下應驗在耶穌身上、這係第一件信佢實在嘅（节28）｛加先：预先｝

（86）查考地理邪術起頭、在晉朝有隻喊做郭璞所說、在後佢自家也被牆tsak死（节37）｛在後：后来。tsak①：压｝

"被"字"给"义例，但仅有2例：

（87）人為萬物之靈、各樣物係被人用、做乜嘅使戒殺生物呢、又話善人轉生做人、惡人轉生做野獸（节60）

（88）徽宗被佢迷惑、封張儀做玉皇上帝、寫符念咒、出命令被子民知、尊張儀為神、其意思係想佢保護國家長久（节44）

例（88）两个"被"中，前者是"被"义，后者是"给"义。

（二）部分方言字演化的时间线

部分"口"旁准形声字和"亼"在粤、客方言的出现时间如表1所示。若文献有注音，一并附上。注音或为罗马字注音，或为汉字注音，前者占多数。

---

① 此词只有罗马字。

表1 "口"旁准形声字和"僆"的出现时间

文献	方言	方言字及其注音					
《辟邪归正（客话）》	客	唔 {不}	咁 {这么、这样}	會/噲 {会、可能，能}	嘅/該/個 {的}	的 {点、些}	僆 {棵}
《广东新语》(1700)	粤	吾					
《第八才子花笺》(1713)	粤	唔	泔	會	個	的	
《粤讴》(1821)	粤	唔	敢、咁 [甘去声]	會	听 [擎介切]	的	
Chinese Courtship (1824)	粤	唔	咁	會	個	的	
《广东省土话字汇》(1828)	粤	唔 [im] / [in]	咁 [kum]	會 [ooy] / 噲 [ooy]	既 [kay]	的 [te]	
A Chinese Chrestomathy in the Canton Dialect (1841)	粤	唔 [cm] / [m] / [m]	咁 [ckóm] / [kómɔ]	會 [cui]、噲 [cui] / [cui]	嘅/既 [kéɔ]	的 [tik,] / [ti,]①	
《英华分韵撮要》(1856)	粤	唔 [cm]	噉 [ckòm]、咁 [kòmɔ]	噲 [cui]	嘅 [kéɔ]	的 [cti]	僆 [cpʰo]
《启蒙浅学》(1880)	客	唔 [cm]	咁 [kan²]	噲 [woi⁴]	箇 [kai⁴]	的 [tit⁵]	僆 [pʰo¹]
《新约圣书使徒行传》(1883)	客	唔	喺	噲	嘅		
《圣经书节译要》(1884)	客	唔	喺	噲	介/嘅		
Cantonese Made Easy (1888)	粤	唔 [cm]	咁 [ckóm] / [kómɔ]	噲/會 [cwui]	嘅 [keɔ] / [kéɔ]	的 [cti]、啲 [cti]	僆 [cpʰo]
《英语不求人》(1888)	粤	唔 [cm] / [m]	咁 [ckóm] / [kómɔ]	噲 [cui] / [cui] / [ui²]	嘅 [keɔ]		

---

① 后者无塞尾却标阴入符号，可能是印刷错误。

（续上表）

文献	方言	方言字及其注音					
《客英大辞典》（1905）	客	唔［m］	［kân］、唻［kàn］①	噲［vòi］	個［kài］／［kè］	滴［tit］	pʰo②
《客话旧新约圣经》（1923）	客	唔	咁［音諫］、［諫下平］	噲	嘅	的	翕

表中文献分三种。其一，《启蒙浅学》（1880）、《圣经书节译要》（1884）转引自《19 世纪香港新界的客家方言》（庄初升、黄婷婷，2014）。其二，搜索早期粤语口语文献资料库（https：//database. shss. hkust. edu. hk/Candbase）并按照原书校对，这些书包括《广东省土话字汇》（Morrison，1828）、A Chinese Chrestomathy in the Canton Dialect（Bridgeman，1841）、Cantonese Made Easy（Ball，1888）、《英语不求人》（Stedman、Lee，1888）。该资料库由香港科技大学、香港中文大学、北京大学制作。其三，完全录自原书。

其中，两个语素文字的时间线最值得注意："kai｛的｝""pho｛棵｝"。先看前者：

個（粤）＞吤（粤）＞個（粤）＞既（粤）＞嘅/既（粤）＞嘅（粤）＞箇（客）＞嘅（客）＞介/嘅（客）＞嘅（粤）＞嘅（粤）＞個（客）＞嘅（客）。

静净斋藏版《第八才子花笺》（1713）中的"個"可能是"kai｛的｝"较早的文字形式（以下例句后圆括号中的内容为章节题目）：

（89）渠個花園闊大百花鮮（夫妻貪壻）｛渠：他。Chinese Courtship（1824）写作"佢"｝

《粤讴》（招子庸，1821）中"kai｛的｝"以"吤"出现：

（90）我想人客萬千真吤都有一分（揀心）
（91）睇見到眼前佀的折墮吤你話幾心寒（花花世界）｛佀："個"的异体。佀的：这些｝

---

① kân 无汉字，kàn 汉字为"唻"。
② 1905 版无汉字，只有罗马字。1923 版依然如此，但"一翕芎蕉，yit po kiung tsiau, a bundle of bananas"｛一串香蕉｝中出现了"翕"。

《广东省土话字汇》中用"既［kay］"字，该字与"茄"和"骑马"的"骑"同声韵："Kay 既 The Chinese have no character for this sound, as a particle forms the possessive case; notes the agent, and makes phrases used adjectively."① 如：

（92）Kuy kay ka tseen tsung im tǎk low shǎt, 佢既價錢總唔得老實　His price is never the real one.

（93）Ko yun im kong tǎk hǎw sheong kay, 個人唔講得口上既　That person connot② be spoken of with the mouth; he is not worthy of being mentioned. ｛那人不值一提｝

A Chinese Chrestomathy in the Canton Dialect（Bridgeman, 1841）始有"嘅"，共 456 例，如：

（94）What kind of tea do you prefer? 你中意乜野嘅茶呢 ᶜNí ᵨchung ꞑᵒ matᵓᶜyé kéᵒ ᵨchʻá ᵨní? ｛你喜欢什么茶呢｝

（95）One taken and brought up as a foster-child. 攞嚟養嘅 ᶜLó ᵨlai ᶜyéung kéᵒ. ｛拿来养的｝

该书中也有"既"，但仅有 2 例：

（96）Very charming sounds. 好撩耳既聲 ᶜHò ᵨlíú kéᵒ ᵨshing. ｛很悦耳的声音｝

（97）The words you speak are not worthy being heard. 你講的唔入耳既說話 ᶜNí ᶜkóng tikᵓ ᵨʼm yapᵓ ᶜꞑí kéᵒ shüt wá�. ｛你说些难听的话｝

再看"pʰo ｛棵｝"：
《广东省土话字汇》中无此语素，只有同义的"條（条）"："TREE, a, 一條樹 Yat tew shu."③

A Chinese Chrestomathy in the Canton Dialect（Bridgeman, 1841）也无此语素。《英华分韵撮要》始有"薷"："ᵨpʻo 薷 A colloquial word; a classifier of tree; ...yatᵓ ᵨpʻo shü ᵓ a single tree; yatᵓ ᵨpʻo tsʻoiᵒ A root of greens."④

---

① MORRISON R. A vocabulary of the Canton dialect（广东省土话字汇）［M］. Macau: The Honorable East India Company's Press, 1828: KEEN.

② connot: 印错，应为 cannot.

③ MORRISON R. A vocabulary of the Canton dialect（广东省土话字汇）［M］. Macau: The Honorable East India Company's Press, 1828: 178.

④ WILLIAMS S W. Tonic dictionary of the Chinese language in the Canton dialect（英华分韵撮要）［M］. Canton: The Office of the Repository, 1856: 382.

同时仍有"条""干"的说法,如:"樹 *yat‚‗pʻo shǖ²*,*yat‚‗tʻiú shǖ²*,*or yat‚‗kan shǖ²* a tree."①

从语素"kai ⎨的⎬""pʰo ⎨棵⎬"的文字使用时间线可大致判断《辟邪归正(客话)》成书的年代不早于 1856 年。

另外,从客家传教译经历史看,1847 年巴色会韩山明开始专向客家人传教,1860 年黎力基在柏林出版第一部客家话圣经(罗马字)*Das Evangelium des Matthaeus im Volksdialekte der Hakka Chinesen*(《客家俗话马太传福音书》)(庄初升、黄婷婷,2014)。《辟邪归正(客话)》成书时间应在其后,即晚清至民国初年,而不是郑安德(2000)在书名中所标的"明末清初"。

四、结言

本文从用词、用字角度对欧藏文本《辟邪归正(客话)》进行了分析,推断出该书具体方言是香港新界客家话,成书年代不早于 1856 年,并非明末清初的文献。鉴于此,《明末清初耶稣会思想文献汇编》书名应改为《明末至清末耶稣会思想文献汇编》。

参考文献

[1] 大英圣书公会. 客话旧新约圣经[M]. 上海:大英圣书公会,1923.

[2] 第八才子花笺[M]. 静净斋藏版,1713.

[3] 李如龙,张双庆. 客赣方言调查报告[M]. 厦门:厦门大学出版社,1992.

[4] 刘颖昕. 客家启蒙课本《启蒙浅学》(1880)的方言用字研究[C]//陈晓锦,张双庆. 首届海外汉语方言国际研讨会论文集. 广州:暨南大学出版社,2009.

[5] 罗美珍,林立芳,饶长溶,等. 客家话通用词典[M]. 广州:中山大学出版社,2004.

[6] 麦耘,谭步云. 实用广州话分类词典[M]. 广州:广东人民出版社,1997.

[7] 屈大均. 广东新语[M]. 水天阁刻本,1700.

[8] 新约圣书使徒行传[M]. 香港:瑞士巴色会,1883.

[9] 张维耿. 客家话词典[M]. 广州:广东人民出版社,1995.

[10] 招子庸. 粤讴[M]. 登云阁刻本,1821.

[11] 郑安德. 明末清初耶稣会思想文献汇编[M]. 北京:北京大学宗教研究所,2000.

---

① WILLIAMS S W. Tonic dictionary of the Chinese language in the Canton dialect(英华分韵撮要)[M]. Canton:The Office of the Repository,1856:454.

［12］庄初升, 黄婷婷 . 19 世纪香港新界的客家方言［M］. 广州：广东人民出版社，2014.

［13］BALL D J. Cantonese made easy［M］. Hong Kong：China Mail Office，1888.

［14］BRIDGMAN E C. A Chinese chrestomathy in the Canton dialect［M］. Macau：S. Wells Williams，1841.

［15］MACLVER D. Chinese-English dictionary：Hakka-dialect as spoken in Kwang-Tung Province（客英大辞典）［M］. Shanghai：Presbyterian Mission Press，1905.

［16］MORRISON R. A vocabulary of the Canton dialect（广东省土话字汇）［M］. Macau：The Honorable East India Company's Press，1828.

［17］STEDMAN T L, LEE K P. A Chinese and English phrase book in the Canton dialect（英语不求人）［M］. New York：William R. Jenkins，1888.

［18］THOMS P P. Chinese courtship：in verse［M］. Macau：The Honorable East India Company's Press，1824.

［19］WILLIAMS S W. Tonic dictionary of the Chinese language in the Canton dialect（英华分韵撮要）［M］. Canton：The Office of the Chinese Repository，1856.

师功师承

詹伯慧教授学术年表简编

（1931—2023 年）

[1931 年]

7 月 10 日出生于广东潮州。母亲讲潮州话，父亲讲客家话，从小就能用两种话分别与父母交流。

[1935 年]

在父亲督促下开始背诵唐诗。

[1937 年]

在潮州韩山师范学校附属小学上小学一年级。语言环境为潮州话。

[1938 年]

在饶平新丰启明小学学习。语言环境为客家话。

[1940 年]

在乐昌坪石汉德小学插班读五年级至小学毕业。语言环境为粤语和普通话，在此学会了广州话和普通话。

[1943 年]

春，入饶平上饶区立初级中学，在此完成 3 年的初中学业。

[1946 年]

年初从上饶区立初级中学毕业，即进潮州金山中学补习 1 个学期。暑期考入广州中山大学附属中学读高中。

[1949 年]

6 月底高中毕业。9 月，被中山大学语言学系张榜录取。10 月 14 日广州解放。11 月获通知到校注册，开始 4 年的大学生活。

[1950—1953 年]

参与组织中山大学新文字研究会并成为骨干成员，积极推动拉丁化新文字运动，在上海《新文字周刊》（第 46 期）发表《加强团结，把新文字推广开去》（1950），这是目前发现的正式发表的第一篇文章。又在《广东教育与文化》杂志上连续发表《关于汉字写法的横直行》（1951）、《关于简体汉字的问题》（1951）、《文教工作者要重视文字改革问题》（1951）、《祖国的语言文字》（1952）等。

为配合当时轰轰烈烈的世界和平运动，撰写了歌颂世界和平运动倡导者的《在反动统治下英勇斗争的和平战士》（1951），在华南人民出版社出版。

1953 年 6 月底，到武汉中南民族学院实习两周，经严学宭先生安排，与唐作藩一起调查了广西仡佬族语言。7 月，大学毕业，分配到武汉大学中文系任助教。

[1954 年]

第一次在《中国语文》（第 3 期）上发表文章《对争论语法理论问题的意见》。

[1955—1957 年]

1955 年 10 月，经王力教授举荐，作为进修教师到北京大学师从袁家骅教授专攻汉语方言学，期间旁听了全国文字改革会议、现代汉语规范问题学术会议、民族语文工作会议。

1956 年，在湖北人民出版社出版《武汉人怎样学习普通话》。是年 6 月到 12 月，经袁家骅教授安排，加入中国科学院少数民族语言第一调查工作队海南分队赴海南岛调查黎语。在此期间于崖县发现军话和迈话，进行了初步的调查整理，其后又调查记录了海南闽语万宁话和文昌话，初步探讨了海南闽语中的训读现象，并分别于 1957 年在《中国语文》（第 6 期）发表《海南方言中同义字的训读现象》、1958 年在《武汉大学学报》（第 1 期）发表《万宁方音概述》、1959 年在《语言学论丛》（第 3 辑）发表《海南岛"军话"语音概述》。迈话和文昌话的材料由于未能被及时整理，在"文化大革命"中散失。

1957 年，参与袁家骅教授主持的《汉语方言概要》编写工作，负责撰写其中"粤方言"和"闽方言"两章。7—8 月，作为袁家骅教授的助手，到青岛参加由高教部组织的、由王力教授和游国恩教授分别主持的高等学校语言、文学各门课程教材编写工作。

[1958—1960 年]

1958 年 2 月，从北京大学回到武汉大学。本年度在《中国语文》上连发 5 篇文章，其中 3 篇和方言研究有关：《粤方言中的虚词"亲、住、翻、埋、添"》（第 3 期）、《潮州话的一些语法特点》（第 5 期）、《收集和整理汉语方言词汇》（第 11 期）。

1959 年，受湖北省教育厅委派，与武汉师范学院王书贵和华中师范学院刘兴策负责湖北方言普查任务，于下半年开始调查。1960 年 7—8 月，主持完成《湖北方言概况》初稿编纂。

1959 年，除前述《海南岛"军话"语音概述》外，还在丁声树、李荣主持的《方言和普通话丛刊》（第 2 本）上刊出《潮州方言》，在《武汉大学学报》（第 6 期）发表《广济方言与北京语音的比较》。

1960 年，参与编写的《汉语方言概要》出版。在《中国语文》（第 10 期）发表《有关编写〈学话手册〉的几个问题》。是年晋升为武汉大学讲师。

[1961—1965 年]

1961 年暑假，到湖北浠水调查方言，成果为 1962 年发表于《中国语文》（第 8、9 期）的《浠水话动词"体"的表现方式》和 1981 年由日本东京龙溪书舍印制出版的《浠水方言纪要》。

1963 年初，与黄家教合作，在《武汉大学学报》（第 1 期）发表《关于汉语方言词汇调查研究的问题》。7 月，应邀到厦门参加福建省汉语方言科学讨论会。会后，与外地青年学者黄家教、陈章太、许宝华、施文涛、张盛裕、王福堂在厦门大学陈世民、李如龙的带领下游南普陀，并按年龄大小依次排序合影留念，"方言学界九兄弟"之说由此形成。同年与黄家教、陈世民联名发表在《厦门大学学报》（第 4 期）的《有关汉语方言分区的一些问题》就是根据他们在这次会议上的发言整理而成的。

1964 年，与陈恩泉、钟隆林合作，为湖北省直属机关业余大学编写《语法知识》教材。同年与李元授合作，在《武汉大学学报》（第 1 期）发表《鄂南蒲圻话的语音特点》。

1965 年，与黄家教合作，在《中国语文》（第 3 期）发表《谈汉语方言语法材料的收集和整理》。

[1975—1979 年]

1975 年，参加鄂川两省协作承担的国家文化建设重点项目《汉语大字典》的编纂，负责收字、审音工作。1979 年，被国家出版事业管理局和教育部任命为该书编委会委员，主持审音工作。

1979 年初，结合《汉语大字典》注音的实践，在《中国语文》（第 1 期）发表《汉语字典词典注音中的几个问题》。同年在《光明日报·文字改革》发表《略谈方言和普通话的语法差异》，在《武汉大学学报》（第 2 期）发表《略谈普通话学习中的"知己知彼"》，在《江汉语言学丛刊》（第 1 集）发表《郧县方音纪要》。4 月，参加黄伯荣、廖序东主编的《现代汉语》高校教材的编写，撰写教学辅助读物《现代汉语方言》，该书作为"现代汉语知识丛书"之一交由湖北人民出版社出版。6 月，参加厦门大学汉语方言科学研讨会，倡议成立全国汉语方言学会并起草倡议书。是年晋升为武汉大学副教授。

[1980—1982 年]

1980 年 4 月，经教育部推荐，受聘到日本东京大学文学部任客座教授，为期两年。在日期间，共开讲 5 门课程：汉语方言学、现代汉语、文章选读、写作以及汉语会话。汉语方言学课程的讲稿就是已送湖北人民出版社的《现代汉语方言》的书稿，经听课的日本学生翻译，该书日文本于 1983 年在日本东京光生馆出版。早期的著作《浠水方言纪要》和第一本论文集《汉语方言文集》此前已分别于 1981 年和 1982 年由日本东京龙溪书舍出版印行。

在日期间还作了多次学术报告，介绍中国汉语研究的最新信息：《三十年来中国语言工作的一些情况》（东京《中国语学》1980 年第 227 期，国内的《语文现代化》和《武汉大学学报》也先后刊载）、《谈谈汉语方言的调查研究》［东京《亚非语言计数研究》（CAAAL）1982 年第 19 期］、《谈谈汉字改革问题》（《语文研究》1982 年第 1 期）；同时向国内介绍日本语言研究情况：《关于日本国语研究所和日本的汉语研究工作》（《语文现代化》1980 年第 4 辑）、《日本中国语学会第三十届年会》（《国外语言学》1981 年第 2 期）、《日本中国语学会第三十一届年会》（《国外语言学》1982 年第 1 期）、《根深叶茂的日本中国语学会》（《国外语言学》1983 年第 3 期）。

1981 年 3 月，《现代汉语方言》出版。同月底应邀首次到香港大学作学术演讲，讲稿《汉语方言研究概况和有关的几个问题》在香港《语文杂志》第 8 期上发表。夏，全国汉语方言学会成立，当选为学会理事并蝉联 18 届，至 2015 年 8 月卸任。

1982 年 3 月，从日本回国。是年正式晋升为武汉大学教授。8 月，赴京参加第十五届国际汉藏语言学会议，期间与黄家教、许宝华、李如龙探讨合作编写《汉语方言及方言调查》教材之事。

[1983 年]

春，出任第五届湖北省政协委员。《现代汉语方言》日文本在日本出版。与黄家教合著的《广州方言中的特殊语序现象》在《语言研究》第 2 期发表。为《中国百科年鉴》撰写《汉语方言的调查研究》条目。5月，到安徽合肥参加全国汉语方言学会第二届学术年会，期间约黄家教、许宝华、李如龙讨论制定《汉语方言及方言调查》的编写大纲，确定分工编写计划，要求大家分头先把教材初稿编写出来。10月，自武汉大学调暨南大学任中文系教授。

[1984 年]

春，出任第五届广东省政协委员，又任第六届广东省政协委员至1992年，期间还任广东省政协文教委员会副主任。

创建暨南大学汉语方言研究室，成立现代汉语硕士点。9月，首批攻读汉语方言学硕士学位研究生陈晓锦、甘于恩、林柏松、彭小川入学。至1996年，共培养硕士研究生9名。

受聘为《中国大百科全书·语言文字卷》方言分科副主编。在广州《语文月刊》（第4期）发表《谈汉语方言知识在现代汉语教学中的运用》，在香港《语文杂志》（第12期）发表《略论划分汉语方言的条件》。

[1985 年]

2月，出任暨南大学文学院院长，1989年2月辞任。

[1986 年]

申报"珠江三角洲方言调查"课题，获批广东省哲学社会科学"七五"重点项目。3月15日，与香港中文大学高级讲师张日昇博士正式签署《珠江三角洲汉语方言调查研究协议书》，暑假期间与课题组成员张日昇、张群显、陈晓锦、丘学强、林柏松、甘于恩、彭小川7人到珠江三角洲各地开展方言调查工作。

5月，接替高华年教授担任广东省中国语言学会会长，此后连任5届至2008年12月，编有《广东省中国语言学会通讯》共12期。

10月，获香港大学授予荣誉教授头衔，到香港大学讲课3个月，期间被聘为香港大学中文学会名誉会长。11月，出任广东省语言文字工作委员会委员；应澳门中国语文学会邀请，首次到澳门进行学术访问并作学术演讲。

受聘为《中国语言学大辞典》顾问及"汉语方言卷"审订人。在《语文建设》（第4期）发表《就广东的情况谈推广普通话的一些问题》；与黄家教合作，在《语文研究》（第3期）发表《有关汉语方言工作的一些认识》，在《中山大学学报》（第4期）发表《谈汉语方言的语音调查》。

[1987 年]

1 月，应香港中文大学中国文化研究所邀请，首次到该校进行学术交流，在该所作题为《广东汉语方言说略》的学术讲演。7 月，出席在香港中文大学举行的首届国际粤方言研讨会。同月，《珠江三角洲方言调查报告》第一卷《珠江三角洲方言字音对照》出版；与李元授合作，在《武汉大学学报》（第 5 期）发表《鄂南蒲圻话的词汇语法特点》。

上半年，《汉语方言及方言调查》教材书稿编讫。

是年秋加入中国民主同盟，即被选为广东省委会副主委，并赴京出席中国民主同盟全国代表大会，被选为中央委员，此后连续 10 年担任中国民主同盟广东省委副主委和中央委员至 1997 年。

[1988 年]

3 月，被选为第七届全国人民代表大会代表，同时仍担任第六届广东省政协委员。4 月，应邀到新加坡华文研究会访问讲学。10 月，《珠江三角洲方言调查报告》第二卷《珠江三角洲方言词汇对照》出版。

为《中国大百科全书·语言文字卷》撰写"汉语方言""官话方言""湘方言""闽方言""粤音韵汇"等条目。

发表文章有：《进一步发挥汉语拼音的巨大作用》（《语文建设》第 1 期）、《广东粤语分区刍议》（《学术研究》第 3 期）、《小议高等教育改革中的几个问题》（《高教探索》第 3 期）、《谈谈方言和普通话》（新加坡《华文研究》第 3 期）、《新加坡的推广华语运动》（《语文建设》第 6 期），《闽方言的分布及其主要特征》（香港大学中文系六十周年纪念专刊《东方》）、《结合重大科研项目培养研究生的几点体会》（《暨南教育》第 7 期）等。

[1989 年]

1 月，在由上海知识出版社出版的庆祝王力先生学术活动 50 周年的《语言文字学术论文集》登发《汉语方言分区问题驳议》；与饶秉才、陈慧英合著的《学讲汉语普通话》由中国国际广播出版社出版。

7 月底至 8 月初，主持在广州举行的第二届国际粤方言研讨会。

发表的论文有：《对文科科研工作的一些想法》（《高教探索》第 1 期）、《方言和规范化杂议》（《双语双方言》，中山大学出版社）、《谈谈对外汉语教学》（《语言教学与研究》第 3 期）、《广东汉语方言研究四十年》（《学术研究》第 5 期）、《珠江三角洲粤方言常用词述略》（《方言》第 4 期）、《工厂标牌语言剖析》（《语文建设》第 6 期）等。

[1990 年]

出任广东省人民政府文史研究馆副馆长至 2000 年。《珠江三角洲方言调查报告》第三卷《珠江三角洲方言综述》出版。

5—6 月，应邀作为客座教授到法国高等社会科学院访问讲学 1 个月，期间作了 4 次学术讲演。7 月，在校内被自行车撞伤骨折，住越秀区正骨医院 1 个月。8 月到汕头参加第二届闽方言学术研讨会，又到饶平调查方言。9 月，由粤、港、澳粤语专家联合组成的 24 人广州话审音委员会正式成立，与周无忌、林受之共任召集人；在《广东百科全书》举行编纂工作会议后，确定主持《语言文字学》部分。

11 月，国务院学位委员会发布学位办〔1990〕54 号文件，经学位委员会第九次会议批准，暨南大学设立以汉语方言为方向的现代汉语博士点。任该博士点博士研究生导师。

在《王力先生纪念论文集》登发《珠江三角洲方音说略》，在《方言》（第 4 期）发表《广东境内三大方言的互相影响》，在香港《中国语文通讯》（第 11 期）发表《关于广州话审音问题的思考》等。

[1991 年]

8 月，与李如龙、黄家教、许宝华合作编写并担任主编的高校文科教材《汉语方言及方言调查》由湖北教育出版社出版。11 月，《现代汉语方言》繁体字版由台北新学识文教出版中心出版。

9 月，首批博士研究生邵慧君、邵宜、伍巍、张晓山入学。至 2005 年，共培养博士研究生 29 名。

发表的文章有：《访法归来谈潮人》（《华夏》第 1 期）、《坚持简化方向，坚持规范化原则》（《语文建设》第 1 期）、《汉语促进国际文化交流》（《华夏》第 2 期）、《粤语研究中几个问题的思考》（香港《中国语文通讯》第 15 期）、《推行共同语和双语并用》（《深圳教育学院学报》第 2 期）等。

[1992 年]

3 月 2 日，在《人民日报》发表《推广普通话适应改革开放》。4 月 22—24 日，出席在北京举行的"中国语文研究四十年"学术讨论会，作专题发言《四十年来汉语方言研究的回顾》，讲稿全文登台北《大陆杂志》第 85 卷第 3 期。

广东省哲学社会科学"八五"重点项目"北江、西江流域粤方言调查研究"开始实施。8 月 7 日，与张日昇教授一起率领课题组成员甘于恩、伍巍、邵宜、邵慧君、陈瑞端、陈晓锦、张晓山、张群显等赴粤北开展实地方言调查，为期 1 个月。

10 月 1 日，获国务院颁发有突出贡献证书，享受政府特殊津贴。10 月 2 日起应香港中文大学中国文化研究所之聘，前往该研究所进行 4 个月的研究工作。12 月，被国家语言文字工作委员会评为全国语言文字先进工作者。受聘为《中国语言学年鉴》编委会委员。

发表的文章有：《汉语方言研究中的几个问题——在第 24 届国际汉藏语言学会议上（曼谷、清迈）宣读论文》[《暨南学报》（人文科学与社会科学版）第 2 期]、《汉语方言研究的回顾与前瞻》（《学术研究》第 1 期）、《海南岛语言资源的开发大有可为》（《华夏》第 2 期）、《饶平上饶客家话语言特点说略》（香港《中国语文研究》第 10 期）、《四十年来汉语方言研究的回顾》（台北《大陆杂志》第 85 卷第 3 期）、《略论方言、共同语与双语制问题》[《双语双方言》（二），香港彩虹出版社] 等。

[1993 年]

3 月，被选为第八届全国政协委员。5 月，开始广州话的审音工作。6—7 月，率领西江流域粤语调查组甘于恩、伍巍、邵宜、邵慧君、陈晓锦、张晓山、张群显一行 8 人到西江流域 10 个县（市）进行为期 1 个月的实地调查。

第二本论文选集《语言与方言论集》由广东人民出版社出版。

发表的文章有：《普通话"南下"与粤方言"北上"》（香港《语文建设通讯》第 39 期）、《小议香港中文科教学的问题和对策》[《暨南学报》（人文科学与社会科学版）第 2 期]、《广东饶平方言记音》（《方言》第 2 期）、《广州话审音方案》（香港《中国语文通讯》第 27 期）、《经济发展与推广普通话》（《语文建设》第 12 期）、《再论方言、共同语与双语制问题》[《双语双方言》（三），香港汉学出版社] 等。

[1994 年]

6 月底，首批 4 位博士研究生毕业，全部获得文学博士学位。

10 月，中国语文现代化学会在北京成立，当选为副会长；暨南大学正式下文成立暨南大学汉语方言研究中心。12 月，《粤北十县市粤方言调查报告》由暨南大学出版社出版；月底，广州话字音审订工作基本完成，组织成立《广州话正音字典》编写组，拟订《〈广州话正音字典〉编纂出版方案》和《〈广州话正音字典〉编写细则》（后发表于《澳门日报·语林》1995 年 1 月 29 日第 212 期）。

发表的文章有：《我谈语文规范化》（《语文建设》第 5 期）、《小议潮汕方言的宏观研究》（《学术研究》第 5 期）、《詹安泰教授的生平与学术成就述略》（《潮学研究》第 2 期）、《珠江三角洲粤方言述要》（与张日昇合著，《第一届国际粤方言研讨会论文集》，香港现代教育研究社）、《粤北十县市白话语音特点述略》（《方言》第 4 期）、《汉语方言语法研究大有可为——〈汉语方言语法调查手册〉序》（《语文研究》第 4 期）、《饶平县志·方言志》（广东人民出版社）等。

[1995 年]

年初，开始《广州话正音字典》编写工作；至 1997 年初，初稿基本完成。3 月，《珠江三角洲方言调查报告》（三卷本）获广东省高等教育 1995 年人文社会科学研究优秀成果一等奖。5 月，个人文集《方言·共同语·语文教学》由澳门日报出版社出版。6 月 19—26 日，应台湾"中央研究院"历史语言研究所之邀前往台湾进行学术交流，期间作了题为《汉语方言研究的回顾与前瞻》的学术讲演。12 月 9—11 日，出席在香港举行的"1997 与香港中国语文"学术研讨会，会上宣读论文《对香港语文问题的几点思考》，文稿在《中国语文》1996 年第 2 期发表。

发表的文章有：《海峡两岸开展闽南方言研究之我见》（《学术研究》第 4 期）、《对方言和普通话性质的再认识》（香港《语文建设通讯》第 49 期）、《〈东莞方言词典〉引论》（与陈晓锦合著，《方言》第 3 期）、《第四届国际闽方言研讨会述评》（《中国语文》第 5 期）、《汉语方言调查与汉语规范化》（《语文建设》第 10 期）、《关于闽方言研究的几点思考》（香港《中国语文研究》第 11 期）、《〈广州话正音字典〉编辑出版方案及〈凡例〉》（澳门中国语文学会《语丛》第 2 期）、《汉语方言词汇差异述略》（澳门中国语文学会《语丛》总第 28 期）等。

[1996 年]

申报的"广东粤方言概要"课题被列为广东省哲学社会科学"九五"重点项目，这是一项以《珠江三角洲方言调查报告》《粤北十县市粤方言调查报告》和《粤西十县市粤方言调查报告》等系列前期研究成果为依托的后续综合研究课题，其他参与人员包括方小燕、甘于恩、丘学强、汤翠兰、王建设、钟奇等，历时 4 年，于 2000 年完成。

发表的文章有：《"1997 与香港中国语文"研讨会述评》（《学术研究》第 4 期）、《语言规范化与语言应用》（《语言与传意》，香港海峰出版社）、《闽粤琼语词汇比较研究》（与李如龙、高然、甘于恩合著，《第四届国际闽方言研讨会论文集》，汕头大学出版社）、《试论粤方言地区的推广普通话工作》（《学术研究》第 9 期）、《方言和普通话杂议》[《双语双方言》（四），香港汉学出版社]等。

[1997 年]

年初，集中部分编审人员对《广州话正音字典》初稿进行审订修改、着手制定检字表和索引等。5 月，将定稿送广东人民出版社。

4 月，获评为暨南大学"八五"期间杰出科研工作者。12 月，再次被国家语言文字工作委员会评为全国语言文字先进工作者。

出版撰写或主编的著作有：《粤港澳学生用普通话常用词手册》（暨南大学出版

社)、《东莞方言词典》(与陈晓锦合著,江苏教育出版社)、《汉语方言论集》(与黄家教等合著,北京语言文化大学出版社)、《詹安泰词学论集》(汕头大学出版社)等。

发表的论文有:《粤西十县市粤方言与广州语音比较》(与邵宜、伍巍合著,《方言》第 1 期)、《试论方言与共同语的关系》(《语文建设》第 4 期)、《回归前后的香港语言生活》(《学术研究》第 5 期)、《对香港多元文化语言生活的思考》(《岭南文史》第 2 期)、《广东客家方言研究之我见》(《学术研究》第 7 期)、《认识—研究—再认识—再研究——对潮汕文化的一些想法》(《文史知识》第 9 期)、《把语文工作推向 21世纪》(《语文建设》第 10 期)、《杂议潮汕文化研究》(《潮学研究》第 6 期)、《略论香港多元文化语言生活的前景》[《双语双方言》(五),香港汉学出版社]等。

[1998 年]

1 月,受聘为新加坡国立大学客座教授,为期 1 年,圣诞节前夕结束讲学回到广州。在新期间,还应邀到南洋理工大学、新加坡中文与东方语言信息处理学会作专题讲演。11 月,应邀到美国加利福尼亚大学伯克利分校东方语文系、赵元任中国语言研究中心访问讲学 1 个月。

3 月,再度被选为第九届全国政协委员。12 月,《粤西十县市粤方言调查报告》由暨南大学出版社出版。

发表的文章有:《留住方言留住根》(新加坡《源》第 2 期)、《〈方言〉二十年述评》(《方言》第 3 期)、《关于〈广州话正音字典〉》(《学术研究》第 6 期)、《现代汉语方言语音、词汇、语法的差异》(《现代汉语教学参考与自学辅导》,高等教育出版社)、《结合教学应用,把粤语研究深入下去——为〈广州话研究与教学〉(三)而作》[《广州话研究与教学》(三),中山大学出版社]等。

[1999 年]

9 月 2—21 日,应日本学术振兴会之邀到日本早稻田大学与平山久雄教授进行学术合作研究,期间分别在东京大学、日本中国语学会关东分会、筑波大学作学术讲演,并到京都、天理、奈良、大阪、神户、名古屋等地与日本汉学家进行学术交流。

发表的文章有:《近二十年汉语方言学学术活动述评》(《学术研究》第 2 期)、《再论语言规范与语言应用》(《语言教学与研究》第 3 期)、《广东语言科学在飞跃发展》(《学术研究》第 10 期)、《粤语研究的回顾与展望》[《暨南学报》(人文社科版)第 6期]等。

[2000—2001 年]

应香港大学语言学系的邀请,自 2000 年 11 月到 2001 年 2 月到该校访问讲学 3 个月。期间，曾应邀在香港中文大学、香港科技大学、香港城市大学作学术演讲。

2000 年 8 月，主编的《广东地区社会语言文字应用问题调查研究》由暨南大学出版社出版。2001 年 9 月，获评为暨南大学优秀研究生导师。

发表的文章，2000 年有：《〈汉语方言大词典〉：取舍之间见功力》[《复旦学报》（社会科学版）第 3 期]、《提高香港中文教学水准之我见——兼论语文教学质量之评估》（香港《中国语文通讯》第 54 期）、《谈谈语言规范与语言应用》（新加坡国立大学中文系学报《学丛》第 5 期）、《"九五"广东的汉语方言研究》（香港《中国语文通讯》第 55 期）、《二十年来汉语方言研究述评》（《方言》第 4 期）、《"推普"的欣喜与尴尬》（《北京日报·理论周刊》第 80 期）；2001 年有：《不断进取，不断开拓，把客家方言的研究推向新的台阶》[《暨南学报》（哲学社会科学版）第 2 期]、《关于〈广东粤方言概要〉的编纂》（香港《中国语文通讯》第 57 期）、《新加坡的语言政策与华文教育》（暨南大学华文学院学报《华文教学与研究》第 3 期）、《广西"平话"问题刍议》（《语言研究》第 2 期）、《新奇"网语"是否文化垃圾》（《北京日报·理论周刊》第 101 期）、《当前一些语言现象与语言规范》[《暨南学报》（哲学社会科学版）第 4 期]、《社会语言文字应用的现象值得重视——广东语言文字应用调查的一些启示》（《学术研究》第 8 期）、《重视语文教育，加强应用研究——詹伯慧教授访谈录》（《语文教学与研究》第 9S 期）、《汉语方言地图的绘制》（与陈章太、伍巍合著，《方言》第 3 期）、《新世纪潮汕文化研究之我见》（《潮学研究》第 9 期）、《汉语方言词典收词小议》（《中国语文》第 6 期）、《二十一世纪汉语方言研究展望》（《澳门理工学院学报》第 4 期）、《对当前语言运用中一些现象的看法》[《双语双方言》（七），香港汉学出版社] 等。

[2002—2004 年]

2002 年 1 月，受聘为香港大学语言学系名誉教授（2002 年 1 月—2004 年 12 月），期间为香港大学、香港中文大学作过多次学术讲演。2004 年 9 月起，以名誉教授身份，开始每学年为香港大学中文系"学位教师中文学科知识深造文凭课程"学员讲授中文资讯检索课程中的"中国语文工具书说略"10 周、现代汉语课程词汇部分 2 周，至 2008 年 6 月结束。

2002 年 7 月，主编的《广东粤方言概要》由暨南大学出版社出版；主编的《广州话正音字典》由广东人民出版社出版，周无忌、李如龙、单周尧、陈海烈为副主编；参与编写粤方言部分的《现代汉语方言概论》（侯精一主编）由上海教育出版社出版。2003 年 4 月，出版《漫步语坛的第三个脚印——汉语方言与语言应用论集》（暨南大学出版社）和《饶平客家话》（合著）（广东饶平客属海外联谊会）。

发表的文章，2002 年有：《从实际出发思考香港的普通话教育问题》（《语言文字应用》第 1 期）、《把握优势，开展文化双向交流》（《中国教育报·文化周刊》第 260 期）、《近两年粤语研究的实绩与新趋势》（《学术研究》第 6 期）、《从历届研讨会看闽方言研究的当前课题》（《闽语研究及其与周边方言的关系》，香港中文大学出版社）、《对培养博士研究生的几点想法》[《现代汉语教学研究与探索》（第 3 辑），暨南大学出版社]、《方言分区问题再认识》（《方言》第 4 期）、《略论广西"平话"》（《纪念王力先生百年诞辰学术论文集》，商务印书馆）；2003 年有：《广东粤方言的共同特点述略》（与丘学强合著，《汉语学报》第 4 期）、《语言学科建设也要与时俱进——"语言学科建设高级专家座谈会"纪要》（《学术研究》第 2 期）、《关于广西"平话"的归属问题》（与崔淑慧等合著，《语文研究》第 3 期）、《当前"推普"的一些思考》（《学术研究》第 12 期）；2004 年有：《汉语方言语法研究的回顾与前瞻》（《语言教学与研究》第 2 期）、《当前汉语方言研究中的几个问题》（《语文研究》第 2 期）、《粤语研究的当前课题》[《暨南学报》（哲学社会科学版）第 5 期]、《中国大陆客家方言的研究与应用》（《台湾文学评论》第 4 卷第 3 期）、《饶平上饶客家方言的两字组连读变调》（与刘镇发合著，《方言》第 3 期）、《少当语言的警察，多当语言的导游——谈当前汉语中存在的三大问题》（《羊城晚报·花地·百家》11 月 8 日）、《关于方言词的用字问题》（《庆祝〈中国语文〉创刊 50 周年学术论文集》，商务印书馆）等。

[2005 年]

1—6 月，受聘为香港科技大学人文学部中国语言学研究中心研究生讲授粤语研究课程。

发表的文章有：《汉语方言的研究及其应用——纪念吕叔湘先生》（《语文研究》第 2 期）、《小议方言区的双语应用问题》[《双语双方言》（八），香港汉学出版社]、《濒危方言的研究大有可为》（《军话研究》，中国社会科学出版社）、《粤方言语法研究的当前课题》[《暨南学报》（哲学社会科学版）第 6 期] 等。

[2006 年]

2 月中旬，应香港语文教育与研究常设委员会邀请，为其撰写介绍广东"推普"经验以供香港决策参考用的咨询报告。2007 年初，约 8 万字的《从广东的"推普"看香港的推普工作》咨询报告如期完成。

是年暨南大学庆祝建校 100 周年。作为百年校庆系列出版物之一，《漫步语坛的第三个脚印》在 7 月出版了增订本，由初版的 48 篇 50 万字扩充到 70 篇近 70 万字。与丘学强等合作的《新时空粤语》（上册）也于 7 月出版。9 月，在暨南大学庆祝教师节大会上被授予暨南大学终身贡献奖。

9 月，受香港大学之聘，以名誉教授身份为该校新设立的中国语言文学硕士班

（MA）讲授现代汉语专题研究课程，此后每学年讲授一次（15 周）。

10 月，被中华辞书出版社推为《中国语言文字大词典·汉语方言卷》主编，乔全生为副主编。着手组织编纂班子，争取第二年正式启动。

发表的文章有：《同根同祖，同源同声——漫谈海内外汉语言文化的互动》（《岭南文史》第 1 期）、《海南各语言的 -om、-m，-op、-p 等韵母的分布》（与刘新中合著，《民族语文》第 4 期）、《语言规范与语言生活的多样化》（《语言规划的理论与实践》，语文出版社）、《略论共同语和方言并用中的主从关系——纪念现代汉语规范问题学术会议和全国文字改革会议五十周年》[《双语双方言》（九），香港汉学出版社] 等。

[2007 年]

7 月，《中国语言文字大词典·汉语方言卷》编纂工作正式启动，编委会举行了挂牌仪式。12 月，召集各编写组负责人及部分特邀顾问在暨南大学举行工作会议，初步汇总各组提交的"入典条目"，讨论并解决了一些编写中可能遇到的问题。

中秋节前夕，因叠凳取物摔倒致腰椎压缩性骨折，9 月 25 日（中秋节）住进华侨医院骨科，11 月初能走动即出院，边工作边在院外休息治疗。

发表的文章有：《结合"推普"开展方言研究的良好范例——喜读〈桂北平话与推广普通话研究〉丛书》（《当代广西》第 11 期）、《对"平话"问题的再认识》（《贺州学院学报》第 1 期）、《略谈饶宗颐教授与"潮学"的兴起》（《岭南文史》第 1 期）、《汉语方言语法研究再议》[《汉语方言语法研究的新拓展》（三），东北师范大学出版社]、《方言研究持续繁荣的又一信号——祝贺〈粤语研究〉创刊》（《粤语研究》创刊号）、《粤语研究的当前课题》（压缩修订稿，《方言》第 3 期）、《汉语方言"VXVX"动词重叠式比较研究》（与王红梅合著，《语言研究》第 3 期）、《一次为语言研究提供服务的成功实践——甘于恩〈粤语与文化研究参考书目〉序》（《粤语研究》第 2 期）、《海南语言资源的开发大有可为——读〈海南闽语语音研究〉》[《暨南学报》（哲学社会科学版）第 6 期]、《语坛一颗不老的劲松（代序）——敬贺同窗好友唐作藩教授八十华诞》（《语苑撷英（二）——庆祝唐作藩教授八十华诞学术论文集》，中国大百科全书出版社）、《岭南方言的研究及其应用》[《岭南学》（第 1 辑），中山大学出版社] 等。

[2008 年]

发表的文章有：《有关语言学科建设的一些看法》（《继往开来的语言学发展之路——2007 学术论坛论文集》，语文出版社）、《略论闽语研究的"西进"》（《湛江师范学院学报》第 29 卷第 2 期）、《粤语研究与粤语应用》（《粤语研究》第 3 期）、《让汉语拼音在社会主义现代化中发挥更大的作用》（《语言文字应用》第 3 期）、《略论汉语方言研究与方言应用》[《中国语言学》（第 1 辑），山东教育出版社]、《一部揭示湘西乡话的方言佳作》（《湘西乡话音韵研究》，广东人民出版社）等。

[2009 年]

4 月上旬，应香港《文汇报》副刊《采风》编辑之约，开始以"语文杂议"为总题，为该刊《百家廊》栏目撰写语言文字方面专稿，至 2010 年 5 月结束，凡 19 篇。而后这些文章结集为《语文杂记》，于 2010 年 7 月由暨南大学出版社以"大家小书"丛书之一出版。

12 月，由暨南大学汉语方言研究中心主办的《南方语言学》出版第 1 辑。

发表的文章有：《汉语方言研究三十年》（《云南师范大学学报》第 2 期）、《湘西乡话的语音特点》（与杨蔚联名，《方言》第 3 期）、《湘西乡话的分布和分片》（与杨蔚联名，《语文研究》第 4 期）、《加强海外汉语方言研究之我见》（《首届海外汉语方言国际研讨会论文集》，暨南大学出版社）、《再谈粤语正音——为第十三届国际粤方言研讨会（香港）而作》（《粤语研究》第 4、5 期合刊）、《略论香港的"社区词"——兼评〈香港社区词词典〉》[《南方语言学》（第 1 辑），暨南大学出版社] 等。

[2010 年]

4 月，和甘于恩参与暨南大学出版社"广府文化丛书"中《广府方言》一书的编写，2012 年 6 月出版。5 月，应暨南大学出版社之邀，担任"大家小书"丛书的主编，组织"大家"编写传播、普及语言文字知识的"小书"，原定出版 9 本，已出 4 本，后因故停刊。

6 月 7 日晚，接受《羊城晚报》记者电话专访，就近期网络上议论"广州话萎缩"并有网民提出"保护粤语"一事谈看法，专访以《普通话是粤语的敌人吗?》为题于 6 月 9 日《羊城晚报》A8 版《都市圈》上刊出，后收入《语文杂记》作为附录。

8 月 30 日，与中华辞书出版社签署《中国语言文字大词典·汉语方言卷》编纂出版协议书，商定由中华辞书出版社为编纂和出版提供全资支持，其他专业事务由詹伯慧全权负责，2011 年年底完成编纂，定稿交由中国大百科全书出版社出版，与张振兴共同担任主编，乔全生、甘于恩担任副主编。

发表的文章有：《广东汉语方言研究的回顾与展望》[《暨南学报》（哲学社会科学版）第 3 期]、《建设文化强省之我见》（《广东地方税务》第 7 期）、《跟进语文发展，善待语文资源——跟青年朋友谈语文学习》[《韩山师范学院学报》（社会科学版）第 5 期]、《粤语是绝对不会沦陷的——对出现"废粤推普"风波的一些思考》（《粤语研究》第 8 期）、《王力教授和汉语方言学——在北京大学纪念王力先生学术讲座上的讲话》（《第 14 届粤方言国际学术研讨会论文集》）等。

[2011 年]

1 月 22 日，"文士情怀——詹伯慧书法展"（饶宗颐题）在广东画院揭幕，《詹伯慧书法展》一书同时印出分赠观展嘉宾。

6 月底获评为首届广东省优秀社会科学家，7 月 18 日广东省委举行颁奖大会颁奖。

12 月，《广东客家》由广西师范大学出版社出版。负责编写其第七章"方言"，约 5 万字。

[2012 年]

6 月 8—11 日，出席在韶关举行的第六届土语平话国际学术研讨会，期间与张振兴等人商定，将原来中华辞书出版社主持的《中国语言文字大词典·汉语方言卷》改为由暨南大学汉语方言研究中心申报的国家社会科学基金重大项目"汉语方言学大型辞书编纂的理论研究与数字化建设"，以编纂《汉语方言学大词典》为重点申请经费。

发表的文章有：《发挥优势，开拓进取，再创汉语方言研究的新辉煌——在第二届湘方言国际学术研讨会上的发言》[《湘语研究》（第 2 辑），湖南师范大学出版社]、《进一步做好海外汉语方言的调查研究工作——兼评〈首届海外汉语方言国际研讨会论文集〉》（《第二届海外汉语方言国际研讨会论文集》，云南大学出版社）、《岁月悠悠说大师——追忆我父子两代与饶公交谊的往事》[《饶宗颐研究》（第 2 辑），暨南大学出版社]、《汉语言与中华文化漫谈》[《华侨大学学报》（哲学社会科学版）第 4 期]、《大力开展交界地区方言的调查研究》[《赣方言研究》（第 2 辑），中国社会科学出版社]等。

[2013 年]

4 月，为广东教育出版社出版《汉语方言学大词典》申请国家重点图书出版基金草拟了《〈汉语方言学大词典〉的设计与内容框架》《〈汉语方言学大词典〉编纂流程及进度安排》和《〈汉语方言学大词典〉编纂阶段所需经费预算》三份材料。11 月 22 日，暨南大学汉语方言中心申请的、以编纂《汉语方言学大词典》为重点的"汉语方言学大型辞书编纂的理论研究与数字化建设"国家重大项目正式立项。同时，广东教育出版社也获批出版《汉语方言学大词典》并申请到国家重点图书出版基金。

发表的文章有：《对汉语言学科建设的一些浅见》（《学术研究》第 5 期）、《汉语方言的研究和应用》（《跨越古今——中国语言文字学论文集·现代卷》，马来亚大学中文系学术文丛）、《对香港今后"推普"的一些思考》（《香港普通话报》第 89 期）、《岁月悠悠忆典老》（《黄典诚教授百年诞辰纪念文集》，厦门大学出版社）、《杂议方言词典编撰中的"与时俱进"——兼评〈粤语香港话大词典〉》（《粤语研究》第 14 期）等。

[2014 年]

3 月 8 日，主持"汉语方言学大型辞书编纂的理论研究与数字化建设"子课题编辑会议，讨论了《〈汉语方言学大词典〉的设计与内容框架》《关于〈汉语方言学大词典〉编纂流程和时间进度的安排》等材料，并落实了各编写组的任务。3 月 15—16 日，在"汉语方言学大型辞书编纂的理论研究与数字化建设"开题会及学术委员会扩大会议上作开题报告；在学术委员会扩大会议上讨论了急需落实的一些问题，给部分到会学术委员会委员发放了聘书。4 月 10 日，以《汉语方言学大词典》学术委员会名义拟出《汉语方言学大词典》补充编写条例。5 月 21 日，与广东教育出版社签署了出版《汉语方言学大词典》的合同。8 月 27 日— 9 月 3 日，在从化主持《汉语方言学大辞典》工作交流会及首次审稿会。

10 月 27 日，在《中国社会科学报·学林》发表《我与语言学结缘六十载》，此文为即将出版的"广东省优秀社会科学家文库"丛书而作。

[2015 年]

3 月 7—11 日，主持《汉语方言学大词典》主编组终审及第二次编写工作会议。5 月 19 日，将已终审的两大本共 2 095 条目的稿子交由广东教育出版社排印，占本词典第一卷计划编写条目稿的 80% 左右。8 月底，主持《汉语方言学大词典》第三次工作会议。年底，基本完成词典上下两卷的编纂工作。

11 月，"广东省优秀社会科学家文库"丛书之一《詹伯慧自选集》由中山大学出版社出版。

发表的文章有：《略论汉语方言与地域文化》（《学术研究》第 1 期）、《〈汉语方言学大词典〉与汉语方言学科建设》[《暨南学报》（哲学社会科学版）第 9 期]、《杂议粤方言与岭南文化》（《粤语研究》第 18 期）等。

[2016 年]

2 月 3 日，广东教育出版社送来《汉语方言学大词典》初排稿，与彭小川、刘新中在寒假完成审校。5 月 17—19 日，召开小型《汉语方言学大词典》专家审校会，审校《汉语方言学大词典》上卷全部条目，签字交出版社排印。6 月 21—27 日，集中主要编委对《汉语方言学大词典》下卷"概说""字音对照表""词汇对照表"进行最终审校，基本完成预定任务。与此同时，作为国家社会科学基金重大项目"汉语方言学大型辞书编纂的理论研究与数字化建设"阶段性成果之一的《汉语方言辞书编纂的理论与实践》（与肖自辉合编）一书，也在 6 月由暨南大学出版社出版。

在 6 月 26 日《人民日报》上发表《把语言作为资源来认识》。

[2017 年]

1 月 6—9 日，举行《汉语方言学大词典》专家咨询及审订会议。3 月 22 日，召开暨南大学汉语方言研究中心骨干会议，研究下一阶段数字化建设启动问题，决定由侯兴泉负责设计草拟有关方案。5 月，《汉语方言学大词典》出版。6 月 9—10 日，邀请近 10 位相关专家共商启动"汉语方言学大型辞书编纂的理论研究与数字化建设"第二阶段的数字化建设。9 月 26 日，与张振兴共同担任主编，甘于恩、乔全生为副主编的《汉语方言学大词典》正式首发。首发式上，此书被专家评价为"丰碑中的丰碑"。

发表的文章有：《保护和善用语言资源》（《语言战略研究》第 2 期）、《我所认识的单周尧教授——敬贺单兄七十华诞》（《国文天地》第 391 期）等。

[2018 年]

7 月，查出前列腺癌，保守治疗，打针吃药，泰然处之。

清理图书，分赠暨南大学图书馆和广州图书馆。赠给暨南大学图书馆的图书用于建立暨南大学汉语方言学文献资料中心，赠给广州图书馆的图书供其纳入文化名人赠书计划。

发表的文章有：《〈汉语方言学大词典〉说略》（《方言》第 1 期）、《杂议语言资源的开发、利用和保护》（《第十届海峡两岸现代汉语问题学术研讨会论文集》，澳门大学出版社）等。

[2019 年]

6 月 15 日夜里两点多突发脑出血入院，昏迷几天，至 8 月 6 日出院。

10 月 31 日，以项目主持人身份坐轮椅回办公室开会研究"汉语方言学大型辞书编纂的理论研究与数字化建设"项目收尾结项工作。

[2020 年]

5 月 28 日下午，与中心部分同仁一起讨论设立詹伯慧学术基金会及创设"詹伯慧语言学优秀学术成果奖"事宜，无果。6 月 3 日上午，与暨南大学教育发展基金会的 4 位同志一起研究设立"暨南大学詹伯慧语言学奖"的事，彼此意向一致。7 月 10 日上午，举行"暨南大学詹伯慧语言学奖"启动仪式。11 月 15 日上午，举行"暨南大学詹伯慧语言学奖"启动大会，奖项基金已获捐 100 万元以上。

10 月 5 日，在《光明日报》发表《谈谈汉语方言大型辞书的编纂》。

[2021 年]

3 月 3 日下午，主持首届"暨南大学詹伯慧语言学奖"参评著作评审有关问题会议，将已收到的 14 部（篇）参评著作分配给评委们审阅，同时决定再动员一些作者将优秀著作送选。

10 月 28 日，出席首届"暨南大学詹伯慧语言学奖"颁奖典礼暨《暨南大先生：詹伯慧》首发式，本届评选出一等奖 1 名：香港岭南大学许子滨《礼制语境与经典诠释》；二等奖 3 名：中国社会科学院胡方《元音研究》、福建师范大学陈瑶《徽州方言音韵研究》、中国社会科学院夏俐萍《湘语益阳（泥江口）方言参考语法》；另选有 5 个提名奖。受新冠疫情影响，颁奖典礼以线上线下方式同时进行。

在《集美大学学报》（哲学社会科学版）第 1 期发表《关于当前闽南方言工作的一些思考——在"闽南方言资源保护与应用论坛"上的发言》。

[2022 年]

5 月 19 日下午，为暨南大学文学院外招生开专题讲座"漫谈语言学习和研究"。

6 月，主持"汉语方言学大型辞书编纂的理论研究与数字化建设"项目结项评审准备工作。8 月 18 日，以首席专家身份出席项目结项评审会议，并在会上介绍项目总体研究情况：设 6 个子课题，集合了各大方言片区老中青三代学者参与研究，完成了 3 项主要成果，即编纂了我国首部具有百科全书性质的《汉语方言学大词典》，建成了方言学研究的数字化平台，完成了一批方言学辞书编纂及理论总结成果和方言研究报告。以李宇明为组长的评审组经过严格认真的内部评审，一致同意项目以"优秀"等级结项。

[2023 年]

7 月 10 日，出席第二届"暨南大学詹伯慧语言学奖"颁奖典礼并讲话。本届一等奖空缺；评选出二等奖 3 名：复旦大学盛益民《吴语绍兴（柯桥）方言参考语法》、南昌大学胡松柏《赣东北徽语调查研究》、华南师范大学方清明《现代汉语抽象名词研究》；另选有 5 个提名奖。

在《南方语言学》（第 21 辑）登载《关于方言辞书编纂的思考》。

12 月 23 日，出席《广东粤方言地图集》首发式并发表讲话。

詹伯慧教授历年获奖情况

一、学术著作奖

1. 《现代汉语方言》获武汉大学科研优秀成果奖（1982年）。

2. 《珠江三角洲方言调查报告》第一卷《珠江三角洲方言字音对照》获广东省第四次优秀社会科学研究成果奖二等奖（1989年）。

3. 《珠江三角洲方言调查报告》第二卷《珠江三角洲方言词汇对照》、第三卷《珠江三角洲方言综述》获广东省第五次优秀社会科学研究成果奖一等奖（1994年）。

4. 《珠江三角洲方言调查报告》（三卷本）获广东省高等教育1995年人文社会科学研究优秀成果奖一等奖（1995年）。

5. 《珠江三角洲方言调查报告》（三卷本）获国家教育委员会全国高等学校人文社会科学研究优秀成果奖二等奖（1995年）。

6. 《粤北十县市粤方言调查报告》获国家教育委员会第二届全国高等学校出版社优秀学术著作奖（1995年）。

7. 《汉语方言及方言调查》获国家教育委员会第三届普通高等学校优秀教材二等奖（1995年）。

8. 《珠江三角洲方言调查报告》（三卷本）获"七五""八五"广东省哲学社会科学规划课题优秀成果奖二等奖（1999年）。

9. 《粤西十县市粤方言调查报告》获第六次广东省社会科学研究成果奖二等奖（1999年）。

10. 《广东地区社会语言文字应用问题调查研究》获1999—2000年度中国大学版协优秀学术著作一等奖（2001年）。

11. 《广东粤方言概要》获广东省哲学社会科学"九五"规划优秀成果奖三等奖（2003年）。

12. 《广东粤方言概要》获中国大学出版社协会2001—2002年度中南地区大学出版社优秀学术著作一等奖（2003年）。

13.《漫步语坛的第三个脚印——汉语方言与语言应用论集》获广东省人民政府文史研究馆 2003 年度优秀作品奖（2004 年）。

14.《广东粤方言概要》获第七届广东省优秀图书、期刊、作品奖（优秀图书政府奖）二等奖（2004 年）。

15.《广东粤方言概要》获广东省首届哲学社会科学优秀成果奖一等奖（政府奖）（2005 年）。

16.《新时空粤语》（上册）获广东省人民政府文史研究馆 2006 年度优秀作品奖（2007 年）。

17.《新时空粤语》（上册）获中国大学出版社协会 2005—2006 年度中南地区大学出版社优秀教材一等奖（2007 年）。

18.《詹伯慧语文评论集：庆祝詹伯慧教授从教五十五周年（1953—2008）》获广东省人民政府文史研究馆 2008 年度优秀作品奖（2009 年）。

19.《语文杂记》获广东省人民政府文史研究馆 2010 年度优秀作品奖（2011 年）。

20.《文士情怀——詹伯慧书法展》获广东省人民政府文史研究馆 2011 年度优秀作品奖（2012 年）。

21.《广府方言》（与甘于恩合著）获广东省人民政府文史研究馆 2012 年度优秀作品奖（2013 年）。

22.《汉语方言学大词典》获广东省第八届哲学社会科学优秀成果奖一等奖（2019 年）。

23.《汉语方言学大词典》获第七届中华优秀出版物（图书）奖（2019 年）。

24.《汉语方言学大词典》获教育部第八届高等学校科学研究优秀成果奖（人文社会科学）一等奖（2020 年）。

25.《汉语方言学大词典》获第五届中国出版政府奖（2021 年）。

26. 国家社会科学基金重大项目"汉语方言学大型辞书编纂的理论研究与数字化建设"顺利结项，并获优秀成果奖（2022 年）。

二、先进工作者奖

1. 1989 年、1994 年两次被广东省社会科学联合会评为广东省社会科学团体先进工作者。

2. 1992 年 10 月获国务院颁发有突出贡献证书，自 1992 年 10 月起享受政府特殊津贴。

3. 1992 年 12 月被国家语言文字工作委员会评为全国语言文字先进工作者。

4. 1997 年 4 月获评暨南大学"八五"期间杰出科研工作者。

5. 1997 年 12 月被国家语言文字工作委员会评为全国语言文字先进工作者。

6. 2001 年 9 月获评暨南大学优秀研究生导师。

7. 2002 年 9 月获评暨南大学 2002 年十佳先进个人。

8. 2002 年 10 月 22 日，全国政协在京举行政协第九届全国委员会优秀提案和先进承办单位表彰大会，在 16 255 件提案中评出优秀提案 200 件。凭"中小学减负不能够形式主义，不能一哄而上，必须充分认识，全社会配合，以求实效"这一提案入选优秀提案，由全国政协颁发荣誉证书。

9. 2006 年 9 月获暨南大学终身贡献奖。

10. 2007 年 2 月获评广东省人民政府文史研究馆 2006 年度优秀馆员。

11. 2011 年 1 月获广东省人民政府文史研究馆 2010 年度积极贡献奖。

12. 2011 年 6 月获评首届广东省优秀社会科学家。

13. 2021 年 6 月获中国民主同盟中央委员会授予杰出盟员奖。

14. 2021 年获广东省精神文明建设委员会办公室颁授"广东好人"称号。

15. 2023 年获潮学研究终身成就奖。

本文集作者师承信息及通信录

（按姓名拼音排序）

作者姓名	所在单位	导师姓名	毕业年份	电邮
陈曼君	集美大学海洋文化与法律学院	詹伯慧	2005	dawn269@163.com
陈卫强	华南师范大学城市文化学院	邵慧君 伍　巍	2005 2008	davidcwq@163.com
陈晓锦	暨南大学汉语方言研究中心	詹伯慧	1987 1995	chenxiaojin2803@163.com
崔淑慧	华南理工大学国际教育学院	詹伯慧	2004	shhcui@scut.edu.cn
方清明	华南师范大学国际文化交流学院	彭小川	2011	fangqingm@126.com
方小燕	华南师范大学国际文化交流学院	詹伯慧	2002	fangxiaoyan@m.scnu.edu.cn
甘于恩	暨南大学汉语方言研究中心	詹伯慧	1987 2002	ohyfy@163.com
龚琬茵*	暨南大学文学院	—	本科在读	2741372732@qq.com
侯兴泉	暨南大学汉语方言研究中心	彭小川	2006	106770430@qq.com
胡松柏	南昌大学客赣方言与语言应用研究中心	詹伯慧	2003	jbhsb@163.com
黄高飞	岭南师范学院文学与传媒学院	陈晓锦	2015	gaofyj@126.com
黄洁纯	潮州市金山实验学校	邵　宜	2023	2352504865@qq.com

（续上表）

作者姓名	所在单位	导师姓名	毕业年份	电邮
黄琦泓	华南师范大学国际文化交流学院	方清明	硕士在读	huangqihong0825@163.com
姜迎春	惠州学院文学院	甘于恩	2022	845389421@qq.com
李冬香	广东技术师范大学文学与传媒学院	詹伯慧	2005	ldxsg1012@163.com
李立林	广东财经大学人文与传播学院	伍巍	2010	lizi451@163.com
李政	华中师范大学语言与语言教育研究中心	胡松柏	2014	lizheng@mails.ccnu.edu.cn
林柏松	美国国防语言学院	詹伯慧	1987	patrickp.lin@gmail.com
林宸昇	暨南大学文学院	甘于恩	博士在读	435496094@qq.com
刘新中	暨南大学汉语方言研究中心	詹伯慧	2004	liuxinzhongjn@163.com
彭小川	暨南大学华文学院	詹伯慧	1987	pxchuan@126.com
丘学强	深圳大学人文学院	詹伯慧	2002	qxq1888@szu.edu.cn
邵慧君	华南师范大学文学院	詹伯慧	1994	429231961@qq.com
邵宜	暨南大学华文学院	詹伯慧	1994	tshaoy@jnu.edu.cn
施俊	浙江师范大学人文学院	陈晓锦	2010	shijun1109@163.com
宋婕妤	深圳市第三职业技术学校	胡松柏	2015	542647404@qq.com
孙玉卿	暨南大学华文学院	詹伯慧	2003	yuqingsun@163.com
涂良军	云南师范大学文学与新闻传播学院	詹伯慧	2000	qingliang200564@sohu.com
王建设	华侨大学文学院	詹伯慧	2002	2713963982@qq.com
王永欣	深圳市坪山区文化广电旅游体育局	孙玉卿	2022	1451228363@qq.com

（续上表）

作者姓名	所在单位	导师姓名	毕业年份	电邮
吴南开	暨南大学文学院	侯兴泉 邵 宜	2016 博士后 未出站	wnk1219583487@ foxmail. com
伍 巍	暨南大学汉语方言研究中心	詹伯慧	1994	wuweijnu@ 163. com
肖自辉	暨南大学汉语方言研究中心	陈晓锦	2014	293443660@ qq. com
徐红梅	广东技术师范大学文学与传媒学院	詹伯慧	2003	xuhongmei1005@ 163. com
严丽明	广东第二师范学院文学院	彭小川	2006 2009	leonyan219@ 163. com
叶晓芬*	贵州大学文学院	侯兴泉	已于 2021 年 博士后 出站	yexiaofen0729@ 126. com
张晓山	暨南大学汉语方言研究中心	詹伯慧	1994	ohyfy@ jnu. edu. cn
赵 敏	暨南大学华文学院	彭小川	2004	yumizhao@ 163. com
钟 奇	暨南大学汉语方言研究中心	詹伯慧	1992 1997	tzhongq@ jnu. edu. cn

注：①"毕业年份"栏有两个年份的，第一个是硕士毕业年份，第二个是博士毕业年份。②除"作者姓名"栏姓名右上角有"*"的，其余作者及导师皆为詹门中人。

后　记

　　经过半年多的组稿、编辑，本集子终于要付梓了，有些情况想在这里说明一下。

　　这本集子是詹门中人的集体著作，由每一位作者的文章集合而成。把分散的文章集中起来需要人牵头来做，侯兴泉和张晓山就成了做这件事的人，挂起了主编的名。做主编，不是因为我俩比其他人更有能耐，而是基于以下原因：其一，这本集子是以暨南大学汉语方言研究中心的名义征稿的，兴泉是中心常务副主任，中心安排他来负责这件事名正言顺；其二，兴泉是詹门的第三代弟子，学术上又是后起之秀，从传承的角度看，由他任主编顺理成章；其三，兴泉肩负繁重的行政事务，而我已退休，在 25 年前主编过《立说传薪风雨人——庆祝詹伯慧教授从教 45 周年》文集，算是有经验的闲置老人，詹师让我来协助兴泉，帮他分担一些编辑方面的工作，这对于我来说是义不容辞的责任，于是我也就忝居主编之列了。我们俩，他负责总协调、出框架、下指令、在关键节点拍板定案，我则负责具体的编务，编好后由他审核确认。两人通力合作，集子也就编出来了。

　　当然，单靠我们两个人是不可能完成这项任务的。我早已离开学校，跟大部分作者都不熟悉，也没有联系。彭小川老师是詹门弟子中的老大姐，跟各位关系都很好，自告奋勇地承担了联络作者、转达编辑意见、催交稿件等工作。但作者人多，校内校外，国内国外，来来回回，反反复复，真是辛苦她了，她的加入大大加快了工作进度！暨南大学出版社对这本集子也相当重视，很早就派了编辑梁玮涢提前介入，帮我们拟定体例、发送通知、接收稿件、通报进度、改版录入等。梁编辑工作认真，工余时间都投入此事，忙得不亦乐乎，她的参与使我们少走了很多弯路。还有郑冠宇同学，正值毕业论文撰写的关键时刻，仍花了很多时间帮助收集詹师文章的电子文档、补编詹师历年获奖情况等，我都有点担心这会影响他的论文写作。现在稿子要交出版社了，这里面凝结了他们几位的辛勤劳动，兴泉和我都要向他们表示衷心的感谢！

　　本集子作为庆祝文集，将詹师的学术年谱和学术贡献附录于后是理所应当的。1996年我写《詹伯慧教授对汉语方言学的主要贡献》，在梳理詹师的学术履历时发现，很多介绍詹师情况的文章材料都语焉不详，有的还龃龉不齐，于是萌生了为其编纂学术年谱的想法。到 1999 年主编《立说传薪风雨人——庆祝詹伯慧教授从教 45 周年》时，我借着阅读书稿补充材料，到书编好时，年谱竟也编了个粗坯！但现有材料毕竟是不齐全的，所以我把粗坯交给了詹师，让他自己去补充。这些年来，詹师的年谱一直随时间在扩编。前年我在写《语言学家詹伯慧教授的"文士情怀"》时，看了 2011 年甘于恩主编的《田野春秋——庆祝詹伯慧教授八十华诞暨从教五十八周年纪念文集》里的附录，其中包含了詹师小传、简历、年表、著述目录、年谱五个部分，很是齐全，洋洋洒洒 68 页 12 万字；到了 2021 年刘新中、木子（李战）主编《暨南大先生：詹伯慧》时，年谱已经增加了约 4 万字，分量足够出一本小册子了。但反复查对《暨南大先生：詹伯慧》一书中"詹伯慧教授自述年谱"之后，我发现很多关键的事情还是未能体现，有些事情的前因后果或内在逻辑也未能反映，更大的问题是内容过于庞杂，连生活琐事都记录在案，学术上的成果又与"詹伯慧教授著述目录"重复，一稿多用、多记的情况也有一些。这使得附录体量过大，如此放在这本学术论文集里，就显得太喧宾夺主了！我于是把年谱和著述目录合起来，以詹师的语言学学术成果和重要事件为主线，尽可能理清其中的内在联系，删除了与主题关联不大和重复的内容，编成了"詹伯慧教授学术年表简编"，约 1.6 万字。另外，为了体现本集子"传承与创新"的主旨，彭小川老师编写了"本文集作者师承信息及通信录"，把每位作者（詹伯慧教授和单周尧教授除外）在詹门中的师承关系和联系方式交代清楚，也放在"师功师承"板块里。

于我而言，方言学的大门在望而难即已有多年，现有方言研究的知识和技能大致都是几十年前在学期间留下的老底子。这一次编论文集，我发现过去这些年学术的进步真是突飞猛进，新理论、新方法、新成果欣欣以向荣而蔚为大观，这在年轻学者身上体现得尤为明显。感谢各位作者的信任和支持，让我有为大家服务和向大家学习的机会。与其说我是主编，毋宁说我是一个回炉的老学生，通过编辑、阅读各位的文章，了解了当前方言研究的新动向，获取了方言学科的新知识，学习了研究方言的新方法。我希望，我吸收的这些养分能够支撑我编好这本论文集。虽然我对文章进行了编排，但文责自负，我并未对各位的文章作内容方面的改动，若有错漏，责任在我，也敬请各位批评指正。

岁末年初大家都很忙，但为了赶出版进度，我们未顾及各位作者时间的逼仄，多次要求调整体例、修改文稿、提交相片等，琐事不少，好在大家都能理解和支持，硬是在百忙中拨出时间配合完成相关工作，从而保证本集子能按时送出版社。在此，我和兴泉要郑重地向大家说一声：谢谢！还有一点需要跟大家说明：当前的经济状况总体上一言难尽，暨南大学文学院、华文学院和汉语方言研究中心已尽全力支持，但最终筹措到的出版经费未能支撑过多目标，我们只能面对现实，把原来设想的诸如全书精装、印制彩照、提要关键词等花哨的东西舍弃，仅保留下核心的学术内容，使之变成一本纯文字的论文集。这是不得已而为之！我们觉得特别有愧于詹师，这毕竟是其从教 70 周年大庆的纪念文集，本想多收点詹师的文章、多放点詹师和弟子们的照片上来，但条件所限，别无他法，希望詹师和各位作者谅解。

由于具体编务主要由我负责，为方便行文，我提出以个人名义写这篇后记，兴泉居然就放心让我独自操刀了！不过我想，除了涉及我和他本人的话，我说的，应该也是兴泉所想说的。谢谢兴泉，合作愉快！

张晓山

2024 年 3 月 8 日